ROBERT J. SHILLER
WIRTSCHAFTS-NOBELPREISTRÄGER 2013

IRRATIONALER ÜBERSCHWANG

3. Auflage –
erweitert und
komplett überarbeitet

PLASSEN
VERLAG

Die Originalausgabe erschien unter dem Titel
Irrational Exuberance – Revised and expanded third edition
ISBN 978-0-691-16626-1

2. Auflage 2015

Übersetzung: Egbert Neumüller
Gestaltung Cover: Holger Schiffelholz
Gestaltung und Satz: Sabrina Slopek
Bildquelle Umschlag: Getty Images
Herstellung: Daniela Freitag
Lektorat: Claus Rosenkranz
Druck: CPI – Ebner & Spiegel, Ulm

ISBN 978-3-86470-253-2

Bekanntgabe: Neben seiner Stellung als Professor an der Yale University arbeitet der Verfasser momentan in Teilzeit für Standard & Poor's an der Erstellung von Häuserpreisindizes mit; für die Chicago Mercantile Exchange, die einen Futures-Markt für die S&P/Case-Shiller-Häuserpreisindizes betreibt, als Mitglied des Competitive Markets Advisory Council der CME Group; außerdem für die Barclays Bank und ihre Tochterunternehmen an der Erstellung diverser Anlageprodukte. Nichts in diesem Buch stellt ein Verkaufs- oder Kaufangebot für Wertpapiere dar oder sollte als solches interpretiert werden, auch nicht für Wertpapiere, die zu irgendeinem Zeitpunkt von einer der oben erwähnten juristischen Personen zum Verkauf oder Kauf angeboten werden. In den Vereinigten Staaten dürfen Angebote, Wertpapiere zu verkaufen, oder Aufforderungen, Wertpapiere zu kaufen, nur in Form eines Prospekts (wie im novellierten Securities Act von 1933 definiert) getätigt werden, der an die voraussichtlichen Käufer verteilt wird. In anderen Ländern gelten ähnliche Vorschriften. Dieses Buch enthält mehrere auf die Zukunft bezogene Aussagen, die auf Hochrechnungen, Hypothesen, Vorhersagen, Schätzungen, Überzeugungen und Prognosen des Autors hinsichtlich zukünftiger Ereignisse beruhen. Alle hierin wiedergegebenen auf die Zukunft bezogenen Aussagen geben ausschließlich die Meinung des Autors über solche zukünftigen Ereignisse wieder und beinhalten wesentliche Unsicherheiten. Die tatsächlichen Ereignisse können erheblich von den in solchen zukunftsbezogenen Aussagen beschriebenen Ereignissen abweichen.

Bibliografische Information der Deutschen Nationalbibliothek:
Die Deutsche Nationalbibliothek verzeichnet diese Publikation in der Deutschen Nationalbibliografie; detaillierte bibliografische Daten sind im Internet über <http://dnb.d-nb.de> abrufbar.

BÖRSEN MEDIEN
AKTIENGESELLSCHAFT

Postfach 1449 • 95305 Kulmbach
Tel: +49 9221 9051-0 • Fax: +49 9221 9051-4444
E-Mail: buecher@boersenmedien.de
www.plassen.de
www.facebook.com/plassenverlag

FÜR BEN UND DEREK

INHALT

ABBILDUNGS- UND TABELLENVERZEICHNIS

Tabellenverzeichnis

3. AUFLAGE

VORWORT

Man könnte meinen, Jahre nachdem die Spekulationsblasen geplatzt sind, die zu der weltweiten Finanzkrise der Jahre 2007 bis 2009 geführt hatten, müssten wir in einer merklich anderen Welt „nach den Blasen" leben. Man könnte meinen, die Menschen hätten ihre Lektion gelernt und würden sich nicht mehr auf expandierende Märkte stürzen, wie es so viele vor der Krise taten und dadurch die einsetzenden Blasen verschlimmerten. Doch die Indizien für Blasen häufen sich seit der Krise. An den Aktien- und Anleihemärkten der Vereinigten Staaten und einiger anderer Länder haben die Bewertungen hohe Niveaus erreicht und in vielen Ländern steigen die Preise von Wohnimmobilien rasant. All dies geschah und geschieht, obwohl die Erholung von der Finanzkrise weltweit enttäuschend ausfiel. Es geschieht trotz der zunehmend angespannten internationalen Lage – mit Kriegen im Gazastreifen, im Irak, in Israel, Syrien und der Ukraine – und trotz der Welle möglicherweise disruptiver nationalistischer Gefühle und politischer Polarisierung in den Vereinigten Staaten, in Europa und in Asien.

Während ich dies schreibe, hat der Internationale Währungsfonds gerade eine Warnung ausgegeben, dass die Immobilienmärkte in Asien, Europa, Lateinamerika, Australien, Kanada und Israel überhitzt sind.[1] Die Bank für Internationalen Zahlungsausgleich gab eine ähnliche Warnung aus.[2]

Die blasenträchtige und augenscheinlich instabile Situation bietet Anlass für eine gewisse Besorgnis, wenn auch grundsätzlich nicht so extrem wie damals, als die erste Auflage des vorliegenden Buches vor dem überteuerten und anfälligen Aktienmarkt warnte (siehe das unten abgedruckte Vorwort aus dem Jahr 2000) oder als die zweite Auflage vor dem überteuerten und anfälligen Immobilienmarkt warnte (siehe das unten abgedruckte Vorwort aus dem Jahr 2005).

Bis dieses Buch den Weg in die Hände der Leser findet, könnte die Marktlage schon wieder ganz anders aussehen. Märkte können sich sehr schnell ändern und die optimistischen Preise, die wir derzeit (im Oktober 2014) sehen, machen Prognosen schwer. Im Vergleich zu der Zeit bis zur Veröffentlichung des Buches und bis es auch wirklich gelesen wird, mag die derzeitige Preisbildung nicht lange halten. Aber ich schreibe für künftige Leser, in mehreren Jahren. Wenn sie das Buch lesen werden, ist die Marktlage in der Mitte des zweiten Jahrzehnts des 21. Jahrhunderts nur eines von vielen im Buch beschriebenen Beispielen – Beispielen für breiter angelegte Tendenzen und Ungewissheiten.

Das heißt, die Themen der ersten Auflage sind – mit einer gewissen Aktualisierung – heute immer noch relevant und werden es wahrscheinlich immer sein. Als die erste Auflage des Buches im Jahr 2000 erschien, versicherte ich nachdrücklich, dass die damalige Aktienblase zwar außerordentlich groß, aber nichts grundlegend Neues sei. Kapitel 8 der vorliegenden Ausgabe, „Neue Zeitalter und Blasen in aller Welt", beschreibt detailliert, wie oft es an der Börse schon ähnliche, wenn auch kleinere oder örtlich begrenzte, Booms und Crashs gegeben hat. Eines war allerdings wirklich relativ neu: das weltweite Ausmaß des Börsenbooms, von dem wir heute wissen, dass er Anfang 2000 seinen Höhepunkt überschritt. In der ersten Auflage bezeichnete ich ihn als „Millenniumboom", weil er kurz vor Beginn des neuen Millenniums stattfand. Nachdem er nun vorüber ist, könnten wir auch getrost von der „Millenniumblase" sprechen. Aber der Boom beziehungsweise die Blase war nicht wirklich größer als ihr Pendant, das 1929 seinen Höhepunkt überschritt. Solche wirklich großen Blasen kommen zwar selten vor, aber einmalig in der Geschichte war die Millenniumblase nicht.

In der zweiten Auflage (2005) legte ich großen Wert darauf, dass der landesweite Aufschwung der Häuserpreise in den Vereinigten Staaten, der Ende der 1990er-Jahre begonnen hatte, der größte aller Zeiten oder zumindest seit 1890 – ab da lagen mir Zahlen vor – gewesen sei. Trotzdem berichtete das neue Kapitel, das in jene Auflage aufgenommen wurde, von früheren Häuserblasen beziehungsweise Blasen der Grundstückspreise in früheren Jahrhunderten. In früheren Jahrhunderten bezogen sich Immobilienspekulationen nämlich eher auf Grundstücke für den Bau von Farmen oder Wohnhäusern. Außerdem änderte sich in der zweiten Hälfte des 20. Jahrhunderts etwas Wesentliches: Die Bedingungen für Hypothekendarlehen auf Wohnhäuser wurden massiv gelockert. Diese Lockerung und das Ausmaß des weltweiten Immobilienbooms (den wir nach dem Zusammenbruch der Immobilienpreise im Jahr 2006 in vielen Regionen getrost als Blase bezeichnen dürfen) waren einzigartig. Wir könnten vom Boom der Besitzergesellschaft sprechen, denn er hing mit einem entsprechenden Slogan zusammen, mit dem George W. Bush im Präsidentschaftswahlkampf 2004 für seine Pläne warb, den verbreiteten Besitz von Eigenheimen, Aktien und sonstigen Geldanlagen zu fördern. (Den derzeitigen Börsenboom, der von 2009 bis zu dem Zeitpunkt im Jahr 2014 reicht, zu dem ich dies schreibe, werde ich in Anlehnung an einen Begriff, den Bill Gross [damals bei PIMCO] im Jahr 2009 populär machte, als „Boom der neuen Normalität" bezeichnen.)

Aber eigentlich ist an diesen Blasen nichts Neues – nichts grundsätzlich Neues. Sie sind Wiederholungen des ungefähr gleichen Phänomens: Durch Mundpropaganda verbreiten sich Storys von einem neuen Zeitalter und es kommt zur massenhaften Begeisterung für eine bestimmte Art von Geldanlage.

Die verbesserte Informationstechnologie kann die Dynamik dieser Begeisterung beschleunigen. Auch die Veränderung des Anlageverhaltens spielt eine Rolle. In den letzten Jahren machte sich der zunehmende Einfluss internationaler und institutioneller Investoren stark bemerkbar, die in Einfamilienhäuser investieren. Aber das grundsätzliche Phänomen der Blase ist das Gleiche. In Zukunft werden wir bestimmt noch größere Blasen erleben, die jeweils auf eine neue, andere Geschichte von einem neuen Zeitalter aufbauen, und dann müssen wir dafür neue Namen erfinden.

Als ich 2013 Kolumbien bereiste, rechnete ich nicht damit, etwas von Häuserblasen zu hören. Aber immer wieder hörte ich von dem dortigen erstaunlichen Immobilienboom. Während mich ein Chauffeur in einer Limousine durch den Badeort Cartagena fuhr, zeigte er mir mehrere normal aussehende Häuser, die kurz zuvor für Millionen US-Dollar verkauft worden waren.

Die kolumbianische Notenbank Banco de la República gibt auf ihrer Website Häuserpreisindizes für drei Großstädte an: Bogotá, Medellín und Cali. Er zeigt, dass die Häuserpreise seit 2004 real (also inflationsbereinigt) um 69 Prozent gestiegen sind. Das erinnert an das, was die Vereinigten Staaten erlebt haben: Der S&P/Case-Shiller Ten-City Home Price Index steig vom Tiefpunkt 1997 bis zum Höhepunkt 2006 um 131 Prozent.

Die Anfälligkeit für Blasen in Kolumbien und auf der ganzen Welt offenbart, dass wir diese Phänomene immer noch nicht verstanden haben. Was ist eigentlich eine Spekulationsblase? Der „Oxford English Dictionary" erklärt eine „bubble" als „etwas Zerbrechliches, Substanzloses, Leeres oder Wertloses; trügerische Vorführung. Wird seit dem 17. Jh. häufig für irreführende geschäftliche oder finanzielle Machenschaften verwendet." Das Problem daran ist, dass „Vorführung" und „Machenschaften" eher auf bewusste Erzeugung deuten als auf ein verbreitetes gesellschaftliches Phänomen, das nicht von einem einzigen Impresario geleitet wird.

Vielleicht wird das Wort „Blase" zu leichtsinnig verwendet. Eugene Fama findet das auf jeden Fall. Er ist der bedeutendste Verfechter der Effizienzmarkthypothese und leugnet, dass es Spekulationsblasen gibt. In seiner Nobelpreis-Rede 2014 erklärte er, das Wort „Blase" beziehe sich auf „einen irrational starken Preisanstieg, der einen vorhersehbaren starken Rückgang impliziert".[3] Wenn das wirklich die Bedeutung von „Blase" ist und wenn „vorhersehbar" bedeutet, dass wir den Zeitpunkt angeben können, zu dem eine Blase platzt, stimme ich ihm zu, dass es wohl kaum stichhaltige Belege für die Existenz von Blasen gibt. Aber das ist nicht meine Definition einer Blase, denn so vorhersehbar sind spekulative Märkte nun einmal nicht.

In der zweiten Auflage des vorliegenden Buches versuchte ich, eine bessere Definition von „Blase" zu liefern, die zu einer aufgeklärteren Verwendung des Begriffs passt. Diese in Kapitel 1 gegebene Definition beschreibt eine Situation, in der die Nachricht von einer Preiserhöhung die Begeisterung von Anlegern im Zuge einer Art psychologischer Epidemie anheizt. Das scheint mir die Kernbedeutung des Wortes in seiner stringentesten Verwendung zu sein.

Diese Definition deutet implizit bereits an, weshalb es dem „Smart Money" so schwerfällt, aus der Spekulation gegen Blasen Gewinn zu ziehen: Die psychische Ansteckung begünstigt eine Geisteshaltung, die die Preisanstiege rechtfertigt, sodass man die Beteiligung an der Blase als fast rational bezeichnen könnte. Aber sie ist nicht rational.

Die Story lautet in jedem Land anders, sie spiegelt die dortigen Nachrichten wider, die nicht immer mit den Nachrichten in anderen Ländern übereinstimmen. Zum Beispiel besagt die aktuelle Story in Kolumbien offensichtlich, dass die Regierung des Landes unter Führung des angesehenen Präsidenten Juan Manual Santos Calderón die Inflationsrate und die Zinsen auf das Niveau von Industriestaaten gesenkt und die Bedrohung durch die FARC-Rebellen so gut wie beseitigt hat, was für die kolumbianische Wirtschaft eine Vitalitätsspritze bedeutet. Als treibende Kraft einer Häuserblase reicht diese Story aus.

Storys von einem neuen Zeitalter schrauben die Erwartungen an die Anlagerenditen hoch, erzeugen aber nicht unbedingt großes Vertrauen. Die hohen Erwartungen während der Aufschwungphase einer Blase sind wohl eher eine Form von Wunschdenken als ein Ausdruck des Vertrauens und der Zuversicht. Anscheinend besteht in Blasenzeiten eine sozialpsychologische

Neigung zur leichtsinnigen Selbstgefälligkeit, obwohl die Menschen nicht individuell zu dem Schluss kommen, es bestehe kein Risiko.

Wenn man die Aufmerksamkeit der Menschen auf die Risiken lenkt, sind sie in der Wachstumsphase von Blasen tatsächlich gar nicht so zuversichtlich. Abbildung 5.4 zeigt, dass der Valuation Confidence Index zum Allzeithoch des US-Aktienmarkts Anfang 2000 sogar außerordentlich niedrig stand. Auf einer gewissen Ebene waren sich die Menschen der Risiken also durchaus bewusst. Im Rahmen einer Studie, die Karl Case und ich schon seit Jahren durchführen, legen wir Menschen, die kürzlich ein Haus gekauft haben, die folgende Frage mit drei Antwortmöglichkeiten vor: „Was bringt es mit sich, heutzutage in dieser Gegend ein Haus zu kaufen? 1. Ein großes Risiko. 2. Ein gewisses Risiko. 3. Ein geringes oder gar kein Risiko." Die Antworten sind sehr irritierend. Im Jahr 2004, als der Immobilienmarkt die schnellsten Preisanstiege verzeichnete, antworteten nur 19 Prozent „Ein geringes oder gar kein Risiko". Es ist also nicht so, dass während der Blase alle gedacht hätten, die Häuserpreise könnten niemals fallen, auch wenn ihnen das häufig vorgeworfen wird. Und im Jahr 2009, am Tiefpunkt der schwersten Rezession seit der Großen Depression der 1930er-Jahre, wählte ein noch geringerer Anteil der Befragten diese Möglichkeit, nämlich 17,2 Prozent.[4]

Anscheinend herrscht in Blasenzeiten weniger die feste Überzeugung, die Preise könnten niemals fallen, sondern eher ein psychisches Klima, in dem die Öffentlichkeit den Gedanken ausblendet, dass die Preise fallen könnten. Die Storys vom neuen Zeitalter sind keine festen Überzeugungen, sondern nur Gedanken, die im Vordergrund des Denkens stehen und als Rechtfertigungen für das Handeln anderer Menschen und das eigene Handeln fungieren.

Da Blasen im Prinzip subtile sozialpsychologische Phänomene sind, lassen sie sich gerade aufgrund ihres Charakter nur schwer kontrollieren. Die seit der Finanzkrise getroffenen regulatorischen Maßnahmen könnten zwar zukünftige Blasen abschwächen, doch ob diese Maßnahmen ausreichen, muss sich noch zeigen.

Es gibt keine liquiden Märkte für Häuserpreise, an denen Menschen, die einer Häuserblase skeptisch gegenüberstehen, diese Blase shorten könnten. Wenn dies möglich wäre, könnten ihre Zweifel in die Marktpreise eingepreist werden. Wie wir in Kapitel 11 sehen werden, ist eine wichtige Grundvoraussetzung der Effizienzmarkthypothese nicht erfüllt, wenn es schwierig ist, einen Markt zu shorten. Das sogenannte „Smart Money" kann zwar seine Investitionen in Immobilien vollständig einstellen, aber danach kann es keine Schritte unternehmen, die verhindern, dass andere die Preise immer weiter in die Höhe treiben. Beispielsweise könnte eine beliebige Gruppe von

Investoren irgendwo auf der Welt die Häuserpreise in einer bestimmten Gegend auf irrsinnige Niveaus hinauftreiben, wenn es ihr in den Sinn käme. Oder auch große institutionelle Investoren, die irgendein Spiel treiben. Es gibt keine anerkannte Theorie, die besagen würde, dass sie das nicht tun könnten, wenn Leerverkäufe nicht möglich sind. Zwar haben schon viele versucht, das Shorten von Einfamilienhäusern möglich zu machen, bislang jedoch mit geringem Erfolg.

Vor ein paar Jahren haben einige mit Hightech ausgerüstete institutionelle Akteure wie etwa die Blackstone Group angefangen, in Einfamilienhäuser zu investieren. Die Präsenz dieser Akteure könnte zwar die Dynamik von Blasen am Immobilienmarkt verändern, nämlich die monatlichen Schwankungen dämpfen. Die hohe kurzfristige Dynamik der Häuserpreise wird uns jedoch mit Sicherheit ebenso erhalten bleiben wie längerfristige Immobilienblasen.

Bei dem Wort „Blase" kommt einem das Bild einer wachsenden Seifenblase in den Sinn, die zwangsläufig ganz plötzlich und unwiderruflich platzt. Doch Spekulationsblasen gehen nicht so einfach zu Ende. Es kann sogar vorkommen, dass sie ein Stück weit schrumpfen, wenn sich die Story ändert, und sich dann wieder aufblähen.

Es dürfte zutreffender sein, solche Episoden als spekulative Epidemien zu bezeichnen. Bekanntlich kann eine neue Epidemie gerade dann ganz plötzlich auftreten, wenn eine frühere abklingt – etwa wenn eine neue Form des Virus auftaucht oder wenn ein Umweltfaktor die Ansteckungsquote erhöht. So etwas kann auch bei Spekulationsblasen passieren: Irgendwo kann eine neue Blase entstehen, wenn eine neue Story über die Wirtschaft auftaucht und genug narrative Kraft besitzt, um im Denken der Anleger eine erneute Ansteckung hervorzurufen.

So war es bei der Hausse der 1920er-Jahre in den Vereinigten Staaten, die 1929 ihren Höhepunkt überschritt. Wir haben diesen Teil der Geschichte verzerrt, weil wir uns Blasen als Phasen dramatisch steigender Preise vorstellen, die an einen Wendepunkt gelangen, ab dem ein plötzlicher, großer und endgültiger Crash stattfindet. Aber in Wirklichkeit ließ ein bedeutender Aufschwung die realen Aktienkurse in den Vereinigten Staaten nach dem Schwarzen Donnerstag bis zum Jahr 1930 wieder die Hälfte des Weges zum Hoch von 1929 steigen. Darauf folgten ein zweiter Crash, ein erneuter Aufschwung von 1932 bis 1937 und ein dritter Crash.

Seit der zweiten Auflage des vorliegenden Buches wird viel über das spezielle Kurs-Gewinn-Verhältnis diskutiert, das John Campbell von der Harvard University und ich entwickelt haben und das bereits in der ersten Auflage vorgestellt wurde: der reale Kurs, geteilt durch den 10-Jahres-Durchschnitt des realen Gewinns. Offenbar hat die Presse den Namen übernommen, den ich gelegentlich dafür benutzte – CAPE (= Cyclically Adjusted Price-Earnings ratio, zyklenbereinigtes Kurs-Gewinn-Verhältnis) –, und daher nenne ich es jetzt auch konsequent so. Dieses Verhältnis erschien zwar in allen Auflagen des Buches in der dritten Abbildung des ersten Kapitels, aber die Bezeichnung „CAPE" kam in früheren Ausgaben nicht vor. Man kann diese Kennzahl so sehen, dass das übliche Kurs-Gewinn-Verhältnis, das ja auf dem Gewinn eines Jahres basiert, um den Konjunkturzyklus bereinigt wird. Plötzliche Ausschläge des Kurs-Gewinn-Verhältnisses, die nach Rezessionen entstehen können, weil dann der Gewinn möglicherweise sehr niedrig ist, werden durch den Durchschnitt der Gewinne über einen langen Zeitraum korrigiert.

Während ich dies schreibe, beträgt das CAPE in den Vereinigten Staaten 26 und ist damit höher denn je, abgesehen vom Umfeld der bedeutenden Börsenhochs 1929, 2000 und 2007. Im vorliegenden Buch geht es aber nicht in erster Linie um die derzeitige Lage der Kapitalmärkte, sondern darum, ein Gefühl für die wahre Natur und Dynamik dieser Märkte zu bekommen.

Die aktuelle Auflage des Buches wurde zum Teil durch die Arbeit mit George Akerlof an unserem gemeinsamen 2009 erschienenen Buch „Animal Spirits" angeregt, dessen Titel zu Recht thematische Überschneidungen mit „Irrationaler Überschwang" vermuten lässt. Der alte Begriff „animalische Instinkte" (lat. „spiritus animalis") bezieht sich auf die Schwankungen der grundlegenden Triebkraft menschlichen Handelns. Der Volkswirt John Maynard Keynes, nach dessen Ansicht die Volkswirtschaft grundlegende psychologische Instabilitäten beinhaltet, hat diesen Begriff wiederbelebt. Die Schwankungen des irrationalen Überschwangs und der animalischen Instinkte sind nach wie vor ein wichtiger Teil unseres Lebens. Und wir müssen unser gesamtes Arsenal an Sozialwissenschaften aufbieten, um sie zu verstehen.

Der Aufbau des Buches

Die Vorworte der Ausgaben von 2005 und 2000 sind hier abgedruckt, um ein Gefühl dafür zu vermitteln, wie sich das Buch über das Auf und Ab der Finanzmärkte hinweg entwickelt hat. Das Vorwort von 2005 kam kurz vor dem Höhepunkt der Blase der Besitzergesellschaft heraus. Das Vorwort 2000 erschien in der ersten Auflage, gerade als der Markt den Höhepunkt der Millenniumblase erreichte.

Das eigentliche Buch beginnt mit drei einleitenden Kapiteln, die das Auf und Ab der drei wichtigsten Anlegermärkte in den historischen Zusammenhang stellen: den Aktienmarkt, den Anleihemarkt und den Immobilienmarkt. Kapitel 2 wurde in die dritte Auflage neu aufgenommen, um den verbreiteten Bedenken vor einer möglichen Blase am Anleihemarkt Rechnung zu tragen. Dank dieser drei Kapitel sehen wir, wie beachtlich die Schwankungen dieser Märkte waren und sind, und können uns ein umfassendes Bild der Trends an diesen Märkten machen.

Teil I behandelt die strukturellen Faktoren, die Marktblasen antreiben. Er beginnt in Kapitel 4 mit einer Diskussion der beschleunigenden und auslösenden Faktoren, die Marktschwankungen hervorrufen: Ereignisse außerhalb der Märkte, zum Beispiel politische, technologische und demografische. Dieses Kapitel zählt die auslösenden Faktoren auf, die vor allem wegen ihrer Auswirkungen auf die Anlegerstimmung letzten Ende hinter drei Börsenbooms der jüngeren Vergangenheit standen: des Millenniumbooms 1982-2000, des Booms der Besitzergesellschaft 2003-2007 und des Booms der Neuen Normalität von 2009 bis heute. Auch heute ist es wichtig, die Beschleunigungsfaktoren früherer Aufschwünge durchzugehen, damit wir die unterschiedlichen Dinge besser bewerten können, die in Zukunft Aufschwünge antreiben könnten.

Teil II betrachtet kulturelle Faktoren, durch die die Struktur einer Spekulationsblase zusätzlich verstärkt wird. Dabei sind die in Kapitel 6 behandelten Nachrichtenmedien von entscheidender Bedeutung, denn sie verstärken Geschichten, die bei den Anlegern ein Echo hervorrufen – und das häufig ungeachtet ihrer Stichhaltigkeit. Kapitel 7 analysiert die Theorien von einem „neuen Zeitalter", die von Zeit zu Zeit spontan aufkommen. In der vorliegenden Auflage analysiere ich den Aktienmarkt und den Immobilienmarkt. Wir werden sehen, dass die Popularität solcher Theorien von der Aktivität an den Märkten selbst herrührt, nicht von einer unbeeinflussten Analyse des wahren Wertes solcher Geschichten. Kapitel 8 wirft einen Blick auf die wichtigsten Börsenbooms der Welt im vergangenen halben Jahrhundert und beschreibt die Theorien von einem neuen Zeitalter, die im Zusammenhang mit vielen dieser Booms aufkamen.

Teil III betrachtet psychologische Faktoren, die hinter dem Verhalten von Märkten stehen. Kapitel 9 erklärt, dass die Allgemeinheit den Marktwert vor allem an psychologischen Ankern festmacht, weil die Wirtschafts- und die Finanztheorie den Wert so schlecht definieren und weil er so schwierig zu berechnen ist. Kapitel 10 beschreibt bedeutende Ergebnisse der Sozialpsychologie und der Soziologie, dank deren wir besser verstehen, weshalb so viele verschiedene Menschen zur selben Zeit ihre Meinung ändern.

Teil IV geht den Versuchen von Wissenschaftlern und populärwissenschaftlichen Autoren nach, Marktblasen rational zu erklären. Kapitel 11 befasst sich mit der Theorie der Markteffizienz. Kapitel 12 behandelt die häufig im Laufe von Blasen vorgebrachte Theorie, die Allgemeinheit habe eben gerade eine wichtige Tatsache erfahren – obwohl diese „Tatsache" entweder fragwürdig oder schon seit einiger Zeit allgemein bekannt ist.

Teil V – Kapitel 13 – befasst sich damit, welche Konsequenzen Spekulationsblasen für Privatanleger, institutionelle Anleger und Staaten haben. In dieser Zeit, in der sowohl der Aktienmarkt als auch der Immobilienmarkt verwundbar sind, liefert es mehrere Rezepte für dringend nötige politische Veränderungen und schlägt Möglichkeiten vor, wie man sich als Privatanleger den Konsequenzen einer geplatzten Blase weniger stark aussetzen kann.

Außerdem enthält die vorliegende Ausgabe im Anhang die überarbeitete Version der Nobelpreisrede, die ich im Dezember 2013 in Stockholm gehalten habe. Diese Rede stellt viele Argumente des Buches in einen breiteren Kontext und enthält zusätzliche Verweise auf wissenschaftliche Diskussionen einiger hier gezogener grundsätzlicher Schlüsse.

Ich habe die Website irrationalexuberance.com eingerichtet, die neue Informationen im Zusammenhang mit den Themen des Buches präsentieren sowie einige der Zahlen und Diagramme regelmäßig aktualisieren wird, die in diesem Buch aufgeführt sind.

2. AUFLAGE 2005

VORWORT

Im Vorwort zu ersten Auflage des vorliegenden Buches, die nach diesem Vorwort abgedruckt ist, bezeichnete ich das Buch als Untersuchung des Millenniumbooms am Aktienmarkt, also des Booms, der in den Jahren vor dem Jahr 2000 einen großen Teil der Welt heimsuchte. Einige Leser des Buches sagten mir, ihrer Meinung nach spreche das Buch ein viel breiter angelegtes Thema an. Und sie hatten recht: In Wirklichkeit geht es in dem Buch um alle spekulativen Märkte, um die Anfälligkeit des Menschen für Irrtümer und um die Instabilitäten des kapitalistischen Systems.

Als ich vor allem 1999 die erste Auflage schrieb, schien der Boom des Aktienmarkts unaufhaltsam zu sein. Der S&P 500 Index war 1995 um 34 Prozent gestiegen, 1996 um 20 Prozent, 1997 um 31 Prozent, 1998 um 26 Prozent und 1999 um 20 Prozent. In vielen anderen Ländern gab es ähnliche Serien von Kursanstiegen des Aktienmarkts. So viele Jahre hintereinander mit solchen spektakulären Zuwächsen konnten kein reiner Zufall sein – zumindest schien es vielen Menschen damals so und auch den Experten, die diese Ansicht förderten. Der Boom des Aktienmarkts wurde weithin als Vorbote eines neuen Zeitalters gesehen. Doch mein Buch nahm eine ganz andere, viel trübere Perspektive auf diesen Börsenboom ein.

Als das Buch im März 2000 in die Regale kam, hatte ich mir in Yale ein Sabbatical genommen und brach zu einer ausgedehnten Lesereise durch zehn Länder auf. Natürlich wusste zu diesem Zeitpunkt noch niemand, dass der März 2000 den Höhepunkt der Börse darstellen würde. Die Gespräche mit vielen Menschen über die Fehler, die sie meiner Meinung nach machten, brachten mich auf Ideen, wie ich meine Argumentation untermauern könnte, und jene stelle ich in der vorliegenden neuen Auflage vor.

Manche Erinnerungen an die Art von menschlichen Irrtümern, die mir auf dieser Reise begegneten, finde ich noch heute frappierend. Ich weiß noch, wie ich in einer Radiotalkshow auftrat und mir eine Frau erklärte, sie *wisse*, dass ich falschliege: Der Aktienmarkt befinde sich in einem ausgeprägten Aufwärtstrend und er *müsse* grundsätzlich steigen. Ihre Stimme zitterte und ich fragte mich, was für ihre Emotionen verantwortlich war.

Ich erinnere mich auch an einen jungen Mann, der zu *zwei* meiner Buchvorstellungen kam, jedes Mal hinten saß und hektisch aussah. Warum kam er zum zweiten Mal und was regte ihn so auf?

Einmal trug ich meine bearishe Marktsicht vor einer Gruppe institutioneller Investoren vor und ließ mir danach von einem institutionellen Portfoliomanager erklären, er sei zwar meiner Meinung, aber er werde bei der Verwaltung seines Portfolios trotzdem alles ignorieren, was ich gerade gesagt hatte. Er meinte, die Ansichten, die ich geäußert hatte, besäßen letztlich nicht genug Autorität, damit seine Kunden und Kollegen sie ernst nähmen, und er könne die Zusammensetzung seines Portfolios nicht ausschließlich wegen der offensichtlich eigenwilligen Meinung einer einzigen Person ändern – obwohl er selbst der gleichen Meinung war.

Doch überwiegend erinnere ich mich an Menschen, die fröhlich und mit offensichtlichem Interesse meinem Vortrag lauschten und mir dann unbekümmert eröffneten, sie würden mir nicht unbedingt glauben. Irgendwie war eine kollektive Schlussfolgerung bezüglich des Aktienmarkts gezogen worden und sie hatte das Denken der Menschen voll im Griff.

Nach dem Jahr 2000 endete der Börsenboom abrupt. Die Aktienmärkte in den Vereinigten Staaten und in den Ländern, in denen die Kurse ebenfalls gestiegen waren, fielen weit unter die Hochs des Jahres 2000. Als der S&P 500 im März 2003 den Boden erreichte, hatte er real (inflationsbereinigt) die Hälfte seines Wertes verloren. Dieser Ausgang veränderte die Anlegerpsychologie.

Ich erinnere mich an ein Frühstück mit einer Frau und ihrem Mann Ende 2000, als der Markt schon erheblich gefallen war und die Technologie-Aktien über 50 Prozent im Minus standen. Sie erzählte, sie kümmere sich um die Geldanlage für die Familie und in den 1990er-Jahren sei sie ein Genie gewesen. Er stimmte zu. Doch jetzt, so bekannte sie, sei ihr Selbstwertgefühl angeknackst. Ihre gesamte Wahrnehmung des Marktes sei eine Illusion gewesen, ein Traum. Ihr Mann widersprach ihr nicht.

Doch so tief greifend manche Menschen psychologisch auf den Einbruch des Marktes auch reagiert haben, so scheint die kollektive Begeisterung für

Aktien doch ausdauernder zu sein, als man meinen könnte. Insgesamt gesehen scheint der Enthusiasmus noch nicht vorüber zu sein. Der Markt ist noch nicht so schwer eingebrochen, wie man es aufgrund der extremen Überteuerung im Jahr 2000 vorhergesagt hätte – jedenfalls noch nicht –, und die meisten Menschen haben diese intensive psychologische Korrektur noch nicht erfahren.

Der Aktienmarkt ist nicht auf historische Tiefs gefallen. Das Kurs-Gewinn-Verhältnis des Aktienmarkts in der Definition, die ich in diesem Buch verwende, liegt, während ich dies schreibe, immer noch bei Mitte 20, also weit über dem historischen Durchschnitt. Überdies ist es am Häusermarkt so weit gekommen, dass die medianen Häuserpreise manchmal das Zehnfache des Pro-Kopf-Einkommens der Käufer oder noch mehr betragen. Der irrationale Überschwang bleibt uns also durchaus erhalten.

Grob gesagt wollte ich mithilfe dieses Buches seit der ersten Auflage 2000 die veränderte Denkweise der Menschen verstehen, die letzten Endes die Märkte antreiben. Es handelt von der Psychologie der Spekulation, von dem Rückkopplungsmechanismus, der diese Psychologie verstärkt, vom Herdenverhalten, das auf Millionen oder gar Milliarden von Menschen übergreifen kann, und von den Konsequenzen eines derartigen Verhaltens für die Wirtschaft und für unser Leben. Auch wenn sich das Buch ursprünglich direkt auf das aktuelle Wirtschaftsgeschehen konzentrierte, drehte und dreht es sich noch darum, dass Irrtümer des menschlichen Urteilsvermögens dank Selbstzufriedenheit, mangelnder Beachtung von Details und übertriebenen Vertrauens in das Urteilsvermögen anderer Menschen selbst die klügsten Menschen befallen können, weil sie nicht begreifen, dass die anderen keine unabhängigen Urteile fällen, sondern ihrerseits selbst anderen folgen – dass also Blinde von Blinden geführt werden.

Die angeblich aufgeklärte Meinung, auf die die Menschen ihre wirtschaftlichen Urteile gründen, ähnelt oft eher dem „Mann aus Rauch“ aus Aldo Palazzeschis surrealistischem Roman „Il codice di Perelà“ aus dem Jahr 1911. Der Protagonist besteht nur aus Rauch, also sozusagen aus nichts, erwirbt aber eine öffentliche Anerkennung und Autorität, die Konstrukte der kollektiven Fantasie sind. Dann ändert die Öffentlichkeit ihre Meinung und beschließt, er sei doch nicht der Born der Wahrheit. Daraufhin löst er sich vollständig auf. Ereignisse wie in diesem Roman spielen sich auch in der Wirklichkeit ab: Substanzlose Glaubenssysteme, flüchtige Irrlichter, rufen lang anhaltende Schübe irrationalen Überschwangs hervor und diese Schübe treiben letzten Endes die Weltwirtschaft an.

Bei der Überarbeitung des Buches für die zweite Auflage habe ich versucht, die Argumentation auszubauen, dass Veränderungen, die durch veränderte

Einstellungen, irrationale Überzeugungen und veränderte Schwerpunkte der Aufmerksamkeit verursacht werden, eine wichtige Rolle bei der Veränderung unseres Wirtschaftslebens spielen, und ich untersuche in der zweiten Auflage die Folgen für unsere Wirtschaft und unsere Zukunft. Die Beispiele für solche Veränderungen habe ich auf aktuellere Ereignisse umgemünzt. Vor allem habe ich ein Kapitel über den enormen Aufschwung der Immobilienpreise ergänzt, den viele Länder seit Ende der 1990er-Jahre erleben, und ich habe die Diskussion, die sich durch das gesamte Buch zieht, dahingehend erweitert, dass sie auch die Immobilienspekulation berücksichtigt. Darüber hinaus erweitert und verbessert die vorliegende Auflage die grundlegenden Argumente in mehrere Richtungen. Seit der Erstauflage hatte ich fünf zusätzliche Jahre, um über die Themen des Buches nachzudenken, und die Forschungen der Verhaltensökonomie, die ich genau verfolge, haben in dieser Zeit ebenfalls erhebliche Fortschritte gemacht.

Die Themen, die in diesem Buch behandelt werden, sind ernst und bis heute relevant. In weiten Teilen der Welt vertrauen die Menschen immer noch zu sehr darauf, dass der Aktienmarkt – und vielerorts auch der Immobilienmarkt – weiterhin extrem gut laufen wird, und diese überzogene Zuversicht kann zu Instabilität führen. Weitere wesentliche Anstiege dieser Märkte könnten letztlich zu noch wesentlicheren Rückgängen führen. Dies könnte die üble Konsequenz haben, dass durch diese Rückgänge die Zahl der Privatinsolvenzen beträchtlich zunimmt, was wiederum zu einer Bankrottserie unter Finanzinstituten führen könnte. Eine weitere langfristige Konsequenz könnte ein Rückgang des Anleger- und Unternehmensvertrauens sein und vielleicht eine weitere möglicherweise weltweite Rezession. Dieser extreme Ausgang – eine Situation wie in Japan seit den 1990er-Jahren, nur im großen Stil – ist nicht unvermeidlich, aber die Gefahr ist viel ernster als allgemein anerkannt.

Wenn diese Möglichkeiten alarmierend scheinen, sollte man bedenken, dass wir bereits mit einigen Folgen der unangenehmen Auswirkungen früherer überzogener Zuversicht leben. Die Aktienmärkte vieler Länder fielen vom Hoch 2000 bis 2002 um die Hälfte und sind seither nur leicht zurückgefedert. Die vom boomenden Aktienmarkt angeregten überzogenen Investitionen der Unternehmen ließen in den ersten Jahren des 21. Jahrhunderts die Investitionsausgaben einbrechen und verursachten eine weltweite Rezession.

Der Boom in den 1990er-Jahren schuf eine geschäftliche Atmosphäre, die einem Goldrausch ähnelt, und veranlasste viele Menschen zu verzerrten geschäftlichen Entscheidungen, deren Ergebnisse noch viele Jahre auf uns lasten werden. Zur Veränderung der geschäftlichen Atmosphäre gehörten auch eine Senkung der ethischen Maßstäbe sowie ein Schwinden des Glaubens an Integrität, Ehrlichkeit, Geduld und Vertrauen in Unternehmen. Nachdem der Markt gefallen war, kam eine Serie von Skandalen ans Licht, die Verwaltungsräte, Wirtschaftsprüfungsunternehmen und Investmentfonds betrafen.

Letztlich führten diese verschwenderischen Jahre bei Regierungen und Kommunalverwaltungen zu schweren Haushaltsproblemen. Als in den 1990er-Jahren der Aktienmarkt stieg, die Anleger Kapitalerträge ernteten und die Wirtschaft boomte, stiegen die Steuereinnahmen und vielen Regierungen fiel es schwer, die Ausgabensteigerungen einzudämmen. Nach dem Rückgang des Aktienmarkts sanken die Steuereinnahmen wieder und stürzten viele Regierungen in schwere Haushaltskrisen. Im Jahr 2002 belief sich das durchschnittliche Haushaltsdefizit der OECD-Länder auf drei Prozent des Bruttoinlandsprodukts. Die Haushaltsdefizite führten ihrerseits zu verzweifelten Versuchen, die Ausgaben zu drosseln, was in den jeweiligen Staaten, Provinzen, Ländern und Kommunen unterschiedliche Folgen hatte.

Eine zusätzliche Folge des intensiven Börsenbooms Ende der 1990er-Jahre war der Boom der Immobilienpreise, der um die Jahre 1997 und 1998 begann und sich nach dem Jahr 2000 in vielen Ländern der Welt verschärfte. Offenbar begann der Anstieg der Häuserpreise etwa um die Zeit im Jahr 1997, als der Aktienboom Theorien über ein „neues Zeitalter" der Wirtschaft aufblühen ließ, und in vielen Städten ziehen die Preise trotz der Korrektur des Aktienmarkts immer noch kräftig an. Die vollständigen Konsequenzen dieser Preisänderungen sind noch nicht sichtbar.

Spekulationsbedingte Instabilität scheint in der Weltwirtschaft eine immer größere Rolle zu spielen. Wir konzentrieren uns immer eifriger auf unberechenbare Märkte. Dabei ist es nicht so, als würden die existierenden Aktienmärkte nachweislich volatiler werden. Es besteht kein offenkundiger Trend zu mehr Volatilität am Aktienmarkt. Es ist vielmehr so, dass die Zahl der Marktteilnehmer an diesen Märkten wächst und dass die Bandbreite der spekulativen Märkte sowie der gehandelten Risiken zunimmt. Jedes Jahr werden mehr elektronische Märkte geschaffen, an denen eine immer breitere Palette von Risiken gehandelt wird, und sowohl in den Industrie- als auch in den Schwellenländern lassen sich immer mehr Menschen dazu verleiten, an diesen Märkten teilzunehmen.

Die Menschen werden zunehmend befürchten, dass ihr Lebensunterhalt von ihrem Vermögen abhängt – einem Vermögen, das aufgrund der Veränderungen des Marktes immer höchst instabil ist. Auf lange Sicht werden die Menschen daher mehr auf Marktbewegungen achten. Die Auffassung, der Preis von Anlagegütern habe für unser Leben sehr große Bedeutung, gewinnt an Boden. Die Menschen meinen zunehmend, sie müssten ihr Privateigentum verteidigen, und sie bezweifeln, sie könnten sich auf eine Rettung durch soziale Einrichtungen verlassen, wenn sich die Dinge zum Schlechten wenden. In ihren Augen ist gnadenloser Kapitalismus die Welle der Zukunft.

Für ein solches Wirtschaftssystem gibt es einen Namen – „die Besitzergesellschaft" – und Präsident George W. Bush gehört zu denjenigen, die diesen Begriff gern verwenden. Die Menschen müssen ihre eigene Zukunft in Besitz nehmen und ihre Zukunft in vielerlei Hinsicht wie Grundstückseigentümer planen. Zwar spricht vieles für die Besitzergesellschaft, weil sie das Wirtschaftswachstum fördern kann, aber sie lädt von Natur aus zur Spekulation ein und durch die Launen der menschlichen Psychologie gefiltert erzeugt sie eine Flut von Risiken, die wir irgendwie bewältigen müssen.

Ich kenne die Zukunft nicht und kann das Auf und Ab der Märkte nicht vorhersagen. Ich weiß aber, dass die Menschen – obwohl das Vertrauen seit 2000 wesentlich gelitten hat – immer noch zu viel Vertrauen in die Märkte setzen und zu sehr davon überzeugt sind, wenn sie auf die Schwankungen ihrer Anlagen achten, würde sie das eines Tages reich machen. Deshalb treffen sie keine konservativen Vorbereitungen für den Fall, dass es schlecht ausgeht.

1. AUFLAGE 2000

VORWORT

Das vorliegende Buch ist eine breit angelegte Untersuchung des enormen Börsenbooms der jüngsten Zeit unter Berücksichtigung eines breiten Spektrums an veröffentlichten Forschungsarbeiten und historischen Belegen. Sein Ausgangspunkt ist zwar die aktuelle Situation, aber es stellt diese Situation in den Zusammenhang von Börsenbooms im Allgemeinen und macht außerdem konkrete Vorschläge für politische Veränderungen, die als Reaktion auf diesen und auf andere Booms vorgenommen werden sollten.

Angesichts der verbreiteten und recht grundsätzlichen Meinungsverschiedenheiten über den Aktienmarkt ist ein solches Buch heute besonders dringend nötig. Wenn die Menschen auf einer derart grundlegenden Ebene verschiedener Meinung sind, liegt das gewöhnlich daran, dass sie nur Teile des Gesamtbildes kennen. Ein sinnvoller Konsens kann jedoch nur erzielt werden, wenn man alle verfügbaren Fakten auf den Tisch legt. Deshalb habe ich in diesem Buch versucht, eine viel breitere Palette von Informationen vorzustellen, als in Schriften über die Märkte normalerweise berücksichtigt wird, und ich habe versucht, diese Informationen zu einem detaillierten Bild des heutigen Marktes zusammenzustellen.

Warum erreichte der US-amerikanische Aktienmarkt zur Jahrtausendwende derart hohe Niveaus? Was hat sich geändert, dass der Markt so überteuert wurde? Was bedeuten diese Veränderungen für die Börsenaussichten in den ersten Jahrzehnten des neuen Jahrtausends? Sind starke fundamentale Faktoren am Werk, die den Markt auf dem jetzigen hohen Niveau halten oder die ihn selbst dann noch weiter in die Höhe treiben, wenn es zu einer Abwärtskorrektur kommt? Oder steht der Markt nur wegen eines *irrationalen Überschwangs* so hoch – wegen Wunschdenkens seitens der Anleger, das sie für die wahre Situation blind macht?

Die Antworten auf diese Fragen sind sowohl für private Interessen als auch für das öffentliche Interesse von entscheidender Bedeutung. Die Frage, wie wir den Aktienmarkt heute und in der Zukunft bewerten, beeinflusst bedeutende wirtschafts- und sozialpolitische Entscheidungen, die sich nicht nur auf die Anleger, sondern auf die gesamte Gesellschaft, ja sogar die ganze Welt auswirken. Wenn wir den gegenwärtigen und künftigen Wert des Aktienmarkts zu hoch ansetzen, dann investieren wir als Gesellschaft womöglich zu viel in neu gegründete und expandierende Unternehmen und zu wenig in Infrastruktur, Bildung und andere Formen von Humankapital. Wenn wir glauben, der Aktienmarkt sei mehr wert, als er in Wirklichkeit wert ist, werden wir womöglich leichtsinnig, was die Finanzierung unserer Pensionspläne, die Aufrechterhaltung unserer Sparquote, die Gesetzgebung für ein besseres Sozialversicherungssystem und andere Formen der sozialen Absicherung angeht. Wir könnten auch die Chance verpassen, unsere expandierende Finanztechnologie dafür einzusetzen, dass wir uns neue Lösungen für die grundsätzlichen Risiken überlegen, denen wir – unsere Häuser, unsere Städte und unser Lebensunterhalt – ausgesetzt sind.

Um diese Fragen bezüglich der momentanen Lage am Aktienmarkt zu beantworten, ziehe ich Informationen aus vielfältigen und nach Meinung mancher Menschen entlegenen Untersuchungsgebieten heran. Diese Fachgebiete werden von Marktanalysten allzu oft übergangen, aber sie sind nachweislich entscheidend, wenn man ähnliche Marktsituationen im Laufe der gesamten Geschichte oder an anderen Märkten der Welt bestimmen will. Zu diesen Disziplinen gehören unter anderem Wirtschaft, Psychologie, Demografie, Soziologie und Geschichte. Sie liefern wirkmächtige Erkenntnisse zu den erwähnten Fragen, die über die eher konventionellen Methoden der Finanzanalyse hinausgehen. Viele Indizien stammen aus dem aufstrebenden Gebiet der Behavorial Finance oder Verhaltensökonomie, die im Laufe der Jahre immer weniger nach einer kleinen Unterdisziplin der Finanzwissenschaft und immer mehr nach einem Grundpfeiler einer seriösen Finanztheorie aussieht.

Ich führe die wichtigsten Erkenntnisse von Forschern aus diesen Bereichen an. Insgesamt betrachtet legen sie nahe, dass der Aktienmarkt derzeit die klassischen Merkmale einer *Spekulationsblase* aufweist: einer Situation, in der die vorübergehend hohen Preise vor allem von der Begeisterung der Anleger getragen werden, nicht von einer konsistenten Einschätzung realer Werte. Unter diesen Umständen sind die Aussichten des Aktienmarkts für die nächsten zehn oder 20 Jahre selbst dann, wenn er das derzeitige Kursniveau halten oder gar noch erheblich steigern kann, wohl eher schlecht – und vielleicht sogar gefährlich.

Ich gebe nicht vor, eine völlig neue Konzeption des Verhaltens von Finanzmärkten vorzulegen. Das vorliegende Buch ist weder ein wirtschaftstheoretisches noch ein ökonometrisches Werk, auch wenn es an beiden Disziplinen teilhat. Es ist vielmehr ein Versuch, den komplexen Charakter unserer heutigen realen Märkte zu beschreiben und herauszufinden, ob sie unseren Erwartungen und Modellen entsprechen oder nicht. Ich hoffe, indem ich die relevantesten Hinweise aus der Wirtschaftswissenschaft und anderen Bereichen zum Zustand des Marktes heranziehe, kann ich den meines Erachtens gefahrvollen Weg korrigieren, den die Politiker und die Wirtschaftsbosse mit ihren Maßnahmen einschlagen. Auch hoffe ich, Finanzexperten zur Verbesserung ihrer Theorien anzuregen, indem sie sie anhand der beeindruckenden Belege dafür prüfen, dass die Höhe eines Preises entgegen der derzeitigen allgemeinen Auffassung mehr ist als die Summe der verfügbaren wirtschaftlichen Informationen.

Im Laufe der letzten Generation wurde derjenige Zweig der Finanztheorie, der von der Annahme ausgeht, alle Menschen seien durch und durch rational und berechnend, zum einflussreichsten Analyseinstrument, mit dessen Hilfe wir die Märkte in den Griff bekommen wollen. Diejenigen Finanztheoretiker, die den Marktpreis für eine kluge und effiziente Rechenmaschine halten, die Finanzinformationen verarbeitet, hatten einen tief greifenden Einfluss auf die systematische Verwaltung des gesamten Wohlstands, vom Broker um die Ecke bis zur Notenbank Federal Reserve. Jedoch scheuen sich die meisten dieser Finanz- und Wirtschaftsgelehrten vor öffentlichen Äußerungen über das Niveau des Aktienmarkts (obwohl ihnen die Zunge schon mal lockerer sitzt, wenn sie ihre Meinung beim Essen oder bei einem Bier äußern), denn sie wollen sich nicht dabei ertappen lassen, dass sie öffentlich etwas sagen, das sie nicht beweisen können. Solche Finanz- und Wirtschaftswissenschaftler hüllen sich in das Gewand der losgelösten Wissenschaft und greifen gerne auf das elegante Modell der Markteffizienz zurück, um ihre professionelle Haltung zu rechtfertigen.

Es birgt jedoch ernste Gefahren, sich zu sehr auf solche makellosen Modelle als Grundlage der Diskussion von Maßnahmen zu verlassen, denn diese Modelle taugen nur für Aufgabenstellungen, die mit wissenschaftlicher Präzision gelöst werden können. Wenn man sich zu sehr um Genauigkeit bemüht, läuft man jedoch Gefahr, so eng vorzugehen, dass es irrelevant wird. Die Indizien, die ich in den folgenden Kapiteln vorlege, deuten darauf hin, dass die Wirklichkeit am heutigen Aktienmarkt alles andere als klinisch rein ist. Wenn die Nützlichkeit der Finanztheorie größer werden soll, werden alle Volkswirte irgendwann diese chaotischeren Aspekte der Marktwirklichkeit in den Griff bekommen müssen. Einstweilen sollten die Beteiligten der öffentlichen Debatte und der Maßnahmengestaltung das Wirrwarr ordnen, bevor es zu spät ist.

Zu den unerwarteten Konsequenzen der heutigen Investmentkultur gehört es, dass sich viele von den zig Millionen Erwachsenen, die derzeit im Aktienmarkt investiert sind, so verhalten, als würde das aktuelle Preisniveau einfach weiterhin im derzeitigen Tempo steigen. Obwohl der Aktienmarkt laut gewissen Kennzahlen ganz offensichtlich höher steht als je zuvor, benehmen sich die Anleger, als könne er nie zu hoch stehen und niemals über längere Zeit fallen. Wie kommt es, dass sie sich so verhalten? Ihre Logik folgt offenbar dem Trittbrettfahrer-Prinzip: Wenn schon Millionen von Analysten und Investoren die Aktienkurse untersuchen und ihren scheinbaren Wert bestätigen, weshalb sollte man dann seine Zeit mit dem Versuch verschwenden, die vernünftigen Preise herauszufinden? Man kann doch genauso gut auf Kosten der anderen – fleißigen und gewissenhaften – Anleger, die die Aktienkurse erforscht haben, auf den Zug aufspringen und das Gleiche machen wie sie – nämlich Aktien kaufen!

Was die meisten Anleger aber nicht wissen: Dem Research, das am Aktienmarkt betrieben wird, mangelt es in besorgniserregender Weise an Glaubwürdigkeit, gar nicht zu reden von der Klarheit und Genauigkeit, mit der es der Allgemeinheit vermittelt wird. Manches sogenannte Research ist genauso gründlich, wie wenn jemand aus dem Kaffeesatz liest. Behauptungen, der Dow Jones werde auf 36.000, auf 40.000 oder gar 100.000 Punkte steigen, flößen wohl kaum Vertrauen ein. Natürlich haben *manche* Researcher eine realistischere Meinung über die Aussichten des Marktes und kommen bezüglich seiner Zukunft zu besser begründeten Schlüssen, aber nicht ihre Namen sind es, die die Schlagzeilen dominieren und so die Einstellung der Allgemeinheit beeinflussen.

Stattdessen spiegeln die Schlagzeilen den beständigen Fokus der Medien auf banale Halbwahrheiten und die Meinungen von „Prominenten" über das Preisniveau des Marktes wider. Da ihre Verfasser vor allem um Leser, Hörer und Zuschauer buhlen, sind Medienberichte tendenziell oberflächlich und fördern grundlegende Fehleinschätzungen, was die Börse angeht. Beispielsweise entstand durch Medienberichte, die sich über die scheinbar endlose Lebensdauer von Aktien auslassen, eine Art Binsenweisheit. Die Allgemeinheit hat gelernt, diese – meines Erachtens haltlose – Weisheit zu akzeptieren. Der Gerechtigkeit halber muss allerdings gesagt werden, dass es die Profis von der Wall Street, deren Meinungen in den Medien veröffentlicht werden, schwer haben, diese Binsenweisheit zu korrigieren, denn sie sind durch die Dreizeiler und die kurzen O-Töne, die ihnen gewährt werden, eingeschränkt. Man müsste Bücher schreiben, um diese Dinge zurechtzurücken. Das vorliegende Buch ist ein solches.

Wie gesagt, die vorherrschende Meinung besagt, der Aktienmarkt als solcher sei schon immer die beste Anlage gewesen und werde es immer sein, selbst wenn er nach historischen Maßstäben überteuert ist. Die Kleinanleger verlagern die Investments für ihre Altersvorsorge immer mehr in Richtung Aktien und es wird immer beliebter, das Geld für die Altersvorsorge zu 100 Prozent in Aktien zu investieren. Sie legen ihr Geld dort an, wo ihr Mantra liegt. Diese Einstellung leistet der Ausbeutung durch Unternehmen Vorschub, denen eine unbegrenzte Menge von Aktien zur Verfügung steht, die sie verkaufen können. „Sie wollen Aktien haben? Wir geben Ihnen Aktien."

Außerdem scheinen die meisten Anleger den Aktienmarkt als eigenständige Naturgewalt zu betrachten. Ihnen ist nicht so ganz klar, dass sie selbst als Gruppe genommen das Niveau des Marktes bestimmen. Und sie unterschätzen die Ähnlichkeit ihres eigenen Denkens mit dem anderer Anleger. Viele Privatanleger meinen, die institutionellen Investoren würden den Markt beherrschen und dieses sogenannte „Smart Money" habe ausgeklügelte Modelle, dank deren es die Preise durchschaut – einen Informationsvorsprung. Sie wissen nicht, dass die meisten institutionellen Investoren im Großen und Ganzen genauso ratlos wie sie vor dem Niveau des Aktienmarkts stehen. Kurz gesagt wird das Preisniveau zu einem gewissen Grad von einer selbst erfüllenden Prophezeiung bestimmt. Sie beruht darauf, dass der Löwenanteil der großen und kleinen Anleger ein ähnliches „Gefühl" hat, und sie wird von den Medien verstärkt, denn diese geben sich oft damit zufrieden, die von den Anlegern herbeigeführte vorherrschende Meinung zu bestätigen.

Als der Dow Jones Industrial Average im März 1999 zum ersten Mal über 10.000 Punkte stieg, schaltete Merrill Lynch eine ganzseitige Anzeige mit der Überschrift: „Selbst Leute wie wir, die eine disziplinierte langfristige Strategie verfolgen, können nur dasitzen und ‚wow' sagen." In der linken unteren Ecke der Seite standen neben einem Kursdiagramm, das mit 10.000 Punkten endete, die Worte: „Eine Leistung der Menschheit." Wenn das eine Leistung ist, die Glückwünsche verdient, dann müssten wir jedem Angestellten gratulieren, der eine glänzende Selbstbewertung abgibt.

Im Moment liegen überzogene Erwartungen oder gar irrationaler Überschwang in der Luft. Die Menschen sehen die Börse optimistisch. Es fehlt der nüchterne Blick auf das Abwärtsrisiko und die Folgen, die ein Kursrückgang hätte. Wenn der Dow Jones auf 6.000 Punkte fallen würde, entspräche der Verlust in etwa dem Wert aller Wohnhäuser in den Vereinigten

Staaten. Das würde die Privatanleger, die Pensionsfonds, die Stiftungsfonds der Universitäten und die Wohltätigkeitsorganisationen in unterschiedlichem Maße schädigen.

Wir müssen wissen, ob der Stand des Aktienmarkts heute, morgen oder an einem beliebigen anderen Tag die wirtschaftliche Realität auf vernünftige Weise wiedergibt. Das ist genauso wichtig wie den eigenen Kontostand zu kennen. Diese Bewertung ist das Essen, das künftig bei uns auf den Tisch kommt, und die Kleider an unserem Leib. So gut wie alle Entscheidungen, Geld auszugeben, sollten davon beeinflusst werden. Wir müssen die Kräfte besser verstehen, die die langfristigen Aussichten des Marktes gestalten – und dieses Verständnis möchte das vorliegende Buch vermitteln.

DANKSAGUNGEN

Jeremy Siegel, der mit mir eindeutig nicht in allen Punkten einer Meinung ist, drängte mich, meine Ideen in diesem Buch niederzuschreiben. Er ist ein wahrer Anstifter. Jeremy ist ein lebenslanger Freund. Unsere Familien fahren regelmäßig zusammen in Urlaub und ich habe von ihm eine unverwechselbare Herangehensweise an die Finanzwissenschaft gelernt, während wir am Strand entlangwanderten oder unseren Kindern beim Angeln zusahen. In den Jahren seit Erscheinen der ersten Auflage des vorliegenden Buches gerieten er und ich oft in die Rolle von Gegenspielern, er als Bulle und ich als Bär. Doch eigentlich teilen er und ich in großen Teilen die gleiche Weltsicht und sein neues Buch „Überlegen investieren" ergänzt in vielerlei Hinsicht das vorliegende.

John Campbell war früher mein Student, dann Koautor eines Dutzends wissenschaftlicher Artikel über die Finanzmärkte und inzwischen ist er seit Jahren mein Freund. Bei der Formulierung vieler Gedanken, die zu dem vorliegenden Buch führten, war er meine bessere Hälfte. Meine ersten Arbeiten zur Volatilität an Finanzmärkten wurden durch seine Mitarbeit ausgefeilt und wesentlich vorangetrieben. Auch trug er viele nützliche Ratschläge zum Buch bei und gab Kommentare zum Manuskript ab.

Peter Dougherty, mein Lektor bei Princeton University Press, nahm einen äußerst wichtigen gestalterischen Einfluss auf das Buch und half mir, die grundlegenden Aspekte seiner Struktur festzulegen. Er ist ein großartiger Kollege und noch mehr, eigentlich fast schon ein Mitarbeiter. Peter Strupp und seine Kollegen bei Princeton Editorial Associates waren während des ganzen Herstellungsprozesses immer höchst hilfreich.

Meine Assistentinnen Carol Copeland, Minhua Wan, Sumithra Sudhir und jetzt Bonnie Blake haben mir mit ihrer standhaften Unterstützung geholfen, auch in schwierigen Zeiten durchzuhalten. Ich hatte das Glück, einige ausgezeichnete studentische Forschungsassistenten zu haben, die mir während des Schreibens halfen: Eric Bair, Yigit Bora Bozkurt, Peter Fabrizio, Jon Fougner, Gerardo Garcia Lopez, Michael Gousgounis, William „Drew" Haluska, Erik Hjalmarsson, Yuanfeng Hou, Murad Jivraj, Leora Kelman, Alston E. Lambert II, Anthony Ling, Luis Mancilla, Steven Pawliczek, Stefan Schneeberger und Kinde Wubneh.

Außerdem bin ich mit einer Reihe von Freunden und Kollegen gesegnet, die Entwürfe des Manuskripts lasen und ausgiebige Kommentare dazu abgaben: Stefano Athanasoulis, John Geanakoplos, William Konigsberg, Stephen Morris, Sharon Oster, Jay Ritter, Martin Shubik und James Tobin.

Meine Kollegen von der Cowles Foundation for Research in Economics an der Yale University – Glena Ames, Donald Brown, Stefan Krieger, Stephen Morris und William Nordhaus – waren mir eine große Hilfe. Auch muss ich diese Gelegenheit wahrnehmen, um meine Dankbarkeit gegenüber unserem verstorbenen Gründer Alfred Cowles III auszudrücken. Er war in der ersten Hälfte des 20. Jahrhunderts Vermögensverwalter und Förderer der mathematischen Ökonomie und er stellte die Zahlen zu Dividenden und Unternehmensgewinnen vor 1926 zusammen, die in diesem Buch verwendet werden.

Dank auch für die Hilfe meiner Kollegen am Yale International Center for Finance – seinen Direktor William Goetzmann sowie Zhiwu Chen, Roger Ibbotson, Eli Levy, Jim Snyder, Ivo Welch und Jeffrey Wurgler. Roger, der im Jahr 2000 Vorträge mit dem Titel „Dow 100.000" hielt und dem Aktienmarkt eine glänzende Zukunft voraussagte, war eine bereitwillige Folie für meine Ideen. Gerade hat der Dow Jones die Marke von 17.000 Punkten überschritten und daher glaube ich, dass er *irgendwann* recht behalten wird.

Meine Forschungen mit Kollegen von der Barclays Bank, die an Forschungsprojekten über Sektorindikatoren am Aktienmarkt mitgearbeitet haben, waren eine weitere erhellende Quelle, die zu diesem Buch beitrug. Unter den vielen Mitarbeitern möchte ich Laurence Black, Oliver Bunn, Kenneth Crawford, Anthony Lazanas, Vytautas Martinaitis, Benedict Redmond, Richa Singh, Arne Staal, Cenk Ural und Ji Zhuang namentlich erwähnen.

Auch die Unterstützung von meinem Kollegen Professor Karl E. Case vom Wellesley College war höchst wichtig. Ich lernte ihn kennen, nachdem ich von einem Artikel gehört hatte, den er 1986 geschrieben hatte und in dem er versuchte, die Gründe aufzuzählen, die dazu geführt hatten, dass die

Häuserpreise in Boston so sehr gestiegen waren. Seither arbeitet er mit mir daran, die Psychologie der Immobilienmärkte zu verstehen. Case und ich aktualisieren weiterhin mit Unterstützung der Yale School of Management unsere Umfrageergebnisse, seit Neuestem arbeiten wir mit Anne Kinsella Thompson von McGraw Hill Construction zusammen.

Ich danke Bracebridge Capital, Fuller and Thaler Asset Management, LSV Asset Management und der Russell Sage Foundation dafür, dass sie die Seminare über Behavioral Finance sponsern, die Richard Thaler und ich seit 1991 im National Bureau of Economic Research veranstalten, sowie der Russell Sage Foundation und der Federal Reserve Bank of Boston als Sponsoren für die makroökonomischen Seminare, die George Akerlof und ich dort von 1994 bis 2007 veranstalteten. Der Begriff *Behavioral Finance* bezieht sich auf Forschungen über die Märkte, die detaillierte Aspekte des menschlichen Verhaltens berücksichtigen, unter anderem psychologische und soziologische. Das vorliegende Buch profitiert unschätzbar von der Arbeit vieler Wissenschaftler auf dem aufstrebenden Gebiet der Behavioral Economics oder Verhaltensökonomie, die mittlerweile langsam in den wirtschafts- und finanzwissenschaftlichen Fakultäten der Universitäten ernsthaft Fuß fasst.

Die U.S. National Foundation hat viel von meiner Grundlagenforschung zu den Finanzmärkten gefördert. Ihre fortgesetzte Unterstützung meiner Arbeit über mehr als 20 Jahre hinweg ermöglichte es mir, meine Aufmerksamkeit ohne finanziellen Druck auf bestimmte Themen zu richten. Whitebox Advisors hat unter der Leitung von Andrew Redleaf der Yale University ein Stipendium zur Förderung von Forschungen zur Verhaltensökonomie gestiftet und dieses Stipendium förderte auch die Überarbeitung des vorliegenden Buches für die zweite Auflage.

Außerdem bin ich Brad Barber, Scott Boorman, David Colander, Robert Ellickson, Ray Fair, Peter Garber, Jeffrey Garten, Christian Gollier, Sunil Gottipati, Trevor Greetham, Stanley Hamilton, Anne Laferrere, Jonathan Laing, Ricky Lam, Xindan Li, Yan Li, Justin Yifu Lin, Benoit Mercereau, John Rey, Colin Robertson, Tsur Somerville, Nassim Taleb, Philippe Trainar, Mark Warshawsky, Oleg Zamulin, Yong Zhang und Ning Zhu für hilfreiche Diskussionen dankbar. Yoshiro Tsutsui von der Universität Osaka und Fumiko Kon-Ya vom Japanese Securities Research Institute arbeiten seit vielen Jahren mit mir an den Umfrage-Forschungen zusammen, mit denen wir die Einstellungen von Anlegern in Japan und in den Vereinigten Staaten erforschen. Die Hilfe von Josephine Rinaldi und Walt Smietana von CompuMail weiß ich sehr zu schätzen. Auf jeden Fall muss ich auch den zahlreichen Anlegern danken, die sich die Zeit genommen haben, für mich Fragebögen auszufüllen.

Meiner Frau Virginia Shiller, die als klinische Psychologin am Yale Child Study Center arbeitet, schulde ich tiefe Dankbarkeit dafür, dass sie bei mir ein echtes Interesse an Psychologie geweckt und mich von ihrer Bedeutung für die Ökonomie überzeugt hat. Sie hat das gesamte Buch äußerst sorgfältig gelesen und kritisiert und sie hat mir bei der Formulierung meiner Gedanken sehr geholfen. Außerdem hielt sie daheim den Laden am Laufen, während ich lange Tage und Nächte daran arbeitete.

KAPITEL 1

EIN HISTORISCHER BLICK AUF DEN AKTIENMARKT

Als Alan Greenspan, der damalige Vorsitzende des Federal Reserve Board, den Begriff *irrationaler Überschwang* verwendete, um das Verhalten von Anlegern am Aktienmarkt zu beschreiben, fixierte sich alle Welt auf diese Worte.[1] Er sprach am 5. Dezember 1996 bei einem edlen Dinner in Washington und diese im Fernsehen übertragene Rede wurde auf der ganzen Welt verfolgt. Sobald er diese Worte geäußert hatte, sackten die Aktienmärkte rapide ab. Der japanische Nikkei Index fiel um 3,2 Prozent, der Hang Seng in Hongkong um 2,9 Prozent, der DAX in Deutschland um vier Prozent, der Londoner FTSE 100 im Laufe des Tages einmal um vier Prozent und in den Vereinigten Staaten stand der Dow Jones Industrial Average kurz vor Handelsbeginn mit 2,3 Prozent im Minus. Es schien absurd, dass Märkte in aller Welt so scharf auf diese beiden Wörter inmitten einer bedächtigen und wenig bemerkenswerten Rede reagierten. Dieses Ereignis warf eine amüsante Story über die Verrücktheit der Märkte ab, die eine Weile rund um die Welt erzählt wurde.

Die amüsante Story wurde im Laufe der Zeit wieder vergessen, nicht aber der *irrationale Überschwang*, auf den immer und immer wieder Bezug genommen wurde. Greenspan hat die Formulierung *irrationaler Überschwang* nicht geprägt, aber dafür gesorgt, dass sie mit einer gewissen Ansicht über die Instabilität spekulativer Märkte verbunden wurde. Dank der Ereignisketté, die seine Äußerung dieser Wörter am Aktienmarkt ausgelöst hatte, schienen sie eine wesentliche Realität zu beschreiben. Nach und nach wurden sie zum berühmtesten Greenspan-Zitat – ein Schlagwort für alle, die den Markt beobachten.

Warum beziehen sich die Menschen Jahre später immer noch so oft auf den *irrationalen Überschwang*? Ich glaube, diese Wörter sind zu einer nützlichen Bezeichnung für das gesellschaftliche Phänomen geworden, das die Menschen in den 1990er-Jahren mit ihren eigenen Augen geschehen sahen und das offensichtlich in der Geschichte immer wieder geschehen ist, wenn Märkte unter dem Einfluss der Marktpsychologie ungewöhnlich und unhaltbar weit in die Höhe getrieben wurden.

Als sich der große Anstieg des Marktes aus den 1990er-Jahren fortsetzte, merkten viele scharfsinnige Menschen an, es liege etwas greifbar Irrationales in der Luft, und doch sei diese Irrationalität subtiler Natur. Es herrschte nicht die Art von Euphorie oder Wahnsinn der Anleger, die von manchen Chronisten früherer spekulativer Exzesse beschrieben worden war, zum Beispiel des Börsenbooms der 1920er-Jahre. Doch vielleicht haben diese Chronisten ja ihre Geschichten ausgeschmückt. Der irrationale Überschwang ist nicht *derart* verrückt. Die früher beliebten Begriffe *Spekulationsfieber* oder *Spekulationsorgie* erschienen zu stark zu sein, um das zu beschreiben, was wir in den 1990er-Jahren erlebten. Sie waren eher wie die Fehlurteile, die wir alle schon irgendwann in unserem Leben getroffen haben, wenn die Begeisterung mit uns durchgegangen ist. *Irrationaler Überschwang* scheint sehr gut zu beschreiben, was an Märkten passiert, wenn sie aus dem Ruder laufen.

Irrationaler Überschwang ist die psychologische Grundlage einer Spekulationsblase. Ich definiere eine Spekulationsblase als Situation, in der Meldungen über Preisanstiege die Begeisterung der Anleger anheizen, die sich dann über psychologische Ansteckung von Mensch zu Mensch überträgt. Dabei verstärkt sie Geschichten, die den Preisanstieg rechtfertigen könnten, und bringt eine immer größere Klasse von Anlegern ins Spiel, die sich trotz ihrer Zweifel am wahren Wert der Anlage hineinziehen lassen, teils weil sie die anderen um ihren Erfolg beneiden, teils wegen der Begeisterung von Glücksspielern. Wir werden im Laufe dieses Buches die verschiedenen Bestandteile dieser Definition einer Blase erkunden.

Greenspan hielt seine Rede über den „irrationalen Überschwang" im Jahr 1996 während des bislang größten historischen Beispiels für einen spekulationsbedingten Anstieg des US-Aktienmarkts. Der Dow Jones Industrial Average (ab jetzt nur noch als „Dow Jones" bezeichnet) stand Anfang 1994 bei rund 3.600 Punkten. Im März 1999 überschritt er zum ersten Mal die 10.000 Punkte. Seinen Höhepunkt überschritt der Dow Jones am 14. Januar 2000, zwei Wochen nach Beginn des neuen Jahrtausends, bei 11.722,98 Punkten. Der Markt hatte sich innerhalb von fünf Jahren verdreifacht. Andere Aktienindizes überschritten ein paar Monate später Höhepunkte. Der reale (inflationsbereinigte) Dow Jones erreichte dieses Niveau erst wieder 2014 und der reale S&P 500 ist, während ich dies schreibe, immer noch nicht ganz auf den Stand von 2000 zurückgekehrt. Es ist schon seltsam, dass dieses Hoch des Dow Jones (und anderer Indizes) nicht lange nach den Feiern zum neuen Jahrtausend auftrat – es war, als seien die Feiern an sich Teil dessen, was den Markt in die Höhe katapultiert hatte, und als hätte der Kater danach sie wieder heruntergezogen.

Abbildung 1.1 zeigt die monatlichen realen (anhand des Verbraucherpreisindex inflationsbereinigten) Stände des Standard & Poor's (S&P) Composite Stock Price Index, der mit 500 Aktien den Aktienmarkt umfassender wiedergibt als der Dow Jones mit 30 Aktien, seit 1957.[2] Die Inflationsbereinigung wurde hier deshalb verwendet, weil das allgemeine Preisniveau in Teilen dieses Zeitraums sehr instabil war (der Staat druckte viel Geld und das trieb die Preise in die Höhe) und die nicht bereinigten Zahlen einen irreführenden Eindruck vom tatsächlichen Kursanstieg des Aktienmarkts vermitteln würden. Die Aktienkurse werden von 1871 bis 2014 dargestellt (obere Linie) und darunter die gesamten Gewinne (Unternehmensgewinn je Aktie), die von den Unternehmen, aus denen der Index besteht, in denselben Jahren erwirtschaftet wurden (untere Linie).[3]

Abbildung 1.1 Aktienkurse und Unternehmensgewinne in den USA 1871 bis 2014

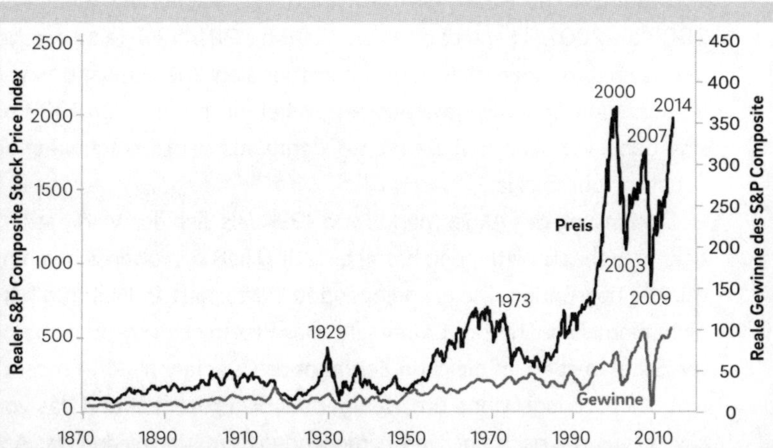

Realer (inflationsbereinigter) S&P Composite Stock Price Index, Monatschart, Januar 1971 bis Juni 2014 (obere Linie) und reale Gewinne des S&P Composite (untere Linie) von Januar 1871 bis März 2014.

Quelle: Berechnungen des Autors anhand von Zahlen des S&P Statistical Service, des U.S. Bureau of Labor Statistics, Cowles & Associates: *Common Stock Indexes* und Warren und Pearson: *Gold and Prices*. Siehe auch Anmerkung 3.

Dieses Aktienkurs-Diagramm ist ungewöhnlich: Die meisten langfristigen Darstellungen von Aktienkursen sind nicht so langfristig wie diese und die meisten sind nominal, nicht inflationsbereinigt. In diesem Chart tritt das Ausmaß des Booms, der 1982 begann und 2000 seinen Höhepunkt überschritt, besonders gut zutage. Er war ein historisch einzigartiges Ereignis.

Auf den Höhepunkt der Aktienkurse am Ende des Millenniumbooms im Jahr 2000 folgte der Boom der Besitzergesellschaft von 2003 bis 2007, den ich nach einem Slogan benannt habe, den George Bush in seinem Präsidentschaftswahlkampf 2004 verwendete. Auf dieses Hoch folgte die Weltfinanzkrise 2008/2009. Nachdem die Krise im Jahr 2009 abgeflaut war, begann ein erneuter bedeutender weltweiter Aufschwung der Aktienkurse, den ich nach einer Formulierung, die vom damaligen PIMCO-Chef Bill Gross 2009 populär gemacht wurde, als Boom der neuen Normalität bezeichnen werde.[4] Die Nachrichtenmedien zeigen seit 2000 die Tendenz, die „neuen Rekorde" zu dramatisieren, die in den Jahren 2007 und 2014 an den Aktienmärkten aufgestellt wurden. Doch in Wirklichkeit stellten die Booms nach dem Jahr 2000 gar keine Rekorde auf. Der größte reale (inflationsbereinigte) Aufschwung des US-amerikanischen Aktienmarkts fand von Juli 1982 bis August 2000 statt. Damals stieg der Markt auf das 7,7-Fache und stellte damit den Aufschwung von Dezember 1920 bis September 1929 auf das 5,2-Fache ebenso in den Schatten wie den Anstieg von Juni 1949 bis Dezember 1968 auf das 5,1-Fache. Die Aufschwünge von 2003 bis 2007 (1,5-fach) und von 2009 bis 2014 (2,3-fach) erscheinen im Vergleich dazu eher milde. Um den irrationalen Überschwang zu verstehen, lege ich den Schwerpunkt auf den Millenniumboom von 1982 bis 2000 und dabei vor allem auf die letzten Jahre, als der Überschwang am deutlichsten spürbar war.

Der Anstieg des Aktienmarkts von 1994 (als sich der Markt seit 1982 real bereits mehr als verdoppelt hatte) bis 2000 ließ sich offensichtlich nicht vernünftig begründen. Die grundlegenden Wirtschaftsindikatoren hatten sich nicht einmal annähernd verdreifacht. Das Bruttoinlandsprodukt der Vereinigten Staaten stieg im gleichen Zeitraum um weniger als 40 Prozent und die Unternehmensgewinne um weniger als 60 Prozent – und das von einem Niveau aus, das nach einer vorübergehenden Rezession niedrig war. Angesichts dieser Zahlen erscheint der Anstieg der Aktienkurse ungerechtfertigt.

Große Kursanstiege traten etwa zur selben Zeit in vielen Ländern auf und die Kurshochs Anfang 2000 traten in vielen Ländern oft ziemlich gleichzeitig auf. Abbildung 1.2 zeigt die Verläufe der Aktienkurse in zehn Ländern und in der Welt insgesamt von 1995 bis 2014. Wie man dort sieht, haben sich die realen Aktienbewertungen in Brasilien, Frankreich, China und Deutschland ungefähr verdreifacht, während sie sich in Großbritannien ungefähr verdoppelten. Im Jahr 1999, dem Jahr vor dem Höhepunkt, belief sich der Anstieg der realen Aktienkurse in den zehn in Abbildung 1.2 gezeigten Ländern auf durchschnittlich 58 Prozent. In allen Ländern stiegen die Kurse 1999 steil an. Tatsächlich war auch der geringste Anstieg, der in Großbritannien stattfand, mit 16 Prozent immer noch beeindruckend. Die asiatischen (Hongkong, Indonesien, Japan, Malaysia, Singapur und Südkorea) und die lateinamerikanischen Aktienmärkte (Chile und Mexiko) verzeichneten 1999 ebenfalls erstaunliche Kursgewinne. Es war ein wahrhaft spektakulärer weltweiter Börsenboom.

Wie in Abbildung 1.2 zu sehen ist, ließ das Ende des Booms im Jahr 2000 die Aktienmärkte in vielen Teilen der Welt abstürzen. Und der nächste Boom, der seinen Höhepunkt Ende 2007 oder Anfang 2008 überschritt, hatte wiederum weltweit enorme Auswirkungen. Danach rutschte die Welt in die schwerste Rezession seit der Großen Depression der 1930er-Jahre. Das Wirtschaftswachstum klappte zusammen und die Schwäche der Weltwirtschaft hielt noch Jahre nach der Blase an. Trotz der schwachen Weltwirtschaft betraf der dritte Börsenboom, der um das Jahr 2009 begann, wieder viele Länder.

Abbildung 1.2 Reale Aktienkurse in zehn Ländern und der Welt, Januar 1995 bis Juli 2014

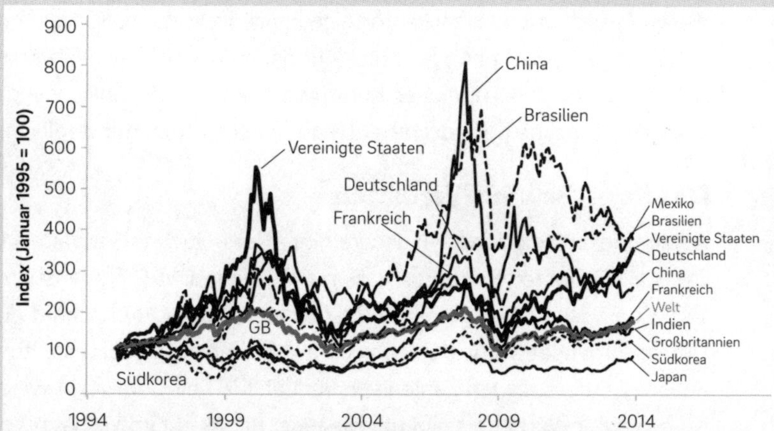

Monatliche Schlusskurse in Brasilien (Bovespa), China (SE Shang Composite), Frankreich (CAC 40), Deutschland (DAX), Indien (Sensex), Japan (Nikkei), Südkorea (KOSPI), Mexiko (Mexbol), Großbritannien (FTSE 100), den Vereinigten Staaten (NASDAQ Composite) und des Morgan-Stanley Capital International All Country World Index, alle bereinigt um den monatlichen Verbraucherpreisindex der jeweiligen Währung, alle auf Januar 1995 = 100 umskaliert.

Quelle: Bloomberg und Internationaler Währungsfonds *International Financial Statistics* (1999).

Wenn wir noch einmal einen Blick auf Abbildung 1.1 werfen, die eine längere Historie des S&P Index zeigt, sehen wir, wie anders sich der Markt im Vorfeld des Jahres 2000 im Vergleich zur ferneren Vergangenheit verhielt. Die Preisausschläge in den Jahren 1982 bis 2000 waren höchst bemerkenswert: Der Preisindex sieht aus wie eine Rakete, die durch die obere Chartbegrenzung durchstarten will, dann aber ins Stocken gerät und abstürzt. Man könnte diesen größten Börsenboom aller Zeiten als *Millenniumboom* oder jetzt, nachdem er vorüber ist, als *Millenniumblase* bezeichnen.[5]

Der Aufstieg und der Fall des Aktienmarkts in den Jahren nach 1994 hängen eindeutig mit dem Verhalten der Unternehmensgewinne zusammen. Wie in Abbildung 1.1 zu sehen, stiegen die Gewinne des S&P Composite Ende der 1990er-Jahre sehr schnell, bevor sie nach 2000 einbrachen, dann bis 2007 wieder stiegen, im Jahr 2009 völlig zusammenbrachen und dann mit dem Markt stiegen. Es scheint, als hätten die Gewinne um einen langsamen, stetigen Wachstumspfad herum hin und her geschwankt, der seit über einem Jahrhundert anhält.

Ein genauerer Blick auf Abbildung 1.1 dürfte klarstellen, dass es so etwas wie den Millenniumboom in der gesamten Börsenhistorie seit 1871 nicht gegeben hat. Es gab natürlich den berühmten Kursanstieg in den 1920er-Jahren, der im Crash des Jahres 1929 seinen Höhepunkt fand. Abbildung 1.1 zeigt diesen Aufschwung als zackenförmige Preisentwicklung. Korrigiert man den Maßstab, erkennt man, dass diese Phase in den 1920er-Jahren gewisse Ähnlichkeiten mit den jüngsten Kurszuwächsen der Börse hat, aber das ist die einzige historische Episode, die auch nur annähernd damit vergleichbar ist.

Das Kurs-Gewinn-Verhältnis

Abbildung 1.3 zeigt das zyklusbereinigte Kurs-Gewinn-Verhältnis (CAPE = Cyclically Adjusted Price-Earnings ratio): den realen (inflationsbereinigten) S&P Composite Index geteilt durch den gleitenden Durchschnitt der realen Unternehmensgewinne des Index über zehn Jahre. Die dargestellten Punkte geben die monatlichen Zahlen von Januar 1881 bis Juni 2014 wieder.[6] Das Kurs-Gewinn-Verhältnis gibt an, wie teuer der Markt im Verhältnis zu einem objektiven Maß für die Ertragskraft der Unternehmen ist. John Campbell und ich haben das CAPE anhand des gleitenden Durchschnitts als Erste definiert und dabei Vorschläge von Benjamin Graham und David Dodd aus dem Jahr 1934 aufgegriffen.[7]

Der 10-Jahres-Durchschnitt glättet Ereignisse wie den vorübergehenden Gewinneinbruch während des Zweiten Weltkriegs oder die häufigen Auf- und Abschwünge, die im Zuge des Konjunkturzyklus auftreten.[8] Beachten Sie auch hier wieder, dass es nach 1997 einen enormen Ausschlag nach oben gab; das Verhältnis stieg und erreichte im Verlauf des 24. März 2000 den Wert von 47,2. Noch nie war das so berechnete Kurs-Gewinn-Verhältnis so hoch gewesen. Am nächsten kam dem noch der September 1929, als es auf 32,6 stieg.

Im Jahr 2000 waren die Gewinne zwar im Vergleich zu Grahams und Dodds Maß für die langfristigen Gewinne ziemlich hoch, fielen aber keineswegs extrem aus dem Rahmen. Was sich im Jahr 2000 außergewöhnlich verhielt, waren nicht die Gewinne, sondern der Kurs des Index (auch in Abbildung 1.1 zu sehen).

Abbildung 1.3 Das zyklusbereinigte KGV (CAPE) und die Zinsen in den USA von 1881 bis 2014

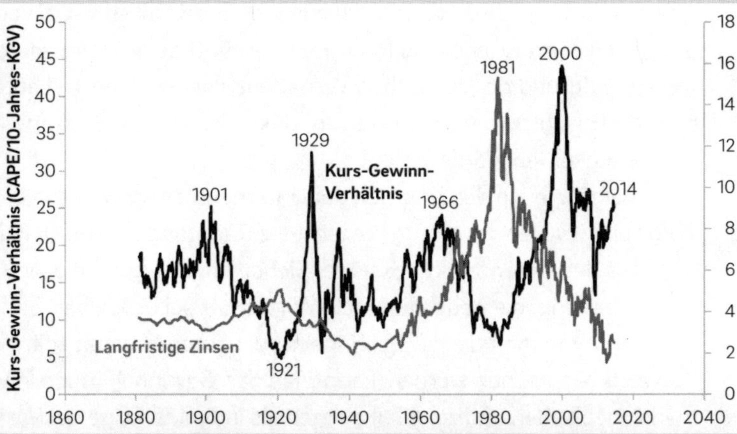

Monatliches Kurs-Gewinn-Verhältis von Januar 1881 bis Juni 2014. Zähler: der reale (inflationsbereinigte) S&P Composite Stock Price Index. Nenner: der gleitende Durchschnitt der Gewinne des S&P Composite über die vorangegangenen zehn Jahre. Jahre mit Spitzen sind angegeben.

Quelle: Berechnungen des Autors anhand der in Abbildung 1.1 dargestellten Zahlen. Die Zinsen sind die nominale Verzinsung langfristiger US-Staatsanleihen von Januar 1881 bis Juni 2014 (Verrechnung zweier historischer langfristiger Zinssätze durch den Autor). Siehe auch Anmerkung 7.

Zum Teil lässt sich das bemerkenswerte Preisverhalten von 1990 bis 2000 vielleicht mit dem ungewöhnlichen Verhalten der Unternehmensgewinne erklären, das aus den Gewinn- und Verlustrechnungen hervorgeht. Viele Beobachter sagten damals, das Gewinnwachstum in dem 5-Jahres-Zeitraum, der 1997 endete, sei außerordentlich: Die realen Gewinne im S&P Composite hatten sich in diesem Zeitraum mehr als verdoppelt und einen solchen Anstieg der realen Gewinne innerhalb von fünf Jahren hatte es seit fast einem halben Jahrhundert nicht mehr gegeben. Allerdings markierte das Jahr 1992 das Ende einer Rezession, in deren Verlauf die Gewinne vorübergehend abgesackt waren.[9] Es war schon früher vorgekommen, dass die Gewinne stiegen, nachdem sie durch eine Rezession oder Depression zurückgegangen waren. Tatsächlich hatten sich die realen Gewinne von 1921 bis 1926 mehr als vervierfacht, weil die Wirtschaft aus der schweren Rezession des Jahres 1921 in die florierenden Goldenen Zwanziger einschwenkte. Die realen Gewinne verdoppelten sich jeweils innerhalb von fünf Jahren nach der Depression der 1890er-Jahre, nach der Großen Depression der 1990er-Jahre und nach dem Zweiten Weltkrieg.

Im Jahr 2000, auf dem Höhepunkt des Marktes, gerieten die Beobachter in Versuchung, dieses Gewinnwachstum fortzuschreiben und zu glauben, irgendwelche grundlegenden Veränderungen im Wirtschaftsgeschehen hätten einen neuen Trend des verstärkten Gewinnwachstums hervorgerufen. Und natürlich wurde diese Story dadurch gefördert, dass so viel vom Beginn des neuen Jahrtausends die Rede war. Vernünftiger wäre es allerdings gewesen, aufgrund des zyklischen Verhaltens der Gewinne im Laufe der gesamten Geschichte vorherzusagen, dass sich dieses Gewinnwachstum wieder umkehren würde.

Sicher trug auch der Einbruch der Unternehmensgewinne in den Jahren 2000 und 2001 – der größte prozentuale Rückgang seit 1920/1921 – dazu bei, dass der Aktienmarkt absackte. Sicherlich untergrub dieser Rückgang die Auffassung, die neue Hightech-Wirtschaft sei unfehlbar. Es fragt sich allerdings, wie man diesen Gewinneinbruch interpretieren soll. Wie wir in Kapitel 5 besprechen werden, kann man den Gewinneinbruch in vielen Dimensionen sehen und zum Teil einfach als indirekte Folge der Veränderungen in der Anlegerpsychologie, die den Rückgang des Marktes hervorriefen. Zum Teil war der Gewinneinbruch nach 2000 auch einfach eine buchhaltungstechnische Reaktion auf den Rückgang der Aktienkurse, denn wegen der Rechnungslegungsvorschriften mussten die Unternehmen die Wertminderung derjenigen ihrer Aktienbeteiligungen, deren Wert nach dem Aktiencrash deutlich gesunken war, von ihren Gewinnen abziehen.

Andere Phasen mit hohen Kurs-Gewinn-Verhältnissen

Es gab bereits drei Zeiträume, in denen das in Abbildung 1.3 dargestellte Kurs-Gewinn-Verhältnis hohe Werte erreichte, aber noch nie so hohe wie im Jahr 2000. Das erste Mal war im Juni 1901, als das Kurs-Gewinn-Verhältnis ein Hoch von 25,2 erreichte. Man könnte es als „Hoch des 20. Jahrhunderts" bezeichnen, denn es trat etwa zur Zeit der Feiern zum neuen Jahrhundert auf. (Der Anbruch des 20. Jahrhunderts wurde am 1. Januar 1901, nicht 1900, gefeiert.)[10] Dieser Spitzenwert trat im Kielwasser einer Verdoppelung der realen Gewinne innerhalb von fünf Jahren auf, nachdem die US-Wirtschaft die Depression der 1890er-Jahre hinter sich gebracht hatte.[11] Außerdem trat der Spitzenwert des Kurs-Gewinn-Verhältnisses 1901 nach einem plötzlichen steilen Anstieg des Verhältnisses von Juli 1900 bis Juni 1901, einer Zunahme von 43 Prozent in elf Monaten, auf. Jahrhundertwende-Optimismus machte sich breit – gepaart mit viel Gerede über eine prosperierende und hochtechnisierte Zukunft.

Nach 1901 gab es zwar keinen ausgeprägten sofortigen Abwärtstrend der realen Preise, aber im Laufe des Jahrzehnts schwankten die Preise um das Niveau von 1901 oder knapp darunter hin und her und fielen dann. Bis 1920 hatte der Aktienmarkt 67 Prozent seines realen Wertes vom Juni 1901 verloren. Die durchschnittliche reale Börsenrendite (einschließlich Dividenden) in den fünf Jahren nach Juni 1901 betrug 3,4 Prozent pro Jahr und lag damit nur knapp über dem Realzins. In den zehn Jahren nach Juni 1901 belief sich die durchschnittliche Jahresrendite (einschließlich Dividenden) auf 4,4 Prozent, in den 15 Jahren danach auf 3,1 Prozent und in den 20 Jahren danach auf -0,2 Prozent.[12] Diese Renditen liegen unter dem, was man normalerweise vom Aktienmarkt erwartet, aber wenn man bis in die 1920er-Jahre durchgehalten hätte, wäre die Rendite dramatisch besser ausgefallen.

Der zweite Fall mit einem hohen Kurs-Gewinn-Verhältnis war der September 1929, also der Höhepunkt des Aktienmarkts in den 1920er-Jahren; es war das zweithöchste KGV aller Zeiten. Nach der spektakulären Hausse der 1920er-Jahre erreichte das Verhältnis den Wert von 32,6. Wie wir alle wissen, purzelte der Markt nach diesem Hoch, bis Juni 1932 sackte der S&P Index um 80,6 Prozent ab. Der Rückgang des realen Wertes war tief greifend und nachhaltig. Der reale S&P Composite Index erreichte seinen Wert vom September 1929 erst 1958 wieder. In den fünf Jahren nach September 1929 betrug die reale durchschnittliche Jahresrendite des Aktienmarkts (einschließlich Dividenden) -13,1 Prozent, in den nächsten zehn Jahren -1,4 Prozent, in den nächsten 15 Jahren -0,5 Prozent und in den nächsten 20 Jahren 0,4 Prozent.[13]

Zum dritten Mal kam es im Januar 1966 zu hohen Kurs-Gewinn-Verhältnissen. Wie in Abbildung 1.3 zu sehen, erreichte das Verhältnis damals ein lokales Maximum von 24,1. Wir könnten diesen Punkt als „Kennedy-Johnson-Gipfel" bezeichnen, denn es bezog seine Kraft aus dem Renommee und dem Charisma von Präsident John F. Kennedy und der Mithilfe seines Vizepräsidenten und Nachfolgers Lyndon B. Johnson. Diese Spitze trat nach einer dramatischen Hausse und nach einem fünfjährigen realen Preisanstieg um 52 Prozent ab Mai 1960 auf. Dieser Kurszuwachs, der das Kurs-Gewinn-Verhältnis auf sein lokales Maximum trug, ging mit einem Anstieg der realen Gewinne um 36 Prozent einher. Der Markt reagierte auf dieses Gewinnwachstum so, als würde er eine Fortsetzung des Wachstums erwarten, aber dazu kam es natürlich nicht. Ein wenig stiegen die realen Gewinne im nächsten Jahrzehnt trotzdem noch. Die realen Kurse schwankten um das Hoch vom Januar 1966 herum, überboten es 1968 leicht und fielen nach 1973 steil ab. Im Dezember 1974 standen die realen Aktienkurse 56 Prozent unter ihrem Wert vom Januar 1966 und erreichten das Niveau vom Januar 1966 erst wieder im Mai 1992. Die durchschnittliche Jahresrendite (einschließlich Dividenden) belief sich in den fünf Jahren nach Januar 1966 auf -2,6 Prozent, in den nächsten zehn Jahren auf -1,8 Prozent, in den nächsten 15 Jahren auf -0,5 Prozent und in den nächsten 20 Jahren auf 1,9 Prozent.

Wir sehen in diesen vergangenen Phasen vorübergehend hoher Preise einen Beleg dafür, dass irrationaler Überschwang nichts Neues ist und dass solche Episoden nicht gut ausgehen. Das hohe CAPE – höher als alle Spitzen außer 1929, 2000 und 2007, während ich dies 2014 schreibe – gibt Anlass zu einer gewissen Besorgnis, auch wenn wir die Zeit nach dieser Phase noch nicht kennen. In Kapitel 11 kommen wir noch einmal auf die Besprechung der Vorhersagekraft des Kurs-Gewinn-Verhältnisses zurück.

Besorgnis über den irrationalen Überschwang

Wie in der ersten Ausgabe des vorliegenden Buches zu sehen, dachte ich im Jahr 2000, die meisten Menschen, denen ich begegnete – Menschen jeder Couleur –, seien wegen des offenkundig hohen Niveaus des Aktienmarkts irritiert. Es schien, als seien sie unsicher, ob das Niveau des Marktes irgendeinen Sinn ergab oder ob es das Ergebnis einer menschlichen Neigung war, die man *irrationalen Überschwang* nennen könnte. Sie fragten sich, ob das hohe Niveau des Aktienmarkts womöglich einen ungerechtfertigten Optimismus widerspiegelte, der unser Denken durchdrungen hatte und sich auf viele unserer Entscheidungen auswirkte. Sie schienen unsicher zu sein, was sie von kleinen Abschwüngen des Marktes halten sollten, und sich zu fragen, ob die vorherige Marktpsychologie jemals wieder Fuß fassen könnte.

Sogar Alan Greenspan schien verunsichert zu sein. Er hielt seine Rede vom „irrationalen Überschwang" zwei Tage nachdem ich vor ihm und dem Federal Reserve Board erklärt hatte, dass das Marktniveau irrational sei, aber bereits sieben Monate danach nahm er Berichten zufolge bezüglich der Wirtschaft und der Börse eine optimistische Haltung im Sinne eines neuen Zeitalters ein. Eigentlich war Greenspan mit seinen öffentlichen Äußerungen immer sehr vorsichtig gewesen und bekannte sich zu keiner der beiden

Ansichten. Wie eine moderne Version der in Rätseln sprechenden Propheten stellte er lieber Fragen, als Behauptungen aufzustellen. Bei der öffentlichen Auslegung seiner Bemerkungen wurde aber oft vergessen, dass er die Antworten auf solche Fragen selbst nicht wusste.

Jahre nach dem Höhepunkt des Jahres 2000 steht der Markt nun real betrachtet wieder in der Nähe seiner Spitzenwerte. In den Jahren 2007 und 2014 schienen die Medien mit Freuden neue (nominale) Rekordstände des Aktienmarkts zu vermelden. Und doch wissen die Menschen tief im Inneren, dass der Markt damals hoch bewertet war und es auch heute ist, und damit fühlen sie sich nicht wohl.

Da uns auch die weisesten Experten Antworten schuldig bleiben, neigen viele dazu, die Antworten auf unsere Fragen in der Weisheit der Märkte zu suchen und die Wendungen des Aktienmarkts genauso zu verwenden, wie Wahrsager Kaffeesatz verwenden. Doch bevor wir annehmen, der Markt enthülle uns irgendeine Wahrheit über das neue Zeitalter, müssen wir über die *eigentlichen* bestimmenden Faktoren von Marktbewegungen und die Fortsetzung ihrer Auswirkungen in der Wirtschaft und in unserem Leben nachdenken.

Viele dieser eigentlichen Determinanten befinden sich in unseren Köpfen. Es sind die „animalischen Instinkte", die nach Keynes' Meinung die Wirtschaft antreiben und die das Thema meines gemeinsam mit George Akerlof im Jahr 2009 veröffentlichten Buches „Animal Spirits" waren.[14] Die gleichen animalischen Instinkte treiben auch andere Märkte an, zum Beispiel den Anleihe- und den Immobilienmarkt. Wir wenden uns jetzt diesen beiden Märkten zu, bevor wir in Teil I des Buches mit unserer Analyse der Ursachen eines derartigen Verhaltens beginnen.

KAPITEL 2

EIN HISTORISCHER BLICK AUF DEN ANLEIHEMARKT

Die Entwicklung der Zinssätze im Laufe der Zeit stößt auf intensives öffentliches Interesse, denn die Zinsen gelten als zentral für alles, was die Konjunktur betrifft. Sie werden als etwas Abstraktes und Fundamentales betrachtet, nämlich als Preis der Zeit selbst. Und doch weisen sie im Laufe der Zeit Schwankungen auf, die eine spekulative und menschliche Komponente offenbaren, nicht unähnlich derjenigen des Aktienmarkts, die wir im vorangegangenen Kapitel besprochen haben.

Es gibt einerseits kurzfristige Zinsen auf Darlehen oder Wechsel für ein Jahr oder weniger und andererseits langfristige Zinsen auf Anleihen, Hypothekendarlehen oder sonstige Darlehen, die sich über Jahrzehnte erstrecken. Die Preise langfristiger Anleihen bewegen sich, sobald sie am Markt begeben wurden, entgegengesetzt zum allgemeinen Niveau der langfristigen Zinsen: Wenn die langfristigen Zinsen fallen, steigen die Preise bereits begebener und noch nicht fälliger langfristiger Anleihen, denn wenn sie nicht steigen würden, zögen die Anleger ältere Anleihen mit höherer Verzinsung den neueren vor. Deshalb können Änderungen der Aussichten für die künftigen Zinsen zu Auf- oder Abschwüngen am Markt für langfristige Anleihen führen.

Seit über einem Jahrhundert steuern Notenbanken (in den Vereinigten Staaten die Federal Reserve) die kurzfristigen Zinsen. Es ist allgemein bekannt, dass die Notenbanken diese Zinsen relativ problemlos festsetzen können. Die langfristigen Zinsen sind hingegen spekulativer und schwerer zu kontrollieren, denn ebenso wie am Aktienmarkt hängt die Nachfrage nach langfristigen Anleihen von Vergleichen mit der fernen Zukunft ab und diese wiederum hängt von Dingen ab, die die Zentralbanken heute nicht kontrollieren können.

Seit der Finanzkrise 2007 bis 2009 haben die Notenbanken bedeutende neue Maßnahmen ergriffen, um Einfluss auf die langfristigen Zinsen zu nehmen, und ihnen Namen wie „quantitative Lockerung", „Operation Twist" und „zukunftsgerichtete Hinweise" gegeben, aber trotzdem kontrollieren sie auch heute diesen Markt nicht wirklich.[1]

In Diskussionen über das vergangene Jahrhundert wird manchmal die Formulierung „Anleiheblase" verwendet, um Aufschwünge des Anleihemarkts zu bezeichnen. Sicherlich hat der Anleihemarkt von Zeit zu Zeit etwas von einer Blase an sich, wenn die langfristigen Zinsen fallen und die Menschen daher vom Anstieg der Anleihepreise genauso begeistert sind wie von den Aktienkursen im Zuge einer Aktienblase. Und manchmal können Blasen an diesen beiden Märkten etwas miteinander zu tun haben.

Die Zinsen und das CAPE

Die Zinsen gehören zu den Begriffen, die in Bezug auf den Stand des Aktienmarkts am häufigsten diskutiert werden. Während des Börsenbooms in den 1990er-Jahren wurde allgemein festgestellt, dass die langfristigen Zinsen fielen. Man sieht das in Abbildung 1.3 im vorigen Kapitel, die neben dem CAPE auch die Zinsen in Form der Rendite langfristiger Staatsanleihen zeigt. In den 1990er-Jahren wurde verbreitet der Gedanke geäußert, der Anstieg des Aktienmarkts lasse sich durch die fallenden Zinsen erklären.

Der Monetary Policy Report, der zusammen mit Alan Greenspans Aussage vor dem Kongress im Juli 1997 veröffentlicht wurde[2], führte Belege für eine merkliche negative Korrelation zwischen der Rendite zehnjähriger Anleihen und dem Kurs-Gewinn-Verhältnis seit 1982 an. Es schien damals tatsächlich einen Zusammenhang zwischen den Zinsen und dem Kurs-Gewinn-Verhältnis zu geben. Von Mitte der 1960er-Jahre bis Anfang der 1980er-Jahre war es so, dass die Zinsen stiegen und das Kurs-Gewinn-Verhältnis fiel. Von Anfang der 1980er-Jahre bis Ende der 1990er-Jahre, als Greenspan seine Rede hielt, fielen die Zinsen und die Aktienkurse stiegen. Diese Beziehung zwischen dem Aktienmarkt und den zehnjährigen Zinsen wurde als „Fed Model" bekannt. Ende der 1990er-Jahre und Anfang der 2000er-Jahre kam es in Mode, das Fed Model als Rechtfertigung für das Niveau des Marktes zu benutzen. Man könnte ja tatsächlich meinen, wenn die Zinsen fallen, müssten die Aktienkurse im Verhältnis zu den Unternehmensgewinnen steigen, denn wenn die voraussichtliche Rendite einer konkurrierenden Anlage, also der Anleihen, fällt, wirken Aktien im Vergleich zu ihnen attraktiver. Ende der 1990er-Jahre hatte man das Gefühl, dass es mit den Verweisen auf das Fed Model in den Wirtschaftssendungen im Fernsehen arg übertrieben wurde.

Dabei sind die Belege für das Fed Model eher dürftig.[3] Über den ganzen in Abbildung 1.3 dargestellten Zeitraum ist keine starke Beziehung zwischen den Zinsen und dem Kurs-Gewinn-Verhältnis zu sehen. Während der Großen Depression waren die Zinsen ungewöhnlich niedrig, was laut Fed Model bedeuten würde, dass die Börse im Verhältnis zu den Gewinnen sehr hoch hätte stehen müssen, aber dem war nicht so.

Nach dem Höhepunkt des Marktes im Jahr 2000 fielen die Zinsen weiter und dann sahen wir das Gegenteil der Vorhersagen des Fed Models: Sowohl das Kurs-Gewinn-Verhältnis als auch die Zinsen fielen. Seit das passiert ist, hört man viel weniger vom Fed Model.

Die Zinsen müssen sich zwar irgendwie auf den Markt auswirken, aber die Aktienkurse weisen keine einfache oder konsistente Beziehung zu den Zinsen auf. Trotzdem lassen sich Anleger angesichts eines sehr hohen CAPE bei sehr niedrigen Zinsen auf langfristige Staatsanleihen – die wir vor allem seit der Finanzkrise 2008 sehen – wegen der schlechten Alternative nicht so sehr von Anlagen in Aktien abhalten.

Seit der zweiten Auflage des vorliegenden Buches ist das CAPE etwas in die Kritik geraten. Bill Gross, der Gründer von PIMCO und jetzt bei Janus Capital, beklagte, bei Diskussionen des Verhältnisses würden häufig die seit der Krise sehr niedrigen Zinsen nicht berücksichtigt. Tatsächlich fiel die Rückzahlungsrendite der zehnjährigen US-Schatzanweisung im Juli 2012 auf ein historisches Tief von 1,43 Prozent im Jahr und auch wenn sie heute höher steht, ist sie nach historischen Maßstäben doch immer noch sehr niedrig. Unter diesen Umständen möchten die Anleger vielleicht doch nicht von Aktien auf Anleihen umsteigen, obwohl das CAPE hoch ist. Außerdem macht der US-amerikanische Anleihemarkt mit derart niedrigen Renditen den Eindruck, als habe er vielleicht ebenfalls so etwas wie eine Blase durchgemacht und könne später noch weiter einbrechen – vor allem da bald die Unterstützung durch die quantitative Lockerung der Federal Reserve wegfallen dürfte und die Inflation wahrscheinlich zunimmt. Gross hält einen solchen Zusammenbruch zwar im Zuge seiner pessimistischen Sicht der Wirtschaft nach dem Motto der „neuen Normalität" oder der „neuen Neutralität" für weniger wahrscheinlich als ich, aber er hat recht damit, dass die offensichtliche Überteuerung des Aktienmarkts – wann immer sie auftritt – mit der möglichen Überteuerung anderer Märkte verglichen werden muss.[4]

Inflation und Zinsen

Abbildung 2.1 zeigt die Entwicklung der Zinsen langfristiger Staatsanleihen (10-jährige Schatzanweisung seit 1953) und der Inflationsrate seit 1881. Dabei werden zwei Inflationsraten angegeben. Die eine ist der jährliche prozentuale Anstieg eines Preisindex (Verbraucherpreisindex seit 1913) in den vorangegangenen zehn Jahren. Die andere ist der jährliche Anstieg des gleichen Preisindex in den darauffolgenden zehn Jahren. Das sind also die gleichen Kurven, allerdings um zehn Jahre versetzt. Sie sind hier beide dargestellt, um etwas zu zeigen: In vielen Zeiten – vor allem im letzten halben Jahrhundert – ist problemlos eine Beziehung zwischen den Zinsen und der *vorangegangenen* langfristigen Inflationsrate zu sehen, aber es scheint praktisch keine Beziehung zwischen den langfristigen Zinsen und der *künftigen* langfristigen Inflation zu bestehen. Dabei sollte doch die *künftige* Inflation mehr Gewicht haben, wenn die Anleger die Preisentwicklung der Anleihen erfolgreich so gestalten würden, dass sie ihre reale Rendite über die Restlaufzeit der Anleihen, in die sie investieren, schützen können – aber wir erleben genau das Gegenteil. Jeremy Siegel und ich haben das bereits 1977 dokumentiert und diese Beobachtung mit den Beschreibungen der früheren Beobachter A. H. Gibson (1923) und John Maynard Keynes (1930) verknüpft.[5]

Abbildung 2.1 Langfristige Zinsen und Inflation in den Vereinigten Staaten von 1871 bis 2014

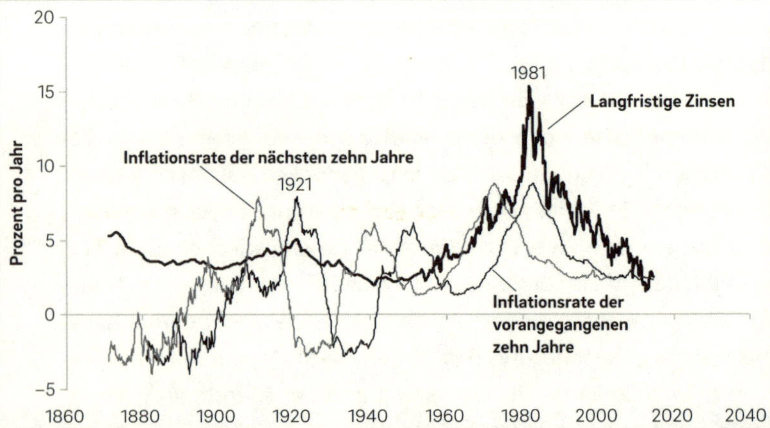

Die langfristigen Zinsen in den Vereinigten Staaten (dicke schwarze Linie), die durchschnittliche Inflationsrate der zehn vorangegangenen Jahre (dünne schwarze Linie) und die durchschnittliche Inflationsrate der darauffolgenden zehn Jahre (dünne graue Linie).

Quelle: Berechnungen des Autors aus denselben Zahlen wie für Abbildung 1.3

Das Verhältnis zwischen den langfristigen Zinsen und der langfristigen Inflation, das in Abbildung 2.1 für das vergangene halbe Jahrhundert zu sehen ist, entspricht nicht der Erwartung, zu der einen die menschliche Rationalität veranlassen würde. Wenn die Anleger rational sind (rationale Erwartungen haben), müssten sie die alten Zahlen zur Inflation so einsetzen, dass sich die nominalen Anleiherenditen an erfolgreiche Vorhersagen der Zukunft anpassen. Wir sehen zwar, dass sie anscheinend auf die früheren Zahlen reagiert haben, aber auf eine Art, der es sehr schlecht gelungen ist, die Zukunft vorherzusagen.

Man kann von den Schwankungen der langfristigen Rendite, die wir am Markt für langfristige Anleihen sehen, weder guten Gewissens sagen, dass sie aus Informationen über die künftige Inflation resultieren, noch dass sie aus Informationen über die künftigen Zinsen resultieren. Sie enthalten eine spekulative Komponente, die sich schlecht an einem objektiv rationalen Verhalten festmachen lässt.[6]

Die realen Zinsen

Während des größten Teils des in Abbildung 2.1 dargestellten Zeitraums hatten viele Anleger vielleicht gar keine Ahnung, wie das Verhältnis zwischen Nominalzins und Inflation aussehen sollte. Erst 1895 legte John Bates Clark, Wirtschaftsprofessor an der Columbia University, der Welt das Konzept der *realen* Zinssätze vor.[7] Er schrieb über dieses damals neue Konzept, weil er anlässlich der landesweiten Debatte über den vorgeschlagenen Bimetallstandard merkte, dass die Allgemeinheit hinsichtlich der Zinsen überwiegend verwirrt war. Er schrieb, der Realzins eines beliebigen Schuldinstruments sei sein Zinssatz abzüglich der Inflationsrate über die Restlaufzeit des Instruments. Wenn die Inflation höher sei als der Zins, werfe die Anleihe für den Anleger real betrachtet weniger als gar nichts ab, denn dann sinke die Kaufkraft des Geldes mehr, als der Geldbetrag des Anlegers dank des Instruments wachse. Eine Suche auf Google Ngrams ergab, dass der Begriff „real interest rate" vor 1895 noch nie benutzt worden war, dass er seit dieser Zeit nach und nach immer öfter verwendet wurde und erst nach 1960 wirklich üblich wurde – der Reifungsprozess von Clarks Idee war also sehr lange.

Man könnte meinen, wenn die Anleger korrekte Informationen haben, wenn sie rational und an dem Realzins interessiert sind, den sie bekommen werden, dann würden die vom Markt bestimmten Zinsen immer um den gleichen Betrag über der späteren Inflationsrate liegen. In Abbildung 2.1 ist jedoch zu sehen, dass das in den Vereinigten Staaten noch nie so war und dass es etwa seit den 1960er-Jahren bezogen auf die *bisherige* statt auf die *künftige* Inflation so war.

Eine klare Signifikanz der langfristigen Zinsen ist aus Abbildung 2.1 für die Vereinigten Staaten seit 1871 nicht abzulesen. Klar ist nur, dass die Menschen die Anleihepreise nicht so gestalteten, wie sie es täten, wenn sie nur auf rationale Erwartungen bezüglich der künftigen Inflation reagieren würden. Theoretiker empfehlen oft, man solle Kennzahlen wie das Kurs-Gewinn-Verhältnis des Aktienmarkts eher zu den erwarteten, aber während der meisten Zeit unbekannten *realen* (inflationsbereinigten) Zinsen anstatt zu den nominalen Zinsen in Beziehung setzen. Das beruht jedoch auf der Annahme, die Anleger würden routinemäßig den Realzins hinter dem Nominalzins sehen.

Anfang der 1980er-Jahre gab es in keinem größeren Land inflationsindexierte Anleihen, die unmittelbar den Realzins anzeigen, sie kamen erst danach auf. Solche Anleihen verheißen eine konstante reale Rendite. Abbildung 2.2 zeigt, wie sich die Renditen inflationsindexierter langfristiger Staatsanleihen in vier Ländern entwickelt haben, in denen dieser Markt schon lange existiert.

Abbildung 2.2 Die Rendite inflationsindexierter Anleihen in vier Ländern von 1985 bis 2014

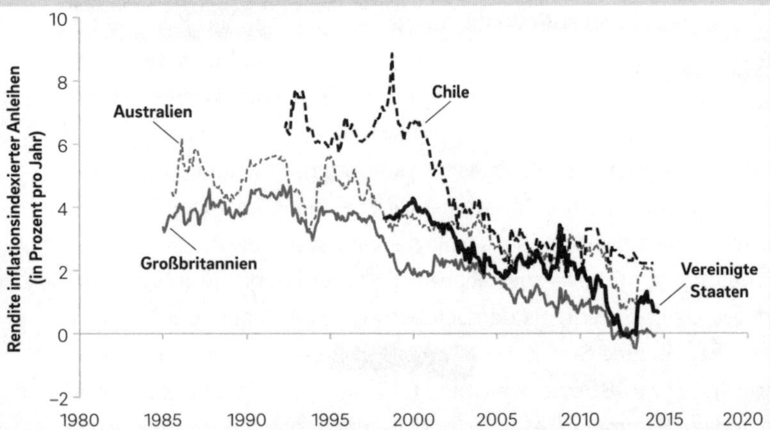

Großbritannien: Rendite der inflationsindexierten 20-jährigen Anleihe von Januar 1985 bis Juni 2014. Australien: Rendite der 10-jährigen inflationsindexierten Anleihe von Juli 1985 bis Juli 2014. Chile: Rendite der 10-jährigen inflationsindexierten Anleihe von April 1992 bis Mai 2014. Vereinigte Staaten: Rendite der 30-jährigen inflationsindexierten Anleihe von April 1998 bis August 2014.

Quelle: Global Financial Data (https://www.globalfinancialdata.com/index.html).

Alle diese Länder weisen einen langfristigen Abwärtstrend der Realzinsen auf, die 2012 erstaunlich niedrige Niveaus erreichten. In Abbildung 2.2 ist auch zu sehen, dass die realen Anleiherenditen in der jüngsten Vergangenheit sogar negativ wurden. Es ist schon frappierend, dass im Jahr 2012 Menschen in den Vereinigten Staaten bereit waren, ihr Geld gegen eine im Prinzip garantierte negative reale Rendite auf 30 Jahre zu binden.[8] Das musste doch sicherlich Auswirkungen auf den Aktienmarkt haben und ihn auf höhere Niveaus tragen. Finanzwissenschaftler wie John Campbell und Luis Viceira sprechen von der langfristigen Rendite inflationsindexierter Anleihen als der wahren risikolosen Verzinsung, mit der man die Renditen aller risikobehafteten Anlagen vergleichen sollte und die in den allergrundlegendsten Berechnungen jedes langfristigen Anlegers eine Rolle spielen sollte.[9]

Doch die meisten Anleger sehen die zentrale Bedeutung, die Theoretiker der Rendite inflationsindexierter Anleihen beilegen, offenbar nicht. Anscheinend verstehen sie häufig nicht einmal, dass die Inflationsbindung sie vor dem Preisänderungsrisiko schützt, und scheinen manchmal gar zu meinen, diese Indexierung würde ein Risiko *ins Spiel bringen*, nämlich das Risiko, dass sie einen geringeren nominalen Wert bekommen. Der Weg nach unten spiegelt genauso wenig das Auf und Ab des Aktienmarkts wider wie der Abstieg der nominalen Zinsen in diesem Zeitraum.

Leider ist trotz dieser Zahlen vor allem für die ersten Jahre der inflationsindexierten Anleihen nicht ganz klar, was die breite Anlegeröffentlichkeit in diesen Jahren von den Erwartungsrenditen sicherer Anlagen hielt. Als die in Abbildung 2.2 dargestellten Länder jeweils Märkte für inflationsindexierte Anleihen einführten, stießen sie bei der Öffentlichkeit auf allgemeines Desinteresse. Über die Jahrzehnte ist der Markt für inflationsindexierte Anleihen zwar etwas gewachsen, aber im Verhältnis zum Markt für konventionelle Anleihen gewinnt er nur langsam so viel Bedeutung, dass er sich laut manchen Theoretikern im Denken der Öffentlichkeit durchsetzt.[10] Daher könnten die wenigen Regierungsvertreter, die für Anleihe-Auktionen zuständig sind, im Prinzip die Preise inflationsindexierter Anleihen beeinflussen, indem sie die angebotene Menge anpassen.[11] Es gehört zu den Rätseln der Verhaltensökonomie, dass die Menschen die inflationsindexierten Anleihen größtenteils einfach ignorieren – dass es ihnen so schwerfällt, die Bedeutung der Inflationsindexierung zu würdigen.[12]

Klar ist jedoch, dass sowohl der Markt für nominale Anleihen als auch der Markt für inflationsindexierte Anleihen sehr hohe Niveaus erreicht haben und dass diese Tatsache in unser Denken über den Aktienmarkt einfließen sollte. Während ich dies schreibe, also im Jahr 2014, sprechen manche Beobachter von einer „Blase am Anleihemarkt", die platzen könnte; es hat allerdings den Anschein, als handele es sich nicht um eine klassische Blase, wie sie in diesem Buch definiert wurde, denn die Erwartungen an die langfristige Rendite sind offenbar sehr niedrig – und nicht, wie man es während einer Blase erwarten würde, hoch. In gewissem Sinne könnten diese Tendenzen des Anleihemarkts aber blasenartig sein.

Jeremy Stein von der Harvard University befasste sich in einer seiner letzten Reden als Gouverneur des Federal Reserve Systems im Jahr 2014 mit der Sorge wegen einer Blase am Anleihemarkt, auch wenn er diesen Begriff nicht verwendete. Er sprach von einer „Überhitzung" der Anleihemärkte und warnte, es habe konjunkturelle Konsequenzen, wenn die Anleiherenditen plötzlich nach oben (die Anleihepreise nach unten) korrigieren würden. Er machte sich Sorgen um die wirtschaftlichen Folgen einer solchen Korrektur.[13]

Es muss schwer fassbare kulturelle Faktoren geben, die die Menschen veranlassen, zu Zeiten in Anleihen zu investieren, in denen sie eine sehr geringe oder eine negative Rendite abwerfen, während der Aktienmarkt steigt. Einige Beschleunigungsfaktoren der Booms am Aktien- und am Immobilienmarkt, die in Kapitel 4 besprochen werden, könnten in gewisser Weise auch für den Anleihemarkt gelten. Außerdem bringen die sinkenden Anleiherenditen den Anlegern seit Jahrzehnten Kapitalerträge ein, sodass Anleihen selbst dann einen erfolgreichen Eindruck machen, wenn sie bis zum Ende ihrer Laufzeit real gesehen garantiert nicht gut laufen.[14] Vielleicht haben die äußerst niedrigen oder gar negativen Renditen nach der Finanzkrise von 2007 bis 2009 etwas mit einer Fluchtreaktion angesichts finanzieller Turbulenzen zu tun, die nicht in unsere üblichen theoretischen Paradigmen passt. Wohin diese Reaktion in Zukunft noch führen wird, bleibt abzuwarten. Es gibt durchaus Gründe, sich Sorgen um die möglichen allgemeinwirtschaftlichen Auswirkungen zu machen, die ein Ende des jahrzehntelangen Abwärtstrends der langfristigen Realzinsen und der entsprechende Rückgang der Preise langfristiger Anleihen haben würden.

Nun wenden wir uns der dritten unserer drei großen Assetklassen zu, nämlich dem Immobilienmarkt. Auch dort werden wir sehen, wie sehr das Spekulationsverhalten der Menschen die Marktpreise bestimmt.

KAPITEL

3 EIN HISTORISCHER BLICK AUF DEN IMMOBILIENMARKT

Die gleichen psychologischen Kräfte, die den Aktienmarkt und den Anleihemarkt die ganze Zeit antreiben, haben auch das Potenzial, sich auf andere Märkte auszuwirken. Es kommt einem wahrscheinlich vor, dass der Markt für Immobilien und insbesondere für Eigenheime von Zeit zu Zeit spekulative Aufschwünge erlebt, denn die psychologische Wirkung der Häuser, die wir jeden Tag sehen, und der Häuser, in denen wir wohnen, ist herausragend und die Häuserpreise sind ein beliebtes Gesprächsthema. Allerdings unterscheidet sich der Immobilienmarkt in wichtigen Punkten vom Aktien- und vom Anleihemarkt.

In den ersten fünf Jahren des 21. Jahrhunderts stiegen die Häuserpreise in Städten in Australien, Kanada, China, Frankreich, Hongkong, Irland, Italien, Neuseeland, Norwegen, Russland, Südafrika, Spanien, Großbritannien und den Vereinigten Staaten rasant.[1] In China kam es zu einem atemberaubenden Bauboom.[2] Diese Immobilienbooms fanden zwar nicht überall statt, aber doch an den verschiedensten Orten. Vielfach folgte darauf der Zusammenbruch. Diese Crashs verliehen der Finanzkrise, die 2009 ihre höchste Intensität erreichte und deren Folgen, während ich dies 2014 schreibe, immer noch weltweit zu spüren sind, einen Schub.

Immobilienbooms sind anscheinend genauso mysteriös und schwer zu verstehen wie Börsenbooms. Wenn sie stattfinden, gibt es dafür immer beliebte Erklärungen – die aber nicht unbedingt zutreffend sind.

Dafür, dass die Preise ab Ende der 1990er-Jahre an vielen Orten rapide stiegen, wurden zahlreiche wortgewandte Erklärungen geliefert. Eine von ihnen besagt, der Bevölkerungsdruck habe sich derart aufgestaut, dass uns die Grundstücke ausgegangen seien, und deshalb seien die Häuserpreise in die Höhe geschossen. Doch uns gehen nicht erst seit Ende der 1990er-Jahre die Grundstücke aus: Das Bevölkerungswachstum verläuft stetig und graduell. Eine andere Theorie besagt, dass alles, was in Häuser einfließt – Arbeit, Holz, Beton, Stahl –, dermaßen stark nachgefragt werde, dass es sehr teuer geworden sei. Aber die Baukosten fallen nicht aus dem langfristigen Rahmen. Eine weitere kluge Erklärung besagt, der Boom sei den Zinssenkungen in vielen Ländern zu verdanken gewesen, die gegen die weltweite Konjunkturschwäche ankommen wollten. Die niedrigen Zinsen mögen als Faktor durchaus dazu beigetragen haben, aber die Notenbanken haben die Zinsen im Laufe der Geschichte schon *oft* gesenkt und diese Maßnahmen riefen noch nie Aufschwünge an derart vielen Orten hervor.

Was also führte dazu, dass der Aufstieg und Fall der Immobilienpreise in so vielen Teilen der Welt stattfand? Es ist wichtig, dass man dieses Phänomen versteht. Viele Menschen befürchten, dass der Boom der Häuserpreise an diesen Orten genauso schlimm enden wird wie der dramatische Aufschwung der städtischen Grundstückspreise in Japan in den 1980er-Jahren; damals fielen die realen Preise noch gut ein Jahrzehnt nach dem Höhepunkt. Solche Preisbewegungen und ihre etwaigen Implikationen zu verstehen ist eine schwierige Aufgabe – und in verschiedenen Teilen des vorliegenden Buches werden Lösungen für diese Aufgabe angeboten.

Zunächst einmal möchte ich versuchen, die Ereignisse der jüngeren Vergangenheit in eine breitere historische Perspektive zu rücken. Ist die derzeitige Situation neu oder haben wir zahlreiche Beispiele für solche Geschehnisse? Gibt es den starken und stetigen Aufwärtstrend der Häuserpreise wirklich, den so viele Menschen mit aufschwungorientierter Einstellung behaupten, oder bilden sie sich das nur ein? Was sagt uns die Geschichte über die Entstehung von Immobilienbooms? Eine wichtige Schlussfolgerung dieses Kapitels besagt, dass die Spekulation auf Häuserpreise national wie international so fest verwurzelt ist wie noch nie.

Die lange Geschichte der Häuserpreise

Ich habe einen Index der Häuserpreise in den Vereinigten Staaten zusammengestellt, der bis 1890 zurückreicht, indem ich verschiedene vorhandene Zahlenreihen miteinander verknüpft habe, die ursprünglich Schätzwerte für den Preis eines unveränderten Standardhauses liefern sollten. Danach habe ich einen anderen Index erstellt, den meine Forschungsassistenten unter meiner Leitung vervollständigten, um die Lücke zwischen 1934 und 1953 zu schließen. Abbildung 3.1 zeigt diesen Häuserpreisindex sowie die Baukosten, die Bevölkerung der Vereinigten Staaten und die langfristigen Zinsen, jeweils seit 1890.[3]

Abbildung 3.1 Häuserpreise, Baukosten, Bevölkerung und Zinsen in den Vereinigten Staaten, 1890 bis 2014

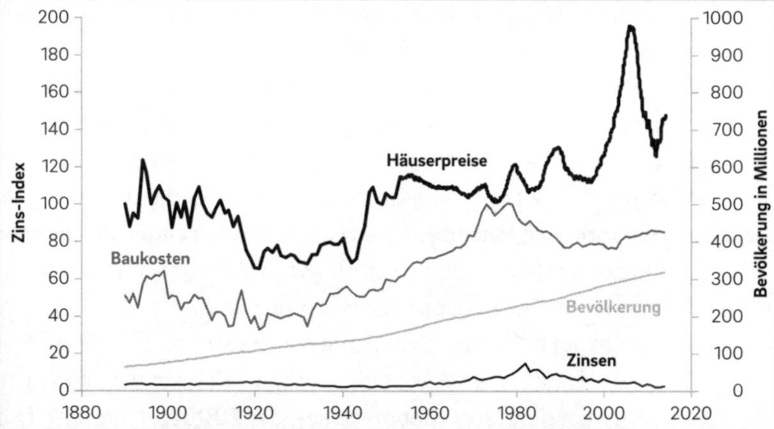

Dicke durchgezogene Linie (linke Skala): realer (inflationsbereinigter) Häuserpreisindex, 1890 = 100, für die Vereinigten Staaten, vom Autor aus verschiedenen existierenden Indizes und Rohdaten von Häuserpreisen zusammengestellt; obere dünne Linie (linke Skala): realer (inflationsbereinigter) Baukostenindex, 1979 = 100, vom Autor aus zwei veröffentlichten Baukostenindizes zusammengestellt; mittlere dünne Linie (rechte Skala): US-Bevölkerung in Millionen, laut Volkszählung; unterste dünne Linie (linke Skala): langfristige Zinsen, vom Autor aus zwei Quellen zusammengestellt. Siehe Anmerkung 3.

Der von uns konstruierte und in dieser Abbildung dargestellte Häuserpreisindex ist zwar unvollkommen und ich hoffe, dass ich ihn irgendwann verbessern kann, doch einstweilen ist er offenbar der beste, der für diesen langen Zeitraum zu haben ist. Als dieses Diagramm 2005 zum ersten Mal veröffentlicht wurde, war seltsamerweise für kein Land der Welt eine derart lange Zeitreihe der Hauspreise veröffentlicht worden. Damals konnte mir keiner der Immobilienexperten, mit denen ich sprach, eine nennen. Daher erregte der ungewöhnlich schnelle Anstieg der Häuserpreise vor der Veröffentlichung der zweiten Auflage des Buches Aufsehen.

Der Leser sollte das auffällige Verhalten der Häuserpreise seit Ende der 1990er-Jahre beachten. Von Ende der 1990er-Jahre bis 2006 starteten die Häuserpreise rasant durch. Sie „gingen ab wie eine Rakete", ähnlich wie der Aktienmarkt im Zuge des Millenniumbooms. Ebenso wie am Aktienmarkt stürzte die Rakete nach 2006 ab und diese Katastrophe riss die staatsnahen Unternehmen Fannie Mae und Freddie Mac mit sich, ebenso die gigantischen Hypothekengesellschaften Countrywide Financial und Washington Mutual sowie die Finanzinstitute Bear Stearns, Merrill Lynch und Lehman Brothers. Und bis zum Jahr 2008 hatte sie die schlimmste Finanzkrise seit der Großen Depression der 1930er-Jahre ausgelöst.

Man kann den Aufschwung der Häuserpreise von 1998 bis 2006 (gleichzeitig mit dem Boom der Besitzergesellschaft an der Börse) unmittelbar vor der Finanzkrise als deren eigentliche Ursache betrachten. Auf die gesamten Vereinigten Staaten gesehen stiegen die realen Häuserpreise von 1997 bis 2006 um 85 Prozent. In manchen Gegenden der Vereinigten Staaten stiegen sie schneller, in anderen langsamer, aber schon der durchschnittliche Anstieg um 85 Prozent ist beachtlich. Das ist zwar nichts gegen die Verdreifachung des Aktienmarkts von 1995 bis 2000, doch im Vergleich zu den langfristigen historischen Verlaufsmustern der Häuserpreise ist es trotz allem frappierend. Wenn man nur die letzten paar Jahre anschauen würde, wüsste man dieses Muster der Häuserpreise nicht zu würdigen. Man könnte dann nicht sehen, wie unnormal der Häuserboom Anfang der 2000er-Jahre war. Nur einmal in der Geschichte der Vereinigten Staaten gab es einen Zeitrum mit einem ähnlich großen Preisanstieg: nach dem Zweiten Weltkrieg. Allerdings war der Rückgang, der auf den jüngsten Boom folgte, viel dramatischer.

Die Häuserpreise stiegen nach 1998 viel schneller als die Einkommen, was vor allem in den Staaten mit den größten Schwankungen Befürchtungen hinsichtlich der althergebrachten Stabilität der Häuserpreise weckte. Laut Standard & Poor's und laut den S&P/Case-Shiller Home Price Indices stieg das Verhältnis der Baukosten für ein Haus zu den Mietkosten von 1997 bis 2006 auf das Doppelte und fiel dann von 2006 bis 2013 fast wieder auf den alten Stand.[4]

Wenn man sich die Abbildung vor dem Höhepunkt des Jahres 2006 anschaute, hatte man allerdings den Eindruck, das Ende sei noch nicht nahe und der Anstieg der Häuserpreise seit 1997 sei so robust und so stetig, dass man mit einer jahrelangen Fortsetzung rechnen könne. Der stetige Verlauf, der in allen Jahren von 1997 bis 2006 aufwärts führte, und zwar in fast jedem Jahr schneller, legte die Vorhersage nahe, dass die Häuserpreise weiterhin steigen würden.

Wie können Preise derart berechenbar sein? Sollte es nicht sehr schwer sein, spekulative Preise vorherzusagen, und sollten die Preise nicht wenigstens annähernd einer zufälligen Verteilung ähneln? Die statistische Analyse bestätigt, dass die Preise tatsächlich bis zu einem gewissen Grad berechenbar sind.[5] Allerdings wird diese Vorhersagbarkeit nicht so sehr vom „Smart Money" ausgenutzt wie üblicherweise am Aktienmarkt. Die Vorstöße der Blackstone Group und anderer Investmentfonds auf den Markt für Einfamilienhäuser stellen nach wie vor nur einen winzigen Teil des Marktes dar.

Somit sind keine Kräfte am Werk, die die Vorhersagbarkeit behindern. Die Profitgelegenheiten, die sich am Aktienmarkt ergeben, wenn man zum richtigen Zeitpunkt einsteigt, stehen dem Smart Money am Häusermarkt deswegen nicht zur Verfügung, weil hier die Kosten für den Ein- und Ausstieg zu hoch sind. Die meisten Menschen können den Zeitpunkt, zu dem sie ein Eigenheim kaufen, nicht problemlos so legen, dass sie dadurch einen Trend ausnutzen.

Ich möchte es mit der Vorhersagbarkeit von Häuserpreisen aber auch nicht übertreiben. Unsere statistischen Untersuchungen von Vorhersagemodellen für Häuserpreise zeigen, dass man ungefähr die Hälfte der Veränderungen der Häuserpreise ein Jahr im Voraus vorhersagen kann. Die Hälfte der Schwankungen – das mag sich nach viel anhören, aber es lässt noch viel Erklärungsbedarf. Wenn man sich die Abbildung hernehmen, einen Stift in die Hand nehmen und den jüngsten Trend der US-Häuserpreise mit Bedacht fortschreiben würde, wäre es immer noch sehr ungewiss, welches Preisniveau in einem Jahr herrschen wird. Ob der Trend weiter anzieht oder schon wieder abflaut, ist nämlich schwer zu beurteilen – oder wann er vielleicht komplett endet und kippt. Und wenn man die Prognose auf den Zeitraum von fünf oder zehn Jahren ausweitet, hat man so gut wie überhaupt keine Ahnung, wo der Preis stehen wird. Doch gerade solche längerfristigen Vorhersagen sind für Hauskäufer am interessantesten, denn sie wollen ja viele Jahre lang in ihren Häusern wohnen.

Wir lernen zwar nach und nach, wie man aus der Betrachtung früherer Zeiträume Vorhersagen ableiten kann, aber leider haben wir im Grunde keinen einzigen Zeitraum, den wir betrachten könnten, in dem die Häuserpreise in den Vereinigten Staaten einen landesweiten Boom erlebten – nur den Zeitraum direkt nach dem Zweiten Weltkrieg, aber diese Episode war offensichtlich von Grund auf anders als der jüngste Boom der Häuserpreise. Wir haben also nur eine Beobachtung in Form des spektakulären Crashs der Häuserpreise 2006, sodass wir nicht wissen können, wie wir dieses Erlebnis verallgemeinern sollen. Für Statistiker, die für ihre Prognosen eine wissenschaftliche Basis haben wollen, stellt dies ein Dilemma dar.

Es ist natürlich zwecklos, die Häuserpreise in den Vereinigten Staaten ausschließlich anhand der Baukosten, der Bevölkerung und der Zinsen erklären zu wollen, die in Abbildung 3.1 dargestellt sind. Die jährlichen Veränderungen der Häuserpreise weisen keine stetige Beziehung zu irgendeinem dieser Faktoren auf. Keiner von ihnen kann erklären, weshalb die Preise etwa ab 1998 „wie eine Rakete" stiegen. Die Baukosten stagnieren seit 1980 meistens oder gehen leicht zurück und dieser Trend weist keine größeren Brüche auf.[6] Das Bevölkerungswachstum verläuft sehr stetig. Die Zinsen sind zwar rückläufig, aber der Rückgang der langfristigen Zinsen verläuft seit Anfang der 1980er-Jahre recht stetig.[7]

Wenn man den in Abbildung 3.1 gezeigten Verlauf der Häuserpreise mit dem in Abbildung 1.1 gezeigten Verlauf der Aktienkurse vergleicht, liegt es ebenso auf der Hand, dass die Börsenbooms in den Vereinigten Staaten so gut wie keinen Bezug zu Aufschwüngen des Immobilienmarkts aufweisen. Eine mögliche Ausnahme ist der jüngste Boom des Häusermarkts, der um das Jahr 1998 herum begann, also ein paar Jahre nach dem steilen Durchstarten des Aktienmarkts, das um das Jahr 1995 herum begonnen hatte. Es könnte zumindest eine *gewisse* Tendenz bestehen, dass die Häuserpreise auf den Aktienmarkt reagieren: Eine jüngere Studie der Bank für Internationalen Zahlungsausgleich über die Häuserpreise in 13 Industrieländern ergab, dass Höhepunkte des Immobilienmarkts tendenziell zwei Jahre nach Höhepunkten des Aktienmarkts auftreten.[8]

Um sich klarzumachen, wie anders sich die Häuserpreise in letzter Zeit verhalten, muss man dieses Verhalten mit dem Verhalten vor langer Zeit vergleichen. Abbildung 3.1 zeigt, dass die realen Häuserpreise von 1890 bis 1940 im Allgemeinen sanken. Der Chart weist zwar vor dem Weltkrieg einige Zickzackbewegungen auf, aber unsere Bemühungen, in Zeitungen aus der damaligen Zeit bestätigende Hinweise auf diese scharfen Preisbewegungen zu finden, brachten nichts Verwertbares. Wir haben den Verdacht, dass einige Zickzackbewegungen in den ersten Jahren, die Abbildung 3.1 abdeckt, aus Stichprobenfehlern resultieren und daher keine tatsächlichen Veränderungen der Häuserpreise wiedergeben. Ich werde in Kapitel 7 noch einmal auf die Geschichten über manche Preisbewegungen der damaligen Zeit zurückkommen, die wir so langsam verstehen. Doch einstweilen sollten wir festhalten, dass die realen Preise nach unten tendierten und dass es vor 1940 keinen echten Immobilienboom gab.

Ende des 19. und Anfang des 20. Jahrhunderts gab es viele *lokale* Blasen im Zusammenhang mit dem Bau von Autobahnen, Kanälen und Eisenbahnen, allerdings treten diese Blasen in den landesweiten Zahlen unseres Charts nicht in Erscheinung. Es ist natürlich plausibel, dass das Land im Umkreis solcher Bauprojekte plötzlich wertvoll wurde. Selbst in der damaligen Zeit, als Land noch so reichlich vorhanden war, dass man es in manchen Teilen des Landes für einen Dollar pro Morgen bekam, konnte es zu regelrechten Immobilienbooms kommen. Wenn die Grundstückspreise in der Nähe einer neuen Eisenbahnlinie von einem auf zwei Dollar je Morgen stiegen, konnte sich der Wert von Investitionen verdoppeln und diese Aussicht konnte Investoren außerordentlich begeistern. *Regionale* Immobilienbooms sind also nichts Neues.

Der steile Verfall der Eigenheimpreise nach dem Ersten Weltkrieg hatte wahrscheinlich mit der großen Grippepandemie 1918/1919 zu tun, bei der 28 Prozent der Amerikaner angesteckt wurden und 675.000 starben. Diese Epidemie führte dazu, dass die Menschen zu Hause blieben und sich keine neuen Häuser suchten. Sie muss die Wirtschaft geschädigt und die Aufmerksamkeit sowie die Gespräche vom Häusermarkt weggelenkt haben. Zudem gab es in den Jahren 1920 und 1921 eine ungewöhnlich schwere Rezession.[9]

Bemerkenswert ist, dass in den Goldenen Zwanzigern mit dem steilen Anstieg der Börse kein Boom der Häuserpreise einherging. Die berühmte Grundstücksblase in den 1920er-Jahren in Florida war nicht so groß, dass sie sich in den landesweiten Zahlen bemerkbar gemacht hätte. Die Häuserpreise wurden nicht vom Aktienmarkt mitgezogen, sie schossen nicht über das Ziel hinaus und sie fielen auch nicht, als der Aktienmarkt ab 1929 crashte. Immerhin fielen die landesweiten Häuserpreise nach 1929 nominal, also ungefähr im gleichen Tempo wie der Verbraucherpreisindex. Da die Zinsen für Hypothekendarlehen nicht an die Inflation gebunden waren, führte der Rückgang der nominalen Häuserpreise dazu, dass viele Hausbesitzer eine negative Kapitaldeckung und somit einen Anreiz hatten, ihre Darlehen platzen zu lassen. Zusätzlich führte die hohe Arbeitslosenquote während der Großen Depression dazu, dass viele Menschen keine Anschlussfinanzierung für ihre kurzfristigen Hypothekendarlehen bekamen, sodass sie ihre Häuser verloren, weil sie sie nicht mehr bezahlen konnten. Allerdings dürfen wir die Häuserkrise Anfang der 1930er-Jahre nicht mit einem Rückgang der realen Häuserpreise verwechseln. Die realen Häuserpreise erwiesen sich während des gesamten Aufstiegs und Falls der Börse im Umkreis des Jahres 1929 als bemerkenswert stabil.

Damit kommen wir zur signifikantesten Episode in der Entwicklung des landesweiten Häusermarkts, abgesehen von der jüngsten Vergangenheit: zu der steilen Zunahme der Häuserpreise zum Ende des Zweiten Weltkriegs. Klar ist, dass in dieser Zeit zumindest in den Großstädten die realen Häuserpreise massiv stiegen, allerdings wurde das exakte Ausmaß dieser Anstiege vielleicht nicht korrekt bestimmt.[10] Anscheinend war es kein galoppierender Spekulationsboom. Die Häuserpreise schossen nicht über ihr neues Nachkriegs-Gleichgewicht hinaus und brauchten daher auch nicht krachend einzubrechen. In Zeitungsberichten über den Immobilienmarkt wurde der Begriff *Immobilienblase* nicht verwendet und es gab auch keine Artikel wie Anfang der 2000er-Jahre über verrückte Hauskäufer, die fast alles kauften, um ganz oben mitzumischen. Die Story, die aus den Zeitungen kurz nach dem Zweiten Weltkrieg herauszulesen ist, sieht ganz anders aus.

Im Zweiten Weltkrieg hatten die staatlichen Beschränkungen das Angebot an Neubauten stark begrenzt. Die zurückkehrenden Soldaten wollten nach dem Krieg Familien gründen und standen im Begriff, den Babyboom loszutreten. Eigentlich begannen die Preise für Altbauten schon nach 1942 zu steigen, also bevor der Krieg vorbei war. Wahrscheinlich lag das daran, dass die Menschen die bevorstehende Hausknappheit voraussahen. Doch obwohl die Nachfrage nach dem Krieg zunahm, gab es keine echte Kaufpanik, denn damals herrschte allgemein die Auffassung, die Bautätigkeit werde den Bestand an verfügbaren Häusern bald massiv erhöhen.

Der Servicemen's Readjustment Act, der auch als GI Bill of Rights bezeichnet wird, führte 1944 auf einen Schlag Subventionen für 17 Millionen Hauskäufer ein. Diese kräftigen staatlichen Zuschüsse blieben erhalten und trugen dazu bei, dass die Häuserpreise permanent stiegen. Dies erfolgte jedoch im Geiste der Solidarität des amerikanischen Volkes und entfachte keineswegs eine spekulative Atmosphäre. Präsident Franklin Roosevelt erklärte, die GI Bill of Rights rufe „den Männern und Frauen unserer Streitkräfte nachdrücklich zu, dass das amerikanische Volk nicht die Absicht hat, sie fallen zu lassen".[11] Die Menschen, die unmittelbar nach dem Krieg teure Häuser kauften, spekulierten nicht darauf, dass die Preise noch weiter steigen würden, sondern sie konnten es nicht abwarten, in ihre neuen Eigenheime einzuziehen. Andere nahmen sich eine Übergangswohnung und warteten, dass die Häuserpreise sinken würden (was nie passierte) oder bis sie so viel angespart hätten, dass sie sich ein eigenes Haus leisten könnten. Sicher trug auch die Tatsache, dass die realen Häuserpreise nach dem Ersten Weltkrieg einen langwierigen Abschwung durchgemacht hatten, dazu bei, etwaige Spekulationsbefürchtungen zu zerstreuen. Nach dem Zweiten Weltkrieg erinnerten sich die Menschen bestimmt noch an diese Episode. Und die allgemeine Angst, nach dem Ende der Anreizprogramme aus dem Krieg würde die Depression der 1930er-Jahre wiederkommen, entkräftete Befürchtungen, die Häuserpreise könnten steigen, noch weiter.

Offenbar hatten die meisten Menschen keine Angst, preislich aus dem Markt gedrängt zu werden, und sie sahen die bevorstehenden Preiserhöhungen nicht vollständig voraus. Sie verließen sich darauf, dass die neue Bautätigkeit etwaige kräftige Preiserhöhungen verhindern würde – und tatsächlich nahm die Zahl der Neubauten von 142.000 Eigenheimen in den Vereinigten Staaten im Jahr 1944 auf 1.952.000 Eigenheime im Jahr 1950 zu. Dieser massive Zuwachs des Angebots hielt die Preissteigerung zwar nicht auf, doch scheint allgemein die Auffassung geherrscht zu haben, dass er dies tun würde.

In diesem Jahrhundert ist es anders. Wir fühlen uns zunehmend verwirrt und verletzlich. Dies schlägt sich in der Marktvolatilität nieder, die von Zeit zu Zeit sowohl am Aktien- als auch am Häusermarkt aufflammt. Vor dem Boom nach dem Jahr 1997 gab es einige Fehlstarts, einen Ende der 1970er-Jahre und einen Ende der 1980er-Jahre. Eigentlich waren es regionale Booms, die sich nicht so sehr auf das ganze Land erstreckten. In den 1970er-Jahren war der Boom größtenteils auf Kalifornien beschränkt und der Aufschwung der 1980er-Jahre fand sowohl an der Westküste als auch an der Ostküste statt.

Abbildung 3.2 zeigt den Verlauf der realen Häuserpreise in vier US-amerikanischen Städten. In Boston und in Los Angeles vollführten die Preise zwei dramatische Ausschläge und am Ende der gezeigten Periode stiegen die Preise. In scharfem Gegensatz dazu ließen die Preise in Miami und Phoenix den ersten dieser beiden Booms komplett ausfallen. In Boston blieb der Preisanstieg größtenteils bestehen – im Jahr 2014 war der reale Wert noch doppelt so hoch wie 1983 –, während sich der reale Wert in Miami und Phoenix von 1983 bis 2014 kaum veränderte.

Abbildung 3.2 Die Häuserpreise in ausgewählten US-amerikanischen Städten, quartalsweise 1983 bis 2014

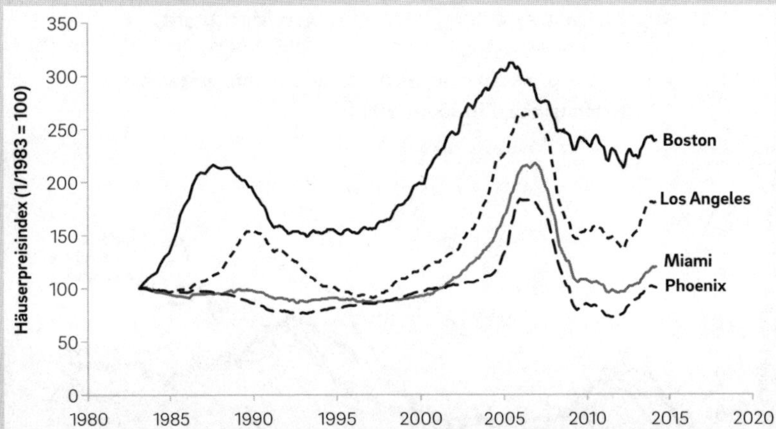

Quelle: Fiserv/S&P/Case-Shiller Home Price Indices Inc., US-Verbraucherpreisindex des U.S. Bureau of Labor Statistics als Deflator verwendet und auf 1983 = 100 umskaliert..

Es heißt immer, in den Vereinigten Staaten gebe es keinen landesweiten Häusermarkt, sondern nur regionale Märkte. An dieser Behauptung ist zwar etwas dran, aber sie stimmt nicht ganz und es scheint, als würde sie immer weniger stimmen. Während viele Märkte in den Vereinigten Staaten sehr stabil in einem Trend verliefen, stiegen Mitte der 2000er-Jahre so viele Märkte rasant an, dass die landesweiten Zahlen zum Leben erwachten, und sie bleiben nach wie vor lebhaft.

Die Zeit ab 1998, als die Häuserpreise in den Vereinigten Staaten stiegen, konzentrierte sich auf einige Staaten und Ballungsräume. Dort, wo sich die

Anstiege konzentrierten, gab es viele Storys über die psychologischen Begleiterscheinungen des Booms. Während der Blasenjahre 2000 bis 2006 kursierten in den Vereinigten Staaten Geschichten über aggressive oder gar verzweifelte Preiskämpfe um Häuser, darüber dass Häuser schon am ersten Tag deutlich über dem Verkaufspreis verkauft wurden und dass Menschen hastig Häuser kauften, um den Markt zu schlagen – wobei sie manchmal nicht einmal Gelegenheit hatten, sich die Häuser vorher anzuschauen. Die Menschen befürchteten, die Häuserpreise würden bald über ihre Verhältnisse steigen und sie würden sich nie ein Haus leisten können. Deshalb beeilten sie sich, Angebote für Häuser abzugeben. In anderen Städten hingegen, wo die Häuserpreise nicht so sehr geschwankt hatten, gab es kaum solche Geschichten und die Investoren reagierten weniger auf Änderungen der Häuserpreise.

Solche Blasen treten am ehesten in den schicken Großstädten der Welt (und den entsprechenden Regionen) auf. In der Gesamtheit dieser Regionen kann es zu massiven Booms kommen und anscheinend besteht für diese Städte ein mehr als landesweiter Immobilienmarkt. Abbildung 3.3 veranschaulicht, dass es einen internationalen Markt gibt.

Abbildung 3.3 Häuserpreise in einigen Weltstädten und weltweit, quartalsweise 1985 bis 2014

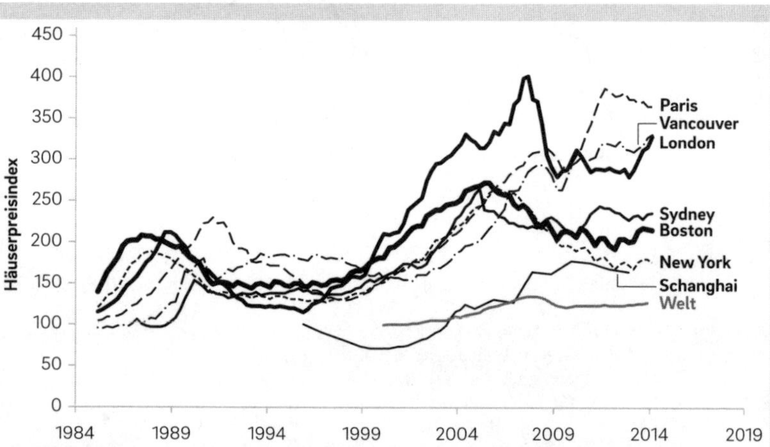

Quellen: Boston (1/1983 = 100, dicke Linie) und New York (1/1983 = 100, gestrichelte Linie): S&P/Case-Shiller (Fiserv, CoreLogic); London (1/1983 = 100, dicke Linie): Halifax; Paris (1/1983 = 100, gestrichelte Linie), Quadratmeterpreis bestehender Wohnungen in Paris: ab 1991 Indice Notaire INSEE, vor 1991 Chambre des Notaires de Paris, mit freundlicher Genehmigung von Philippe Trainar von der Fédération Française des Sociétés d'Assurances; Schanghai (1/1995 = 100, durchgezogene dünne Linie): China Real Estate Index System bis einschließlich 2003, ab 2003 verknüpft mit dem sekundären Häuserpreisindex von eHomeday; Sydney (2/1986 = 100, durchgezogene Linie): Australian Bureau of Statistics; Vancouver (1/1983 = 100, gestrichtelt-gepunktete Linie): bis 2004 ein Index mit freundlicher Genehmigung von Tsur Somerville von der University of British Columbia, ab 2004 verknüpft mit der Teranet-Zahlenreihe; der Equally-Weighted Global House Price Index (2/2000 = 100, graue Linie) des Internationalen Währungsfonds (für 52 Länder). Für alle Häuserpreisindizes wurde der Verbraucherpreisindex des betreffenden Landes als Deflator verwendet. Alle Indizes wurden, soweit möglich, so mit einer Konstante multipliziert, dass sie für das erste Quartal 1983 den Wert 100 ergeben.

Die Abbildung zeigt die realen Häuserpreise bis 2014 in Boston, London, New York, Paris, Schanghai, Sydney und Vancouver – lauter mondäne Weltstädte – und die weltweiten Häuserpreise. Die Preisverläufe in diesen Städten weisen frappierende Ähnlichkeiten auf (wirklich frappierende Preisanstiege in den späten 1980er-Jahren sowie Ende der 1990er-Jahre, und dazwischen stagnierende oder sinkende Preise) und frappierend ähnlich sind auch die beliebten Geschichten, die von überzogener Begeisterung und Spekulationen am Immobilienmarkt handeln. Und das waren nicht die einzigen renommierten Städte, die Anfang der 2000er-Jahre spektakuläre Immobilienbooms erlebten. Sie waren unter anderem auch in Mumbai, Kopenhagen, Dublin, Hangzhou, Istanbul, Las Vegas, Madrid, Melbourne, Rom, San Diego, Tianjin und Washington anzutreffen. Was auch immer diese Begeisterung antrieb – es konnte die riesigen Ozeane überqueren. Dieser auffallende Trend gehörte zu den Dingen, die mich 2005 zu der Warnung veranlassten, wir befänden uns in einer Häuserblase von beispiellosen Ausmaßen.

Nach 2005 wurde das Bild durchwachsener. Manche Städte setzten ihren Aufwärtstrend mit nur kleinen Rücksetzern fort. Andere stürzten aus ihrer luftigen Höhe ab und sind noch nicht wieder zurückgefedert. In vielen Städten haben sich die Preise eingependelt.

Die in der Abbildung dargestellten Städte wurden wegen ihres Nachrichtenwerts und der Schwankungen ihrer Preisbewegungen ausgewählt. Der Global House Price Index, der vom Internationalen Währungsfonds für 52 Städte in aller Welt erstellt wird, weist viel weniger Schwankungen auf – und tatsächlich sah das Muster in einigen anderen Weltstädten ganz anders aus. Zum Beispiel verdoppelten sich die realen Preise für Wohngrundstücke in Tokio von 1985 bis 1990, also zur gleichen Zeit wie der in der Abbildung gezeigte Boom, doch dann schlugen sie einen stetigen Abwärtstrend ein, wiesen nach 2000 keine Anzeichen eines Booms mehr auf und halbierten sich bis 2004 annähernd.[12] Die realen Grundstückspreise in bester Wohnlage von Delhi verdoppelten sich von 1991 bis 1995, als die Preise in den Städten, die in Abbildung 3.2 dargestellt werden, fielen, und dann halbierten sie sich bis 2003, als die Preise in den in Abbildung 3.2 gezeigten Städten stiegen.[13] Trotzdem ist es irritierend, dass die Häuserpreise in so vielen Städten – etwa in den in Abbildung 3.3 gezeigten, die zu den renommiertesten der Welt zählen –, so frappierende Ähnlichkeiten aufweisen. Wir werden an einem späteren Punkt dieses Buches versuchen, diese Ähnlichkeit zu verstehen.

Kein wesentlicher langfristiger Aufwärtstrend bei den realen Häuserpreisen

Wenn sich der Leser die Serie der Häuserpreise seit 1890 in Abbildung 3.1 anschaut, könnte es ihn frappieren, dass es offenbar keinen grundsätzlichen anhaltenden Aufwärtstrend der realen Häuserpreise gibt. Zwar waren die realen Häuserpreise in den Vereinigten Staaten 2006 fast doppelt so hoch wie 1890, aber die gesamte Zunahme fand in zwei kurzen Zeiträumen statt: direkt nach dem Zweiten Weltkrieg (wobei die ersten Anstiege bereits Anfang der 1940er-Jahre kurz vor Kriegsende stattfanden) und in einem Zeitraum, der anscheinend eine verzögerte Reaktion auf den Börsenboom der 1990er-Jahre (oder eine Reaktion auf den Boom samt Crash) darstellt, wobei die ersten Anzeichen für den Anstieg 1998 auftauchten. Abgesehen von diesen beiden Perioden stagnierten die Häuserpreise meistens oder sie gingen zurück. Zudem war der Anstieg insgesamt (48 Prozent in den 124 Jahren von 1890 bis 2014, also 0,3 Prozent im Jahr) nicht gerade beeindruckend.

Doch warum haben dann so viele Menschen den Eindruck, die Häuserpreise seien so gut gelaufen? Ich glaube, da Häuser so selten angeschafft werden, erinnern sich die Menschen immer noch an den letzten Kaufpreis, der schon lange her ist, und sind von dem Unterschied zwischen damals (als die Preise, auch die Verbraucherpreise insgesamt, niedriger waren) und heute überrascht. Bei Aktien passiert das nicht, weil die Unternehmen immer wieder Splits durchführen, sodass sich die Aktienkurse in den Vereinigten Staaten grob um das übliche Niveau von 30 Dollar je Aktie bewegen. Deshalb drängen sich den Menschen bei Aktien langfristige Vergleiche viel weniger auf als bei Häusern.

So hätte es einen beispielsweise bei der Abwicklung des Nachlasses eines älteren Ehepaars Anfang der 2000er-Jahre überraschen können, dass sie 1948 ein Haus für nur 16.000 Dollar gekauft hatten, das Haus aber 2004 für 190.000 Dollar verkauft wurde. Es hat den Anschein, als habe sich die Investition in das Haus überaus gelohnt. Allerdings hat sich der Verbraucherpreisindex von 1948 bis 2004 verachtfacht, sodass der reale Wertzuwachs des Hauses nur 48 Prozent beziehungsweise nicht einmal ein Prozent im Jahr betrug. Zudem dürfte ein Teil des Wertzuwachses einer Serie von Investitionen in das Haus oder in die Wohngegend zu verdanken sein, die seine Qualität erhöht haben. Und selbst wenn das Haus 2004 doppelt so teuer wie zum medianen Preis verkauft worden wäre, also für 360.000 Dollar, würde das noch keine tolle Anlagerendite bedeuten, denn dieser Preis würde lediglich eine Verdreifachung des Wertes in 50 Jahren bedeuten, also eine Zuwachsrate von nicht ganz zwei Prozent im Jahr. Unsere Aufmerksamkeit wird nur dann auf derart langfristige Wertveränderungen von

Anlagen gelenkt, wenn wir Geschichten über Häuser hören – und dann sind wir übermäßig beeindruckt. Die meisten von uns können solche Geschichten nämlich nicht besonders gut einordnen.

Um weiter nachzuprüfen, ob die Zahlen, aus denen ein so geringer realer Wertzuwachs von Häusern hervorgeht, vielleicht fehlerhaft sind, bat ich mir bekannte Volkswirte, mir andere sehr langfristige Häuserpreisindizes anzugeben, die vielleicht unabhängige Belege zum langfristigen Verhalten der Preise liefern könnten. So konnte ich einige andere langfristige Häuserpreisindizes ausfindig machen, die zwar entweder nicht den ganzen Zeitraum oder kein ganzes Land abdeckten, aber vielleicht weitere Hinweise über die langfristigen Tendenzen liefern konnten.

Das U.S. Census Bureau fragt bei den Volkszählungen seit 1940 alle zehn Jahre die Hausbesitzer, wie sie den Wert ihrer Häuser einschätzen. Der reale (inflationsbereinigte) Median der angegebenen Werte stieg von 1940 bis 2000 um zwei Prozent im Jahr, also erheblich stärker als die 0,7 Prozent, die für denselben Zeitraum aus dem in Abbildung 3.1 dargestellten Häuserpreisindex hervorgehen. Über 60 Jahre kumuliert ergibt eine Wachstumsrate von zwei Prozent insgesamt eine doppelt so hohe Wertsteigerung wie eine Rate von 0,7 Prozent. Jedoch berücksichtigen die Volkszählungsdaten im Gegensatz zu dem in Abbildung 3.1 gezeigten Index nicht die zunehmende Qualität und Größe der Häuser. Die Häuser haben sich seit 1940 nämlich stark verändert. Beispielsweise hatten 1940 laut Volkszählung 31 Prozent der Wohneinheiten in den Vereinigten Staaten kein fließendes Wasser und 38 Prozent hatten weder eine Badewanne noch eine Dusche. Seither ist der Lebensstandard massiv gestiegen und die Häuser sind heute auf jeden Fall viel besser. Da sich die US-Bevölkerung seit 1940 verdoppelt hat und sich das reale Pro-Kopf-Einkommen seither vervierfacht hat, wurden viel mehr besser ausgestattete Häuser gebaut. Die kleineren, minderwertigen Häuser des Jahres 1940 wurden zum größten Teil abgerissen, sodass uns die älteren Häuser, die wir heute noch sehen, wohl den falschen Eindruck vermitteln, die Häuser von damals seien mit den heutigen vergleichbar. Es muss wohl so sein, dass ein Großteil des jährlichen Wertzuwachses von zwei Prozent, der für die Volkszählungen gemeldet wurde, diese Tatsache und nicht die Wertsteigerung unveränderter einzelner Häuser wiedergibt.

Es gibt einen bemerkenswert hochwertigen Index der Preise von Häusern an der Herengracht, einem alten Amsterdamer Kanal, von 1628 bis 1973. Laut Professor Piet Eichholtz von der Universität Amsterdam ist diese Gegend sehr gut für die Erstellung eines Häuserpreisindex geeignet, weil die Häuser dort im Laufe der Jahrhunderte bemerkenswert unverändert blieben und weil die Zahlen zu den Hausverkäufen peinlich genau verzeichnet und verwahrt wurden. Der Index weist in diesem Zeitraum nicht wenige starke Schwankungen auf, aber von der Stadt, die uns die Tulpenmanie schenkte – einen beachtlichen Anstieg der Preise von Tulpenzwiebeln Anfang des 17. Jahrhunderts –, ist ja auch nichts anderes zu erwarten. Laut den Zahlen von Eichholtz verdoppelten sich die Preise von 1628/1629 bis 1632/1633, also kurz vor dem Höhepunkt der Tulpenmanie, und kurz bevor die Tulpenpreise 1637 den Höhepunkt überschritten hatten, fielen die Häuserpreise fast wieder auf das Niveau aus den Jahren 1628/1629 zurück. Am Markt für diese Häuser gab es also große Schwankungen. Wenn man aber den Index über den ganzen Zeitraum um die Inflation bereinigt, sieht man, dass die Preise insgesamt nicht besonders gestiegen sind. Der jährliche Preiszuwachs in der Herengracht betrug lediglich 0,2 Prozent. Zwar haben sich die realen Häuserpreise tatsächlich verdoppelt, aber dafür brauchten sie 350 Jahre.[14]

Mein Kollege Karl Case erstellte einen historischen Index der Grundstückspreise im Raum Boston, indem er die Norfolk County Registry nach Kaufverträgen für Immobilien durchsuchte, in denen von „einer gewissen Parzelle" oder „einem gewissen Flurstück" ohne die Erwähnung von Bebauung oder Aufwertungen die Rede war. Dadurch konnte er Qualitätsveränderungen aus dem Index ausschließen. Er fand heraus, dass der Quadratfuß-Preis von Grundstücken in den Jahren 1900 bis 1997 real um 3,9 Prozent im Jahr gestiegen war. Das ist eine viel höhere Zuwachsrate als die im abgedruckten Diagramm und sie ist höher als die Wachstumsrate des realen Bruttoinlandsprodukts.[15]

Im Jahr 1933 veröffentlichte der Volkswirt Homer Hoyt eine berühmte Untersuchung der Grundstückspreise in Chicago unter dem Titel „One Hundred Years of Land Values in Chicago". Auch Hoyt fand heraus, dass die Grundstückspreise dramatisch gestiegen waren. Er stellte zum Beispiel fest, dass die Preise pro Fassadenbreite in der State Street und der Michigan Avenue (erste Adressen der Innenstadt) von 1877 bis 1931 inflationsbereinigt um 5,9 Prozent im Jahr gestiegen waren und sich dadurch insgesamt verzwanzigfacht hatten.[16]

Selbstverständlich eignen sich die Zahlen aus Boston und Chicago wohl kaum für zuverlässige Schätzungen des Preisanstiegs von Immobilien in den gesamten Vereinigten Staaten. Boston und Chicago sind für US-Immobilien genauso wenig typisch, wie Microsoft eine typische Unternehmensgründung war. Der Erfolg dieser Städte war eine lokale Überraschung, die man nicht zuverlässig hätte vorhersagen können. Hoyt selbst äußerte sich über das überraschende Wachstum von Chicago recht deutlich: „Das Wachstum von Chicago im 19. Jahrhundert wurde weder in früheren noch in heutigen Zeiten von irgendeiner Stadt mit einer Million Einwohnern oder mehr erreicht

[...]. Das Bevölkerungswachstum von Paris aus 20 Jahrhunderten wurde hier in ein einziges Jahrhundert gequetscht."[17]

Dazu kommt noch, dass Grundstückspreise kein guter Anhaltspunkt für Immobilienpreise sind, die neben dem Grundstück noch eine Bebauung enthalten. Früher machte der Grundstückspreis nur einen kleinen Bruchteil des gesamten Immobilienwerts aus und somit verursachte es keinen rasanten Anstieg der Häuserpreise, wenn die Grundstückpreise in den erfolgreichen Städten relativ schnell stiegen.

Auch Überlegungen, die auf Einzelbeobachtungen beruhen, müssten uns eigentlich zu der Überzeugung bringen, dass die Häuserpreise im Laufe der Jahrzehnte nicht wesentlich gestiegen sind. Die Menschen wohnen heute in größeren Häusern als vor Jahrzehnten und sie verteilen sich auf mehr Grundstücke, denn abgesehen von den schwachen Jahren nach der Finanzkrise 2007-2009 zogen im Laufe der Jahrzehnte immer mehr Menschen in Eigenheime. Immer mehr Kinder zogen aus dem Elternhaus gleich in eigene Häuser, anstatt damit bis zur Heirat zu warten.[18] Wie hätten sie sich das leisten können, wenn die Häuserpreise rapide gestiegen wären? Dies lässt vermuten, dass die reale Steigerung der Häuserpreise in den Vereinigten Staaten geringer gewesen sein muss als die Steigerung des verfügbaren Pro-Kopf-Einkommens. Letztere belief sich von 1929 bis 2013 auf zwei Prozent im Jahr.

Unterm Strich sieht es so aus, dass der konkrete Verlauf der Häuserpreise zwar einer gewissen Ungewissheit unterliegt, doch die meisten Indizien weisen darauf hin, dass der durchschnittliche reale Wertzuwachs der meisten Häuser enttäuschend niedrig war.

Weshalb sind die realen Häuserpreise nicht kräftig gestiegen?

Der Leser mag erstaunt sein, dass aus den Zahlen über einen derart langen Zeitraum ein Anstieg der realen Häuserpreise in den Vereinigten Staaten kaum herauszulesen ist. Die beliebte Auffassung, die Immobilienpreise würden immer steigen, ist sehr wirkmächtig, und zwar so sehr, dass sie in Japan, Korea und China einen Namen hat: der „Immobilienmythos". Aber ist es denn nicht so, dass Land knapp ist und dass es stetig teurer wird, weil die Bevölkerung ebenso wächst wie der Wohlstand?

In Wirklichkeit zieht das theoretische Argument, den Erwartungen zufolge müssten die Häuserpreise schneller wachsen als die Verbraucherpreise insgesamt, nicht besonders. In der zunehmend mechanisierten Baubranche kommt der technische Fortschritt womöglich schneller voran als in anderen Bereichen, etwa in dem gewichtigen Dienstleistungssektor. Frisöre, Lehrer,

Anwälte und Berater machen ihre Arbeit mehr oder weniger genauso wie schon immer, aber der Hausbau wird durch neue Materialien, neue Baumaschinen, durch vorgefertigte Teile sowie durch neue Technologien für den Bau von Appartement-Hochhäusern immer billiger. Wenn neue Häuser billiger gebaut werden können, müsste sich das ja eigentlich darin niederschlagen, dass die Häuserpreise im Verhältnis zu anderen Preisen sinken.

Die öffentliche Aufmerksamkeit scheint sich vor allem auf die überfüllten Großstädte zu richten, in denen kaum noch Bauland verfügbar ist und in denen die Grundstückspreise sehr hoch sein können. Doch die meisten Städte verfügen über reichlich Bauland. Bauunternehmen, die in Städten mit reichlich Bauland Grundstücke haben wollen, beschweren sich zwar manchmal über die dortige Grundstücksknappheit sowie über Hürden, die von Naturschützern und Nachbarschaftsvereinigungen errichtet werden, aber in Wirklichkeit meinen sie damit nur, dass Grundstücke in den Bestlagen knapp sind, in denen sie am liebsten bauen würden.

In diesen Städten mit reichlich Bauland weicht die Preisentwicklung nie sehr weit von der Entwicklung der Baukosten ab. Das sollte eigentlich nicht überraschen, denn wenn die Häuserpreise zu weit über die Baukosten hinausgehen, ist das für die Baufirmen ein Anreiz, noch mehr Häuser zu bauen. Durch das stetig wachsende Angebot sinken die Preise dann jedoch wieder in den Bereich der Kosten.

Die Situation dieser stabilen Städte dürfte für den Großteil der Vereinigten Staaten typisch sein. Das Land, auf dem Häuser gebaut werden, ist selbstverständlich begrenzt. Abgesehen von einigen Landgewinnungsprojekten im Meer wird kein Land mehr hergestellt. Doch nach wie vor wird fast die gesamte Fläche unseres Landes landwirtschaftlich, forstwirtschaftlich oder auf andere Weise extensiv genutzt. Dieses Land ist pro Größe eines Baugrundstücks sehr billig und daher ist immer noch viel Platz, um das Bauland auszuweiten. Laut der Volkszählung 2010 waren nur 3,1 Prozent der gesamten Landfläche der Vereinigten Staaten städtische Flächen.

Allerdings gibt es in Los Angeles oder in Boston nur noch wenig bebaubare freie Grundstücke, was nebenbei gesagt auch für London und Sydney gilt. Trotzdem müsste aber eigentlich auch dort das gleiche Sicherheitsventil verhindern, dass die Preise zu sehr steigen – jedenfalls wenn die Menschen rational und weitsichtig wären. Wenn die Häuserpreise so weit steigen, dass die Darlehensraten einen Großteil des Haushaltseinkommens aufzehren, besteht ein starker Anreiz, in eine günstigere Gegend zu ziehen. Auf lange Sicht verhindert dieses Sicherheitsventil, dass die realen (inflationsbereinigten) Häuserpreise zu sehr steigen, und es lässt Blasen platzen, die sich zu sehr aufgebläht haben. In Städten, in denen nahe gelegenes Bauland reichlich vorhanden ist, funktioniert dieses Sicherheitsventil zwar besser, aber auch in Städten weitab von Bauland funktioniert es, denn wenn die Häuserpreise weit genug steigen, ziehen die Menschen weiter weg und verlassen ein Gebiet manchmal komplett.

Das Problem ist, dass die Menschen in schicken Gegenden oft meinen, die Grundstückspreise, die dort inzwischen eine wichtige Komponente des Wertes von Häusern sind, würden weiterhin steigen. Sie glauben ganz fest, es habe Vorteile, in solchen Gegenden zu wohnen. Die Menschen genießen das Prestige, das es bringt, in derselben Gegend zu wohnen wie Prominente, und sie nutzen auch die dortigen unternehmerischen Chancen. Da passiert es leicht, dass die Bewohner solcher Gegenden sich vorstellen, immer mehr Menschen würden genauso denken wie sie und würden die Preise in ihrer Stadt immer weiter in die Höhe treiben. Das ist irrationaler Überschwang im Immobilienbereich.

In Wirklichkeit ist es aber anders: Wenn die Häuserpreise in einer Stadt im Verhältnis zu den Einkommen der dort lebenden Menschen hoch genug werden und es daher erschweren, sich ein angemessenes Eigenheim zu leisten, schauen sich die Menschen ihre Annahmen noch einmal sehr genau an. Tatsächlich ist ja das Prestige, das man lediglich daraus bezieht, in einer schicken Stadt zu wohnen, nicht besonders ausschlaggebend. Außerdem ist zwar der Ruf mancher Städte an bestimmte Branchen gebunden, aber mit einem kleinen bisschen Fantasie erkennt man, dass immer wieder neue Zentren derselben Branchen aufgebaut werden, zum Beispiel das North Carolina Research Triangle auf den ehemaligen Tabakfeldern. Diese neuen Zentren führen dazu, dass konzerneigene Umzugsunternehmen die Bevölkerung aus den alten Zentren in die neuen herüberlocken. Dadurch lassen sie den Aufwärtsdruck auf die Immobilienpreise in den alten Zentren ab.

Hinzu kommt noch, dass sehr hohe Immobilienpreise politischen Druck erzeugen und Landnutzungsbeschränkungen gelockert werden. Irgendwann nimmt dann das Wohnungsangebot (zum Beispiel in Hochhäusern) in den schicken Städten selbst zu.

Darum besteht in schicken spekulativen Städten die Tendenz, dass die Häuserpreise immer wieder steigen und einbrechen, aber keine klare langfristige Tendenz aufweisen. Solange die Menschen optimistisch sind, steigen die Preise. Wenn sie aber zu weit steigen, treten Kräfte auf, die sie einbrechen lassen. In Abbildung 3.2 fällt auf, dass der Anstieg der realen Häuserpreise in Miami und Phoenix in den drei Jahrzehnten von 1983 bis 2013 insgesamt praktisch gleich null war, obwohl sie sich zwischenzeitlich in beiden Städten verdoppelt hatten. Angesichts dieser Trends scheinen selbst bewohnte Häuser im Vergleich zum Aktienmarkt schlechte langfristige Anlagen zu sein:

Die Immobilien haben zwar gelegentlich stark geschwankt, doch landesweit boten sie den langfristigen Anlegern praktisch keine Kapitalerträge. Allerdings muss man die „impliziten Dividenden" bedenken, die man daraus bezieht, im eigenen Haus zu wohnen, also den Wert der Unterkunft an sich und sonstiger Annehmlichkeiten, die mit einem Eigenheim verbunden sind. Diese Dividenden sind steuerfrei. Es heißt ja oft (zu Recht), Eigentum statt Miete habe steuerliche Vorteile. Wenn zwei Nachbarn, die in identischen Häusern wohnen, ihre Häuser tauschen und einander gegenseitig Miete zahlen würden (sodass die erhaltene Miete die gezahlte Miete ausgleichen würde), wäre das Geschäft unter wirtschaftlichen Gesichtspunkten bedeutungslos, aber es würden Steuern anfallen, denn die erhaltene Miete müsste versteuert werden, doch die gezahlte Miete wäre nicht abzugsfähig. Aus diesem Grund sind die meisten Menschen gut beraten, das Haus, in dem sie wohnen, lieber zu kaufen als zu mieten.

Ein weiterer Grund, der eher für den Kauf als für die Miete spricht, ist das subjektive Risiko, das ein Mietvertrag mit sich bringt: Die Anreize für einen Mieter, das Haus instand zu halten, sind geringer als die für einen Besitzer. Dies schlägt sich einerseits in höheren Mieten nieder und andererseits darin, dass die Rechte des Hausbesitzers, bestimmte Aktivitäten auszuüben oder die Immobilie nach seinem Geschmack umzugestalten, eingeschränkt sind.

Es gibt keinen exakten Maßstab, anhand dessen man die steuerfreien impliziten Dividenden, die der Hausbesitz bietet, mit den (gewöhnlich steuerfreien) Dividenden auf Aktien oder mit den Instandhaltungskosten vergleichen könnte, die man mit den bei einem Haus abfallenden Dividenden verrechnen müsste. Einen solchen exakten Maßstab kann es auch gar nicht geben, denn man kann den psychischen Nutzen, den man daraus bezieht, ein Eigenheim zu besitzen und zu bewohnen, genauso unmöglich in Dollar oder Euro beziffern wie die psychischen „Kosten", die dadurch anfallen, dass man sich um das Eigentum kümmern muss. Der psychische Nutzen entspricht nicht der Miete, die man für ein Haus verlangen kann, denn Mieter leben unter ganz anderen Bedingungen. Ein Hausbesitzer kann seine Meinung über den psychischen Nutzen von einem Tag auf den anderen ändern. Zudem entsprechen die psychischen Dividenden nicht proportional der Summe, die man in das Haus investiert hat – wie es bei Aktiendividenden wäre. Und wenn man mehr Haus kauft, als man braucht, erleidet man vielleicht eine negative psychische Dividende, weil man zu viel Besitz instand halten muss.

Daher gibt es keine Möglichkeit, verbindlich zu sagen, was historisch gesehen die bessere Anlage gewesen wäre, Häuser oder Aktien. Die Antwort fällt bei jedem Einzelnen unterschiedlich aus und ist letztlich eine Frage des

Geschmacks und der Umstände. Allerdings sehen die einzelnen Hausbesitzer in diesem Punkt nicht klar und können ihre Meinung über die Vorteile der Anlage in Form eines Eigenheims von Zeit zu Zeit ändern. Im weiteren Verlauf des Buches werden wir Belege für solche Änderungen sehen.

Irrationaler Überschwang damals und heute

Meine Forschungsassistenten und ich haben einige Hinweise dafür gefunden, dass sich die öffentliche Meinung über Immobilienspekulationen im Laufe der Jahre ändert. Die englischsprachigen Berichte aus Zeitungen und Zeitschriften seit dem späten 19. Jahrhundert, die wir lasen, bestätigten solche Veränderungen. Vor den letzten Jahrzehnten des 20. Jahrhunderts fanden wir dort relativ wenig über irgendetwas, das man als landesweite Blasen der Immobilienpreise betrachten könnte. „Irrationaler Überschwang" tauchte nur gelegentlich auf. Das Wort „Boom" wurde im gesamten 20. Jahrhundert zwar häufig verwendet, um Situationen des Häusermarkts zu beschreiben, aber in früheren Zeiten war damit eher ein Boom der Bauindustrie gemeint (gemessen an der Anzahl der errichteten Neubauten). Volkswirte erwähnten in ihren Berichten über die Lage am landesweiten Immobilienmarkt nicht oft Blasen oder Spekulationen. Sie betonten eher, dass letztlich die Baukosten die Häuserpreise bestimmen. Häufig war in den Artikeln eher davon die Rede, dass Häuser knapp waren, als von Preissteigerungen.

Es ist auffallend, dass vor den letzten Jahrzehnten des 20. Jahrhunderts relativ wenig öffentlich über Häuserpreise diskutiert wurde. Ein Beleg – oder einer der Gründe – dafür ist, dass es bis 1968 keinen regelmäßig veröffentlichten und regelmäßig zitierten Preisindex für Altbauten in den Vereinigten Staaten gab. Damals wurde zum ersten Mal in großen Zeitungen der von der National Association of Real Estate Boards ermittelte mediane Preis für bestehende Häuser zitiert.[19] Einen *hochwertigen* Index für Altbauten gibt es erst, seit Karl Case und ich die Methode der gewichteten wiederholten Verkäufe entwickelt, sie für die Bestimmung von Preisindizes für große US-amerikanische Städte verwendet und diese Indizes Ende der 1980er-Jahre in mehreren Artikeln veröffentlicht haben. Diese Methode wurde später von Fannie Mae und Freddie Mac sowie unter anderem vom U.S. Office of Housing Enterprise Oversight und ihrer Nachfolgerin (nach der Schließung 2009 nach dem Bankrott von Fannie Mae und Freddie Mac 2009) Federal Housing Agency übernommen. Zahlen zum Verhältnis zwischen Kaufpreis und Miete (ähnlich dem Kurs-Gewinn-Verhältnis, das Anleger verwenden, um zu überprüfen, ob der Aktienmarkt zu teuer oder zu billig ist) wurden in den Nachrichtenmedien erst angegeben, als der *Economist* im Jahr 2000 begann, sie für mehrere Länder zu veröffentlichen.

Also waren solide öffentliche Preisinformationen, die vielleicht zur Entstehung irrationalen Überschwangs beitragen könnten, bis zum Ende des 20. Jahrhunderts eigentlich gar nicht verfügbar. Zwar war auch vorher in Zeitungsberichten manchmal von Preisänderungen die Rede, doch dafür führten sie gewöhnlich entweder Einzelbelege oder die Meinungen von Immobilienmaklern zum aktuellen Geschehen an. Doch selbst solche Artikel waren selten, worin sich anscheinend das mangelnde öffentliche Interesse an landesweiten Preistendenzen niederschlägt.[20]

Vor 1960 nahm die öffentliche Aufmerksamkeit häufig die Form öffentlicher Empörung über die exorbitanten Mieten an, die Vermieter von ihren Mietern verlangen konnten, und nicht von Besorgnis wegen der Kaufpreise für Einfamilienhäuser. Die Menschen lebten damals in einer weniger bekennend kapitalistischen Wirtschaft und sie waren nicht auf die Überzeugung geeicht, ihr Wohlergehen hänge in hohem Maße von ihrem Besitz ab.

Vor den letzten Jahrzehnten des 20. Jahrhunderts richtete sich die öffentliche Aufmerksamkeit stattdessen auf Mietpreiskontrollen und auf die Bewegung der Wohngenossenschaften – eine Gruppe von Menschen kauft Beteiligungen an einem Wohngebäude und verwaltet es gemeinsam. Da der Staat und die Genossenschaften so deutlich in die Märkte eingriffen, konnten sich die Menschen plausibel vorstellen, dass die Behörden etwas unternehmen würden, damit die Häuserpreise nicht aus dem Ruder laufen.

Mietpreiskontrollen und Wohnungsgenossenschaften gibt es zwar immer noch, aber die idealistische Ideologie, die sie geschaffen hat, ist größtenteils Geschichte. Da sich die öffentliche Hand in den letzten Jahrzehnten eher auf marktwirtschaftliche Lösungen für ökonomische Probleme konzentriert, als Eingriffe und Kontrollen vorzunehmen, machen sich die Menschen jetzt mehr Sorgen um die instabilen Häuserpreise und reagieren daher so, dass Blasen entstehen können.

Sucht man in Proquest ab 1740 und in Lexis-Nexis ab den 1970er-Jahren nach dem Auftauchen der Begriffe „Häuserblase" oder „Häuserpreisblase" in englischsprachigen Zeitungen aus aller Welt, zeigt sich, dass sie bis kurz nach dem Börsencrash 1987 (als die Menschen ohnehin über Blasen sprachen und die Preise in vielen Ländern rasant stiegen) fast nicht verwendet wurden und dass sie kurz danach wieder außer Mode kamen. Ende der 1990er-Jahre tauchten sie dann wieder auf und ihre Verwendung nahm nach 2000 dramatisch zu.

Das Erscheinen in Zeitungen bedeutet aber nicht zwingend, dass sie auch in das öffentliche Bewusstsein dringen. Karl Case und ich verteilen seit 2003 Fragebögen in Papierform an US-Amerikaner, die kürzlich ein Haus gekauft haben, und darin stellen wir eine Reihe von offenen Fragen – die Menschen sollen aktuelle Marktphänomene mit eigenen Worten interpretieren. In den Fragebögen ist weder von Blasen die Rede noch wird darin direkt danach gefragt. In den Jahren 2003 und 2004 benutzte so gut wie keiner der Befragten die Formulierung „Häuserblase" oder „Immobilienblase". Ab 2005 benutzten die Befragten diesen Begriff zunehmend, in der Zeit um den Höhepunkt des Marktes herum blieb die Verwendung häufig, danach ging sie wieder zurück. Damals kamen in den Nachrichten besonders häufig Berichte, in denen von einer Häuserblase die Rede war. Das lässt vermuten, dass diese Vorstellung für die meisten Menschen nicht natürlich ist, sondern dass sie ihnen durch die Umstände, die Medienberichterstattung und den öffentlichen Diskurs für eine Weile eingeimpft wurde.

Früher war das Leben einfacher. Man sparte und wenn die rechte Zeit gekommen war, kaufte man ein Haus. Man fand, es gehöre zum normalen Lebenslauf, dass man ein Haus kauft, und nicht, dass man sich Sorgen darum machen müsste, was mit den Häuserpreisen passiert. Die immer größere Rolle, die Spekulationen am Häusermarkt und an anderen Märkten spielen, hat unser Leben grundlegend verändert. Früher kamen die Preise nur lokal in Bewegung und waren auf Ereignisse wie den Bau von Autobahnen, Kanälen und Bahnlinien beschränkt, aber heute geschieht dies landesweit oder gar international und wird mit populären Geschichten über neue Zeitalter der Wirtschaft verknüpft. Das veränderte Verhalten der Häuserpreise ist ein Anzeichen dafür, dass sich der Eindruck der Allgemeinheit vom Wert von Immobilien verändert hat und dass sie mehr auf spekulative Preisbewegungen achtet.

Welche Rolle Kreditinstitute bei Häuserblasen spielen

Im Laufe einer Blase treten nicht nur bei den Käufern, sondern auch bei den Kreditgebern Anomalien bezüglich der Aufmerksamkeit auf. Sie konzentrieren ihre Aufmerksamkeit auf die gleichen Anlagechancen. Auch sie schenken der Gefahr, dass der Markt zusammenbrechen könnte, entweder keine Beachtung oder gehen selbstzufrieden darüber hinweg.

Jennifer Taub, Professorin an der Vermont Law School, beschreibt in ihrem Buch „Other People's Houses: How Decades of Bailouts, Captive Regulators, and Toxic Bankers Made Home Mortgages a Thrilling Business" aus dem Jahre 2014 treffend, wie sich die Häuserblase Anfang der 2000er-Jahre auf die Kreditgeber in den Vereinigten Staaten auswirkte.[21] Laut ihrer Beschreibung herrschte bei den größeren Anbietern von Hypothekendarlehen während des Immobilienbooms kurz vor dessen Höhepunkt um 2006 herum wegen ihrer scheinbaren neuen Erfolge große Begeisterung, wobei sie die Risiken, die sie dadurch erzeugten, eklatant missachteten.

Einer dieser Kreditgeber war Washington Mutual, Inc. (WaMu), eine Sparkassen-Holding, deren Ursprünge auf die Washington National Building and Loan Investment Association aus dem Jahre 1889 zurückgehen. Diese wurde Anfang des 20. Jahrhunderts in Washington Mutual Savings Bank umbenannt. Sie war eine Art (nicht gewinnorientierte) Genossenschaftsbank, legte diesen Status jedoch 1983 in der Zeit der Deregulierung unter Reagan ab und wurde zum gewinnorientierten Unternehmen. Leider wurde zugelassen, dass sie das Word „Mutual", das ungefähr „genossenschaftlich" bedeutet, trotzdem weiter im Namen führen durfte – als sei es bloß ein veralteter Begriff, der für die Allgemeinheit keine Bedeutung mehr besitze. Sie verlor ihre ideologischen Wurzeln und wurde dadurch zu einer schnell aufstrebenden Erfolgsstory, dass sie Risiken ausblendete. Durch aggressive Werbung von Kreditkunden wurde sie zur größten Sparkasse der Vereinigten Staaten. Unter dem dynamischen Vorstandsvorsitzenden Kerry Killinger führte WaMu das Motto „The Power of Yes" ein und trichterte somit potenziellen Kreditnehmern mit schlechter Vorgeschichte ein, dass ihre Darlehensanträge nicht abgelehnt würden. Nach der Krise wurde sie zur größten Bankenpleite in der Geschichte der Vereinigten Staaten. Doch in den Jahren des Aufschwungs herrschten in dem Unternehmen die Verlockungen des Erfolges und sie ignorierten die Möglichkeit einer Immobilienkrise, da es seit der Großen Depression keine mehr gegeben hatte.

Eine ähnliche Unternehmenskultur herrschte bei Countrywide Financial, geleitet von Angelo Mozilo, einem weiteren Anbieter von Hypothekendarlehen, dessen Aufstieg und Fall in der Finanzkrise einen prominenten Platz einnahm. Dort hieß das Motto „Price Any Loan" (etwa: „Für jedes Darlehen soll ein Angebot erstellt werden").

Atif Mian von der Princeton University und Amir Sufi von der University of Chicago haben gezeigt, dass in Regionen mit lockereren Kreditbedingungen die Häuserpreise vor der Blase stärker stiegen und stärker fielen, nachdem sie geplatzt war.[22] Teil dieses Phänomens ist die Nachlässigkeit der Regulierungsbehörden, die es „erfolgsorientierten" Kreditgebern erlaubten, ihre Vorhaben unter wenigen Beschränkungen umzusetzen.

Nach dem Zusammenbruch nach dem Jahr 2006 beschwerten sich viele Menschen bei mir mit der Frage: „Warum sitzen denn nicht mehr von diesen Kreditgebern im Gefängnis?" Es ist jedoch schwer, sie mit solchen Strafen zu belegen, denn es ist nicht leicht, zur allgemeinen Zufriedenheit nachzuweisen, dass sie gegen Gesetze verstoßen haben. Kerry Killinger wurde zwar 2011 immerhin von der Einlagensicherung Federal Deposit Insurance Corporation wegen „leichtsinniger Kreditvergabe" verklagt, aber das Verfahren endete lediglich mit einem finanziellen Vergleich.[23] Angelo Mozilo wurde 2009 von der Börsenaufsicht Securities and Exchange Commission Insiderhandel und Wertpapierbetrug zur Last gelegt, aber auch dieses Verfahren endete mit einem Vergleich und 2010 wurden sämtliche strafrechtlichen Ermittlungen eingestellt, ohne dass Mozilo irgendein Vergehen gestanden hätte.[24]

Was immer sie auch im Einzelnen getan haben und wie auch immer ihre Schuld vor Gericht beurteilt wird – vom Standpunkt unseres Versuchs, die Blasen verstehen zu wollen, sollten wir ihre Handlungen im Wesentlichen als Folge des allgemeinen Gefühls der Begeisterung über Anlagechancen und der Gleichgültigkeit gegenüber Risiken betrachten, die auch die allgemeine Öffentlichkeit infiziert hatte.

Das weitere Vorgehen

Im nächsten Teil des Buches entwickele ich sorgfältig eine Theorie der Blasen, die sowohl für den Aktienmarkt als auch für den Immobilienmarkt gilt – im Endeffekt für alle spekulativen Märkte. Diese Theorie erkennt hinter diesen Phänomenen vielfältige Ursachen, einfache, kurze Erklärungen gibt es dafür nicht. Trotzdem basiert die Theorie auf einem einfachen theoretischen Modell der Rückkopplung, das unerlässlich ist, wenn man verstehen will, wie sich Preise bewegen. In den späteren Teilen des Buches drehe ich den Spieß um und überprüfe die Theorie der Blasen aus mehreren Richtungen.

TEIL I

Strukturelle Faktoren

KAPITEL 4

BESCHLEUNIGUNGS-FAKTOREN: Das Internet, die Kapitalismus-Explosion und andere Ereignisse

Was war letztlich die Ursache dafür, dass in so vielen Ländern die Preise an den Aktienmärkten von 1982 bis zu dem dramatischen Höhepunkt um das Jahr 2000 stiegen? Warum kehren sie nach zwei großen Korrekturen, während ich dies schreibe, auf diese hohen Niveaus zurück? Was ist dafür verantwortlich, dass sich die realen langfristigen Zinsen in vielen Ländern seit einigen Jahrzehnten in einem langwierigen Abwärtstrend befinden? Was verursachte letztlich den Boom der Immobilienmärkte in vielen Städten der Welt, der auf den Börsenboom folgte? Um diese und ähnliche Fragen zu beantworten, die in Zukunft sicherlich gestellt werden, reicht es nicht zu sagen, die Märkte neigten grundsätzlich zu Anfällen von *irrationalem Überschwang*. Wir müssen schon genau angeben, welche beschleunigenden Faktoren von außerhalb der Märkte die Märkte veranlassten, sich derart dramatisch zu verhalten.

Die meisten historischen Ereignisse, von Kriegen bis Revolutionen, haben keine einfachen Ursachen. Wenn sie sich in extreme Richtungen entwickeln, liegt das gewöhnlich an einem Zusammentreffen von Faktoren, von denen für sich genommen keiner ausreicht, um die Ereignisse zu erklären.

Rom wurde weder an einem Tag erbaut noch wurde es von einem einzigen plötzlichen Schicksalsschlag vernichtet. Wahrscheinlicher ist, dass es seinen Sturz einer Vielzahl von Faktoren – kleinen und großen, direkten und indirekten – verdankt, die sich miteinander verschworen. Für Menschen, die nach wissenschaftlicher Gewissheit streben, ist eine solche Uneindeutigkeit unbefriedigend, vor allem weil es bereits so schwer ist, die beschleunigenden Faktoren überhaupt zu erkennen und abzugrenzen. Doch das liegt in der

Natur der Geschichte und die Uneindeutigkeit rechtfertigt die ständige Suche nach neuen, besseren Informationen, damit man die Verursachung wenigstens in groben Umrissen skizzieren kann.

In Kapitel 1 haben wir uns mit Faktoren befasst, die zu gewissen Zeiten scheinbar Bewegungen des Aktienmarkts „erklären", allen voran mit den langfristigen Zinsen. Diese können vielleicht auch etwas zu der Erklärung der Häuserpreise beitragen. Es sollte jedoch eine der ersten Lektionen der Volkswirtschaft sein, dass es manchmal *viele* Faktoren gibt, die spekulative Preise scheinbar „erklären", und zwar so viele, dass man sie nicht problemlos analysieren kann. Wir müssen der Versuchung widerstehen, die Analyse zu sehr zu vereinfachen, indem wir nur einen Faktor herausgreifen. Auf jeden Fall sind die langfristigen Zinsen nicht wirklich exogene Faktoren. Sie sind Marktphänomene, die zum großen Teil von den gleichen Angebots- und Nachfragefaktoren bestimmt werden, die auch das Preisniveau an der Börse bestimmen, und ihr Verhalten gehört zur gleichen Marktpsychologie, die auch den Aktienmarkt antreibt. Wir müssen also versuchen, den Ursprung der Marktpsychologie selbst zu verstehen.

Die Faktoren zu verstehen, die Marktbewegungen beschleunigen, ist deshalb doppelt schwierig, weil die Zeitpunkte des Auftretens großer Marktereignisse meist nicht genau den Zeitpunkten des Auftretens der beschleunigenden Faktoren entsprechen. Beschleunigungsfaktoren sind oft mittelfristige Trends, die erst dann die öffentliche Aufmerksamkeit wecken, wenn sie bereits lange bestehen. Der zeitliche Ablauf von konkreten Marktereignissen wird – wie wir im nächsten Kapitel besprechen werden – direkt von den Reaktionen der Menschen auf den Markt sowie aufeinander bestimmt, denn diese Reaktionen wirken sich auf die komplexe innere Dynamik des Marktes aus. Wenn wir aber verstehen wollen, warum sich der Markt bewegt, müssen wir uns die beschleunigenden Faktoren ansehen.

Wer Lawinen vorhersagen will, schaut sich über lange Zeit die Schneefallmuster und Temperaturmuster vor tatsächlichen Lawinen an, obwohl er weiß, dass sich diese Muster womöglich nicht zum Zeitpunkt der Lawine plötzlich ändern. Vielleicht kann man niemals sagen, warum eine bestimmte Lawine gerade zu diesem Zeitpunkt abging. Genauso ist es mit den dramatischen Bewegungen von Aktienmärkten und anderen spekulativen Märkten.

Sehen wir uns unter Berücksichtigung dieser Einschränkungen eine Reihe von Faktoren an, die sich als Erklärungen für den weltweiten Anstieg der Aktienkurse in den letzten 20 Jahren anbieten könnten – in manchen Fällen auch den Anstieg von Anleihe- und Immobilienpreisen. Dies dürfte uns helfen, zu verstehen, was die Zukunft bereithalten mag.

Diese Faktoren stellen sozusagen die *Haut* der Blase dar. Ich konzentriere mich hier vor allem auf *Faktoren, deren Auswirkungen auf die Märkte nicht durch die rationale Analyse wirtschaftlicher Fundamentaldaten etabliert werden*. Die Liste lässt die vielen kleineren Veränderungen der fundamentalen Faktoren (zum Beispiel des Gewinnwachstums, der realen Zinsänderung) außer Acht, die rational betrachtet *eigentlich* Einfluss auf die Finanzmärkte haben müssten. In normaleren Zeiten oder an den Märkten für einzelne Aktien würden solche Faktoren eine größere Rolle spielen, wenn man Preisänderungen diskutiert. Dass gut funktionierende Finanzmärkte die wirtschaftliche Effizienz nicht behindern, sondern fördern, ist ja der Tatsache zu verdanken, dass Märkte für viele Investments in der Lage sind, auf solche Faktoren angemessen zu reagieren.[1] Die hier vorgestellte Liste von Faktoren wurde speziell dafür zusammengestellt, dass wir die außerordentlichen Situationen besser verstehen, die in letzter Zeit an den Aktien- und Immobilienmärkten auftreten (und es gibt Argumente dafür, dass sich das fortsetzen wird), und deshalb liegt der Schwerpunkt auf weniger rationalen Einflüssen.

Indem ich diese Faktoren beschreibe, erkläre ich die Reaktion der allgemeinen Öffentlichkeit, nicht nur die Reaktion professioneller Anlageverwalter. Manche Beobachter meinen, professionelle Vermögensverwalter seien sensibler und würden gegen den *irrationalen Überschwang* der nicht professionellen Anlegeröffentlichkeit ankämpfen. Deshalb, so könnten diese Beobachter argumentieren, sollte man eine klare Trennlinie zwischen dem Verhalten der Profis und dem Verhalten der Nichtprofis ziehen.[2] Jedoch sind die professionellen Investoren nicht gegen die Effekte der populären Anlegerkultur gefeit, die wir bei Privatanlegern beobachten, und viele der hier beschriebenen Faktoren beeinflussen zweifellos auch ihr Denken. In Wirklichkeit gibt es keine klare Unterscheidung zwischen professionellen institutionellen Investoren und Privatanlegern, denn die Profis geben den Privaten ja regelmäßig Ratschläge.

Einige Faktoren wirken im Hintergrund der Märkte, zum Beispiel der Vormarsch des Kapitalismus, die zunehmende Betonung des geschäftlichen Erfolgs, die Revolution der Informationstechnologie, die Demografie des Babybooms, der Rückgang der Inflation, die Ökonomie der Geld-Illusion sowie der Aufstieg des Glücksspiels an den Märkten und allgemein die zunehmende Lust am Risiko. Ebenfalls dazu gehören die massiv gesteigerte Medienberichterstattung über das Wirtschaftsgeschehen, die aggressiv-optimistischen Prognosen von Aktienanalysten, die zunehmende private Altersvorsorge, die Explosion der Investmentfonds und das expandierende Handelsvolumen am Aktienmarkt.

Zwölf Beschleunigungsfaktoren, die das Endstadium des Millenniumbooms von 1982 bis 2000 angeschoben haben

In der 2000 erschienen Erstauflage des vorliegenden Buches – kurz vor dem Höhepunkt der Börse in jenem Jahr – zählte ich zwölf beschleunigende Faktoren auf, die dazu beitrugen, dass sich die bullishe Stimmung und die Aktienkurse zu Beginn jenes Jahres auf enorme Niveaus aufstauten. Hier nun die Liste in der damaligen Form aus Sicht des damaligen Zeitgeistes. Manche dieser Faktoren sind bis heute am Werk, andere weniger.

Das Aufkommen des Internets in einer Zeit soliden Gewinnwachstums

Das Internet und das World Wide Web drangen in der zweiten Hälfte der 1990er-Jahre in unsere Haushalte vor und machten uns das Tempo des technologischen Wandels hautnah bewusst. Zum ersten Mal tauchte das World Wide Web 1993 in den Nachrichten auf. Der Internetbrowser Mosaic wurde im Februar 1994 erstmals öffentlich verfügbar. Diese Daten markieren den Beginn der Zeit, ab der die Allgemeinheit dem Internet ausgesetzt war, wobei anfangs nur wenige Menschen Zugang dazu hatten. Eine wirklich signifikant hohe Anzahl von Nutzern entdeckte das Internet erst 1997 und danach, also genau in den Jahren, als der NASDAQ-Aktienindex (in dem die Aktien von Hightech-Start-ups damals noch stärker gewichtet waren als heute) stieg und sich bis Ende 1999 verdreifachte, wobei sein Kurs-Gewinn-Verhältnis auf unerschlossenes Territorium vordrang.

Das Ungewöhnliche an der Internet-Technologie ist, dass sie für uns alle – für die ganze Familie – eine Quelle der Unterhaltung und der Beschäftigung ist. In diesem Sinne ist ihre Bedeutung mit derjenigen des Personal Computers oder zuvor des Fernsehers vergleichbar. Der Eindruck einer veränderten Zukunft, den das Internet vermittelt, ist sogar noch eindringlicher als der Eindruck, der entstand, als der Fernseher oder der Computer Einzug in die Wohnzimmer hielten. Die Benutzung des Internets gibt Menschen das Gefühl, die Welt zu beherrschen. Sie können elektronisch die Welt durchstreifen und Aufgaben erledigen, die früher unlösbar waren. Sie können sogar eine Website einrichten und selbst zu einem Faktor der Weltwirtschaft werden. Im Unterschied dazu machte sie das Fernsehen nur zu passiven Empfängern von Unterhaltung und der Personal Computer wurde vor der Internet-Zeit von den meisten Menschen als Schreibmaschine oder Hightech-Flipper benutzt.

Da das Internet einen so eindringlichen und unmittelbaren persönlichen Eindruck hinterlässt, finden viele Menschen die Annahme plausibel, es habe auch große ökonomische Bedeutung. Die Folgen, die Fortschritte in dieser Technologie haben könnten, kann man sich viel leichter ausmalen als die

Folgen beispielsweise einer verbesserten Schiffbau-Technologie oder neuer Entwicklungen in der Materialwissenschaft. Die meisten Menschen erfahren einfach nicht viel über Forschungen auf solchen Gebieten.

Das spektakuläre Gewinnwachstum der US-amerikanischen Unternehmen von real 36 Prozent im Jahr 1994, gemessen an den realen Gewinnen des S&P Composite, auf das in den Jahren 1995 und 1996 Wachstumsraten von acht respektive zehn Prozent folgten, fiel zwar ungefähr mit der Geburt des Internets zusammen, hatte damit aber wenig zu tun. Stattdessen schrieben Analysten das Ertragswachstum der allmählichen konjunkturellen Erholung nach der Rezession 1990/1991 zu, kombiniert mit einem schwachen Dollar, einer starken Nachfrage nach Kapital- und Technologie-Exporten aus den Vereinigten Staaten sowie mit den Sparinitiativen US-amerikanischer Unternehmen. Das Internet hätte auch gar nicht die Ursache des Gewinnwachstums sein können: Noch machten die in den Kinderschuhen steckenden Internetunternehmen nämlich nicht viel Gewinn. Doch die Tatsache, dass die wachsenden Unternehmensgewinne gleichzeitig mit einer so dramatisch neuen Technologie wie dem Internet auftraten, erweckte in der allgemeinen Öffentlichkeit den Eindruck, irgendwie bestehe zwischen diesen beiden Ereignissen ein Zusammenhang. Die öffentliche Berichterstattung über die Verbindung dieser beiden Faktoren – des Internetbooms und des Gewinnwachstums – wurde noch dadurch verstärkt, dass das Jahr 2000 und das neue Millennium bevorstanden, denn in dieser Zeit wurde sehr optimistisch über die Zukunft diskutiert.

Natürlich ist das Internet an und für sich ein bedeutender technologischer Fortschritt und es verheißt ebenso wie andere Entwicklungen in der Computer- und Robotertechnik unvorhersehbare und gewaltige Auswirkungen auf unsere Zukunft. Man sollte sich jedoch fragen, welche Auswirkungen das Internet und die Computerrevolution auf die Bewertungen bereits bestehender Unternehmen haben sollten. Neue Technologien wirken sich zwar stets auf den Markt aus, aber müssen sie wirklich den Wert existierender Unternehmen steigern – wenn man bedenkt, dass diese Unternehmen kein Monopol auf die neue Technologie haben?[3] Sollte sich das Aufkommen des Internets wirklich positiv auf die Bewertung des Dow Jones Industrial Average auswirken – der damals keine Internet-Aktien enthielt?[4]

Die Storys von E*Trade.com, Amazon.com und anderer Emporkömmlinge, die es ein paar Jahre vor dem Jahr 2000 noch gar nicht gab, straften die Auffassung Lügen, dass bestehende Unternehmen von der Internetrevolution profitieren würden. Eigentlich hätten sich die Menschen denken können, dass in Zukunft – in den Vereinigten Staaten und im Ausland – noch mehr neue Unternehmen entstehen würden und dass diese zu den Unternehmen in Konkurrenz treten würden, in die sie Ende der 1990er-Jahre investiert hatten. Einfach gesagt können sich Technologien auf existierende Unternehmen in beide Richtungen auswirken: Sie können ihre Gewinne steigern oder schmälern.

Bei einem Börsenboom kommt es aber nicht darauf an, wie die Internetrevolution in Wirklichkeit aussieht, denn das ist schwer zu quantifizieren, sondern vielmehr auf den *Eindruck*, den die Revolution auf die Allgemeinheit macht. Die Reaktion der Allgemeinheit hängt davon ab, wie glaubhaft die Kunde vom Internet ist, und diese Plausibilität hängt wiederum davon ab, wie leicht einem Beispiele oder Argumente in den Sinn kommen. Wenn wir regelmäßig Zeit im Internet verbringen, fallen uns solche Beispiele völlig problemlos ein.

Der Triumphalismus und der Niedergang wirtschaftlicher Rivalen im Ausland

Ende der 1990er-Jahre – vor dem Börsenhoch 2000 – schienen die meisten anderen Länder das westliche Wirtschaftssystem nachzuahmen. Das kommunistische China macht sich seit den 1970er-Jahren die marktwirtschaftlichen Kräfte zu eigen. Die zunehmende Toleranz der Sowjetunion gegenüber der Marktwirtschaft gipfelte 1991 darin, dass dieser Staat in kleinere, marktwirtschaftlich orientierte Länder zerfiel. Die Welt schien in unsere Richtung zu pendeln und da schien es bloß natürlich zu sein, dass der US-amerikanische Aktienmarkt der am höchsten bewertete der Welt sein sollte.

Diese politischen Ereignisse entfalteten sich allmählich, nachdem 1982 die Hausse begonnen hatte. Und die Jahre nach Beginn der Hausse brachten den Niedergang des japanischen Marktes ab 1989, die langwierige Konjunkturflaute in Japan und 1997/1998 die Asien-Finanzkrise, die ungefähr mit dem Ausbrechen des US-amerikanischen Aktienmarkts auf unbekanntes Terrain am Beginn des neuen Jahrtausends zusammenfiel. Man hätte diese Ereignisse im Ausland als schlecht für den US-amerikanischen Aktienmarkt betrachten können – als Vorboten schlimmer Dinge, die zu uns herüberschwappen –, doch stattdessen sahen viele darin die Schwächung großer Rivalen. Die Medien beschrieben das Verhältnis zwischen den Vereinigten Staaten und ihren wirtschaftlichen Rivalen häufig als Wettkampf, den wie bei einer Sportveranstaltung nur einer gewinnen könne. Daher wurde die Schwächung eines Rivalen simplifizierend als gute Nachricht gesehen.

Kulturelle und politische Ereignisse fördern den unternehmerischen Erfolg

Der Anstieg des Aktienmarkts von 1982 bis 2000 ging mit einer zunehmenden Betonung materieller Werte einher. In einem Fragebogen, den Roper Starch

1975 und wieder 1994 an die Teilnehmer der Umfrage verteilte, hieß es: „Wenn Sie sich ein gutes Leben vorstellen – das Leben, das Sie gerne führen würden –, welche Dinge aus dieser Liste (wenn überhaupt welche) gehören für Sie persönlich zum guten Leben?" Im Jahr 1975 kreuzten 38 Prozent „viel Geld" an, aber 1994 wählten ganze 63 Prozent diese Option.[5]

Solche Meinungen verwandelten unsere Kultur dahingehend, dass der erfolgreiche Geschäftsmann genauso oder noch mehr verehrt wird wie der versierte Wissenschaftler, Künstler oder Revolutionär. Und für die wiedergeborenen Materialisten entwickelte die Vorstellung, die Investition in Aktien sei ein schneller Weg zum Reichtum, einen gewissen Reiz.

Mütter, die zu Hause bleiben und ihr Leben der Familie widmen, werden weniger bewundert, und dies ist einer der Gründe, weshalb eine wachsende Anzahl von Frauen in das Berufsleben eintrat. Auch dies erhöhte die Verfügbarkeit von Krediten und Hausfinanzierungen – etwa in den 1970er-Jahren begannen die Anbieter von Hypothekendarlehen, das Einkommen der Ehefrau in die Bonitätsberechnung einzubeziehen, und so stieg das Aufkommen an Hypothekendarlehen. Dies trug dazu bei, dass die Preise in die Höhe getrieben wurden.

Auf der anderen Seite förderte auch der Rückgang der Kriminalitätsrate materialistische Werte, weil sich die Menschen sicherer fühlten und weniger Angst hatten, sie könnten ausgeraubt oder verletzt werden. Die Zahl der Eigentumsdelikte in den Vereinigten Staaten pro 1.000 Personen fiel von 1993 bis 2003 um 49 Prozent und die Zahl der Gewaltverbrechen pro 1.000 Personen um 55 Prozent.[6] Daher konnte man seinen Wohlstand bequemer zur Schau stellen und dadurch wurde er attraktiver. Jetzt war es reizvoller, in einem protzigen Haus zu wohnen. Zwar nahm die Angst vor Terrorismus zu, aber anscheinend verübten Terroristen ihre Anschläge nicht vorzugsweise auf reiche Menschen und grundsätzlich nicht bei ihnen zu Hause. Aufgrund der sinkenden Verbrechensraten in den Vereinigten Staaten erschien der kapitalistische Lebensstil für die ganze Welt ein besseres Modell zu sein.

Dabei ist zu beachten, dass materialistische Werte an sich keine logischen Auswirkungen auf den Stand des Aktienmarkts haben. Unabhängig davon, ob die Menschen materialistisch sind oder nicht, kann man vernünftigerweise erwarten, dass sie für die Zukunft sparen und die besten Vehikel für ihr Erspartes suchen. Plausibel ist allerdings auch, dass solche Meinungen die Nachfrage nach Aktien beeinflussen, die seit Langem zumindest die Möglichkeit darbieten, schnell beträchtliche Reichtümer anzuhäufen. Zudem haben solche Meinungen eindeutige politische Auswirkungen, die sich wiederum auf den Erfolg von Investitionen in Unternehmen auswirken.

Ein republikanischer Kongress und die Senkung der Kapitalertragsteuer

Als Ronald Reagan 1980 gewählt wurde, wurde erstmals seit 1948 auch ein republikanischer Senat gewählt. Im Jahr 1994 wurden beide Kammern mehrheitlich republikanisch (was 2014 schon wieder passierte, allerdings unter einem demokratischen Präsidenten). Die Gesetzgeber spürten natürlich die veränderte Haltung der Allgemeinheit, die sie gewählt hatte, und waren daher viel unternehmensfreundlicher als ihre demokratischen Vorgänger. Der Mehrheitswechsel im Kongress erhöhte das Vertrauen der Allgemeinheit in den Aktienmarkt, denn der Gesetzgeber kann die Unternehmensgewinne und die Renditen der Anleger auf verschiedene Weise steuern.

Nehmen wir die Besteuerung. Kaum hatte der republikanische Kongress 1995 Fuß gefasst, da wurden schon Entwürfe zur Senkung der Kapitalertragsteuer publik. Im Jahr 1997 wurde der Spitzensteuersatz von 28 auf 20 Prozent gesenkt. Sobald diese Senkung in Kraft gesetzt war, sprach der Kongress über weitere Steuersenkungen. Ein Gesetzentwurf von 1999 hätte die Kapitalertragsteuer noch weiter gesenkt, doch Präsident Clinton legte sein Veto dagegen ein.

Die Erwartung möglicher Steuersenkungen kann sich auch dann günstig auf den Aktienmarkt auswirken, wenn die Steuern in Wirklichkeit nicht angetastet werden. Von 1994 bis 1997 wurde den Anlegern grundsätzlich geraten, ihre Kapitalerträge zu behalten und sie nicht zu realisieren, bis die Kapitalertragsteuer gesenkt würde. Dies wirkte stärkend auf den Markt. Als die Steuer 1997 wirklich gesenkt wurde, herrschte die Befürchtung, Anleger, die mit dem Verkauf gewartet hatten, würden jetzt verkaufen und so den Markt drücken – was nach Senkungen der Kapitalertragsteuer 1978 und 1980 offenbar passiert war. Doch 1997 passierte das nicht. Natürlich dürften sich viele Anleger gedacht haben, in absehbarer Zukunft könnte die Kapitalertragsteuer noch günstiger ausfallen, und in diesem Fall gäbe es keinen Grund, direkt nach Inkrafttreten der Steuersenkung 1997 zu verkaufen.

Wahrscheinlich sorgten die allgemeine Atmosphäre und der öffentliche Diskurs über künftige Senkungen der Kapitalertragsteuer, über eine mögliche Bindung der Kapitalertragsteuer an die Inflation und über die Senkung anderer Steuern (beispielsweise der Erbschaftsteuer) dafür, dass die Anleger ihre gestiegenen Aktien nur ungern verkauften. Wenn die Kapitalertragsteuer künftig kräftig gesenkt werden könnte, weshalb dann bei einem Satz von 20 Prozent verkaufen? Da ihnen die Experten geraten hatten, etwaige Senkungen der Kapitalertragsteuer abzuwarten, konnte man damit rechnen, dass viele Anleger den Verkauf gestiegener Anlagen so lange aufschieben würden, bis klarer wäre, dass die Kapitalertragsteuersätze historische Tiefstände erreicht hätten. Diese Atmosphäre, Anlagen standhaft zu halten, setzte den Aktienmarkt natürlich unter Aufwärtsdruck.

Der Babyboom und seine gefühlten Wirkungen auf die Märkte

Nach dem Zweiten Weltkrieg stieg die Geburtenrate in den Vereinigten Staaten erheblich. Der Wohlstand der Friedenszeit ermunterte diejenigen, die wegen der Depression und des Krieges die Familiengründung aufgeschoben hatten, dazu, Kinder zu bekommen. Auch in Großbritannien, Frankreich und Japan stiegen nach dem Krieg die Geburtenraten, aber weder so lang anhaltend noch so kräftig wie in den Vereinigten Staaten. Das lag zweifellos zumindest zum Teil daran, dass die Volkswirtschaften dieser Länder nach dem Krieg so sehr daniederlagen. Etwa um das Jahr 1966 ging das Bevölkerungswachstum in den Vereinigten Staaten und weltweit dramatisch zurück und dieser Rückgang hält bis heute an. Nach historischen Maßstäben war dieser Rückgang ungewöhnlich, wenn nicht gar einmalig: Er fand nicht wegen einer Hungersnot oder wegen eines Krieges statt, sondern aufgrund eines endogenen Rückgangs der Fruchtbarkeitsrate.[7]

Fortschritte in den Methoden der Geburtenkontrolle (die Pille wurde 1959 erfunden und war ab Mitte der 1960er-Jahre in den Vereinigten Staaten und vielen anderen Ländern allgemein verfügbar) und gesellschaftliche Veränderungen, wonach Verhütung und Abtreibung legal wurden, trugen zum sinkenden Bevölkerungswachstum ebenso bei wie die zunehmende Verstädterung und Fortschritte im Bildungswesen sowie der wirtschaftlichen Mobilität. Der Babyboom und der darauf folgende Pillenknick lösten in vielen Ländern der Welt eine Krise der Sozialversicherung aus: Es wurde klar, dass zu der Zeit, zu der die geburtenstarken Jahrgänge älter werden und in den Ruhestand gehen, die Anzahl der jungen Erwerbstätigen, die für die Unterstützung der älteren Bevölkerung bereitstehen, weltweit gesunken sein wird (wie wir heute sehen, hat das bereits begonnen).[8]

Der Babyboom in den Vereinigten Staaten war von sehr hohen Geburtenraten in den Jahren 1946 bis 1966 geprägt, sodass auf dem Höhepunkt der Börse im Jahr 2000 eine ungewöhnlich große Zahl von Menschen im Alter zwischen 35 und 55 Jahren am Markt war. Damals besagten zwei Theorien, das Vorhandensein derart vieler Menschen mittleren Alters müsse den Aktienmarkt anschieben. Die eine begründete die hohen Kurs-Gewinn-Verhältnisse, die im Zuge des Millenniumbooms auftraten, damit, dass die Babyboomer um den Kauf von Aktien konkurrierten, um für ihren bevorstehenden Ruhestand zu sparen, und so die Aktienkurse im Verhältnis zu den generierten Gewinnen in die Höhe trieben. Laut der anderen Theorie steigern die Ausgaben für Verbrauchsartikel und regelmäßige Dienstleistungen durch die allgemein günstigen Auswirkungen auf die Konjunktur die Aktienkurse: Hohe Ausgaben bedeuten hohe Unternehmensgewinne.

Diese einfachen Babyboom-Storys waren bloß ein bisschen zu einfach. Zunächst einmal berücksichtigten sie nicht, *wann* die geburtenstarken Jahrgänge sich auf den Aktienmarkt auswirken müssten. Vielleicht hatten die Investoren den Effekt des Babybooms ja schon vor 1982 in den Aktienmarkt eingepreist. Auch vernachlässigten sie Faktoren wie das weltweite Aufkommen neuer kapitalistischer Volkswirtschaften und ihrer in weiteren 20 Jahren entstehenden Nachfrage nach US-Aktien. Die Theorie, der Babyboom habe den Markt durch die Nachfrage der Babyboomer nach Waren in die Höhe getrieben, scheint zu folgern, dass der Markt wegen der hohen Gewinne so hoch stand. Das erklärte aber nicht die hohen Kurs-Gewinn-Verhältnisse, die auf dem Höhepunkt des Marktes erreicht wurden.

Wenn das am Lebenszyklus orientierte Sparverhalten (der erste Effekt) allein die dominierende Kraft an den Märkten für Sparvehikel wäre, müsste es eigentlich starke Preiskorrelationen zwischen alternativen Anlageklassen sowie starke zeitliche Korrelationen zwischen Anlagepreisen und der Demografie geben. Wenn die zahlenmäßig stärkste Generation meint, sparen zu müssen, müsste sie ja im Prinzip *alle* Sparvehikel in die Höhe treiben: Aktien, Anleihen und Immobilien. Und wenn diese Generation meint, ihre Ersparnisse angreifen zu müssen, müssten ihre Verkäufe ja im Prinzip die Preise *aller* dieser Vehikel nach unten treiben. Wenn man sich aber die langfristigen Zahlen zu Aktien, Anleihen und Immobilien anschaut, stellt man fest, dass die Beziehung zwischen ihren realen Werten de facto relativ schwach war.[9]

Eine weitere beliebte Theorie aus den 1990er-Jahren, weshalb die Babyboomer vielleicht den Markt positiv beeinflusst haben, besagte, diese Jahrgänge. die ja keine Erinnerungen an die Große Depression in den 1930er-Jahren oder an den Zweiten Weltkrieg haben, hätten weniger Befürchtungen hinsichtlich des Marktes und der Welt. Tatsächlich gibt es Hinweise darauf, dass gemeinsame Erfahrungen in den prägenden Jahren die Einstellungen einer Generation für immer prägen.[10] Im Laufe der Hausse seit 1982 traten die Babyboomer allmählich als hauptsächliche Anleger an die Stelle diejenigen Menschen, die während der Depression und des Krieges Jugendliche oder junge Erwachsene gewesen waren.

Es besteht zwar kein Zweifel daran, dass diese Theorien über die Auswirkungen des Babybooms auf den Aktienmarkt zumindest ein Körnchen Wahrheit enthalten, doch es könnte sein, dass vor allem die *Wahrnehmungen* des Babybooms und seiner vermeintlichen Auswirkungen in der Öffentlichkeit für den Anstieg des Marktes verantwortlich waren. Die Auswirkungen des Babybooms waren eines der am meisten besprochenen Themen im

Zusammenhang sowohl mit dem Aktienmarkt als auch mit dem Immobilienmarkt und allein schon diese Thematisierung konnte potenziell den Wert des Aktienmarkts beeinflussen. Die Menschen dachten, der Babyboom sei eine wichtige Kraftquelle der Märkte, und es war nicht abzusehen, dass sie demnächst wegfallen würde. Diese öffentlichen Wahrnehmungen trugen zu dem Gefühl bei, es gebe einen guten Grund dafür, dass der Markt so hoch stand, und sie förderten die Zuversicht, dass dies noch eine Weile so bleiben werde. Viele Investoren beglückwünschten sich dazu, wie klug sie das verstanden hatten, sie setzten auf die Bevölkerungsentwicklung und merkten dabei nicht, wie verbreitet dieses Denken in Wirklichkeit war. Ihre Wahrnehmungen trieben eine Aufwärtsspirale der Börsenbewertungen an.

Der prominenteste Verfechter der Babyboom-Theorie bezogen auf den Aktien- und Immobilienmarkt war Harry S. Dent. Zuerst schrieb er 1992 (Original) ein Buch mit dem Titel „The Great Boom Ahead: Your Comprehensive Guide to Personal and Business Profit in the New Era of Prosperity", das so erfolgreich war, dass er mehrere Fortsetzungen schrieb. Sein Buch „Die goldenen 2000er Jahre" aus dem Jahr 1998 (Original) hielt sich vier Wochen lang in der Bestsellerliste der *New York Times*. Sein Buch „The Roaring 2000s Investor: Strategies for the Life You Want" gehörte bei Amazon.com 1999 zu den 100 meistverkauften Büchern. Darin sagte er voraus, dass der Börsenboom bis 2009 anhalten werde. Danach werde der Markt wieder fallen, weil die Anzahl der Menschen, die 46 Jahre und älter sind, sinken werde.

Der Erfolg, den Dent während der Hausse mit dem Thema Babyboom hatte, brachte mehrere Nachahmer hervor. Alle priesen die wunderbaren Gelegenheiten, dank der Auswirkungen des Babybooms auf Geldanlagen reich zu werden, zum Beispiel William Sterling und Stephen Waite 1998 mit „Boomernomics: The Future of Your Money in the Upcoming Generational Warfare" oder David K. Foot und Daniel Stoffman 1996 mit „Boom, Bust & Echo: How to Profit from the Coming Demographic Shift". Allerorten wurde über den Babyboom und seine Auswirkungen auf die Märkte diskutiert und der allgemeine Tenor besagte, der Boom sei gut für den Aktienmarkt und werde noch jahrelang laufen.

Die Ausweitung der Wirtschaftsberichterstattung in den Medien

Der erste ausschließlich auf Nachrichten ausgerichtete Fernsehsender *CNN* startete 1980 und wurde nach und nach größer, wobei Ereignisse wie der Golfkrieg 1991 und der Prozess von O.J. Simpson 1995, die die Nachfrage nach ununterbrochener Berichterstattung schürten, die Zuschauerzahlen in die Höhe trieben. Die Allgemeinheit gewöhnte sich an, sich die Fernsehnachrichten den ganzen Tag (und die ganze Nacht) lang anzusehen, nicht mehr nur zur

Abendessenszeit. Nach *CNN* kamen die Wirtschaftssender. Das 1983 gegründete *Financial News Network* wurde später von *CNBC* geschluckt. Dann erschienen *CNNfn* und *Bloomberg Television*. Zusammen produzierten diese Sender einen ununterbrochenen Strom von Finanznachrichten, von denen sich viele mit der Börse befassten. Ihr Einfluss war dermaßen allgegenwärtig, dass es die traditionellen Brokerfirmen für notwendig hielten, dass in der unteren Ecke der Computerbildschirme ihrer Broker ständig *CNBC* lief. Es riefen nämlich derart viele Kunden an und fragten nach etwas, das sie gerade im Fernsehen erfahren hatten, dass die Broker (von denen erwartet wurde, dass sie fleißig fernsahen) anscheinend im Hintertreffen waren.

In jenen Jahren änderte sich aber nicht nur die Menge, sondern auch die Art der Wirtschaftsberichterstattung. Laut einer Studie von Richard Parker, Senior Fellow am Shorenstein Center der Harvard University, wandelten die Zeitungen in den letzten beiden Jahrzehnten des 20. Jahrhunderts ihre zuvor soliden Wirtschaftsteile allmählich in aufgemotzte „Geld"-Teile um, in denen sie nützliche Tipps zur privaten Geldanlage gaben. Artikel über einzelne Unternehmen, die früher so geschrieben wurden, als wären sie nur für Menschen interessant, die etwas mit der betreffenden Branche oder den betreffenden Unternehmen zu tun haben, wurden nun mit einem Dreh in Richtung Gewinnchancen für Privatanleger geschrieben und sie enthielten regelmäßig Analystenmeinungen über die Konsequenzen der Meldungen für Anleger.[11]

Laut einer Studie von James Hamilton aus dem Jahr 2004 waren in den Abendnachrichten im US-amerikanischen Fernsehen in den Jahrzehnten davor nach und nach die „harten Nachrichten" zugunsten von Nachrichten zurückgegangen, die entweder Story-Qualitäten oder einen unmittelbaren Nutzen für den Zuschauer haben. Hamilton schrieb diese Veränderung dem zunehmenden Wettbewerb im Nachrichtengeschäft zu, denn der Wettbewerbsvorteil hängt immer mehr davon ab, ob man die marginalen Kunden halten kann, die sich weniger für tieferes Verständnis interessieren.[12] Natürlich florieren in einem solchen Umfeld auch Meldungen über Anlagetipps.

Die intensivere Berichterstattung über Anlagemöglichkeiten erhöhte die Nachfrage nach Aktien genauso, wie Werbung für einen Konsumartikel den Kunden vertrauter mit dem Produkt macht, ihn an die Möglichkeit erinnert, es zu kaufen, und ihn letzten Endes dazu motiviert, es zu kaufen. Die meiste Werbung präsentiert eigentlich keine wichtigen Fakten über ein Produkt, sondern erinnert lediglich an das Produkt und sein Image. Angesichts der umfangreicheren Medienberichterstattung über Anlagen sollte ein Börsenboom daher genauso wenig überraschen wie der zunehmende Absatz des neuesten SUV nach einer großen Werbekampagne.

Ein weiterer Beleg dafür, dass das Wachstum der Medien den Aktienmarkt anheizte, ist die Tatsache, dass – wie wir heute wissen – die Wirtschaftsnachrichten als Reaktion auf das nachlassende öffentliche Interesse nach dem Börsenhoch 2000 einen schweren Schlag erlitten. Angesagte Wirtschaftsmagazine wie *Red Herring*, der *Industry Standard* und andere wurden eingestellt. Auch die Zuschauerzahlen der großen Wirtschafts-Fernsehsender gingen massiv zurück und der Absatz von Wirtschaftsbüchern fiel nach 2000 rapide.

Zudem schenkten die überlebenden Zeitungen dem Aktienmarkt nach dem Jahr 2000 weniger Aufmerksamkeit. Laut einer Lexis-Nexis-Suche verdreifachte sich die Anzahl der Artikel in großen US-amerikanischen Zeitungen, die den Aktienmarkt erwähnen, von 1990 bis 1998 und blieb aufgrund von Meldungen über diverse Finanzskandale noch eine Weile hoch. Bis 2004 war sie jedoch gegenüber dem Höhepunkt um mehr als 50 Prozent zurückgegangen.

Immer optimistischere Analystenprognosen

Laut Zahlenangaben von Zacks Investment Research über die Analystenempfehlungen zu über 6.000 Unternehmen waren Ende 1999 nur 1,0 Prozent der Empfehlungen Verkaufsempfehlungen (gegen 69,5 Prozent „Kaufen" und 29,9 Prozent „Halten"). Dies steht in krassem Gegensatz zu früheren Zahlen: Zehn Jahre zuvor war die Anzahl der Verkaufsempfehlungen mit 9,1 Prozent noch neunmal so hoch gewesen.[13]

Besonders ungern gaben die Analysten in der Nähe von Börsenhochs Verkaufsempfehlungen ab, und zwar aus mehreren Gründen. Häufig wird als Grund angegeben, mit Verkaufsempfehlungen hätten sie sich den Zorn des betreffenden Unternehmens zuziehen können und die Unternehmen hätten sich dafür rächen können, indem sie mit Analysten, die ihrer Ansicht nach negative Berichte herausgaben, nicht mehr sprachen, und indem sie ihnen bei der Erstellung ihrer Gewinnprognosen keinen Zugang mehr zu ihren wichtigsten Managern gewährten. Diese Situation, die im Vorfeld des Börsenhochs entstand, stellte einen grundlegenden kulturellen Wandel der Investmentbranche und der stillschweigenden Annahme dar, die Empfehlungen seien so objektiv, wie der Analyst sie nur gestalten kann.

Ein anderer Grund, weshalb viele Analysten nur ungern Verkaufsempfehlungen abgaben, war die Tatsache, dass viele von ihnen bei Firmen beschäftigt waren, die Wertpapieremissionen abwickelten – und diese Firmen wollten natürlich nicht, dass ihre Analysten diesen lukrativen Teil ihrer Geschäftstätigkeit gefährdeten. An Investmentbanken angeschlossene Analysten gaben signifikant mehr positive Empfehlungen zu Firmen ab, für die ihr Arbeitgeber als Konsortialführer oder Mitglied des Emissionskonsortiums auftrat, als Analysten, die nicht für Investmentbanken arbeiteten – und das, obwohl ihre Gewinnprognosen gewöhnlich nicht höher ausfielen.[14]

Wer sich auskannte, wusste, dass „Halten"-Empfehlungen eher den Verkaufsempfehlungen früherer Zeiten entsprachen. Der bekannte Börsenkommentator James Grant schrieb 1999: „Ehrlichkeit brachte an der Wall Street zwar noch nie große Gewinne, doch zumindest wahrten die Broker früher den Anschein. Jetzt haben sie aufgehört, so zu tun. Das sogenannte Wertpapierresearch ist heute mehr denn je ein Zweig der Verkaufsabteilung. Als Anleger sollte man sich davor hüten."[15]

Die Analystenempfehlungen veränderten sich in etwa wie die Schulnoten: Früher war eine 3 eine durchschnittliche Note, aber heute grenzt sie fast schon an „Durchgefallen". Viele von uns wissen, dass diese Verschiebung stattfindet, und wenn wir die Schulnoten unserer Kinder beurteilen, berücksichtigen wir das. Genauso berechnen wir am Aktienmarkt diese Verschiebung in die Analystenempfehlungen ein. Aber damals konnte nicht jeder die neue, übertriebene Analystensprache einordnen und daher führten ihre veränderten Maßstäbe insgesamt zu höheren Aktienbewertungen.

Überdies waren die veränderten Maßstäbe nicht das Einzige, womit die Analystenberichte infiziert waren. Sogar ihre quantitativen Vorhersagen des Gewinnwachstums tendierten nach oben. Laut einer Studie von Steven Sharpe vom Federal Reserve Board waren die Wachstumserwartungen der Analysten für den Gewinn je Aktie des S&P 500 in 19 der 21 Jahre von 1979 bis 1999 höher als das tatsächliche Wachstum. Die durchschnittliche Differenz zwischen der prognostizierten und der tatsächlichen Wachstumsrate betrug neun Prozentpunkte. Sie gingen leichthin über die scharfe Rezession 1980/1981 sowie über die Rezession 1990/1991 hinweg und sagten für das Gewinnwachstum Raten im Bereich von zehn Prozent voraus.[16] Nach Erscheinen der Studie von Sharpe gelang es den Analysten nicht, das Ausmaß des steilen Gewinneinbruchs um das Jahr 2001 vorauszusagen.

Diese Verzerrung der Analystenprognosen war typisch für ihre Jahresprognosen. Bei den Vorhersagen der nächsten Ergebnismeldung kurz vor ihrer Bekanntgabe waren sie gewöhnlich sachlicher. Meistens entsprachen die Analysten den Wünschen der Firmen, in jedem Quartal positive Gewinnüberraschungen auszuweisen, indem sie Schätzungen abgaben, die knapp unter dem tatsächlichen Ergebnis lagen. Kurz vor der Bekanntgabe der Ergebnisse sprachen die Firmen mit den Analysten, deren Prognosen eher hoch lagen, und drängten sie, sie nach unten zu korrigieren. Mit Analysten, deren Prognosen eher niedrig lagen, sprachen sie hingegen nicht und so erzeugten sie bei den Gewinnprognosen eine Abwärtstendenz, ohne offenkundig unaufrichtig zu sein.[17] Wenn ein Kunde gelegentlich die Analystenprognosen beurteilte, verglich er normalerweise die letzte Gewinnmeldung mit der letzten Gewinnprognose, und deshalb schätzten die Analysten die Gewinne kurz vor der Veröffentlichung nicht übertrieben hoch, weil sie das in eine peinliche Lage gebracht hätte.

Die Aufwärtstendenz der Analysten rückte eher dann in den Vordergrund, wenn sie die vage, undifferenzierte Zukunft vorhersagten, nicht bei unmittelbar bevorstehenden Quartals- oder Jahresergebnissen. Und die Erwartungen für die vage, undifferenzierte Zukunft, die weit über einjährige Prognosen hinausgingen, waren das, was hinter den hohen Bewertungen stand, die wir auf dem Höhepunkt des Millenniumbooms am Aktienmarkt sahen. Laut einer anderen Studie von Steven Sharpe verursachte ein Unterschied von einem Prozent in dem von den Analysten für eine Branche vorhergesagten Gewinnwachstum eine Steigerung des Kurs-Gewinn-Verhältnisses der betreffenden Branche um fünf bis acht Prozent. Daraus schloss Sharpe, die immer höheren langfristigen Wachstumserwartungen der Analysten seien „offenbar ein entscheidender Faktor gewesen, der die Bewertungen der Kapitalmärkte in der zweiten Hälfte der 1990er-Jahre himmelwärts trieb".[18]

Den Analysten machte es nichts aus, dass sie die ferne Zukunft allesamt optimistisch sahen. Anscheinend dachten sie, der allgemeine Optimismus sei einfach nur gut fürs Geschäft. Sie merkten sicherlich, dass ihre Analystenkollegen demonstrativ langfristig optimistisch waren, und schließlich boten die Zahlen Sicherheit. Als sie die Anlegeröffentlichkeit immer wieder aalglatt mit „tollen Aussichten für die USA" vollschwatzten, machten sie sich wohl kaum Gedanken darum, ob das stimmte.

Die Probleme, mit denen die Analystenempfehlungen behaftet waren, nahmen ein wenig ab, als der Aktienmarkt seinen Höhepunkt überschritten hatte. Manche Unternehmen stellten freiwillig neue Vorschriften auf, die verlangten, dass ihre Analysten auch wirklich Verkaufsempfehlungen abgaben. Dank der Regulation FD, die im Oktober 2000 von der Börsenaufsicht eingeführt wurde, durften Analysten, die kritisch über ein Unternehmen berichtet hatten, nicht mehr von Informationsveranstaltungen ausgeschlossen werden. Diese standen jetzt auch der Allgemeinheit offen. Der Sarbanes-Oxley Act aus dem Jahr 2002 verordnete unter anderem, dass Researchberichte von Analysten nicht vor der Veröffentlichung von Personen zwecks Freigabe geprüft werden durften, die etwas mit Investmentbanking zu tun haben, dass es keine Vergeltungsmaßnahmen gegen Analysten geben durfte, deren Researchberichte in Konflikt mit einer etwaigen Investmentbanking-Abteilung standen, und dass die Firmen, die Analysten beschäftigten, hinsichtlich der Informationsflüsse „Trennwände" zwischen ihren Abteilungen für Investmentbanking und für Wertpapieranalyse einrichten mussten. Im Jahr 2003 meldete die Börsenaufsicht, dass sie sich mit zehn der bedeutendsten Investmentfirmen der Vereinigten Staaten, denen vorgeworfen wurde, sie hätten ihren Kunden bewusst verzerrte Analysen angeboten, um dadurch ihre Investmentbanking-Abteilungen zu begünstigen, auf einen umfassenden Vergleich in Höhe von 1,4 Milliarden US-Dollar geeinigt habe. 80 Millionen davon sollten für ein Programm zur Anlegerbildung verwendet werden. Außerdem wurde ab dem Zeitpunkt in Analystenberichten angegeben, wie viele Verkaufsempfehlungen, neutrale Empfehlungen und Kaufempfehlungen abgegeben wurden, damit die Anleger, die diese Berichte lasen, die Empfehlungen einordnen konnten. Anscheinend hat dieser Vergleich die optimistische Tendenz der Gewinnprognosen, die vor dem Millenniumboom herrschte, nicht nur in den Vereinigten Staaten, sondern durch die Signalwirkung auch in vielen anderen Ländern reduziert.[19]

Die Ausbreitung der beitragsorientierten Betriebsrenten

Die Änderungen, die während des Millenniumbooms im Aufbau der Betriebsrenten vorgenommen wurden, spornten die Menschen an, sich über Aktien zu informieren und sie schließlich als Anlagen zu akzeptieren. Diese Veränderungen begünstigten zwar nicht systematisch Aktien gegenüber anderen Anlagen für die Altersvorsorge, sie begünstigten sie aber dadurch, dass sie die Menschen zwangen, ihre konkreten Anlagen für die Altersvorsorge auszuwählen, was ihnen früher abgenommen worden war. Insofern ermunterten sie tendenziell zur Investition in Aktien. Weil die Menschen solche Entscheidungen treffen mussten, wurden sie an Aktien herangeführt und vertrauter mit ihnen.

Die revolutionärste Änderung am Rentensystem der Vereinigten Staaten war die Ausweitung beitragsorientierter Betriebsrenten auf Kosten leistungsorientierter Betriebsrenten. Ein wichtiger Meilenstein dieser Entwicklung war 1981 die Einrichtung des ersten „401(k)-Plans", der schon bald durch ein wegweisendes Urteil der Steuerbehörde Internal Revenue Service sanktioniert wurde.[20] Vor diesem Zeitpunkt waren Betriebsrenten normalerweise leistungsorientiert, das heißt, der Arbeitgeber versprach seinen Arbeitnehmern für ihren Ruhestand lediglich eine fixe Rente. Das Vermögen, aus dem die festgelegten Leistungen bezahlt wurden, verwaltete der Arbeitgeber. Durch 401(k)-Pläne und analoge Konstruktionen wie 403(b)-Pläne bekommen Arbeitnehmer die Möglichkeit, durch automatischen Abzug von ihrem Lohn Beiträge auf ein steuerlich begünstigtes Konto für die Altersvorsorge einzuzahlen. Sie sind Eigentümer ihrer 401(k)-Konten und müssen das

Geld auf Aktien, Anleihen und Geldmarktfonds verteilen. Die Steuergesetzgebung bot den Arbeitgebern einen Anreiz, Arbeitgeberbeiträge in gleicher Höhe wie die Arbeitnehmerbeiträge auf die 401(k)-Konten einzuzahlen, was wiederum für die Arbeitnehmer ein starker Anreiz war, sich an solchen Programmen zu beteiligen.

Seit dem Tiefpunkt des US-amerikanischen Aktienmarkts 1982 gab es noch mehrere andere Faktoren, die die Zunahme beitragsorientierter Rentenpläne förderten. Die Gewerkschaften strebten für ihre Mitglieder traditionell leistungsorientierte Renten an, um sicherzustellen, dass es ihnen im Ruhestand gut gehen würde, und der Niedergang der Gewerkschaften hatte zur Folge, dass es für solche Rentenmodelle weniger Unterstützung gab. Außerdem schrumpfte das verarbeitende Gewerbe, das lange Zeit eine Hochburg der Gewerkschaften und der leistungsorientierten Rente gewesen war. Bei den Unternehmensleitungen waren leistungsorientierte Renten nicht besonders beliebt, denn sogenannte überfinanzierte Rentenpläne konnten Unternehmen anfällig für Übernahmen machen. Andererseits konnten die leistungsorientierten Pläne aufgrund der längeren Lebenserwartung der Arbeitnehmer die Unternehmen zu Wachstum und ungewissen Verbindlichkeiten zwingen. Außerdem sah es so aus, als sei die Verwaltung beitragsorientierter Rentenpläne billiger als die Verwaltung von leistungsorientierten Renten. Dazu kam noch, dass sich die beitragsorientierten Renten bei Arbeitnehmern zunehmender Beliebtheit erfreuten, denen es gefiel, ihre Anlagen zu beobachten – und so begannen die Unternehmen, allen Arbeitnehmern solche Betriebsrenten anzubieten.

Durch diese steuerlichen Anreize für die Teilnahme an Rentenplänen mit der Auswahl zwischen Aktien und Anleihen zwang der Staat die Erwerbstätigen, sich über die Vorteile von Aktien gegenüber Anleihen oder Geldmarktinstrumenten zu informieren. Und jeder Anreiz, etwas über ein Anleihevehikel zu lernen, heizt vermutlich die Nachfrage nach diesem Vehikel an. Als die New York Stock Exchange 1954 eine Marktforschungsstudie in Auftrag gab, um herauszufinden, wie sie das allgemeine Interesse an der Börse fördern könnte, ergab sie, dass die meisten Menschen nicht sehr viel über Aktien wussten. Nur 23 Prozent wussten so viel, dass sie erklären konnten, was eine Aktie ist. Zudem förderte die Studie ein vages öffentliches Misstrauen gegenüber dem Aktienmarkt zutage.[21] Daraufhin veranstaltete die Börse eine Reihe öffentlicher Informationsseminare als Versuch, gegen dieses mangelnde Wissen gegenzusteuern und Vorurteile gegen die Geldanlage in Aktien abzubauen. Aber keine Zusammenstellung von Seminaren, die sich die Börse je leisten könnte, lässt sich mit den Effekten durch Learning by Doing vergleichen, durch den die beitragsorientierten Rentenpläne das Wissen der Allgemeinheit über Aktien und ihr Interesse daran befördern.

Wenn die Beobachtung des Aktienmarktes durch die Brille eines Rentenplans gefiltert wird, dürfte das langfristige Denken gefördert werden. Der ausdrückliche Zweck eines 401(k)-Plans ist die Vorsorge für den Ruhestand, der ja bei den meisten Arbeitnehmern noch viele Jahre in der Zukunft liegt. Der Anbieter eines solchen Plans ruft die Teilnehmer nicht wegen Tipps für kurzfristige Anlagechancen an und Auszüge zum Stand des Portfolios werden nur selten verschickt. Der Teilnehmer kann den Wert seines Portfolios nicht jeden Tag in der Zeitung überprüfen. Dieses langfristige Denken kann die Aktienbewertungen dadurch erhöhen, dass es die Anleger davon abhält, sich Sorgen um kurzfristige Schwankungen zu machen.

Insgesamt betrachtet ist es wahrscheinlich eine gute Sache, wenn die Anleger zu langfristigem Denken angeregt werden. Als aber die 401(k)-Pläne während des Millenniumbooms aufkamen und strukturiert werden mussten, steigerten sie die Nachfrage nach Aktien noch dank eines anderen psychologischen Mechanismus. Indem die Arbeitgeber den Arbeitnehmern mehrere Anlage*kategorien* am Aktienmarkt zur Auswahl anbieten, erzeugen sie womöglich Nachfrage nach Aktien. Eine bestimmte Auswirkung der Kategorien darauf, welche Investments letzten Endes gewählt wurden, haben die Volkswirte Shlomo Benartzi und Richard Thaler vorgeführt. Anhand experimenteller Zahlen sowie Zahlen zu tatsächlichen Allokationen in Rentenfonds fanden sie heraus, dass die Menschen dazu neigen, ihre Allokationen gleichmäßig auf die verfügbaren Möglichkeiten zu verteilen, ohne dabei die *Essenz* der Möglichkeiten zu berücksichtigen. Wenn beispielsweise ein 401(k)-Plan die Wahlmöglichkeit zwischen einem Aktienfonds und einem Anleihefonds bietet, stecken viele Menschen in jeden Fonds 50 Prozent. Wenn der Plan hingegen die Wahlmöglichkeit zwischen einem Aktienfonds und einem Mischfonds (beispielsweise 50 Prozent Aktien und 50 Prozent Anleihen) bietet, neigen die Menschen trotzdem dazu, in jeden 50 Prozent zu investieren, obwohl sie dann in Wirklichkeit 75 Prozent ihres Portfolios in Aktien stecken.[22]

Bei den Wahlmöglichkeiten, die im Rahmen von 401(k)-Plänen geboten werden, haben Aktien oftmals ein massives Übergewicht. Dagegen boten die meisten 401(k)-Pläne keinerlei Möglichkeit, in Immobilien zu investieren. Und so förderten die 401(k)-Pläne das öffentliche Interesse am Aktienmarkt im Verhältnis zum Immobilienmarkt. Beim typischen 401(k)-Plan der 1990er-Jahre konnte man zwischen einem Aktienfonds, einem Mischfonds (normalerweise 60 Prozent Aktien und 40 Prozent Anleihen), Aktien des Arbeitgebers, eventuell einem spezialisierten Aktienfonds (beispielsweise einem Growth-Fonds), einem Anleihefonds, einem Geldmarktfonds sowie

Sparverträgen mit fester Verzinsung wählen. Nach den Ergebnissen von Benartzi und Thaler überrascht es nicht, dass die Menschen verhältnismäßig viel Geld in Aktienfonds investierten, weil ihnen so viele Wahlmöglichkeiten vorgelegt wurden, die sich auf Aktien bezogen. Und da es Aktien zudem in mehreren interessanten „Geschmacksrichtungen" gibt – genau wie es im Laden an der Ecke mehr Weinsorten als Wodkasorten gibt –, ziehen sie wahrscheinlich mehr Aufmerksamkeit auf sich.

Auf diesen subtilen Wegen führte der Grad an *Interesse* oder *Neugier*, den die Aktien weckten, dazu, dass die Anleger während des Millenniumbooms mehr Aktien kauften als andernfalls, und kein irgendwie gearteter rationaler Entscheidungsprozess. Dieses offenbar unbewusste Interesse trug dazu bei, dass die Preise am Aktienmarkt stiegen.

Die Blüte der Investmentfonds

Außerdem fiel der Millenniumboom mit einem rasanten Wachstumsspurt der Investmentfonds-Branche und einer Zunahme der Werbung für Investmentfonds zusammen. Als 1982 die bislang letzte langfristige Hausse begann, gab es in den Vereinigten Staaten nur 340 Aktien-Investmentfonds. Im Jahr 1998 waren es bereits 3.513 – es gab also mehr Aktien-Investmentfonds als Aktien, die an der New York Stock Exchange gelistet waren. Im Jahr 1984 gab es in den Vereinigten Staaten 8,9 Millionen Depots mit inländischen Aktien-Investmentfonds, also kam auf zehn Haushalte ungefähr eines. Im Jahr 2007 gab es 145 Millionen Depots, also deutlich mehr als eines pro Haushalt.[23] Nach dem Börsenhoch 2007 geriet die zahlenmäßige Zunahme der Depots ins Stocken und bis 2013 fiel ihre Anzahl auf 121,6 Millionen zurück, also deutlich unter die Anzahl zum Börsenhoch 2007.

„Investmentfonds" ist eine relativ neue Bezeichnung für eine sehr alte Idee. Kapitalanlagegesellschaften kamen in den Vereinigten Staaten bereits in den 1820er-Jahren auf, allerdings wurden sie damals noch nicht als Investmentfonds bezeichnet.[24] Der Massachusetts Investment Trust, der allgemein als erster Investmentfonds gilt, wurde 1924 aufgelegt. Von anderen Investment Trusts unterschied er sich darin, dass er sein Portfolio öffentlich bekannt gab, dass er vorsichtige Anlagemethoden versprach und dass er seine Beteiligungen kostendeckend liquidierte, wenn Anleger ihre Anlagen bar ausgezahlt haben wollten. Der Start dieses Investmentfonds verlief allerdings schleppend, weil die Anleger seine Vorteile nicht sofort zu würdigen wussten. Im Zuge der Hausse der 1920er-Jahre florierten stattdessen viele andere Investment Trusts: Kapitalanlagegesellschaften ohne die Absicherungen, die man heutzutage mit Investmentfonds verbindet. Viele von ihnen waren betrügerisch und manche sogar Pyramidensysteme (siehe Kapitel 5).

Nach dem Börsencrash 1929 waren viele von ihnen noch wertloser als der Markt insgesamt und die Öffentlichkeit wandte sich verärgert von den Investment Trusts ab. Insbesondere fühlten sie sich von den Managern der Trusts betrogen, die häufig ihre eigenen Interessen verfolgten – die in eklatantem Widerspruch zu den Interessen ihrer Anleger standen. Der Investment Company Act von 1940, der Vorschriften für Kapitalanlagegesellschaften einführte, stellte das Vertrauen der Allgemeinheit in einem gewissen Maße wieder her. Doch die Menschen brauchten mehr als nur staatliche Regulierung, sie brauchten auch einen neuen Namen, der keine unappetitlichen Anklänge an die Investment Trusts hatte. Der Begriff „mutual fund", der Ähnlichkeiten mit den amerikanischen Bezeichnungen für genossenschaftliche Banken und Versicherungen („mutual savings bank" und „mutual insurance company") hat – ehrwürdige Institutionen, die den Börsencrash größtenteils ohne Skandale überstanden hatten –, vermittelte den Anlegern viel mehr Sicherheit und war daher attraktiver.[25]

Der Employee Retirement Income Security Act von 1974, der Individual Retirement Accounts (individuelle Altersvorsorge) begründete, verlieh der Investmentfonds-Branche einen erneuten Schub. Doch erst nachdem 1982 die Hausse begonnen hatte, startete die Branche richtig durch.

Das sich die Aktien-Investmentfonds nach diesem Zeitpunkt so schnell verbreiteten, liegt unter anderem daran, dass sie im Rahmen von 401(k)-Rentenplänen eingesetzt werden. Wenn die Anleger ihre Rentenbeiträge direkt in Investmentfonds investieren, werden sie mit diesem Konzept besser vertraut und sind daher eher geneigt, ihre Ersparnisse auch außerhalb der 401(k)-Pläne in Investmentfonds zu stecken.

Ein weiterer Grund für das explosionsartige Wachstum dieser Fonds ist, dass sie viel Geld für Werbung ausgaben. Während des Millenniumbooms gab es im Fernsehen, in Zeitschriften und Zeitungen regelmäßig Fondswerbung und aktive Anleger bekamen per Post unverlangte Werbung. Die Investmentfonds spornen eher naive Anleger dadurch an, am Markt teilzunehmen, dass sie sie zu der Meinung verleiteten, die Experten, die die Fonds managen, würden die Gefahren umschiffen. Somit fokussierte die Vermehrung der Aktien-Investmentfonds die öffentliche Aufmerksamkeit auf den Markt, was zur Folge hatte, dass spekulative Kursbewegungen eher bei Aktienkörben als bei einzelnen Aktien angeregt wurden.[26] Die aufkommende populäre Vorstellung, die Geldanlage in Investmentfonds sei solide, bequem und sicher, weckte in vielen Anlegern, die früher Angst vor dem Markt hatten, das Verlangen, sich an der Börse zu engagieren. Dies trug zu dem Aufwärtsschub des Marktes bei. (In Kapitel 12 finden Sie eine ausführlichere Besprechung der öffentlichen Einstellung gegenüber Investmentfonds.)

Die rückläufige Inflation und die Auswirkungen der Geldwert-Illusion

Die Aussichten für die US-Inflation, gemessen an der prozentualen Veränderung des Verbraucherpreisindex, besserten sich im Laufe des Millenniumbooms zusehends. Obwohl 1982 die Inflation in den Vereinigten Staaten rund vier Prozent im Jahr betrug, herrschte noch beträchtliche Ungewissheit, ob sie wieder auf das hohe Niveau (fast 15 Prozent) aus dem Jahr 1980 zurückkehren würde. Am dramatischsten stiegen die Preise im Rahmen der Hausse, als sich die Inflation Mitte der 1990er-Jahre bei zwei bis drei Prozent eingependelt hatte, und dann fiel sie unter zwei Prozent.

Studien von Ende der 1990er-Jahre zeigten, dass die Allgemeinheit damals der Inflation große Aufmerksamkeit schenkte.[27] Die meisten Menschen dachten, die Inflation sei ein Barometer für den wirtschaftlichen und gesellschaftlichen Gesundheitszustand eines Landes. Hohe Inflation wurde als Anzeichen für wirtschaftliches Chaos, den Verlust von Grundwerten und als nationale Blamage vor dem Ausland wahrgenommen. Niedrige Inflation wurde als Zeichen wirtschaftlichen Wohlstands, sozialer Gerechtigkeit und einer guten Staatsführung betrachtet. Viele dieser Einstellungen gelten bis heute, wenn auch nach 20 Jahren und weniger Besorgnis erregender Inflation wahrscheinlich nicht mehr so stark wie damals. Daher überrascht es nicht, dass sinkende Teuerungsraten in der Zeit des Millenniumbooms das Vertrauen der Allgemeinheit und dadurch auf die Bewertungen des Aktienmarkts stärkten.

Vom rein rationalen Standpunkt her ist diese Reaktion des Aktienmarkts auf die Inflation allerdings unangemessen. Die Volkswirte Franco Modigliani und Richard Cohn veröffentlichten 1979 einen Artikel, in dem sie argumentierten, dass der Aktienmarkt deshalb unangemessen auf Inflation reagiert, weil die Menschen die Auswirkungen der Inflation auf die Zinsen nicht vollständig begreifen.[28] Wenn die Inflation hoch ist – und das war sie, als sie den Artikel in der Nähe des Börsentiefs 1982 schrieben –, sind die nominalen Zinsen (die Zinsen, von denen wir jeden Tag hören) hoch, weil sie die Anleger für die Inflation entschädigen müssen, die am Wert ihrer Dollar nagt. Doch die erwarteten langfristigen Realzinsen (die Zinsen korrigiert um die erwarteten Effekte der künftigen langfristigen Inflation) erschienen damals nicht hoch und daher hätte der Aktienmarkt überhaupt nicht auf die nominalen Zinsen reagieren dürfen. Modigliani und Cohn meinten, der Markt sei tendenziell auch dann bei hohen nominalen Zinsen niedrig, wenn die realen Zinsen nicht hoch wären. Das liege an einer Art Geldwert-Illusion oder einer öffentlichen Verwirrung hinsichtlich der Auswirkungen eines sich wandelnden Geldstandards. Wenn Inflation herrscht, verändern wir den Wert des Dollar und somit auch den Maßstab, an dem wir Werte messen. Es überrascht nicht, dass Menschen verwirrt sind, wenn sie mit einem sich verändernden Maßstab konfrontiert werden.[29]

Das allgemeine Fehlverständnis der Inflation um den Höhepunkt des Millenniumbooms weckte vielleicht hohe Erwartungen an die realen (inflationsbereinigten) Renditen. Die meisten Zahlen über frühere langfristige Aktienmarktrenditen werden in den Medien nominal angegeben, also nicht inflationsbereinigt, was die Menschen von Natur aus veranlassen dürfte, mit einem Weiterbestehen dieser nominalen Renditen zu rechnen. Der verzögerte 10-Jahres-Durchschnitt der Inflationsrate lag 1982 über acht Prozent. Bis zum Ende des Millenniumbooms fiel er unter drei Prozent. Wenn man in der Endphase des Booms die gleichen nominalen Renditen erwartete, bedeutete das daher, dass man viel höhere reale Renditen erwartete.

In den Medien werden die historischen Verläufe von Aktienindizes fast immer nominal dargestellt und nicht wie in den Abbildungen des vorliegenden Buches real, also inflationsbereinigt. Bis zum Jahr 2000 hatten sich die Verbraucherpreise in den Vereinigten Staaten gegenüber 1982 annähernd verdoppelt. Dank dieser Inflation wiesen langfristige Darstellungen von Aktienindizes einen kräftigen Aufwärtstrend auf. Somit sticht das außerordentliche Verhalten des Aktienmarkts zur Jahrtausendwende – der in Abbildung 1.1 sichtbare Ausschlag nach oben – aus den langfristigen Darstellungen der Medien nicht heraus. Tatsächlich veranlassen uns diese Darstellungen sogar zu der Meinung, während des Millenniumbooms habe sich am Aktienmarkt überhaupt nichts Ungewöhnliches abgespielt.

Die Nachrichtenjournalisten nehmen wahrscheinlich deshalb normalerweise keine Inflationsbereinigung vor, weil sie meinen, solche Anpassungen seien nur etwas für Eingeweihte und die meisten Leser wüssten sie nicht zu schätzen. Und damit haben sie wahrscheinlich sogar recht. Der größte Teil der Allgemeinheit hat das Einmaleins der Volkswirtschaft nicht gelernt und diejenigen, die es über sich haben ergehen lassen, haben wahrscheinlich vieles von dem Gelernten schon wieder vergessen. Deshalb haben sie die grundlegende Lektion nicht verinnerlicht, dass es keineswegs natürlich ist, die Preise in Dollar anzugeben, wenn Menge und Wert dieser Dollar hochgradig instabil waren. Die allgemeine Öffentlichkeit begreift nicht vollständig, dass ein aussagekräftigeres Maß für den Stand des Aktienmarkts ein breit gefächerter Warenkorb ist – und den verwendet man, wenn man den Stand in Dollar um die Inflation der Verbraucherpreise bereinigt.[30]

Die Zunahme des Handelsvolumens: Discountbroker, Day-Trader und Handel rund um die Uhr

Die Umschlagrate (die Anzahl der in einem Jahr verkauften Aktien geteilt durch die Gesamtzahl der Aktien) ist an der New York Stock Exchange von 1982 bis 1999 von 42 auf 78 Prozent gestiegen.[31] An der Technologiebörse NASDAQ stieg die Umschlagrate sogar noch stärker, nämlich von 88 Prozent im Jahr 1990 auf 221 Prozent im Jahr 1999.[32] Diese höhere Umschlagrate dürfte symptomatisch dafür sein, dass das Interesse am Aktienmarkt aufgrund der anderen hier dargestellten Faktoren zunahm. Ein weiterer Grund dafür, dass die Umschlagrate am Aktienmarkt stieg, waren jedoch die sinkenden Kosten für die Durchführung von Aktiengeschäften. Nachdem die Securities and Exchange Commission (SEC) im Jahr 1975 kostengünstige Brokergebühren verordnet hatte, gingen die Gebühren sofort zurück und Discountbroker entstanden. Außerdem kamen technische und organisatorische Veränderungen in Gang. Das 1985 an der NASAQ eingeführte Small Order Execution System (System für die Ausführung kleiner Orders) und die neuen Vorschriften für die Abwicklung von Orders, die die SEC 1997 erließ, führten zu immer niedrigeren Handelskosten. Die SEC-Vorschriften, die den gleichberechtigten Zugang zu den Märkten förderten, brachten eine wachsende Zahl von Amateur-Anlegern hervor, die Day-Trading betreiben konnten – also dadurch Gewinne anstreben konnten, dass sie mit dem gleichen Ausführungssystem wie die Profis schnell mit Aktien handelten.

Das signifikante Wachstum der Online-Trading-Dienste fällt ungefähr mit den spektakulärsten Anstiegen der Börse zwischen 1997 und 2001 zusammen. Laut einer SEC-Studie gab es 1997 in den Vereinigten Staaten 3,7 Millionen Online-Depots und im Jahr 1999 waren es bereits 9,7 Millionen.[33] Die Zunahme des Online-Handels und die auf dem Internet basierenden Informations- und Kommunikationsdienste, die damit einhergingen, dürften dazu beigetragen haben, dass der Markt nun von Minute zu Minute aufmerksam beobachtet wurde. Auch der nachbörsliche Handel konnte die Aufmerksamkeit steigern, die dem Markt geschenkt wurde, denn nun konnten die Anleger in ihrer Freizeit beobachten, wie sich die Kurse änderten.

Spekulative Preise erfahren einen Volatilitätsschub, wenn die Märkte geöffnet sind. In 2-Tages-Zeiträumen, die einen Tag beinhalten, an dem die Börse geschlossen ist (zum Beispiel in Zeiten, in denen die New York Stock Exchange mittwochs geschlossen war), sind die Preisschwankungen tendenziell geringer. Darum erscheint es plausibel, dass die Zunahme des Online-Tradings und die längeren Handelszeiten die Volatilität der Märkte erhöhten. Ob dies die Preise eher hätte steigen oder sinken lassen müssen, ist allerdings nicht eindeutig.

Jedoch deuten einige Indizien darauf hin, dass die verstärkte Beobachtung von Kursen die Nachfrage nach Aktien durchaus vermindern könnte. Die Volkswirte Shlomo Benartzi und Richard Thaler haben gezeigt, dass es sich bedeutend auf die Nachfrage nach Aktien auswirken kann, wie die Beobachtung von Marktpreisen zeitlich verläuft. Wenn man in experimentellen

Situationen den Menschen tägliche Aktienkurse vorlegt, sind sie viel weniger daran interessiert, in Aktien zu investieren, als wenn man ihnen nur die längerfristigen Renditen zeigt.[35] Wenn man das tägliche Rauschen der Aktienkurse wahrnimmt, weckt dies anscheinend eher Befürchtungen hinsichtlich der Gefahren einer Geldanlage in Aktien. Daher kann es sein, dass institutionelle Innovationen, die dazu verleiten, sich die Aktienkurse häufiger anzusehen, das Preisniveau des Marktes tendenziell senken.

Es könnte allerdings sein, dass die häufigere Meldung von Aktienkursen dank der jüngsten institutionellen und technischen Veränderungen genau das Gegenteil dessen bewirkt hat, was in der von Benartzi und Thaler konstruierten Versuchsanordnung zu beobachten war. In einer nicht-experimentellen Situation, in der die Aufmerksamkeit der Menschen nicht von einem Versuchsleiter kontrolliert wird, könnte die größere Häufigkeit der Preisbeobachtungen die Nachfrage nach Aktien dadurch steigern, dass sie die Aufmerksamkeit auf sie lenkt. Und die Veränderung der öffentlichen Aufmerksamkeit ist ein entscheidender Faktor für die Bewertung von Geldanlagen. Diesen Punkt werde ich in Kapitel 10 näher ausführen.

Das Aufkommen von Glücksspiel-Möglichkeiten

In der Zeit des Millenniumbooms nahm das kommerzielle und staatlich geförderte Glücksspiel weltweit zu.[36] Damit einhergehend wuchs der Respekt vor Märkten und Privatbesitz, „Gewinner“ wurden zunehmend bewundert und „Verlierer“ zunehmend verachtet.

In den Vereinigten Staaten hat sich das gewerbliche Glücksspiel – das legale und das illegale – von 1962 bis 2000 real (inflationsbereinigt) ungefähr versechzigfacht.[37] Laut einer Telefonumfrage im Jahr 2000 hatten 82 Prozent der erwachsenen US-Amerikaner im Vorjahr gespielt, nachdem es 1975 laut einer Studie nur 61 Prozent gewesen waren.[38] Im Jahr 2000 verloren die Menschen in den Vereinigten Staaten durch Glücksspiele mehr Geld, als sie für Kinokarten, Musikaufnahmen, Themenparks, Sportveranstaltungen und Videospiele zusammen ausgaben.[39]

Die meisten Formen von Glücksspielen und Lotterien wurden von den US-Bundesstaaten in den 1870er-Jahren nach einem Skandal in der Lotterie von Louisiana verboten und die staatliche Lotterie von Louisiana wurde 1890 durch ein vom Kongress erlassenes Gesetz geschlossen, das den Verkauf von Lotterielosen per Post verbot. Von damals bis 1970 beschränkten sich die Möglichkeiten, legal Glücksspiel zu betreiben, weitgehend auf Pferderennen, also auf eine Form des Glücksspiels, die nur einen begrenzten Reiz auf die Allgemeinheit ausübt und für die man sich damals zur Rennbahn begeben musste. Bis 1975 gab es jedoch 13 staatliche Lotterien und 1999 bereits 37, dank deren man einfach und bequem wetten konnte. Bis 1990 gab es nur in Nevada und in Atlantic City legale Kasinos. Im Jahr 1999 gab es fast 100 Flusskahn- und Hafenkasinos sowie 260 Kasinos in Indianerreservaten. Im selben Zeitraum nahmen auch die Pferdewetten dramatisch zu, weil man nun dank Satellitenübertragungen der Rennen auch außerhalb der Rennbahnen wetten konnte. Per Kabel und Internet konnte man jetzt auch von zu Hause aus wetten. Außerdem vermehrten sich die elektronischen Spielgeräte massiv, darunter Spielautomaten, Videopoker, Videokeno und sonstige eigenständige Geräte. In manchen Bundesstaaten fand man solche Geräte sogar an Fernfahrer-Rastplätzen, in Verbrauchermärkten und Lottoläden. Noch nie zuvor in der Geschichte waren die Glücksspiel-Möglichkeiten so allgegenwärtig und noch nie zuvor wurden derart massive Werbekampagnen veranstaltet, um das Glücksspiel zu fördern.

Der Aufstieg der Glücksspiel-Unternehmen und die gesteigerte Häufigkeit des tatsächlichen Glücksspiels besaßen das Potenzial, sich bedeutend auf unsere Kultur und auf die veränderte Einstellung gegenüber Risiken in anderen Bereichen auszuwirken, zum Beispiel auf Geldanlagen am Aktienmarkt. Es wurde gelegentlich bemerkt, dass die Legalisierung des Glücksspiels in Form staatlicher Lotterien die illegalen eher förderte als ersetzte[40], und daher könnte es sein, dass sie auch andere ausgefallene Aktivitäten förderte, bei denen man Risiken eingeht. Glücksspiel unterdrückt natürliche Hemmungen dagegen, dass man etwas riskiert, und manche Glücksspielverträge – insbesondere die Lotterien – haben oberflächlich gesehen Ähnlichkeiten mit den Finanzmärkten: Man hat mit einem Computer zu tun, man bekommt eine Bescheinigung (den Lottoschein) und nimmt an einem landesweiten Phänomen teil, über das viel geredet wird. Wenn man es sich angewöhnt hat, bei einem solchen Glücksspiel mitzumachen, erscheint es nur natürlich, zu der gehobeneren Form überzugehen, nämlich zur Spekulation mit Wertpapieren.

Die größte Volatilität wies der US-Aktienmarkt von 1929 bis 1933 auf – als sie doppelt so hoch stand als je zuvor verzeichnet. Diese Phase der Volatilität trat während eines „Glücksspielfiebers" auf, das nicht von der Legalisierung verursacht wurde, sondern vom organisierten Verbrechen, das unabsichtlich durch das Verbot alkoholischer Getränke von 1920 bis 1933 befeuert wurde.[41] Für die Verbrecherbanden, die nach 1920 immer größer wurden, damit sie den Alkoholdurst der Nation befriedigen konnten, war es ganz natürlich, auch Tippspiele oder Speakeasy-Varianten von Craps und Roulette anzubieten. Das organisierte Verbrechen entwickelte ein modernes, effizientes Vertriebs-, Marketing- und Einzelhandelssystem, mit dem es das ganze Land mit Alkohol versorgte. Dies ging weit über die Hochburgen in bestimmten Stadtvierteln hinaus und diese Infrastruktur ermöglichte auch illegale Glücksspielaktivitäten in viel größerem Maßstab. Die von der Prohibition geförderte verbreitete Missachtung der Gesetze trug sicherlich zur Legitimierung des Glücksspiels bei.

Das Glücksspiel kann sich auf die Volatilität der Finanzmärkte auswirken, weil die Institutionen, die es fördern, dafür sorgen, dass man sein eigenes Glückspotenzial überschätzt, dass man mehr darauf achtet, wie man sich im Verhältnis zu anderen schlägt, und weil es eine neue Möglichkeit bietet, sich aus einem Gefühl der Langeweile oder der Eintönigkeit herauszureißen. Ende der 1990er-Jahre waren die Menschen ständig mit hochprofessioneller Werbung konfrontiert, die solche Einstellungen fördern wollte, sogar mit Radio- und Fernsehwerbung, in der professionelle Schauspieler die typischen Selbstrechtfertigungen von Glücksspielern zum Besten gaben. Diese Werbeanstrengungen und das Erlebnis, entweder selbst zu spielen oder andere spielen zu sehen, mag durchaus dazu beigetragen haben, dass die Menschen auch am Aktienmarkt leichtsinnig Risiken eingingen. Die Werbung war manchmal erschreckend deutlich. Im Jahr 1999, kurz vor dem Höhepunkt des Aktienmarkts, pries eine Plakatwerbung in Connecticut Heim-Pferdewetten in großen Lettern an: „Wie die Börse, nur schneller."

Beschleunigende Faktoren, die den Boom der Besitzergesellschaft der Jahre 2003 bis 2007 förderten

Als 2005 die zweite Auflage des Buches erschien, also fünf Jahre, nachdem ich die erste Liste zusammengestellt hatte, merkte ich, dass einige der zwölf beschleunigenden Faktoren, deren psychologische Wirkungen den Markt antrieben, weggefallen oder schwächer geworden waren. Der Internetboom war zwar noch in vollem Gange, aber die optimistischsten Vermutungen waren durch das Platzen der Dotcom-Blase diskreditiert worden. Die republikanische Mehrheit in beiden Kammern des Kongresses mit ihrer unternehmerfreundlichen Haltung war Geschichte. Durch die Wahl 2006 errangen in beiden Kammern die Demokraten die Mehrheit. Der Triumph des Kapitalismus in der ehemaligen Sowjetunion und in China war jetzt nichts Neues mehr. Doch viele der Beschleunigungsfaktoren waren immer noch am Werk. An diesen Faktoren brauchte sich nichts geändert zu haben, damit der Markt von 2000 bis 2003 fallen konnte – das werden wir im nächsten Kapitel über verstärkende Faktoren sehen –, die beschleunigenden Faktoren dürften immer noch vorhanden gewesen sein und zum Aufschwung von 2003 bis 2007 beigetragen haben.

Außerdem bekam der Markt nach 2003 von anderen beschleunigenden Faktoren Auftrieb, die ich in der zweiten Auflage des Buches beschrieb.

Diese zusätzlichen Faktoren heizten sowohl den Aktienmarkt als auch den Immobilienmarkt an.

Die Besitzergesellschaft

Zu Beginn des 21. Jahrhunderts schien sich das kapitalistische Ideal zu einem noch extremeren Ideal zu entwickeln, in dem der Wert unseres Privateigentums noch mehr Einfluss auf unser Leben hat. Wir hatten den Untergang des traditionellen Kommunismus und Sozialismus erlebt, den Niedergang der Gewerkschaften sowie das Ende der Genossenschaftsbewegung und anderer kommunaler sozialer Bewegungen. Aber nun wurden wir Zeugen kapitalistischer Innovationen wie Online-Auktionen und Online-Broker.

Präsident George W. Bush gab dieser neuen Gesellschaft den Namen „Besitzergesellschaft" und verwendete diese Formulierung an markanter Stelle in seinem erfolgreichen Wahlkampf 2004 zur Wiederwahl als Präsident: „Und es gibt in Amerika eine Quelle des sozialen Aufstiegs, die mit dem Besitz zusammenhängt. Wenn eine Frau ihr eigenes Unternehmen besitzt, ist sie nach oben sozial mobil. Wenn ein Latino oder ein Afroamerikaner sein eigenes Unternehmen gründet, wird er nach oben sozial mobil. Der Besitz ist ein mächtiger Teil des amerikanischen Traums."[42]

Bush wollte, dass ein größerer Teil unserer Gesellschaft eigene Häuser besitzt, und er versuchte (vergeblich), die Struktur der Sozialversicherung dahingehend zu ändern, dass sie die Menschen ermutigte, in Form von privaten Sparkonten für die Altersvorsorge in den Aktienmarkt zu investieren. Gemäß diesem Modell erstreckte sich der Privatbesitz weit über seine traditionellen Domänen hinaus auch auf Sparkonten für die Gesundheitsvorsorge und Schulgutscheine. Volkswirte schwärmten davon, dass Privatbesitz verschiedene Anreize in Übereinstimmung brächte und engagierte Bürger hervorbringen würde, und solche Ideen prägten die damalige Politik.[43]

Diese politische Philosophie legte keinen Wert auf die staatliche Aufsicht über die Praktiken der Vergabe von Hypothekendarlehen. In den Jahren vor der Finanzkrise 2007 bis 2009 überließen die Regulierungsbehörden die Anbieter von Subprime-Hypotheken in den Vereinigten Staaten sich selbst und ihren ambitionierten Praktiken. Sie ließen zu, dass sie große Risiken eingingen, damit mehr Menschen Häuser kaufen konnten, weil sie ihnen Darlehen gaben, obwohl sie schlechte Bonitätseinstufungen hatten oder ihre Darlehensanträge schlecht dokumentiert waren.

Als die Menschen merkten, dass sie zunehmend auf ihre eigenen Mittel zurückgreifen mussten, fühlten sie sich weniger sicher. Sie fühlten sich immer mehr auf einen weltweiten Arbeitsmarkt geworfen, der sie entweder reich machen oder sie plötzlich hinauswerfen konnte. In einer Umfrage unter Hausbesitzern fragten Karl Case und ich im Jahr 2004: „Befürchten Sie, dass Sie (oder Ihr Haushalt) in den kommenden Jahren vielleicht nicht so viel verdienen können wie erwartet, weil in der Wirtschaft Veränderungen stattfinden (dass jemand in China um Ihre Stelle konkurriert, dass ein Computer Ihren Arbeitsplatz ersetzt et cetera)?" Fast die Hälfte (48 Prozent) der Befragten gab an, sie befürchtete dies. Manche gaben als Motivation für den Hauskauf an, der Hausbesitz biete ihnen angesichts der anderen Unsicherheiten Sicherheit.[44]

Es klingt paradox, aber es könnte sein, dass gerade die Befürchtungen, die die Menschen veranlassten, in einer immer kapitalistischeren Wirtschaft Investitionen in Sicherheit zu suchen, die private Sparquote gesenkt haben, denn die durch die Nachfrage hervorgerufene Preissteigerung ihrer Investments vermittelte ihnen womöglich die Illusion, dank des Wertzuwachses ihrer Vermögenswerte würden sie sparen. Der Wertzuwachs von Häusern in den frühen 2000er-Jahren war weitaus größer als die Geldbeträge, die die Menschen von ihrem Lohn sparten. Der Wertzuwachs des Immobilienbesitzes von Privathaushalten steigerte das Vermögen der Haushalte von 2001 bis 2003 fast zehnmal so stark wie die Sparbeiträge im gleichen Zeitraum.[45] Angesichts des Wertzuwachses, den Hausbesitzer allein dadurch erzielten, dass sie ein Haus kauften und behielten, schien es kaum nötig zu sein, wirklich einen Teil des Einkommens zu sparen.

Unterstützende Geldpolitik

Alan Greenspan blieb bis 2006 Vorsitzender der Federal Reserve und lenkte während des größten Teils der Expansionsphase von 2003 bis 2007 die Wirtschaft. Sein Ruf, ein überzeugter Verfechter der freien Marktwirtschaft zu sein, blieb daher als Grund für die Annahme in Kraft, die Fed würde weder dem Börsenboom noch dem Immobilienboom einen Dämpfer versetzen – auch dann nicht, als die Kurs-Gewinn-Verhältnisse in alarmierende Höhen stiegen. Sein Ruf stärkte den Optimismus bezüglich der Märkte immer mehr.

In den Boomjahren Ende der 1990er-Jahre hatten Alan Greenspan und sein Offenmarktausschuss (FOMC = Federal Open Market Committee) bis zum Schluss nichts unternommen, um den Anstieg des Aktienmarkts aufzuhalten. Über vier Jahre lang sahen sie der dramatisch fortschreitenden Hausse zu und machten keine Anstalten, sie zu zügeln. Im Gegenteil, während des Booms der Besitzergesellschaft hatte es den Anschein, als würde die Fed nur etwas unternehmen, um zu verhindern, dass der Markt absackte, denn Greenspan hatte geäußert, ein Rückgang könne der Realwirtschaft schaden.

Er sprach immer wieder von der „Flexibilität" der US-Wirtschaft. „Je flexibler eine Volkswirtschaft", sagte er 2005 in einer Rede, „umso besser kann sie sich nach unvermeidlichen und häufig unvorhergesehenen Störungen selbst korrigieren."[46] Daraus ließ sich schließen, dass er als Fed-Vorsitzender nichts unternehmen würde, um den Boom der Besitzergesellschaft zu stoppen.

Viele nahmen an, Greenspan stütze die Börse dermaßen, dass sich sein Fed-Vorsitz so auswirkte, als besäße man einen Put auf den Aktienmarkt, um sich gegen Kursrückgänge abzusichern. Hinter dem Gerede über den sogenannten „Greenspan-Put" stand die Tatsache, dass Greenspan seine Macht bereits mehrmals eingesetzt hatte, um eine Börsenkatastrophe zu verhindern: 1987 nach dem Börsencrash, 1998 nach der russischen Schuldenkrise und dem Zusammenbruch des Vorzeige-Hedgefonds Long-Term Capital Management und als er im Vorfeld der Jahrtausendwende Schritte unternahm, um die „Y2K-Krise" zu verhindern. Man dachte, durch seine Handlungsweise habe er bewiesen, dass er den Markt nie rapide abfallen lassen würde.

Später hielten es ihm die Menschen natürlich zugute, dass er am 3. Januar 2001 sehr aggressiv die Zinsen senkte, als sich die Rezession erst schwach am Horizont abzeichnete. Tatsächlich senkte er die Zinsen zwei Monate vor Beginn der Rezession. Der Aktienmarkt wurde auch wirklich von der Meldung belebt, dass die Fed die Zinsen so aggressiv senkte – und der NASDAQ-Index erlebte das kräftigste Tagesplus aller Zeiten: 14 Prozent. Und schließlich senkte die Fed die Zinsen auf den Tiefstand von einem Prozent, als die Börse 2003 fiel. Diese massive Zinssenkung trieb die realen (inflationsbereinigten) Zinsen weit auf negatives Terrain und trug wahrscheinlich wesentlich zum Häuserboom nach 2001 bei.

Expansive Geldpolitik ist allerdings bei Aufschwüngen der Kapitalmärkte kein regelmäßiger Faktor. Eine Studie von Adam Posen aus dem Jahr 2003 für das Institute for International Economics ergab, dass von 22 Börsenbooms seit 1970 auf der ganzen Welt nur sechs mit einer Lockerung der Geldpolitik einhergingen und von 18 Immobilienbooms ebenfalls nur sechs.[47] Diese Schlussfolgerung widerspricht jedoch keineswegs der meinigen, dass die grundsätzlich stützende Haltung von Alan Greenspan und anderen Notenbankern ein Faktor war, der sowohl zum Millenniumboom als auch zum Boom der Besitzergesellschaft beitrug, der Ersterem dicht auf den Fersen folgte.

Beschleunigende Faktoren, die den Boom der Neuen Normalität antrieben

Nach dem Börsencrash der Jahre 2007 bis 2009 begannen Aktienmärkte rund um die Welt erneut, schwindelerregend zu klettern. Das Irritierende daran ist, dass dieser Anstieg kam, als die Weltwirtschaft immer noch unter der Finanzkrise ächzte, als Länder zunehmend Probleme mit verfahrenen politischen Situationen hatten und – nach dem Arabischen Frühling des Jahres 2011 – von stärkeren internationalen Spannungen belastet wurden. Die neuen beschleunigenden Faktoren dieser Zeit hatten vor allem damit zu tun, dass die Angst vor einer akuten Finanzkrise abflaute, dass politische Maßnahmen sie beheben sollten, sowie mit neuen Eindrücken von der technologischen Revolution und der Arbeitsplatzunsicherheit. Die neuen Beschleunigungsfaktoren folgten weniger dem blauäugigen Motto, alles sei wunderbar, als im Zuge der Ereignisse im Vorfeld des Börsenhochs im Jahr 2000.

Von der Depressionsangst zur Neuen Normalität

Nach dem Höhepunkt der Finanzkrise 2007 bis 2009 sprachen führende Politiker auf der ganzen Welt von der Gefahr, dass sich die Große Depression der 1930er-Jahre wiederholen könnte. Das taten sie, weil sie Unterstützung für ihre umstrittene Politik der konjunkturellen Anreize sowie für ihre Anstrengungen brauchten, bankrotte Finanzinstitute zu retten. Bis zum Jahr 2009 wirkte sich dieses Gerede aber durchaus ernstlich auf das Vertrauen der Allgemeinheit aus und es herrschte echte Angst, es könne trotz der staatlichen Bemühungen zu einer weiteren Großen Depression und einem weiteren Börsencrash in der Art wie 1929 kommen.

Die Erhebung zur Verbraucherstimmung von der University of Michigan zeigte 2009, dass der Anteil der Amerikaner, die eine Wiederholung der Großen Depression befürchteten, rapide zugenommen hatte. Die Frage hatte gelautet: „Was halten Sie für wahrscheinlicher – dass wir im ganzen Land in den kommenden rund fünf Jahren gute Zeiten erleben, dass es Zeiten verbreiteter Arbeitslosigkeit oder eine Rezession geben wird, oder etwas anderes?“[48] Der Index des Verbrauchervertrauens, den die Organisatoren der Erhebung von der University of Michigan aus den Antworten auf diese Frage berechnen, fiel 2009 auf den tiefsten Stand seit der Rezession 1990/1991 und stieg in den fünf Jahren danach ungleichmäßig an.

Ich habe unter der Ägide des International Center for Finance der Yale School of Management aus unseren Umfragen mithilfe von Fragebögen mehrere Indizes für das Vertrauen von Anlegern mit hohem Einkommen erstellt. Wir befragen regelmäßig private Anleger mit hohem Einkommen und institutionelle Investoren in den Vereinigten Staaten. Einer dieser Indizes ist der Index des „Crash-Vertrauens“ und er basiert auf der Frage: „Für wie wahrscheinlich halten Sie einen katastrophalen Börsencrash wie den vom 28. Oktober 1929 oder vom 19. Oktober 1987 in den kommenden sechs Monaten, einschließlich des Falles, dass in den anderen Ländern ein Crash stattfindet und auf die Vereinigten Staaten übergreift?“[49]

Im Jahr 2009 stellte das Crash-Vertrauen sowohl bei den privaten als auch bei den institutionellen Anlegern einen Tiefenrekord auf (die Umfragen begannen 1989) und begann dann einen fünf Jahre langen unregelmäßigen Aufwärtstrend. Der Markt mag 2009 niedrig gestanden haben, aber im Eifer des Gefechts – in den extremsten Momenten der Finanzkrise – befürchteten die Menschen vorübergehend wirklich, es könnte noch viel weiter bergab gehen.

Die U.S. Federal Reserve veranstaltete eine Reihe von „Stresstests" von Finanzinstituten, der erste davon war 2009 das Supervisory Capital Assessment Program. Diese Tests ergaben auf wundersame Weise, dass viele Bank-Holdinggesellschaften genügend Kapital besaßen, um selbst ein negatives konjunkturelles Szenario zu überleben. Für andere wurde eine Kapitalmenge geschätzt, die sie sich beschaffen müssten, damit sie ebenfalls überleben könnten. Der Stresstest beruhigte die Märkte.

Die Gewinne der US-Unternehmen, die im S&P 500 für das Jahr 2009 fast auf null gefallen waren, schnellten bald wieder in die Höhe, als die Unternehmen Maßnahmen zur Kostensenkung einführten, um die Gewinne anzukurbeln und das Anlegervertrauen wiederherzustellen. Massenentlassungen trugen zwar dazu bei, dass die Gewinne wieder stiegen, aber sie führten auch zu hoher Arbeitslosigkeit und abnehmendem Verbrauchervertrauen. Die Kostensenkungen könnten auf längere Sicht auch die Gewinne senken, sofern die Unternehmen die Unterstützung dieser Beschäftigten bei der Erhaltung des langfristigen Wertes verloren haben, aber nur die Zeit kann zeigen, ob das der Fall ist. Die buchhalterischen Gewinne stiegen hingegen schnell wieder und viele Anleger, die in dieser von Angst geprägten Zeit nach hoffnungsvollen Anzeichen suchten, sahen darin ein gutes Zeichen.

Bill Gross, Gründer der Vermögensverwaltung PIMCO und jetzt bei Janus Capital, fasste 2009 diesen schwachen Optimismus, den er als „neue Normalität" bezeichnete, so zusammen: „Es ist an der Zeit, anzuerkennen, dass sich die Dinge geändert haben und dass sie sich in den nächsten – ja, in den nächsten zehn oder vielleicht sogar 20 Jahren – weiterhin ändern werden. Wir geraten in etwas hinein, was wir als neue Normalität bezeichnen: ein Zeitraum, in dem die Volkswirtschaften sehr langsam wachsen, nicht mehr wie Unkraut oder wie Kinder."[50]

In Europa herrschte nicht die gleiche mäßig optimistische Situation, denn dort kam 2010 die Staatsschuldenkrise dazwischen und löste große Ängste vor einer langfristigen Stagnation aus. Somit fand der erneute Anstieg der Aktienmärkte nach 2009 nicht einheitlich auf der ganzen Welt statt und während ich dies schreibe, sind die europäischen Börsen tendenziell immer noch niedriger bewertet.

Extrem lockere Geldpolitik und quantitative Lockerung

Als Reaktion auf die Finanzkrise 2007 bis 2009 trieben die Federal Reserve und andere Notenbanken im Rahmen der neuen Normalität die kurzfristigen Zinsen durch Offenmarktgeschäfte quasi auf null. Die langfristigen Zinsen folgten ihnen auf dem Weg nach unten. Im Jahr 2008 kündigte die Fed das erste von drei Programmen der quantitativen Lockerung an, in deren Rahmen die Fed Hypothekenpapiere und Schatzanleihen kaufte. Im Endeffekt steigerte die Fed durch solche Käufe ihre Bilanzsumme von weniger als einer Billion Dollar auf mehr als vier Billionen Dollar und verabschiedete sich radikal von ihrer bisherigen Praxis.

Im Jahr 2008 begann die Fed mit einer Politik der „forward guidance", also „zukunftsgerichteter Hinweise": Sie gab bekannt, sie werde die Zinsen für eine gewisse Zeit nicht erhöhen, und regte dadurch die langfristigen Zinsen dazu an, tiefer zu sinken, als sie es andernfalls getan hätten. Im Juli 2012 fiel die Rendite 10-jähriger Schatzanweisungen auf ein Allzeittief von 1,43 Prozent, nachdem sie vor der Krise der Jahre 2007 bis 2009 über fünf Prozent gelegen hatte. Dadurch kam es zu der Situation, dass die meisten Anleger von ihrer Rendite aus Anleihe-Investitionen sehr enttäuscht waren, und dies führte nach der Krise zu einer vom Renditestreben geprägten Einstellung. Obwohl der Aktienmarkt immer noch als riskant wahrgenommen wurde, dachten viele Anleger, wenigstens habe er ein gewisses Anstiegspotenzial, und dies spornte sie an, trotz steigender Kurs-Gewinn-Verhältnisse Aktien zu kaufen.

Allein die Tatsache, dass die Zinsen für langfristige Hypothekendarlehen in den Vereinigten Staaten im Herbst 2012 Allzeittiefs erreichten, erzeugte eine nie da gewesene Nachfrage nach Eigenheimen, obwohl die Konjunktur immer noch schwächelte. Die potenziellen Hauskäufer wollten sich diese Gelegenheit, die sich ihrer Meinung nach in ihrem Leben nur einmal bieten würde, einfach nicht entgehen lassen.

Ängste, aus dem Erwerbsleben auszuscheiden

Die Finanzkrise 2007 bis 2009 führte dazu, dass die Erwerbsquote in den Vereinigten Staaten laut U.S. Bureau of Labor Statistics von 66,4 Prozent im Januar 2007 auf 62,8 Prozent im Juni 2014 fiel. Die Angst, aus der Erwerbsbevölkerung auszuscheiden (oder der Verdacht, das könne einem bald passieren), könnte das Renditestreben bei der Geldanlage, das durch die niedrigen Zinsen bereits angeregt wurde, noch weiter in die Höhe geschraubt haben. Denn möglicherweise gehen die Menschen mit ihren Anlagen größere Risiken ein, um sich die Hoffnung zu bewahren, auch ohne Beschäftigung mehrere Jahre lang bequem leben zu können. Die Bedeutung des Begriffs „Renditestreben" hat sich etwa um die Zeit des Booms der neuen Normalität offenbar verändert. Früher war damit oft gemeint, dass die Anleger in hochverzinsliche Anleihen oder Hypothekenpapiere investierten und dabei ihren Risiken weniger Beachtung schenkten. Doch nun, da die Zinsen fast auf null standen, ist damit öfter gemeint, dass sie aggressiv in riskante Aktien oder in komplizierte neue Anlageprodukte investieren.

Zum Teil sank der Anteil der Erwerbsbevölkerung, weil die geburtenstarken Jahrgänge des Babybooms – wie schon lange erwartet – in den Ruhestand gingen. Das hat aber auch noch einen anderen Grund, der Anlass zur Sorge gibt. Wer während oder nach der Krise 2007 bis 2009 entlassen wurde, sah in diesem Erlebnis vielleicht das Ende einer Ära, denn viele Entlassungen wurden als langfristige Einsparmaßnahmen bezeichnet – das Unternehmen sollte schlanker und schlagkräftiger werden – und es war unwahrscheinlich, dass die Stellen wieder besetzt würden, wenn die Krise abgeflaut wäre. Wer seine Stelle verlor, sah angesichts der damaligen Konjunktur vielleicht keinen Sinn darin, umzuschulen. Manche gingen früher als geplant in den Ruhestand, gelegentlich viel früher, vielleicht indem sie eine Arbeitsunfähigkeit behaupteten. Die U.S. Social Security Administration verzeichnet seit der Finanzkrise eine signifikante Zunahme der Anträge auf Erwerbsunfähigkeitsrente.

Sogar bei jungen Menschen ist die berufliche Laufbahn von anschaulichen, psychologisch gewichtigen neuen Risiken bedroht, die offensichtlich die Sparabsicht verstärken und ein Wunschdenken erzeugen, das sie zu spekulativeren Anlagen wie etwa Aktien neigen lässt. Neue Technologien, die Arbeitskräfte ersetzen könnten, sind überall sichtbar. Besonders auffallend ist die schnelle Ausbreitung von mobilen Verbindungen mit Computern und dem Internet mithilfe von Tablet-Computern, Smartphones und bald sogar Google Glass. Sie hinterlassen anschauliche neue Bilder in unseren Köpfen, denn überall, wo man 2014 hingeht, sieht man Menschen, die an solchen Geräten herumfummeln – im Jahr 2009 waren sie noch nicht so auffällig. Man hört heute sogar Menschen mit ihren Geräten reden. Apple führte 2011 auf dem iPhone den automatischen Assistenten „Siri" ein. Ich kann jetzt mit dem Handy in meiner Tasche sprechen und es fragen: „Wie ist im Moment der Verkehr auf dem Weg zur Arbeit?" Und dann kommt aus meiner Tasche eine Stimme, die mir die geschätzte Fahrzeit für den Weg zur Arbeit verrät (denn das Gerät weiß bereits, wo ich bin, wo ich arbeite und welcher Weg zur Arbeit der beste ist). Da fragt man sich natürlich: Wo führt diese ganze Technik noch hin und welche Arbeitskräfte wird sie ersetzen?

Seit dem Boom der Besitzergesellschaft ist von weiteren Technologien die Rede, die noch mehr existenzielle Arbeitsplatzängste auslösen. Im Jahr

2011 begannen die Tests mit fahrerlosen Autos auf öffentlichen Straßen. Das Computer Science and Artificial Intelligence Laboratory des Massachusetts Institute of Technology stellte kürzlich einen Roboter namens BakeBot vor, der in einer ganz normalen Küche backen kann, und es arbeitet an einem Roboter, der Babys die Windeln wechseln kann.[51]

Seit 2009 der Boom der Neuen Normalität begonnen hat, hegen die Menschen noch einige neue Ängste um ihre Arbeitsplätze und diese wachsenden Ängste sollten wahrscheinlich in der Liste der Beschleunigungsfaktoren für den Börsenboom stehen (und als Ursache für eine Schwächung der gesamten Wirtschaft gesehen werden).

Viele Menschen sind es gewohnt zu denken, bei schlechten Nachrichten über das zukünftige Arbeitseinkommen oder schlechte Nachrichten über die Sicherheit des Arbeitseinkommens müssten die Aktienkurse eher sinken als steigen. Die Wirtschaftstheorie (wie sie beispielsweise Robert E. Lucas formuliert) legt aber das genaue Gegenteil nahe.[52] Man könnte das als „Theorie der Schwimmwesten auf der Titanic" bezeichnen. Wenn die Passagiere auf einem Schiff glauben, es bestehe die Gefahr, dass es sinkt, kann eine Schwimmweste, ein Tisch oder irgendetwas, das schwimmt, auf einmal äußerst wertvoll werden – und das nicht, weil sich die physischen Eigenschaften dieser Wertgegenstände geändert hätten. Etwas Ähnliches geschieht, wenn sich die Menschen Sorgen darum machen, ob ihr Arbeitseinkommen gesichert ist und es nicht genügend wirklich gute Anlagemöglichkeiten gibt; dann treiben sie womöglich die Preise von vorhandenen langfristigen Anlagen aller Art in die Höhe, weil sie für die gefährlichen mageren Jahre sparen wollen, die sie vor sich liegen sehen. Vielleicht schaffen sie es nicht, real mehr zu sparen. Vielleicht halten sie die Anlagen, obwohl sie sie bereits für überbewertet halten und die Gefahr besteht, dass ihr Wert in Zukunft wieder sinkt.

Welche Auswirkungen Veränderungen des empfundenen Risikos tatsächlich haben, hängt zusätzlich von psychologischen und soziologischen Faktoren ab. Das gefühlt gestiegene Risiko am Arbeitsmarkt – die Wahrnehmung des schnellen technischen und industriellen Wandels – hat breit angelegte kulturelle Auswirkungen, die manchmal auch für andere Probleme verantwortlich gemacht werden, beispielsweise für den Vormarsch des Nationalismus rund um die Welt oder die Tendenz zu zwischenstaatlichen Aggressionen. Beispiele dafür sind der Konflikt in der Ukraine und an vielen anderen Orten im Jahr 2014.[53]

Zunehmende Ungleichheit

Deutlich abseits von den Auswirkungen der grundsätzlichen Angst der Menschen, in der Wirtschaft der Zukunft als Verlierer dazustehen, zeitigt die damit zusammenhängende zunehmende Ungleichheit Auswirkungen, die direkt mit dem Preisanstieg von Geldanlagen verbunden sind. Der aktuelle Trend, der in den Vereinigten Staaten und in anderen Ländern etwa in der Zeit von Reagans Wahl zum Präsidenten 1981 sowie des Beginns der Millenniumblase 1982 begann, lässt die Einkommensungleichheiten in der Erwerbsbevölkerung stetig steigen. Thomas Piketty legte 2014 in seinem Buch „Das Kapital im 21. Jahrhundert" dar, dass zu dieser Zeit die Einkommen des obersten Prozents der Spitzenverdiener in den Vereinigten Staaten eine Wende nach oben vollzogen und dass dieser Trend eng mit einer Zunahme des Anteils der Spitzenverdiener am Gesamteinkommen zusammenhängt.[54] Laut Pikettys Zahlen nahm der Anteil des obersten Prozents der Spitzenverdiener zum letzten Mal in den 1920er-Jahren derart zu – was ungefähr der Hausse der Goldenen Zwanziger entspricht – und der Höhepunkt der Ungleichheit des Gesamteinkommens sowie des Arbeitseinkommens wurde etwa zum Börsenhoch 1929 überschritten.

Es gibt mehrere Mechanismen, dank deren eine Zunahme des Einkommensanteils, der an das oberste Prozent geht, den Anlagepreisen einen Schub nach oben verleihen könnte. Piketty betonte, dass Menschen mit höherem Einkommen mehr sparen, und wenn nicht genügend Gelegenheiten für neue Investments vorhanden sind und es im Laufe der Zeit immer mehr reiche Menschen gibt, könne es sein, dass sie den Wert des existierenden Aktienkapitals in die Höhe treiben. Die Entstehung einer neuen Klasse von Reichen könne die Politik – oder die wahrgenommene Politik – der Zukunft verändern, sie könne die Regulierungsbehörden dazu veranlassen, die Unternehmen zu begünstigen, sodass sie Aussichten auf höhere Nachsteuergewinne haben. Die höhere Ungleichheit kann damit einhergehen, dass die moralischen Maßstäbe in der Geschäftswelt sinken und dass Unternehmen eher bereit sind, mit ihren Abschlüssen Spielchen zu treiben. Die Wahrnehmung der Ungleichheit kann dazu führen, dass Menschen mit niedrigem Einkommen bei ihren Anlagen dem Renditestreben und dem Wunschdenken verfallen.

Allerdings sind die Auswirkungen der Einkommensungleichheit auf die Anlagepreise nicht ganz klar. Die Öffentlichkeit wurde sich während des Booms der Neuen Normalität nach 2009 der zunehmenden Ungleichheit dramatisch bewusst. Vor allem die „Occupy Wall Street"-Bewegung in den Vereinigten Staaten und andernorts, die in den Jahren 2011 bis 2013 mit dem Slogan „Wir sind die 99 Prozent" auftrat, dürfte den Beginn einer Zeit markieren, in der die Ablehnung der Ungleichheit eine größere politische Rolle spielt und die Politik weniger anlegerfreundlich sein wird. Die Aussicht, dass sich die staatliche Politik künftig nachteilig auf die Werte von Geldanlagen auswirkt, könnte schon heute ihre Preise in Mitleidenschaft ziehen.

Die – für manche überraschende – Tatsache, dass die Republikaner in beiden Häusern des Kongresses die Mehrheit erobert haben, scheint darauf hinzudeuten, dass die Politik umschwenken wird: gegen Umverteilung und für den Schutz des Vermögens, was die Anlagepreise stützen dürfte.

Das Aufkommen von Nationalismus und Kriegstreiberei

Einen letzten beschleunigenden Faktor des Booms der neuen Normalität sollte ich noch erwähnen, obwohl auch er zweideutige Auswirkungen auf die Preise der Kapitalmärkte hat. Zum Schrecken vieler Menschen erleben wir derzeit, dass in mehreren Ländern nationalistische und fremdenfeindliche Parteien an Bedeutung gewinnen. In manchen Fällen sorgen übertriebene Geschichten über Beschimpfungen von Amerikanern im Ausland für erneuten Ärger und Konflikte und in manchen Fällen stößt man sich an der kaum kontrollierten Einwanderung.

Diese Veränderung könnte indirekt mit den Auswirkungen einiger oben genannter Beschleunigungsfaktoren auf die Psychologie zusammenhängen: mit der Finanzkrise in den Jahren 2007 bis 2009 und der anschließenden Wirtschaftskrise, mit Ängsten um den Arbeitsplatz wegen der Globalisierung und des technischen Fortschritts sowie mit der zunehmenden Ungleichheit.

Benjamin Friedman hat in seinem 2005 erschienenen Buch „The Moral Consequences of Economic Growth" dokumentiert, dass in längeren Zeiten mit enttäuschendem Wirtschaftswachstum anscheinend die Verärgerung der Allgemeinheit und die Intoleranz gegenüber Minderheiten oder anderen Ländern zunehmen. Solche Perioden können zu Unruhen, Terrorismus oder Krieg führen. Bei kräftigem Wirtschaftswachstum mag zunehmende Ungleichheit erträglich sein, so Friedman, aber wenn das Wachstum nachlässt, kann sie unerträglich werden.

Während ich dies schreibe, sind in der jüngeren Vergangenheit im Gazastreifen, im Irak, in Israel, Syrien und der Ukraine Kriege ausgebrochen, der terroristische sogenannte Islamische Staat wurde errichtet und dadurch nehmen auf der ganzen Welt die Terrordrohungen zu. Wir können nur hoffen, dass es in Zukunft nicht noch mehr derartige Ereignisse geben wird.

Die Ereignisse haben bereits Ängste geschürt, die die Preise von Anlagen vielleicht noch weiter in die Höhe getrieben haben, denn die Menschen versuchen, ein Sicherheitsnetz zu finden. Dadurch treiben sie eher die Preise bestehender Anlagen in die Höhe, als dass sie erfolgreich sparen. Es könnte aber auch sein, dass das Gefühl des Unbehagens die Menschen im Endeffekt dazu anregt, ihr Vermögen in liquiderer Form zu verwahren. Manche befürchten vielleicht sogar die Beschlagnahme oder kriegsbedingte Steuern, was sich auf langfristige Anlagen nachteilig ausgewirkt haben könnte.

Die Börsen der Welt brachen zusammen, als im Sommer 1914 in Europa der Erste Weltkrieg ausbrach. Im Gegensatz dazu stiegen einige Börsen an dem Tag, als offiziell der Zweite Weltkrieg begann.[55] Am Sonntag, dem 3. September 1939, erklärten Großbritannien, Frankreich, Indien (das damals auch die heutigen Staaten Pakistan und Bangladesch umfasste) und Neuseeland Deutschland den Krieg, weil es sich den Aufforderungen widersetzte, seine Streitkräfte aus Polen abzuziehen. Als nach dem Feiertag am 5. September die US-amerikanischen Börsen den Handel eröffneten, stieg der S&P Composite Stock Price Index um 9,63 Prozent – einer der größten Tagesanstiege aller Zeiten.

Wir können nur hoffen, dass uns keine derart dramatischen Ereignisse bevorstehen. Wir müssen abwarten, wie sich die Konflikte entwickeln und sich auf die Fantasie der Allgemeinheit sowie im Anschluss durch Verstärkungsmechanismen auf die Märkte auswirken.

Fazit

Wenn man auf die Liste der möglichen Beschleunigungsfaktoren der jüngsten drei Booms am Aktienmarkt, am Anleihemarkt und am Immobilienmarkt zurückblickt, könnte einen die schiere Vielzahl der Faktoren schockieren, die dabei offenbar am Werk waren. Man sollte dabei jedoch bedenken, dass es keine wasserdichte Wissenschaft der spekulativen Preisbildung gibt. Sicherlich verstehen wir die Märkte immer besser, aber die Komplexität des wirklichen Lebens hat immer noch die Oberhand.

Viele Faktoren, die die erwähnten Booms auslösten, hatten einen selbst erfüllenden Aspekt und deshalb ist es schwierig bis unmöglich, sie in wissenschaftliche Erklärungen mit Vorhersagewert zu fassen. Aber viele von ihnen weisen unstrittige Merkmale auf. Der Internetboom, das Aufkommen des Onlinehandels, die republikanische Kongressmehrheit und der Gesetzentwurf für die Kapitalertragsteuer kamen gerade dann, als der Aktienmarkt in den 1990er-Jahren seinen höchst atemberaubenden Aufstieg begann. Andere Faktoren – unter anderem das Aufkommen der beitragsorientierten Betriebsrenten, die Zunahme der Investmentfonds, der Rückgang der Inflation und der Anstieg des Handelsvolumens – waren eindeutig mit Ereignissen verknüpft, die sich seit dem Börsentief 1982 abgespielt hatten. Über diese Faktoren hinaus zeigen sich in unserer Kultur eindeutige Entwicklungen, die den Preisanstieg der Aktien und Immobilien begleiten. Beispielsweise geht aus Studien hervor, dass das Ausmaß des Materialismus in der letzten Generation stetig zugenommen hat, dass der Glaube an die Marktwirtschaft nach dem Untergang des Kommunismus das Vertrauen in das kapitalistische System gestärkt hat und – was vielleicht am interessantesten ist – dass auf der ganzen Welt das Glücksspiel zugenommen habt. Viele dieser Faktoren waren nicht nur in den Vereinigten Staaten, sondern auch in Europa und in anderen Ländern am Werk. Daher ist die Theorie, sie seien für die Booms des Aktien- und des Immobilienmarkts in den Vereinigten Staaten verantwortlich, nicht unverträglich mit der Tatsache, dass auch andere Länder wesentlichen Anteil am Aufschwung haben.[56]

Ich wollte jedoch nie behaupten, man könne das Auf und Ab der Märkte allein mit den Beschleunigungsfaktoren erklären. Die Märkte führen dank der Rückkopplung ein Eigenleben – damit meine ich den Verstärkungsmechanismus, der das Wirken der beschleunigenden Faktoren über den zeitlichen Verlauf verteilt und manchmal die Auswirkungen dieser Faktoren dermaßen groß und bedeutend ausfallen lässt, dass es einem den Atem nimmt. Mit diesen Verstärkungsmechanismen befassen wir uns im nächsten Kapitel.

KAPITEL 5

VERSTÄRKUNGS-MECHANISMEN: Von allein auftretende Pyramidenprozesse

Im vorigen Kapitel haben wir eine Anzahl von beschleunigenden Faktoren untersucht, die dazu beitrugen, den Aktienmarkt und den Markt für Eigenheime in die Höhe zu treiben. Im vorliegenden Kapitel befassen wir uns damit, wie die Auswirkungen dieser Faktoren durch Mechanismen verstärkt werden, die mit dem Anlegervertrauen, den Erwartungen der Anleger an die künftige Marktentwicklung und damit verwandten Einflüssen auf die Nachfrage seitens der Anleger zusammenhängen. Um einen konkreten Kontext zu schaffen, untersuchen wir zunächst Hinweise auf das Vertrauen und die Erwartungen der Anleger.

Die Verstärkungsmechanismen funktionieren durch eine Art Rückkopplungsschleife und im weiteren Verlauf des Kapitels werden sie auch als eine Form von Natur aus auftretender Pyramideneffekte beschrieben. Das Vertrauen und die Erwartungen der Anleger werden von früheren Preiszuwächsen angestachelt, sie treiben die spekulativen Preise noch weiter in die Höhe und spornen dadurch weitere Anleger dazu an, dies ebenfalls zu tun, sodass sich dieser Zyklus stetig wiederholt und zu einer verstärkten Reaktion auf die ursprünglichen Beschleunigungsfaktoren führt. Dieser Feedback-Mechanismus wird im populären Diskurs häufig angesprochen und ist eine der ältesten Finanztheorien.[1] In heutigen Finanz-Lehrbüchern wird er gewöhnlich jedoch nicht einmal erwähnt.

Oft wird die Rückkopplungstheorie als unbewiesene Hypothese bezeichnet. Doch wie wir sehen werden, gibt es Belege, die für einen solchen Feedback-Mechanismus sprechen.

Veränderungen des Anlegervertrauens

Ein auffallendes Merkmal der Aktienhausse in den 1990er-Jahren und der Baisse nach dem Jahr 2000 war ihr Verhältnis zu Veränderungen des Anlegervertrauens in Aktien. Offensichtlich war das Denken der Anleger Ende der 1990er-Jahre von einer sehr simplen Auffassung geprägt: Aktien seien „die beste Geldanlage" und mit Aktien könnten Anleger auf lange Sicht nichts falsch machen. Diese Vorstellung steht in scharfem Kontrast zu der Auffassung, die anscheinend Ende der 1970er-Jahre – nach dem Börsencrash 1973/1974 – herrschte. Damals dachten die meisten Menschen nämlich offensichtlich, Immobilien seien „die beste Anlage", doch zu der Zeit führte ich keine Umfragen durch und habe daher keine Belege dafür, was sie damals dachten.

Als ich 1996 zu dem Schluss gekommen war, dass die Überzeugung, Aktien seien die beste Geldanlage und könnten nicht enttäuschen, ein Gemeinplatz geworden war, kam mir in den Sinn, aufzuzeichnen, wie sich der Glaube an diese simple Ansicht im Laufe der Zeit verändert hatte. Ich ergänzte den Fragebogen für Privatpersonen mit hohem Einkommen um die Frage, ob der Befragte folgender Aussage zustimmen würde: „Der Aktienmarkt ist für langfristige Anleger, die einfach kaufen und ihre Positionen über das Auf und Ab der Börse hinweg halten können, die beste Anlage." Die Informationen, die ich dadurch sammelte und die inzwischen von der Yale School of Management auf dem neuesten Stand gehalten werden, sind in Abbildung 5.1 dargestellt.

Abbildung 5.1 Aktien als beste Anlage, 1996 bis 2014

Der Anteil einkommensstarker US-Personen, die der Aussage zustimmten: „Der Aktienmarkt ist für langfristige Anleger, die Anlagen kaufen und über die Höhen und Tiefen des Marktes hinweg halten können, die beste Anlage." Dazu der S&P 500 Stock Price Index.

Quelle: Berechnungen des Autors anhand von Umfragen des Yale International Center for Finance, Standard & Poor's, U.S. Bureau of Labor Statistics.

Wie man sieht, war die Zustimmung zu der Aussage, Aktien seien die beste Anlage, in den Boomjahren vor dem Jahr 2000 sehr hoch. Im Jahr des Börsenhochs, also im Jahr 2000, stimmten ihr ganze 97 Prozent zu. Eine Zustimmungsquote von 97 Prozent ist bei allen im Rahmen einer Umfrage vorgeschlagenen Aussagen bemerkenswert und dies gilt umso mehr, wenn sich die Aussage auf etwas so Persönliches wie die Anlagestrategie bezieht.[2] Nachdem der Markt angefangen hatte, abzusacken, sackte auch die Zustimmung zu dieser Aussage ab. Der zustimmende Anteil der Befragten fiel von 97 Prozent im Jahr 2000 auf 72 Prozent im Jahr 2011. Der Glaube an den Aktienmarkt ist zwar immer noch stark (ich würde sagen, der irrationale Überschwang ist nach wie vor vorhanden), aber er bröckelt. Der entscheidende Punkt ist jedoch, dass die Indizien dafür sprechen, dass sich die Aktienkurse per Rückkopplung in entsprechenden Veränderungen des langfristigen Optimismus niederschlagen.

Während des Immobilienbooms stellten mein Kollege Karl Case und ich im Rahmen einer Umfrage unter zufällig ausgewählten frisch gebackenen Hausbesitzern in den vier Städten Boston, Los Angeles, Milwaukee und San Francisco die im Grunde gleiche Frage auf Immobilien bezogen.

Wie Abbildung 5.2 zeigt, finden wir hier die gleiche eindeutige Korrelation zwischen den Preisen und den Meinungen bezüglich der besten Geldanlage:

Abbildung 5.2 Immobilien als beste Anlage, 2003 bis 2013

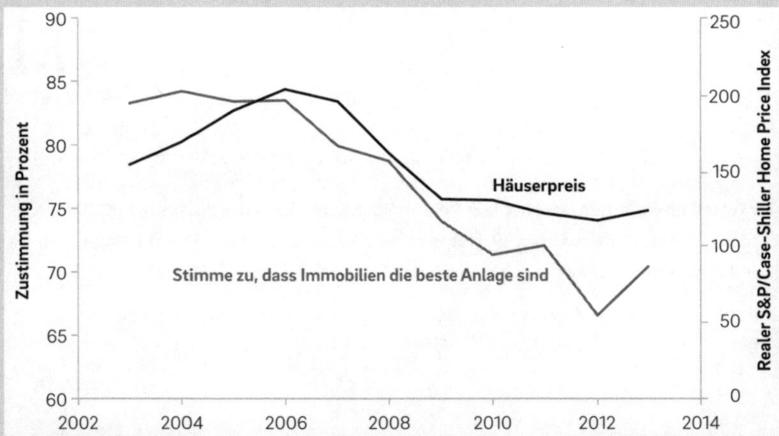

Anteil der frisch gebackenen US-Hauskäufer in Prozent, die der Aussage zustimmten: „Immobilien sind für langfristige Anleger, die Anlagen kaufen und über die Höhen und Tiefen des Marktes hinweg halten können, die beste Anlage." Dazu der S&P/Case-Shiller Home Price Index.

Quelle: Berechnungen des Autors anhand von Umfragen des Yale International Center for Finance, Standard & Poor's, U.S. Bureau of Labor Statistics.

Wenn die Häuserpreise steigen, nimmt im Allgemeinen auch der Anteil derjenigen zu, die meinen, Immobilien seien die beste Geldanlage. Wenn die Häuserpreise sinken, geht auch der Anteil derjenigen, die Immobilien für die beste Anlage halten, nach unten. Das ist eine Rückkopplung.[3]

Mit den Ansichten über die „beste Geldanlage" ist die Meinung verbunden, die Preise würden auf lange Sicht – oder gar sofort – immer steigen, und diese Überzeugung verändert sich mit der Zeit und mit den Märkten. Bei unserer Erhebung unter Anlegern mit hohem Einkommen fragten wir unter anderem auch: „Wie sehr stimmen Sie folgender Aussage zu? ‚Wenn es wieder zu einem Crash wie am 19. Oktober 1987 kommt, steht der Markt bestimmt in ein paar Jahren wieder auf dem früheren Niveau.'" Abbildung 5.3 zeigt die Antworten.

Abbildung 5.3 Die Meinung nach einem Börsencrash, 1996 bis 2014

Der Anteil einkommensstarker US-Personen, die der Aussage zustimmten: „Wenn es wieder zu einem Crash wie am 19. Oktober 1987 kommt, steht der Markt bestimmt in ein paar Jahren wieder auf den früheren Niveau." Dazu der S&P 500 Stock Price Index.

Quelle: Berechnungen des Autors anhand von Umfragen des Yale International Center for Finance, Standard & Poor's, U.S. Bureau of Labor Statistics.

Die Zustimmung zu dieser Aussage folgt ungefähr der Marktentwicklung. Als sich die Börse 1999, gegen Ende des Millenniumbooms, ihren Höchstständen näherte, stimmten 88 Prozent der Aussage zu. Als die Börse nach 2000 abzurutschen begann, rutschte auch der Anteil derjenigen ab, die zustimmten – bis 2004 auf 69 Prozent. Als die Börse im Zuge des Booms der Besitzergesellschaft wieder stieg, nahm auch der Anteil der Zustimmung wieder zu – bis

2007 auf 76 Prozent. Als der Markt nach 2007 nach unten korrigierte, tat dies auch der Anteil der Zustimmung, allerdings erreichte er erst 2012 mit 56 Prozent seinen Tiefpunkt. Und schließlich erholte sich der Anteil im Zuge des Booms der Neuen Normalität auf 68 Prozent im Jahr 2014. Tatsächlich scheint eine steigende Börse eine Art Selbstzufriedenheit zu nähren: Auch wenn der Markt zwischenzeitlich absackt, nimmt die unbekümmerte Gewissheit zu, langfristig gesehen seien solche Durchhänger ohne Bedeutung. Fallende Märkte scheinen diese Selbstgefälligkeit hingegen zu unterhöhlen, obwohl die fallenden Märkte an sich keine zusätzlichen Informationen dazu liefern, wie sich der Markt nach einem größeren Crash verhalten wird.

Seltsam ist, dass die Menschen offenbar nicht vom Gegenteil der in unserer Frage formulierten Voraussetzung überzeugt sind: Wenn der Markt dramatisch steigt, glauben sie nicht, dass er in ein paar Jahren mit Sicherheit wieder fallen wird.[4] Ihr Glaube an die Ausfallsicherheit des Marktes scheint eher auf einem grundsätzlichen Gefühl des Optimismus und der Sicherheit zu beruhen als auf dem Glauben an langfristige Preisstabilität.

Es gibt einige Indizien, die dafür sprechen, dass sich im Jahr 1929 – dem Höhepunkt der Hausse der 1920er-Jahre – viele Menschen des langfristigen Erfolgs der Börse genauso sicher waren wie Ende der 1990er-Jahre. Aus dieser Zeit haben wir zwar keine Umfragedaten, aber zeitgenössische Berichte über das Anlegervertrauen. Frederick Lewis Allen schrieb in seiner 1931 erschienenen Geschichte der 1920er-Jahre mit dem Titel „Only Yesterday":

> *„Wenn im Sommer 1929 die Menschen in der Vergangenheit nach Präzedenzfällen suchten, tröstete sie die Erinnerung, dass in den letzten paar Jahren auf jeden Einbruch der Kurse letztlich ein neuer Höhepunkt folgte. Zwei Schritte aufwärts, einen Schritt abwärts und wieder zwei Schritte aufwärts – so lief das an der Börse. Wenn man verkaufte, brauchte man bloß auf den nächsten Kurseinbruch zu warten (die alle paar Monate stattfanden) und dann wieder zu kaufen. Aber eigentlich gab es gar keinen Grund, zu verkaufen: Wenn man solide Aktien hatte, musste man am Ende einfach gewinnen. Der wahrhaft kluge Mann schien derjenige zu sein, der Aktien ‚kaufte und hielt'."*[5]

Gedanken zum Anlegervertrauen

Wichtig ist, dass wir uns mit der Art und der vermutlichen Herkunft der beobachteten Veränderungen des Anlegervertrauens beschäftigen, sodass wir nicht nur die aktuelle Situation verstehen, sondern im weiteren Verlauf dieses Kapitels zu einer Diskussion über Feedback-Schleifen kommen. Wir werden sehen, dass die Rückkopplung, die das Anlegervertrauen verstärkt, im Kontext eines komplexen sozialen und psychologischen Umfelds steht.

Wo hatten die Menschen die Vorstellung her, wenn es je zu einem Börsencrash käme, würde die Börse gewiss innerhalb weniger Jahre auf das frühere Niveau steigen? Die Geschichte gibt das jedenfalls nicht her. Es gibt viele Beispiele dafür, dass Märkte über lange Zeiträume schlecht gelaufen sind. Um nur ein Beispiel jüngeren Datums herauszugreifen: Der japanische Nikkei steht immer noch halb so hoch wie auf seinem Höhepunkt 1989. Andere Beispiele sind die in Kapitel 1 besprochenen Zeiten nach den Börsenhochs 1929 und 1966. Jedoch spielen solche Beispiele für anhaltend schlechte Performance von Aktienmärkten im Denken der Allgemeinheit keine herausragende Rolle, wenn die Börse boomt.

Ein Grund, weshalb die jüngste Performance der heimischen Börsen im Denken der Anleger eine größere Rolle spielt, ist die einfache Tatsache, dass sie deren Kurse jeden Tag *erlebt* haben. Während der Aktienhausse der 1990er-Jahre sahen sie einen US-amerikanischen Markt, der seit 1982 stieg, und reagierten darauf. Mit japanischen Aktien oder den US-Märkten früherer Jahrzehnte hatten amerikanische Anleger der 1990er-Jahre nicht die gleiche Erfahrung. Viele Menschen richteten ihre Aufmerksamkeit fest auf die Geschichten von steigenden Aktienkursen, die sie täglich in der Zeitung lasen, und anscheinend war ihr intuitives Gefühl gerechtfertigt, dass auf jeden Niedergang die Wende folgt und zügig neue Hochs erreicht werden. Die gleiche dem Menschen eigene Fähigkeit zur Mustererkennung, mit deren Hilfe wir gelernt haben, Fahrrad oder Auto zu fahren, und dank deren wir ein intuitives Gefühl dafür bekommen, womit wir gleich rechnen müssen, prägt auch unsere Erwartungen an den Markt. Bei Anlegern, die in den 1990er-Jahren mittleren Alters waren, prägte der erwähnte Aufwärtstrend die meisten Jahre, in denen sie den Markt beobachtet oder in den Markt investiert hatten.

Die subjektive Erfahrung der Jahre, in denen man sieht, dass sich Rückgänge des Marktes beständig umkehren, wirkt sich in schwer einzuschätzender oder im Nachhinein rekonstruierbarer Weise psychologisch auf unser Denken aus. Wer gedacht hatte, der Markt würde fallen und unten bleiben, wurde durch das unangenehme Gefühl, Jahr um Jahr immer wieder falschzuliegen, sensibilisiert. Denjenigen, die stets Rückgänge vorhersagten, wurde schmerzlich bewusst, dass ihr Ruf unter ihren häufigen Irrtümern gelitten hatte. Da unsere Zufriedenheit mit unseren Ansichten über die Welt zu unserem Selbstwertgefühl und unserer Identität gehört, ist es ganz natürlich, dass die ehemaligen Pessimisten auf eine andere Ansicht umsatteln oder sich zumindest der Öffentlichkeit mit einem anderen Thema präsentieren wollen. Insofern wirkt sich das veränderte emotionale Umfeld auf ihre Ansichten aus

– zumindest auf ihre Äußerungen – und dieser Einfluss ist von etwaigen objektiven Indizien, die für oder gegen diese Ansichten sprechen, unabhängig.

Selbst wenn die Anleger, die in den 1990er-Jahren in den boomenden Aktienmarkt investierten, nicht seit 1982 persönlich auf den Aktienmarkt geachtet hatten, lebten sie in einer Zeit und an einem Ort, wo sie regelmäßig die Rezitationen des Empfindens anderer Menschen hörten, die den Markt miterlebt hatten. Um dieses Gefühl einzuschätzen, ist es hilfreich, ein Argument gegen Market Timing zu zitieren, das David Elias 1999 in seinem Buch „Dow 40.000" vorbrachte:

> *„Ein Beispiel dafür, was passieren kann, wenn jemand abwartet, bis der Dow Jones ‚den perfekten Zeitpunkt' zum Investieren anzeigt, ist die Geschichte eines Freundes von mir namens Joe. Er hatte 1982 angefangen, mich anzurufen, als der Dow Jones knapp über 1.000 Punkten stand, und wollte den richtigen Moment abpassen, um in Aktien einzusteigen. Im Laufe der Jahre hielt er weiterhin Ausschau nach einem Rücksetzer, der sein perfekter Moment wäre. Heute, mit 62 Jahren, hat Joe sein Geld immer noch in Form von Einlagezertifikaten auf der Bank liegen. Er hat die gesamte Hausse und alle ihre 1.000-Punkte-Meilensteine verpasst. Nicht einmal jetzt begreift Joe, dass der perfekte Zeitpunkt nie kommt. Wenn sich der Markt von einem Rücksetzer erholt, steigt er normalerweise auf neue Hochs."*[6]

Oberflächlich wirkt diese Passage recht überzeugend, vor allem wenn sie – wie im darauf folgenden Absatz in Elias' Buch – mit anschaulichen Beispielen für die kraftvolle Wirkung des Zinseszinseffekts bei hohen Renditen (und in der Zeit, bevor das Buch geschrieben wurde, waren sie hoch) kombiniert wird. Das legt dann die Vermutung nahe, der Aktienmarkt sei die Chance, wirklich und wahrhaftig reich zu werden. Die Geschichte wirkt genauso unmittelbar emotional wie eine Story über einen Fahrfehler, der zu einem schweren Unfall führte, oder darüber, welche Vorteile es hat, seinen Chef um eine Gehaltserhöhung zu bitten.

Zusätzlichen Reiz beziehen solche Geschichten daraus, dass sie die erfolgreiche Geldanlage als Prozess darstellen, bei dem man seine eigenen inneren Impulse in den Griff bekommen muss, anstatt unsere aktuelle Position im Lauf der Geschichte zu berücksichtigen. Dadurch verleiten sie den Leser dazu, dass er vergisst, was an der heutigen Zeit in Sachen Börsenstand so besonders ist. Normale Menschen machen sich viele Gedanken darum, ihre Impulse in den Griff zu bekommen – etwa darum, diszipliniert zu sein und ordentliche Arbeit zu leisten statt faul zu sein, oder darum, lieber schlank zu bleiben als dick zu werden –, und daher stoßen Argumente, die auf die Selbstbeherrschung abzielen, auf mehr Widerhall als Artikel über die historische Entwicklung von Kurs-Gewinn-Verhältnissen. Außerdem bezieht Elias' Argument seinen Reiz daher, dass es den Schmerz des Bedauerns und die emotionalen Gründe ins Gedächtnis ruft, *jetzt* zu investieren – auf diesen Punkt komme ich in diesem Kapitel noch einmal zurück. Wenn Argumente derart losgelöst von einer Analyse der historischen Zahlen sind, hinterlassen die tatsächlichen Zahlen im Denken der Menschen, wenn sie ab und zu die neuesten Zahlen nachsehen, nur den vagen Eindruck, der Markt habe Niedergänge schon immer in ihr Gegenteil gewendet.

Viele Medien erzählen regelmäßig Geschichten davon, welche Befriedigung diejenigen empfinden, die in früheren Jahren in Aktien investiert haben, und sagen dem Leser ganz klar: „Sie können das auch." Eines von vielen solchen Beispielen ist ein Artikel aus dem Jahr 1999 in der landesweiten Wochenend-Zeitungsbeilage *USA Weekend* mit der Überschrift „How to (Really) Get Rich in America". Darin wurden Beispiele für Anlageerfolge genannt und die hypothetische Story einer 22-jährigen College-Absolventin erzählt, die 30.000 Dollar im Jahr verdient und jedes Jahr eine Gehaltserhöhung von einem Prozent bekommt. „Wenn sie nur zehn Prozent ihres Einkommens sparen und in einen Indexfonds auf den S&P 500 investieren würde, hätte sie, wenn sie mit 67 Jahren in den Ruhestand geht, in heutigen Dollar gerechnet ein Vermögen von 1,4 Millionen."[7] Die Berechnung ging davon aus, dass der Indexfonds eine risikolose reale (inflationsbereinigte) Rendite von acht Prozent im Jahr liefert. Unerwähnt bleibt die Möglichkeit, dass die Rendite im Laufe der Zeit auch einmal niedriger sein könnte und der Anleger vielleicht doch nicht als Millionär endet. Im *Ladies' Home Journal* war 1929 ein Artikel mit der ganz ähnlichen Überschrift „Everybody Ought to Be Rich" erschienen.[8] Er stellte vergleichbare Berechnungen an und unterließ es ebenfalls, die Möglichkeit in Betracht zu ziehen, dass auf lange Sicht etwas schiefgehen könnte. Nach dem Crash 1929 wurde der Artikel berühmt.

Solche scheinbar überzeugenden Beschreibungen potenzieller Vermögenszuwächse am Aktienmarkt werden selten in abstrakter Form serviert, sondern eher im Kontext von Erzählungen über erfolgreiche oder erfolglose Anleger sowie häufig mit einem Unterton, der andeutet, diejenigen, die ihr Geld gut angelegt haben, seien moralisch überlegen. In der Öffentlichkeit hat sich eine große Bewunderung für Menschen entwickelt, die geduldig und langsam Geld verdienen, ohne sich von den Schwankungen des Marktes irritieren zu lassen. Dieses Thema wurde in vielen populären Büchern durchgespielt. Ein bemerkenswertes Beispiel ist „The Millionaire Next Door: The Surprising Secrets of America's Wealthy" von Thomas Stanley und

William Danko. Nach seinem Erscheinen 1996 war es 88 Wochen lang in der Hardcover-Bestsellerliste der *New York Times* und dann bis Mai 2001 in der Taschenbuch-Bestsellerliste, also bis nach dem Börsenhoch. Dieses Buch, das die Tugenden der Geduld und der Genügsamkeit pries, wurde in seinen besten Zeiten über eine Million Mal verkauft.[9]

Geschichten über geduldige Geldanlage gab es auch außerhalb der Vereinigten Staaten. In Deutschland legte 1999 der Bestseller „Der Weg zur finanziellen Freiheit: Die erste Million" von Bodo Schäfer einen Anlagehorizont von sieben Jahren fest und gab als erste von zehn „goldenen Regeln" das Diktum an, jeder Rückgang der Börse müsse sich bald wieder umkehren. Als 2003 eine Neuauflage erschien, wurde der bisherige Untertitel „Die erste Million" weggelassen, wohl weil inzwischen einige Jahre vergangen und die meisten Leser noch viel weiter davon entfernt waren, Millionäre zu werden. Ein weiteres deutsches Buch aus dem Jahr 1999, „Keine Angst vorm nächsten Crash: Warum Aktien als Langfristanlage unschlagbar sind" von Bernd Niquet, widmete sich vollständig dem Thema, dass man mit geduldiger Anlage in Aktien immer gewinnt.[10]

Wenn man sich die populären Äußerungen des Vertrauens in den Markt anschaut – ob nun aus den 1990er- oder aus den 1920er-Jahren – und zu verstehen versucht, was die Menschen damals davon hielten, muss man unbedingt bedenken, dass die Äußerungen des Vertrauens in den Aktienmarkt, die wir jetzt sehen, in dem Kontext, in dem sie erschienen, nicht im Mittelpunkt der Aufmerksamkeit standen. Beispielsweise hat sich Suze Orman dadurch einen bemerkenswerten Ruf aufgebaut, dass sie die emotionalen und spirituellen Schritte hervorhebt, die man unternehmen sollte, um ein Vermögen zu erwerben. Orman ist seit den 1990er-Jahren sehr erfolgreich als Anlageberaterin und Bestsellerautorin tätig. Sie schrieb unter anderem „9 Steps to Financial Freedom" (1997) sowie „Trau dich, reich zu werden: Was man selbst tun kann, um sich den Traum vom guten Leben zu erfüllen" (Original 1999) und hatte ab 2002, also nach dem Börsenhoch, eine eigene Fernsehsendung, die *Suze Orman Show*. Ihr konkreter Ratschlag lautet, seine Schulden abzuzahlen und Aktien zu kaufen, und ihr Beispiel, was eine Verzinsung von zehn Prozent bewirkt, steht nie im Mittelpunkt des Interesses. Ihr Publikum interessiert sich offenbar meistenteils für ihre spirituelle Botschaft. Sie spricht die Schwierigkeiten, die sie mit dem Sparen haben, punktgenau an und erregt damit ihre Aufmerksamkeit. Ihre Annahme, der Markt werde mit Sicherheit eine Rendite von zehn Prozent abwerfen, ist bloß eine Hintergrundinformation und ihre Zuschauer und Leser haben weder die Zeit noch die Motivation, sie nachzuprüfen. Nichtsdestotrotz verleiht die stetige Wiederholung solcher Annahmen durch sie und durch andere ihnen den Status einer akzeptierten Meinung.

Umfrageergebnisse über Erwartungen

In unseren Umfragen unter Privatpersonen mit hohem Einkommen und unter institutionellen Investoren fanden wir einige Hinweise darauf, dass sich die Erwartungen an den Aktienmarkt ändern. Wir fragen Anleger, was sie vom Dow Jones für verschiedene Zeithorizonte erwarten. Dabei sollen sie nicht aus Kategorien oder Bandbreiten des Kursanstiegs auswählen, sondern sie müssen selbst eine Zahl nennen, ohne dass wir ihnen irgendetwas anbieten. Bei der Umfrage des Jahres 1989 erwartete der durchschnittliche Privatanleger vom Dow Jones innerhalb eines Jahres eine Veränderung um 0,0 Prozent. 1996 waren es 4,1 Prozent, im Jahr 2000 schon 6,7 Prozent und im Jahr 2001 dann 8,4 Prozent. Das heißt, die durchschnittliche Erwartung an den Wertzuwachs des Aktienmarkts stieg von 1989 bis kurz nach dem Börsenhoch 2000 beträchtlich. Danach fielen die privaten Erwartungen für ein Jahr in die Zukunft etwas – auf 6,4 Prozent im Jahr 2004. Bei den institutionellen Anlegern gab es dieses Muster der wechselnden Erwartungen nicht, vielleicht weil sie aufgrund ihrer größeren Professionalität dazu neigen, bei den Erwartungen, die sie an Dritte melden, auf zuverlässige Analysen zurückzugreifen.

So manchen mag es überraschen, wie bescheiden die angegebenen Erwartungen der Privatanleger im Durchschnitt waren. 1989 erwarteten sie gar nichts und sogar kurz nach dem Spitzenstand der Börse rechneten sie nur mit 8,4 Prozent. Das passt nicht zu den gängigen Annahmen über den irrationalen Überschwang. Wenn man sich aber die einzelnen Antworten anschaut, wird klar, weshalb die Durchschnittswerte so niedrig waren. Im Jahr 1989 sagten 34 Prozent der Privaten, der Markt werde im kommenden Jahr *fallen*, wobei viele von ihnen große Rückgänge vorhersagten. Diejenigen, die nicht dachten, dass er fallen würde, gaben durchschnittliche Erwartungen von zehn Prozent an. Die große Anzahl von Pessimisten ließ die durchschnittliche Erwartung *aller* Befragten auf null sinken.

Im Jahr 1996 war der Anteil derjenigen, die erklärten, ihrer Meinung nach werde der Markt nachgeben, auf 29 Prozent leicht gefallen. Doch unter denjenigen, die der Meinung waren, der Markt werde nicht fallen, war die durchschnittliche Erwartung für ein Jahr mit 9,3 Prozent etwa die gleiche wie 1989. Die geringere Zahl der Pessimisten ließ die durchschnittliche Erwartung aller Befragten gegenüber 1989 steigen.

Bis 2001 fiel der Anteil der Personen, die dachten, die Börse werde fallen, viel weiter, nämlich auf 7,4 Prozent. Die durchschnittliche Erwartung derjenigen, die dachten, sie werde nicht fallen, belief sich immer noch auf 10,1 Prozent. Die stark gesunkene Zahl der Pessimisten ließ die durchschnittliche Erwartung auf 8,4 Prozent steigen.

Im Jahr 2004 war der Anteil der Personen, die dachten, der Markt werde fallen, mit 7,1 Prozent noch geringer als 2001. Diesmal war die durchschnittliche Erwartung im Vergleich zu dem Niveau aus dem Jahr 2001 deswegen niedriger, weil die Erwartung derjenigen, die dachten, der Markt werde nicht fallen, auf 7,3 Prozent sank.

Es sieht also danach aus, dass sich die Erwartungen an Kurszuwächse ungefähr in dem gleichbleibenden Rahmen hielten, den Fachleute als durchschnittliche historische Rendite bezeichnen würden, dass sich aber der Anteil der Befragten stark veränderte, die angaben, dass sie mit Rückgängen rechneten. Diese Umfrage demonstriert, dass sich der bis zum Höhepunkt der Börse zunehmende irrationale Überschwang darin äußerte, dass die Befürchtungen zurückgingen, der Markt könne fallen.

Kaum überraschend erklärten nur wenige Menschen, sie würden damit rechnen, dass der Markt im kommenden Jahr um 20 oder 30 Prozent steigt. Was das Bauchgefühl angeht, rechneten kurz vor dem Börsenhoch zweifellos viele mit derartigen Zuwächsen. Aber das war keine seriöse Antwort, bei der man davon ausgehen kann, dass sie in Medienberichten über Expertenmeinungen bestätigt wird. Die seriöse Antwort lautete, dass der Markt weiterhin die beeindruckenden Renditen liefern würde, die er in den letzten 30 Jahren oder noch länger durchschnittlich gebracht hatte. Ebenso seriös war es, die Vermutung zu wagen, dass es zu einer Korrektur kommen könne – das hört man ja auch in den Medien –, und so kam es, dass manche Befragten einen Rückgang vorhersagten. Ob die Menschen wirklich an das glaubten, was sie in die Fragebögen schrieben? Die meisten wussten wahrscheinlich nicht, was sie glauben sollten, und wahrscheinlich hielten sie ihre eigenen Antworten für genauso glaubhaft wie alles andere – hegten jedoch andere Befürchtungen oder Hoffnungen, die von den Umfragen nicht erfasst wurden.

Der UBS Index of Investor Optimism (früher PaineWebber/Gallup Index, bis UBS im Jahr 2000 PaineWebber übernahm und ihn nach 2007 durch den Wells Fargo/Gallup Investor and Retirement Income Optimism Index ersetzte) vermeldete um die Zeit des Börsenhochs viel optimistischere Erwartungen seitens der Privatanleger. Im Juli 1999 ergab die Erhebung, dass sie für die nächsten zwölf Monate vom Aktienmarkt im Schnitt eine Rendite von 15 Prozent erwarteten. Dies klingt nach einer sehr optimistischen und viel höheren Erwartung als laut unseren Befragungen, was allerdings an feinen Unterschieden in der Formulierung liegen kann. PaineWebber/Gallup hatte gefragt: „Wenn Sie eher allgemein an den Aktienmarkt denken, welche prozentuale Rendite wird er Ihrer Meinung nach in den kommenden zwölf Monaten liefern?" Wir hatten gefragt: „Welche prozentuale Veränderung erwarten Sie in den kommenden ... (geben Sie einen erwarteten Anstieg mit einem vorangestellten ‚+' und einen erwarteten Rückgang mit einem vorangestellten ‚-' an und lassen Sie das Feld leer, wenn Sie es nicht wissen)." Danach gab es auf dem Fragebogen Felder, in denen man die Antwort bezogen auf den Dow Jones für einen Monat, drei Monate, sechs Monate, ein Jahr und zehn Jahre eintragen konnte. Beachten Sie den unterschiedlichen Ton der beiden Fragen. PaineWebber/Gallup fragte nach einer prozentualen Rendite, wir hingegen nach einer prozentualen Preisänderung. Der signifikante Unterschied zwischen diesen beiden Fragen dürfte wohl über die Tatsache hinausgehen, dass die Rendite im Unterschied zur Preisänderung auch die Dividenden enthält. Wenn man nach einer Rendite fragt, legt man den Befragten eine positive Zahl als Antwort nahe. Unsere Frage erwähnte hingegen die Möglichkeit einer negativen Antwort.

Antworten bei Umfragen können zwar von den Formulierungen beeinflusst werden, aber wenn die Formulierung im Laufe der Zeit unverändert bleibt, sollten die Antworten doch die Richtung angeben, in die sich die Erwartungen im Laufe der Zeit ändern. Der UBS Index of Investor Optimism bestätigt die Schlussfolgerung aus unserer Umfrage, dass die Menschen bis zum Hoch optimistischer wurden und danach weniger optimistisch.

Gedanken über die Erwartungen und Emotionen von Anlegern

Normalerweise gehen Volkswirte von dem Modell eines Menschen aus, der seine Anlageentscheidungen optimal berechnet, und zwar anhand seiner Erwartungen bezüglich künftiger Preisänderungen sowie Einschätzungen des Risikos alternativer Anlagemöglichkeiten. Allerdings beruht die tatsächliche Entscheidung des typischen Anlegers, wie viel Geld er am Aktienmarkt und in anderen Anlageklassen anlegt – zum Beispiel in Anleihen oder Immobilien –, meistens nicht auf sorgfältigen Berechnungen. Es kommt nicht oft vor, dass Anleger Renditeprognosen für die verschiedenen Anlageklassen erstellen und diese dann gemäß den geschätzten Wahrscheinlichkeiten gewichten.

Dass sie das nicht tun, liegt unter anderem daran, dass die Anleger häufig der Meinung sind, die Experten hätten wenig oder gar keine Ahnung, mit welchen Preisänderungen sie bei den betreffenden Anlageklassen rechnen sollen oder welche Risiken diese jeweils beinhalten. Schließlich widersprechen die Experten einander andauernd, sodass man leicht zu dem Schluss kommen kann, es sich leisten zu können, ihre derzeitigen Äußerungen über die Aussichten für irgendeine Anlageklasse zu ignorieren. Deshalb müssen Anleger ihre Urteile auf Grundprinzipien aufbauen, über die sich die meisten Experten stets einig zu sein scheinen.

Die Indizien, die Fachleute verwenden, um die relative Rendite breit angelegter Anlageklassen vorherzusagen, haben für die meisten Menschen keine unmittelbare Bedeutung. Die Experten sprechen über die möglichen Maßnahmen des Federal Reserve Board in Washington, über Verschiebungen der Phillips-Kurve oder Verzerrungen der aggregierten Erträge aufgrund von Inflation und üblichen Rechnungslegungsverfahren. Die meisten Menschen interessieren sich kaum für solche abgehobenen Dinge.

Und doch müssen Anleger gewisse Entscheidungen treffen. Welche Faktoren könnten einem also in den Sinn kommen, wenn man entscheidet, wie viel man an der Börse anlegen soll? Das Gefühl, der Aktienmarkt sei in einem gewissen emotionalen Sinne konkurrenzlos, könnte an diesem Punkt der Entscheidungsfindung eine Schlüsselrolle spielen.

Der Anleger weiß, dass der Aktienmarkt die Performance der letzten Jahre erneut liefern *könnte*. Und diese Möglichkeit erscheint sehr realistisch, genauso realistisch wie die Möglichkeit einer massiven Korrektur. Doch wie fühlt man sich in diesem Moment mit der Entscheidung? Wie fühlt man sich beispielsweise, wenn es später Abend ist und man weiß, dass es an der Zeit ist, das Allokationsformular für die Altersvorsorge auszufüllen? Wenn man müde ist und sich ärgert, dass man eine derart wichtige Entscheidung aufgrund so weniger handfester Informationen treffen muss?

Wie man sich dabei fühlt, hängt davon ab, welche Erfahrungen man in letzter Zeit mit der Geldanlage gemacht hat. Wenn man nicht am Markt engagiert war und nicht an den Gewinnen teilhatte, über die sich andere in letzter Zeit freuen konnten, empfindet man vielleicht einen schmerzhaften Stich des Bedauerns. Und wie Psychologen herausgefunden haben, liefert Bedauern eine beträchtliche Motivation.[11]

Ein damit verwandtes schmerzliches Gefühl ist der Neid gegenüber den anderen, die im vergangenen Jahr vielleicht an der Börse mehr Geld verdient haben als man selbst durch Arbeit, und er tut deshalb besonders weh, weil er aufs Ego schlägt. Wenn die Menschen dazu wirklich schlauer sind und mehr wissen, kommt man sich tatsächlich vor wie jemand, der nicht mitkommt. Und sogar wenn sie nicht schlauer sind, sondern nur Glück hatten – Fortuna war ihnen hold –, fühlt sich das vermutlich nicht viel besser an. Man kann sich jederzeit emotional in den Gedanken flüchten, pures Glück habe die anderen erfolgreicher gemacht und der ausbleibende eigene Erfolg sei eben Pech. Doch wie Nassim Taleb in seinem Buch „Narren des Zufalls" so beredt argumentiert, machen es uns die Emotionen schwer, aus rationalen Begründungen für unser Versagen Nutzen zu ziehen, sodass uns der Neid auf den Erfolg der anderen weiterhin quält.[12]

Vielleicht hat man das Gefühl, es würde den Schmerz lindern, wenn man sich zumindest ein Jahr an der steigenden Börse beteiligt – angenommen, sie steigt wirklich noch ein Jahr lang. Natürlich denkt man auch daran, dass der Markt durchaus fallen könnte. Doch wie gewichtet man den potenziellen emotionalen Preis für einen möglichen Verlust zu dem Zeitpunkt, zu dem man die Entscheidung der Asset Allocation trifft?

Vielleicht meint man, der potenzielle Verlust würde dem eigenen Ego nicht mehr schaden als bereits die Tatsache, dass man nicht mitgemacht hat. Natürlich ist einem vermutlich klar, dass man Gefahr läuft, gerade dann in den Aktienmarkt einzusteigen, wenn er nach unten schwenkt. Doch der psychologische Preis für einen potenziellen künftigen Verlust ist vielleicht gar nicht so viel höher als das sehr reale Bedauern, bisher nicht am Markt engagiert gewesen zu sein. Man kann mit dem Gedanken, man sei ein „Verlierer", auch auf viele andere Arten umgehen, zum Beispiel indem man wiederentdeckt, wie wichtig es ist, ein guter Freund, ein guter Ehepartner oder ein guter Elternteil zu sein, oder indem man sich an den einfachen Dingen des Lebens erfreut. Daher könnte es durchaus sein, dass die einzige wirklich emotional befriedigende Entscheidung, die man jetzt fällen kann, darin besteht, sich am Aktienmarkt zu engagieren.

Natürlich befindet man sich in einer ganz anderen emotionalen Verfassung, wenn man bereits an der Börse engagiert ist und nach einem Boom, der bereits eine Weile läuft, entscheidet, ob man an der Börse bleiben soll. Dann ist man mit seinen früheren Erfolgen zufrieden und wahrscheinlich ein bisschen stolz und fühlt sich mit Sicherheit wohlhabender. Vielleicht fühlt man sich wie ein Spieler, nachdem er Gewinne eingeheimst hat: Man spielt „aufs Haus" und hat somit emotional nichts zu verlieren, wenn man weiterspielt.[13]

Die emotionale Verfassung von Anlegern, wenn sie über ihre Anlagen entscheiden, ist zweifellos einer der bedeutendsten Faktoren, die hinter der Hausse stehen. Die emotionale Verfassung kann zwar zum Teil durch die im vorigen Kapitel beschriebenen Faktoren bedingt sein, etwa durch die Zunahme von Materialismus und Individualismus, aber zusätzlich wird sie durch die psychologischen Auswirkungen des immer rasanteren Aufwärtstrends verstärkt, der am Markt zu beobachten ist.

Das allgemeine Interesse an der Börse

Das allgemeine Interesse an der Börse und die Aufmerksamkeit, die ihr gewidmet wird, schwanken im Laufe der Zeit erheblich, genauso wie das allgemeine Interesse von einem Nachrichtenthema zum anderen springt. Die Aufmerksamkeit verlagert sich von Meldungen über Jacqueline Kennedy auf

Storys über Prinzessin Diana und dann über Kim Kardashian. Das Interesse am Aktienmarkt unterliegt ebenso gewissen Moden, je nachdem, ob die beschleunigenden Ereignisse eine gute Story hergeben.

Manche Autoren haben darauf hingewiesen, 1929 sei das Interesse der Anleger am Aktienmarkt dramatisch gesteigert gewesen. John Kenneth Galbraith schrieb 1961 in „Der große Crash 1929":

> *„Im Sommer 1929 beherrschte die Börse nicht nur die Nachrichten, sondern auch die Kultur. Jene auserlesene Minderheit, die zu anderen Zeiten ihr Interesse an Thomas von Aquin, Proust oder der Psychoanalyse und der psychosomatischen Medizin bekundet hatte, sprach jetzt über die United Corporation, über United Founders und Steel. Nur die extremsten Exzentriker bewahrten ihr Desinteresse an der Börse sowie ihr Interesse an Autosuggestion oder dem Kommunismus. An jeder Straßenecke gab es jemanden, der fachmännisch über den Kauf und Verkauf von Aktien zu sprechen wusste. Und nun wurde dieser Jemand zum Orakel."*[14]

Dass sich die öffentliche Aufmerksamkeit Ende der 1920er-Jahre vermehrt auf die Börse richtete, wird von vielen anderen Kommentaren gestützt. Man sollte zwar bedenken, dass Galbraiths Behauptungen aus dem Jahr 1961 journalistische Übertreibungen enthalten, die man ihm in den 1920er-Jahren gewiss nicht hätte durchgehen lassen, aber was die Richtung des Wandels im Laufe der 1920er-Jahre angeht, war er auf der richtigen Fährte.

Wenn man sich die Jahrgänge von *Reader's Guide to Periodical Literature* aus den 1920er-Jahren anschaut, sieht man, dass sich in allen Jahren nur ein winziger Bruchteil der in Periodika erschienenen Artikel mit der Börse befasste, stets weniger als 0,1 Prozent. Die Menschen dachten an alles Mögliche, nur nicht an die Börse. Allerdings wuchs die Zahl der Artikel über den Aktienmarkt im Laufe des Jahrzehnts deutlich. Von 1922 bis 1924 drehten sich von den verzeichneten Artikeln 29 beziehungsweise 0,025 Prozent um die Börse. Von 1925 bis 1928 waren es 67 Artikel beziehungsweise 0,035 Prozent und von 1929 bis 1932 waren es 182 Artikel beziehungsweise 0,093 Prozent. Somit vervierfachte sich der Anteil von Börsenartikeln im Laufe der 1920er-Jahre annähernd.

Aus einer identischen Untersuchung des *Reader's Guide* ergibt sich, dass sich das Interesse am Aktienmarkt während des Millenniumbooms nach einem ähnlichen Muster veränderte. Allerdings war der Anteil von börsenbezogenen Artikeln im gesamten Zeitraum höher als in den 1920er-Jahren. Am Tiefpunkt der Börse im Jahr 1982 drehten sich 242 Artikel oder 0,194

Prozent aller verzeichneten Artikel um die Börse. Im Jahr des Crashs 1987 waren es mit 592 Artikeln oder 0,364 Prozent fast doppelt so viele. Nach dem Crash schwand das Interesse wieder und 1990 waren es nur noch 255 Artikel beziehungsweise 0,171 Prozent. Im Laufe der 1990er-Jahre stieg die Anzahl der Artikel wieder, allerdings ungleichmäßig. Im Jahr 2000 waren es 451 Artikel beziehungsweise 0,254 Prozent aller Artikel und nach jenem Jahr des Höhepunkts ging die Zahl der Artikel wieder zurück. Im Jahr 2003 waren es nur noch 327 Artikel beziehungsweise 0,175 Prozent, also fast der gleiche Anteil wie 1990.

Ein weiterer Beleg für das Interesse der Anleger am Aktienmarkt ist die Anzahl der Investmentklubs, die früher von der National Association of Investors Corporation (NAIC) gemeldet wurde, und heute von BetterInvesting. Investmentklubs sind kleine gesellige Grüppchen, die sich normalerweise abends bei einem der Mitglieder treffen und gemeinsam kleine Geldbeträge investieren – zum Vergnügen und um etwas über Geldanlage zu lernen. Die NAIC wurde 1951 von vier Investmentclubs gegründet, als gerade die Hausse der 1950er-Jahre begann. Bis 1954 wuchs die Zahl der Klubs auf 953 an, 1970 (in der Nähe des Höchststands der Börse) erreichte sie den Spitzenwert von 14.102 und fiel gemeinsam mit dem Markt bis 1980 (in der Nähe des Tiefpunkts) um 74 Prozent auf 3.642 zurück. Bis 1999 stieg die Zahl der Klubs deutlich über das alte Hoch hinaus, auf 37.129.[15] Allerdings fiel sie bis 2004 wieder um 37 Prozent auf 23.360. Die grobe Übereinstimmung der Anzahl der Investmentklubs mit der Marktentwicklung ist erwähnenswert, denn sie bestätigt, dass die Aufmerksamkeit der Anleger tatsächlich von Haussen angezogen und von Baissen abgestoßen wird. Dass die Anzahl der Klubs nach dem Jahr 2000 weniger stark zurückging als von 1970 bis 1980, lässt vermuten, dass das Anlegerinteresse bis 2004 noch nicht so tief gesunken war – und dies könnte dazu passen, dass auch das Kurs-Gewinn-Verhältnis nach 2000 nicht so deutlich zurückging.

Nach dem Millenniumboom erholten sich die Investmentklubs nicht mehr. Trotz der kräftigen Aufschwünge in den Jahren 2003 bis 2007 und 2009 bis 2014 waren die Mitgliederzahlen in allen Jahren seit 1998 rückläufig. Im Jahr 2013 lag die Zahl der Mitglieder mehr als 90 Prozent unter dem Höchststand von 1998. Dieser Rückgang legt nahe, dass sich die Wiederanstiege der Börse 2003 bis 2007 und 2009 bis 2014 grundlegend vom Millenniumboom unterschieden. Sie waren von geringerem Unterhaltungswert und weniger gesellig, ebenso wie der Immobilienboom 2012 bis 2014 weniger unterhaltsam und gesellig war als der enorme Aufschwung 1997 bis 2006.[16]

Wenn Menschen auf irgendeinem Gebiet erste Erfolge erleben, neigen sie von Natur aus dazu, neue Initiativen zu ergreifen und ihre Fähigkeiten in der Hoffnung weiterzuentwickeln, weitere Erfolge zu erzielen. Die Volkswirte Brad Barber und Terrance Odean stellten in einer Studie, in der Anleger, die vom Telefon- auf den Onlinehandel umgestellt hatten, mit Anlegern verglichen wurden, die beim Telefonhandel blieben, fest, dass diejenigen, die umgestellt hatten, den Markt im Schnitt zuvor um zwei Prozent geschlagen hatten. Nachdem sie auf online umgestellt hatten, handelten sie spekulativer und aktiver und lagen über drei Prozent pro Jahr hinter dem Markt zurück.[17] Man kann dies so interpretieren, dass übertriebenes Selbstvertrauen aufgrund bisheriger Erfolge die Menschen dazu anregt, die Fixkosten für das Erlernen des Onlinehandels auszugeben. Wenn sie sich die entsprechenden Fähigkeiten angeeignet haben, schenken sie der Börse wahrscheinlich für einen längeren Zeitraum, und zwar über Jahre, mehr Aufmerksamkeit, damit sich ihre Investmentfähigkeiten auch auszahlen.

In der Nähe des Börsenhochs, etwa um das Jahr 1999, schienen sich die Gespräche allerorten um die Börse zu drehen. Ich spielte damals mit meiner Frau gern ein Spiel: Wenn wir in einem Restaurant essen gingen, sagte ich voraus, dass an einem Nachbartisch jemand über die Börse sprechen würde. Ich belauschte nicht die Unterhaltungen der anderen, aber ich lernte, das Wort „Börse" herauszuhören. Im Normalfall bekam ich es zu hören. Die Rede auf den Aktienmarkt zu bringen galt damals als akzeptiertes oder sogar halbwegs spannendes Gesprächsthema. Die Börse war ein angenehmer Gegenstand. Fünf Jahre später war es nicht mehr so reizvoll, bei geselligen Anlässen auf die Börse zu sprechen zu kommen. Es hätte als Einmischung gelten können, als Fauxpas oder als unangebrachter Versuch, Geschäft und Vergnügen zu vermischen. Im Jahr 2004 hörte man eher Gespräche über den Immobilienmarkt. Der Unterschied zwischen 1999 und 2004 ist zwar fein, aber doch aufschlussreich, was den grundlegenden Wandel der Börsenbegeisterung angeht.

Auf Rückkopplungen basierende Blasentheorien

Gemäß der Feedback-Theorie führen anfängliche Kurszuwächse (zum Beispiel durch die im vorigen Kapitel beschriebenen Beschleunigungsfaktoren verursacht) zu weiteren Kurszuwächsen, weil die ersten Zuwächse weitere Zuwächse durch steigende Nachfrage seitens der Anleger erzeugen. Diese zweite Runde von Preissteigerungen wird in einer dritten Runde, einer vierten und immer so weiter wieder rückgekoppelt. Dadurch wird die anfängliche Wirkung der beschleunigenden Faktoren verstärkt, sodass ein viel größerer Kurszuwachs zustande kommt, als es die Faktoren an sich nahegelegt hätten. Solche Rückkopplungsschleifen dürften nicht nur bei den historischen Haussen und Baissen des gesamten Aktienmarkts eine Rolle gespielt haben, sondern unter gewissen Unterschieden im Detail auch bei den Schwankungen des Immobilienmarkts und einzelner Investments.

Für Techniker sind *Feedback* und *Rückkopplung* vertraute Begriffe, sie kennen die vielen Fälle, in denen Rückkopplungen auftreten, und ihre Auswirkungen. Ein bekanntes Beispiel tritt auf, wenn man ein Mikrofon (das Schall aufnimmt und ihn elektrisch kodiert weiterleitet) dicht vor einen Lautsprecher hält (der den elektrisch kodierten Schall in tatsächlichen Schall umwandelt). Dabei kann ein fürchterlicher Pfeifton entstehen, der sich mit der Zeit verändert. Dieser Ton entsteht dadurch, dass der Schall aus dem Mikrofon in den Lautsprecher läuft, vom Mikrofon wieder aufgenommen und zum Lautsprecher geleitet wird und so weiter und so fort in einer langen Reihe von Schleifen. Die Veränderungen des Pfeiftons sind aufgrund der komplexen Dynamik von Rückkopplungssystemen ganz natürlich. Eine solche Rückkopplung funktioniert genauso wie die Rückkopplung, die Aktienblasen verursacht, nur dass sie zwischen Lautsprecher und Mikrofon viel schneller abläuft, nämlich innerhalb von Millisekunden, während es am Aktienmarkt Tage, Monate oder Jahre dauert.

Um die Rückkopplung besser zu verstehen, kann man ein Experiment machen. Wenn man ein Mikrofon bei absoluter Stille vor einen Lautsprecher hält, gibt es nichts, was eine Schleife bilden könnte. Doch sobald man auch nur einmal in die Hände klatscht, beginnt das Pfeifen und nimmt dann seinen selbstständigen Verlauf. Es kann sein, dass es eine Weile immer lauter wird und dann wieder abflaut. Offensichtlich war der gesamte Ton das Resultat des Klatschens, aber trotzdem kann er danach sehr lange angehalten haben. Der lauter und leiser werdende Ton wurde zwar letztlich von dem Beschleunigungsfaktor Klatschen ausgelöst, aber der zeitliche Verlauf wurde durch den Rückkopplungsmechanismus verursacht, nicht durch das ursprüngliche Geräusch.

Wenn wir uns anhören, welche Feedback-Geräusche ein Lautsprecher in einem normalen Zimmer von sich gibt, in dem diverse schwache Geräusche das Gleichgewicht stören, rätseln wir womöglich über die Geräuschquelle. Die auslösenden Geräusche treten nämlich nicht gleichzeitig mit der Veränderung des Tons auf, sodass uns ihre kausale Rolle leicht entgehen kann. Genauso ist es an spekulativen Märkten, nur dass die Rückkopplung dort Jahre dauert. Die Störungen, die das Feedback ausgelöst haben, können zeitlich so weit in der Vergangenheit liegen, dass es einem so gut wie unmöglich vorkommt, sie könnten die Ursache der Preisbewegungen gewesen sein.

Die Feedback-Theorie ist zwar wie schon gesagt allgemein bekannt, aber die meisten Menschen verwenden nicht den Begriff *Feedback-Schleife*, wenn sie darüber sprechen. Dieser Begriff ist eine wissenschaftliche Bezeichnung für etwas, das man normalerweise vielleicht als Teufelskreis, als selbst erfüllende Prophezeiung oder Mitläufereffekt bezeichnet. Der Begriff *Spekulationsblase* hat im normalen Gespräch zwar mehr als nur eine Bedeutung, doch scheint er sich gewöhnlich auf solche Rückkopplungen zu beziehen.

In der populärsten Variante der Feedback-Theorie, die sich auf *adaptive Erwartungen* bezieht, entsteht die Rückkopplung dadurch, dass frühere Preissteigerungen die Erwartung weiterer Preissteigerungen erzeugen.[18] Laut einer anderen Version tritt die Rückkopplung auf, weil das *Anlegervertrauen* aufgrund früherer Preissteigerungen zunimmt. Normalerweise geht man davon aus, dass die Rückkopplung nicht die Reaktion auf einen plötzlichen Anstieg ist, sondern eher auf eine Abfolge beständiger Anstiege.

Die bisher in diesem Kapitel besprochenen Belege passen dazu, dass in der aktuellen Situation des Aktienmarkts Rückkopplungen in Form der adaptiven Erwartung oder des Anlegervertrauens eine Rolle spielen. Das Feedback kann auch aus emotionalen Gründen entstehen, die weder etwas mit Erwartungen noch mit Vertrauen zu tun haben. Wenn man sozusagen „aufs Haus spielt", wie bereits besprochen, kann auch das eine Art Rückkopplung auslösen: Diese Geisteshaltung kann die Bereitschaft der Anleger vermindern, nach einem Kursanstieg zu verkaufen, und so die Auswirkungen der Beschleunigungsfaktoren auf den Preis verstärken.[19] Das frühere Preisverhalten kann je nach Kontext ein breites Spektrum emotionaler Auswirkungen haben.

Letztlich gibt es verschiedene Arten von Feedback. Am einfachsten ist das Feedback von Preisen auf Preise: Preiszuwächse speisen über die Begeisterung der Anleger direkt weitere Preisanstiege. Eine weitere Form ist die Rückkopplung des Preises auf das BIP und wieder auf die Preise. Wenn der Wert des Aktien- oder Immobilienmarkts steigt, regen der daraus resultierende Wohlstand und der Optimismus zu Ausgaben an: Konsumausgaben und Investitionen beispielsweise in neue Häuser, Fabriken und Anlagen. Die Reaktion auf gestiegene Werte von Geldanlagen nennt sich „Vermögenseffekt" und es ist erwiesen, dass er sowohl vom Aktienmarkt aus als auch vom Immobilienmarkt aus funktioniert.[20] Wenn sich die höheren Ausgaben auf das BIP auswirken, spornt der sichtbare wirtschaftliche Erfolg die Menschen an, die Märkte noch weiter in die Höhe zu treiben. Die Allgemeinheit interpretiert das höhere BIP als Beweis für eine gesündere, stärkere Wirtschaft und nicht als die Blase, die letztlich die Ursache ist. Eine weitere Form ist die Rückkopplung der Preise auf die Unternehmensgewinne und wieder auf die Preise. Wenn die Börsenkurse steigen, geben die Menschen mehr Geld aus und das heizt die Unternehmensgewinne an – was wiederum als fundamental gute Nachricht über die Unternehmen an sich interpretiert wird und die Menschen zu höheren Erwartungen an die Börse anspornt, sodass sie die Preise noch weiter in die Höhe treiben.

Dieser Rückkopplung liegt zugrunde, dass ein großer Teil der Menschen die Bedeutung des spekulativen Denkens für unsere Wirtschaft falsch wahrnimmt. Sie sind gewohnt zu denken, es gebe einen grundsätzlichen „Gesundheitszustand" der Wirtschaft und wenn die Börse oder das BIP steigt, sei die Wirtschaft gesünder – nicht mehr und nicht weniger. Anscheinend glauben die Menschen häufig, die Wirtschaft werde von exogenen Krankheiten heimgesucht, ähnlich wie Erdbeben oder Meteoriteneinschläge, oder von exogenen Durchbrüchen wie etwa technischen Fortschritten, und die Bewegungen des BIPs oder der Unternehmensgewinne würden lediglich solche Schocks widerspiegeln. Allerdings scheinen die Menschen nicht wahrzunehmen, wie oft ihre eigene Psyche als Teil eines komplexen Feedback-Musters die Wirtschaft antreibt.

Unabhängig davon, welche Feedback-Theorie gilt, kann die Spekulationsblase nicht ewig wachsen. Die Nachfrage der Anleger nach spekulativen Vermögenswerten kann nicht ewig wachsen und wenn sie nicht mehr wächst, steigen auch die Preise nicht mehr. Laut der populären Version der Theorie vom Erwartungs-Feedback müsste man an diesem Punkt damit rechnen, dass der Markt absackt und dass die Blase platzt, weil die Anleger nicht mehr meinen, die Preise würden weiter steigen, und daher keinen guten Grund mehr sehen, ihre Aktien zu behalten. Allerdings legen andere Versionen der Feedback-Theorie kein *plötzliches* Platzen der Blase nahe, denn sie sind nicht durch stetig steigende Preise bedingt.

Tatsächlich gibt es selbst laut den populärsten Versionen der Rückkopplungstheorie keinen guten Grund, zu glauben, Blasen müssten *plötzlich* platzen. Es muss ein gewisses Rauschen der Anlegernachfrage, eine gewisse Unberechenbarkeit der Reaktion auf frühere Preisänderungen geben, eine Art mangelnde Synchronisierung der Anleger. Zudem wird der Anreiz, sich am Markt zu engagieren oder aus dem Markt auszusteigen, den gestiegene Preise erzeugen, wahrscheinlich nicht nur von den jüngsten Preisänderungen bestimmt. Es ist plausibel, dass die Anleger bei der Entscheidung, ob sie die jüngste Marktentwicklung verlockend finden, auf die Preisänderungen vieler Tage, Wochen oder Monate zurückblicken. Darum passt die einfache Feedback-Theorie zu einem Kursmuster, das viele Unterbrechungen und Zickzackbewegungen aufweist.[21]

Wir können also bei allen diesen Feedback-Theorien erwarten, dass *negative* Blasen auftreten müssten, bei denen die Rückkopplung nach unten wirkt: Anfängliche Preisrückgänge rauben einigen Anlegern den Mut, was weitere Preisrückgänge hervorruft und so weiter.[22] (Der Begriff *negative*

Blase erinnert mich immer an eine mit warmer Luft gefüllte Plastikflasche, die beim Abkühlen allmählich implodiert und beim Lösen der Verschlusskappe wieder in ihre Form zurückploppt – auch wenn dieser Vergleich genau genommen genauso ungeeignet ist wie die Metapher der Seifenblase für positive spekulative Ereignisse.) Der Preis fällt so lange weiter, bis weitere Preisrückgänge unwahrscheinlich erscheinen, und an diesem Punkt haben die Menschen keinen Grund mehr, sich vom Aktienmarkt fernzuhalten, sodass sich die negative Blase wieder zu füllen beginnt – wobei das ebenso wie bei positiven Blasen nicht plötzlich erfolgen muss.

Die Dynamik von Feedback-Schleifen kann komplexes und sogar scheinbar zufälliges Verhalten hervorrufen. Die sogenannten Zufallszahlen-Generatoren mancher Computerprogramme sind in Wirklichkeit einfache nichtlineare Feedback-Schleifen. Es wurde sogar bewiesen, dass manche recht einfachen Feedback-Schleifen ein derart komplexes Verhalten hervorrufen, dass es Zufälligkeit suggeriert. Wenn man davon ausgeht, dass im Wirtschaftsgeschehen viele Arten von Feedback-Schleifen sowie viele Beschleunigungsfaktoren wirken, kommt man womöglich zu dem Schluss, dass die scheinbare Zufälligkeit des Aktienmarkts – also seine Tendenz, ohne erkennbaren Grund plötzliche Bewegungen zu vollführen – letztendlich vielleicht gar nicht so unerklärlich ist. Der *Chaostheorie* genannte Zweig der Mathematik, der sich mit nichtlinearen Rückkopplungsschleifen beschäftigt, kann dazu beitragen, die Komplexität des Börsenverhaltens zu durchschauen.[23]

Wie Anleger Feedback und Blasen wahrnehmen

Die Feedback-Theorie der Spekulationsblasen ist so verbreitet, dass sie als Teil unserer Populärkultur gelten kann. Also muss man sich natürlich fragen, ob die öffentliche Wahrnehmung einer Blase eine Rolle bei der Entwicklung der Blase spielen kann. Man kann sich ja vorstellen, dass eine Blase nur deshalb existiert, weil die Menschen *glauben*, es gebe eine vorübergehende Blase, und eine Weile von ihr profitieren wollen.

Die Erhebung Big Money Poll von *Barron's* unter professionellen Vermögensverwaltern fragte im April 1999, also weniger als ein Jahr vor dem Börsenhoch: „Befindet sich der Aktienmarkt in einer Spekulationsblase?" 72 Prozent der Befragten bejahten das, nur 28 Prozent verneinten es.[24] Das ist ein recht solider Beleg dafür, dass manche Menschen dachten, wir hätten uns in einer Blase befunden.

Im International Center for Finance at Yale berechnen wir unter anderem den sogenannten „Valuation Confidence Index", der angibt, welcher Teil der Befragten meint, der Aktienmarkt sei nicht überbewertet. Dazu stellen wir folgende Frage: „Wenn man die Aktienkurse in den Vereinigten Staaten mit

Kennzahlen für den wahren fundamentalen Wert oder mit dem vernünftigen Anlagewert vergleicht, sind sie (1) zu niedrig, (2) zu hoch, (3) ungefähr passend oder (4) Sie wissen es nicht?"

Der Valuation Confidence Index gibt die Anzahl der Befragten, die sich für 1 (zu niedrig) oder 3 (ungefähr passend) entschieden haben, im Verhältnis zu denjenigen an, die sich für 1, 2 oder 3 entschieden haben. Ich stelle diese Frage seit dem ersten Fragebogen aus dem Jahr 1989 unverändert. Ein Diagramm des Valuation Confidence Index für Privatanleger und institutionelle Investoren ist in Abbildung 5.4 zu sehen.[25]

Abbildung 5.4 **Valuation Confidence Index, 1989 bis 2014**

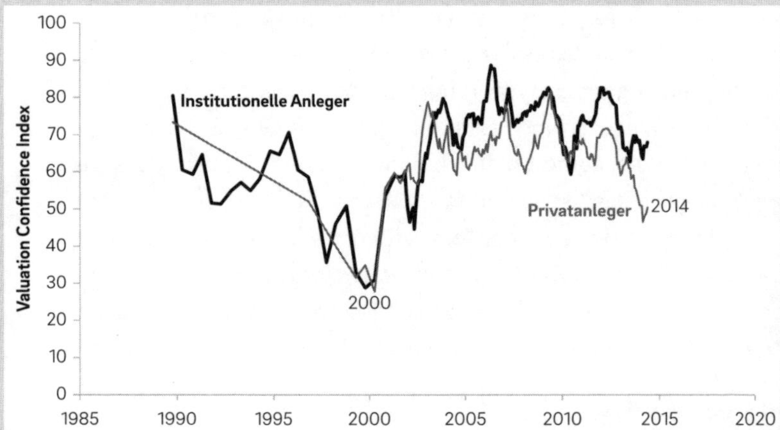

Anteil der Befragten, die der Meinung waren, dass der Aktienmarkt nicht überbewertet sei, 1989 bis 2014: institutionelle Anleger (dicke Linie), einkommensstarke Privatanleger (dünne Linie).

Quelle: bis 2000 Umfragen des Autors, danach Umfragen des Yale International Center for Finance.

Im Laufe der 1990er-Jahre ging das Vertrauen in die Bewertungen sowohl bei den privaten als auch bei den institutionellen Anlegern zurück und erreichte seinen Tiefpunkt kurz vor dem Höhepunkt der Börse im Jahr 2000. Als der Aktienmarkt danach fiel, stieg das Vertrauen gleich wieder fast auf den Stand aus dem Jahr 1989. Dieses Verhalten des Valuation Confidence Index belegt zusätzlich, dass der Aktienmarkt um das Jahr 2000 eine Blase durchlaufen hat. Es fällt auf, dass die Menschen im Jahr 2000 der Börse schlicht nicht vertrauten. Während ich dies schreibe, im Jahr 2014, haben die Privatanleger das Vertrauen schnell wieder verloren, allerdings sind sie noch nicht wieder beim Stand von 1999 angelangt.

Trotz alledem wäre es falsch zu meinen, die meisten Menschen würden eindeutig daran denken, dass ein Rückkopplungsprozess stattfindet, der über die Anlegerpsychologie funktioniert, und sie würden bewusst an der Blase teilnehmen, dabei jedoch hoffen, sie könnten aussteigen, bevor sie kollabiert. Die von *Barron's* befragten Anlageprofis kennen sich dank ihrer Ausbildung mit solchen Dingen vermutlich besser aus als die allgemeine Öffentlichkeit. Wahrscheinlich denkt die Allgemeinheit, der Aktienmarkt *könnte* überbewertet sein und er *könnte* instabil sein, hat aber keine klare Vorstellung von der Dynamik einer Blase.

In unseren Fragebögen für Hauskäufer in Boom-Städten gaben wir den Menschen viel Raum, um aufzuschreiben, was sich ihrer Meinung nach an dem Immobilienmarkt abspielte, an dem sie sich gerade beteiligt hatten. Manche schrieben tatsächlich, ihrer Meinung nach bestimme die Marktpsychologie das Geschehen, und manche verwendeten sogar das Wort „Blase". Allerdings benutzten in unserer Umfrage 2004 nur ein Prozent der Befragten unaufgefordert das Wort „Blase" in Bezug auf den Immobilienboom. Fünfmal so viele verwendeten die Begriffe „Angebot und Nachfrage" und viele Befragte aus Boom-Städten schrieben etwas über die Häuserknappheit und die hohe Nachfrage. Wenn man ihre Antworten liest, entsteht der stark überwiegende Eindruck, sie seien überzeugt gewesen, dass es für das Auftreten des Immobilienbooms und seine Fortsetzung einen guten Grund gab.

Im Rahmen unserer Umfragen unter Hauskäufern stellten wir in den Jahren 2003 und 2004, als der Häuserboom sein höchstes Tempo erreichte, unter anderem folgende Frage:

> *„Welche der folgenden Aussagen beschreibt Ihre Theorie zur jüngsten Entwicklung der Häuserpreise in [Name der Stadt] besser?*
> 1. *Die Theorie hat mit der Psychologie der Hauskäufer und Hausverkäufer zu tun.*
> 2. *Die Theorie hat mit den ökonomischen oder demografischen Bedingungen zu tun, zum Beispiel mit der Bevölkerungsentwicklung, mit Zinsänderungen oder mit einer Zunahme/Abnahme der Beschäftigungsquote."*

Nur 13 Prozent der 771 Befragten entschieden sich für 1 (Psychologie), 87 Prozent für 2 (ökonomische oder demografische Bedingungen).

Wie diese Antworten zeigen, ist der Gedanke, irgendeine psychologische Rückkopplung treibe die Marktpreise an, kein natürlicher Gedanke, der das Denken der breiten Öffentlichkeit bestimmt. Tatsächlich passt ja gerade der Enthusiasmus, der während einer Blase zu spüren ist, offensichtlich nicht zu einem etwaigen verbreiteten Bewusstsein für das Vorhandensein einer Blase. Wenn man meinen würde, die Preisanstiege seien wieder nur ein Fall von Herdenverhalten, das zu einem nicht vorhersagbaren Zeitpunkt abrupt zum Stillstand kommen werde, könnte man ja wohl kaum derart begeistert sein.

Pyramidensysteme als Modelle für Rückkopplungen und Spekulationsblasen

Dass ein einfaches Modell der Preisrückkopplung, das bei den Anlegern gesteigertes Interesse und Enthusiasmus hervorruft, wirklich die Finanzmärkte beeinflusst, lässt sich nur schwer beweisen. Es mag gelegentlich der Eindruck entstehen, dass die Anleger als Reaktion auf frühere Preisanstiege begeistert sind, aber es gibt keine konkreten Belege dafür, dass sich ein solches Feedback tatsächlich auf ihre Entscheidungen auswirkt.

Um Hinweise darauf zu finden, dass solche Feedback-Mechanismen an den Finanzmärkten tatsächlich eine Rolle spielen, ist es hilfreich, sich als Beispiel Pyramidensysteme anzuschauen: Trickbetrüger erzeugen durch angebliche aktuelle Anlagerenditen ein positives Feedback auf die künftigen Anlagerenditen. Solche Systeme wurden schon so oft errichtet, dass der Staat sie verbieten musste, aber sie tauchen immer wieder unvermutet auf. Sie sind deshalb besonders interessant, weil sie in gewisser Weise kontrollierte (vom Trickbetrüger kontrollierte!) Experimente sind, an denen sich Eigenschaften der Rückkopplung demonstrieren lassen, die weder in normalen Marktsituationen noch im Labor des experimentellen Psychologen so deutlich zu sehen sind.

Der Leiter eines Pyramidensystems verspricht Anlegern, er werde durch die Anlage ihres Geldes hohe Renditen erzielen. In Wirklichkeit investiert er aber nur einen kleinen Teil des eingezahlten Vermögens oder gar nichts davon in tatsächliche Vermögenswerte. Stattdessen bezahlt er die ersten Anleger aus dem, was er von einer zweiten Anlegerrunde einnimmt, die zweite Runde aus den Erlösen der dritten und so weiter. In den Vereinigten Staaten werden Pyramidensysteme als „Ponzi schemes" bezeichnet, weil ein besonders berüchtigtes System 1920 in den Vereinigten Staaten von einem gewissen Charles Ponzi betrieben wurde. Ein Pyramidensystem veranlasst die ersten Anleger, nachdem sie viel Geld verdient haben, ihre Erfolgsgeschichten an die nächste Runde von Anlegern weiterzugeben, sodass diese noch mehr Geld in das System investieren. Dadurch kann der Trickbetrüger die zweite Runde ausbezahlen, deren neue Erfolgsstorys reizen einen noch größeren Anlegerkreis und so weiter und so fort. Ein solches System hört irgendwann zwangsläufig auf, denn der Anlegerkreis kann nicht endlos wachsen – und der Täter weiß das zweifellos. Vielleicht hofft er, dass er aussteigen kann, ohne die letzte und größte Anlegerrunde bezahlt zu haben, und dass er dann vor gesetzlicher Verfolgung flüchten kann. (Möglicherweise malt er sich auch aus, mit etwas Glück ließen sich später fantastische Investmentchancen finden, die das System retten.)

Wir wissen, dass Pyramidensysteme die Übeltäter reich machen können, zumindest so lange, bis sie verhaftet werden. Charles Ponzi lockte damals 30.000 Anleger an und stellte Quittungen über 15 Millionen Dollar aus – und das in nur sieben Monaten.[26] Der aktuellere Pyramidenbetrug von Bernie Madoff, der von den 1970er-Jahren bis zur Aufdeckung 2008 lief, gilt als größter Finanzbetrug in der Geschichte der Vereinigten Staaten und belief sich Schätzungen zufolge auf fast 65 Milliarden Dollar. Offenbar schützen weder Erfahrung noch Intelligenz die Anleger wirksam davor, dieser Art des Betrugs zum Opfer zu fallen.

Blasen können an den unwahrscheinlichsten Orten auftreten und sogar Kleinanleger auf dem Land aufs Glatteis führen. Kürzlich wurde die Story der ehemaligen Hausfrau Raejean Bonham berühmt, die in dem winzigen Städtchen Fox im ländlichen Alaska auf eigene Faust ein riesiges Pyramidensystem aufzog. Sie versprach, nach zwei Monaten 50 Prozent Rendite zu zahlen, und verleitete 1.200 Anleger in 42 Bundesstaaten dazu, ihr von 1989 bis 1995 insgesamt zehn bis 15 Millionen Dollar zu zahlen.[27]

Ein besonders dramatisches Beispiel kam 1996 und 1997 in Albanien ans Licht. Mehrere Pyramidensysteme, die fantastische Renditen verhießen, verführten einen erklecklichen Anteil der Landesbevölkerung. Sieben Pyramidensysteme sammelten umgerechnet gut zwei Milliarden Dollar ein, was 30 Prozent des jährlichen Bruttoinlandsprodukts von Albanien entsprach.[28] Die Begeisterung für diese Betrugssysteme war so groß, dass bei den Kommunalwahlen im Jahr 1996 Mitglieder der Regierungspartei auf ihren Wahlplakaten Symbole der Pyramidensysteme abdruckten, weil sie sich die neuen Quellen des Wohlstands auf die Fahnen schreiben wollten. Als die Systeme 1997 zusammenbrachen, plünderten wütende Protestierer Banken, brannten Häuser nieder und der Staat musste die Armee zu Hilfe rufen, um den Frieden wiederherzustellen. Mehrere Randalierer wurden getötet. Der Kollaps der Betrugssysteme führte zum Rücktritt von Premierminister Aleksander Meksi und seines Kabinetts.[29]

Zu der Strategie erfolgreicher Pyramidensysteme gehört es, dass den Anlegern eine glaubhafte Geschichte erzählt wird, wie die großen Gewinne erzielt werden können. Charles Ponzi machte seinen Anlegern weis, er könne durch ein Arbitragegeschäft mit internationalen Antwortscheinen für sie Gewinn erwirtschaften. Diese Antwortscheine wurden von Postdiensten verkauft und man konnte sie Briefen ins Ausland beilegen, womit das Porto für die Rückantwort bezahlt war. Offensichtlich konnte man theoretisch tatsächlich Gewinn erzielen, wenn man Antwortscheine in Europa kaufte und sie in den Vereinigten Staaten verkaufte, weil die Wechselkurse nicht exakt den Kursen entsprachen, die sich aus den Antwortscheinen ergaben. Ponzis Geschichte, er könne aus dem Handel mit Antwortscheinen Gewinn ziehen, wurde, während sein System lief, in Zeitungen thematisiert und kam auch einigen einflussreichen Menschen plausibel vor. Doch in Wirklichkeit ließ sich diese Gewinnchance nicht verwirklichen, denn die Scheine ließen sich nicht problemlos wieder verkaufen. Der Trick flog auf, als der New Yorker Postvorsteher erklärte, die auf der ganzen Welt vorhandenen Antwortscheine würden nicht ausreichen, um das Vermögen zu machen, das Ponzi angeblich gemacht hatte.

Raejean Bonham behauptete, sie kaufe Großunternehmen ungenutzte Vielfliegermeilen ab, wandle sie in billige Tickets um und verkaufe sie mit hoher Gewinnspanne. Die albanische Kapitalanlagegesellschaft VEFA tätigte angeblich konventionelle Investitionen in die wieder aufstrebende Wirtschaft. (In Albanien kursierten damals auch Gerüchte, die VEFA sei ein Strohmann für Geldwäsche, und auch diese Aktivität klang für viele Investoren nach einer Quelle für das große Geld.)[30]

Zu diesen Beispielen ist kritisch anzumerken, dass die ersten Anleger angeblich sehr skeptisch waren und nur kleine Beträge anlegten. Die Story über Arbitragegeschäfte mit Antwortscheinen der Post hätte als einfache Behauptung ohne den Beweis, dass diese Geschäfte anderen bereits viel Geld eingebracht hätten, nicht glaubwürdig genug geklungen und nicht viele Anleger angelockt. Die Anleger trauen dem System so lange nicht recht, bis sie sehen, dass andere daraus hohe Renditen beziehen.

Normalerweise wird lange vor dem Zusammenbruch solcher Pyramidensysteme mehrmals öffentlich die Möglichkeit aufgeworfen, die angeblichen Gewinnausschüttungen würden nur aus neuen Geldern stammen, und natürlich müssen die Trickbetrüger diese Behauptung jeweils öffentlich dementieren. So war es auch bei Ponzi und in Albanien. Die Tatsache, dass danach immer noch viele Menschen an das System glauben, ist irritierend und außenstehenden Beobachtern können die Systemgläubigen ziemlich dumm vorkommen.[31] Das zeigt aber nur, wie stark es sich auf das Denken der Menschen auswirkt, wenn sie sehen, dass andere Menschen große Geldsummen verdient haben. Dass andere viel Geld verdient haben, erscheint vielen Menschen als der überzeugendste Beweis für die Investment-Story, die mit dem Pyramidensystem verbunden ist – ein Beweis, der selbst sorgfältig durchdachte und begründete Argumente gegen die Story aussticht.

Betrug, Manipulation und Schwindeleien

Der Prozess, der einen Spekulationsboom hervorbringt, ähnelt in mancher Hinsicht einem Pyramidensystem. Zu einem Boom gehören auch Aktivitäten, die ausdrücklich dafür gedacht sind, die Menschen zu täuschen – viele Menschen versuchen absichtlich, Denkfehler auszunutzen, die unter den Anlegern verbreitet sind. Um dies wirksam zu tun, muss man häufig gegen Gesetze verstoßen. Doch da unser Rechtssystem so langsam arbeitet, kommen die Übeltäter mit ihren Täuschungsmanövern womöglich viele Jahre lang davon. Auch das gehört zum Verlauf einer Spekulationsblase.

Charles Kindleberger, mein früherer Professor am Massachusetts Institute of Technology, hat mein Denken stark beeinflusst. Er wurde 92 Jahre alt und ich korrespondierte bis kurz vor seinem Tod im Jahr 2003 mit ihm. In seinem Buch „Manien, Paniken, Crashs" aus dem Jahr 1989 (deutsch 2001) schrieb er: „Wir glauben, dass Betrügereien von der Nachfrage gesteuert werden. [...] Im Aufschwung werden Vermögen verdient, der Einzelne wird immer gieriger und die Schwindler treten auf den Plan, um diese Nachfrage auszunutzen."[32]

Der Wert der meisten Geldanlagen hängt von Erwartungen für die nahe oder ferne Zukunft ab, die man heute natürlich nicht deutlich sehen kann. Wenn sich das Interesse der Allgemeinheit auf Investments richtet, entstehen daher Gelegenheiten für Betrügereien und Falschdarstellungen. Im Zuge des Aufschwungs suchen Opportunisten nach Möglichkeiten, das allgemeine Interesse an Spekulationen dadurch auszunutzen, dass sie sich als Inbegriff des kapitalistischen Erfolgs gebärden und auf irgendeine Art so tun, als seien sie die Avantgarde der großartigen „New Economy".

Einer der Gründe, weshalb wir uns von Blasen täuschen lassen, ist der gleiche Grund, aus dem wir uns von professionellen Zauberkünstlern täuschen lassen. Wenn kluge Menschen *professionell* daran arbeiten, Menschen zu täuschen, und wenn sie Jahre ihres Lebens in die Vervollkommnung eines Zauberkunststücks investieren, können sie vor unseren Augen Unmögliches vollbringen und uns zumindest eine Weile zum Narren halten. Sie brauchen uns ja nur so lange zum Narren zu halten, bis sie unser Geld kassieren und von der Bühne abtreten können. Wenn sich die Allgemeinheit für Geldanlage interessiert, bildet das für diese Art Profis einen enormen Anreiz, ihre Karriere in den Bereichen Finanzen und Management voranzutreiben. Wenn Leute, die mit professionellen Zauberkünstlern zu vergleichen sind, gewisse Unternehmen leiten oder als Immobilienmakler tätig sind, müssen wir damit rechnen, dass das, was wir sehen, nicht die Wirklichkeit ist.

Der Extremfall ist offenkundig kriminelles Verhalten wie etwa bei Enron und Parmalat. Nach einem Boom verändert sich das politische Umfeld, die

Allgemeinheit, die Geld verloren hat, ist empört, die Übeltäter werden verfolgt und die Regulierung wird gestrafft. Auch nach dem Börsenhoch 2000 konnten wir das in den Vereinigten Staaten und anderen Ländern wieder erleben. Und nach der galoppierenden Verbriefung von Schulden, die 2008 in einen Crash mündete, erlebten wie eine neue Welle strafrechtlicher Verfolgungen. Die Regulierungs- und Ermittlungsbehörden erfüllen eine wichtige Aufgabe und die Nachwehen eines Spekulationsbooms sind für unsere Finanzmärkte eine Art Reinigungsprozess, der es ihnen ermöglicht, nach der Blase noch effizienter zu funktionieren.

Häufiger als Beispiele kriminellen Verhaltens sind jedoch Menschen, die sich zwar absolut innerhalb der gesetzlichen Schranken bewegen, sich aber den Aufschwung zunutze machen, indem sie Unternehmen aufbauen, an die sie selbst nicht glauben. In solchen Fällen handelt es sich eher um Hinterlist als um Betrug.

Manche dieser Leute haben ihr Geld schon eingesteckt und sind heimgegangen. Viele Spitzenmanager von Technologieunternehmen, die nur gegründet wurden, um ein von Grund auf fehlerhaftes Unternehmenskonzept voranzutreiben, haben den Börsengang bereits hinter sich gebracht und sich mit ihrem Vermögen zur Ruhe gesetzt – dass der Preis ihrer Aktien bislang nur gefallen ist, kümmert sie nicht. So manches Wirtschaftsmagazin, dem es nicht deshalb gut ging, weil die Leser es nachfragten, sondern weil Unternehmen im Rahmen ihres Zaubertricks darin werben wollten, hat inzwischen den Betrieb eingestellt. Doch es tauchen immer noch derartige Projekte auf, zwar nicht mehr in so rascher Abfolge, aber diese Geschichte ist noch lange nicht vorbei.

Ich erinnere mich lebhaft an ein Erlebnis, das ich 1998 hatte, als ich bei dem Versuch involviert war, ein kleines Unternehmen zu verkaufen. Das Unternehmen hielt eine Präsentation vor mehreren Investmentbankern, damit diese herausfinden konnten, ob sie die Firma an potenziell kaufwillige Unternehmen vermarkten könnten. Die Szene geht mir nicht mehr aus dem Sinn. Ich war der Ansicht, der Präsident des Kleinunternehmens erklärte den Bankern ein solides Geschäftsmodell. Die Investmentbanker wirkten etwas verschlafen. An einem Punkt seiner Präsentation erwähnte der Präsident, dass die Firma ihr Produkt über das Internet verkaufe und man daher sagen *könnte*, es handele sich um eine Internetfirma. An diesem Punkt erwachte einer der Investmentbanker plötzlich zum Leben. Er berichtete, der Markt giere nach Internetfirmen, und wenn man das Kleinunternehmen als Internetfirma präsentieren könne, dann könnte seine Bank etliche Millionen Dollar für den Verkauf beschaffen. Aber, so sagte er, dann müsse die Firma mit einer Story über einen großartigen vorgezeichneten Weg aufwarten, mit einer glaubhaften Story, die es denkbar mache, dass das Unternehmen in ein paar Jahren Hunderte Millionen Umsatz erzielt. Dann müsse die Unternehmensleitung diese Story mit Leben füllen und Geschäftsvorhaben in Angriff nehmen, die anzeigten, sie seien selbst von dieser Story überzeugt. Später erzählte mir der Präsident der Firma, er habe mit dem Gedanken gespielt, das Unternehmen umzubenennen, sodass es auf „.com" endete. Doch nach reiflicher Überlegung sei er zu dem Schluss gekommen, dass diese Story nicht echt wäre: „Ich konnte das einfach nicht."

Andere konnten es jedoch und machten so etwas. Tatsächlich ging der Trend in den 1990er-Jahren dahin, dass man Schausteller und mediengewandte Leute als Unternehmensleiter engagierte, um Investoren anzulocken und die Aktienkurse in die Höhe zu treiben. Rakesh Khurana dokumentierte 2002 in seinem Buch „Searching for a Corporate Savior" das Schema, dass teure Prominente angeheuert wurden, um Unternehmen mit Blick auf den Aktienmarkt zu leiten. Menschen, die das Geschäft von Grund auf kannten und voll durchschauten, die gegenüber den anderen Unternehmensangehörigen loyal waren und die bereit waren, die für den langfristigen Erfolg notwendigen Schritte zu unternehmen, wurden hingegen häufig abgeschoben.[33]

Spekulationsblasen als von allein auftretende Pyramidenprozesse

Aus den Beispielen von vorhin könnte man schließen, spekulative Feedback-Schleifen seien im Endeffekt von Natur aus auftretende Pyramidensysteme, die von Zeit zu Zeit aufkommen, ohne dass ein betrügerischer Manager sie sich ausdenkt. Selbst wenn kein Drahtzieher unwahre Geschichten erfindet und die Anleger bewusst täuscht, kursieren überall Storys über den Markt. Wenn die Preise mehrmals hintereinander steigen, werden die Anleger mehrmals in Folge durch Preissteigerungen der entsprechenden Märkte belohnt – genau wie bei einem Pyramidensystem. Es gibt immer noch viele Menschen (im Grunde die gesamte Broker- und Investmentfonds-Branche), die einen Vorteil davon haben, wenn sie Storys erzählen, die suggerieren, der Markt werde weiterhin steigen. Es gibt keinen Grund dafür, dass diese Storys betrügerisch sein müssten, sie brauchen bloß die positiven Nachrichten mehr und die negativen weniger zu betonen. Natürlich auftretende Pyramidensysteme – wenn man Spekulationsblasen so bezeichnen darf – verlaufen zwar nicht so regelmäßig und nicht so dramatisch, weil keine direkte Manipulation stattfindet, aber manchmal doch so ähnlich, wenn von allein auftretende Storys die Blase tragen. Die Übertragung von Pyramidensystemen auf natürlich auftretende Spekulationsblasen erscheint derart einleuchtend, dass man zu dem Schluss kommen muss, wenn über Spekulationsblasen diskutiert wird, liege die Beweislast bei den Skeptikern: Sie müssen Beweise dafür liefern, weshalb Spekulationsblasen, die Pyramidensystemen ähneln, *nicht* auftreten können.

Viele bedeutende finanzwissenschaftliche Lehrbücher der jüngeren Zeit, in denen die Ansicht verbreitet wird, die Finanzmärkte würden rational und effizient funktionieren, liefern keine Argumente, weshalb Feedback-Schleifen, die Spekulationsblasen stützen, nicht auftreten sollten. Tatsächlich wurden in solchen Büchern bis vor Kurzem Blasen und Pyramidensysteme nicht einmal *erwähnt*.[34] Diese Bücher vermitteln den Eindruck, die Finanzmärkte würden sich geregelt entwickeln und mit mathematischer Präzision funktionieren. Wenn diese Phänomene nicht einmal erwähnt werden, bekommen die Studenten keinerlei Möglichkeiten an die Hand, selbst zu beurteilen, ob sie den Markt tatsächlich beeinflussen.

Feedback und Cross-Feedback zwischen dem Aktienmarkt und dem Immobilienmarkt

In den vorigen Kapiteln haben wir festgestellt, dass es in den Vereinigten Staaten historisch kaum Beziehungen zwischen Preisveränderungen am Aktienmarkt und Preisveränderungen am Immobilienmarkt gab, dass allerdings der Immobilienboom, der 1998 begann, wenige Jahre nach dem Beginn des steilsten Börsenanstiegs ab 1995 auftrat. Außerdem stellten wir fest, dass die Preisbooms in mehreren Ländern dazu neigten, den Höhepunkt einige Jahre nach Börsenbooms zu überschreiten. Dies legt die Möglichkeit nahe, dass es manchmal zu Cross-Feedback kommt, also zu Rückkopplungen zwischen verschiedenen Märkten, in diesem Fall zwischen dem Aktienmarkt und dem Immobilienmarkt. Zwar wird der Immobilienmarkt auch aufgrund des gesellschaftlichen Wandels immer spekulativer, aber es kann auch sein, dass sich das Feedback in Zukunft noch verstärkt.

Zunächst erscheint es nicht überraschend zu sein, dass ein Immobilienboom ein paar Jahre nach einem Börsenboom auftreten sollte. Der Börsenboom bringt gefühlten Wohlstand mit sich und dieser größere Wohlstand müsste die Menschen eigentlich dazu anspornen, mehr für ihre Häuser auszugeben, sodass sie die Häuserpreise in die Höhe treiben. Es könnte sehr gut sein, dass dieser Effekt mit mehrjähriger Verzögerung auftritt, denn es dauert Jahre, bis Menschen entscheiden, ob sie ein Haus kaufen sollen. Man kann sich aber nur schwer ein Rückkopplungsmodell vorstellen, bei dem die Immobilienpreise auch dann noch rasant steigen, wenn die Aktien bereits wieder steil fallen. Es mag einem unwahrscheinlich vorkommen, dass wir ein solches Phänomen je verstehen sollten.

Es könnte jedoch sein, dass der Immobilienboom, der in den Vereinigten Staaten und anderen Ländern 1998, also vor dem Höhepunkt der Börse, begann, eine Reaktion auf den Börsenboom war und sich dank eigener interner Rückkopplungen noch weiter selbst trug, nachdem der Aktienmarkt kollabiert war. Es könnte auch sein, dass der Immobilienboom eine stark verzögerte Reaktion auf die Zugewinne des Aktienmarkts war, die sich seit 1982 angesammelt hatten, denn der Rückgang des Marktes nach dem Jahr 2000 holte den Markt nur ein Stück weit wieder herunter, sodass sich die Menschen sogar nach dem Kurseinbruch des Jahres 2000 noch viel reicher fühlten als 1982. Vielleicht hatte der Börsenboom auch kulturelle Veränderungen hervorgerufen, die sich eigenständig fortsetzten, nachdem die Unternehmensgewinne und die eng daran gekoppelten Aktienkurse abgesackt waren – und der Gewinneinbruch der Unternehmen wirkte sich ja nicht unmittelbar auf den Immobilienmarkt aus.

Wir sollten zu diesen Möglichkeiten aber noch eine andere hinzunehmen, die erklären könnte, weshalb die schnell steigenden Häuserpreise mit den Kursverlusten nach 2000 zusammenfielen: dass nämlich die Kursverluste nach 2000 die verdrehte Wirkung hatten, die Nachfrage nach Häusern noch zu verstärken, weil sich die Begeisterung der Anleger vom Aktienmarkt auf den Immobilienmarkt verlagerte. Man könnte meinen, diese Theorie sei nachträglich an die Fakten angepasst worden, aber wir haben tatsächlich Indizien dafür. In unserer Erhebung unter Personen, die kürzlich ein Haus gekauft hatten, fragten Karl Case und ich in den Jahren 2003 und 2004 direkt nach möglichen Rückkopplungen zwischen dem Aktienmarkt und dem Immobilienmarkt. Wir stellten folgende Frage und erhielten folgende Antworten:

Die Erfahrungen mit der Börse in den letzten Jahren haben mich:	
1. sehr dazu angespornt, das Haus zu kaufen	*12 %*
2. etwas dazu angespornt, das Haus zu kaufen	*14 %*
3. bei meiner Entscheidung, das Haus zu kaufen, nicht beeinflusst	*72 %*
4. etwas gehemmt, das Haus zu kaufen	*2 %*
5. sehr gehemmt, das Haus zu kaufen	*1 %*
	[n = 1,146]

Zur Zeit der Umfrage hatten die meisten Befragten in den Jahren davor mit der Börse sehr schlechte Erfahrungen gemacht, denn insgesamt war der Aktienmarkt nach 2000 steil gefallen. Die große Mehrheit antwortete, die Börse habe sich auf ihre Entscheidung für den Hauskauf nicht ausgewirkt. Im Grunde überrascht das überhaupt nicht, denn die meisten Menschen haben eine Menge persönliche Gründe, ein Haus zu kaufen, die in ihrem Denken eigentlich eine wichtigere Rolle spielen müssten als die Börse. Interessant an diesen Antworten ist allerdings, dass der deutlich überwiegende Anteil derjenigen, die erklärten, ihre Erfahrung mit der Börse habe ihre Entscheidung für den Hauskauf beeinflusst, angab, die Erfahrung habe sie dazu *angespornt*. Unter Berücksichtigung des Rundungsfehlers war die Zahl derjenigen, die sagten, die Börse habe sie ermuntert, zehnmal so groß wie die Zahl derjenigen, die sagten, sie habe sie gehemmt.

Direkt nach dieser Frage hakten wir mit der Bitte nach: „Erklären Sie bitte, was Sie sich dabei dachten." Viele erklärten ihre Beantwortung der vorherigen Frage ausführlich und wenn man diese Antworten liest, spürt man förmlich das Cross-Feedback zwischen den Aktienkursen und den Immobilienkursen. Hier ein paar Kostproben von Menschen, die meinten, der Aktienmarkt habe sie zum Hauskauf angespornt:

> *„Ich habe gesehen, wie es mit meiner Altersvorsorge bergab ging. Da habe ich beschlossen, lieber in Immobilien zu investieren.*
> *Bei Immobilien sind die Verluste nicht so groß wie bei Aktien.*
> *Die Aktienkurse schwanken zu stark, das macht sie riskant. Wenn man ein Haus mit Grundstück kauft, bleibt der Wert besser erhalten, weil das Land im Laufe der Zeit ja nicht verbraucht wird.*
> *Sinkende Renditen und riesige Verluste. Ich suchte nach alternativen Verwendungen für mein Kapital.*
> *Hauseigentum ist die beste Geldanlage, wenn man sich absichern will. Alles andere ist zweitrangig.*
> *Ein Eigenheim ist grundsätzlich die sicherere Anlage. Man kann ja immer noch drin wohnen.*
> *Wir haben in den Jahren 2000 bis 2002 mit unseren verschiedenen Rentenplänen große Verluste erlitten. Mit Immobilien haben wir noch nie Verlust gemacht.*
> *Immobilien sind sicherer. Da gehört einem das Objekt wenigstens. Wenn man mit Aktien Verlust macht, hat man gar nichts."*

Nachdem wir viele Antworten in diesem Stil gelesen hatten, schien sich ein klares Muster abzuzeichnen. Die Kurseinbrüche des Aktienmarkts in den Jahren 2000 bis 2003 hatten dazu geführt, dass die Menschen von der Börse die Nase voll hatten und bereit waren, ihre Zuneigung einem anderen Markt zu schenken, von dem sie dann zunehmend überzeugt waren, er sei für sie die beste Geldanlage. So einfach ist das. Was sie schreiben, klingt einfach und einleuchtend. Es gab tatsächlich ein Cross-Feedback vom Aktienmarkt auf den Immobilienmarkt und es dürfte für einen großen Teil des Immobilienbooms verantwortlich gewesen sein.[35] Diese Rückkopplung ist auch eine Erklärung für den internationalen Charakter des Immobilienbooms, denn den Börsenkollaps erlitten alle Industrieländer, die seit Ende der 1990er-Jahre Börsenbooms erlebt hatten.

Es mag so aussehen, als stehe dieser scheinbare Beleg für Cross-Feedback auf wackeligen Füßen, denn ein solches Feedback tritt nicht immer auf. Man muss dabei allerdings bedenken, dass wir es mit Sozialwissenschaften zu tun haben, nicht mit theoretischer Physik. Wir durchschauen nicht vollständig, weshalb das Feedback zwischen verschiedenen Märkten gerade diese Form annimmt und weshalb es sich im Laufe der Zeit verändert, aber etwas haben wir darüber erfahren.

Irrationaler Überschwang und Feedback-Schleifen: Die bisherige Argumentation

Wie im vorigen Kapitel ausführlich dargestellt, gibt es zahlreiche Beschleunigungsfaktoren, die letztlich irrationalen Überschwang verursachen. Wie wir im vorliegenden Kapitel gesehen haben, kann die Wirkung dieser Ursachen durch eine Rückkopplungsschleife – eine Spekulationsblase – verstärkt werden. Wenn die Preise fortgesetzt steigen, wird das Ausmaß des Überschwangs durch den Preisanstieg an sich gesteigert.

In diesem Kapitel haben wir den Rückkopplungsprozess bloß ansatzweise erklärt. Wir haben gesehen, dass Feedback nicht nur dann entsteht, wenn sich die Menschen die bisherigen Preise anschauen und arithmetische Berechnungen vornehmen, um ihr persönliches Vertrauen und ihre persönlichen Erwartungen entsprechend anzupassen. Die Veränderung der Denkweise folgt einem Muster und infiziert die gesamte Kultur, wobei dieses Muster nicht unmittelbar auf den früheren Preisanstiegen basiert, sondern auch auf anderen kulturellen Veränderungen, zu denen die bisherigen Preisanstiege beigetragen haben. Um besser zu verstehen, wie sich die Beschleunigungsfaktoren konkret auswirken und wie sie verstärkt werden, wenden wir uns im nächsten Kapitel den kulturellen Veränderungen zu, die mit dem jüngsten Börsenboom und mit anderen Spekulationsbooms einhergingen.

TEIL II

Kulturelle Faktoren

KAPITEL 6 DIE MEDIEN

Die Geschichte der Spekulationsblasen beginnt in etwa mit dem Aufkommen der Zeitungen.[1] Obwohl die ersten Zeitungen größtenteils verloren gegangen sind, kann man davon ausgehen, dass sie oder entsprechende Flugschriften über die erste nennenswerte Blase berichteten: die Tulpenmanie der 1630er-Jahre in Holland.[2]

Die Nachrichtenmedien – Zeitungen, Zeitschriften und Rundfunk sowie die neuen Internet-Organe – geben sich zwar als unparteiische Beobachter des Marktgeschehens, jedoch sind sie selbst untrennbare Bestandteile dieses Geschehens. Wesentliche Marktereignisse passieren normalerweise nur, wenn innerhalb großer Menschengruppen ein ähnliches Denken herrscht, und die Medien sind für die Verbreitung von Gedanken unentbehrliche Vehikel.

Im vorliegenden Kapitel befasse ich mich damit, wie komplex die Medien auf Marktereignisse einwirken. Wie wir sehen werden, sind die Auswirkungen von Nachrichtenmeldungen auf den Markt selten von einfacher Art. Eigentlich wirken sie sich in mancher Hinsicht weniger aus, als man gemeinhin denkt. Eine sorgfältige Analyse ergibt jedoch, dass die Medien eine wichtige Rolle spielen, denn zum einen bereiten sie die Bühne für Marktbewegungen und zum anderen zetteln sie die Bewegungen selbst an.

Wie die Medien die Bühne für Börsenmeldungen bereiten

Die Medien wetteifern ständig um das Interesse der Öffentlichkeit, das sie brauchen, um zu überleben. Wenn sie überleben wollen, müssen sie interessante Nachrichten finden und definieren, sie müssen die Aufmerksamkeit auf Nachrichten lenken, die das Potenzial haben, sich herumzusprechen (um ihr

Publikum zu erweitern), und sie müssen, wo immer es möglich ist, eine durchgehende Story umreißen, die ihr Publikum dazu anspornt, ihnen treu zu bleiben.

Diese Konkurrenz verläuft keineswegs planlos. Die Menschen, die Nachrichten verbreiten, kultivieren einen kreativen Prozess, sie lernen gegenseitig aus Erfolgen und Misserfolgen und versuchen, die Meldungen emotional zu färben; sie versuchen, Nachrichten für die Menschen interessant zu machen und in ihren Storys vertraute Figuren zu schaffen. Dank jahrelanger Erfahrung sind Angehörige der Medienberufe sehr geschickt darin, das Interesse der Öffentlichkeit zu wecken.

Die Märkte ziehen die Medien ganz automatisch an, denn zum Mindesten liefern sie ständig Stoff für Nachrichten in Form der täglichen Preisänderungen. Was die schiere Häufigkeit von potenziell interessanten Meldungen angeht, ist die Börse unübertroffen.

Die Börse hat Starqualitäten. Die Öffentlichkeit betrachtet sie als großes Spielkasino, als Marktplatz für bedeutende Akteure, und sie ist überzeugt, dass sie jeden Tag als Barometer für die Lage der Nation fungiert – lauter Eindrücke, die die Medien fördern und ausnutzen können. Finanznachrichten können insofern im menschlichen Sinne von großem Interesse sein, als sie mit dem Entstehen und Vergehen von Vermögen zu tun haben. Und die Finanzmärkte können ihren ewigen Aufmacher – die Performance des Marktes – als Fortsetzungsgeschichte präsentieren, die ihnen die treueste Stammkundschaft beschert. Der einzige vergleichbare andere regelmäßige Nachrichtenproduzent ist der Sport. Daher ist es kein Zufall, dass Finanznachrichten und Sportnachrichten bei vielen heutigen Zeitungen zusammen rund die Hälfte des redaktionellen Inhalts ausmachen.

Auch der Immobilienmarkt ist eine unerschöpfliche Quelle der allgemeinen Faszination, denn wir leben alle in Häusern, wir arbeiten täglich in Häusern und unser Empfinden für unsere Stellung in der Gesellschaft ist daran gebunden, in was für einem Haus wir wohnen. Im Zuge der Häuserblase wuchs diese Faszination vorübergehend. Die Zeitungen widmeten dem Häuser- und Immobilienmarkt ganze Rubriken und in den Vereinigten Staaten entstand ein Fernsehkanal, der sich ausschließlich mit Immobilien beschäftigt: *HGTV*. In Großbritannien war die 2001 aufgelegte Realityshow *Property Ladder* zunächst ein großer Erfolg und es entstanden Ableger in den Niederlanden und den Vereinigten Staaten. Sie schilderte die Erlebnisse von Menschen, die Häuser kaufen, aufmotzen und schnell wieder verkaufen, wobei sie auf beeindruckende Gewinne hoffen. Nach dem Immobiliencrash wurde die britische Sendung in *Property Snakes and Ladders* umbenannt und trug damit der Tatsache Rechnung, dass das hohe Schwankungspotenzial des Immobilienmarkts in das allgemeine Bewusstsein gedrungen war; jetzt ging es mehr darum, wie man sein eigenes Haus hübsch renoviert, und nicht mehr darum, es für den Wiederverkauf fit zu machen.[3] Die US-Fernsehsendung *Flip that House*, die während der Häuserblase 2005 startete, wurde im Jahr 2008, nachdem die Blase geplatzt war, wieder eingestellt.

Wie die Medien Debatten anstoßen

Um Publikum anzulocken, versuchen die Medien, Debatten über Themen zu lancieren, die gerade die Allgemeinheit beschäftigen. Das kann dazu führen, dass sie Debatten zu Themen ins Leben rufen, die Fachleute andernfalls nicht für diskussionswürdig halten würden. Das resultierende Medienereignis kann dann den Eindruck vermitteln, es gebe Experten für alle Seiten der Debatte, und somit suggerieren, die Experten seien sich gerade hinsichtlich der Fragen, bezüglich deren die Menschen am meisten verwirrt sind, auch nicht einig.

Ich wurde im Laufe der Jahre von Nachrichtenleuten angerufen, die mich fragten, ob ich bereit wäre, mich zu einer extremen Position unterstützend zu äußern. Wenn ich das ablehnte, kam häufig gleich die Frage, ob ich einen anderen Experten empfehlen könne, der bereit wäre, diese Position vor einem Mikrofon zu vertreten.

Fünf Tage vor dem Börsencrash 1987 trat Ravi Batra, der Autor von „Die große Rezession von 1990", in der Fernsehsendung *MacNeil/Lehrer NewsHour* auf. Sein Buch fußte auf der Annahme, die Geschichte wiederhole sich exakt und deshalb müssten sich auch der Crash des Jahres 1929 und die nachfolgende Depression wiederholen. Auch wenn Batra einen beachtlichen wissenschaftlichen Ruf genießt, würden die meisten seriösen Wissenschaftler, die sich mit der Börse befassen, dieses spezielle Buch kein bisschen ernst nehmen. Doch zum Zeitpunkt des Crashs stand es seit 15 Wochen in der Bestsellerliste der *New York Times*. In *NewsHour* sagte Batra selbstbewusst einen Börsencrash im Jahr 1989 voraus, der sich „über die ganze Welt ausbreiten" werde. Danach werde es „eine Depression geben".[4] Da Batra seine Ansichten in einer hoch angesehenen Fernsehsendungen äußerte, könnten sie – auch wenn er den Crash für zwei Jahre später vorhersagte – in geringem Maße zu der Atmosphäre der Verwundbarkeit beigetragen haben, die uns den Crash 1987 bescherte. Man kann es zwar als Zufall betrachten, dass Batra gerade kurz vor dem Crash in *NewsHour* auftrat, jedoch sollte man dabei bedenken, dass Börsencrashs in landesweiten Nachrichtensendungen sehr selten thematisiert werden. Die zeitliche Nähe seines Auftritts zum tatsächlichen Crash ist zumindest sehr verdächtig.

Ist den Medien vorzuwerfen, dass sie Diskussionen über mehr oder weniger sinnlose Themen präsentieren? Man kann argumentieren, dass sie sich mit einem breiten Spektrum von Themen befassen sollten, die für ein breites Publikum von Interesse sind, damit sich die Öffentlichkeit besser eine Meinung bilden kann. Doch im Zuge dessen verbreiten und untermauern die Medien häufig Gedanken, die durch keinerlei reale Beweise gestützt werden. Wenn die Nachrichtenchefs die Meldungen, die sie bringen, nur danach auswählen würden, welche ihres Erachtens intellektuell am interessantesten sind, würden sie vielleicht wirklich das Bewusstsein der Öffentlichkeit konstruktiv erweitern. Doch offensichtlich sehen die Medien ihren Auftrag ein bisschen anders – und der Wettbewerbsdruck spornt sie nicht gerade an, daran etwas zu ändern.

Berichte über die Aussichten an der Börse

An Medienberichten, die versuchen, unsere Fragen über den heutigen Zustand des Marktes zu beantworten, herrscht kein Mangel, aber an relevanten Fakten oder durchdachten Auslegungen solcher Fakten mangelt es darin durchaus. Tatsächlich machen viele Storys den Eindruck, als seien sie unter dem Zeitdruck verfasst, etwas – *irgendetwas* – zu produzieren, das zu den Zahlen von der Börse passt. Der typische Artikel erwähnt zunächst die beachtliche Hausse und befasst sich dann mit sehr kurzfristigen Statistiken. Normalerweise gibt er an, welche Aktiengruppen in den letzten Monaten stärker gestiegen sind als andere. Diese Aktien werden dann zwar als führend bezeichnet, aber es gibt keinen vernünftigen Grund, anzunehmen, ihre Performance habe die Hausse verursacht. Vielleicht ist in dem Beitrag von den „üblichen" Faktoren die Rede, die hinter dem Wirtschaftswachstum stehen, zum Beispiel vom Internetboom – und zwar in glühenden Worten sowie wenigstens andeutungsweise mit einem patriotischen Kompliment an unseren leistungsstarken Wirtschaftsmotor. Abgerundet wird der Artikel durch Zitate einiger gezielt ausgewählter „prominenter" Urheber, die uns ihren Ausblick auf die Zukunft servieren. Manchmal entbehrt ein solcher Artikel dermaßen jeglicher eigener Gedanken über die Gründe der Hausse und irgendeines Zusammenhangs, anhand dessen man den Ausblick beurteilen könnte, dass man sich nur schwer vorstellen kann, der Autor gehe bei seiner Arbeit nicht einfach bloß zynisch vor.

Wer sind die prominenten Urheber, die in solchen Artikeln zitiert werden? Normalerweise geben sie kurzfristige Zahlenprognosen für den Dow Jones ab, erzählen Geschichten oder Scherze und geben ihre eigene Meinung zum Besten. Ein Beispiel: Wenn Abby Joseph Cohen von Goldman Sachs & Co. zitierfähige Phrasen prägte – etwa ihre Warnung vor „FUDD" (Fear, Uncertainty, Doubt and Despair = Angst, Unsicherheit, Zweifel und Hoffnungslosigkeit) oder die Formulierung „Silly Putty Economy" –, wurden sie weithin verbreitet. Die Medien zitieren zwar gerne ihre Meinungen, schenken jedoch ihren Analysen keine kritische Aufmerksamkeit. Ihr steht zwar eine fabelhafte Researchabteilung zu Gebote und sie betreibt umfangreiche Datenanalyse, bevor sie sich eine Meinung bildet, aber am Ende wird sie nur als solche gemeldet – als Meinung. Ihr ist daraus selbstverständlich kein Vorwurf zu machen, denn so sind eben die Medien: Sie leben von kurzen Schnipseln, sodass ihnen oberflächliche Meinungen lieber sind als gründliche Analysen.

Die Rekordüberflutung

In den Medien sprießen regelmäßig die Superlative und wir als Publikum fragen uns verwirrt, ob die Kurszuwächse der Börse, die wir in der letzten Zeit gesehen haben, wirklich so außergewöhnlich sind. Die Medien heben regelmäßig Zahlen hervor, die einen neuen Rekord (oder zumindest einen annähernden Rekord) bedeuten, und wenn die Journalisten die Zahlen von ausreichend vielen verschiedenen Seiten betrachten, finden sie an fast allen Tagen irgendetwas, das einem Rekord nahekommt. Viele Börsenberichterstatter sprechen von einer „Rekord-Tagesveränderung" – allerdings in Zählern des Dow Jones anstatt in Prozent, sodass Rekorde viel wahrscheinlicher sind. In den letzten Jahren wurden zwar immer mehr Medien darüber aufgeklärt, was es bedeutet, Veränderungen des Dow Jones in Punkten anzugeben, aber einige Reporter führen diese Praxis trotzdem weiter.

Diese *Rekordüberflutung* – der Eindruck, es würden ständig neue und bedeutsame Rekorde aufgestellt – steigert bloß die ohnehin schon vorhandene Verwirrung der Menschen bezüglich der Wirtschaft. Dadurch fällt es ihnen schwer zu erkennen, wenn dann tatsächlich einmal etwas wahrhaft bedeutendes Neues geschieht. Außerdem verleitet einen die Sintflut an verschiedenen Indikatoren dazu, von der individuellen Beurteilung quantitativer Daten abzusehen – lieber lassen wir uns die Daten von prominenten Quellen interpretieren.

Treten große Kursänderungen wirklich nach Tagen mit großen Nachrichten auf?

Viele Menschen glauben, die Meldung bestimmter Ereignisse, der seriöse Inhalt der Meldungen, beeinflusse die Finanzmärkte. Jedoch stützen Forschungen diese Ansicht viel weniger, als man meinen könnte.

Als Victor Niederhoffer 1971 noch Dozent in Berkeley war (bevor er zum legendären Hedgefonds-Manager wurde), veröffentlichte er einen Artikel, der ausmachen wollte, ob Tage, an denen wichtige Ereignisse in der Welt gemeldet werden, Tagen entsprechen, an denen die Aktien deutlich steigen.

Er erstellte eine Tabelle mit allen sehr großen Schlagzeilen der *New York Times* (wobei er die Größe der Typen als groben Indikator für ihre Wichtigkeit nahm) von 1950 bis 1966; davon gab es 432. Entsprachen diese Tage mit wichtigen Ereignissen großen Kursbewegungen? Als Vergleichsmaßstab notierte Niederhoffer, dass der S&P Composite Index in diesem Zeitraum nur an zehn Prozent der Handelstage beträchtliche Tagesanstiege (über 0,78 Prozent) und ebenfalls nur an zehn Prozent der Handelstage beträchtliche Rückgänge (über 0,71 Prozent) verzeichnete. Von den 432 Tagen mit wesentlichen Ereignissen wiesen nur 78 (oder 18 Prozent) große Kurszuwächse und nur 65 (oder 13 Prozent) große Kursrückgänge auf. Somit war es an solchen Tagen nur ein bisschen wahrscheinlicher als an anderen Tagen, dass große Kursbewegungen stattfanden.[5]

Niederhoffer behauptete, bei der Lektüre der zu den Schlagzeilen gehörenden Artikel habe er es für unwahrscheinlich gehalten, dass viele gemeldete Ereignisse große Auswirkungen auf den fundamentalen Wert gehabt hätten, den der Aktienmarkt wiedergibt. Vielleicht war ja das, was die Medien für große landesweite Nachrichten *hielten*, nicht das, was für den Aktienmarkt wirklich von Bedeutung war. Er spekulierte, dass Meldungen über Krisen den Aktienmarkt vielleicht mit höherer Wahrscheinlichkeit beeinflussen.

Niederhoffer definierte eine Krise als Zeit, in der innerhalb von sieben Tagen fünf oder mehr große Schlagzeilen erscheinen, und fand im Betrachtungszeitraum elf solche Krisen. Es waren der Beginn des Koreakriegs 1950, die Eroberung von Seoul durch die Kommunisten 1951, der Bundesparteitag der Demokraten 1952, die Bedrohung Ungarns und Russlands durch russische Truppen 1956, die Suezkrise 1956, die Ernennung von Charles de Gaulle zum Ministerpräsidenten 1958, Nikita Chruschtschows Rede vor den Vereinten Nationen 1959, die Spannungen mit Kuba 1960, die Kubakrise 1962 und das tödliche Attentat auf John F. Kennedy 1963. 42 Prozent der Preisänderungen während der so definierten Krisen waren „groß", während es in „normalen" Zeiten nur 20 Prozent waren. Somit war es in Krisenzeiten in gewissem, aber nicht dramatischem Maße wahrscheinlicher, dass große Aktienkursveränderungen stattfanden.

Man beachte, dass in den ganzen 17 Jahren, die Niederhoffer betrachtete, nur elf „Krisen"-Wochen auftraten. Somit weisen von den gesamten Preisbewegungen am Aktienmarkt nur sehr wenige einen nennenswerten Zusammenhang mit Schlagzeilen auf.

Nachrichten als „Mitläufer"

Man kann sich schon denken, dass Meldungen an Tagen mit großen Kursausschlägen, die als Ursachen der Ausschläge angeführt werden, häufig nicht dafür verantwortlich sein können – zumindest nicht für ihr volles Ausmaß. Am Freitag, dem 13. Oktober 1989, fand an der Börse ein Crash statt und die Medien erkannten ihn ganz klar als Reaktion auf eine Nachrichtenmeldung. Die geplante fremdfinanzierte Übernahme der UAL Corporation – der Konzernmutter von United Airlines – war durchgefallen. Der Kurseinbruch des Dow Jones an jenem Tag um 6,91 Prozent begann nur Minuten vor Bekanntgabe dieser Meldung, sodass es auf den ersten Blick sehr wahrscheinlich schien, sie sei die Ursache des Kurseinbruchs gewesen.

Das erste Problem mit dieser Interpretation ist die Tatsache, dass UAL nur ein einzelnes Unternehmen ist und nur den Bruchteil von einem Prozent des Gesamtwerts der Börse stellte. Weshalb sollte das Platzen der UAL-Übernahme dann eine solche Wirkung auf den gesamten Markt haben? Eine Interpretation lautete damals, der Markt habe dieses Scheitern als Dammbruch betrachtet, nach dem viele andere anstehende Übernahmen wahrscheinlich auch platzen würden. Es wurden aber keine konkreten Argumente angeführt, die diese Ansicht gestützt hätten. Vielmehr sah das Gerede vom Dammbruch eher nach einem Versuch aus, der Marktbewegung im Nachhinein einen Sinn in Form der Reaktion auf die Meldung beizulegen.

In dem Versuch, die Gründe für den Kurseinbruch am 13. Oktober 1989 aufzudecken, führten der Meinungsforscher William Feltus und ich am Montag und Dienstag nach dem Crash eine telefonische Umfrage unter 101 Börsenprofis durch. Wir fragten: „Hatten Sie von der UAL-Meldung erfahren, bevor Sie von dem Kurseinbruch am Freitagnachmittag erfuhren, oder erfuhren Sie von der UAL-Meldung erst hinterher als Erklärung für den Einbruch des Aktienmarkts?" Nur 36 Prozent sagten, sie hätten die Nachricht vor dem Crash erfahren, und 53 Prozent sagten, sie hätten sie hinterher als Erklärung für den Absacker gehört. Die restlichen Befragten waren sich nicht sicher, wann sie davon erfahren hatten. Somit hat es den Anschein, als sei die Nachricht nachträglich auf den Crash-Zug aufgesprungen. Sie hatte den Crash wohl kaum verursacht und war offenbar nicht so bedeutend, wie die Medienberichte nahelegten.

Wir baten die Börsenprofis außerdem, die Meldung zu interpretieren. Wir fragten:

> *„Welche der beiden Aussagen entspricht eher der Ansicht, der sie letzten Freitag waren?*
>
> *1. Die UAL-Meldung vom Freitagnachmittag wird dazu führen, dass weniger Übernahmen stattfinden, und somit ist sie ein vernünftiger Grund für den plötzlichen Einbruch der Aktienkurse.*

2. *Die UAL-Meldung vom Freitagnachmittag sollte man eher als Kristallisationspunkt oder als Blickfang betrachten, der die Anleger veranlasste, ihre Zweifel am Markt zu äußern."*

Von den Befragten entschieden sich 30 Prozent für 1, 50 Prozent für 2 und der Rest war sich nicht sicher. Das heißt, sie betrachteten die Nachricht eher als *Interpretation des Anlegerverhaltens*.[6] Vielleicht kann man mit Recht sagen, die Nachricht habe dem Kurseinbruch insofern *zugrunde gelegen*, als sie eine „Story" bot, die das Feedback von Kurseinbrüchen auf weitere Kurseinbrüche verstärkte und somit die Rückkopplung länger aufrechterhielt, als sie andernfalls gehalten hätte. Aber die Ursache war sie höchstwahrscheinlich nicht.

Keine Nachrichten an Tagen mit großen Kursausschlägen

Wir können uns auch Tage mit ungewöhnlich großen Kursbewegungen anschauen und fragen, ob es an jenen Tagen ungewöhnlich bedeutende Nachrichten gab. David Cutler, James Poterba und Lawrence Summers führten 1989 Niederhoffers Arbeit fort, indem sie eine Liste der 50 größten Kursbewegungen in den Vereinigten Staaten, gemessen am S&P Index, seit dem Zweiten Weltkrieg erstellten und neben jede Kursbewegung die von den Medien angebotenen Erklärungen stellten. Viele sogenannte Erklärungen waren keine ungewöhnlichen Nachrichten und manche kann man überhaupt nicht als ernsthafte Nachrichten bezeichnen. Beispielsweise wurden als Gründe für große Preisbewegungen so unverfängliche Aussagen angegeben wie „Eisenhower fordert Vertrauen in die Wirtschaft", „Erneute Reaktion auf Trumans Sieg über Dewey" oder „Ersetzungskäufe nach Kursverfall".[7]

So mancher würde argumentieren, vielleicht dürften wir selbst dann nicht erwarten, dass an Tagen mit großen Kursausschlägen herausragende Nachrichten erscheinen, wenn die Märkte perfekt funktionieren. In sogenannten effizienten Märkten finden Preisbewegungen laut dieser Argumentation statt, sobald die Information öffentlich bekannt wird – sie warten nicht ab, bis über die Information in den Medien berichtet wird. (Auf dieses Thema komme ich in Kapitel 11 noch einmal zurück.) Gemäß dieser Überlegung überrascht es nicht, dass wir die neue Information oft gar nicht in der Zeitung vom Tag eines Kursausschlags finden: Frühere Informationen, die dem zufälligen Beobachter peripher oder irrelevant vorkommen, wurden von scharfsinnigen Anlegern bereits als signifikant für die fundamentalen Gegebenheiten erkannt, die eigentlich die Aktienkurse bestimmen sollten.

Ein anderes Argument, weshalb an Tagen mit ungewöhnlich großen Kursbewegungen häufig keine gleichzeitigen wichtigen Meldungen zu finden sind, besagt, dass das Zusammentreffen mehrerer Faktoren wesentliche

Veränderungen am Markt hervorrufen kann, selbst wenn die einzelnen Faktoren für sich genommen nicht besonders erwähnenswert sind. Nehmen wir als Beispiel an, einige Investoren würden zwanglos ein bestimmtes statistisches Modell benutzen, das den fundamentalen Wert anhand einer Reihe von Wirtschaftsindikatoren prognostiziert. Wenn alle oder die meisten dieser Indikatoren an einem bestimmten Tag in die gleiche Richtung deuten, haben sie laut dieser Argumentation einen spürbaren Effekt, selbst wenn kein einzelner von ihnen für sich genommen Gewicht hat.

Beide Interpretationen des dünnen Zusammenhangs zwischen Nachrichten und Marktbewegungen gehen davon aus, dass die Allgemeinheit stets genau auf die Nachrichten achtet und empfindlich auf die geringsten Hinweise über fundamentale Aspekte des Marktes reagiert – und dass sie die verstreuten Indizien andauernd sorgfältig zusammensetzt. Aber so funktioniert die Aufmerksamkeit der Öffentlichkeit nicht. Unsere Aufmerksamkeit ist viel überspannter und launischer. Viel öfter kommt es vor, dass Nachrichten als *Auslöser* einer Ereigniskette fungieren, die das Denken der Öffentlichkeit über den Markt grundlegend ändert.

Nachrichten lösen Aufmerksamkeits-Kaskaden aus

Offenbar wirken sich Nachrichten mit zeitlicher Verzögerung auf den Markt aus und häufig lösen sie eine *Abfolge von Äußerungen der öffentlichen Aufmerksamkeit* aus. Diese Aufmerksamkeit kann sich auf Bilder oder Storys beziehen oder auf Tatsachen, die bereits allgemein bekannt sind. Vielleicht wurden die Tatsachen vorher ignoriert oder als bedeutungslos erachtet, aber im Gefolge von Eilmeldungen können sie einen neuen, prominenten Status erringen. Solche Abfolgen oder Sequenzen der Aufmerksamkeit kann man auch als *Kaskaden* bezeichnen, denn der Fokus der Aufmerksamkeit lenkt die Aufmerksamkeit auf einen anderen, dann den nächsten und dann wieder auf einen anderen ...

Am Dienstag, dem 17. Januar, um 5:46 Uhr erschütterte ein Erdbeben der Stärke 7,2 auf der Richterskala die japanische Stadt Kobe. Es war das schlimmste Beben seit 1923, das eine japanische Stadt heimsuchte. Die Reaktion der Börsen der Welt liefert eine interessante Fallstudie, denn in diesem Fall wissen wir ohne jeden Zweifel, dass das auslösende Ereignis – das Erdbeben – wirklich exogen war und nicht von menschlichen Aktivitäten oder konjunkturellen Bedingungen ausgelöst wurde. Es war keine Reaktion auf einen subtilen Hinweis auf eine veränderte Konjunktur oder das Ergebnis des Zusammentreffens ungewöhnlicher Stände gängiger Wirtschaftsindikatoren. Unter den Erklärungen für die 50 größten Kursausschläge in den Vereinigten Staaten in der Nachkriegszeit laut S&P Index in der bereits besprochenen Liste von Cutler, Poterba und Summers bezog sich keine einzige auf eine bedeutende Ursache, die außerhalb der Wirtschaft lag.[8]

Das Erdbeben forderte 6.425 Menschenleben. Laut Schätzungen des Center for Industrial Renovation in Kansai belief sich der Sachschaden auf umgerechnet 100 Milliarden US-Dollar. Die Finanzmärkte reagierten darauf kräftig, aber verzögert. Die Tokioter Börse fiel an jenem Tag nur wenig und die Aktien der Bauwirtschaft stiegen im Allgemeinen, worin sich die erwartete wachsende Nachfrage nach ihren Produkten und Dienstleistungen niederschlug. Analysten meldeten damals, die wahrscheinlichen Auswirkungen des Erdbebens auf die Werte von Unternehmen seien noch uneindeutig, weil der Wiederaufbau nach dem Beben Japans Konjunktur ankurbeln könne.

Die stärkste Reaktion auf das Erdbeben kam erst eine Woche später. Am 23. Januar fiel der Nikkei Index um 5,6 Prozent, scheinbar ohne offensichtliche Nachrichten außer den nach und nach erscheinenden Berichten über Schäden durch das Erdbeben. In den zehn Tagen nach dem Erdbeben verlor der Nikkei über acht Prozent seines Wertes. Würde man das allein als unmittelbare Folge der Erdbebenschäden betrachten, wäre der Wertverlust eine Überreaktion gewesen.

Was ging in den zehn Tagen nach dem Erdbeben wohl in den Köpfen der Anleger vor? Natürlich gibt es keine strenge Methode, das herauszufinden. Wir wissen nur, dass das Erdbeben von Kobe in diesem Zeitraum die Nachrichten beherrschte, dass es neue, andere Bilder von Japan erzeugte und möglicherweise ganz andere Eindrücke von der japanischen Wirtschaft vermittelte. Überdies entfachte das Beben Diskussionen über die Gefahr eines Erdbebens mit Tokio als Epizentrum. Obwohl bereits geologische Belege dafür vorlagen, dass in Tokio wohl keine Gefahr eines größeren Erdbebens drohe, richtete sich die Aufmerksamkeit nun verstärkt auf dieses mögliche Problem. Der Schaden, den ein so schweres Erdbeben wie 1923 im modernen Tokio anrichten könnte, wurde von Tokai Research and Consulting, Inc. auf 1,25 Billionen Dollar beziffert.[9]

Noch irritierender als die unmittelbaren Auswirkungen des Erdbebens von Kobe auf die japanischen Märkte waren seine Auswirkungen auf ausländische Börsen. An dem Tag, an dem der Nikkei 225 um 5,6 Prozent fiel, verloren der FTSE 100 in London 1,4 Prozent, der CAC 40 in Paris 2,2 Prozent und der deutsche DAX 1,4 Prozent. Die Börsen in Brasilien und Argentinien fielen jeweils um rund 3 Prozent. Diese auf der ganzen Welt verteilten Länder hatten keine Erdbebenschäden erlitten.

Die Auswirkungen des Erdbebens in Kobe auf die Börsen der Welt lassen sich am besten so interpretieren, dass die Medienberichterstattung über das Erdbeben und die damit einhergehenden Kursverluste das Interesse der Anleger fesselten und so eine Aufmerksamkeits-Kaskade auslösten, die eher pessimistische Faktoren in den Fokus rückte.

Eine andere Reaktion von Märkten auf Nachrichten veranschaulicht, dass die Aufmerksamkeit der Medien durch eine solche Kaskade viele Anleger dazu brachte, Nachrichten ernst zu nehmen, die sie normalerweise als sinnlos und irrelevant betrachtet hätten. Eine Serie von Artikeln über den großspurigen Börsenpropheten Joseph Granville löste anscheinend mehrere größere Kursausschläge aus. Der einzige substanzielle Gehalt dieser Artikel war, dass Granville seinen Klienten sagte, dass sie kaufen beziehungsweise verkaufen sollten, und dass Granville selbst einflussreich sei.

Granville weckte durch sein Verhalten problemlos das Interesse der Öffentlichkeit. Seine Investment-Seminare waren bizarr und extravagant. Manchmal führte er dabei einen dressierten Schimpansen vor, der auf einem Klavier Granvilles Titelmelodie „The Bagholder's Blues" spielte. Einmal trat er bei einem Seminar als Moses verkleidet auf, mit einer Krone auf dem Kopf und Tafeln in den Händen. Er gab an, über ausgefallene Prognosefähigkeiten zu verfügen, und behauptete, er könne Erdbeben vorhersagen. Einmal behauptete er, er habe sechs der sieben jüngsten großen Erdbeben vorhergesagt. Das Magazin *Time* zitierte ihn mit der Aussage: „Ich glaube nicht, dass ich in meinem restlichen Leben an der Börse je einen größeren Fehler machen werde." Und er sagte voraus, er werde den Wirtschaftsnobelpreis verliehen bekommen.[10]

Die erste Granville-Episode fand am Dienstag, dem 22. April 1980, statt. Nach der Meldung, er habe seine Empfehlung von short auf long geändert, stieg der Dow Jones um 30,72 Punkte beziehungsweise 4,05 Prozent. Das war der größte Anstieg des Dow Jones seit dem 1. November 1978, also anderthalb Jahre zuvor. Die zweite Episode fand am 6. Januar 1981 statt, nachdem Granvilles Anlegerservice von einer Long-Empfehlung auf eine Short-Empfehlung umgeschwenkt war. Damals verzeichnete der Dow Jones seinen schwersten Verlust seit dem 9. Oktober 1979, also seit über einem Jahr. In keinem dieser beiden Fälle gab es andere Nachrichten, die scheinbar für die Kursänderung hätten verantwortlich sein können, und im zweiten Fall schrieben sowohl das *Wall Street Journal* als auch *Barron's* den Einbruch kurzerhand Granvilles Empfehlung zu.

Können wir sicher sein, dass die Medienberichterstattung über Granville und seine angeblichen Prognosekräfte diese Veränderungen hervorrief? Viele Menschen fragten sich, ob der Granville-Effekt nur ein Zufall war, den die Medien übertrieben darstellten. Doch wir können durchaus sicher sein, dass die Serie der Meldungen über Granvilles Urteile dank ihres erheblichen

Verbreitungspotenzials durch Mundpropaganda einen kumulativen Effekt auf die landesweite Aufmerksamkeit hatte und dass sich die Reaktionen der Allgemeinheit auf seine Urteile und die Rückgänge des Marktes zum Zeitpunkt seiner Bekanntgaben durch diese Kaskade grundlegend veränderten.[11]

Nachrichten während des Crashs 1929

Über die Rolle der Medien hinsichtlich der Ursachen des Börsencrashs 1929 wird im Prinzip seit dem Crash selbst diskutiert. Laut manchen Interpretationen stehen Historiker und Volkswirte vor dem Rätsel, dass es direkt vor dem Crash keinerlei wesentliche Nachrichten gab. Und seit damals fragen sich Menschen, wie dieser Rekord-Crash ohne Nachrichten in Gang kommen konnte. Welche verbreiteten Bedenken hatten die Verkäufer im Kopf, die so viele von ihnen veranlassten, gleichzeitig zu verkaufen?

Der Börsencrash am Montag, dem 28. Oktober 1929, war bis zum 19. Oktober 1987 der größte eintägige Kurseinbruch (vom Schlusskurs des Vortags zum Schlusskurs des Crash-Tags) des Dow Jones. Am 28. Oktober 1929 verlor der Dow Jones 12,8 Prozent (vom Tageshoch zum Tagestief waren es 13,01 Prozent). Der zweitgrößte Einbruch der Geschichte (bis 1987) kam am nächsten Tag, als der Dow Jones 11,7 Prozent abgab (vom Tageshoch zum Tagestief waren es 15,9 Prozent). Zusammen beliefen sich die beiden aufeinanderfolgenden Kursverluste im Jahr 1929 auf 23,1 Prozent. Welche Nachricht konnte vernünftig betrachtet für einen derart beträchtlichen Rückgang des Aktienmarkts verantwortlich sein?

Wenn man die Ausgaben der großen Zeitungen von jenem Wochenende und vom Dienstagmorgen, dem 29. Oktober, liest, kommt man leicht zu dem Schluss, dass nichts passiert war, das Folgen für die fundamentale Situation des Marktes hätte haben können. Und genau diese Schlussfolgerung meldeten die Zeitungen selbst. Am Morgen des 29. Oktober brachten Zeitungen im ganzen Land eine Story von Associated Press, in der es unter anderem hieß: „In Ermangelung nachteiliger nachrichtlicher Entwicklungen am Wochenende und angesichts der optimistischen Äußerungen Präsident Hoovers sowie führender Köpfe aus Industrie und Bankwesen über die wirtschaftliche Entwicklung hat die Wall Street für den heutigen Kursverfall nur eine Erklärung, nämlich dass die Prüfung vieler Depots übers Wochenende zahlreiche Schwachpunkte offenbart hat, die in den hektischen Handelstagen der vergangenen Woche übersehen worden waren." Die *New York Times* schrieb den Einbruch nur einem „allgemeinen Vertrauensverlust" zu. Das *Wall Street Journal* meldete, die „Wirtschaft zeigt grundsätzlich keine Auflösungserscheinungen" und der Rückgang sei der „dringenden Liquidation im Wert gesunkener Depots" geschuldet.[12]

Worüber wurde damals noch berichtet? Am Montagmorgen wurde gemeldet, die Interstate Commerce Commission werde an ihrem Vorhaben festhalten, überzogene Eisenbahngewinne einzutreiben. Es gab einen günstigen Bericht über die Geschäftsergebnisse von U.S. Steel. Es gab neue Informationen über Vorwürfe, der Connecticut Manufacturer's Association sei es gelungen, in ein Gesetz über Zölle Bestimmungen einzubringen, die Connecticut begünstigten. Mussolini hatte in einer Rede prophezeit, die „Männer und Frauen des Faschismus können jede Krise bewältigen, auch wenn sie plötzlich kommt". Ein neuer Anwärter auf das Amt des französischen Premierministers namens Edouard Daladier hatte den Außenminister seines voraussichtlichen Kabinetts bekannt gegeben. Ein britisches Flugzeug mit sieben Passagieren an Bord wurde über dem Meer vermisst. Die Graf Zeppelin plante eine Forschungsexpedition in die Arktis. Richard Byrds Expedition kam in Richtung Südpol voran.

Am frühen Dienstagmorgen nach dem Schwarzen Montag, also am zweiten Tag des Crashs, wurde gemeldet, prominente Finanziers hätten zugesagt, dass der Markt an diesem Tag massive Unterstützung durch Banken erfahren werde, die Schnäppchen einsammeln wollten. Falls dies eine relevante Nachricht war, sollte man denken, dass es eine positive war. Weitere Meldungen am Dienstagmorgen besagten, dass zwei Senatoren Präsident Hoover aufgefordert hatten, seine Haltung zu Zöllen auf landwirtschaftliche Erzeugnisse und Industrieprodukte klarzustellen, dass sich Senator Hiram Bingham beschwert hatte, die Lobby Inquiry habe ihn bei Ermittlungen wegen der Beeinflussung von Abgeordneten ungerecht behandelt, dass ein ungarischer Graf und seine Gräfin die Einreiseerlaubnis erhalten hatten und dass wieder ein Flugzeug vermisst wurde, diesmal mit fünf Passagieren an Bord.

Alle diese Storys klingen harmlos. Hätte es wirklich einen guten Grund für den Einbruch des Marktes gegeben, hätte irgendetwas passiert sein müssen, von dem die Menschen etwas wussten. Und man sollte doch meinen, solche Sorgen hätten in irgendeiner Form den Weg in die Nachrichten gefunden. Vielleicht muss man die Zeitungen sorgfältiger lesen. Tatsächlich behauptete ein Autor namens Jude Wanniski, in der *New York Times* habe am Montag, dem 28. Oktober 1929, ein Artikel gestanden, der als Grund für einen derartigen Kursrückgang infrage kommt. Auf der Titelseite wurde optimistisch berichtet, der Smoot-Hawley-Zoll, über den noch im Ausschuss beraten wurde, werde wahrscheinlich durchkommen. Associated Press und United News griffen ihn am nächsten Tag auf und am Dienstag, dem 29. Oktober 1929, wurde er auf den Titelseiten des ganzen Landes besprochen.[13]

Manche behaupteten, man habe erwarten können, dass der Smoot-Hawley-Zoll den künftigen Gewinnen der US-Unternehmen schaden würde. Das mag zunächst überraschen: Man könnte ja denken, grundsätzlich würde er den Unternehmen zugute kommen, wo ihn doch so viele aktiv angestrebt hatten. Jedoch behaupten Historiker des Crashs 1929, man habe von dem Zoll auch die gegenteilige Wirkung erwarten können, weil er Vergeltungsmaßnahmen seitens anderer Länder nach sich ziehen würde. Allan Metzler argumentierte, der Zoll könnte der Grund dafür gewesen sein, dass „die Rezession 1929 nicht den Verlauf früherer Schrumpfungen der Geldmenge nahm, sondern zur Großen Depression wurde".[14] Andere Volkswirte – unter anderem Rudiger Dornbusch und Stanley Fischer – weisen andererseits darauf hin, dass der Export 1929 nur sieben Prozent des Bruttoinlandsprodukts (BIP) stellte und dass er von 1929 bis 1931 auf nur noch 1,5 Prozents des BIPs von 1929 zurückging. Das sieht nicht nach der Ursache der Großen Depression aus. Zudem weisen sie darauf hin, dass nicht einmal klar ist, ob der Smoot-Hawley-Zoll für den Exportrückgang verantwortlich war. Man könnte auch die Depression selbst für einen Teil des Rückgangs verantwortlich machen. Dornbusch und Fischer haben gezeigt, dass der Fordney-McCumber-Zoll 1922 die erhobenen Zölle genauso sehr erhöht hatte wie der Smoot-Hawley-Zoll und dass danach keine Rezession folgte.[15]

Selbst wenn man einräumt, die mögliche Verabschiedung des Smoot-Hawley-Zolls sei bedeutend genug gewesen, um für einen derart großen Wertverlust der Aktien verantwortlich zu sein, muss man sich trotzdem noch fragen, ob es über das Wochenende Nachrichten gegeben hatte, die etwas an der Einschätzung der Wahrscheinlichkeit änderten, dass der Zoll verabschiedet würde. Was stand also in dem Artikel in der *New York Times*? Am Samstag, dem 26. Oktober 1929, hatte Senator David Reed erklärt, das Gesetz zum Smoot-Hawley-Zoll sei im Ausschuss „gestorben". Dies veranlasste die Senatoren Reed Smoot und William Borah zu Dementis. Die *Times* zitierte Senator Smoot mit den Worten: „Wenn das die Meinung von Senator Reed ist, hat er wohl das Recht, sie zu äußern. Aber die Ansicht des Finanzausschusses ist das nicht." Senator Borah sagte: „Meiner Meinung nach wird das Zollgesetz nicht sterben." Am nächsten Morgen, also am 29. Oktober, meldete die *Times*, Senator Reed habe seine Überzeugung bekräftigt, das Gesetz sei gestorben, und zitierte dann weitere Meinungen von beiden Seiten. Der ursprüngliche Artikel in der *Times* hatte noch optimistisch geklungen, was das Gesetz betrifft, aber die am 29. Oktober von United Press veröffentlichte Version war pessimistisch. Als *Atlanta Constitution* den Artikel am 29. Oktober brachte, lautete die Überschrift: „Senat gibt die Hoffnung auf Inkrafttreten des neuen Zollgesetzes auf".

Trotz allem ist schwer vorstellbar, dass dieser Schlagabtausch zwischen Senatoren, der ja typisch für das politische Ringen ist, eine bedeutende

Nachricht gewesen sein soll. Es waren schon die ganze Zeit derartige Berichte über das Zollgesetz erschienen. Eine Woche davor, am 21. Oktober, hatte die *Times* Senator James Watson, den Chef der republikanischen Senatsfraktion, mit der Ansicht zitiert, der Senat werde das Gesetz nach einem weiteren Monat verabschieden. Am 13. Oktober war gemeldet worden, Smoot habe gegenüber Präsident Hoover geäußert, es bestehe die Chance, dass das Gesetz bis zum 20. November verabschiedet werde. Seit Hoovers Wahl waren abwechselnd optimistische und pessimistische Meldungen zu dem neuen Zollgesetz erschienen.

Viel wichtiger als Zeitungsartikel über fundamentale Gegebenheiten am Montag, dem 28. Oktober 1929, sind Hinweise darauf, wie wichtig die Menschen die Ereignisse von wenigen Tagen vorher nahmen, als die Aktienkurse einen Rekord-Rückgang verzeichnet hatten. Das war der sogenannte Schwarze Donnerstag, der 24. Oktober 1929, gewesen. Der Dow Jones hatte im Tagesverlauf 12,9 Prozent abgegeben, sich aber bis Handelsschluss wieder massiv erholt, sodass der Schlusskurs nur 2,1 Prozent über dem Schlusskurs vom Vortag lag. Das war zwar keine Neuigkeit mehr, aber die Erinnerung an die Emotionen, die er geweckt hatte, prägte die Stimmung am Montag noch sehr. Die *New York Times* meldete in der Morgenausgabe vom Montag, die Wall Street, die „sonntags gewöhnlich ausgestorben und still wie ein Friedhof auf dem Lande ist, brummte vor Geschäftigkeit, weil die Banker und Broker nach der anstrengendsten Woche der Geschichte versuchten, ihre Angelegenheiten in Ordnung zu bringen. […] Wenn heute Morgen um zehn Uhr die Glocke läutet, sind die meisten Handelshäuser mit ihrer Arbeit auf dem neuesten Stand und bereit für das, was da kommen mag." Die Atmosphäre, die an jenem Sonntag an der Wall Street herrschte, wurde so beschrieben: „Schaulustige schlenderten von einer Straße zur nächsten, warfen unterwegs neugierige Blicke auf das Gebäude der Börse und des Bankhauses Morgan, die Zentren der dramatischen Finanzereignisse der letzten Woche. Hier und da hob ein Spaziergänger ein verirrtes Stück Ticker-Tape von der Straße auf, so wie man auf einem Schlachtfeld verschossene Kugeln als Souvenirs aufliest. Ausflugsbusse fuhren extra durch das Finanzviertel."[16]

Tatsächlich hielte es das *Wall Street Journal* am Montagmorgen des Crashs für angebracht, auf der Titelseite einen Kommentar abzudrucken, in dem es hieß: „Alle Männer in verantwortlichen Positionen sagen, die konjunkturellen Bedingungen seien solide."[17] Die Redakteure des *Wall Street Journal* hatten wohl Grund zu der Annahme, wenn der Markt stabil bleiben sollte, brauche er etwas Beschwichtigung. Vermutlich hatten sie Bruchstücke von Unterhaltungen auf der Straße gehört oder konnten sich zumindest ausmalen, wie die Menschen nach dem Debakel vom Donnerstag nach dem Wochenende reagieren würden.

Also war das, was am Montag, dem 28. Oktober 1929, geschah, vielleicht nur ein – wenn auch übertriebenes – Echo dessen, was in der Woche davor passiert war. Was hatten die Medien dazu geschrieben? Auch hier dachten die Zeitungen offensichtlich, es habe keine bedeutsamen Nachrichten gegeben. Die *Chicago Tribune* schrieb am Sonntag, dem 27. Oktober 1929: „Eine enorm aufgeblähte Spekulationsblase, die kaum eine oder gar keine Ursache in der allgemeinen Lage des Landes hatte, ist geplatzt. Ein kopflastiger Aufbau ist unter seinem eigenen Gewicht zusammengebrochen – ein Erdbeben gab es nämlich nicht." Die *New York Times* schrieb: „Der Markteinbruch wurde eher von technischen als von fundamentalen Überlegungen ausgelöst." Der von der Guaranty Trust Company veröffentlichte *Guaranty Survey* bemerkte: „Die Annahme, die Verkaufswelle der letzten paar Wochen sei widrigen Entwicklungen der allgemeinen Wirtschaftslage von gleicher Größenordnung geschuldet, wäre ein grundlegender Irrtum."[18]

Gehen wir ein paar Tage weiter zurück und sehen wir uns die Nachrichten am Morgen des Schwarzen Donnerstags, des 24. Oktober 1929, an. Wieder waren die Meldungen an sich offenbar nicht besonders signifikant. Präsident Hoover hatte einen Plan bekannt gegeben, die Binnenwasserwege auszubauen. Atlantic Refinings meldete den höchsten Jahresgewinn aller Zeiten. Der Präsident eines Zuckerkonzerns hatte vor einem Ermittlungsausschuss des Senats, der wegen Beeinflussung von Abgeordneten ermittelte, ausgesagt, die Zuckerlobby habe seit Dezember im Rahmen einer Kampagne zur Senkung des Zuckerpreises 75.000 Dollar ausgegeben. Unterhändler hatten einen Rückschlag in den Bemühungen zur Errichtung der Bank für Internationalen Zahlungsausgleich gemeldet. Ein Bericht der Carnegie-Stiftung prangerte die Subventionierung von College-Sportlern an. Das Komitee des America's Cup hatte die Regeln für die nächste Auflage der Segelregatta bekannt gegeben. Ein Amateurpilot, der eine Solo-Atlantiküberquerung versucht hatte, wurde vermisst gemeldet. Präsident Hoover hatte eine Reise auf einem schmucken Flussdampfer den Ohio hinunter unternommen.

Hier scheint nichts auch nur im Entferntesten auf etwas hinzudeuten, das den Aussichten der Börse zugrunde liegt. Aber blicken wir noch einen Tag weiter zurück. Am Mittwoch vor dem Schwarzen Donnerstag wurde ein kräftiger Rückgang des Marktes gemeldet (der Dow Jones ging am Mittwoch 6,3 Prozent unter dem Schlusskurs vom Dienstag aus dem Handel) und dass das Handelsvolumen das zweithöchste aller Zeiten gewesen war. Sollten wir also die Ursache in den Meldungen vom 23. Oktober 1923 suchen? Auch hier gab es offenbar keine landesweiten Nachrichten, die offenkundig signifikant waren, allerdings wieder Hinweise auf frühere Kursbewegungen. Die aufschlussreichsten konkreten Zeitungsmeldungen waren jedes Mal die über vorherige Bewegungen des Marktes selbst. Der markanteste Inhalt der Meldungen waren offenbar Interpretationen der Gründe für die vorherigen Bewegungen, und zwar häufig in Form von Anlegerpsychologie.

Man kann also die Ereignisse des Börsencrashs 1929 auf keinen Fall als Reaktion auf konkrete Nachrichten betrachten. Stattdessen sehen wir hier eine *negative Blase*, die über Rückkopplungen von Preisänderungen funktionierte, sowie eine *Aufmerksamkeits-Kaskade*, die mehrmals hintereinander die Aufmerksamkeit der Öffentlichkeit auf die Börse steigerte. Offenbar unterscheidet sich diese Ereignisfolge nicht grundlegend von denen anlässlich anderer Börsendebakel – einschließlich des berüchtigten Crashs 1987, dem wir uns nun zuwenden.

Nachrichten während des Crashs 1987

Als am 19. Oktober 1987 die Börse crashte – und einen neuen Rekord für einen Tagesverlust aufstellte, der fast doppelt so groß war wie am 28. oder 29. Oktober 1929 (der bis dahin den Allzeitrekord eines Preisrückgangs innerhalb eines Tages gehalten hatte) –, betrachtete ich das als einmalige Gelegenheit, direkt bei den Anlegern nachzufragen, was sie für die wichtigste Meldung des Tages hielten. Anders als diejenigen, die den Crash 1929 untersucht hatten, brauchte ich mich nicht auf Interpretationen von Medien zu verlassen, die Mutmaßungen über die für die Anleger wichtigen Nachrichten anstellten. Soweit ich das herausfinden konnte, nutzte sonst niemand diese Gelegenheit. Die Ergebnisse der Fragebögen, die ich in der Woche des Crashs an eine Stichprobe institutioneller Anleger und eine Stichprobe von Privatanlegern verschickte, waren die einzigen Umfrageergebnisse, die zu der Frage veröffentlicht wurden, was die Anleger am Tag des Crashs dachten.[19]

In dem Fragebogen zählte ich alle Meldungen aus den Tagen vor dem Crash auf, die in irgendeiner Weise dafür relevant sein konnten, dass der Markt seine Meinung geändert hatte, bis hin zu den Nachrichten, die am Morgen des Crashs erschienen waren. Ich fragte die Anleger:

> *„Bitte sagen Sie uns, wie wichtig jede der folgenden Meldungen nach Ihrer persönlichen Meinung am 19. Oktober 1987 für die Beurteilung der Börsenaussichten war. Bitte beurteilen Sie sie auf einer Skala von 1 bis 7, wobei 1 bedeutet, dass die Meldung völlig unwichtig war, 4 bedeutet, dass sie mäßig wichtig war, und 7 bedeutet, dass sie sehr wichtig war. Sagen Sie uns bitte, für wie wichtig* ***Sie*** *die Meldungen hielten, nicht was andere darüber dachten."*

Ich legte zehn Artikel bei und gab an elfter Stelle „Andere" an – dort konnten die Befragten eine andere Nachricht eintragen.

Die Ergebnisse unter den institutionellen und den privaten Anlegern fielen ungefähr gleich aus, auch unter denjenigen, die am 19. Oktober gekauft beziehungsweise gekauft hatten. Sie stuften alles als relevant ein und setzten die meisten Meldungen mindestens auf 4, was bedeutet, dass sie eine mäßige Bedeutung besaßen. Die einzige Nachricht, die mit weniger als 3 bewertet wurde, war das Verkaufssignal, das der Investmentguru Robert Prechter Berichten zufolge am 14. Oktober gegeben hatte, aber immerhin bekam es noch die Einstufung 2. Sogar die Meldung, dass die Vereinigten Staaten eine iranische Ölanlage angegriffen hatten – ein kleineres Scharmützel, von dem am 19. Oktober berichtet wurde –, erhielt eine Bewertung von über 3. Was Meldungen in der Kategorie „Andere" angeht, waren die Befragten nicht sehr mitteilsam. Sie erwähnten eher Bedenken als Meldungen, die zum Zeitpunkt des Crashs bekannt wurden. Die häufigste ausformulierte Antwort bezog sich auf Bedenken wegen der überhöhten Verschuldung, womit je nachdem das Haushaltsdefizit, die Staatsverschuldung oder die Steuern gemeint waren. Entsprechende Antworten kamen von einem Drittel der Privatanleger, die Antworten geschrieben hatten, und von einem Fünftel der institutionellen Investoren.

Das frappierendste Ergebnis war allerdings, dass die am höchsten eingestuften Meldungen des Tages diejenigen über *die bisherigen Kursverluste selbst* waren. Die laut den Befragten wichtigste Nachricht war die über die 200 Punkte Verlust des Dow Jones am Morgen des 19. Oktober. Die privaten Verkäufer bewerteten sie im Schnitt mit 6,54 und die institutionellen Verkäufer mit 6,05. Die Berichte über Rekordverluste (nach Punkten) in der Vorwoche wurden als zweitwichtigste Nachricht gewertet.

Hier eine Frage, anhand deren die Befragten ihre Erinnerungen wiedergeben sollten, wie sie die Preisrückgänge am Tage des Crashs interpretiert hatten: „Können Sie sich an eine konkrete Theorie erinnern, die Sie sich über die Preisrückgänge vom 14. bis 19. Oktober gebildet hatten?" Dahinter hatten sie Platz, um die Antworten in eigenen Worten zu formulieren, die ich dann las und sortierte. Das häufigste Thema dieser Antworten war, der Markt sei vor dem Crash überteuert gewesen. Die Überbewertung wurde von 33,9 Prozent der Privatanleger und von 32,6 Prozent der institutionellen Anleger erwähnt. Das war zwar nicht einmal die Hälfte der Antworten, aber es ist bemerkenswert, dass so viele daran dachten, sie in einer frei formulierten Antwort anzusprechen. (An einer anderen Stelle des Fragebogens fragte ich direkt, ob sie unmittelbar vor dem Crash gedacht hätten, der Markt sei überbewertet, und 71,7 Prozent der Privatanleger [91,0 Prozent derjenigen, die am 19. Oktober verkauft hatten] sowie 84,3 Prozent der institutionellen Anleger [88,5 Prozent der Verkäufer] bejahten dies.)[20] Ein weiteres Thema der frei formulierten Antworten war ein institutioneller Stop-Loss, den ich anhand von Begriffen wie „institutionelle Verkäufe", „Programmhandel", „Stop-Loss" oder „Computerhandel" identifizierte: 22,8 Prozent der Privaten und 33,1 Prozent der Institutionellen erwähnten etwas in dieser Richtung. Außerdem kam die Irrationalität der Anleger zur Sprache, zu erkennen an Äußerungen, die Anleger seien verrückt, der Kursverfall sei durch eine Anlegerpanik oder durch launische Meinungsänderungen bedingt gewesen: 25,4 Prozent der Privatanleger und 24,4 Prozent der institutionellen Anleger sprachen dieses Thema an. Keines dieser hauptsächlichen Themen hatte etwas mit anderen aktuellen Meldungen als dem Crash selbst zu tun.

Unmittelbar nach dieser Frage folgte auf dem Fragebogen: „Welche der folgenden Aussagen beschreibt eher Ihre Theorie über den Kursrückgang: eine Theorie über die Anlegerpsychologie [oder] eine Theorie über Fundamentaldaten wie beispielsweise Unternehmensgewinne oder Zinssätze?" Die meisten – 67,5 Prozent der institutionellen Anleger und 64,0 Prozent der Privatanleger – wählten eine Theorie über Anlegerpsychologie.

Es hat also den Anschein, dass der Börsencrash im Wesentlichen auf einer *psychologischen Rückkopplungsschleife* in der Öffentlichkeit beruhte, die von Preisrückgängen auf Verkäufe und dann wieder auf Preisrückgänge verlief – im Sinne einer negativen Blase, wie in Kapitel 5 besprochen. Offenbar hing der Crash nicht konkret mit irgendwelchen anderen Nachrichten zusammen, die nichts mit dem Crash an sich zu tun hatten, sondern vielmehr mit Theorien über die Gründe anderer Anleger für ihre Verkäufe und über ihre Psychologie.

Präsident Reagan reagierte auf den Crash, indem er einen Untersuchungsausschuss unter dem Vorsitz des ehemaligen Finanzministers Nicholas Brady einrichtete. Er bat die Brady-Kommission, ihm zu erklären, was den Crash verursacht hatte und was man dagegen tun sollte. Anlageprofis geben normalerweise ungern Erklärungen über die Ursachen solcher Ereignisse ab und in vielen Berichten über den Crash lenkte die Stoßrichtung von den eigentlichen Ursachen ab. Dagegen hatten die Mitglieder der Brady-Kommission vom Präsidenten der Vereinigten Staaten die Anweisung, die Angelegenheit frontal anzugehen. Daher ist der Bericht dieses Ausschusses die einzige größere Anstrengung, alle relevanten Fakten zu sammeln und den Crash des Jahres 1987 zu erklären. In der Zusammenfassung gab sie folgende Erklärung für den Crash:

> *„Der rapide Kursverfall Mitte Oktober wurde von konkreten Ereignissen ‚ausgelöst': von einem unerwartet hohen Außenhandelsdefizit,*

das die Zinsen auf neue Höchststände trieb, und durch einen Entwurf zur Steuergesetzgebung, der die Aktien einiger Übernahmekandidaten einbrechen ließ. Dieser erste Kursrückgang löste mechanische, nicht kursabhängige Verkäufe seitens mehrerer Institutionen aus, die Strategien der Portfolioversicherung verwendeten, sowie seitens einer geringen Anzahl von Investmentfonds-Konzernen, die damit auf Rücknahmen reagierten. Die Verkäufe dieser Investoren und die Aussicht auf weitere Verkäufe ihrerseits spornte eine Reihe aggressiver tradingorientierter Institutionen an, im Vorgriff auf weitere Rückgänge des Marktes zu verkaufen. Zu diesen Institutionen zählten neben Hedgefonds eine geringe Anzahl von Pensions- und Stiftungsfonds, Akteure des Geldmarkts und Investmentbanken. Und diese Verkäufe wiederum regten weitere reaktive Verkäufe durch Portfolioversicherer und Investmentfonds an."[21]

Dieses Ergebnis der Brady-Kommission klingt in mancher Hinsicht so ähnlich wie die Schlussfolgerung, die ich aus meiner Umfrage nach dem Crash gezogen habe. Mit „nicht kursabhängige Verkäufe" sind Verkäufe gemeint, die zwar als Reaktion auf einen Preisrückgang erfolgen, aber nicht darauf reagieren, wie tief der Preis bis zur Durchführung des Verkaufs gefallen ist – es wird um jeden Preis verkauft. Die Kommission sagt hier sehr deutlich, dass der Crash durch etwas verursacht wurde, was ich als Feedback-Schleife bezeichnet habe: Anfängliche Preisrückgänge veranlassen weitere Anleger, aus dem Markt auszusteigen, wodurch weitere Preisrückgänge entstehen. Im Endeffekt erklärte die Brady-Kommission also, der Crash 1987 sei eine negative Blase gewesen.

Ein Vorteil der Untersuchung des Ausschusses gegenüber meiner eigenen war der beispiellose Zugang zu großen Investment-Instituten. Die Studie des Ausschusses ergänzt die meinige, insoweit sie ebenfalls zu dem Schluss kommt, bei diesem Crash sei eine Feedback-Schleife am Werk gewesen. Allerdings klingt die Schlussfolgerung insofern etwas anders als meine, als dem Inhalt von Nachrichtenmeldungen ein bedeutender Platz eingeräumt wird. Außerdem weist der Ausschuss darauf hin, ein großer Teil der Verkaufstätigkeit sei „mechanisch" oder „reaktiv" gewesen, nicht psychologisch oder durch den Herdentrieb bedingt.

Laut meinen Umfrageergebnissen kann man nicht behaupten, die von der Brady-Kommission erwähnten Meldungen über das Außenhandelsdefizit und neue Zinshochs hätten im Denken der Anleger eine zentrale Rolle gespielt. Sie waren in meiner Liste der Meldungen enthalten und wurden von den Befragten nur durchschnittlich bewertet (größtenteils 4). Überdies zeigt ein Blick auf die langfristige Entwicklung des Handelsdefizits und der Zinsen ganz klar, dass keine der beiden Kurven einen plötzlichen Ausbruch aufwies, den man eventuell als historisch auffällig betrachten könnte. Sowohl beim Handelsdefizit als auch bei den Zinsen tat sich so gut wie nichts.

Der Entwurf zu einem Steuergesetz, den die Brady-Kommission erwähnt, war meiner Aufmerksamkeit völlig entgangen und ich hatte ihn nicht als Meldung in meine Liste aufgenommen. Er war am 14. Oktober bekannt geworden, also fünf Tage vor dem Crash, und ich hatte nicht den Eindruck, dass er in den Tagen vor dem Crash Gegenstand signifikanter öffentlicher Kommentare gewesen war. Das House Ways and Means Committee unter dem Vorsitz von Dan Rostenkowski fasste steuerliche Änderungen ins Auge, die gegen Übernahmen gesprochen hätten. Im Nachhinein sahen viele Möchtegern-Interpreten des Crashs in einer solchen Änderung der Kapitalertragsteuer eine fundamentale Bedeutung für die Aktienkurse eines effizienten Marktes.

Als ich von der potenziellen Bedeutung dieser Nachricht erfuhr, ging ich noch einmal die Fragebögen durch, die ich bekommen hatte, um nachzusehen, wie viele sie unter „Andere" angesprochen hatten. Unter den 605 Antworten von Privatanlegern fand ich keine einzige Erwähnung und unter den 284 institutionellen Antworten nur drei. Diese Nachricht verdiente es also eindeutig nicht, als bedeutende Ursache des Crashs herausgestellt zu werden.[22]

Die Brady-Kommission legte ziemlich viel Wert auf ein Instrument, das die institutionellen Investoren als „Portfolioversicherung" bezeichneten. Die Portfolioversicherung ist eine Strategie zur Verlustbegrenzung, die von den Professoren Hayne Leland und Mark Rubinstein an der University of California at Berkeley erfunden wurde und die sie in den 1980er-Jahren mit Erfolg an viele institutionelle Investoren vermarktet hatten. Die Bezeichnung „Portfolioversicherung" ist allerdings irreführend, denn in Wirklichkeit handelt es sich lediglich um einen Plan für den Verkauf von Aktien. Dieser Plan beinhaltet zwar beeindruckende mathematische Modelle, aber im Grunde ist er nichts weiter als ein formalisiertes Verfahren, um aus dem Markt auszusteigen, indem man Aktien verkauft, sobald sie zu sinken beginnen. Leland selbst räumt in seinem klassischen Artikel über die Portfolioversicherung aus dem Jahr 1980 zumindest ein: „Wir werden zeigen, dass manche ‚Faustregeln' wie ‚Gewinne laufen lassen, Verluste begrenzen' oder ‚auf einem neuen Hoch verkaufen, in einem neuen Tief kaufen' bei bestimmten Anlegertypen Näherungen der optimalen dynamischen Handelsstrategie sind."[23] Das heißt, wenn Anleger die Portfolioversicherung einsetzen, tun sie nur das, was sie von Natur aus schon immer getan hatten, nur eben mit ein bisschen mehr mathematischer Präzision und sorgfältiger Planung. Doch aufgrund des schicken Namens „Portfolioversicherung“, der den Eindruck erweckt, sie sei vorsichtig und klug, sowie aufgrund ihres Hightech-Images führte diese Strategie höchstwahrscheinlich dazu, dass viele Investoren empfindlicher auf frühere Preisänderungen reagierten.

Die Einführung der Portfolioversicherung durch viele institutionelle Investoren war eine Art Mode – zwar eine ausgeklügelte Mode, aber nichtsdestoweniger eine Mode. Da sie einen überaus markanten Namen besitzt (vor 1980 wurde der Begriff „Portfolioversicherung“ so gut wie überhaupt nicht benutzt), kann man den Verlauf dieser Anlagemode anhand von Wortzählungen in der Presse verfolgen. Ich habe eine solche Zählung in ABI/INFORM vorgenommen, einer Datenbank regelmäßiger Wirtschaftspublikationen. In den Jahren 1980 bis 1983 fand ich jeweils nur einen Hinweis auf die Portfolioversicherung, 1984 waren es vier, 1985 fünf, 1986 bereits 41 und 1987 schließlich 71. Die Erwähnungen der Portfolioversicherung folgten dem stetigen Wachstumspfad, der für einfache epidemische Modelle der Mundpropaganda charakteristisch ist und den ich in Kapitel 10 besprechen werde.[24]

Somit hat die Entwicklung der Portfolioversicherung dazu geführt, dass manche Investoren auf die Preisänderungen unmittelbar vor dem Crash 1987 anders reagierten als früher. Wahrscheinlich gab es noch andere Veränderungen im Charakter der Feedback-Schleife, die wir nicht unmittelbar beobachten können, weil sie nicht so konkret programmiert waren wie die Portfolioversicherung, aber der entscheidende Punkt ist: *Der veränderte Charakter der Feedback-Schleife und nicht die Nachrichten, die zur Zeit des Crashs bekannt wurden*, war die Hauptursache des Crashs.

Rückkopplungen können durch viele Faktoren verändert werden und die Nachrichtenmedien selbst haben sicherlich einen gewissen Einfluss darauf. Das *Wall Street Journal* druckte am Morgen des Crashs 1987 einen Chart des Dow Jones im Laufe der 1980er-Jahre und direkt darunter seines Verlaufs in den 1920er-Jahren bis anderthalb Monate nach dem Crash 1929 ab.[25] Die beiden Diagramme waren so übereinandergelegt, dass das aktuelle Datum mit dem Datum des Crashs 1929 zusammenfiel, sodass der Chart nahelegte, der Crash von 1929 könne sich an diesem Tag wiederholen. Die Anleger hatten die Chance, diesen Chart beim Frühstück zu betrachten, nur Minuten, bevor der Crash 1987 tatsächlich begann. Das *Wall Street Journal* deutete also ganz offen an, dass an jenem Tag möglicherweise ein Crash beginnen könnte. Es stimmt zwar, dass dies kein Artikel auf der Titelseite war und dass kein Artikel alleinige Ursache eines Crashs sein kann, aber dieser kleine Artikel und das zugehörige Diagramm trugen dadurch, dass sie am Morgen des Crashs erschienen, wahrscheinlich dazu bei, dass die Anleger auf Andeutungen eines Crashs empfindlicher reagierten.

Als am Morgen des 19. Oktober 1987 die ersten großen Kursverluste kamen, regte der archetypische Crash 1929 viele Anleger zu der Frage an, ob „es" nun wieder passieren würde – wobei mit „es" der Große Crash gemeint war, den das *Journal* abgedruckt hatte, nicht der Crash 1907, nicht der Aufwärts-Crash 1982 und auch keines der zahlreichen anderen historischen Börsenereignisse, die inzwischen fast völlig in Vergessenheit geraten waren. Das geistige Bild, dass sich der größte Crash der Geschichte genau an diesem Tag ereignen könnte, besaß das Potenzial, die Rückkopplung von den ersten Preisrückgängen auf die späteren Preisrückgänge zu verstärken. Außerdem lieferte dieses Bild eine Vorstellung davon, wie tief der Markt fallen könnte, bevor er wieder zurückfedert, was ein entscheidender Faktor für den tatsächlichen Kursverfall war. Tatsächlich fiel der Dow Jones im Zuge des Crashs am 19. Oktober 1987 an einem Tag fast genauso weit wie am 28./29. Oktober 1929 – 1987 waren es 22,6 Prozent und 1929 waren es 23,1 Prozent. Dass er bei beiden Gelegenheiten ungefähr um den gleichen Betrag fiel, kann man als puren Zufall betrachten und im Jahr 1987 wussten nur wenige Anleger, wie tief genau der Markt 1929 gefallen war. Viele hatten vom Ausmaß des Absturzes 1929 jedoch eine grobe Vorstellung und ansonsten gab es am 19. Oktober 1987 kaum konkrete Hinweise, wann der Kursverfall aufhören sollte.

Man sollte das veränderte Feedback, das zur Zeit des Crashs 1987 wirkte, nur als Beispiel für den stetigen Wandel des Preis-Preis-Feedbacks betrachten, der dadurch zustande kommt, dass sich die Theorien und Methoden der Anleger im Laufe der Zeit ändern. Es wäre falsch, das veränderte Feedback als ausschließliche Folge der technischen Neuerung in Form der Portfolioversicherung zu betrachten. Auch wenn für die Umsetzung von Portfolioversicherungs-Strategien Computer eingesetzt werden, entscheiden doch nach wie vor Menschen, ob dieses Werkzeug verwendet wird und wie schnell es im Laufe eines Kursverfalls greift. Und natürlich gibt es noch viele andere Menschen, die sich im Bewusstsein, dass die Portfolioversicherung verwendet wird, mit ihren eigenen Reaktionen auf frühere Preisbewegungen je nach ihrem Eindruck, wie andere Anleger die Strategie einsetzen, anpassen. Die Portfolioversicherung ist für uns in diesem Zusammenhang nur deshalb interessant, weil sie ganz konkret zeigt, wie sich das Denken der Menschen in Richtungen verändern kann, die die Art und Weise verschieben, in der Feedback-Schleifen zwischen der Änderung von Aktienkursen weitere Änderungen von Aktienkursen anstoßen – und dass daraus möglicherweise Instabilität resultiert.

Die globale Medienkultur

In Kapitel 1 haben wir festgestellt, dass sich die Aktienmärkte in verschiedenen Ländern frappierend ähnlich verhalten, und in Kapitel 3 haben wir gesehen, dass es auch zwischen den Immobilienmärkten vieler Städte in aller Welt frappierende Ähnlichkeiten gibt. Diese Ähnlichkeiten stellen ein Rätsel dar, denn die gängigen ökonomischen Variablen lassen keine guten Gründe für solche Ähnlichkeiten vermuten. Es klingt nicht plausibel, dass sich die Ähnlichkeit unmittelbar aus Cross-Feedback zwischen den Preisen im einen und im anderen Land ergibt. Wenn überhaupt, dann sehen sich die meisten Menschen nur selten direkt die Preise in anderen Ländern an. Ein Grund für solche Ähnlichkeiten muss also in der Präsenz der Nachrichtenmedien als Träger einer globalen Kultur liegen, und zwar als Träger einer spekulativen globalen Kultur, die befürchtet, das bestimmte Preise steigen oder einbrechen könnten.

In Paris schauen die Menschen kein britisches Fernsehen und sie lesen nur selten britische Zeitungen, in London schauen die Leute kein französisches Fernsehen und lesen nur selten französische Zeitungen. Und doch behalten Menschen, die für solche Medien schreiben, die Storys der anderen im Auge. Das gehört zu den Tricks, die sie für ihren Beruf lernen. Nachrichtenjournalisten fühlen sich selbstverständlich verpflichtet – vor allem wenn sie seriöse Meldungen produzieren –, die Nachrichten aus anderen Ländern zu lesen, damit ihnen nichts Wichtiges entgeht. Aber darüber hinaus wissen sie aus Erfahrung auch, dass man die Auflage sehr gut steigern kann, indem man auf den Erfolg von anderen aufspringt. Eine Serie von Meldungen in ausländischen Medien ist ein Indiz für eine erfolgreiche Story und ein solcher Erfolg lässt sich womöglich im eigenen Land reproduzieren, wenn man die Story kopiert und lediglich ein bisschen umbiegt und anpasst, damit sie dem lokalen Geschmack und den lokalen Assoziationen entspricht.

Volkswirte sprechen selten von den Medien als Kraft, die länderübergreifende Ähnlichkeiten bewirkt. Die Öffentlichkeit erwartet von Volkswirten, dass sie die Auswirkungen von Dingen wie Zinsen und Wechselkursen berechnen, nicht dass sie Storys interpretieren, die in Zeitungen rund um die Welt erscheinen. Wir haben ja schon festgestellt, dass die Allgemeinheit normalerweise nicht glaubt, dass sich Kultur und Psychologie wesentlich auf die Märkte auswirken. Darum finden es Volkswirte, vor allem wenn sie in der freien Wirtschaft tätig sind und ihre Argumentation eher der breiten Öffentlichkeit als anderen Volkswirten präsentieren müssen, natürlich vorteilhaft, die Erwartungen der Öffentlichkeit an sie zu erfüllen. Dann verstärkt das Verhalten der Volkswirte lediglich die Eindrücke der Öffentlichkeit von den Ursachen der Marktschwankungen.

Einer der Gründe, weshalb sich der US-amerikanische Aktienmarkt unverhältnismäßig stark auf die Märkte anderer Länder auswirkt, ist die Tatsache, dass in den Vereinigten Staaten Englisch gesprochen und geschrieben wird und dass Englisch eine Weltsprache ist. Reporter im Ausland, die ausnahmslos Englisch verstehen, können viel leichter auf Storys aus den Vereinigten Staaten oder aus Großbritannien reagieren als auf Storys aus Deutschland oder Brasilien. Die Produktion von Nachrichten unterliegt knappen Fristen und erfordert schnelles Handeln. Viele Journalisten können eine englischsprachige Story aus einem anderen Land aufgreifen und im Nu in eine eigene Story verwandeln. Das ist eine todsichere Strategie. Auch wenn die Originalstory englischsprachig war, merkt so gut wie kein Leser oder Zuschauer, dass der Journalist die Story aus dem Ausland übernommen hat. Allerdings wäre es für meisten Journalisten eine große Herausforderung, dies mit einer weniger geläufigen Sprache zu versuchen.

Einer der Gründe, weshalb ein Immobilienboom in Boston Mitte der 1980er-Jahre auf London, dann auf Paris und auf Sydney übergriff (gezeigt in Abbildung 3.3), liegt darin, dass sich die Story, die anlässlich früherer Booms das Licht der Öffentlichkeit erblickt hatte, am Markt der ersten Länder, in denen der Boom aufgetreten war, bewährt hatte und dann in den anderen Ländern einfach kopiert wurde. Nach Berlin oder Tokio breitete sie sich vielleicht deshalb nicht aus, weil sie in den entsprechenden Ländern weniger glaubwürdig war, denn sie befassten sich gerade intensiv mit den Ursachen ihrer wirtschaftlichen Schwäche. Die Story über Immobilienbooms handelte von spektakulären kommerziellen Erfolgen und solche Geschichten passen nicht immer und überall. Medienprofis wissen instinktiv, wann eine Story reif dafür ist, im eigenen Land veröffentlicht zu werden, und wann nicht.

Besonderen Anklang finden Storys ausländischer Herkunft in Medien (beispielsweise in intellektuellen Zeitungen), die vorwiegend in schicken Städten gelesen werden. Der Soziologe Robert K. Merton postulierte, es gebe auf der Welt zwei Sorten von Menschen: Kosmopoliten (die sich an der ganzen Welt orientieren) und lokale Menschen (die sich an ihrem Dorf oder ihrer Stadt orientieren).[26] Die Kosmopoliten haben Teil an einer weltweit verbreiteten Kultur. Die Menschen, die in den schicken internationalen Städten dieser Welt leben, stehen – unterstützt durch die Medien – den Menschen in fernen ähnlichen Städten womöglich näher (trotz Sprachbarrieren) als Landbewohnern in ihrem eigenen Land. Da überrascht es nicht besonders, dass sich die Immobilienpreise solcher Städte gemeinsam bewegen.

Die Rolle der Medien bei der Ausbreitung von Spekulationsblasen

Entgegen den herrschenden Auffassungen besteht die Rolle der Medien an der Börse nicht einfach darin, dass sie ein praktisches Werkzeug für Anleger sind, die direkt auf ökonomisch signifikante Nachrichten reagieren. Vielmehr gestalten sie die Aufmerksamkeit und die Denkschubladen der Öffentlichkeit aktiv mit und schaffen das Umfeld, in dem sich die spekulativen Marktereignisse, die wir erleben, abspielen.

Die in diesem Kapitel angeführten Beispiele zeigen anschaulich, dass die Medien grundsätzlich spekulative Preisbewegungen fördern, weil sie sich bemühen, die Nachrichten für ihr Publikum interessant zu gestalten. Manchmal versuchen sie das Interesse dadurch zu steigern, dass sie Nachrichten, die das Publikum bereits kennt, mit Preisbewegungen in Verbindung bringen. Dadurch heben sie die Bedeutung der entsprechenden Preisbewegungen hervor und lenken zusätzliche Aufmerksamkeit darauf. Oder sie rufen dem Publikum frühere Kursausschläge ins Gedächtnis oder weisen sie auf die wahrscheinlichen Handelsstrategien anderer Anleger hin. Daher kann es vorkommen, dass die Medien das Feedback von früheren auf künftige Preisbewegungen fördern und verstärken oder dass sie eine andere Abfolge von Ereignissen fördern – was wir hier aus Aufmerksamkeits-Kaskade bezeichnen. Das soll nicht heißen, die Medien seien eine geschlossen auftretende Macht, die dem rein passiven Publikum Gedanken aufdrängt. Sie sind Kanäle für die Massenkommunikation und für die Interpretation der populären Kultur, aber die populäre Kultur hat ihre eigene Logik und ihre eigenen Prozesse. Als Nächstes untersuchen wir einige der grundlegenden Ideen unserer Kultur, deren Wandel im Laufe der Zeit in Beziehung zu der sich wandelnden spekulativen Situation an den spekulativen Märkten steht.

KAPITEL 7

VORSTELLUNGEN VON EINER NEUEN WIRTSCHAFTLICHEN ÄRA

Häufig stehen spekulative Marktbewegungen mit der allgemeinen Wahrnehmung in Zusammenhang, die Zukunft sei rosiger oder weniger ungewiss als in früheren Zeiten. Für solche Zeiten wird immer wieder einmal die Bezeichnung „neue Ära" oder „neues Zeitalter" verwendet.

Natürlich ist an dem Begriff der neuen Ära etwas dran. Im Laufe des letzten Jahrhunderts ging die Entwicklung grundsätzlich dahin, dass der Lebensstandard stieg und die Auswirkungen volkswirtschaftlicher Risiken auf Einzelpersonen schwächer wurden. Nach den unterschiedlichsten Maßstäben bewegte sich die Welt tatsächlich allmählich auf ein neues, besseres Zeitalter zu. Das hervorstechendste Merkmal der populären Auffassung von einem neuen Zeitalter ist aber die Tatsache, dass sie nicht kontinuierlich zutage tritt, sondern sich eher in Form von Schüben bemerkbar macht.

Im Gegensatz zu den regellosen Bezugnahmen auf neue Zeitalter in der Populärkultur wählen Volkswirte und andere einflussreiche Kommentatoren, die zu verschiedenen Zeitpunkten der Geschichte eine neue Ära verkündeten, ihr Worte gewöhnlich mit Bedacht. Allerdings scheinen sie oft nur darauf zu setzen, dass langfristige Trends anhalten werden.

Manchmal entgehen den Volkswirten Dinge, weil sie sich zu sehr auf die Zahlen konzentrieren und nicht auf das, was an den neuen technischen oder institutionellen Veränderungen, die viele Menschen als Vorboten einer neuen Ära sehen, originär neu ist. Doch öfter ist es so, dass der Allgemeinheit etwas entgeht, weil sie auf die Storys von der neuen Ära, die plötzlich populär werden, überreagiert – ihr entgeht die grundsätzliche Ähnlichkeit zwischen den neuesten Geschichten und ähnlichen Geschichten, die früher schon oft aufgekommen sind.

Zum Beispiel interpretierten viele beiläufige Beobachter das Aufkommen des Internets Mitte der 1990er-Jahre als grundlegende Veränderung, die die Produktivität und die Wirtschaft anheizen würde, weil das Internet ein Kommunikations- und Vertriebssystem von grundlegender Bedeutung sei. Wenn wir jedoch wissen wollen, ob das Internet ein Kommunikations- und Vertriebssystem ist, das *schnelleres* Wirtschaftswachstum als in der Vergangenheit hervorruft, müssen wir es mit ähnlichen früheren Systemen vergleichen, zum Beispiel mit der Post, der Eisenbahn, dem Telegrafen, dem Telefon, dem Automobil, dem Flugzeug, dem Radio und den Autobahnen. Alle diese Netze wirkten sich zu ihrer Zeit tief greifend auf die Wirtschaft aus und trugen dazu bei, die Wirtschaft von einem primitiveren Zustand aus weiterzuentwickeln. Man kann nun schwerlich argumentieren, das Internet sei für das heutige Wirtschaftswachstum bedeutender als die anderen Netze für das damalige Wirtschaftswachstum, und deshalb gibt es keinen Grund, mit schnellerem Wachstum als früher zu rechnen. Die breite Öffentlichkeit denkt normalerweise jedoch nicht an Vergleiche mit diesen früheren Episoden.

Der Eindruck, dass die Öffentlichkeit zu verschiedenen Zeiten auf verschiedene Arten vom Gedanken an eine neue Ära beeinflusst ist – übrigens auch von beliebigen anderen populären Wirtschaftstheorien –, ist schwer festzumachen. Beispielsweise ist es schwierig, die Entwicklung von Gedanken mithilfe von Fragebogen zu verfolgen, weil man erst dann nach bestimmten Gedanken fragen kann, *nachdem* diese Gedanken bereits großes Interesse auf sich gezogen haben.

Wir können mithilfe von Computer-Datenbanken Wörter in Publikationen zählen und dadurch eine gewisse Vorstellung von der sich verändernden Häufigkeit gewinnen, mit der bestimmte wirtschaftswissenschaftliche Begriffe verwendet werden, doch solche Suchen sind recht grob und berücksichtigen nicht, dass sich die Verwendung von Begriffen im Laufe der Zeit oft ändert. Als ich herauszufinden versuchte, wie oft der Ausdruck „neue Ära" in den Jahren vor dem Börsenhoch 2000 verwendet wurde, merkte ich, dass er in derart vielen Zusammenhängen verwendet wurde, dass eine einfache Suche für unsere Zwecke nichts bringt. Allerdings fand ich in der Datenbank Lexis-Nexis heraus, dass der Begriff „new era economy" im Englischen so lange nicht üblich war, bis eine Titelstory vom Juli 1997 in *Business Week* ihn Alan Greenspan zuschrieb. Angeblich sollte er nach der einige Monate zuvor gehaltenen Rede, in der der irrationale Überschwang vorkam, einen Wendepunkt in seiner Denkweise markieren.[1] In der Zeit bis zum Börsenhoch 2000 blieb der Begriff „new era economy" gebräuchlich. (Dass der Begriff mit einer mächtigen Persönlichkeit in Verbindung gebracht wurde, ist ein weiteres schlagendes Beispiel dafür, dass individuelle Faktoren oder Medienereignisse das Denken der Allgemeinheit verändern können.)

Eigentlich wurde der Begriff „neue Ära" schon vor dem *Business Week*-Artikel in dieser Bedeutung verwendet. Im Juni 1997 veröffentlichte der *Boston Globe* mehrere Artikel, in denen die Begriffe „new era thesis", „new era theorists" und „new era school" verwendet wurden und in denen Ralph Acampora, Direktor für technisches Research bei Prudential Securities, als Mitglied dieser sogenannten Schule ausgemacht wurde. Im August 1997 griff ein breit diskutierter Artikel von Paul Krugman in der *Harvard Business Review* die zu frischem Ruhm gekommene Theorie von der neuen Ära an und natürlich wurde der Begriff dadurch noch geläufiger.[2] Die Nexis-Suche ergibt, dass der Begriff „neue Ära" in den zehn Jahren vor 1997 nur selten verwendet wurde, um optimistische Aussichten zu bezeichnen, und dass er kaum geläufig war.

Es ist schon seltsam, dass die Entwicklung von Storys über ein neues Zeitalter um das Jahr 1997 ungefähr mit dem Zeitpunkt zusammenfiel, als in den Vereinigten Staaten und anderen Ländern der Immobilienboom begann. Wie in Abbildung 3.3 zu sehen, begann er um das Jahr 1997 recht rasant in Boston, Los Angeles, Paris und Sydney, wobei die Preisanstiege in London schon mehr als ein Jahr vorher begonnen hatten.

Die Popularität des Begriffs „Neue Ära" als Beschreibung der Wirtschaft nahm zu, nachdem die Börse in den 1990er-Jahren so weit gestiegen war, dass die Menschen langsam erstaunt waren, und in allen Artikeln über die neue Ära kam die Börse vor.[3] Es war also nicht so, als hätten einige Volkswirte eine neue Ära ausgerufen, nachdem sie sich Zahlen zum Nationaleinkommen oder sonstige Zahlen angesehen hatten, die etwas über die realwirtschaftlichen Aussichten aussagen. Die Theorie von der neuen Ära kam vor allem als nachträgliche Interpretation eines Börsenbooms auf. Das überrascht natürlich nicht. Ein Börsenboom ist ein dramatisches Ereignis, das eine ebenso dramatische Interpretation verlangt. Im Gegensatz dazu ist eine Erhöhung der Wachstumsrate des Bruttoinlandsprodukts von zwei auf drei Prozent zwar möglicherweise für Volkswirte aufregend, aber auf die Allgemeinheit macht sie nicht viel Eindruck. Sie ist nicht greifbar, unverständlich und kann sich gegen die reißerischen Meldungen, mit denen die Öffentlichkeit bombardiert wird, einfach nicht durchsetzen.

Immer wenn der Markt ein neues Hoch erreicht, tauchen plötzlich Redner, Autoren und sonstige Prominente auf, die mit Erklärungen für den offenkundigen Optimismus bewaffnet sind, der am Markt abzulesen ist. Dabei kommt es vor, dass Journalisten mit den Zeitpunkten durcheinanderkommen und schreiben, die Worte, die von diesen großartigen Männern und Frauen ausgesprochen wurden, hätten die Verschiebungen an den Märkten verursacht. Sicherlich können Prominente Märkte bewegen, aber häufig springen ihre klugen Worte nur auf den Zug der Marktbewegungen auf. Nichtsdestotrotz gehört die Vorstellung von einer neuen Ära, die sie verbreiten, zu dem Prozess dazu, durch den ein Boom aufrechterhalten und verstärkt werden kann – sie gehört zu dem Feedback-Mechanismus, von dem wir gesehen haben, dass er Spekulationsblasen erzeugen kann.

Jemand, der die Rationalität der Märkte verteidigen möchte, könnte darauf hinweisen, dass auch dann, wenn Diskussionen über eine neue Ära wirklich die Ursache des Booms sind, noch lange nicht gesagt ist, dass die Berichte über solche Diskussionen vor dem Boom erscheinen müssen. Technisch ist es natürlich trotz der Tatsache, dass die meisten Mediendiskussionen mit Aufschwüngen der Börse zusammenfallen oder kurz danach auftreten, möglich, dass die *mündlichen* Diskussionen in der Tat vor dem jeweiligen Boom stattfanden und ihn auslösten. Vielleicht sind sie den Nachrichtenmedien nur zu spät aufgefallen.

Wenn man jedoch die Denkmuster betrachtet, die in der breiten Anlegeröffentlichkeit zu beobachten sind, erscheint eine solche Verteidigung der Rationalität von Märkten nicht sehr plausibel. Die Allgemeinheit interessiert sich derart wenig für begründete Argumente, dass es höchst unwahrscheinlich ist, sie könnte geheime Gedanken über eine neue Ära der Unternehmensgewinne gehegt haben, die nichts mit früheren Kursanstiegen zu tun haben.

Es scheint, dass sich die meisten Menschen nicht für langfristige Wachstumsprognosen interessieren, die sich auf die Gesamtwirtschaft beziehen. Laut Wirtschaftstheorie müssten sie sich zwar dafür interessieren, wenn sie sich rational verhalten würden, aber dafür ist das Thema zu abstrakt, zu langweilig oder zu technisch. Die Öffentlichkeit interessiert sich für ausführliche Beschreibungen der künftigen Technologie – zum Beispiel, was Computer bald alles Erstaunliches können werden – und nicht dafür, die Erträge der US-amerikanischen Unternehmensgewinne in den nächsten Jahren abzuschätzen. Tatsächlich ist zweifelhaft, ob heute mehr als ein kleiner Teil der Bevölkerung größenordnungsmäßig abschätzen könnte, wie hoch der Gewinn aller US-amerikanischen Unternehmen ist. Und es ist sehr unwahrscheinlich, dass sie sich für die Vorhersage von Änderungen ebendieses Gewinns interessiert.

Die Geschichte zeigt, dass zu manchen Zeiten unbemerkte Kräfte auf die Öffentlichkeit wirken, die so lange nicht in den Medien oder in öffentlichen

Diskussionen enthüllt werden, bis irgendein Schlüsselereignis sie aus der Versenkung holt. Aber solche Strömungen der öffentlichen Meinung beziehen sich gewöhnlich auf naive Theorien, die auf persönlichen Beobachtungen oder schlecht begründeten Vorurteilen gegen Minderheiten oder andere Länder basieren. Die Öffentlichkeit hegt schlicht keine geheimen Gedanken über das Wirtschaftswachstum.[4]

Laut der herrschenden Meinung reagiert der Aktienmarkt auf Theorien von einer neuen Ära. Es scheint sogar so zu sein, dass der Aktienmarkt oft Theorien von einer neuen Ära *schafft*, wenn sich Journalisten mit einer Begründung von Aktienkursbewegungen abmühen. Diese Situation erinnert an ein Ouijabrett, auf dem die Teilnehmer die Bedeutung von Bewegungen ihrer zitternden Finger interpretieren und daraus Vorhersagen ableiten sollen. Oder man betrachtet den Aktienmarkt als Orakel, das mysteriöse und bedeutungslose Sprüche von sich gibt, und wir bitten dann unsere Führungspersönlichkeiten, sie zu interpretieren, wobei wir ihren Interpretationen fälschlicherweise Autorität zubilligen.

Im vorliegenden Kapitel analysiere ich die Vorstellung von einer „neuen Ära", die mit einigen Börsen- und Immobilienbooms in den Vereinigten Staaten einherging. Außerdem liefere ich Hinweise darauf, wie die öffentliche Meinung aussah, wenn die „neuen Zeitalter" abgelaufen waren. Dabei benutze ich reichlich zeitgenössische Zitate, denn sie liefern die unmittelbarsten Hinweise darauf, was sich die Menschen dachten und worum sie sich sorgten.

Der Optimismus des Jahres 1901: Der Gipfel des 20. Jahrhunderts

Wie in Kapitel 1 vermerkt, trat der erste von drei Höhepunkten des Kurs-Gewinn-Verhältnisses nach 1881 im Juni 1901 auf, genau zur Morgendämmerung des 20. Jahrhunderts. In den zwölf Monaten davor waren die Preise spektakulär gestiegen und Mitte 1901 berichteten Beobachter von einem regelrechten Spekulationsfieber: „So etwas wie den Ausbruch von Spekulationen im April 1901 hat es in der Geschichte der Spekulationsmanien selten gegeben. [...] Die Zeitungen waren voll von Artikeln über Zimmerkellner, Büroangestellte, sogar Pförtner und Damenschneider, die mit ihren Spekulationen ein beträchtliches Vermögen gemacht hatten. Man kann sich wohl vorstellen, wie das auf das Denken der Allgemeinheit wirkte."[5]

Am Beginn des Jahrhunderts im Januar 1901 wurde viel über die Zukunft und über den bevorstehenden technischen Fortschritt geredet: „Züge werden über 200 Stundenkilometer fahren, [...] bei den Zeitungsverlagen werden nur noch Knöpfe gedrückt, den Rest machen automatische Maschinen,

[...] Phonographen werden in großen Geschäften als Verkäufer auftreten und automatische Hände werden das Kleingeld herausgeben."[6] Guglielmo Marconi gelang 1901 die erste transatlantische Funkübertragung und es wurde prophezeit, bald werde man Funkkontakt zum Mars aufnehmen.

Der Schwerpunkt der Pan-American Exposition in Buffalo im Bundesstaat New York vom 1. Mai bis zum 1. November 1901 lag auf der Hochtechnologie. Das Herzstück war der 114 Meter hohe „Electric Tower", der von 44.000 Glühbirnen erleuchtet wurde, gespeist von Generatoren, die weit entfernt in Niagara Falls standen. Der Turm war „unbeschreiblich brillant" und schlug die Besucher „in seinen Bann".[7] Im „Electricity Building" der Ausstellung wurden die Wunder der Elektrizität vorgeführt. Dort gab es unter anderem einen Elektrographen, der Bilder per Kabel übertrug (ein Vorläufer des Faxgeräts), und einen Tel-Autographen, mit dem man seine Unterschrift über weite Entfernungen übertragen konnte (ein Vorläufer der Geräte zur Prüfung von Unterschriften auf Kreditkarten). Die Ausstellung bot sogar eine simulierte Mondfahrt in dem Luftschiff „Luna": Der Besucher konnte vor der Rückkehr auf die Erde durch die Straßen und Geschäfte auf dem Mond schlendern.

In gewissem Sinne schienen im Jahr 1901 die Hightech-Ära, das Computerzeitalter und das Raumfahrtzeitalter unmittelbar bevorzustehen, auch wenn die Vorstellungen in anderen Worten präsentiert wurden, als wir das heute tun würden. Die Menschen waren optimistisch und später wurde das erste Jahrzehnt des 20. Jahrhunderts als Zeitalter des Optimismus, als Zeitalter der Zuversicht oder als „Cocksure Era" bezeichnet. Vielleicht war die Stimmung ähnlich wie ein Jahrhundert später, kurz nach Beginn des 21. Jahrhunderts. Mag sein, dass Übergänge zu neuen Jahrhunderten dank der Ausbeutung von Jubiläen und Schwellenereignissen durch die Medien sowie dank der menschlichen Neigung, solche Ereignisse als symbolische Neuanfänge zu betrachten und sie mit überzogenen Hoffnungen und Erwartungen zu versehen, tendenziell optimistische Zeiten sind. Das Beispiel 1901 lässt jedenfalls vermuten, dass unser heutiger, durch das neue Jahrhundert bedingter Optimismus tatsächlich noch Jahre in das neue Jahrtausend hinein reichen könnte – jedenfalls in gewissen Formen und unter der Annahme, dass er durch widrige Ereignisse in der Welt nicht zu sehr beeinträchtigt wird. Ob die Ereignisse vom 11. September, die globale Finanzkrise des Jahres 2008, die Kriege und Revolutionen im Nahen Osten und die politischen Spannungen anderswo auf der Welt ausreichen, um unsere Zuversicht dauerhaft zu erschüttern, bleibt abzuwarten.

Es gab aber noch einen anderen Grund, weshalb die Menschen 1901 dachten, der Aktienmarkt sollte hoch bewertet sein. Die bedeutendsten

Wirtschaftsmeldungen der Vorjahre hatten sich auf zahlreiche Zusammenschlüsse, Trusts und Fusionen in einer ganzen Reihe von Branchen bezogen, zum Beispiel die Bildung von U.S. Steel aus mehreren kleineren Stahlkochern. Viele Börsenbeobachter betrachteten diese Entwicklungen im Jahr 1901 als bedeutsam und allgemein wurde der Begriff *Interessengemeinschaft* verwendet, um die neue Volkswirtschaft zu beschreiben, die von solchen Zusammenschlüssen beherrscht wurde. Im April 1901 erläuterte ein Leitartikel in der *New York Daily Tribune*:

> *„Aber eine neue Ära ist angebrochen, die Ära der ‚Interessengemeinschaft', durch die man hofft, ruinöse Preissenkungen zu vermeiden und die Zerstörung abzuwenden, die in der Vergangenheit so viele konkurrierende Konzerne in allen Industriezweigen einholte, wenn die Konjunktur erlahmte. In der großartigen Eisen- und Stahlindustrie beispielsweise, die nach Andrew Carnegies Worten der Fürst und der Arme der industriellen Welt war, einmal prächtig gedeihend und dann wieder am Boden liegend, folgte in den letzten zwei Jahren nach der Konsolidierung von zig zersplitterten Konzernen zu einem Dutzend größerer Konzerne die Konsolidierung Letzterer zum gigantischsten Zusammenschluss, den die Welt je gesehen hat und der, wenn die Erwartungen ihrer Planer sich erfüllen, einen Großteil der ökonomischen Vergeudung vermeiden wird, indem er es unmöglich macht, dass aus Wettbewerbsgründen unnötige Werke errichtet werden, indem viele Einsparungen erfolgen, weil doppelte Führungspositionen abgeschafft sind, indem eine einheitliche Preisliste eingeführt wurde und indem der Ausfuhrhandel ausgeweitet wurde, weil infolge der diversen Einsparungen, die die Konsolidierung mit sich bringt, die Preise niedriger sind.*
> *Auch auf dem Feld der Eisenbahn ist der Zusammenschluss der Leitgedanke, und zwar aus den gleichen Gründen. Konkurrierende Strecken werden zusammengelegt oder verpachtet, woraus betriebliche Einsparungen resultieren und die Preissenkungen dauerhaft aufhören, die Vertreter mächtiger Eisenbahngesellschaften treten in die Verwaltungsräte bislang unverbesserlicher Unterbieter ein, wo sie einen mächtigen, wenn nicht gar beherrschenden Einfluss haben."*[8]

Solche Gründe für den Optimismus bezüglich der Börse sind sicherlich plausibel. Man kann leicht auf die Idee kommen, die Abschaffung der Konkurrenz könne den Großunternehmen Monopolgewinne bescheren und dadurch ihre Aktienkurse in die Höhe treiben.

Jedoch erwähnt der Leitartikel nicht, dass Kartellgesetze die Ära der „Interessengemeinschaft" beenden könnten. Im September 1901 wurde der unternehmerfreundliche Präsident William McKinley auf der Pan-American Exposition getötet. Sein Nachfolger wurde der als „Cowboy" geltende Vizepräsident Teddy Roosevelt. Bereits sechs Monate danach, im März 1902, entstaubte Roosevelt den fast schon vergessenen Sherman Antitrust Act von 1890 und setzte ihn gegen die Northern Securities Company ein. Im Laufe der nächsten sieben Jahre betrieb er eine energische Antitrust-Politik. Als die Mängel des Sherman Act zutage traten, führte der Clayton Antitrust Act von 1914 den Angriff gegen die Konzernzusammenschlüsse fort.

Die Prämisse der Theorie der Aktienkurse, die auf die „Interessengemeinschaften" setzte, erwies sich als falsch. Denjenigen, die sich auf dieser Grundlage optimistisch über Aktien geäußert hatten, kam überhaupt nicht in den Sinn, dass dabei etwas schiefgehen könnte. Diese Menschen bedachten nicht die Möglichkeit, dass die Gesellschaft diese Verschiebung des Wohlstands in Richtung der Aktionäre nicht dulden würde. Vermutlich bedachten sie dies deshalb nicht, weil es noch keine konkreten Maßnahmen gegen Kartelle gegeben hatte. Doch wenn man sich Gedanken über den Stand der Börse macht, muss man natürlich die langfristigen Gewinne berücksichtigen, die den Markt ausmachen und die sich über die kommenden Jahrzehnte erstrecken – und natürlich die Möglichkeit, dass die Gesellschaft positive oder negative Anpassungen vornimmt, um diesen Gewinnfluss zu steuern.

Diskussionen über den Aktienmarkt berücksichtigen selten die Möglichkeit, dass der Staat auf die Höhe der Gewinne reagiert, obwohl sich die staatliche Politik gegenüber den Unternehmen im Laufe der Zeit erheblich und dramatisch wandelt. Beispielsweise wurde die Körperschaftsteuer sehr oft geändert, von 0 Prozent 1901 auf 1 Prozent 1911, dann 1921 auf 10 Prozent, 1931 auf 14 Prozent, 1941 auf 31 Prozent, 1951 auf 50,75 Prozent zuzüglich 30 Prozent Übergewinnsteuer und heute sind es 35 Prozent. Obwohl der US-amerikanische Staat durch diese Maßnahmen die Körperschaftsteuer von 0 auf 50,75 Prozent anhob und dadurch im Endeffekt die Hälfte der Börse verstaatlichte (insoweit er die Steuern tatsächlich durchsetzte und beibehielt), werden mögliche zukünftige Änderungen dieser Steuer nur selten erwähnt, wenn über die Aussichten der Börse diskutiert wird.

Das Beispiel 1901 zeigt eine Richtung, in der die Vorstellung von einer neuen Ära fehlgehen kann. Dieses Denken konzentriert sich auf die Auswirkungen von Ereignissen, die momentan in den Nachrichten eine wichtige Rolle spielen. Dem „Was wäre wenn" wird selbst dann kaum Aufmerksamkeit geschenkt, wenn seine Wahrscheinlichkeit sehr groß ist.

Im Jahr 1901 gab es noch ein weiteres wichtiges Thema – die Aktien befänden sich jetzt „in starken Händen“: „Der Aktienbesitz ist in andere Hände übergegangen. Jetzt gehören sie nicht mehr den öffentlichen Spekulanten. Sie gehören jetzt Menschen, die in der Lage sind, sie unter allen Umständen zu schützen, zum Beispiel Standard Oil, Morgan, Kuhn Loeb, Gould und Harriman Interests. Diese Menschen sind die herausragenden Finanziers unseres Landes und wenn sie sich auf etwas einlassen, wissen sie natürlich, welche Ergebnisse davon am Ende zu erwarten sind.“[9] Diese Theorie findet es ebenso wie andere Theorien, die anlässlich von Höhepunkten des Marktes geäußert werden, unvorstellbar, dass es zu einer Verkaufspanik kommen könnte. Auf ganz kurze Sicht war diese Theorie vielleicht sogar korrekt, doch die starken Hände hielten weder den Börsencrash 1907 noch den dramatischen Kursrutsch von 1907 bis 1920 auf.

Der Optimismus der 1920er-Jahre

Die Hausse der 1920er-Jahre war offensichtlich eine Zeit, in der eine relativ große allgemeine Begeisterung für den Aktienmarkt und großes Interesse daran herrschte, und dieser Enthusiasmus erreichte offenbar 1929 zusammen mit dem Markt seinen Höhepunkt. Frederick Allen schrieb 1931 in seinem Buch „Only Yesterday“ über das Jahr 1929:

> *„Der Chauffeur eines reichen Mannes spitzte beim Fahren die Ohren, um die Neuigkeit eines bevorstehenden Anstiegs von Bethlehem Steel mitzubekommen; er besaß 50 Aktien mit 20 Punkten Margin. Der Fensterputzer im Büro des Brokers hielt inne, um den Ticker zu beobachten, denn er überlegte, ob er seine mühsam erarbeiteten Ersparnisse in ein paar Aktien von Simmons verwandeln sollte. Edwin Lefevre (ein führender Börsenreporter der damaligen Zeit, der eine beträchtliche persönliche Erfahrung für sich in Anspruch nehmen konnte) erzählte vom Diener eines Brokers, der an der Börse fast eine Viertelmillion Dollar verdient hatte; von einer Krankenschwester, die dank der Tipps dankbarer Patienten 30.000 Dollar abstaubte; von einem Rinderzüchter in Wyoming, 30 Meilen von der nächsten Eisenbahn entfernt, der jeden Tag 1.000 Aktien kaufte oder verkaufte.“*[10]

Vielleicht erweckt dieser Bericht einen übertriebenen Eindruck von dem öffentlichen Interesse am Aktienmarkt, aber dieses Interesse war in den 1920er-Jahren zweifellos viel ausgeprägter als zu anderen Zeiten und enthusiastische Anleger waren nicht schwer zu finden.

Die 1920er-Jahre waren eine Zeit schnellen Wirtschaftswachstums und insbesondere der allgemeinen Verbreitung einiger technischer Neuerungen, die vorher nur reichen Leuten zur Verfügung gestanden hatten. Etwa um diese Zeit wurde das Automobil allgemein gebräuchlich. Im Jahr 1917 waren in den Vereinigten Staaten erst 1,7 Millionen Autos angemeldet, 1920 waren es 8,1 Millionen und 1929 bereits 231 Millionen. Das Automobil brachte ein neues Gefühl der Freiheit und neuer Möglichkeiten sowie das allgemeine Bewusstsein mit sich, man könne diese persönlichen Ziele dank der neuen Technik erreichen.

Außerdem wurde in den 1920er-Jahren die Stromversorgung über die bedeutendsten Großstädte hinaus ausgebaut, die bereits elektrifiziert waren. Im Jahre 1929 hatten 20 Millionen US-amerikanische Haushalte einen Stromanschluss. Petroleum war out, Glühbirnen waren in. Die Hälfte dieser Haushalte besaß 1929 einen Staubsauger und ein Drittel eine Waschmaschine. Überdies breitete sich in den 1920er-Jahren der Rundfunk aus und das Radio entwickelte sich zu einem ausgereiften landesweiten Unterhaltungsmedium. Im Jahr 1920 hatte es in den gesamten Vereinigten Staaten nur drei Radiosender gegeben, im Jahr 1923 waren es schon über 500. In den 1920er-Jahren kamen landesweit bekannte Radiostars wie Rudy Vallee und landesweit populäre Radiosendungen wie *Amos 'n' Andy* auf. Die National Broadcasting Company (NBC) errichtete 1926 den ersten landesweiten Radiosender und regelmäßige Sendungen schufen ein Gefühl der nationalen Kultur, das man zuvor nicht gekannt hatte. Der Ton eroberte den Kinofilm. Lee De Forest erfand 1923 die Tonspur und bis zum Ende des Jahrzehnts hatte der Tonfilm den Stummfilm vollständig verdrängt. Da sich diese Neuerungen so sehr auf das Alltagsleben der Menschen zu Hause und in der Freizeit auswirkten, waren die 1920er-Jahre eine Zeit, in der der enorme technische Fortschritt auch dem beiläufigsten Beobachter nicht entgehen konnte.

Im Laufe des Börsenbooms der 1920er-Jahre riefen mehrere selbstbewusste Wortmeldungen ein neues wirtschaftliches Zeitalter aus. So war bereits 1925 zu hören: „Derzeit ist nichts abzusehen, was verhindern könnte, dass sich die Vereinigten Staaten einer Ära des wirtschaftlichen Wohlstands erfreuen, der im Buch der Wirtschaftsgeschichte ohne Beispiel ist."[11]

John Moody, der Leiter der Ratingagentur Moody's Investor Service, schrieb 1928 in einem Artikel über den Aktienmarkt: „In der gesamten zivilisierten Welt nimmt ein neues Zeitalter Gestalt an. Die Zivilisation gewinnt neue Aspekte. Vielleicht begreifen wir erst jetzt so langsam, dass die moderne und mechanisierte Zivilisation, in der wir leben, im Begriff steht, sich zu vervollkommnen."[12]

Aufgrund der allgemeinen Aktienbegeisterung und der rasanten Hausse herrschte auch eine entsprechende Nachfrage nach Büchern, die den Börsenboom interpretierten und begründeten. Charles Amos Dice gab 1929 in „New Levels in the Stock Market" eine Reihe von Gründen an, weshalb man erwarten sollte, dass sich der Anstieg fortsetzt. Er schrieb zwar „neue Welt" statt „neue Ära", aber der Gedanke war derselbe. Er schrieb von einer „neuen Welt der Industrie" und meinte damit die Techniken der Massenproduktion, große Forschungsabteilungen, den Beginn des Elektrizitätszeitalters, die Industrialisierung der Südstaaten, die Produktion großer Stückzahlen und die Mechanisierung der Landwirtschaft. Außerdem schrieb Dice über eine „neue Welt der Distribution" und prophezeite die Verbreitung von Ratenkrediten, das Aufkommen von Ladenketten, neue Werbemethoden, die die Nachfrage anheizen würden, und neue Methoden der Marktforschung. Außerdem sprach er von einer „neuen Finanzwelt" und bezog sich damit auf die Expansion des Investmentbankings als neue Quelle von Geldmitteln für Unternehmen, den Aufstieg der Holdinggesellschaft als Instrument für flexiblere Finanzierungen und dass das Federal Reserve System die Stabilisierung des Wirtschaftsgeschehens vorantreiben würde. Dice verglich die Federal Reserve mit dem Regler einer Dampflok, der die Geschwindigkeit der Konjunktur regelt.[13]

Kurioserweise erschien das Buch von Dice im August 1929, also einen Monat bevor der Markt vor dem Ausbruch der Großen Depression seinen Höhepunkt überschritt. Noch bemerkenswerter wirkt dieser Erscheinungstermin, wenn man auf Seite 69 einen kleinen Zettel mit der Überschrift „Errata" findet. Er wurde offenbar eingefügt, nachdem das Buch gedruckt, aber bevor es gebunden war, und vermerkt, dass der Dow Jones Industrial Average am 3. September mehr als 20 Punkte über das im Buch angegebene Niveau gestiegen war. Und er rät dem Leser, die im Buch angegebenen Prognosen um 15 bis 20 Punkte zu erhöhen. Das heißt, Dice gelang es, das Buch exakt zum Höhepunkt der Börse herauszubringen und so mit seiner Prognose den katastrophalsten Fehler zu begehen, den es gibt.

Professor Irving Fisher von der Yale University, der als einer der herausragenden Volkswirte seiner Zeit galt, behauptete, der US-amerikanische Aktienmarkt sei keinesfalls überbewertet. Er soll kurz vor dem Höhepunkt 1929 gesagt haben: „Die Aktienkurse haben offensichtlich ein dauerhaftes Hochplateau erreicht." Er schrieb ein Buch namens „The Stock Market Crash – and After" mit einem Vorwort, das auf weniger als zwei Monate nach dem Schwarzen Donnerstag datiert ist. Fisher muss also bereits an diesem Buch gearbeitet haben, als Dice seines schrieb, aber sein Timing war besser. Der Crash 1929 passierte, während er noch daran schrieb. Doch auch nach dem

Crash konnte Fisher noch optimistisch sein, vor allem weil der Markt erst einen Bruchteil des Weges gefallen war, den er bis 1932 noch zurücklegen sollte, und der Crash noch nicht das Ende einer Ära zu signalisieren schien.

Fisher argumentierte in dem Buch, es bestehe aus mehreren Gründen Aussicht auf rapide wachsende Gewinne – und einige Gründe entsprachen denen, die Dice angeführt hatte. Zunächst wies er auf die Fusionswelle der 1920er-Jahre hin, dank deren Skaleneffekte möglich wurden. Er merkte an: „Es braucht einige Zeit, bis sich die Einsparungen durch Fusionen bemerkbar machen, aber auf die Börse wirken sie sich sofort aus." Die wissenschaftliche Forschung und die Erfindungen schritten schneller voran als früher. Die Vorteile des Automobils stünden gerade erst am Anfang ihrer Ausnutzung durch den Ausbau des schnell wachsenden asphaltierten Straßennetzes. Bei der effizienten Verwendung von Abfallprodukten gebe es noch viel zu lernen. Im landwirtschaftlichen Bereich waren kurz zuvor unter anderem das Tiefpflügen, bessere Düngemittel, bessere Züchtungen von Nutztieren sowie neue und bessere Pflanzensorten entwickelt worden. Wenn alle diese Erfindungen nach und nach angewandt würden, könne man davon weitere Ertragssteigerungen erwarten. Außerdem vertrat Fisher die Auffassung, das Management der amerikanischen Unternehmen verbessere sich dank der Anwendung „wissenschaftlicher" Methoden, dank der besseren Gestaltung von Produktionsanlagen und dank ausgeklügelter Managementmethoden. Die Unternehmen könnten besser vorausplanen, unter anderem weil er selbst das „master-charting" erfunden habe, eine Methode, mit der Führungskräfte mit Stift und Papier anhand von Prioritäten planen könnten. Außerdem machte Fisher der Eindruck Mut, den er gewonnen hatte, dass die Gewerkschaften inzwischen Mitverantwortung für die Lösung von Problemen der Industrie übernahmen.[14]

Andere argumentierten, die Marktbewertungen der 1920er-Jahre seien deshalb solide, weil dies eine nüchterne Zeit sei – und dies nicht nur im übertragenen Sinne. Man hielt das Verbot alkoholischer Getränke – die Prohibition – für ein Zeichen größerer Stabilität und Intelligenz: „Zu diesem glücklichen Ergebnis haben mehrere Faktoren beigetragen. [...] [Unter anderem] die Beseitigung des Saloons und seiner destruktiven Elemente aus dem Leben unserer Nation und die daraus resultierende relative Nüchternheit unserer gesamten Bevölkerung. Das meiste Geld, das früher im Saloon ausgegeben wurde, fließt seither in einen immer höheren Lebensstandard, in Investitionen und Sparbücher."[15]

Natürlich wurden damals bezüglich der Börse nicht nur positive Meinungen laut. Dass die Börse im Verhältnis zum fundamentalen Wert hoch bewertet war, blieb auch 1929 nicht unbemerkt. Die *New York Times* und der

Commercial and Financial Chronicle wiesen ständig auf das hin, was sie als überzogene Spekulation interpretierten. Paul M. Warburg, Leiter der International Acceptance Bank, prangerte die „ungezügelte Spekulation" an.[16] Doch vom Stand der Börse selbst können wir ablesen, dass die Stimmung der Allgemeinheit in den 1920er-Jahren überwiegend positiv war.

Die Vorstellung von der neuen Ära in den 1950er- und 1960er-Jahren

Den Medienberichten nach zu urteilen erlebte die Vorstellung von einer neuen Ära auch Mitte der 1950er-Jahre einen plötzlichen Aufschwung. Real (inflationsbereinigt) stieg die Börse von September 1953 bis Dezember 1955 um 94,3 Prozent. Während der 1950er-Jahre hatte sie meistens stagniert, weil befürchtet wurde, die Wirtschaft könne wieder in eine Depression versinken, nachdem der Anreiz durch die gesteigerte Produktion für den Zweiten Weltkrieg weggefallen war. Doch die plötzliche annähernde Verdopplung des Aktienmarkts, die von solidem Gewinnwachstum getragen wurde, ließ die Anlegeröffentlichkeit solche Befürchtungen offenbar vergessen und sie gab sich der Vorstellung von einem ganz neuen Zeitalter hin. *U.S. News and World Report* schrieb im Mai 1955:

> *„Wieder einmal liegt das Gefühl einer ‚neuen Ära' in der Luft. Das Vertrauen ist groß, der Optimismus fast allgegenwärtig und Besorgnis kaum vorhanden.*
> *Die Bedrohung durch einen Krieg flaut ab. Die Aussichten werden zunehmend friedlich. Arbeitsplätze sind reichlich vorhanden. Noch nie waren die Löhne so hoch. Steuersenkungen sind versprochen. Alles ist auf dem aufsteigenden Ast.*
> *Dreimal innerhalb von zehn Jahren kam die Angst vor einer Depression und ging wieder, ohne dass viel passierte. Zum ersten Mal kam sie 1946, gleich nach dem Zweiten Weltkrieg. Die Militärausgaben wurden drastisch gekürzt, doch von einer Eintrübung war kaum etwas zu spüren. Zum zweiten Mal kam die Angst 1949. Doch die Allgemeinheit kaufte einfach weiter, sie ignorierte die Befürchtungen der Unternehmer und die Angst verging wieder. Zum dritten Mal kam 1953 Angst auf, doch das ist jetzt kaum mehr als eine Erinnerung."*[17]

Auf ganz ähnliche Weise, wie sich in den 1920er-Jahren das Radio zum Vehikel einer landesweiten Massenkultur entwickelt hatte, wurde Anfang der 1950er-Jahre auf breiter Front das Fernsehen eingeführt. Im Jahr 1948 hatten erst drei Prozent der US-amerikanischen Familien ein Fernsehgerät, 1955 waren es 76 Prozent. Ebenso wie das Internet war das Fernsehen eine bedeutende technische Neuerung, die die Fantasie fast aller Menschen fesselte. Es war ein unübersehbarer Beweis für den technischen Fortschritt. Innerhalb weniger Jahre gewöhnte sich die Mehrzahl der Amerikaner an, regelmäßig stundenlang auf ein elektronisches Gerät zu starren.

Die Inflation war damals sehr niedrig und die Menschen schrieben dies der neuen klugen Politik der Fed zu. Finanzminister George Humphrey prahlte 1955:

> *„In den letzten zwei Jahren und neun Monaten hat sich der Wert des Dollar nur um einen halben Cent verändert. Wir haben Ihre Ersparnisse fast vollständig vor dem Zugriff der Inflation bewahrt.*
> *Wir betrachten die Inflation als Staatsfeind schlimmster Sorte. Doch wir zögerten auch nicht, die Kreditbedingungen zu lockern oder zu straffen, wenn es notwendig wurde. Die geballte Macht der Geldpolitik wurde schneller denn je wirksam eingesetzt, um auf die natürlichen Bedürfnisse zu reagieren. Dies geschah durch den rechtzeitigen Einsatz der Geldpolitik und der Kreditvergabe; dadurch, dass die Allgemeinheit dank der größten Steuersenkung in der Geschichte unserer Nation ihre Kaufkraft wiedergewann; durch die Streichung ungerechtfertigter Staatsausgaben; durch die rechtzeitige Ankurbelung der Bauwirtschaft, des Wohnungsbaus und notwendiger Renovierungen."*[19]

Auch eine Parallele zu den „starken Händen" der 1900er-Jahre – also der Vorstellung, die Nachfrage nach Aktien sei stark genug, um einen etwaigen Niedergang zu verhindern – gab es in den 1950er-Jahren. *Newsweek* schrieb 1955:

> *„Vielen Leuten aus der Finanzbranche gefällt die Vorstellung, die Nation habe einen ‚neuen Kapitalismus' entwickelt, dessen Basis immer breiter wird. Rund 7,5 Millionen Menschen besitzen Anteile an börsennotierten Unternehmen, während es vor drei Jahren erst 6,5 Millionen waren. Die Anteile an Investmentfonds, die dem Kleinanleger die Möglichkeit bieten, seine Risiken zu streuen, haben von 1946 bis heute von 1,3 auf 7,2 Milliarden Dollar zugenommen. Tausende von Arbeitnehmern wurden durch Beteiligungspläne zu Miteigentümern der Firmen, in denen sie arbeiten.*
> *Das alles mag keine absolute Garantie gegen ein neues 1929 sein, aber die meisten Experten sind zuversichtlich, dass es noch lange halten wird."*[20]

Der Gedanke, den Irving Fisher in den 1920er-Jahren als Grund zum Optimismus angeführt hatte, nämlich dass die Unternehmen nun besser vorausplanen könnten, wurde in den 1950er-Jahren erneut als neuer Gedanke in Umlauf gebracht: „Es gibt in der Unternehmerschaft selbst eine neue Haltung, die verheißt, dass tief greifende Depressionen in Zukunft vermieden werden können. Heutzutage erstellen die Unternehmen langfristige Pläne und werden anscheinend weniger als früher von kurzfristigen Schwankungen der Wirtschaftstätigkeit beeinflusst."[21]

Der Babyboom galt ebenfalls als bedeutender Antrieb des Wohlstands und der Börse, denn die Menschen mussten für ihre Babys ja Geld ausgeben (genauso wie man heute meint, diese inzwischen erwachsenen Babys würden – auch wenn sie weniger Kinder haben – die Aktienkurse in die Höhe treiben, weil sie für ihren Ruhestand sparen): „Wir zählen jetzt darauf, dass die neueste ‚neue Ära' dank der geburtenstarken Jahrgänge anders sein wird als die letzte. Die Familien werden größer. Gute Straßen und gute Autos erschließen das Land. Der Trend geht zum Leben in den Vorstädten und zu Häusern mit drei oder vier Schlafzimmern statt eines oder zwei."[22]

Und wie schon in den 1920er-Jahren wurde der zunehmende Einsatz von Verbraucherkrediten als Grund angeführt, mit Wohlstand zu rechnen: „Die Bereitschaft, Geld auszulegen, läuft nach Meinung einer einflussreichen Persönlichkeit aus Washington auf eine ‚Revolution der Verbraucherausgaben' hinaus. [...] Beim Geldausgeben werden die Wünsche des Durchschnittsbürgers allmählich immer größer."[23]

Als 1960 John F. Kennedy, der für konjunkturelle Anreizmaßnahmen eintrat, zum Präsidenten gewählt wurde, dachte man allgemein, die Wirtschaft müsste besonders gut laufen. Kennedy flößte ab seiner ersten Rede zur Lage der Nation 1961 Vertrauen ein. Er wurde als optimistischer Visionär wahrgenommen und er fand ein effektvolles Symbol für diese Vision: In einer Sondermitteilung an den Kongress versprach er im Mai 1961, die Vereinigten Staaten würden noch vor 1970 auf dem Mond landen. Die Amerikaner dachten sich, an eine solche Leistung würde man sich noch nach Jahrhunderten erinnern, denn dies wäre das erste Mal, dass die Menschheit ihren Heimatplaneten verlässt. Kennedy galt als Verkörperung des landesweiten Optimismus und der starken Börse: „Die Wall Street hat einen einfachen Namen für die phänomenale Stärke der Aktienkurse: ‚Kennedy-Markt'." Die Zuversicht, die Kennedys Konjunkturprogramm einflößte, veranlasste manche zu der Schlussfolgerung, das Land trete in eine „neue Wirtschaft", eine „New Economy" ein, in der „Unternehmer wohl endlos anhaltenden Wohlstand genießen können", und die Geldpolitik sei eine „bessere Rechtfertigung für die Zuversicht" als in früheren Zeiten.[24] Ab 1964 weitete

Kennedys Nachfolger Lyndon B. Johnson die Initiativen seines Vorgängers in Form eines Programms namens „New Society" aus. Das oberste Ziel, das sich Johnson mit diesem Programm setzte, war nichts weniger als das Ende der Armut und der verfallenden Städte.

In den 1960er-Jahren spielte die Theorie, der Aktienmarkt sei die „beste Geldanlage", eine prominente Rolle: „Die Anleger finden, dass Aktien das beste Anlagemedium sind – als Absicherung gegen etwaige Inflation und als Möglichkeit, am zukünftigen Wachstum der Unternehmen teilzuhaben." „Offenbar rechnen die Anleger damit, dass die Erholung Inflation mit sich bringen wird – und dass Aktien, selbst zu den momentanen Preisen, die einzige echte Absicherung dagegen sind."[25] Damals glaubten die Anleger, wenn Inflation einsetzen würde, würden die Aktien steigen – und nicht, wie man heutzutage allgemein denkt, fallen. Deshalb war die Aussicht auf Inflation ein Grund, Aktien zu kaufen. Anfang der 1960er-Jahre gab es Befürchtungen, auch wenn bislang so gut wie keine Inflation herrsche, könnten Kennedys Konjunkturprogramme Inflation verursachen.

Ein wichtiger Grund für das Börsenhoch der 1960er-Jahre mag auch die Tatsache gewesen sein, dass sich der Dow Jones der Marke von 1.000 Punkten näherte. Dass die Annäherung an einen neuen Meilenstein wie etwa einen vierstelligen Punktestand des Dow Jones die Fantasie der Allgemeinheit anregen sollte, klingt vielleicht töricht. In Ermangelung einer anderen soliden Grundlage für die Bewertung des Marktes lieferte die Diskussion um dieses willkürliche Niveau aber einen soliden Anker für die Erwartungen der Menschen.

Die Presse zählte die Meilensteine schon, bevor sich der Dow Jones den 1.000 Punkten näherte. In einem Artikel in *Business Week* von 1965 hieß es: „Wie die Meile in vier Minuten, so sind auch psychologische Marken dafür gemacht, geknackt zu werden. An der Wall Street ist das nicht anders. Dort wird die ‚magische' Marke des Dow Jones Industrial Average von 900 Punkten wahrscheinlich früher oder später genauso bröckeln wie zuvor die Marken von 600, 700 und 800 Punkten." *Newsweek* schrieb, die Barriere bei 900 habe „in den Köpfen vieler Beobachter eine fast schon mystische Bedeutung erlangt". Als sich 1966 der Stand von 1.000 Punkten abzeichnete, schrieb *Time*: „Zum Ende der Woche hatte der Index 986,13 Punkte erreicht und war nur noch 14 Punkte von der 1.000er-Marke entfernt, die die Wall Street als mystische Zahl betrachtet. Diese Zahl mag eher mystisch als bedeutsam sein, aber der Tag des Durchbruchs wird auf Jahrzehnte oder gar Jahrhunderte hinaus in den Geschichtsbüchern stehen – und dieser Tag ist nicht mehr fern."[26] Es zeigte sich, dass der Markt zwar rasant bis knapp vor 1.000 Punkte gestiegen war, diese magische Zahl aber lange Zeit nicht überschreiten sollte. Damals wurde der Dow Jones zwar noch nicht minutenweise berechnet, aber im Januar 1966 erreichte er endlich ein Tageshoch über 1.000 Punkten. Und erst im Jahr 1972, am Vorabend des Crashs, schloss der Dow Jones erstmals oberhalb von 1.000 Punkten, hielt sich dort aber nur kurz.

Bis zum Jahr 1982 stieg der Dow Jones nicht nachhaltig über 1.000 Punkte und wenn man die realen Aktienkurse berechnet, überschritt – und hielt – er das Hoch aus dem Jahr 1966 erst im Januar 1992, also 26 Jahre später.[27] Der Zeitraum vom Januar 1966 bis zum Januar 1992 war eine Zeit schwacher Renditen, denn sie beschränkten sich (mangels Kapitalgewinnen) auf die Dividenden. Die durchschnittliche reale Rendite des Aktienmarkts betrug in dieser Zeit 4,1 Prozent im Jahr.[28] Diese Indizien passen zu der Auffassung, dass sich der Markt 1966 in gewisser Weise nach den 1.000 Punkten „gestreckt" hatte und dadurch verhältnismäßig überbewertet war.

Die neue Ära während der Hausse der 1990er-Jahre

Einen Teil der Vorstellungen von einer neuen Ära, von denen die 1990er-Jahre geprägt waren, habe ich bereits in Kapitel 4 beschrieben. An dieser Stelle füge ich nur einige wenige zusätzliche Bemerkungen hinzu und stelle dann die Vorstellungen von einer neuen Ära während des Millenniumbooms und des Booms der Besitzergesellschaft den Vorstellungen von neuen Zeitaltern gegenüber, die ich zuvor in diesem Kapitel beschrieben habe.

Wie bei allen größeren Börsenbooms gab es auch in den 1990er-Jahren Journalisten, die den Stand des Marktes mit einer neuen Ära begründeten. Michael Mandel schrieb 1996 für *Business Week* einen Artikel mit der Überschrift „The Triumph of the New Economy", in dem er fünf Gründe für seine Überzeugung anführte, der Markt spiele nicht verrückt: die zunehmende Globalisierung, der Boom der Hightech-Branchen, die abnehmende Inflation, die sinkenden Zinsen und die steigenden Unternehmensgewinne.[29]

Während dieses Booms war die Theorie beliebt, niedrige Inflation würde dem Aktienmarkt gute Aussichten bescheren. In den 1990er-Jahren beherrschten Theorien über Inflation die Diskussion über die Börsenaussichten genauso wie in den 1960er-Jahren, nur dass die vorherrschende Theorie inzwischen eine 180-Grad-Wende vollzogen hatte: In den 1990er-Jahren dachte man, wenn Inflation ausbrechen würde, dann würde der Markt nicht steigen, sondern fallen. Die Vorstellung, der Aktienmarkt sei deshalb eine gute Geldanlage, weil er gegen die Inflation absichert (dass er also bei akuter Inflation steigt), war inzwischen Geschichte.

Wie kommt es, dass die Menschen in den 1990er-Jahren dachten, die Inflation würde den Markt nach unten drücken, nachdem sie in den

1960er-Jahren gedacht hatten, sie würde ihn befeuern? Womöglich reagierten die Menschen in den 1990er-Jahren damit auf inzwischen veröffentlichte Schriften von Volkswirten, in denen diese bewiesen, dass Volkswirtschaften schlechter laufen, wenn plötzlich sehr hohe Inflation auftritt. Allerdings belegen diese Studien keine deutliche Beziehung zwischen mäßiger oder allmählicher langfristiger Inflation und der realen Wirtschaftsleistung. Im relevanten Bereich deuten sie darauf hin, dass die Theorie der 1960er-Jahre richtig war – dass der reale Wert des Aktienmarkts gegenüber Inflationsmeldungen relativ immun sein dürfte und dass er sich eher gemeinsam mit den Verbraucherpreisen bewegen dürfte als gegen sie.[30] Wahrscheinlich reagierten die Menschen in den 1990er-Jahren eher auf die Tatsache, dass der Aktienmarkt in den Vorjahren gegen die Inflation gelaufen war, nicht mit ihr.

Viele Themen, die in den 1920er-, 1950er- und 1960er-Jahren nach Börsenbooms auf den Tisch gekommen waren, machten auch in den 1990er-Jahren wieder die Runde.

Roger Bootle schrieb 1998 in seinem Buch „The Death of Inflation", das „Inflationszeitalter", in dem „der gemanagte Kapitalismus" und starke Gewerkschaften eine Inflationsspirale angetrieben hätten, neige sich dem Ende zu. Im „gemanagten Kapitalismus" würden „die Preise beschlossen, nicht vom Wechselspiel zwischen Angebot und Nachfrage bestimmt". Doch jetzt, so verkündete Bootle, beträten wir die „Null-Ära": Der globale Kapitalismus, die Privatisierung und der Niedergang der Gewerkschaften hätten es unmöglich gemacht, dass die Preise von Gremien beschlossen werden.[31]

Steven Weber schrieb 1997 in dem Artikel „The End of the Business Cycle" für das politische Magazin *Foreign Affairs*, die makroökonomischen Risiken seien jetzt kleiner: „Der Wandel in Technologie, Ideologie, Beschäftigung und Finanzwesen hat zusammen mit der Globalisierung der Produktion und des Konsums die Schwankungen der Wirtschaftstätigkeit in den Industrieländern vermindert. Aus empirischen und theoretischen Gründen dürften die Wellen des Konjunkturzyklus eher zu einer sanften Dünung werden." Dafür legte Weber ein Reihe vernünftig klingender Argumente vor. Zum Beispiel bemerkte er, die Wirtschaft werde mittlerweile in viel höherem Maße als vor 30 Jahre vom Dienstleistungssektor beherrscht, und er wies darauf hin, im Dienstleistungsbereich sei die Beschäftigung schon immer stabiler gewesen als im industriellen Herstellungssektor.[32]

Damals dachte man, Gesundschrumpfung und Restrukturierung – zwei Begriffe für die sogenannten betriebswirtschaftlichen Revolutionen der 1980er-Jahre – seien wichtige Ursachen des Gewinnwachstums seit 1982 gewesen. Die Vorstellung, es gebe immer noch Quellen für Gewinnwachstum, spukt bis heute in manchen Köpfen herum. Doch diese betriebswirtschaftlichen Revolutionen wurden auch mit beträchtlicher Skepsis betrachtet. Ein Beispiel dafür ist der Comicstrip *Dilbert*, der sich mit dem Geplänkel zwischen Gewerkschaften und Arbeitgebern in der New Era Economy befasste.

Die Statistiken zum Produktivitätswachstum in den Vereinigten Staaten meldeten Ende der 1990er-Jahre erhebliche Zuwächse. In den Augen vieler Menschen bestätigte dies, dass das Internet und andere Hochtechnologien der Wirtschaft viele Vorteile boten, und es rechtfertigte in ihren Augen den Anstieg des Aktienmarkts. Jedoch basierte das hohe Produktivitätswachstum Ende der 1990er-Jahre zum Teil auf falschen Zahlen: Im Jahr 2001 – also deutlich nach dem Börsenboom – korrigierte das U.S. Bureau of Labor Statistics die Wachstumszahlen für die Jahre 1998 bis 2000 erheblich nach unten.[33] Außerdem: Selbst wenn die Zahlen zum Produktivitätswachstum zutreffend gewesen wären, lasen die Menschen doch viel zu viel hinein. Die Zahlen dienten als Rechtfertigung, das Internet zu bewundern, obwohl die Produktivitätssteigerung in Wirklichkeit gar nichts mit dem jungen Internet zu tun hatte, das noch in den Kinderschuhen steckte und noch kein bedeutender gesamtwirtschaftlicher Faktor war. Darüber hinaus war den Menschen nicht klar, wie heikel die historische Beziehung zwischen Produktivitätswachstum und dem Aktienmarkt in Wirklichkeit ist.[34] Produktivitätswachstum ist kein Grund, zu erwarten, dass die Börse gut läuft. In den 1990er-Jahren war die Story vom angeblichen Produktivitätswachstum, das den spektakulären Wertzuwachs des Aktienmarkts rechtfertigte, für die Börseneinpeitscher und die Medien aber gut genug, um sie zu verbreiten.

Dazu ist anzumerken, dass in den 1990er-Jahren anders als in früheren Phasen mit hohen Bewertungen nicht alle Storys in den Medien einseitig zum Neue-Ära-Denken tendierten. Ich fand unter den Berichten aus den 1990er-Jahren keine, die so umfassend und kritiklos optimistisch waren wie einige aus den Jahren 1901 und 1929. Zwar herrschte auch in den 1990er-Jahren in den Medien viel Optimismus, aber normalerweise wurde er eher stillschweigend vorausgesetzt als kühn behauptet. Offenbar hatten die Medien inzwischen ihre Einstellung geändert und optimistische Übertreibungen waren in den 1990er-Jahren nicht mehr in Mode – und auch heute, im zweiten Jahrzehnt des 21. Jahrhunderts, sind sie nicht angesagt.

Wenn überhaupt, dann hatten viele Journalisten in den 1990er-Jahren eher Bedenken gegen eine Überbewertung des Marktes und gegen Spekulationsfieber. Tatsächlich befassten sich viele Medienberichte Mitte bis Ende der 1990er-Jahre damit, dass die Anleger ihres Erachtens verrückt waren. Beispielsweise berichtete ein *Fortune*-Artikel im April 1996 von Reportern, die nach dem Zufallsprinzip Menschen auf der Straße ansprachen und sie um Aktientipps baten. Sie sprachen einen Polizisten an, einen Starbucks-Barista, einen Zimmermann, der Plakatwände aufstellte, und einen Mann, der in einem Fitnessclub die Ausweise kontrollierte, und alle lieferten ausgiebige Aktienempfehlungen. Einen Schuhputzer fanden sie zwar nicht, aber ansonsten machten sie genau die gleiche Erfahrung wie Bernard Baruch vor dem Crash 1929 und interpretierten das als Marktübertreibung.[35] Es wimmelte vor Artikeln wie „Gamblers High: Is this a Market Where Yesterday's Yardsticks Don't Apply?" oder „It's Tulip Time on Wall Street" oder „Say Goodbye to the Last Bear" („Glücksspielhoch: Gelten die alten Maßstäbe an der Börse nicht mehr?", „Tulpensaison an der Wall Street", „Verabschieden Sie sich vom letzten Bären"). Die Möglichkeit, der Aktienboom könnte eine Spekulationsblase sein, wurde den Lesern in den 1990er-Jahren durchaus nachdrücklich vor Augen geführt. Das Geschehen an den Märkten beweist aber, dass die Öffentlichkeit dies in den 1990er-Jahren bestenfalls amüsant fand. Die Vorstellung von einem neuen Zeitalter, das durch die Ankunft des neuen Jahrtausends symbolisiert wurde, riss sie viel stärker mit.

Neue Ära und Immobilienbooms

Immobilienbooms werden genauso von Vorstellungen von einer neuen Ära angetrieben wie Börsenbooms. Die Preis-Preis-Rückkopplung könnte zwar in gewisser Weise der hauptsächliche Antrieb einer Immobilienblase sein, aber dazu tragen auch Geschichten von einer neuen Ära bei oder sie treten als Teil der Rückkopplung auf. Wie wir bereits festgestellt haben, sind landesweite Immobilienbooms in großen Ländern offenbar etwas Neues. Für *regionale* Immobilienbooms gibt es allerdings viele Beispiele aus der fernen Vergangenheit und dazu gehören *regionale* Storys von einer neuen Ära.

In den 1880er-Jahren gab es einen Immobilienboom, der einen beträchtlichen Teil von Kalifornien erfasste und 1887 den Höhepunkt überschritt. Er fand hauptsächlich in den damals schwach bevölkerten Städten Los Angeles, San Diego und Santa Barbara statt, sodass er für die Vereinigten Staaten als Ganzes kaum von Bedeutung war. Offenbar hing dieser Boom mit dem damaligen schnellen Ausbau des Eisenbahnnetzes zusammen, durch den ein großer Teil des Landes besser erschlossen wurde. Beschleunigend wirkte vermutlich ein Preiskrieg zwischen den Bahngesellschaften Santa Fe und Union Pacific, der Reisen nach Südkalifornien und zurück sehr billig machte. Außerdem bezahlten die Eisenbahngesellschaften eine Legion von Werbern, die Menschen dazu überredeten, nach Kalifornien zu ziehen, indem sie das wunderbare Klima und die glänzende Zukunft Kaliforniens anpriesen. Und damit hatten sie Erfolg: „Los Angeles war eine überfüllte, brodelnde Stadt, in der es vor haupt- und nebenberuflichen Werbern wimmelte. Die Hotels platzten aus den Nähten, die Preise stiegen in astronomische Höhen und überall – auf der Straße, in der Zeitung, zu Hause und in den Klubs – war Land, das Land in Südkalifornien, das interessanteste Thema."[36] Nach dem Boom brachen die Preise in den Jahren 1888 und 1889 ein: „Menschen, die zwei Jahre lang nur von ‚Land und Klima' geredet hatten, bedauerten nun sehr, dass die südkalifornische Wirtschaft keine solide industrielle Grundlage besaß. Besorgte Bürger blickten auf das fieberhafte Leben im Jahr 1887 zurück und begriffen, dass ‚vielleicht noch nie eine Gemeinschaft so vollständig das Gespür für Wert und Verhältnismäßigkeit verloren hatte'."[37] Die Story vom Boom in den 1880er-Jahren gemahnt uns daran, dass sich die Menschen schon vor 100 Jahren Sorgen machen konnten, das zur Verfügung stehende Land könne knapp werden. Der Unterschied besteht nur darin, dass sich die Geschichte nicht auf das ganze Land ausbreitete. Schon damals hob sich Kalifornien durch besondere Umstände ab und offenbar kam niemand auf die Idee, der Boom könnte auf das ganze Land übergreifen.

Ein weiterer bemerkenswerter regionaler Immobilienboom trat Anfang des 20. Jahrhunderts in Florida auf, vor allem in der Gegend von Miami, und erreichte 1925 seinen Höhepunkt. Dahinter stand anscheinend die New-Era-Story, dass nach dem Ersten Weltkrieg die Menschen dank des neuen Wohlstands und dank der Autos, die sich in den Goldenen Zwanzigern verbreiteten, die Möglichkeit entdeckten, den Winter in Florida zu verbringen. Die Grundstücke verkauften sich schnell. Menschen, die diese Story glaubten, empfanden vermutlich einen gewissen Kaufdruck. Zudem wurde die Blase noch dadurch angeheizt, dass in Florida 1924 durch einen Verfassungszusatz Einkommen- und Erbschaftssteuern verboten wurden. Dies ermunterte wohlhabende Rentner, nach Florida umzuziehen, und dazu kam noch eine umfangreiche Werbekampagne der Handelskammer von Miami. Außerdem gab es für vergnügungswillige Menschen die Story vom „typischen Lebensstil" Floridas mit seinen zahlreichen Speakeasys und Spielhöllen. Die Tatsache, dass viele Prominente diese Region zu ihrer Heimat machten – unter ihnen sogar der Gangster Al Capone –, verlieh dieser Story eine gewisse mediale Bedeutung und eine gewisse Glaubwürdigkeit. Berühmt ist diese Blase für die sogenannten „binder boys", die Hauskäufer im ganzen Land zu Vorverträgen über einen Grundstückskauf in Florida überredeten und diese dann weiterverkauften. Die Blase fand ein abruptes Ende, als 1926 ein Hurrikan die Menschen an die Gefahren Floridas erinnerte und als sich Zeitungen im ganzen Land der Blase zuwandten, indem sie über gutgläubige Menschen berichteten, die sich dazu hatten überreden lassen, Grundstücke zu kaufen, die sie nie gesehen hatten – und die sich später als unbrauchbar erwiesen. Teilweise standen sie sogar unter Wasser.[38]

Wie schon der Grundstücksboom in den 1880er-Jahren in Südkalifornien war auch der Boom in Florida im Jahr 1925 von Grund auf regional. Die damit verbundenen Geschichten begeisterten zwar die Menschen, aber sie griffen nicht auf das ganze Land über, es gelang ihnen nicht.

In den letzten Jahrzehnten des 20. Jahrhunderts kam es in den Vereinigten Staaten und anderen Ländern zu sehr starken Immobilienbooms, die einen so großen Teil des jeweiligen Landes abdeckten, dass sie anfingen, sich auf die landesweiten Preisindizes auszuwirken. Die Ursachen dieser Bewegungen sind nicht so leicht auszumachen. In den letzten Jahrzehnten des 20. Jahrhunderts waren die Booms offenbar geografisch breiter angelegt und sie hingen mit einer breiter angelegten Stimmung, mit politischen Themen oder mit der wirtschaftlichen Grundlage des betreffenden Gebiets zusammen.

In den Vereinigten Staaten gab es zwei bedeutende Häuserpreisbooms, die so groß waren, dass sie sich auf den landesweiten Index der Häuserpreise auswirkten, der in Abbildung 3.1 zu sehen ist: einen Boom in Kalifornien von 1975 bis 1980 und einen im Nordosten der Vereinigten Staaten von 1984 bis 1988, der sich in den Jahren 1986 bis 1989 auf Kalifornien übertrug.

Die realen (inflationsbereinigten) Häuserpreise im gesamten Bundesstaat Kalifornien stiegen von 1975 bis 1980 um 60 Prozent und gingen Mitte der 1980er-Jahre wieder zurück.[39] Eine treibende Kraft dieses Aufschwungs war das relativ plötzliche Erstarken einer Umweltbewegung in Kalifornien, die für strengere Bebauungspläne und Bauvorschriften sorgte. Bis in die 1960er-Jahre war Kalifornien ohne nennenswerte Baubeschränkungen gewachsen, aber dann beschlossen die Kalifornier, gemeinsam etwas dagegen zu tun. Die Folge war, dass es in den 1970er-Jahren so gut wie nirgends im Land so schwierig war wie in Kalifornien, Neubauten zu errichten.[40]

Dieser politische Wandel begrenzte das Angebot an Neubauten und daher funktionierte das Sicherheitsventil, das bisher Preisanstiege verhindert hatte, nicht mehr richtig. Manche Kritiker sahen darin einen Sieg der Besitzenden über die Besitzlosen, also derjenigen, die bereits Häuser besaßen, über diejenigen, die noch keine besaßen. Dieser Sieg wurde auf breiter Front zur Kenntnis genommen und trieb den Wert bereits bestehender Häuser in die Höhe.

Eine weitere Ursache der Blase war die Proposition 13. Im Juni 1978 hatte ein Referendum über eine Änderung der kalifornischen Verfassung stattgefunden, die sofort zur Folge hatte, dass die Grundsteuer auf weniger als die Hälfte sank und dieser niedrige Stand garantiert war. Durch diesen politischen Schritt erschienen die Grundstücke dank der gesunkenen Steuern wertvoller. Die Tatsache, dass die Wähler für die Proposition 13 gestimmt hatten, obwohl etablierte Politiker vor den Folgen geringerer Steuereinnahmen gewarnt hatten, galt als Vorbote einer neuen wirtschaftlichen Ära.

Die neuen Bauvorschriften und die Proposition 13 waren Anzeichen einer neuen Ära, in der das Recht auf Privateigentum mehr respektiert wurde und in der man sich vorstellen konnte, dass der Wert von Immobilieninvestments steigen würde. Dies war einer der ersten Schritte zur Besitzergesellschaft – der neben der Wahl von Margaret Thatcher zur britischen Premierministerin auch die Karriere von Kaliforniens Gouverneur Ronald Reagan anstieß. Reagan wurde mit seiner neuen Botschaft bald danach Präsident der Vereinigten Staaten und verbreitete sie später in großen Teilen der Welt.

Man fragt sich allerdings, wieso der Boom in Kalifornien in den 1970er-Jahren überhaupt stattfinden konnte, wo doch die Hypothekenzinsen neue Rekorde erklommen und in dem Jahr, in dem die Häuserpreise am schnellsten stiegen – 1978 –, mehr als zehn Prozent erreichten. Eigentlich hätten derart hohe Zinsen der Blase einen Dämpfer versetzen müssen, denn das hieß ja, dass die Hauskäufer sehr hohe Raten bezahlen mussten, wenn sie ein teures Haus kauften. Wenn man im Jahr 1978 ein Haus kaufte, das vier Jahresgehälter kostete, beliefen sich allein die Zinszahlungen auf mehr als 40 Prozent des Einkommens, und das ist für die meisten Familien sehr schwer zu stemmen. Doch dieser Boom räumte mit der Auffassung auf, hohe Zinsen würden jeden Immobilienboom aufhalten.

Eine Erklärung, wieso dies in den 1970er-Jahren möglich war, besagt, dass die Hausbesitzer, die über die hohen Zinsen empört waren, den politischen Prozess nutzten, um gegen Klauseln vorzugehen, wonach die niedriger verzinste bisherige Darlehenssumme beim Verkauf eines Hauses fällig wird. So umgingen sie die neuen höheren Zinsen.[41] Während des Aufschwungs der 1970er-Jahre und noch ein paar Jahre danach schirmten übertragbare Hypothekendarlehen den Immobilienmarkt vor den Auswirkungen der hohen Zinsen ab. Außerdem entstand und florierte in den 1970er-Jahren eine neue Institution namens „kreative Finanzierung".[42]

Daraus resultierte der erste regionale Immobilienboom der Vereinigten Staaten, der so groß war, dass er sich wirklich auf die landesweiten Zahlen zu den Häuserpreisen auswirkte. Die schweren Rezessionen Anfang der 1980er-Jahre unterbrachen den Boom.

Mitte der 1980er-Jahre entstand in den Nordoststaaten der Vereinigten Staaten ein weiterer Immobilienboom, dessen Epizentrum Boston war. Allein 1985 stiegen die Häuserpreise in der Metropolitan Area Boston um 38 Prozent.

Ein lokaler Faktor, der den Bostoner Boom erklären würde, ist schwer zu finden. Im Rahmen einer Studie im Jahr 1986 gingen Karl Case und ich alle fundamentalen Faktoren durch, die einen Boom der Bostoner Häuserpreise hätten befeuern können, kamen aber zu dem Schluss, dass sich in den Jahren davor in Boston nicht viel verändert hatte: „Die Wirtschaft ist zwar gesund und die Einkommen steigen, aber die ‚Fundamentaldaten' des Marktes bieten offenbar keine angemessene Erklärung für den sehr schnellen Anstieg der Häuserpreise in der Region Boston seit 1983."[43]

In den Medien hieß es oft, die niedrigen Zinsen hätten den Boom hervorgerufen. Tatsächlich waren die Zinsen Ende der 1980er-Jahre niedriger als Anfang der 1980er-Jahre. Die niedrigen Zinsen können aber nicht unmittelbar für den Boom in Boston verantwortlich gewesen sein, denn er war regional, nicht national, und die Zinsen waren überall niedriger. Die niedrigen Zinsen waren dem Boom in Boston bestenfalls förderlich, weil sie die Hindernisse für eine Blasenbildung reduzierten, die von etwas anderem ausgelöst wurde. Nebenbei gesagt waren die Hypothekenzinsen Mitte der 1990er-Jahre noch niedriger als während des Booms in den 1980er-Jahren, aber die Bostoner Preise fielen in dieser Zeit.

Auch mit dem bemerkenswerten Aufschwung der Häuserpreise in Boston Mitte der 1980er-Jahre war die Story von einer neuen Ära verbunden, aber auch hier war die Geschichte nicht neu und kam nicht plötzlich. Es stimmt zwar, dass sich Boston in den 1980er-Jahren zu einem leistungsstarken Zentrum der Hightech-Industrie entwickelte, aber diese Entwicklung war schon seit Jahrzehnten absehbar. Trotzdem hat es den Anschein, dass eine *Story* von Boston als Hightech-Zentrum aufkam, die sich durch Mundpropaganda verbreitete und ansteckend wirkte. Die PC-Revolution, die gerade in dieser Zeit einen Computer auf jedermanns Schreibtisch platzierte, verstärkte die Wirkung aller Storys, die etwas mit Computern zu tun hatten. Wang Laboratories, Digital Equipment Company, Data General Corporation und Lotus Corporation machten Boston zu einem Computerzentrum von Weltrang.[44]

Für die ansteckende Wirkung dieser Story zählt vor allem, wie sie bei den Menschen in Boston ankam, die dort Immobilien kauften. Die Anwohner erlebten 1985, dass in East Cambridge die riesige Unternehmenszentrale der Lotus Corporation gebaut wurde und es zu einem Bauboom entlang der Route 128 kam. Es kam die Story auf, Boston werde dem Silicon Valley Konkurrenz machen oder gar, Boston werde das Silicon Valley übertrumpfen. Ein Beobachter bemerkte 1985: „In Boston gibt es eine Menge Geschichte und vielfältige kulturelle Wurzeln, die die Weltsicht der Menschen prägen. Im Silicon Valley gab es vor dem Silicon Valley nichts außer Obstplantagen."[45] Lokaler Stolz und ein paar Fakten über die neue Industrie der Region vermischten sich zu einer Story, die von einer neuen Ära zu berichten wusste.

Nun bezeichnete man den wirtschaftlichen Erfolg als „Massachusetts Miracle" und die Story fand genug Widerhall, dass Michael Dukakis als Gouverneur von Massachusetts sich diesen Boom auf seine Fahnen schreiben wollte und von der Demokratischen Partei 1988 zum Präsidentschaftskandidaten nominiert wurde.

Die Story besitzt eine glaubhafte Substanz, denn in den letzten Jahren des 20. Jahrhunderts ging der Trend tatsächlich dahin, dass Städte mit hoch qualifizierten oder hoch gebildeten Arbeitskräften etwas schneller wuchsen als andere.[46] Der Auslöser des Booms in Boston wirkte sich tatsächlich beträchtlich auf die fundamentalen Werte der Stadt aus, jedoch schoss das Feedback, das durch den Boom erzeugt wurde, offenbar über den fundamentalen Wert hinaus – und deshalb fielen die Immobilienpreise in den 1990er-Jahren wieder.

Der Boom der 1980er-Jahre war allerdings nicht auf Boston beschränkt, sondern betraf in gewissem Maße den gesamten Nordosten der Vereinigten Staaten. Eigentlich ging er sogar weit über die Vereinigten Staaten hinaus, denn ein ähnlicher Boom fand jenseits des Atlantiks in London und in anderen Städten der Welt statt. Es klingt plausibel, dass sich die Story von einer neuen Ära, die Boston antrieb – verknüpft mit der aufkommenden Vorstellung, eine Stadt mit einer hoch gebildeten und kultivierten Bevölkerung habe in der Welt von heute eine glänzende Zukunft –, auch auf andere schicke Städte übertragen lässt.

In Kapitel 4 haben wir bereits einige Beschleunigungsfaktoren besprochen, die zu dem Immobilienboom ab Ende der 1990er-Jahre beitrugen, und einige von ihnen könnte man als Theorien von einer neuen Ära einstufen. Auch ist zu beachten, dass es eine Art New-Era-Story gibt, die speziell an Wochenendhäuser und Zweitwohnsitze gebunden ist und für den rasanten weltweiten Preiszuwachs solcher Objekte seit dem Jahr 2000 verantwortlich sein könnte.

Es herrscht die verbreitete Meinung, das Aufkommen des Internets, des Handys und des mobilen Büros mache es arbeitenden Menschen leicht, zu entlegenen Zufluchtsorten zu reisen und dort ihre Arbeit fortzusetzen. Es wurde angenommen, sobald die geburtenstarken Jahrgänge ab 2008 in den Ruhestand gehen, würden sie heraus aus den Städten und an schöne Orte ziehen wollen. Manchmal heißt es auch, während der Lebensstandard weiter steigt, würde die wachsende Zahl von Menschen, die gerade erst zu Wohlstand gekommen sind, Zweithäuser an landschaftlich schönen Orten kaufen, etwa am Strand oder auf einem Berggipfel – und solche Orte sind von Natur aus knapp, das Angebot lässt sich nicht steigern. Vielleicht kommt es immer mehr aus der Mode, seinen Reichtum dadurch zur Schau zur stellen, dass man sich immer größere Häuser als Hauptwohnsitz baut. Da dies während des Immobilienbooms, der nach dem Jahr 2006 zusammenbrach, so viele Menschen getan haben, mag es mittlerweile sinnlos erscheinen und in Zukunft könnte einmalige Schönheit sinnvoller erscheinen als schiere Größe.

Diese New-Era-Story vom Zweithaus dürfte ein Körnchen Wahrheit enthalten. Aber solche Geschichten, die an diejenigen erinnern, die in den 1920er-Jahren die Grundstücksblase in Florida speisten, stoßen vielleicht in Zeiten von Immobilienblasen deshalb auf größere Akzeptanz, weil das Feedback, das die Häuserpreise antreibt, die ansteckende Wirkung der Storys erhöht. Zwischen den Geschichten von Zweithäusern in den Jahren 2003 und 2004 und den Geschichten der Florida-Blase in den 1920er-Jahren bestehen beunruhigende Ähnlichkeiten. Zum Beispiel sollte der Boom in Florida 1925 vom Aufkommen des Automobils befeuert sein; der Boom der Zweithäuser soll vom Aufkommen des Internets befeuert sein. In beiden Fällen wurde erwartet, dass eine Welle von Rentnern den Markt anheizen würde. Und wie damals in Florida traf der Immobiliencrash auch diesmal Märkte, die von spekulativen und unseriösen Storys über eine neue Ära in die Höhe getrieben wurden, besonders schwer.

Wenn neue Zeitalter enden

Auch wenn die Formulierung „Spekulationsblase" auf ein dramatisches Platzen hindeutet – etwa einen Börsencrash –, enden Spekulationsblasen und die damit verbundenen Vorstellungen von einer neuen Ära nicht unbedingt mit einem plötzlichen, letzten Crash. Wenn man ein bisschen nachdenkt, überrascht das auch gar nicht, denn im Prinzip entstehen die spekulativen Preise ja in den Köpfen der Millionen von Anlegern, die kaufen und verkaufen, und es ist unwahrscheinlich, dass sich bei so vielen Menschen zur gleichen Zeit ganz plötzlich und dauerhaft die Wahrnehmung ändert.

Im Gedächtnis der Menschen von heute hat sich der Börsencrash 1929 an einem oder zwei Tagen abgespielt. Und bis Anfang 1930 hatte der Markt fast den gesamten durch den Crash verlorenen Boden wieder gutgemacht. Die Bedeutung des Crashs 1929 liegt nicht in den Kurseinbrüchen an einem oder zwei Tagen im Oktober, sondern darin, dass jenes Jahr den Anfang vom Ende markierte: den Beginn eines dreijährigen Zeitraums, der einen Großteil der Kursgewinne aus den 1920er-Jahren zunichtemachte. Das Gleiche gilt für andere Kurseinbrüche. Eintägige Ereignisse spielen keine herausragende Rolle, sie sind nur Symbole für die Malaise des Marktes.

In Kapitel 1 habe ich erwähnt, dass auf die hohen Bewertungen des Jahres 1901 kein plötzlicher oder dramatischer Preisrückgang folgte, sondern dass die Preise einfach nicht mehr stiegen und der Markt dadurch irgendwann, nachdem rund 20 Jahre verstrichen waren, den größten Teil des realen Wertes, den er 1901 besessen hatte, verloren hatte. Diese Veränderung vollzog sich so langsam, dass sie sich fast schon über eine Generation erstreckte, und deshalb findet man in den Medien kaum Kommentare dazu.

In den Jahren 1920 und 1921, als der Aktienmarkt real gesehen den tiefsten Punkt seit 1901 erreicht hatte, befassten sich Diskussionen über den Aktienmarkt vor allem mit der Frage, was schiefgegangen sei. Euphorische Beschreibungen des künftigen Wohlstands wie im Jahr 1901 waren nicht mehr zu finden. Die meisten Kommentare aus dieser Zeit beziehen sich auf die ungewöhnlich schwere Rezession 1920/1921. Die Berichterstattung befasste sich vor allem mit den Verlusten, die Geschäftsleute in letzter Zeit gemacht hatten, und mit verschwundenen Buchgewinnen. Anstatt der „Interessengemeinschaft“, die die Preise hoch hält, wurde über Feindseligkeiten von Farmern und Spediteuren gegenüber Eisenbahnen berichtet, oder über Kunden, die Preissenkungen verlangten. Die Kündigung staatlicher Aufträge nach dem Ersten Weltkrieg hatte angeblich die Schwächen existierender Unternehmen offenbart. Die belasteten politischen Bedingungen im Ausland nach dem Krieg wurden als für die US-Wirtschaft negativer Faktor betrachtet. Die Handlungen „gewissenloser“ Leerverkäufer oder sogenannter „Bear Raider“ (die die Kurse drücken, um daraus Gewinn zu ziehen) wurden ebenso als negative Einflüsse auf den Markt betrachtet wie der Verkauf von Verlustpositionen aus steuerlichen Gründen.

Einiges weist darauf hin, dass die Anleger 1921 gelernt hatten, sich nicht von überzogenen Behauptungen und aufgeblasenen Plänen beeindrucken zu lassen. Ein Artikel von Albert Atwood in einer Ausgabe der *Saturday Evening Post* von 1921 bezeichnet hochspekulative Preise als Phänomen der Vergangenheit und zitiert einen Börsenmakler mit der Aussage, die „Werbeaktionen der letzten Jahre waren weder so ausufernd noch so extrem wie in den Boomjahren 1900 und 1901“.

Ein anderes Thema, das sich durch die Berichte dieser Zeit zieht, ist eine gewissermaßen mysteriöse Veränderung der Anlegerpsychologie, die dadurch unerklärlicherweise negativ geworden sei. Atwood zitiert 1921 einen Banker: „Alle Welt tat sich zusammen, um die Preise zu drücken, und wenn die ganze Welt einen Entschluss fasst, wenn alle gleicher Meinung und entschlossen sind, die Preise sollten sinken, dann kann nichts diese Bewegung aufhalten.“[47]

1929 kamen die Vorstellungen von der neuen Ära zu einem dramatischeren Ende und hingen direkt mit der darauf folgenden Großen Depression zusammen. 1932 war bereits klar, dass die Vereinigten Staaten in der tiefsten

Depression steckten, die sie je erlebt hatten, und auf den ersten Blick schien erwiesen zu sein, dass die neue Ära vorbei war. Die Optimisten, die eine glänzende wirtschaftliche Zukunft prophezeit hatten, wurden von Ereignissen zum Schweigen gebracht, die derart markant von ihren Prognosen abwichen, dass sie sich offenbar nicht mehr durch passendes Zurechtbiegen der Theorien erklären ließen. Volkswirte äußerten sich in ihren Prognosen extrem vage und Beobachter des Verbraucherverhaltens behaupteten, die Unsicherheit der Verbraucher lasse die Nachfrage stagnieren.[48]

Während der Depression der 1930er-Jahre herrschten allgemein Bedenken, unser Wirtschaftssystem könnte scheitern. Oscar Lange, Professor für Volkswirtschaftslehre an der University of Chicago, schrieb 1939 in der *American Economic Review*: „Allgemein herrscht die Ansicht, die amerikanische Wirtschaft habe ihre expansive Dynamik verloren und eine Phase der mehr oder weniger dauerhaften Stagnation erreicht."[49]

Das registrierte Scheitern des Kapitalismus läutete die Blütezeit des amerikanischen Kommunismus ein. Für viele schien der Kommunismus die Welle der Zukunft zu sein, sie fanden es unvermeidlich. Viele der besten Schriftsteller der damaligen Zeit sympathisierten in den 1930er-Jahren offen mit dem Kommunismus, unter anderem Kenneth Burke, Erskine Caldwell, Robert Cantwell, Jack Conroy, Edward Dahlberg, John Dos Passos, James Farrell, Langston Hughes und William Saroyan.[50]

Ein weiteres Indiz dafür, dass die Hoffnungen auf die freie Marktwirtschaft schwanden, ist in dem Aufstieg radikaler politischer Bewegungen im Ausland zu sehen. Der Aufstieg des Nationalsozialismus in Deutschland ist ein aufschlussreiches Symptom der allgemeinen Verzweiflung, die sich nach 1929 in den Köpfen vieler Menschen festsetzte. Dass die deutsche Öffentlichkeit innerhalb weniger Jahre ihre geistige Einstellung änderte, scheint erstaunlich und ist eine nützliche Mahnung, wie wankelmütig öffentliche Stimmungen sein können.

Das Ende der neuen Ära nach 1965 hing mit der plötzlich gewachsenen Angst vor den Folgen des weltweiten Bevölkerungswachstums, vor der Erschöpfung der natürlichen Ressourcen und vor hohen Inflationsraten zusammen. Diese Befürchtungen hemmten weitere Kursanstiege des Aktienmarkts und ließen die Rohstoffpreise steigen.

Die große Angst vor Überbevölkerung kam Anfang der 1960er-Jahre recht plötzlich auf. Eine Proquest-Suche in historischen Datenbanken der *Los Angeles Times*, der *New York Times* und der *Washington Post* nach Artikeln, in denen das Wort „Bevölkerungsexplosion" vorkommt, förderte aus den Jahren 1945 bis 1949 keine Artikel zutage, von 1950 bis 1954 einen Artikel, von 1955 bis 1959 hingegen 169 Artikel und von 1960 bis 1964 gar 1.319

Artikel. Das Buch „Die Bevölkerungsbombe“ von Paul Ehrlich, das verheerende wirtschaftliche Probleme innerhalb von zehn Jahren vorhersagte, war symptomatisch für den öffentlichen Diskurs, den diese große allgemeine Angst ins Leben rief. Nach einem Hoch Anfang der 1960er-Jahre ging die Anzahl der Artikel mit dem Begriff „Bevölkerungsexplosion“ wieder stetig zurück und betrug in den Jahren 1985 und 1986 nur noch 177.

Im Laufe der 1960er-Jahre wurde die Inflationsangst neu entfacht. Der Anspruch der Kennedy-Administration, sie könne durch Hochdruck-Konjunkturprogramme die Arbeitslosigkeit senken, ohne dadurch die Inflation anzuheizen, erwies sich als falsch. Stattdessen begann eine Phase der „Stagflation“, also mit hoher Arbeitslosigkeit bei gleichzeitig hoher Inflation. Arthur Okun, der unter Präsident Kennedy dem Rat der Wirtschaftsberater angehörte und ihn später leitete, bezeichnete 1974 den Versuch, die Wirtschaft mit Hochdruck anzukurbeln, als „eines der größten Versagen der Wirtschaftsanalyse in der Neuzeit“. Jetzt galt die Inflation wieder als massive Bremse für die konjunkturellen Aussichten. Arthur Burns, Vorsitzender des Federal Reserve Board, sagte: „Kein mir bekanntes Land hat es je geschafft, eine florierende Konjunktur aufrechtzuerhalten, sobald die Inflation aus dem Ruder lief.“[51] Diese Tatsache wird zwar von der Wirtschaftsanalyse nicht gestützt, aber allgemein herrschte die Auffassung, sie sei wahr.[52]

Anfang der 1980er-Jahre herrschte allgemein das Gefühl, die Vereinigten Staaten würden ihren Vorsprung gegenüber Japan verlieren. In einem Artikel in *USA Today* mit dem Titel „Wie Japan unsere Märkte erobert“ wurde ein Experte mit den Worten zitiert: „Das einzige Problem daran ist, dass es im Laufe der Geschichte noch keine Branche, die ins Visier geriet – weder die Autohersteller noch die Stahlindustrie noch die Kugellager-Hersteller noch die Fernsehbranche oder die Motorradhersteller –, geschafft hat, den Angriff der Japaner abzufangen.“ Damals hielt man Japan vor allem in High-tech-Branchen für sehr stark, also auf Gebieten, die immer untrennbar mit unserem nationalen Selbstwertgefühl und unserer Identität verbunden waren.

Der Immobilienboom der 1970er-Jahre in Kalifornien wurde zumindest zum Teil durch die schwersten Rezessionen seit der Großen Depression der 1930er-Jahre gestoppt: zwei Rezessionen hintereinander 1980 und 1981/1982. Diese Rezessionen ließen die realen Immobilienpreise in Kalifornien leicht zurückgehen und den Markt bis Ende der 1980er-Jahre abkühlen, aber danach nahm der Boom wieder seinen Lauf. Dies ist ein Beispiel für einen Aufschwung, der eine Verschnaufpause einlegte und sich dann ein paar Jahre später mit noch mehr Kraft fortsetzte. Die doppelte Rezession und die realen Preisrückgänge Anfang der 1980er-Jahre taten also den Storys, die die erste Blase befeuert hatten, keinen Abbruch. Ronald Reagan, der ehemalige Gouverneur Kaliforniens, der die freie Marktwirtschaft verfochten und die Steuern gesenkt hatte, war in den 1980er-Jahren Präsident der Vereinigten Staaten und viele Kalifornier glaubten zweifellos immer noch, ihre Wirtschaft sei die Avantgarde der ganzen Welt.

In den Jahren 1990 und 1991 kam es zu einer erneuten Rezession und diese trug dazu bei, dass die Immobilienbooms der 1980er-Jahre endeten. Diesmal waren die Preiseinbrüche gravierender. In Los Angeles fielen die realen Preise, nachdem sie Ende 1989 einen Höhepunkt überschritten hatten, bis 1997 um 41 Prozent. Ob die Rezession das Ende der Immobilienbooms bewirkte, ist allerdings nicht eindeutig. In Boston begann der Preisverfall bereits 1988, also zwei Jahre vor der Rezession. In Los Angeles begann er 1990, also ebenfalls vor der Rezession, und hörte auch lange nach der Rezession noch nicht auf. Gemessen an den Beschäftigungszahlen hielt die Rezession in Kalifornien viel länger an, aber es ist schwer zu sagen, ob sie eine exogene Ursache der Preisrückgänge war oder selbst von ihnen verursacht wurde. Wieder einmal gab es keine klare Übereinstimmung zwischen dem Wandel im Denken, der das Ende der neuen Ära bedeutete, und irgendeinem Beschleunigungsfaktor. Der Wandel hing eher mit der Rückkopplung der Preisbewegungen selbst zusammen.

Jeder, der das Ende der Aktienblase im Jahr 2000 interpretieren will, muss sich der Frage stellen, was am Aktienmarkt anders war als am Immobilienmarkt, der ja nach dem Börsencrash noch jahrelang florierte.

Zum Teil wurde der steile Einbruch der Unternehmensgewinne im Jahr 2001 von der Rezession 2001 verursacht und natürlich beeinträchtigte dies zwar den Aktienmarkt, nicht aber den Immobilienmarkt. Die einzigen bedeutenden Verdichtungsräume der Vereinigten Staaten, in denen die Immobilienpreise von 2000 auf 2001 fielen, befanden sich in der Nachbarschaft des technologischen Zentrums im Silicon Valley: San Jose und San Francisco.

Es ist eine historische Tatsache, dass die ersten Aktien, die es nach dem Jahr 2000 erwischte, die Internet- beziehungsweise Dotcom-Aktien waren. Sie fielen nach dem Höhepunkt im März 2000 äußerst steil ab. Der Dow Jones hatte sein Allzeithoch am 9. März 2000 überschritten. Einen guten Monat später, am 14. April, hatte er mehr als die Hälfte seines Wertes verloren.[53] Was passierte im Laufe dieses Monats? Abgesehen von den Kursverlusten selbst geschah nichts besonders Dramatisches, jedenfalls nichts Greifbares, das die Aussichten der betroffenen Aktien innerhalb derart kurzer Zeit hätte halbieren dürfen.

Ein Artikel, der am 29. April 2000 in der *Financial Times* erschien, lieferte folgende Erklärung: „Langsam erkennen die Menschen, dass die fundamentalen Grundlagen nach wie vor gelten und dass der Zusatz ‚.com' zum Namen eines Unternehmens überhaupt nichts aussagt."[54] Der Artikel war das, was er selbst beschrieb: eine öffentliche Anerkennung, aber keine konkrete Meldung. Auf einen Schlag schien die Faszination der Internet-Aktien eine dumme, ja sogar peinliche Modeerscheinung gewesen zu sein. Im Grunde änderte sich nur die Wahrnehmung.

Hinter diesem Wandel der Wahrnehmung standen viele Worte. Laut einer Artikelzählung auf Lexis-Nexis hatte die Anzahl der Artikel über Internet-Aktien bereits Ende 1999 dramatisch angezogen, wobei zwar häufig über den enormen Erfolg von Börsengängen berichtet, aber auch häufig Skepsis geäußert wurde. Anfang 2000 war die Zahl der Artikel, in denen die Wörter „Internet" und „Aktie" vorkamen, auf über 1.000 pro Woche gestiegen. Ihren Höhepunkt erreichte sie mit mehr als 1.400 pro Woche am 16. April 2000. Nach dieser langen Zeit des Medieninteresses ging die Zahl der Artikel, in denen die beiden Wörter vorkamen, mit einer Halbwertszeit von circa einem Jahr wieder langsam zurück.

Die Storys, die am Wendepunkt des Aktienmarkts erschienen, dürften besonders aufschlussreich sein. Ein Artikel von Jeremy J. Siegel, der am 14. März 2000 im *Wall Street Journal* unter der Überschrift „Big-Cap Tech Stocks Are a Sucker Bet" erschien, gab für Aktien mit hohen Marktkapitalisierungen Kurs-Gewinn-Verhältnisse von mehr als 100 an. In diesem Artikel behauptete Siegel, die Geschichte zeige, dass sich „anhand des späteren Kursverlaufs für keine hoch kapitalisierte Aktie jemals ein KGV von auch nur annähernd 100" rechtfertigen lasse. Das ergab ein sehr griffiges Zitat und wurde auch oft zitiert.

Ein Artikel in *Barron's* von Jack Willoughby mit dem Titel „Burning Up" enthielt eine Rangfolge von Internetunternehmen, die Verlust machten, sortiert nach der Anzahl von Monaten, die sie brauchen würden, bis sie ihren gesamten Cashbestand verbrannt hätten.[55] Willoughbys Idee, die Unternehmen nach diesem Kriterium zu sortieren, machte die Probleme dieser Unternehmen auf einmal lebhaft klar und anschaulich und auch dies ließ sich sehr schön zitieren. Der Artikel schlug ein wie eine Bombe und löste die Sorte von skeptischem Diskurs aus, die Aktien ruinieren kann.

Natürlich gab es unter den Tausenden Zeitungsartikeln und sonstigen Medienberichten über Aktien, die in der Zeit des Börsenhochs erschienen, noch viele mehr, die man als einflussreich bezeichnen könnte. In diesem Zusammenhang möchte ich erwähnen, das die erste Auflage meines Buches „Irrationaler Überschwang" genau auf dem Höhepunkt des Marktes, zwischen Ende Februar 2000 und Anfang April 2000, häufig besprochen wurde, unter anderem von Paul Krugman in der *New York Times*, von David Henry in *USA Today*, von John Cassidy in *The New Yorker* sowie von *The Economist*, *Newsweek* und *Business Week*. Diese vielen Storys, die in schneller Folge genau zu der Zeit erschienen, als die Internet-Aktien einbrachen, könnten die Wirkung anderer Börsenskeptiker, die plötzlich aus dem Boden schossen, noch verstärkt haben.

Keine dieser Publikationen übte wohl für sich genommen aber so viel Einfluss aus, dass sie Einfluss auf die aufsteigende Flugbahn des Aktienmarkts genommen hätte. Vielleicht trugen einige der einflussreichsten dazu bei, einen öffentlichen Diskurs anzustoßen, der zum Wandel der öffentlichen Meinung führte. Vielleicht spielten sie eine ganz ähnliche Rolle wie das unschuldige Kind in Hans Christian Andersens Märchen „Des Kaisers neue Kleider". Als es ausrief: „Aber der Kaiser ist ja nackt!", begannen alle Umstehenden, darüber zu tuscheln, und als sie einander gegenseitig ansahen, merkten sie, wie sehr sie alle selbst gezweifelt hatten.[56] Es kann aber auch sein, dass die Aufmerksamkeit, die diesen Storys geschenkt wurde, nur ein Symptom davon war, dass der Allgemeinheit Zweifel kamen, die sich auf jeden Fall Bahn gebrochen hätten, egal ob die Artikel geschrieben worden wären oder nicht. In diesem Sinne war das öffentliche Interesse an solchen Publikationen in erster Linie das Symptom eines Rückkopplungsmechanismus, der sich nach unten vorarbeitete.

Dass danach der gesamte Aktienmarkt so massive Verluste erlitt, mag daran liegen, dass das Vertrauen in Aktien grundsätzlich erschüttert war, nachdem zuerst nur die Internet-Aktien betroffen waren. Der Niedergang der Internet-Aktien wurde zum Symbol eines Unbehagens, das sich allmählich über den gesamten Aktienmarkt ausbreitete. Auf den Immobilienmarkt griff der Niedergang nach dem Jahr 2000 vielleicht unter anderem deshalb nicht im gleichen Maße über, weil sich der Immobilienmarkt schlechter mit den Internet-Aktien vergleichen ließ als der breite Aktienmarkt.

Auf jeden Fall hing der Niedergang des Aktienmarkts auch mit der Rezession des Jahres 2001 sowie mit dem scharfen Rückgang der Unternehmensgewinne in den Jahren 2000 und 2001 zusammen. Man darf diese beiden Ursachen allerdings nicht als exogen betrachten, denn man kann sie als Teil des gleichen Feedback-Mechanismus sehen, der den Verfall der Börsenkurse auslöste. Wahrscheinlich könnte man den gesamten Niedergang des Marktes dem natürlichen Prozess von Rückkopplung und Korrektur zuschreiben – und nicht irgendwelchen Ereignissen, die vollkommen außerhalb des Marktes stehen.

Wir haben ja schon gesehen, dass in den Jahren nach dem Börsenhoch die öffentliche Meinung über den Aktienmarkt und die Konjunktur sich allmählich eintrübte. Das Verbrauchervertrauen sackte nach einem Hoch im

Jahr 2000 auf ein Niveau, das in den Jahrzehnten davor relativ normal gewesen war, und wie wir ebenfalls schon gesehen haben, ging auch das Vertrauen in den Aktienmarkt als Geldanlage zurück. Im Jahr 2004 stand die Börse zwar immer noch relativ hoch, aber die Begeisterung der späten 1990er-Jahre schien in weiter Ferne zu liegen.

Indes regte der Vertrauensverlust nach dem Jahr 2000 auf ein normaleres Niveau offenbar die Nachfrage nach Immobilien an und steigerte die Dynamik des Immobilienmarkts. Erinnern Sie sich, dass wir in Kapitel 4 Hinweise darauf untersucht haben, dass die Unsicherheit ihrer Arbeitsplätze die Menschen zu der Auffassung anspornte, in Immobilien zu investieren, und dass wir in Kapitel 5 gesehen haben, dass der Niedergang des Aktienmarkts sie zu der Überzeugung brachte, Immobilien seien bessere Anlagen als Aktien. So kam es – unterstützt durch Feedback –, dass ein Immobilienboom entstehen konnte, obwohl die Konjunktur weniger gut lief als noch ein paar Jahre zuvor. Als das Feedback aufhörte, das den Preisschub am Immobilienmarkt ausgelöst hatte, und der Aktienmarkt nach der globalen Finanzkrise ein weiteres Mal abstürzte, fanden wir uns sowohl am Aktienmarkt als auch am Immobilienmarkt im Kielwasser von Blasen wieder.

Das Ende des Börsenbooms der Jahre 2003 bis 2007 fällt grob mit dem Ende des Immobilienbooms von 1997 bis 2006 zusammen. Vielleicht herrscht in unseren Köpfen die Vorstellung, die Finanzkrise habe beiden ein Ende gesetzt, in Wirklichkeit klaffen aber sowohl zwischen den beiden Endpunkten als auch zwischen ihren Endpunkten und den ersten echten Anzeichen für die Finanzkrise beträchtliche Lücken. Zwischen diesen Ereignissen muss gewiss irgendeine Beziehung bestehen, aber keine offensichtliche. Tatsächlich sahen die Finanzanalysten selbst dann noch, als beide Booms bereits deutlich in Korrekturen eingeschwenkt hatten, die Finanzkrise nicht kommen. Hites Ahir und Prakash Loungani vom Internationalen Währungsfonds weisen darauf hin, dass in den Jahren 2008 und 2009 ganze 36 Länder in eine Rezession rutschten, obwohl im September des Vorjahres die von *Consensus Forecasts* befragten prominenten Finanzanalysten keine einzige dieser Rezessionen vorhergesagt hatten.[57]

In Kapitel 3 haben wir festgehalten, dass etwa um das Jahr 2005 das öffentliche Interesse an der Vorstellung einer Häuserblase in den Vereinigten Staaten zunahm. Tatsächlich schlug das allgemeine Denken von der glänzenden neuen Ära in Richtung „und ich war so blöd, daran zu glauben" um. Mitte 2005 brachten Zeitungen und Zeitschriften markante Titelstorys über Häuserblasen. Google Trends, eine Website, auf der man die Suchanfragen im Internet ab 2004 zahlenmäßig auswerten kann, weist im Jahr 2005 einen gewaltigen Ausschlag der Suchanfragen nach „housing bubble" aus und danach verlaufen derartige Anfragen bis 2014 mehr oder weniger im Sande. Offenbar mussten die Menschen erst lernen, was „Immobilienblase" bedeutet, oder sich mit dieser Vorstellung erst anfreunden. Das plötzlich auftauchende neue Wort und die Erkenntnis, dass wir keine neue Ära, sondern eine Blase erlebt hatten, führten letztlich zu einem Ansturm auf das System der Schattenbanken, das die aggressivsten Darlehen vergab, sowie zu einem Kollaps des Vertrauens in die gesamte Finanzwirtschaft.

Es scheint so zu sein, dass am Ende von neuen Zeitaltern die wichtigen Debatten nicht mehr so optimistisch sein können wie zuvor. Es kann dann vorkommen, dass ein Vortragsredner immer noch meint, wenn er die Vision von einer glänzenden wirtschaftlichen Zukunft heraufbeschwört, könne er damit ein gutes Geschäft machen, aber das ist dann einfach nicht mehr glaubwürdig. Man kann in solchen Zeiten zwar argumentieren, die Wirtschaft werde sich mit Sicherheit wieder erholen, denn das habe sie immer getan, und der Aktienmarkt werde wieder steigen, wie er das im Laufe der Geschichte bisher immer getan hat – aber mit einer solchen Argumentation weckt man dann nicht mehr das gleiche massive Interesse wie nach einer bedeutenden spekulativen Börsenhausse mitsamt konjunkturellem Aufschwung. Es gibt Zeiten, in denen das Publikum für optimistische Aussagen überaus empfänglich ist, und Zeiten, in denen das nicht so ist.

KAPITEL 8

NEUE ZEITALTER UND BLASEN IN ALLER WELT

Große Kursausschläge an der Börse, wie ich sie im vorigen Kapitel anhand von Beispielen aus den Vereinigten Staaten besprochen habe, traten im Laufe der Jahre auch in vielen anderen Ländern auf, sodass wir über zahlreiche zusätzliche Beobachtungen verfügen. Diese lassen vermuten, dass Spekulationsblasen – Zeiten mit übertriebenem, wenn auch vorübergehendem Anleger-Enthusiasmus, häufig in Verbindungen mit Theorien von einer neuen Ära – eigentlich gang und gäbe sind.

In diesem Kapitel untersuche ich die größten Kursbewegungen an den Aktienmärkten der Welt, die der Millenniumblase 2000 vorausgingen. Bei einigen greife ich auf Medienberichte zurück. Natürlich sind Medienberichte nicht immer zuverlässig und ich kann nicht behaupten, ich hätte die Beispiele ausgiebig recherchiert. Trotzdem zeigen sie, dass Faktoren, von denen ich in den vorigen Kapiteln dargelegt habe, dass sie für Ausschläge des amerikanischen Aktienmarkts von Bedeutung waren, auch in diesen Ländern bedeutsam waren. Ich zeige hier, dass sich die Preisbewegungen in diesen Ländern nach außerordentlich großen Anstiegen tendenziell umgekehrt haben – wie man es erwarten würde, wenn dort Blasen üblich wären.

Die größten Börsenereignisse

Tabelle 8.1 zeigt die 25 größten realen 1-Jahres-Anstiege der Aktienindizes von 36 Ländern in der jüngeren Vergangenheit und Tabelle 8.2 zeigt die 25 größten 1-Jahres-Rückgänge in diesen Ländern. Tabelle 8.3 zeigt die 25 größten 5-Jahres-Anstiege und Tabelle 8.4 die 25 größten 5-Jahres-Rückgänge. Die

Tabelle 8.1 **Die größten realen Jahresanstiege von Aktienindizes in der jüngeren Vergangenheit**

Land	Prozentualer Zuwachs	1-Jahres-Zeitraum	Preisänderung im nächsten 1-Jahres-Zeitraum in %
1. Philippinen	683,4	Dez. 1985 - Dez. 1986	28,4
2. Taiwan	400,1	Okt. 1986 - Okt. 1987	65,7
3. Venezuela	384,6	Jan. 1990 - Jan. 1991	33,1
4. Peru	360,9	Aug. 1992 - Aug. 1993	15,8
5. Kolumbien	271,3	Jan. 1991 - Jan. 1992	-19,9
6. Jamaika	224,5	Apr. 1992 - Apr. 1993	-59,2
7. Chile	199,8	Jan. 1979 - Jan. 1980	38,9
8. Italien	166,4	Mai 1985 - Mai 1986	-15,7
9. Jamaika	163,4	Aug. 1985 - Aug. 1986	8,7
10. Thailand	161,9	Okt. 1986 - Okt. 1987	-2,6
11. Indien	155,5	Apr. 1991 - Apr. 1992	-50,3
12. Italien	147,3	Apr. 1980 - Apr. 1981	-32,1
13. Österreich	145,4	Feb. 1989 - Feb. 1990	-19,8
14. Finnland	128,3	Sep. 1992 - Sep 1993	46,3
15. Dänemark	122,9	Apr. 1971 - Apr. 1972	-12,4
16. Spanien	119,8	Dez. 1985 - Dez. 1986	4,2
17. Luxemburg	113,4	Dez. 1992 - Dez. 1993	-10,8
18. Schweden	111,5	Aug. 1982 - Aug. 1983	-9,6
19. Portugal	103,8	Apr. 1997 - Apr. 1998	-34,1
20. Luxemburg	103,6	Jan. 1985 - Jan. 1986	2,6
21. Hongkong	101,0	Jan. 1993 - Jan. 1994	-38,5
22. Hongkong	99,1	Feb. 1975 - Feb. 1976	-3,4
23. Südkorea	98,8	Feb. 1975 - Feb. 1976	31,9
24. Hongkong	98,6	Nov. 1979 - Nov. 1980	-22,4
25. Schweden	96,6	Aug. 1977 - Aug. 1978	-50,8

Tabellen basieren auf Monatsschlusskursen und beginnen für die verschiedenen Länder zu unterschiedlichen Zeitpunkten, allerdings für mehr als die Hälfte der Länder ab 1960 oder früher.[1]

Es ist deutlich zu sehen, dass große Kursausschläge gang und gäbe sind. Viele waren prozentual viel größer als diejenigen, die wir in den Vereinigten Staaten in den letzten Jahren erlebt haben – tatsächlich enthalten die Tabellen kein einziges Beispiel aus den Vereinigten Staaten. (Dabei ist zu bedenken,

Tabelle 8.2 **Die größten realen Jahresrückgänge von Aktienindizes in der jüngeren Vergangenheit**

Land	Prozentualer Rückgang	1-Jahres-Zeitraum	Preisänderung im nächsten 1-Jahres-Zeitraum in %
1. Taiwan	-74,9	Okt. 1989 - Okt. 1990	85,1
2. Jamaika	-73,8	Jan. 1993 - Jan. 1994	69,9
3. Schweden	-63,6	Aug. 1976 - Aug. 1977	96,6
4. Großbritannien	-63,3	Nov. 1973 - Nov. 1974	72,7
5. Thailand	-62,8	Aug. 1997 - Aug. 1998	71,9
6. Südafrika	-62,1	Jul. 1985 - Jul. 1986	48,9
7. Philippinen	-61,9	Okt. 1973 - Okt. 1974	-14,1
8. Südkorea	-61,9	Jun. 1997 - Jun. 1998	167,0
9. Pakistan	-59,5	Okt. 1990 - Okt. 1991	9,0
10. Indien	-58,4	Nov. 1963 - Nov. 1964	-18,8
11. Dänemark	-56,0	Jul. 1969 - Jul. 1970	-15,3
12. Hongkong	-55,5	Aug. 1997 - Aug. 1998	90,0
13. Hongkong	-55,1	Dez. 1981 - Dez. 1982	7,7
14. Norwegen	-54,2	Mai 1967 - Mai 1968	39,9
15. Spanien	-54,1	Okt. 1976 - Okt. 1977	-15,6
16. Norwegen	-53,6	Jan. 1974 - Jan. 1975	-2,1
17. Australien	-53,0	Okt. 1973 - Okt. 1974	33,6
18. Frankreich	-49,0	Sep. 1973 - Sep. 1974	25,3
19. Indonesien	-48,1	Mär. 1997 - Mär. 1998	-45,1
20. Kanada	-47,9	Jun. 1981 - Jun. 1982	69,4
21. Finnland	-47,5	Feb. 1990 - Feb. 1991	6,3
22. Kolumbien	-47,1	Jan. 1980 - Jan. 1981	74,2
23. Italien	-46,1	Apr. 1974 - Apr. 1975	-31,3
24. Norwegen	-46,1	Dez. 1989 - Dez. 1990	68,6
25. Dänemark	-45,8	Sep. 1973 - Sep. 1974	14,7

dass der US-amerikanische Aktienmarkt der größte der Welt ist und dass er prozentual gesehen ein paar Mal beinahe hineingekommen wäre. Beispielsweise hätte es der reale Kursanstieg von April 1994 bis April 1999 beinahe in die Liste der größten 5-Jahres-Anstiege geschafft. Und der reale Kursverlust von 44,1 Prozent von Oktober 1973 bis Oktober 1974 wäre fast in die Liste der größten Jahresverluste gekommen. Der reale Kurszuwachs von 113,9 Prozent von Juni 1932 bis Juni 1933 hätte zwar für die Liste der größten 1-Jahres-Anstiege gereicht, aber dieser Zeitraum vom Tiefpunkt der Depression bis zur

Tabelle 8.3 **Die größten realen 5-Jahres-Anstiege von Aktienindizes in der jüngeren Vergangenheit**

Land	Prozentualer Zuwachs	5-Jahres-Zeitraum	Preisänderung im nächsten 5-Jahres-Zeitraum in %
1. Philippinen	1253,2	Nov. 1984 - Nov. 1989	43,5
2. Peru	743,1	Sep. 1991 - Sep. 1996	-
3. Chile	689,7	Mär. 1985 - Mär. 1990	104,2
4. Jamaika	573,9	Dez. 1980 - Dez. 1985	38,7
5. Südkorea	518,3	Mär. 1984 - Mär. 1989	-36,6
6. Mexiko	501,7	Jan. 1989 - Jan. 1994	-50,9
7. Taiwan	468,1	Mai 1986 - Mai 1991	-12,7
8. Thailand	430,7	Mai 1986 - Mai 1991	17,0
9. Kolumbien	390,7	Apr. 1989 - Apr. 1994	-52,0
10. Spanien	381,9	Okt. 1982 - Okt. 1987	-33,7
11. Indien	346,1	Apr. 1987 - Apr. 1992	58,4
12. Finnland	336,3	Sept. 1992 - Sept. 1997	-
13. Österreich	331,3	Jan. 1985 - Jan. 1990	-39,7
14. Portugal	329,1	Apr. 1993 - Apr. 1998	-
15. Finnland	291,0	Sep. 1982 - Sep. 1987	-55,5
16. Jamaika	280,2	Jul. 1984 - Jul. 1989	10,9
17. Japan	275,6	Aug. 1982 - Aug. 1987	-48,5
18. Frankreich	262,6	Mär. 1982 - Mär. 1987	10,2
19. Finnland	262,5	Feb. 1968 - Feb. 1973	-68,2
20. Hongkong	261,6	Jan. 1975 - Jan. 1980	-17,2
21. Niederlande	256,6	Jul. 1993 - Jul. 1998	-
22. Norwegen	253,1	Sep. 1982 - Sep. 1987	-18,9
23. Norwegen	248,4	Okt. 1992 - Okt. 1997	-
24. Schweden	247,1	Aug. 1982 - Aug. 1987	-36,9
25. Hongkong	230,9	Okt. 1982 - Okt. 1987	-14,6

beginnenden Erholung lag weit vor dem zeitlichen Bereich, für den die Tabellen erstellt wurden.)

Dort, wo entsprechende Zahlen vorliegen, gibt die Spalte ganz rechts zusätzlich noch an, was in den zwölf Monaten beziehungsweise fünf Jahren nach der angegebenen dramatischen Preisänderung geschah. Wie man sieht, fällt das ganz unterschiedlich aus. Manchmal lief der Markt in dieselbe Richtung weiter, manchmal wendete er. Am Ende dieses Kapitels erkläre ich, was wir über die Folgewirkungen der hier dargestellten großen Kursausschläge wissen.

Tabelle 8.4 **Die größten realen 5-Jahres-Rückgänge von Aktienindizes in der jüngeren Vergangenheit**

Land	Prozentualer Rückgang	5-Jahres-Zeitraum	Preisänderung im nächsten 5-Jahres-Zeitraum in %
1. Spanien	-86,6	Dez. 1974 - Dez. 1979	0,1
2. Jamaika	-85,5	Jul. 1973 - Jul. 1978	185,2
3. Venezuela	-84,9	Mai 1977 - Mai 1982	138,9
4. Thailand	-84,0	Jan. 1994 - Jan. 1999	-
5. Philippinen	-83,1	Feb. 1980 - Feb. 1985	1000,0
6. Italien	-80,7	Jun. 1973 - Jun. 1978	72,6
7. Pakistan	-78,3	Feb. 1994 - Feb. 1999	-
8. Norwegen	-77,1	Jul. 1973 - Jul. 1978	74,1
9. Jamaika	-76,9	Jan. 1993 - Jan. 1998	-
10. Philippinen	-76,6	Sep. 1969 - Sep. 1974	-40,7
11. Indien	-74,6	Aug. 1962 - Aug. 1967	0,7
12. Großbritannien	-73,5	Dez. 1969 - Dez. 1974	81,5
13. Südafrika	-73,4	Apr. 1981 - Apr. 1986	16,6
14. Kolumbien	-73,3	Jul. 1971 - Jul. 1976	-24,8
15. Kolumbien	-72,7	Jul. 1979 - Jul. 1984	36,9
16. Chile	-72,6	Jun. 1980 - Jun. 1985	587,9
17. Philippinen	-72,2	Apr. 1976 - Apr. 1981	24,4
18. Finnland	-71,3	Okt. 1973 - Okt. 1978	99,0
19. Südkorea	-68,3	Jun. 1993 - Jun. 1998	-
20. Portugal	-67,9	Jan. 1988 - Jan. 1993	222,6
21. Jamaika	-64,2	Nov. 1969 - Nov. 1974	-68,9
22. Südkorea	-63,6	Aug. 1978 - Aug. 1983	375,0
23. Italien	-62,6	Jan. 1970 - Jan. 1975	-46,1
24. Frankreich	-62,5	Jan. 1973 - Jan. 1978	5,7
25. Italien	-62,3	Sep. 1960 - Sep. 1965	-0,5

Die Storys zu den größten Kursausschlägen

Zu den einjährigen Ausschlägen lassen sich leichter Storys finden als zu den fünfjährigen. Fünf Jahre sind eine so lange Zeit, dass die Faktoren, die hinter dem Anstieg oder Rückgang von Märkten stehen, bis dahin oft aus dem Bewusstsein der Öffentlichkeit verschwunden sind – dabei werden sie eher als Trends denn als hervorstechende Ereignisse gesehen. Zu unserem Glück enthalten 14 der 25 fünfjährigen Zuwächse in Tabelle 8.3 Jahreszuwächse, die auch in Tabelle 8.1 erscheinen, und von den 25 in

Tabelle 8.4 gezeigten Rückgängen enthalten elf 1-Jahres-Verluste, die in Tabelle 8.2 dargestellt sind.

Zu manchen 12-Monats-Anstiegen scheint es gute Gründe zu geben, die für einen rationalen Kursausschlag sprechen, vor allem bei den allergrößten Ausschlägen: Normalerweise war etwas sehr Ungewöhnliches passiert. Aber auch in diesen Fällen lässt sich oft vermuten, dass der Markt auf die Ereignisse übertrieben reagiert hat.

Der größte reale Anstieg einer Börse innerhalb eines Jahres fand von Dezember 1985 bis Dezember 1986 auf den Philippinen statt und betrug fantastische 683,4 Prozent. Auch die größte Veränderung innerhalb von fünf Jahren fand mit 1.253 Prozent auf den Philippinen statt und dieser Zeitraum, von November 1984 bis 1989, schließt das Rekordjahr ein.

In den zwölf Monaten von Dezember 1985 bis Dezember 1986 kollabierte das Regime von Ferdinand Marcos, Marcos floh aus dem Land und eine neue Regierung unter Führung von Corazon Aquino übernahm die Macht. In der Zeit unmittelbar vor dem Anstieg hatte ein kommunistischer Aufstand gedroht, das Land in ein zweites Vietnam zu verwandeln. Die Marcos-Regierung hatte den Ehemann von Corazon Aquino ermordet. Auf den Straßen wurde demonstriert und grundsätzlich herrschte eine große Verunsicherung, was die Zukunft bringen würde. Sobald die neue Regierung installiert war, schöpfte das Land neue Hoffnung: Es schien auf jeden Fall eine „neue Ära" bevorzustehen. Zudem kehrte sich die Kursentwicklung, wie aus den Tabellen zu entnehmen ist, auch in den nachfolgenden ein beziehungsweise fünf Jahren nicht um.

Man könnte vermuten, dass der sehr niedrige Stand der philippinischen Börse im Dezember 1985 am Beginn des Rekordjahrs aus einer Art negativer Blase resultierte. Und tatsächlich fanden drei der 20 schwersten in Tabelle 8.4 gezeigten 5-Jahres-Verluste vor 1985 auf den Philippinen statt. Vor der oben erwähnten spektakulären Hausse war die Bilanz des philippinischen Marktes wirklich miserabel. Zeitungsberichte rätselten 1985 und davor über das ungewöhnlich niedrige Kurs-Gewinn-Verhältnis, das sich häufig um 4 bewegte. Aus dieser Perspektive war der größte Kursanstieg der Tabellen nichts anderes als die Umkehrung einer Serie von Kursrückgängen.

Der zweitgrößte Jahresgewinn (Oktober 1986 bis Oktober 1987) und der größte Jahresverlust (Oktober 1989 bis Oktober 1990) fanden in Taiwan statt. Außerdem gab es in Taiwan sowohl den siebtgrößten fünfjährigen Anstieg, von Mai 1986 bis Mai 1991, und von Oktober 1988 bis Oktober 1993 den fünfjährigen Rückgang auf dem 27. Platz (nicht in der Tabelle enthalten).

In dem Jahr, in dem Taiwan die größten spekulativen Zuwächse verzeichnete, von Oktober 1986 bis Oktober 1987, gab es mehrere Gründe für Optimismus im Sinne einer „neuen Ära". Die boomende Exportwirtschaft hatte das Wirtschaftswachstum in den zweistelligen Bereich hinaufgetrieben und allgemein wurde vorhergesagt, dass die taiwanische Wirtschaft, wenn dieser steile Aufstieg weitergehen würde, schon bald Hightech-Artikel wie etwa Computerchips produzieren würde. Der neue Wohlstand war überall zu sehen: Teure ausländische Autos fuhren durch Taipeh und Geschäftsleute leerten in glamourösen neuen Restaurants Weinflaschen für umgerechnet 100 Dollar. Trotzdem hatte das Land eine hohe Sparquote und investierte massiv in seine Zukunft.

Im Herbst 1987 hob die Regierung nach Demonstrationen endlich das seit 1949 geltende Kriegsrecht auf und ließ erstmals oppositionelle Parteien zu. Im weiteren Verlauf des 12-Monats-Zeitraums, im September 1987, machte die Regierung zwei bedeutende historische Ankündigungen: Ausländische Investoren durften in Taiwan Unternehmen gründen und zum ersten Mal seit 1949 durften taiwanische Bürger ihre Verwandten auf dem Festland besuchen.

Trotz dieser guten Gründe, das Heraufdämmern einer „neuen Ära" für die taiwanische Wirtschaft vorauszusehen, fanden viele Beobachter 1986 und 1987, die Börse rieche nach spekulativen Exzessen. Das Handelsvolumen stieg, es verdoppelte sich von Januar bis September 1987 und war damit größer als die Umsätze an allen asiatischen Börsen ohne die japanische zusammengenommen.[3] Das Kurs-Gewinn-Verhältnis, das zu Jahresbeginn noch 16 betragen hatte, stieg auf 45.

Taiwan wurde von einem Glücksspielfieber erfasst, das sich auch abseits des Aktienmarkts äußerte. Ein illegales Zahlenspiel namens Ta Chia Le oder „Glück für alle", das bis 1986 unbekannt gewesen war, wurde auf einmal zur nationalen Besessenheit. Es wurde so populär, dass „an den Tagen, an denen die Gewinnzahlen bekannt gegeben werden, die Bauern ihre Felder vernachlässigen und Fabrikarbeiter nicht in die Fabrik gehen".[4]

Ein Taiwaner, der in Yale bei mir studiert hatte, vertraute mir später an, als er 1987 ein Teenager war, habe ihn seine Mutter gezwungen, regelmäßig an die Börse zu gehen, den Handel zu beobachten und ihr Bescheid zu geben, falls etwas Signifikantes passieren sollte. Er sagte, bei diesen Beobachtungsmissionen sei ihm der schiere Wahnsinn der spekulativen Situation klar geworden.

Die Hausse der taiwanischen Börse kehrte sich nicht sofort um: Auf das Jahr mit dem rasantesten Anstieg folgte ein weiteres Jahr mit Kurszuwächsen. Doch ein Jahr danach begann ein Verfall um 74,9 Prozent, der größte Jahresverlust in unserer Liste.

Der drittgrößte Jahreszuwachs fiel in Venezuela von Januar 1990 bis Januar 1991 an. Er folgte einer schweren Wirtschaftsflaute auf den Fersen, die im Jahr 1989 zu einer Wachstumsrate von minus acht Prozent, einer Arbeitslosenquote von zehn Prozent und einer Inflationsrate von 85 Prozent führte.[5] Doch dann unterbrach der Einmarsch des Irak in Kuwait (August 1990 bis Februar 1991) die Öllieferungen aus dem Persischen Golf, der Weltmarktpreis für Öl stieg rapide und die Nachfrage nach venezolanischem Öl wuchs. Somit war in Venezuela die Bühne für plötzlichen Wohlstand bereitet. Angeblich überzeugte die Erfahrung mit Kuwait die Anleger von der Bedeutung Venezuelas als alternativer Erdöllieferant außerhalb des Persischen Golfes. Das erscheint jedoch als rationale Erklärung für den Gipfelsturm der venezolanischen Börse unwahrscheinlich, denn die Möglichkeit, dass die Lieferungen aus der Golfregion unterbrochen werden könnten, war schon lange vor dem Einmarsch bekannt. Präsident Carlos Andres Perez warnte, Venezuela lebe von einer vollkommen künstlichen Konjunktur, die nur vom gestiegenen Ölpreis getragen werde, aber die Börse stieg trotzdem.[6] Im Jahr danach kehrte sich die Preisentwicklung zwar noch nicht um, aber bis Januar 1993 hatten die realen Aktienkurse 60,3 Prozent gegenüber dem Stand von 1991 abgegeben und bis Januar 1999 waren es 82,0 Prozent.

Mit 360,9 Prozent fand der viertgrößte Anstieg innerhalb eines Jahres von August 1992 bis August 1993 in Peru statt. Das geschah, nachdem die Börse im April 1992 abgestürzt war – Alberto Fujimori maßte sich diktatorische Befugnisse an, löste den Kongress auf und setzte im Zuge des langwierigen Bürgerkriegs gegen die Guerillas vom Leuchtenden Pfad die Verfassung aus. Im September 1992 wurden jedoch die Anführer des Leuchtenden Pfads gefasst und im April 1993 die Demokratie wiederhergestellt. Damit endeten in Peru 14 Jahre Guerilla-Gewalt, die 27.000 Todesopfer gefordert hatte. Im Jahr 1990 betrug die Inflation 7.000 Prozent und die Wirtschaft schrumpfte, aber bis 1993 bekam man die Inflation in den Griff und die Wirtschaft wuchs wieder. Das wunderbare Gefühl, dass eine neue Ära angebrochen war, ließ sich nicht von der Hand weisen – doch als sich die Aktienkurse innerhalb eines Jahres vervierfacht hatten, fragten sich viele Menschen, ob dieser Anstieg vielleicht übertrieben war. Im Jahr danach stieg die Börse noch ein bisschen, dann gab sie ein bisschen ab. Im Januar 1999 stand sie real gerechnet zwar tiefer, aber nur um acht Prozent. Im Jahr 2000 kam es dann zum Crash und zu heftigen Turbulenzen.

Der Anstieg des indischen Aktienmarkts von April 1991 bis April 1992, Rang 11 in Tabelle 8.1, begann gerade, als mit der Ermordung von Rajiv Gandhi im Mai 1991 die 28 Jahre währende Nehru-Dynastie ein Ende fand. Gandhis Nachfolger berief sofort Manmohan Singh, einen ehemaligen Professor der Delhi School of Economics, der später – 2004 – Premierminister wurde, zum Finanzminister. Das neue Kabinett kündigte umgehend einen

Deregulierungsplan an, der als deutliche Abkehr vom Sozialismus wahrgenommen wurde. Nun waren Investitionen aus dem Ausland willkommen. In dem Haushaltsplan, den Singh vorlegte, waren finanzielle Vermögensgegenstände von der Berechnung der Vermögenssteuer ausgenommen. Davor hatten Manager versucht, die Aktienkurse ihrer Unternehmen möglichst niedrig zu halten, um Steuern zu vermeiden, doch jetzt unternahmen sie Schritte, die für steigende Kurse sorgten. Außerdem waren nach dem neuen Haushaltsplan Preis und Zeitpunkt von Aktien-Neuemissionen weniger streng reguliert. Diese Reformen waren zwar plausible Gründe für eine steigende Börse, aber der konkrete Anstieg wurde weithin als überzogen bezeichnet und Staatsvertreter warnten die Nation vor möglichen spekulativen Exzessen. Auch gab es in dieser Zeit viele Versuche, Aktienkurse zu manipulieren. Die Machenschaften von Harshad „Big Bull" Mehta, einem Aktienhändler aus Mumbai, traten 1992, nachdem der Markt seinen Gipfelpunkt hinter sich hatte, einen landesweiten Skandal los. Es hieß, er habe bei bestimmten Aktien eine Art „Strudel-Effekt" erzeugt, indem er sie an der Börse kaufte, dann billig an freundliche Institutionen verkaufte und schließlich aus dem nun kleineren Vorrat umlaufender Aktien weiter kaufte, wodurch er deren Kurs in die Höhe trieb.[7] Inzwischen wird der Anstieg der indischen Aktien im Jahr 1992 als „Mehta Peak" bezeichnet – und ein „Gipfel" war es in der Tat, denn im Jahr danach fiel der Markt um 50,3 Prozent.

In den bisherigen Beispielen gab es immer ein Ereignis oder eine Reihe von Ereignissen außerhalb des Marktes, aus denen man auf eine echte neue Ära schließen konnte. Und selbst wenn die *Überzeugung* herrschte, der Markt habe überreagiert, lässt sich nur schwer mit Sicherheit belegen, dass dem wirklich so war. Im Unterschied dazu gibt es bei einigen anderen großen Preiszuwächsen keine solchen plausiblen Erklärungen für das Ausmaß und deshalb konzentrieren sich ihre Deutungen in den Medien auf Neuinterpretationen langfristiger Prozesse oder auf die Börsenpsychologie.

Nehmen wir zum Beispiel den Börsenboom in Italien von Mai 1985 bis Mai 1986. Als der Markt um 166,4 Prozent stieg, war das Wirtschaftswachstum robust, die Inflation nach wie vor niedrig, die Regierung von Ministerpräsident Bettino Craxi war stabil und beliebt. Das war jedoch alles nicht neu. Eine italienische Zeitung zitierte einen Analysten mit den Worten: „Dafür gibt es keine Erklärung. [...] Alle drehen durch, sonst nichts. Das ist kollektiver Wahnsinn, und zwar komplett. Es bringt nichts, das verstehen, aufhalten oder steuern zu wollen."[8] Die in London erscheinende *Financial Times* schrieb: „Ein Fieber hat Italien erfasst: Hunderte von kleinen Erstanlegern stecken Geld in die Börse, als würden sie Lotterielose kaufen."[9] Im Jahr danach fiel der italienische Aktienmarkt real um 15,7 Prozent und bis

September 1992 hatte er 68,0 Prozent seines realen Wertes vom Mai 1986 abgegeben.

Etwa zur selben Zeit waren Beobachter von der Intensität und den fehlenden guten Erklärungen für die „Liebesaffäre mit der Börse"[10] in Frankreich überrascht. Mit einem realen Kursplus von 262,6 Prozent von März 1982 bis März 1987 schaffte es Frankreich sogar in unsere Liste. Die Story im Sinne einer neuen Ära, dass die französische Regierung unter François Mitterrand von ihrem streng sozialistischen Kurs abwich, schien als Erklärung für die steigende Börse nicht zu reichen. Wenn es denn eine neue Ära gab, so sahen viele Beobachter sie nur in Form der Marktpsychologie. Die französischen Anleger stürzten sich mit frischem Feuereifer auf den freien Markt. Nach dieser enthusiastischen Phase kam der weltweite Börsencrash 1987, der auch die französische Börse zurückwarf, auch wenn es ihr in den fünf Jahren danach, von März 1987 bis März 1992, gelang, noch einmal 10,2 Prozent zuzulegen. Von da an ging es mit dem französischen Aktienmarkt seltsamerweise bergauf und die realen Aktienkurse stiegen von 1992 bis zur Jahrtausendwende fast so dramatisch und genauso rätselhaft wie in den Vereinigten Staaten.[11]

Das Ende von neuen Zeitaltern und Finanzkrisen

Die Nachwirkungen der im vorigen Abschnitt beschriebenen außerordentlichen Kursanstiege waren ganz unterschiedlich. Oft kam es danach zu einer dramatischen Wende, aber keineswegs immer. Tragen die Anstiege den Keim ihrer eigenen Vernichtung bereits in sich oder haben die Einbrüche andere Ursachen?

Offenbar wird das Ende einer Hausse häufig von konkreten Ereignissen hervorgerufen, die nichts mit irrationalem Überschwang an der Börse zu tun haben. Besonders erwähnenswert sind in diesem Zusammenhang Finanzkrisen, zum Beispiel Bankenkrisen oder Währungskrisen. Diese Ereignisse rücken dann in den Brennpunkt der Analyse, denn ihre Ursachen wirken greifbarer als die der Börsenkrise. Laut einer solchen Analyse hat das Ende einer „neuen Ära" eher einen eng begrenzten technischen Ursprung als einen psychologischen oder gesellschaftlichen.

Die Krise Mexikos im Jahr 1994 trat im Gefolge des sechstgrößten fünfjährigen Kursanstiegs in Tabelle 8.3 auf. Die Anatomie dieser Krise ist kompliziert. Analysten betonen, dass es einen Ansturm von Investoren auf den Peso gab und dass sich Investoren anschließend weigerten, *Tesobonos* zu kaufen, in Dollar notierte kurzfristige mexikanische Staatsanleihen. Die Anlegeröffentlichkeit wusste nämlich, dass der mexikanische Staat nicht genügend Dollar besaß, um den Peso zu stützen, falls viele Menschen Pesos verkaufen würden. Dieses Wissen allein hätte noch nicht unbedingt zu einer

Abwertung geführt, doch zusammen mit der Überzeugung, eine Abwertung des Peso stehe unmittelbar bevor, erzwang es doch letztlich genau diese Abwertung. Natürlich ist eine solche Abwertung an sich noch nicht schlimm und sie hätte der mexikanischen Wirtschaft sogar den nötigen Anstoß geben können. Die Anleger waren aber misstrauisch und beschlossen, nicht mehr in *Tesobonos* zu investieren. Da Mexiko keine neuen Anleihen verkaufen konnte, als ältere Schulden fällig wurden, konnte es diese nicht zurückzahlen. Zum Glück wurde der Staat durch einen internationalen Kredit gerettet, mit dem er seine Schulden dann doch noch bezahlen konnte, und die Wirtschaftskrise war überwunden.

Man beachte jedoch, dass der mexikanische Aktienmarkt im Jahr 1999 real immer noch 50 Prozent unter dem Hoch von 1994 stand, obwohl erkannt worden war, dass die Ursache des Problems mit dem Peso zusammenhing, obwohl die mexikanische Wirtschaftskrise nur kurz war und obwohl das Problem durch internationale Kredite behoben wurde. Real (also inflationsbereinigt) erreichte die Börse den Höchststand von 1994 erst zehn Jahre später wieder. In der Zeit nach 1994 änderte sich die Einstellung der Allgemeinheit gegenüber dem mexikanischen Aktienmarkt grundlegend. Vor der Krise des Jahres 1994 herrschte unter der Regierung Salinas dank der Schaffung der Freihandelszone NAFTA und dank der Aufnahme Mexikos in die OECD wohl ein übertriebenes, durch diese „neue Ära" bedingtes Gefühl der Unverwundbarkeit und das Gefühl, Mexiko habe eine großartige Zukunft vor sich – doch nach der Krise flauten diese Gefühle ab.

Auch die Asien-Finanzkrise 1997/1998 war viel mehr als nur eine Börsenkrise. Sie beinhaltete Währungs- und Bankenkrisen, auf die sich auch hier das Interesse der Analysten richtete. Doch wie in Tabelle 8.3 zu sehen ist, gingen der Asienkrise etliche der größten Kursanstiege über fünf Jahre voraus, und zwar deutlich vor den Währungs- und Bankenkrisen. In Japan stiegen die realen Aktienkurse von August 1982 bis August 1987 um 275,6 Prozent, in Hongkong von Oktober 1982 bis Oktober 1987 um 230,9 Prozent, in Südkorea von März 1984 bis März 1989 um 518,3 Prozent, in Taiwan von Mai 1986 bis Mai 1991 um 468,1 Prozent und in Thailand im gleichen Zeitraum um 430,7 Prozent. Die meisten Haussen fanden von 1982 bis 1987 statt, als sich die Welt von der Großen Rezession des Jahres 1981 erholte. In allen diesen Ländern war der Aktienmarkt nach seinem Hoch vom Dezember 1996 bereits gefallen, bevor es irgendwelche Anzeichen für die Asienkrise gab. Offenbar ging in diesen Ländern der Krise jeweils eine geplatzte Spekulationsblase voraus und trug zu der Stimmung bei, aus der die Krise hervorging. Doch als die Krise dann wirklich da war, tauchten Storys über die Börse und überhaupt über das Vertrauen der Allgemeinheit nur vage im Hintergrund auf, denn die Aufmerksamkeit richtete sich auf Wechselkursänderungen, auf den plötzlichen Rückzug ausländischer Investoren, auf die Probleme der Banken, die Inflation und den problematischen Arbeitsmarkt.

Diese Storys im Umfeld der Finanzkrise veranschaulichen die komplizierten Faktoren, die manchmal die Aufmerksamkeit von Wirtschafts- und Finanzanalysten fesseln. Jeder von ihnen könnte „die" technische Story sein, mit der sich die Ereignisse erklären lassen. Womöglich konzentrieren sich die Diskussionen auf diese Faktoren und lenken die Aufmerksamkeit von anderen Veränderungen der öffentlichen Meinung weg, die sich in spekulativen Preisen niederschlagen. Deshalb geht die zugrunde liegende Story von Anlegern, die auf Nachrichten überreagieren, und von Feedback-Schleifen, dank deren steigende Preise die Preise noch weiter steigen lassen, oft unter.

Was gestiegen (gefallen) ist, das ist normalerweise auch wieder gefallen (gestiegen)

Es ist unmöglich, die Behauptung zu *beweisen*, hinter vielen dieser Ereignisse stünden spekulative Exzesse. Man kann bei fast allen argumentieren, dass die von den Anlegern gelieferten Begründungen in Bezug auf die Belege stichhaltig waren, die vorlagen, als die Börse stieg, und weil Storys über eine „neue Ära" nie ganz ungeeignet als Theorien dafür sind, was passieren *könnte*. Man kann aber auch fragen, ob diese Preisbewegungen dazu neigten, sich wieder umzukehren. Wenn sie sich im Durchschnitt umkehrten, haben wir einen Nachweis dafür, dass die fundamentalen Gründe nicht solide waren.

Die Zahlen, auf denen die Tabellen basieren, bestätigen bezogen auf Länder etwas, das Werner De Bondt und Richard Thaler in Bezug auf „Gewinner-Aktien" entdeckt haben – wenn man den Gewinner-Status an langen Zeiträumen wie etwa fünf Jahre misst: Tendenziell laufen sie in ebenso langen Zeiten danach schlecht und Verlierer-Aktien – wenn man den Verlierer-Status an ebenso langen Intervallen misst – laufen in darauf folgenden gleich langen Intervallen gut.[12]

Anhand der Zahlen in den Tabellen sehen wir, dass in 17 der 25 Gewinnerländer aus Tabelle 8.3 (68 Prozent) in den fünf Jahren nach dem fünfjährigen realen Kursanstieg die realen Aktienkurse fielen und dass die durchschnittliche Veränderung ein Verlust von 14,7 Prozent war.[13] Ähnlich ist es bei den 25 in Tabelle 8.4 gezeigten Verliererländern. 20 (80 Prozent) erlebten in den fünf Jahren nach großen fünfjährigen Kursverlusten große reale Kurszuwächse und die durchschnittliche Änderung war ein Anstieg um 119,7 Prozent. Wir sehen also eine recht deutliche, wenn auch unvollkommene Tendenz, dass sich eine größere Aktienkursbewegung nach weiteren fünf Jahren umkehrt, und zwar sowohl nach Aufwärts- als auch nach Abwärtsbewegungen.

Wenn wir uns die einjährigen Preisänderungen in den Tabellen 8.1 und 8.2 anschauen, sehen wir, dass hier die Tendenz zur Wende bei den Kursen einzelner Aktien weniger stark ausgeprägt ist – das war nach der bisher vorliegenden Literatur auch zu erwarten. Von den 25 Gewinnerländern, die in Tabelle 8.1 dargestellt sind, erlebten 15 (60 Prozent) in den zwölf Monaten nach einem großen zwölfmonatigen Kursanstieg einen großen realen Kursrückgang, sodass die Richtungswechsel nach oben oder unten hier gleichmäßiger verteilt waren. Die durchschnittliche Veränderung war ein Rückgang um 4,2 Prozent. Von den 25 in Tabelle 8.2 gezeigten Verliererländern erlebten 18 (72 Prozent) in den zwölf Monaten nach einem großen zwölfmonatigen Kursrückgang einen großen realen Kursanstieg. Die durchschnittliche reale Preisänderung war eine Zunahme um 36,3 Prozent. Zwölf Monate sind offenbar nicht lange genug, damit sich die Tendenz bemerkbar machen kann, dass sich extreme Kursausschläge wieder umkehren.

Es ist sehr gut möglich, dass die Tendenz, dass die Börsenbewertungen einzelner Länder dramatisch steigen und danach wenden, in Zukunft nachlässt. Da heute ein freierer Kapitalfluss möglich ist als in den Zeiträumen, aus denen die Beispiele in den Tabellen stammen, und da immer mehr globale Investoren dadurch Gewinne anstreben, dass sie unterbewertete Länder kaufen beziehungsweise überbewertete Länder shorten, dürften die Märkte immer stabiler werden. Trotzdem ist es unwahrscheinlich, dass diese Kräfte die Möglichkeit solcher Kursbewegungen bald eliminieren. Es handelt sich nämlich um besonders seltene und langsame Vorgänge in großen Ländern oder der ganzen Welt, sodass die damit verbundenen Profitgelegenheiten ebenfalls langsam und zudem schwer zu diversifizieren sind. Man darf also die Möglichkeit, dass große Spekulationsblasen auftreten, weder heute noch in der Zukunft ignorieren.

Im hier endenden Teil des Buches über kulturelle Faktoren haben wir die Begründungen erforscht, mit denen Menschen zu verschiedenen Zeiten der Geschichte die Veränderungen von Marktbewertungen erklärt haben. Dabei fanden wir Belege dafür, dass diese kulturellen Faktoren vergänglich sind. Doch welche Schlüsse wir daraus ziehen, hängt letztlich davon ab, welches Bild von der Natur des Menschen wir haben und inwieweit der Mensch in der Lage ist, sich konsistente und unabhängige Urteile zu bilden. Um unser Verständnis der Argumentation zu festigen, untersuchen wir im nächsten Teil grundlegende psychologische Faktoren – die Neigung des Menschen, entweder unabhängig zu handeln oder sich zu fügen, entweder anderen zu glauben oder ihnen nicht zu glauben, entweder Selbstbewusstsein oder Selbstzweifel zu empfinden, entweder aufmerksam oder unaufmerksam zu sein. Diese Neigungen wirken sich darauf aus, wie plausibel unsere Ansicht über Spekulationsblasen ist.

TEIL III

Psychologische Faktoren

KAPITEL 9

PSYCHOLOGISCHE ANKER FÜR DEN MARKT

Wir haben gesehen, dass der Markt nicht fest in den fundamentalen Gegebenheiten verankert ist. Die Menschen wissen nicht einmal ganz grob, welcher Stand des Marktes der „richtige" ist, und nur wenige bringen viel Zeit dafür auf, sich zu überlegen, wo dieses Niveau liegen sollte oder ob der Markt im Moment teuer oder billig ist. Woran lässt sich das Kursniveau an einem bestimmten Tag festmachen? Wo ist der Markt verankert? Was entscheidet, ob der Dow Jones auf 4.000 oder auf 14.000 Punkten steht? Wodurch wird das Feedback, dank dessen Preisänderungen weitere Preisänderungen verursachen und das somit spekulative Kursbewegungen verstärkt, irgendwann begrenzt? Wieso bleibt der Markt tagelang innerhalb eines bestimmten Bereichs, bricht dann aber plötzlich aus? Teil-Beantwortungen dieser Fragen haben wir bereits gesehen, aber wenn wir die wahre Natur der Anker verstehen wollen, die hier am Werk sind, müssen wir uns an die Psychologie wenden.

Wenn man sich mit Lehren befasst, die man aus der Psychologie ziehen kann, muss man beachten, dass viele populäre Darstellungen der Psychologie der Geldanlage schlicht nicht glaubwürdig sind. Da heißt es etwa, die Anleger seien im Laufe von Aufschwüngen euphorisch oder rasend und im Laufe von Crashs panisch. Oder es heißt, im Laufe von Booms oder Crashs würden die Anleger wie Schafe blind der Herde folgen, ohne selbst zu denken. Wenn die einzigen Alternativen solche populärpsychologischen Theorien sind, hört sich der Glaube an die Rationalität der Märkte doch gleich viel besser an.

Wir alle wissen, dass die meisten Menschen während solcher Episoden viel intelligenter sind, als es solche Darstellungen nahelegen. Für die meisten von uns sind Booms und Crashs von Finanzmärkten keine emotionsgeladenen Ereignisse, die sich mit dem Sieg in einer Schlacht oder mit einem Vulkanausbruch vergleichen ließen. Tatsächlich sind die meisten Menschen während der bedeutendsten Finanzereignisse mit ganz anderen persönlichen Angelegenheiten beschäftigt und kein bisschen mit den Finanzmärkten. Daher ist schwer vorstellbar, dass der Markt als Ganzes die von den erwähnten psychologischen Theorien beschriebenen Emotionen widerspiegelt.

Seriöse psychologische Forschungen zeigen allerdings, dass es Muster im menschlichen Verhalten gibt, die Ankerpunkte für den Markt liefern, mit denen nicht zu rechnen wäre, wenn die Märkte vollständig rational funktionieren würden. Diese Verhaltensmuster resultieren nicht aus extremer Unwissenheit des Menschen, sondern aus der Beschaffenheit der menschlichen Intelligenz, und darin schlagen sich sowohl ihre Grenzen als auch ihre Stärken nieder. Anleger bemühen sich, das Richtige zu tun, aber ihre Fähigkeiten sind begrenzt und sie greifen auf bestimmte Verhaltensweisen zurück, die ihre Handlungen bestimmen, wenn keine eindeutige Handlungsanweisung vorliegt.[1]

Wir betrachten hier zwei Arten von psychologischen Ankern: einerseits *quantitative Anker*, die selbst Hinweise auf das angemessene Niveau des Marktes liefern und die manche Menschen als Indikatoren für die Über- oder Unterbewertung des Marktes verwenden und anhand deren sie entscheiden, ob ein guter Kaufzeitpunkt vorliegt, und andererseits *moralische Anker*, die über die Stärke des Grundes entscheiden, der die Menschen dazu drängt, Aktien zu kaufen. Diesen Grund müssen sie gegen andere Verwendungen des Vermögens abwägen, das sie bereits am Markt angelegt haben oder hätten anlegen können. Bei quantitativen Ankern wägen die Menschen Zahlen gegen Kurse ab, wenn sie entscheiden, ob die Aktien (oder andere Anlagen) richtig bewertet sind. Bei moralischen Ankern vergleichen die Menschen die intuitive oder emotionale Kraft des Arguments für Investitionen am Markt mit ihrem Vermögen und dem von ihnen wahrgenommenen Bedarf an Geld, dass sie jetzt ausgeben können.

Quantitative Ankerpunkte für den Markt

Wer Fragebögen erstellt, merkt, dass die Antworten, die die Menschen geben, massiv von den Vorschlägen beeinflusst werden können, die in den Fragebögen gemacht werden. Wenn sie beispielsweise gebeten werden, anzugeben, in welchen von mehreren Bereichen ihr Einkommen fällt, werden ihre Antworten von den vorgegebenen Bereichen beeinflusst. Diese Bereiche fungieren als „Anker", an die sie ihre Antworten anpassen.

Psychologen haben gezeigt, dass die Entscheidungen von Menschen in mehrdeutigen Situationen davon beeinflusst werden, welcher Anker gerade zur Hand ist. Wenn man eine Schätzung abgeben soll und nicht sicher ist, was man sagen soll, nimmt man jede Zahl, die man gerade vor sich hat. Die Psychologen Amos Tversky und Daniel Kahneman bewiesen diese Tendenz eindeutig anhand eines Glücksrads: Sie benutzten ein großes Rad mit den Zahlen 1 bis 100, ähnlich wie die Räder, die in Fernsehshows verwendet werden, und das so konstruiert war, dass es bei einer Zufallszahl anhielt, wenn man es drehte. Den Versuchspersonen wurden Fragen gestellt, deren Antworten Zahlen zwischen 1 und 100 waren, und zwar schwierige Fragen wie etwa nach dem Prozentsatz afrikanischer Länder in den Vereinten Nationen. Zuerst wurden sie gefragt, ob die Antwort, die sie geben würden, über oder unter der Zahl liege, die sie gerade mit dem Glücksrad erhalten hatten. Dann wurden sie um ihre Antwort gebeten. Dabei fanden die Experimentatoren heraus, dass die Antwort durchaus beträchtlich von der Zufallszahl des Rades beeinflusst wurde. Wenn etwa das Rad bei 10 anhielt, belief sich der mediane Prozentsatz afrikanischer Länder laut den Versuchspersonen auf 25, aber wenn das Rad bei 65 anhielt, betrug der mediane Prozentsatz 45 Prozent. Besonders interessant war dieses Experiment deshalb, weil es so angelegt war, dass die Kandidaten eindeutig wussten, dass die vom Rad produzierten Zahlen rein zufällig waren und diese Zahlen daher eigentlich keine emotionale Bedeutung für die Kandidaten haben konnten.[2]

Wenn man Urteile über den Stand von Aktienkursen fällt, ist der wahrscheinlichste Anker der letzte bekannte Kurs. Die Neigung der Anleger, diesen Anker zu verwenden, verstärkt die Ähnlichkeit der Aktienkurse von einem auf den anderen Tag. Andere mögliche Anker sind frühere Preise, an die man sich erinnert, und diese Tendenz früherer Preise, als Anker zu fungieren, könnte zum Teil der Grund für die beobachtete Tendenz sein, dass sich die Trends einzelner Aktien irgendwann umkehren. Ein weiterer Anker könnte der nächste Meilenstein eines bekannten Index wie des Dow Jones sein, etwa die nächstgelegene runde Zahl, und es könnte eine Erklärung für ungewöhnliches Marktverhalten im Umkreis solcher Niveaus sein, dass die Anleger diesen Anker benutzen. Auch frühere *Änderungen* der Preise können einen Anker bieten, wenn die Aufmerksamkeit entsprechend auf sie gelenkt wird. Erinnern sie sich an die Tatsache aus Kapitel 6, dass der Einbruch des Marktes am 19. Oktober 1987 prozentual fast genauso groß war wie der im Zuge des Crashs am 28. und 29. Oktober 1929, über den zur Zeit des Crashs 1987 so viel diskutiert wurde.

Die Preisänderungen einzelner Aktien können mit den Preisänderungen anderer Aktien verankert sein und Kurs-Gewinn-Verhältnisse können mit den Kurs-Gewinn-Verhältnissen anderer Firmen verankert sein. Solche

Verankerungen tragen eventuell zur Erklärung bei, weshalb die Kurse einzelner Aktien so sehr parallel verlaufen, wie sie es eben tun, und somit letztlich auch, weshalb die Aktienkurse so stark schwanken, wie sie es eben tun – also weshalb die Durchschnittsbildung, die durch die Konstruktion des Index bedingt ist, die Volatilität des Marktes nicht stärker dämpft.[3] Das dürfte auch erklären, weshalb die Aktien von Unternehmen, die zwar verschiedenen Branchen angehören, jedoch ihren Sitz im selben Land haben, tendenziell ähnlichere Preisbewegungen aufweisen als Aktien von Unternehmen, die der gleichen Branche angehören, jedoch ihren Sitz in verschiedenen Ländern haben – was ja der Erwartung widerspricht, die Branche würde die Fundamentaldaten eines Unternehmens mehr bestimmen als der Sitz seiner Firmenzentrale.[4] Zudem mag dies erklären, wieso sich börsennotierte Immobilienfonds eher wie die Aktien verhalten und weniger wie die geschätzten Werte der gewerblichen Immobilien, die ihnen zugrunde liegen.[5] Tatsächlich finden alle diese Anomalien, die an den Finanzmärkten festzustellen sind, in der quantitativen Verankerung mit Zahlen, die sich anbieten, eine einfache Erklärung.

Moralische Ankerpunkte für den Markt

Bei der moralischen Verankerung wird der Markt an Vergleiche der intuitiven Kraft von Storys und Gründen, die dafür sprechen, Investments zu behalten, mit dem empfundenen Bedürfnis gebunden, das Vermögen zu verbrauchen, das diese Investments darstellen. Der Markt wird nicht dadurch davon abgehalten, in willkürliche Höhen zu steigen, dass die Menschen irgendeine Vorstellung hätten, wo das eigentlich richtige Niveau sei oder welches Niveau zu hoch wäre. Es ist vielmehr so, dass die Diskrepanz zwischen dem Vermögen, das die Menschen im Markt angelegt haben, und ihrem aktuellen Lebensstandard im Vergleich zu ihren Gründen, die Aktien zu behalten, einen Anreiz zum Verkaufen bildet, wenn der Markt zu weit steigt. Man kann die Wirkung dieses Ankers anhand eines Extrembeispiels abschätzen: Nehmen wir einmal entgegen den Tatsachen an, die Psychologie des Marktes würde die Börse so weit steigen lassen, dass die meisten Aktienbesitzer zu Multimillionären würden – auf dem Papier. Dann würden sie – außer wenn diese Menschen den Grund, sämtliche Aktien zu behalten, als extrem stark empfinden würden – anfangen wollen, ein bisschen mehr wie Multimillionäre zu *leben*, und einige Aktien verkaufen, damit sie das Geld auch ausgeben könnten. Solche Verkäufe würden natürlich die Aktienkurse wieder sinken lassen, denn es gäbe nicht genug Käufer und natürlich reicht das laufende Nationaleinkommen nicht aus, derart viele Multimillionäre möglich zu machen. Der Aktienmarkt kann nur dann fantastische Niveaus erreichen, wenn die Menschen meinen, es gebe keine guten Gründe, ihn dadurch auf die Probe zu stellen, dass sie versuchen, ihr neu erworbenes Vermögen auch zu genießen.

Hinter diesem Konzept der moralischen Anker steht das psychologische Prinzip, dass ein großer Teil desjenigen menschlichen Denkens, das in Handlungen resultiert, nicht quantitativ ist, sondern vielmehr die Form von *Geschichtenerzählen* und *Rechtfertigung* annimmt. Das heißt, dass die Menschen im Falle eines moralischen Ankers eine Story, die keine quantitative Dimension besitzt, gegen die beobachtete Quantität an Finanzvermögen abwägen, das ihnen für den Konsum zur Verfügung steht. Die gängige Wirtschaftstheorie beschreibt solche Überlegungen nicht klar, obwohl viele Indizien für die Behauptung sprechen, die Überlegungen der Anleger würden in dieser Form stattfinden.

Die Psychologen Nancy Pennington und Reid Hastie haben gezeigt, wie bedeutsam Geschichten für die Entscheidungsfindung sind, indem sie untersuchten, wie Geschworene in schwierigen Fällen zu Entscheidungen kommen. Sie fanden heraus, dass die Geschworenen an das Durchdenken der komplizierten gerichtlichen Fälle tendenziell so herangingen, dass sie eine Geschichte konstruierten und die Details, die ihnen geliefert wurden, in eine kohärente Erzählung der Ereigniskette einfügten. Wenn sie ihr Urteil erläuterten, sprachen sie meist nicht über Quantitäten oder Wahrscheinlichkeiten oder fassten die Beweislast zusammen, sondern erzählten lediglich eine Geschichte des Falls, meist in chronologischer Folge, und merkten dazu an, wie gut ihre Geschichte zusammenpasse und wie innerlich stimmig sie sei.[6]

Analog dazu erzählen diejenigen, die der Allgemeinheit Aktien verkaufen, gerne eine Geschichte über die Aktie, und zwar eine plastische Geschichte über die Vorgeschichte des Unternehmens, über die Art seines Produkts und darüber, wie die Allgemeinheit dieses Produkt verwendet. Beim Kundenbesuch kommen nicht oft Diskussionen über Quantitäten oder Wahrscheinlichkeiten zustande oder über die Frage, ob der Preis angesichts der quantitativen Hinweise auf künftige Dividenden oder Gewinne auf dem richtigen Niveau steht. Solche quantitativen Faktoren passen eben nicht so gut zu der erzählungsbasierten Entscheidungsfindung, die den Menschen von Natur aus liegt.

Der Mensch hat von Natur aus ein grundlegendes Interesse am Glücksspiel, das sich in allen Kulturen in der einen oder anderen Form äußert[7] und auch an spekulativen Märkten zum Ausdruck kommt. Die Anziehungskraft des Glücksspiels, obwohl die Chancen offenkundig gegen die Spieler stehen, hängt offenbar mit dem erzählungsbasierten Denken zusammen. Wenn man einer Unterhaltung unter Spielern lauscht, hört man normalerweise

Geschichten, keine Beurteilungen von Wahrscheinlichkeiten, und die in diesen Geschichten angesprochenen Möglichkeiten scheinen oft mehr greifbare Realität zu enthalten als alle quantitativen Konzepte. In solchen Geschichten verwenden Glücksspieler einen anderen Wortschatz als Wahrscheinlichkeitstheoretiker, die Wörter „Glück" oder „Glückstag" sind ihnen lieber als die selten verwendete „Wahrscheinlichkeit". Sie erzählen Geschichten, wie sie gewonnen oder verloren haben, von der Ereignisfolge, die vor ihrem größten Glück oder Pech ablief, oder wie stark ihr Instinkt war, der ihnen gute Wetten beschwerte. Solche Storys können Ereignissen, die in Wirklichkeit rein zufällig sind, ein Gefühl des Sinns und der Bedeutsamkeit verleihen.[8]

Man hat herausgefunden, dass Angestellte tendenziell in Aktien ihres Arbeitgebers investieren, obwohl es offensichtlich eher in ihrem Interesse läge, über die Quelle ihres Lebensunterhalts hinaus zu diversifizieren. Im Jahr 2003 legten in den Vereinigten Staaten elf Millionen Teilnehmer an 401(k)-Plänen mehr als 20 Prozent ihrer Anlagen in Aktien ihres Unternehmens an und bei manchen Unternehmen, beispielsweise bei Coca-Cola, stellen diese Aktien 90 Prozent des Vermögens.[9] Man kann diese Tendenz so interpretieren, dass sich die Anleger von Geschichten beeinflussen lassen: Über ihre eigenen Unternehmen kennen sie viel mehr Geschichten und deshalb investieren sie in Aktien dieser Unternehmen.

Außerdem wollen die Menschen anscheinend einfache Gründe für ihre Entscheidungen konstruieren, so als hätten sie das Bedürfnis, ihre Entscheidungen mit einfachen Argumenten zu rechtfertigen – wenn nicht gegenüber anderen, dann vor sich selbst. Das Bedürfnis, einen einfachen Grund als Erklärung für eine Entscheidung zu haben, ähnelt dem Bedürfnis, eine Geschichte zu haben, die hinter der Entscheidung steht. Sowohl die Geschichten als auch die Gründe sind einfache Rationalisierungen, die man anderen verbal vermitteln kann.

Die Psychologen Eldar Shafir, Itamar Simonson und Amos Tversky demonstrierten durch Experimente einen Effekt, der offenbar die Entscheidungen der Menschen verzerrt, wenn sie nach einfachen Erklärungen suchen, um sie zu rechtfertigen. Sie stellten ihre Testpersonen vor eine einfache Wahl zwischen zwei Möglichkeiten: Die erste war „verarmt", sie hatte keine auffallenden positiven oder negativen Merkmale. Die zweite war „angereichert", sie wies sowohl deutlich positive als auch deutlich negative Merkmale auf. Bei einem Experiment sollten die Kandidaten entscheiden, welchem Elternteil sie das alleinige Sorgerecht für ein Kind zusprechen würden. Elternteil A, die verarmte Version, wurde so beschrieben: „durchschnittliches Einkommen, durchschnittliche Gesundheit, durchschnittliche Arbeitszeit, normales Verhältnis zu dem Kind und ein relativ stabiles Sozialleben." Elternteil B, die angereicherte Version, wurde so beschrieben: „überdurchschnittliches Einkommen, sehr enges Verhältnis zum Kind, extrem aktives Sozialleben, viele berufliche Reisen, kleinere gesundheitliche Probleme." Es ergab sich, dass die Antworten der Testpersonen davon abhingen, wie die Bitte um eine Entscheidung formuliert wurde. Als eine Gruppe von Personen gebeten wurde, den Elternteil zu wählen, dem sie das Sorgerecht geben würden, nahmen 64 Prozent Elternteil B. Als eine zweite Gruppe gebeten wurde, den Elternteil zu wählen, dem sie das Sorgerecht verweigern würden, nahmen 55 Prozent ebenfalls Elternteil B. Die vorherrschenden Antworten passen logisch nicht zusammen, aber sie passen zu dem Gefühl, man müsse einen soliden Grund haben, um eine Entscheidung zu rechtfertigen. Die Psychologen fanden heraus, dass diese Tendenz auch bei rein persönlichen Entscheidungen auftritt, die niemals anderen erklärt werden müssen.[10]

Gründe, Aktien oder andere Investments zu behalten, können sowohl ethische als auch praktische Aspekte haben. Unsere Kultur kann uns Gründe dafür liefern, die mit unserem Identitätsgefühl als verantwortungsvolle, gute oder besonnene Menschen zu tun haben. Erinnern Sie sich an das Buch „The Millionaire Next Door" von 1996, das während des gesamten Börsenbooms der 1990er-Jahre ein Bestseller war. Darin stand, die meisten Millionäre in den Vereinigten Staaten würden nicht außergewöhnlich viel verdienen, sondern nur genügsam sparen: durchschnittliche Leute, die sich nicht von einem Neuwagen jedes Jahr, von einem luxuriösen Haus oder von sonstigen Geldgräbern verlocken lassen.[11] Dieses Buch war nicht nur eine interessante Studie über Millionäre, sondern es vermittelte auch eine subtile Botschaft. Es deutete an, Menschen, die ihr Geld behalten und allmählich im Laufe ihres Lebens ein Vermögen aufbauen, seien moralisch überlegen. So lieferte es einen attraktiven Grund, zu sparen und anzulegen. Das Buch bot keine Analysen von Kurs-Gewinn-Verhältnissen oder irgendetwas, das auch nur entfernt mit konkreten Anlageratschlägen zu tun hatte, und verstärkte somit auf subtile Weise den Eindruck, solche Dinge seien irrelevant. Stattdessen lieferte es eine Menge Storys von erfolgreichen, genügsamen Menschen, von denen viele während der Hausse der 1980er- und 1990er-Jahre zu Wohlstand gekommen waren – Geschichten mit lebendigen Details, die sofort auf den Leser wirkten. Die verlockende Story des Buches über Anlagemillionäre, die den Markt nicht dadurch testen, dass sie versuchen, ihr Geld flüssig zu machen und ihr Vermögen zu verbrauchen, war genau die Art von moralischem Anker, die nötig war, um eine ungewöhnliche Hausse nachhaltig zu tragen.

Übermäßiges Selbstvertrauen und intuitive Urteile

Will man die Bedeutung dieser psychologischen Anker für den Markt beurteilen, muss man bedenken, dass offenbar alle Menschen *übertriebenes Selbstvertrauen* bezüglich ihrer Überzeugungen haben. Die Menschen sind bereit, aufgrund von Storys oder Gründen zu handeln, von denen man eigentlich denken sollte, sie sollten wenig darauf vertrauen.

Die Menschen meinen, sie wüssten mehr, als sie wirklich wissen. Sie äußern gern Meinungen zu Dingen, über die sie kaum etwas wissen, und oft handeln sie aufgrund dieser Meinungen. Wir haben es alle schon ab und zu erlebt, dass es viele Besserwisser gibt. Psychologen haben die Neigung zu überzogenem Selbstvertrauen mit einer gewissen Sorgfalt untersucht und dabei Hinweise darauf gefunden, dass es allgemein verbreitet ist.

Die Psychologen Baruch Fischhof, Paul Slovic und Sarah Lichtenstein haben gezeigt, dass Menschen, denen man einfache Fragen nach Fakten stellt (zum Beispiel welche von zwei populären Zeitschriften die höhere Auflage hat oder welche von zwei gängigen Todesursachen häufiger ist) und die man fragt, mit welcher Wahrscheinlichkeit ihre Antwort richtig sei, meistens die Wahrscheinlichkeit, dass sie recht haben, überschätzen. Wenn die Menschen sicher waren, sie hätten recht, hatten sie in Wirklichkeit nur in 80 Prozent der Fälle recht.[12]

Dieses Ergebnis wurde unter Psychologen kontrovers diskutiert und man fand heraus, dass das Phänomen des übertriebenen Selbstvertrauens nicht universell ist. Es wurde gezeigt, dass man in der Versuchsumgebung manchen Menschen das übertriebene Selbstvertrauen abtrainieren kann.[13] Doch eine gewisse Neigung zu übertriebenem Selbstvertrauen scheint ein robuster Charakterzug des Menschen zu sein: Die Tendenz zeigt eindeutig mehr in Richtung übertriebenes als untertriebenes Selbstvertrauen. Ich spüre dieses überzogene Selbstvertrauen, wenn ich Investoren befrage. Sie äußern überzogen eindeutige Meinungen und sind schnell mit Pauschalurteilen bei der Hand.

Die Psychologen haben sich lange gefragt, wo das übertriebene Selbstvertrauen herkommt. Eine Theorie besagt, wenn Menschen beurteilen, wie solide ihre Schlussfolgerungen sind, würden sie die Wahrscheinlichkeit, dass sie recht haben, nur anhand des letzten Schrittes ihres Gedankengangs beurteilen und dabei vergessen, wie viele andere Teile ihrer Überlegungen falsch sein könnten.[14] Eine andere Theorie besagt, dass die Menschen bei der Beurteilung von Wahrscheinlichkeiten nach Ähnlichkeiten mit anderen bekannten Beobachtungen suchen und dabei vergessen, dass noch viele andere Beobachtungen möglich wären, mit denen sie Vergleiche anstellen könnten.[15] Auch könnte das übertriebene Selbstvertrauen etwas mit dem

Rückschaufehler zu tun haben: Man meint, man hätte über tatsächliche Ereignisse schon vorher Bescheid wissen können, wenn man damals dabei gewesen wäre oder einen Grund gehabt hätte, darauf zu achten.[16] Der Rückschaufehler führt dazu, dass man die Welt für vorhersagbarer hält, als sie in Wirklichkeit ist.

Ein weiterer Faktor des übertriebenen Selbstvertrauens in Bezug auf spekulative Märkte ist das *magische Denken*. Wenn wir über die Intuition von Menschen hinsichtlich der Wahrscheinlichkeit sprechen, dass Investments gut oder schlecht laufen werden, dann sprechen wir von ihren intimsten Gedanken – Gedanken, die sie nicht zu erklären oder vor anderen zu rechtfertigen brauchen. Dabei spielen wahrscheinlich Denkmuster eine Rolle, die Psychologen als „magisches Denken" oder „quasi-magisches Denken" bezeichnen. Manchmal haben Menschen das Gefühl, bestimmte Handlungen würden sie glücklich machen, obwohl sie von der Logik her wissen, dass sich diese Handlungen nicht auf ihr Schicksal oder ihr Vermögen auswirken können.

Menschen treffen gewichtige Entscheidungen aufgrund von Gedankengängen, von denen sie unter Druck zugeben würden, dass sie unlogisch sind. Es ist nachgewiesen, dass die Menschen mehr Geld auf eine Münze setzen, die noch nicht geworfen wurde, als auf eine Münze, die schon einmal geworfen wurde (wobei das Ergebnis verheimlicht wurde). Und wenn Menschen gefragt werden, für wie viel Geld sie sich von einem bereits gekauften Lotterielos trennen würden, geben sie einen viermal so hohen Betrag an, wenn sie die Losnummer selbst ausgesucht haben. Anscheinend meinen die Menschen auf irgendeiner magischen Ebene, sie könnten die noch nicht geworfene Münze beeinflussen oder sie könnten die Gewinnchance der Lotterie durch Aussuchen der Nummer beeinflussen.[17]

Bedenkt man diese experimentellen Ergebnisse, ist klar, dass Menschen zumindest auf einer intuitiven Ebene zu Gedanken wie diesen fähig sind: „Wenn ich eine Aktie kaufe, wird sie danach steigen", „Wenn ich eine Aktie kaufe, wollen andere sie vielleicht auch kaufen, denn sie sind wie ich", „In letzter Zeit habe ich ein gutes Händchen, ich habe gerade viel Glück". Wahrscheinlich tragen solche Denkweisen auf subtile Art zu dem übertriebenen Selbstvertrauen bei, das womöglich die Ausbreitung von Spekulationsblasen begünstigt.

Ein weiterer Aspekt des übertriebenen Selbstvertrauens ist, dass die Menschen in ungewissen Situationen häufig dadurch Urteile fällen, dass sie nach vertrauten Mustern suchen und annehmen, die künftigen Muster würden den früheren ähneln – wobei sie oft nicht genug über die Gründe für das Muster oder über die Wahrscheinlichkeit nachdenken, dass es sich wiederholt. Diese Anomalie des menschlichen Urteilsvermögens heißt *Representativitätsheuristik* und wurde von den Verhaltensökonomen Tversky und Kahneman in mehreren Experimenten demonstriert.

Zum Beispiel baten die Forscher Versuchspersonen, aus einer Liste von Berufen die Berufe von Menschen zu raten, von denen sie Beschreibungen der Persönlichkeit erhielten. Wenn es in der Beschreibung hieß, die betreffende Person sei künstlerisch und sensibel, wählten sie eher Dirigent oder Bildhauerin als Hilfsarbeiter oder Sekretärin. Die Tatsache, dass die erstgenannten Berufe extrem selten und daher die Antworten mit viel geringerer Wahrscheinlichkeit richtig sind, ignorierten sie dabei völlig.[18] Bei der Beantwortung solcher Fragen wäre es klüger, fast nie Dirigent oder Bildhauerin zu wählen, weil hier die grundsätzliche Wahrscheinlichkeit so gering ist. Doch die Menschen suchen nur den Beruf, der am besten passt, ohne auf die grundsätzliche Wahrscheinlichkeit zu achten.[19]

Übertriebenes Selbstvertrauen scheint unabhängig von seiner Entstehung ein grundlegender Faktor zu sein, der zu dem hohen Handelsvolumen beiträgt, das an spekulativen Märkten zu beobachten ist. Man könnte sich vorstellen, dass ohne dieses übertriebene Selbstvertrauen an den Finanzmärkten nur wenig gehandelt würde. Wenn die Menschen völlig rational wären, dann müsste ungefähr die Hälfte der Anleger meinen, ihr Trading-Geschick sei unterdurchschnittlich. Deshalb dürfte sie nicht bereit sein, spekulative Geschäfte mit der anderen Hälfte zu machen, denn sie glaubt ja, dass diese ihnen im Trading wahrscheinlich überlegen ist. Daher hätte die überlegene Hälfte niemanden, mit dem sie handeln könnte, sodass es im Idealfall keinen Handel aus spekulativen Gründen geben dürfte.[20]

Überzogenes Vertrauen auf das eigene Urteilsvermögen kann Menschen zu der Überzeugung veranlassen, sie wüssten, wann eine Marktbewegung stattfindet, obwohl sie normalerweise intellektuell wissen, dass man Börsenkurse nicht vorhersagen kann. In der Umfrage unter Anlegern, die ich direkt nach dem Crash vom 19. Oktober 1987 machte, fragte ich unter anderem: „Dachten Sie zu irgendeinem Zeitpunkt am 19. Oktober 1987, Sie hätten eine recht gute Vorstellung davon, wann der Markt wieder zurückfedern würde?" Von den Privatanlegern, die an diesem Tag gekauft hatten, bejahten das 47,1 Prozent, von den institutionellen Anlegern 47,9 Prozent. Das heißt, fast die Hälfte derjenigen, die an diesem Tag gehandelt hatten, dachte, sie wüssten, was der Markt an diesem Tag tun würde. Und sogar unter allen Privatanlegern, von denen die meisten an jenem Tag weder kauften noch verkauften, bejahten 29,2 Prozent diese Frage und von den Institutionellen 28,0 Prozent.

Wieso sollte irgendjemand meinen, er wisse, was der Markt an einem bestimmten Tag tun wird, erst recht an einem derart turbulenten Tag? Der

Gedanke, jemand könne so etwas wissen, widerspricht den allergrundlegendsten Beobachtungen zur Vorhersagbarkeit des Marktes und der Binsenweisheit, dass es sehr schwierig ist, am Markt den richtigen Zeitpunkt abzupassen. Doch gar nicht wenige Menschen scheinen nicht immer zu glauben, dass man den Markt nie richtig vorhersagen kann.

Die nächste Frage auf dem Fragebogen lautete: „Wenn ja, weshalb dachten Sie, Sie wüssten, dass die Kurse wieder steigen würden?" Die Antworten waren auffallend frei von soliden Begründungen. Die Rede war von „Intuition", „Bauchgefühl", „historische Indizien und gesunder Menschenverstand" oder „Marktpsychologie". Konkrete Tatsachen oder ausformulierte Theorien waren selbst bei den institutionellen Anlegern selten.

Diese intuitiven Gefühle, welchen Lauf der Markt nehmen würde, waren für den Verlauf des Börsencrashs von überaus großer Bedeutung, denn offenbar setzten diese instinktiven Urteile die Anker, die den Preisverfall aufhielten. Wenn wir Spekulationsblasen verstehen wollen, positive wie negative, müssen wir anerkennen, dass bei intuitiven Urteilen übertriebenes Selbstvertrauen eine grundlegende Rolle spielt.

Die Anfälligkeit von Ankern: Die Schwierigkeit, sich bevorstehende Entscheidungen vorzustellen

Die hier besprochenen Anker sorgen für die Stabilität des Marktes von einem Tag auf den anderen, aber wir müssen auch berücksichtigen, dass sich solche Anker gelegentlich lösen – und das manchmal plötzlich. An den Märkten kommt es zu dramatischen Verschiebungen. Die Überraschungen, die uns der Markt von Zeit zu Zeit beschert, sind zum Teil darin begründet, dass sich Nachrichten in einer Weise auf die Gründe der Menschen auswirken, mit der sie nicht rechnen konnten.

Die Psychologen Eldar Shafir und Amos Tversky haben ein Phänomen beschrieben, das sie als *non-consequentialist reasoning* bezeichnen, also „nicht-konsequentialistische Überlegungen": Überlegungen, die von der Unfähigkeit geprägt sind, die grundlegenden Schlussfolgerungen zu durchdenken, die man in Zukunft ziehen würde, wenn hypothetische Ereignisse eintreten würden. Laut Shafir und Tversky können die Menschen erst entscheiden, wenn die Ereignisse tatsächlich eintreten. Wenn wir logische Spiele lernen (zum Beispiel Schach), müssen wir üben, im Voraus über die Entscheidungen nachzudenken, die wir in Zukunft als Reaktion auf die Entscheidungen des anderen Spielers treffen werden. Man lernt also, folgendermaßen zu denken: „Wenn ich diesen Zug mache, könnte sie entweder diesen oder jenen Zug machen; wenn sie diesen macht, ist für mich alles gut, aber wenn sie den anderen macht, bin ich in einer schwierigen Lage."

Man lernt also, alle relevanten Zweige eines Entscheidungsbaums zu durchdenken. Auch im Alltagsleben praktizieren wir in gewissem Maße Denkmodelle, die wir durch solche Spiele gelernt haben. Allerdings werden Entscheidungen im richtigen Leben von Emotionen sowie vom Fehlen klar definierter Ziele getrübt. Normalerweise verhalten sich Menschen nicht so, als hätten sie die Dinge im Voraus gründlich durchdacht.

Shafir und Tversky führen als Beispiel an, wie Studenten entscheiden, ob sie in den Semesterferien nach Hawaii fliegen oder nicht, nachdem sie erfahren haben, ob sie eine wichtige Prüfung bestanden haben oder nicht. Wenn man sie vor diese Entscheidung stellt, forschen sie in ihrem Inneren nach, wie sie sich mit der Entscheidung fühlen. Manche Studenten, die die Prüfung bestanden haben, denken: „Ich sollte den Urlaub machen, um die Prüfung zu feiern und mich zu belohnen." Manche Studenten, die durch die Prüfung gefallen sind, denken: „Ich sollte den Urlaub machen, als Trost und um meine Laune aufzubessern, nachdem ich durchgefallen bin." Manche Studenten entscheiden sich für den Urlaub, egal ob sie die Prüfung bestanden haben oder nicht. Wenn diejenigen, die den Urlaub in beiden Fällen machen würden, vollkommen logisch wären, könnten sie ja eigentlich den Urlaub lange vor der Prüfung buchen, denn sie wissen ja, dass das Wissen um das Prüfungsergebnis für ihre Entscheidung nicht wirklich relevant ist. Jedoch fällt es solchen Menschen manchmal sehr schwer, die Entscheidung zu treffen, bevor sie wissen, wie die Prüfung ausgegangen ist. Sie können vor der Prüfung den emotionalen Grund für den Urlaubsantritt nicht vollständig vorausempfinden und deshalb können sie sich nicht damit wohlfühlen, sich darauf festzulegen.[21]

In diesem Beispiel geht es zwar um eine Situation, in der die Schwierigkeit, mit der die Menschen konfrontiert sind, in der Frage besteht, wie sie sich zu einem zukünftigen Zeitpunkt fühlen werden, und nicht in einer Frage, die sich wie in einem Schachspiel auf einfache Tatsachen bezieht. In Wirklichkeit ist bei Entscheidungen über Geldanlagen die emotionale Komponente aber genauso groß wie bei Entscheidungen, ob man in Urlaub fahren soll oder nicht.

Aus diesem Grund haben die Auswirkungen von Nachrichten auf den Aktienmarkt manchmal mehr mit der Erkenntnis zu tun, was wir bezüglich der Nachrichten *empfinden*, als mit einer logischen Reaktion auf die Nachricht. Es kann sein, dass wir dann Entscheidungen treffen, die vor Bekanntwerden der Nachricht ausgeschlossen gewesen wären. Das ist einer der Gründe, weshalb das Wegbrechen eines psychologischen Ankers so unvorhersehbar sein kann: Die Menschen finden erst *nach* Preisänderungen etwas über ihre Emotionen und Neigungen heraus.

Psychologische Anker für den Markt haken sich an den seltsamsten Dingen fest, die auf dem schlammigen Boden unseres Bewusstseins liegen. Es kann sein, dass sich der Anker losreißt und weitertreibt, dann aber an einem Gegenstand hängen bleibt, über dessen Kraft wir uns wundern würden, wenn wir ihn an der Oberfläche sähen. Wir haben uns in diesem Kapitel mit einigen psychologischen Faktoren befasst, die erklären, wie solche Anker beschaffen sind. Die Anker können sich aber nur dann signifikant auf den Markt auswirken, wenn im Denken vieler Menschen die gleichen Gedanken ablaufen. Im nächsten Kapitel befassen wir uns daher mit der sozialen Grundlage des Denkens: mit dem Herdentrieb und der ansteckenden Wirkung von Gedanken.

KAPITEL 10

HERDENVERHALTEN UND EPIDEMIEN

Es ist eine grundlegende Tatsache, die in der menschlichen Gesellschaft zu beobachten ist, dass Menschen, die regelmäßig miteinander kommunizieren, ähnlich denken. Überall und zu allen Zeiten gibt es einen *Zeitgeist*. Dabei muss man unbedingt verstehen, wo dieses ähnliche Denken herkommt, damit man beurteilen kann, wie plausibel Theorien über spekulative Schwankungen sind, die Preisveränderungen auf Denkfehler zurückführen. Wenn die Millionen von Menschen, die Geld anlegen, wirklich alle voneinander unabhängig wären, würde sich ein etwaiger Denkfehler im Schnitt ausgleichen und ein solches Denken würde sich nicht auf die Preise auswirken. Wenn jedoch wirklich viele Menschen in ähnlicher Weise nicht mechanistisch denken – oder gar irrational denken –, dann kann eine solche Denkweise durchaus die Ursache großer Booms und Crashs an der Börse sein.

Zu den Gründen, weshalb sich die Urteile der Menschen in ähnlichen Zeiten ähneln, gehört es, dass sie auf die gleichen Informationen reagieren – nämlich auf die Informationen, die zu der betreffenden Zeit öffentlich verfügbar sind. Doch wie wir im Laufe dieses Kapitels noch sehen werden, sind rationale Reaktionen auf öffentlich zugängliche Informationen keineswegs der einzige Grund, weshalb die Menschen ähnlich denken. Außerdem werden diese öffentlich zugänglichen Informationen nicht angemessen oder wohlüberlegt verwendet.

Gesellschaftliche Einflüsse und Informationen

Der renommierte Sozialpsychologe Solomon Asch berichtet von einem Experiment aus dem Jahr 1952, das er dahingehend interpretiert – und das auch von vielen anderen so interpretiert wird –, dass es die ungeheure Macht von sozialem Druck auf das individuelle Urteilsvermögen beweist. Sein Artikel erschien zu einer Zeit, als in der amerikanischen Öffentlichkeit allgemein Bedenken gegen die Auswirkungen kommunistischer Propaganda herrschten, als die Öffentlichkeit über die offenbar erfolgreichen Gehirnwäsche-Methoden der chinesischen Kommunisten erschrak und immer noch davon irritiert war, dass es den Nazis in Deutschland gelungen war, Gehorsam zu erreichen, als sie die Massenvernichtung von Juden und anderen „unerwünschten Personen" befahlen. Aschs Ergebnisse wurden in vielen Medien als wissenschaftliche Grundlage der Behauptung angeführt, die Menschen würden keine absolut unabhängigen Urteile fällen. Seine Ergebnisse werden bis heute zitiert, an die Wissenschaftler jedoch, die in seiner Interpretation schwere Fehler fanden, erinnert man sich heute nicht mehr annähernd so gut.

In seinem berühmten Experiment integrierte Asch die Versuchsperson in eine Gruppe von sieben bis neun weiteren Personen, die ohne Wissen der Versuchsperson eingeweiht waren und von Asch Anweisungen erhalten hatten. Die gesamte Gruppe wurde aufgefordert, Fragen zur Länge verschiedener Linien zu beantworten, die ihnen auf Karten gezeigt wurden, wobei die Versuchsperson die meisten Antworten der anderen zu hören bekam, bevor sie selbst mit ihrer Antwort vor der Gruppe an der Reihe war. Die richtigen Antworten lagen auf der Hand, aber die Komplizen des Experimentators beantworteten absichtlich sieben der zwölf Fragen falsch. Wenn die Testpersonen mit einer Gruppe von Menschen konfrontiert waren, die einstimmig offenkundig falsche Antworten gaben, knickten sie in einem Drittel der Fälle ein und gaben die gleichen falschen Antworten wie die Komplizen des Versuchsleiters. Außerdem wiesen die Probanden oft Symptome von Angst oder Unbehagen auf, woraus man schließen kann, dass ihr Urteilsvermögen von der Angst beeinflusst wurde, als anders oder als dumm dazustehen.[1]

Asch erklärte diese Ergebnisse mit sozialem Druck. An dieser Interpretation ist wahrscheinlich etwas Wahres dran, aber es zeigte sich, dass die falschen Antworten der Kandidaten nicht in erster Linie diesem Druck geschuldet waren. Drei Jahre nachdem Asch seine Ergebnisse veröffentlicht hatte, berichteten die Psychologen Morton Deutsch und Harold Gerard von einer Variante von Aschs Experiment, bei dem die Versuchspersonen *anonym* in eine Gruppe von Menschen integriert wurden, die sie nicht sahen, die sie auch später nicht zu sehen bekommen würden und deren Antworten sie nur indirekt in Form eines elektronischen Signals sehen konnten (in Wirklichkeit gab es gar keine Gruppe). Die Kandidaten gaben ihre Antworten, indem sie unbeobachtet von den anderen einen Knopf drückten – sodass sie sich nicht von Angesicht zu Angesicht gegenüber einer Gruppe behaupten mussten. Ansonsten war der Ablauf des Experiments so wie bei Asch – und die Menschen gaben fast so viele falsche Antworten wie zuvor.[2]

Deutsch und Gerard schlossen daraus, bei Aschs Experiment seien vor allem deshalb so viele falsche Antworten gegeben worden, weil die Menschen einfach dachten, die ganzen anderen könnten sich nicht irren. Sie reagierten demnach auf die *Information, eine große Gruppe von Menschen sei zu einem anderen Urteil gelangt als sie*, und nicht auf die Angst, vor einer Gruppe ihre abweichende Meinung zu äußern. Dieses Verhalten ist eine Frage des rationalen Kalküls: Im täglichen Leben haben wir gelernt, dass eine große Gruppe von Menschen, die eine Frage bezüglich einer einfachen Tatsache einstimmig beurteilt, fast mit Sicherheit recht hat. Die Angst und das Unbehagen, die Aschs Versuchspersonen äußerten, rührten vielleicht zum Teil von ihrer Schlussfolgerung her, sich mehr oder weniger nicht auf ihren eigenen Sinn und Verstand verlassen zu können.

Eine weitere viel zitierte Versuchsreihe zum Herdenverhalten sind die Forschungen von Stanley Milgram über die Macht der Autorität. Beim sogenannten Milgram-Experiment wurde die Versuchsperson aufgefordert, einer Person, die direkt neben ihr saß, Elektroschocks zu versetzen. Diese Person war aber, ohne Wissen des Kandidaten, ein Komplize. In Wirklichkeit gab es keine Stromstöße, aber der Komplize tat so, als würde er sie spüren, und mimte Schmerz und Qual. Der Komplize behauptete, es gehe ihm sehr schlecht, und bat, das Experiment zu beenden. Wenn aber der Versuchsleiter die Probanden aufforderte, weiterhin Elektroschocks zu verabreichen, und ihnen versicherte, dies würde keine dauerhaften Gewebeschäden verursachen, machten viele tatsächlich weiter.[3]

Diese Ergebnisse wurden überwiegend so interpretiert, dass sie die enorme Macht von Autorität über den menschlichen Geist demonstrieren. Tatsächlich kann man die Ergebnisse zum Teil in diesem Sinne verstehen. Aber es gibt noch eine andere Interpretation: Die Menschen haben gelernt, dass dann, wenn ihnen ein Experte erklärt, alles sei in Ordnung, wahrscheinlich wirklich alles in Ordnung ist, auch wenn es nicht den Anschein hat. (Dazu ist anzumerken, dass der Versuchsleiter in diesem Fall letztlich wirklich die Wahrheit sagte: Es war wirklich in Ordnung, die „Stromstöße" zu verabreichen – auch wenn die meisten Testpersonen den Grund dafür nicht vermuteten.) Man kann die Ergebnisse des Milgram-Experiments also auch so interpretieren, dass sie auf dem basieren, was die Menschen bisher über die Zuverlässigkeit von Autoritätspersonen gelernt haben.[4]

Wenn man die Untersuchungen von Asch und Milgram von diesem informationsorientierten Standpunkt aus betrachtet, macht sie das nicht weniger interessant. Die Experimente belegen, dass Menschen bereit sind, selbst dann die Ansicht der Mehrheit oder von Autoritätspersonen zu glauben, wenn sie dem sachlichen Urteil offenkundig widerspricht. Eigentlich ist dieses Verhalten sogar weitgehend rational und intelligent. Die meisten Menschen haben im bisherigen Leben häufig die Erfahrung gemacht, dass sie Fehler begingen, wenn sie dem Urteil einer größeren Gruppe oder einer Autoritätsperson widersprachen – und aus diesen Erfahrungen haben sie gelernt. Somit ermöglichen uns die Experimente von Asch und Milgram eine andere Sicht auf das Phänomen des übertriebenen Selbstvertrauens: Während sich Menschen Meinungen bilden, auf die sie später zu sehr vertrauen, respektieren sie Autoritäten und übertragen ihr Vertrauen in die Autoritäten auf ihre eigenen Urteile, die ja auf denen der Autoritäten basieren.

Wenn man das Verhalten betrachtet, das Asch und Milgram beobachtet haben, überrascht es nicht, dass viele Menschen die gefühlte Autorität anderer Menschen in Angelegenheiten wie der Bewertung von Aktien akzeptieren. Und mit Sicherheit können sich die meisten Menschen auf diesem Gebiet noch weniger auf ihr eigenes Urteilsvermögen zu verlassen, als sich die Versuchspersonen bezüglich der Länge von Linien oder bezüglich des Leidens eines Menschen, der direkt neben ihnen saß, auf ihre Augen und Ohren verlassen konnten.

Ökonomische Theorien über Herdenverhalten und Informationskaskaden

Sogar vollkommen rationale Menschen können sich am Herdenverhalten beteiligen, wenn sie die Urteile anderer Menschen berücksichtigen, und zwar auch dann, wenn sie wissen, dass sich alle anderen im Sinne der Herde verhalten. Auch wenn das Verhalten individuell rational ist, erzeugt es ein Gruppenverhalten, das in einem klar definierten Sinne irrational ist. Dieses herdenartige Verhalten soll aus einer *Informationskaskade* resultieren.[5]

Eine einfache Geschichte soll veranschaulichen, wie eine solche Informationskaskade anfangen könnte. Stellen sie sich vor, zwei Restaurants eröffnen direkt nebeneinander. Jeder potenzielle Kunde muss sich zwischen den beiden entscheiden. Ein potenzieller Gast kann sich vielleicht ein gewisses Urteil über die Qualität der Restaurants bilden, indem er durch das Fenster hineinschaut, aber solche Urteile sind nicht besonders genau. Der erste Kunde, der vorbeikommt, muss sich ausschließlich anhand des Anblicks der beiden leeren Restaurants entscheiden und trifft seine Wahl. Der zweite potenzielle Gast braucht sich hingegen nicht ausschließlich auf seine eigenen Informationen aufgrund des Anblicks der Restaurants zu verlassen. Er kann – da er sieht, dass der erste Gast in einem der beiden Restaurants ist

– auch die Information nutzen, für welches Restaurant sich der erste Gast entschieden hat. Wenn sich der zweite Gast entscheidet, in dasselbe Restaurant zu gehen wie der erste, sieht der dritte schon zwei Gäste, die in dem Restaurant essen. So kann es denn passieren, dass am Ende alle Gäste im selben Restaurant essen – wobei es durchaus sein kann, dass es das schlechtere von beiden ist, denn niemand hat wirklich alle Indizien berücksichtigt, die aus allen Beobachtungen der beiden Restaurants zu beziehen waren. Wenn alle Gäste Gelegenheit gehabt hätten, ihre ersten Eindrücke zu sammeln und sie als Gruppe zu diskutieren, hätten sie daraus vielleicht folgern können, welches Restaurant wahrscheinlich besser ist. Im beschriebenen Szenario können sie die Informationen der anderen jedoch nicht nutzen, weil sie dadurch, dass sie es einfach den anderen nachtun, ihre eigenen Informationen gar nicht offenlegen.

Die Geschichte von den Restaurants und die Wirtschaftstheorie, die ihr zugrunde liegt, ist an sich keine Theorie der Börsenblasen. Sie ist aber für das Verhalten von Aktienmärkten durchaus relevant und kann die Grundlage einer Theorie zu der Frage liefern, wie es passieren kann, dass sich rationale Anleger in die Irre führen lassen.[6] Gemäß einer solchen Theorie ist die beliebte Auffassung, das Niveau der Börsenkurse sei das Ergebnis einer Art Abstimmung durch alle Anleger über den wahren Wert des Marktes, schlichtweg falsch. Kaum jemand stimmt wirklich ab. Vielmehr entscheiden sich die Menschen rational dafür, keine Zeit und Mühe darauf zu verschwenden – in ihren Augen zu verschwenden –, dass sie sich ein eigenes Urteil über den Markt bilden. Somit entscheiden sie sich dafür, keinerlei unabhängigen Einfluss auf den Markt auszuüben. Letzten Endes besagen solche Theorien über Informationskaskaden, dass *Informationen über den wahren fundamentalen Wert weder weitergegeben noch beurteilt werden*.

Dazu muss unbedingt betont werden, dass sich dieses Scheitern – also dass es nicht gelingt, Informationen an andere weiterzugeben – in einem wirtschaftstheoretischen Modell darstellen lässt, das auf rein rationalem Verhalten ohne Einschränkungen der Intelligenz basiert. Die einzige Einschränkung bezieht sich auf die offenbarten Informationen. Wenn man jedoch die Sachverhalte besser verstehen will, die für die Fehlpreisung von Finanzmärkten relevant sind, muss man auch einige Parameter verstehen, die sich auf das menschliche Verhalten und auf Beschränkungen der menschlichen Informationsverarbeitung beziehen und die für die Weitergabe von Informationen sowie für das Potenzial der Entstehung von Spekulationsblasen relevant sind.

Menschliche Informationsverarbeitung und Mundpropaganda

Der menschliche Geist ist das Produkt einer Evolution, die fast vollständig ohne Buchdruck, E-Mails, das Internet oder sonstige künstliche Kommunikationsmittel verlief. Die menschliche Gesellschaft konnte vor allem dank ihrer angeborenen Fähigkeiten der Informationsverarbeitung fast alle Lebensräume der Erde erschließen. Eine grundlegende Komponente dieser Fähigkeit zur Informationsverarbeitung ist die wirksame Übermittlung (Kommunikation) wichtiger Tatsachen von einer Person an eine andere.

Diese überlegene Fähigkeit, Wissen weiterzugeben, bildete sich innerhalb einiger Millionen Jahre durch evolutionäre Veränderungen des menschlichen Gehirns heraus. Diese haben die Kommunikationskanäle optimiert und einen emotionalen Trieb geschaffen, effektiv zu kommunizieren. Wegen dieses Triebes ist es die Lieblingsbeschäftigung der meisten Menschen, sich zu unterhalten. Schauen Sie sich mal um. Egal wo, wenn zwei oder mehr Menschen nicht arbeiten, spielen oder schlafen (und manchmal sogar, wenn sie dies tun), reden sie. Der unaufhörliche Austausch von Informationen ist ein grundlegendes Merkmal unserer Spezies. Die Informationen, die meist am schnellsten fließen, sind diejenigen, die im Alltagsleben der Gesellschaft in früheren Jahrhunderten am hilfreichsten waren: Informationen über Lebensmittelquellen, Gefahren und andere Mitglieder der Gesellschaft.

Aus diesem Grund breiten sich in der modernen Gesellschaft Unterhaltungen über eine Kaufgelegenheit für eine angesagte Aktie, über eine unmittelbare Gefahr für die persönliche Gesundheit oder über eine Story über die Menschen, die ein Unternehmen leiten, wahrscheinlich schnell aus. Diese Themen haben nämlich Ähnlichkeiten mit den Dingen, über die unsere Ahnen seit undenklichen Zeiten geredet haben. Hingegen scheinen Unterhaltungen über abstrakte Themen wie Mathematik oder Finanzwissenschaft, Kennzahlen zu den Renditen von Anlagen oder die optimale Sparsumme für die Altersvorsorge nicht so flüssig zu verlaufen. Die Übermittlung solchen Wissens ist von Natur aus aufwendig, nicht so häufig und unvollkommen.

Der Unterschied zwischen direkter Kommunikation und Medienkommunikation

Die traditionellen Medien – Printmedien, Fernsehen und Radio – können zwar sehr gut Gedanken und Ideen verbreiten, aber ihre Fähigkeit, aktive Verhaltensweisen hervorzubringen, ist begrenzt. Nach wie vor wirkt sich interaktive Kommunikation zwischen Personen, vor allem wenn sie mündlich von Angesicht zu Angesicht erfolgt, am stärksten auf unser Verhalten aus.

Mit einer Studie unter Privatanlegern wollten John Pound und ich 1986 herausfinden, wodurch ihre Aufmerksamkeit zum ersten Mal auf eine Aktie gelenkt wurde. Wir verschickten Fragebögen an zufällig ausgewählte Privatanleger und fragten sie nach dem Unternehmen, dessen Aktie sie als bisher letzte gekauft hatten: „Was lenkte als Erstes ihre Aufmerksamkeit auf dieses Unternehmen?" Nur sechs Prozent gaben Zeitschriften oder Zeitungen an. Die meisten Antworten nannten Quellen, die etwas mit unmittelbarer Kommunikation von Mensch zu Mensch zu tun hatten. Sogar bei Menschen, die viel lesen, werden Interesse und Handlungen offenbar vor allem durch zwischenmenschliche Kommunikation angeregt.

Die Arbeit der Handelsüberwachungsstellen an den Börsen und der Börsenaufsicht Securities and Exchange Commission veranschaulicht deutlich die Macht der mündlichen zwischenmenschlichen Kommunikation. Sie haben den Auftrag, Insiderhandel aufzuspüren, und zu diesem Zweck verfolgen sie sorgfältig den Verlauf des Informationsflusses zwischen einzelnen Anlegern. Zum Beispiel geht aus Gerichtsunterlagen hervor, wie im Mai 1995 eine Serie von mündlichen Kommunikationen losgetreten wurde, als eine Sekretärin von IBM aufgefordert wurde, Dokumente zu fotokopieren, die Hinweise auf die streng geheime Übernahme der Lotus Development Corporation durch IBM enthielten; die Übernahme sollte am 5. Juni bekannt gegeben werden. Die Sekretärin erzählte offenbar ihrem Mann, einem Piepser-Verkäufer, davon. Dieser erzählte es am 2. Mai einem Kollegen, der daraufhin 18 Minuten später Aktien kaufte, und einem befreundeten Computertechniker, der daraufhin eine Anrufkette auslöste. Bis zur Bekanntgabe am 5. Juni hatten 25 Menschen, die mit diesen vier in Verbindung standen, wegen dieses Tipps eine halbe Million Dollar für diese Investition ausgegeben. Darunter waren ein Pizzabäcker, ein Elektroingenieur, ein Bankvorstand, ein Großhändler für Milchprodukte, ein ehemaliger Lehrer, ein Frauenarzt, ein Rechtsanwalt und vier Aktienhändler.[8] Mundpropaganda kann sich also eindeutig sehr schnell und durch unterschiedliche gesellschaftliche Gruppen fortpflanzen.

Die mündliche Übermittlung von Ideen scheint wesentlich zu den täglichen und stündlichen Marktschwankungen beizutragen, auch wenn die mündliche Informationsvermittlung nicht ganz so schnell das ganze Land durchqueren kann, wie sich die Märkte bewegen. In dem Fragebogen, den ich in der Woche des Börsencrashs 1987 an Anleger verschickt habe (Genaueres darüber in Kapitel 6), fragte ich auch nach mündlicher Informationsübertragung. Von den befragten Privatanlegern gaben 81,6 Prozent an, sie hätten noch am selben Tag vor 17 Uhr von dem Crash erfahren. Somit hatten sie aus anderen Quellen als aus der Tageszeitung des nächsten Tages oder aus den Abendnachrichten davon erfahren. Im Durchschnitt hatten diese Anleger um 13:56 Uhr New Yorker Zeit von dem Crash gehört, die institutionellen Anleger im Schnitt um 10:32 Uhr. Die Privatanleger gaben an, dass sie am Tag des Crashs im Schnitt mit 7,4 Menschen über die Marktsituation gesprochen hatten, bei den Institutionellen waren es 19,7.

Die Kanäle der menschlichen Kommunikation, die wir heute kennen, begünstigen anscheinend die zwischenmenschliche mündliche Kommunikation von Angesicht zu Angesicht, die sich im Laufe von Millionen Jahren durch die Evolution entwickelt hat. Damals war diese Art der Kommunikation mehr oder weniger die einzige Art zwischenmenschlicher Kommunikation. Die Kommunikationsmuster, die fest in unser Gehirn einprogrammiert sind, sind darauf ausgelegt, dass die Stimme einer anderen Person, die Mimik einer anderen Person, die Gefühle einer anderen Person und damit verbunden ein vertrauensvolles, loyales und kooperatives Umfeld vorhanden sind. Da diese Elemente bei schriftlicher Kommunikation fehlen, fällt es den Menschen schwerer, auf solche Informationsquellen zu reagieren. Sie können ihnen nicht das gleiche emotionale Gewicht beilegen und sie können sich Informationen aus solchen Quellen schlechter merken und schlechter Gebrauch davon machen. Das ist einer der Hauptgründe, weshalb es immer noch Lehrer gibt – es funktioniert einfach nicht, wenn wir unseren Kinder sagen, sie sollen sich hinsetzen und Bücher lesen oder sich etwas vom Computer beibringen lassen.

Ebenfalls aus diesem Grund ist das Fernsehen ein so mächtiges Medium, denn es ahmt die unmittelbare zwischenmenschliche Kommunikation nach. Fernsehen ahmt exakt die gleichen Reize – Stimmen, Gesichter und Emotionen – wie bei einer Unterhaltung nach. Und die Fernsehwerbung bildet ja oft eine alltägliche Unterhaltung über das beworbene Produkt ab. Inzwischen ist das Fernsehen zwar etwas interaktiver geworden, seit die Zuschauer über soziale Medien während des Zuschauens chatten können. Trotzdem fließt diese Kommunikation hauptsächlich in eine Richtung, sodass sie immer noch nicht so effektiv ist wie eine unmittelbare Unterhaltung zwischen Menschen.

Das Telefon, das vor weit über 100 Jahren erfunden wurde, ist vielleicht deswegen immer noch das wichtigste künstliche Medium der zwischenmenschlichen Kommunikation, weil es die Kommunikation von Angesicht zu Angesicht so gut simuliert – es fehlen nur die optischen Reize. Studien von Soziologen und Kommunikationswissenschaftlern ergaben, dass Telefongespräche hinsichtlich der Informationsübermittlung und der Problemlösung sehr nahe an die unmittelbare Kommunikation herankommen, auch wenn sie hinsichtlich der Konfliktlösung und der Persönlichkeitswahrnehmung etwas zu kurz greifen.[9]

Das Telefon scheint zu der Volatilität des Aktienmarkts in den 1920er-Jahren beigetragen zu haben. Es wurde zwar schon 1876 erfunden, setzte sich aber nur langsam durch. Clarence Day erinnert sich in seinem Buch „Unser Herr Vater", weshalb die Familie in den 1890er-Jahren kein Telefon bekam: „Da außer Brokern niemand eins hatte, gab es niemand, mit dem man hätte sprechen können ... auch wenn die Menschen undeutlich fühlten, ein Telefon könne ganz praktisch sein, wenn jeder eins hätte, beschlossen sie doch wie ein Mann, zu warten, bis alle eins haben würden."[10] Das Telefon wurde erst dann allgemein genutzt, als eine Reihe von Verbesserungen es billiger und attraktiver gemacht hatte – zum Beispiel 1915 die Erfindung der Verstärkung von Ferngesprächen mithilfe von Röhren. Mitte der 1920er-Jahre führte der Durchschnittsbürger der Vereinigten Staaten bereits über 200 Telefonate im Jahr. In dieser Zeit breiteten sich auch die „boiler rooms" [wörtlich „Heizungsraum" oder „Kesselraum"] und die Winkelbörsen aus, die mithilfe des Telefons aktiv Aktien verkauften und dabei fragwürdige Methoden verwendeten, die problemlos die wirkungslosen Gesetze der Bundesstaaten gegen Aktienbetrug unterliefen. Die Ausbreitung des Telefons machte es natürlich leichter, der Allgemeinheit Aktien zu verkaufen. Die Betrügereien, die dadurch ebenfalls in Schwung kamen, brachten das Land an den Punkt, dass der Securities Act von 1933 und der Securities Exchange Act von 1934 eingeführt wurden und somit die Securities and Exchange Commission gegründet wurde.[11]

Während des Börsenbooms der 1990er-Jahre erlebten wir eine weitere Explosion technischer Neuerungen, die die zwischenmenschliche Kommunikation erleichtern – E-Mail und Chatrooms –, und nach dem Jahr 2000 entstanden die sozialen Medien. Ebenso wie beim Telefon nutzten die Menschen diese Neuerungen zunächst nur zögerlich, doch im Laufe der Zeit wurde immer deutlicher, dass so gut wie jeder sie in sein Alltagsleben integrieren würde.

Diese neuen und effektiven Mittel der interaktiven (wenn auch nicht persönlichen) Kommunikation bewirken vielleicht, dass die ansteckende Wirkung von Ideen noch breiter wird. Sie dürften es ermöglicht haben, dass sich die Börsenbegeisterung noch schneller ausbreitete, als es ohne sie der Fall gewesen wäre. Auf jeden Fall lernen wir immer noch, wie wir diese neuen Medien im Interesse der Allgemeinheit einsetzen können.

Zwar haben E-Mail und andere Internetplattformen die Kommunikationstechnik wesentlich verändert, es ist aber noch nicht klar, ob ihre Einführung bedeutsamer war als die des Telefons vor vielen Jahrzehnten. Da das Telefon die Übermittlung von Emotionen über die Stimme ermöglicht, ahmt es die effektive Kommunikation vielleicht immer noch besser nach als schriftliche Medien wie E-Mail, Twitter oder Weibo. Allerdings könnten die Fortschritte in der Video-Kommunikation, etwa über Skype, Facetime oder Google Hangouts, die Wirksamkeit der Kommunikation über große Entfernungen weiter erhöhen, da sie die direkte Interaktion zwischen Menschen noch besser imitieren.

Die Anwendung von Epidemie-Modellen auf die mündliche Kommunikation

Epidemiologen sagen anhand einer mathematischen Theorie über die Ausbreitung von Krankheiten den Verlauf der Ansteckung und der Mortalität vorher.[12] Mithilfe solcher Modelle kann man auch die Übertragung von geistigen Einstellungen und den Feedback-Mechanismus, der Spekulationsblasen stützt, besser verstehen.

Das einfachste Epidemie-Modell geht davon aus, dass die Krankheit eine bestimmte *Infektionsrate* (wie viele nicht gegen die Krankheit immune Menschen von ansteckenden Menschen infiziert werden) und eine *Removal Rate* (gewissermaßen die Abnahmequote der ansteckenden Personen durch Genesung oder Tod) besitzt.

Ist die Removal Rate gleich null, ergibt die grafische Darstellung der Anzahl der Infizierten, nachdem eine ansteckende Person in die Population gekommen ist, eine Kurve, die mathematisch der *Logistischen Funktion* entspricht.[13] Entlang dieser Kurve nimmt der Anteil der infizierten Population anfangs gemäß der Infektionsrate zu. Obwohl die Infektionsrate anfänglich fast konstant ist, wächst die absolute Zahl der registrierten von der Krankheit Infizierten immer schneller, denn je mehr Menschen ansteckend werden, umso mehr zusätzliche Menschen werden angesteckt und klagen in Arztpraxen über die ersten Symptome. Doch je mehr sich der Kreis der noch nicht infizierten nicht immunen Individuen aufbraucht, desto mehr sinkt die Infektionsrate. Das heißt, obwohl die prinzipielle Infektionsrate der Krankheit gleich bleibt, nimmt das Tempo, in dem neu infizierte Menschen auftreten, ab, weil die Infizierten auf weniger Menschen treffen, die sie noch anstecken könnten. Zum Schluss ist die gesamte Population infiziert und die Logistische Funktion verläuft auf dem Stand von 100 Prozent horizontal, denn dann gibt es selbstverständlich keine neuen Krankheitsfälle mehr.

Ist die Removal Rate größer null, aber kleiner als die Infektionsrate, sagt das Modell statt der Logistischen Funktion eine Glockenkurve voraus: Die Anzahl der ansteckenden Personen steigt zunächst von null aus an, überschreitet einen Höhepunkt und sinkt dann wieder auf null. Dabei kann der Höhepunkt auftreten, bevor 100 Prozent der Population infiziert wurden.

Liegt die Removal Rate über der Infektionsrate, kommt die Epidemie gar nicht erst in Gang und wird nicht bemerkt.

Epidemiologen verwenden solche Modelle [sowie wesentlich komplexere Varianten wie SIR, SIS, SIRS et cetera, Anm. d. Ü.], um die Muster zu verstehen, nach denen Seuchen ausbrechen. Sie können aus den Modellen beispielsweise ableiten, dass dann, wenn die Removal Rate nur knapp über der Infektionsrate liegt, die Gefahr besteht, dass eine fast vollkommen gesunde Population einer Epidemie erliegt, denn dann kann bereits der kleinste Ausschlag der Infektionsrate nach oben oder der Removal Rate nach unten das Pendel in Richtung Epidemie ausschlagen lassen. Wenn nun ein Wetterumschwung dafür sorgt, dass sich viele Menschen gemeinsam in Innenräumen aufhalten (wo sie einander leichter anstecken können), können Epidemiologen daraus schließen, dass womöglich die Infektionsrate größer wird als die Removal Rate. Dann beginnt zwar eine Epidemie, aber zunächst steigt die absolute Zahl der Ansteckenden nur langsam. Wenn relativ kurz danach das Wetter wieder umschlägt, sodass die Infektionsrate sinkt, wird die Anzahl der infektiösen Personen gar nicht erst sehr groß und womöglich bleibt die Epidemie von der breiten Öffentlichkeit unbemerkt. Wenn jedoch die Wetterlage länger ungünstig bleibt und die Infektionsrate dadurch über die Removal Rate hinaus steigt, wächst die Epidemie und macht sich in der breiten Bevölkerung bemerkbar. Auf dieses Beispiel bezogen können Epidemiologen anhand ihres Modells vorhersagen, wie lange eine Schlechtwetterperiode andauern muss, damit sie eine ernstliche Epidemie hervorruft.

Die gleiche Art epidemiologischer Modelle wird auch auf andere biologische Phänomene angewendet, die für die Finanzmärkte relevant sein könnten. Der Volkswirt Alan Kirman hat auf diese Art das Verhalten von Ameisen bei der Nahrungssuche modelliert und angemerkt, dass solche Modelle auch für Preisänderungen an der Börse relevant sein könnten.[14] Durch Experimente stellte er fest, dass Ameisen, denen zwei identische Nahrungsquellen in der Nähe ihres Nests angeboten werden, meistens beide ausbeuten, die eine jedoch intensiver als die andere. Im Laufe der Zeit (wobei der Versuchsleiter beide Futterquellen ständig so auffüllt, dass sie exakt gleich bleiben) kann es vorkommen, dass das Hauptinteresse der Ameisen von der einen auf die andere Quelle umschwenkt. Warum beuten sie sie nicht gleichmäßig aus und was veranlasst sie, ihr Interesse zu verlagern? Kirman hält fest, dass die Rekrutierung von Ameisen für die Nahrungsbeschaffung *einzeln* erfolgt und dass es keine zentrale Leitung für das gesamte Nest gibt. Die Anwerbung erfolgt über Berühren und Nachlaufen („tandem recruitment") oder dadurch, dass eine chemische Spur gelegt wird („pheromone recruitment"). Beide

Verfahren sind für Ameisen das, was bei uns die mündliche Kommunikation ist. Kirman beweist, dass man die im Experiment beobachteten Phänomene durch ein einfaches Epidemie-Modell erklären kann, wenn das Rekrutierungsverfahren dem Zufallsprinzip folgt.

Die Ausbreitung von Seuchen und das Verhalten von Ameisen sind für unsere Untersuchung von Börsenblasen zwar nur von theoretischen Interesse, jedoch ist es von überaus praktischem Interesse, dass Soziologen solche Modelle verwenden, um den Verlauf der Übermittlung von Gedanken und Ideen durch Mundpropaganda vorherzusagen.[15] Dabei entspricht die Infektionsrate der Übermittlungsrate der Gedanken und die Removal Rate dem Tempo, in dem die Gedanken vergessen werden oder das Interesse an ihnen verloren geht. Es ist denkbar, dass solche Übertragungen ähnlich wie Epidemien verlaufen. Jedoch trifft die formale mathematische Theorie der Epidemien auf gesellschaftliche Prozesse offenbar nicht so exakt zu wie auf die Ausbreitung von Krankheiten oder das Verhalten von Ameisen und eine einflussreiche und erfolgreiche Literatur von Sozialwissenschaftlern zu diesem Thema gibt es noch nicht. Dieses Misslingen erklärt sich vielleicht daraus, dass die Parameter der Modelle in den Sozialwissenschaften nicht so konstant sind wie in der Biologie.

Dass es nicht so gut gelingt, Epidemie-Modelle auf die Ausbreitung von Gedanken anzuwenden, könnte auch daran liegen, dass die Mutationsrate – die Rate der Übertragungsfehler – bei Gedanken und Ideen viel höher ist als bei Krankheiten oder anderen biologischen Prozessen. Viele Leser werden sich noch an das Kinderspiel „Stille Post" erinnern. Das erste Kind flüstert dem zweiten eine Geschichte ins Ohr, dieses flüstert sie dem dritten ins Ohr und so weiter. Wenn das letzte Kind am Ende allen die Geschichte laut erzählt, ist sie inzwischen oft dermaßen verändert, dass es zum Lachen ist. Die Übermittlung von Storys von Person zu Person ist ab einer gewissen Komplexität nicht sehr zuverlässig.

Aus diesem Grund ist es unwahrscheinlich, dass sich die ausschließlich mündliche Übertragung von Gedanken so weit ausbreitet, dass sie von allein eine ganze Nation infiziert, nicht einmal wenn sie durch das Telefon unterstützt wird. Denn dann geht die Genauigkeit der Übermittlung verloren, schon lange bevor es so weit ist. Im Gegensatz dazu ist die Übertragung von Computer zu Computer fehlerfrei. Computerviren können sich über Nationen und international ohne die geringste Veränderung verbreiten, aber sie können das Denken von Menschen nicht verändern, sie gehen über das Gerät nicht hinaus. Die Möglichkeit, dass E-Mail-Nutzer die Nachrichten von anderen weiterleiten oder Weblinks verschicken können, erlaubt aber die fehlerlose Übertragung von Mundpropaganda. Und eine neue Technologie, die es möglich und ganz natürlich macht, dass man mündliche Nachrichten Dritter im Rahmen eines Telefonats oder einer Videokonferenz oder über die sozialen Medien weiterleitet, könnte die Genauigkeit und Langlebigkeit der zwischenmenschlichen Kommunikation noch einmal dramatisch erhöhen.

Die Ungenauigkeit und Veränderlichkeit der zwischenmenschlichen Kommunikation in ihrer derzeitigen Form verhindert zwar, dass die formale Mathematik einigermaßen zuverlässig vorhersagen kann, wie sich Gedanken und Ideen ausbreiten, aber trotzdem helfen Epidemie-Modelle, zu verstehen, wodurch Änderungen der Marktpreise hervorgerufen werden können. Beispielsweise ist es nützlich zu wissen, dass jegliche Änderungen der Infektionsrate oder der Removal Rate die Ausbreitungsgeschwindigkeit von Gedanken verändert.

Beispielsweise kann eine bedeutende landesweite Nachricht, die nichts mit spekulativen Märkten zu tun hat, die Infektionsrate von Gedanken mit Bezug auf spekulative Märkte dadurch verringern, dass sie die Aufmerksamkeit von ihnen ablenkt. Dieses Phänomen hilft vielleicht erklären, wieso die Aktienkurse – wie in Kapitel 6 festgestellt – in landesweiten Krisen nicht unbedingt schwanken, obwohl die Krisen Bedeutung für die Unternehmen des Landes haben können. Es könnte auch erklären helfen, wieso die meisten großen Kursausschläge an der Börse gerade dann stattfinden, wenn es nicht viele sonstige Nachrichten gibt. Im Gegensatz dazu können landesweite Meldungen, die an Diskussionen über die Börse anknüpfen oder sie anstoßen, die Infektionsrate erhöhen. Vielleicht erklärt dies zum Teil auch, weshalb sich das Internet anscheinend so übertrieben stark auf den Aktienmarkt auswirkt: Wenn die Aufmerksamkeit auf das Netz gelenkt wird, regt dies grundsätzlich Unterhaltungen über Technologie-Aktien an und dadurch steigt die Infektionsrate von Theorien über diese Aktien.

Damit die mündliche Übertragung von Ideen auf den Aktien- oder Immobilienmarkt wirkt, braucht sie nicht das ganze Land zu infizieren. Außerdem kann Mundpropaganda die Reaktion der Allgemeinheit auf Ereignisse oder auf Medienberichte über diese Ereignisse verstärken. Wenn man die Auswirkungen einer neuen Idee oder eines neuen Konzepts auf die Allgemeinheit verstehen will, muss man also trotzdem die Infektionsrate im Verhältnis zur Removal Rate beachten, denn die meisten Menschen erfahren davon über soziale Vermittlung. Die Wahrscheinlichkeit, dass sich ein beliebiges Ereignis auf die Aktienkurse auswirkt, wird also verstärkt, wenn es eine gute, lebendige, *erzählbare* Story zu dem Ereignis gibt.

Wie wichtig eine erzählbare Story ist, damit die Infektionsrate hoch bleibt, sieht man an vielen Beispielen aus der Werbung für neue Produkte, zum Beispiel in der Werbung für Kinofilme. Wenn der Film in die Kinos kommt, startet die Marketingabteilung eine Werbekampagne, um das Interesse von Menschen zu wecken, die dafür besonders empfänglich sind. Nur ein kleiner Teil der Bevölkerung reagiert unmittelbar auf die ersten Werbespots. Letztlich hängt der Erfolg des Films aber davon ab, wie diese Menschen auf den Film reagieren – und von den Meinungen, die sie an andere weitergeben. Es ist allgemein bekannt, dass die Aussagen von Filmkritikern weniger Wirkung auf die Masse haben als diese Mundpropaganda. Die Produzenten haben im Laufe der Zeit gelernt, wie wichtig es ist, Versatzstücke in Filme einzubauen. Dies sind Szenen, die für sich genommen Storyqualitäten besitzen und die entweder in einer Kinovorstellung oder bereits im Trailer ähnliches Gerüchtepotenzial entfalten wie beliebte Witze oder Legenden – oder Storys über Unternehmen, die an den landesweiten Börsen gerade einen Höhenflug erleben.

Die Auswirkungen von Storyqualitäten auf die Ansteckung durch Ideen können sich ernstlich auf den Marktwert auswirken. Warum erzielen manche Gemälde im Vergleich zu anderen so hohe Preise? Als ich einmal mit meinem ältesten Sohn im Louvre war und wir uns die Mona Lisa ansahen, war er irritiert, dass man dieses Bild für so viel wertvoller hält als andere. Er meinte, es sei zwar unbestreitbar gut, aber unter den ganzen anderen bemerkenswerten Gemälden rage es nicht heraus. Am Ende waren wir sicher, dass viele andere Besucher, die das Bild sahen, sich untereinander – in welcher Sprache auch immer – bestimmt ähnlich äußerten.

Wenn wir den übertriebenen Wert der Mona Lisa verstehen wollen, müssen wir das mächtige Gerüchte-Potenzial einer bestimmten Story über das Lächeln der Mona Lisa verstehen. Eine Geschichte, die erstmals in der Biografie von Leonardo da Vinci auftaucht, die Giorgio Vasari kurz nach Leonardos Tod schrieb, wurde durch mündliche Weitergabe ausgeschmückt. Inzwischen gibt es davon viele Varianten und sie besagt, dem Künstler sei es schwergefallen, das Lächeln einzufangen; er habe vier Jahre lang daran gearbeitet, aber nie das Gefühl gehabt, es sei ihm wirklich gelungen. Im Originaltext von Vasaris Biografie heißt es, Leonardo habe mit Musikern, Sängern und Possenreißern versucht, das Modell zum richtigen Gesichtsausdruck zu bewegen. Laut Vasari ist das Lächeln auf dem Gemälde „ein mehr göttlich denn menschlich Ding, man sah darin ein Mirakel".[16] Vasaris Beschreibung des Gemäldes passt nicht zu der Mona Lisa, die wir heute sehen, und es könnte sein, dass eine Verwechslung vorliegt; vielleicht bezieht sich die Story auf ein anderes Gemälde. Wie auch immer – heute verbindet man diese Story mit dem Gemälde, das im Louvre hängt.

Diese Story ist wirklich weit verbreitet; warum, das ist schwer festzumachen. Sie scheint mit vielen anderen Gedanken zusammenzuhängen. Im

Laufe der Jahrhunderte schrieben viele Dichter und Essayisten über das Lächeln der Mona Lisa. Das Interesse der Öffentlichkeit hätte sich ohne die Story von Leonardos langem Ringen um das Lächeln nie auf dieses Gemälde fixieren können; diese Story besaß mächtiges Potenzial für Mundpropaganda.

Neuerlichen Schwung gewann die Story vom Lächeln der Mona Lisa durch zwei Ereignisse, die im Jahr 1910 passierten. Beide schmückten die Geschichte über ihr Lächeln aus und bescherten ihm eine immense Publicity.

Erstens erschien 1910 ein provokatives Buch von Sigmund Freud, in dem er das Unbewusste von Leonardo da Vinci untersuchte und sich ausführlich mit der Mona Lisa befasste. Freud dachte, für Leonardo sei das Lächeln der Mona Lisa eine verdrängte Erinnerung an seine leibliche Mutter gewesen, von der er im Alter von vier Jahren getrennt wurde und die ihrem Sohn eine unnatürliche Zuneigung entgegengebracht hatte.

Das zweite Ereignis war der Diebstahl des Gemäldes aus dem Louvre im Jahr 1910 samt der Fortsetzungsgeschichte über die Versuche der Strafverfolgungsbehörden, es wiederzubeschaffen, sowie danach die Story von der Rückkehr des Gemäldes und dem Gerichtsverfahren gegen den Dieb. Und selbstverständlich erwähnten die Verfasser der Zeitungsartikel auch ihr Lächeln: Ein guter Journalist, der über den Diebstahl schrieb, ließ sich das nicht entgehen. Die Story über den Diebstahl erstreckte sich über mehrere Jahre und dieser lange Zeitraum reichte, um die Story vom Lächeln der Mona Lisa in das Bewusstsein der Öffentlichkeit einzuprägen. Das Lächeln war in der Presseberichterstattung allgegenwärtig. Sogar ein Artikel aus dem Jahr 1914 über die abschließende Verurteilung des Diebes schloss mit dem lächerlichen Satz: „Er vernahm sein Urteil mit einem Ausdruck im Gesicht, der gewisse Ähnlichkeiten mit dem rätselhaften Lächeln der Mona Lisa hatte."[17] Der Reporter *musste* das Lächeln einfach in seine Story hineinbringen.

Laut einer Proquest-Suche in englischsprachigen Publikationen wurde die Mona Lisa in den Jahren 1915 bis 1925 (nachdem die Diebstahlgeschichte abgeschlossen war) 20-mal so häufig erwähnt wie in den Jahren 1899 bis 1909, also vor 1910. Das Vermächtnis der Berichterstattung der Jahre 1910 bis 1914 blieb uns bis heute erhalten, denn sie verstärkte eine Rückkopplung des Lächelns in den Medien und der mündlichen Kommunikation, die durch bis zum heutigen Tag anhaltende Erwähnungen in Nachrichtenmeldungen und Parodien des Gemäldes noch weiter verstärkt wurde. Die meisten heutigen Menschen wissen über die Ereignisse des Jahres 1910 nichts mehr, aber über die aufgebauschte Story vom Lächeln schon. Daher sind diese Ereignisse eine wichtige Ursache, weshalb der Mona Lisa heute ein so großer Wert beigelegt wird.

Nachrichtenwürdige Ereignisse, die sich mit größerer Wahrscheinlichkeit über zwanglose Unterhaltungen verbreiten, tragen auch mit größerer Wahrscheinlichkeit zur Ansteckung durch Ideen bei. Der trockene, analytische Ausblick auf die nationale Konjunktur, den ein Experte äußert, wird sehr wahrscheinlich nicht per Mundpropaganda verbreitet. Die Meldung, dass es am Aktien- oder Immobilienmarkt eine plötzliche Bewegung gegeben hat, wird hingegen mit enorm viel höherer Wahrscheinlichkeit verbreitet. Natürlich springen Expertenmeinungen manchmal auf Storys über Preisbewegungen auf, aber sie sind selten plastisch genug, als dass sie selbst zum Mittelpunkt der Mundpropaganda werden könnten.

Die mündliche Kommunikation, sei sie nun positiv oder negativ, ist ein wesentlicher Bestandteil der Ausbreitung von Spekulationsblasen und wenn man beurteilen möchte, wie wahrscheinlich es ist, dass ein bestimmtes Ereignis zu einer Spekulationsblase führt, muss man berücksichtigen, ob es das Zeug zur Mundpropaganda hat. So waren beispielsweise die vorhergesagten allgemeinen Computerprobleme ab dem Beginn des Jahres 2000 aufgrund des sogenannten Millennium-Bugs eine klassische Story der Mundpropaganda, denn sie bezog sich sowohl auf die weltweite Computerfaszination als auch auf das neue Jahrtausend. Deshalb war es wahrscheinlich – auch wenn sich die Befürchtungen letztlich als grundlos erwiesen –, dass sie sich im Vergleich zu anderen, weniger anschaulichen Storys übertrieben stark auf die Märkte auswirken würde.

Im menschlichen Denken koexistieren viele widersprüchliche Gedanken

Ein Grund dafür, dass sich Gedanken manchmal rasant verbreiten und dass das Denken der Allgemeinheit abrupte Kehrtwenden vollführen kann, liegt darin, dass wir die betreffenden Gedanken bereits im Kopf haben. Sogar widersprüchliche Gedanken können gleichzeitig in unserem Denken koexistieren und wenn sich an den dafür sprechenden Tatsachen oder am Interesse der Öffentlichkeit etwas ändert, kann eine Überzeugung, die zuvor geäußerten Überzeugungen widerspricht, ganz plötzlich in den Vordergrund treten.

Beispielsweise sind die Menschen im Allgemeinen davon überzeugt, man könne den Markt nicht vorhersagen, und Versuche, den richtigen Zeitpunkt abzupassen, seien vergeblich. Sie glauben aber auch (wie wir in Kapitel 5 gesehen haben), dass der Markt nach einem etwaigen Crash ganz bestimmt wieder zurückkommen wird. Diese beiden Ansichten passen eindeutig nicht zusammen.

Eine Erklärung, wieso es die Menschen schaffen, gleichzeitig widersprüchliche Ansichten zu haben, liegt darin, dass sie *glauben*, sie hätten schon von beiden gehört, dass Experten sie vertraten. Die Kultur vermittelt viele angebliche Tatsachen, die einfach „denen" oder der Allgemeinheit zugeschrieben werden, nach dem Motto: „Es heißt ...". Wenn Storys aufgrund einer eingebildeten Autorität beiläufig akzeptiert werden, kommt es wahrscheinlich zu Widersprüchen.

Manchmal setzen sich Storys durch, obwohl sie sich auf keinerlei kompetente Instanz zurückführen lassen. Zum Beispiel hört man immer wieder, „es heiße", dass die meisten Menschen in Wirklichkeit nur zehn Prozent ihres Gehirns nutzen – ein Mythos, der aus dem 19. Jahrhundert stammt, als die Neurologie eine solche Tatsache eindeutig noch gar nicht beweisen oder widerlegen konnte. „Es heißt" auch, in New York sei neun Monate nach einem Stromausfall im Jahr 1965 die Geburtenrate in die Höhe geschnellt, weil die New Yorker eine Weile nichts anderes zu tun gehabt hätten, aber in Wirklichkeit stieg die Geburtenrate gar nicht.[18] Passender zu unserem Thema „heißt es" außerdem, zur Zeit des Börsencrashs 1929 habe es ungewöhnlich viele Selbstmorde gegeben, doch dem war nicht so.[19] Storys, die sich gut für Unterhaltungen oder für die Medien eignen, setzen sich häufig ohne Rücksicht auf die Tatsachen durch.

Aufgrund ihrer Neigung, ihre Ansichten echten oder eingebildeten Experten zuzuschreiben, stören sich die Menschen nicht besonders an offenkundigen Widersprüchen zwischen ihren Ansichten. Sie sind gewissermaßen Trittbrettfahrer, sie gehen davon aus, dass die Experten die scheinbaren Widersprüche bestimmt durchdacht haben und bestimmt wissen, wieso sie in Wirklichkeit gar keine Widersprüche seien. Es stimmt sicherlich, dass Theorien, die widersprüchlich erscheinen, manchmal gar nicht widersprüchlich sind. Und von da aus ist es nur noch ein kleiner Schritt zu der Annahme, die Experten könnten auch die offenkundigsten Widersprüche „wegerklären" – wenn man sie fragen würde.

Das Denken der Menschen über das geheimnisvolle Gebiet der Geldanlagen wird sicherlich von vielen nur halb durchdachten Gedanken getrübt, die einander widersprechen oder zumindest nicht in einen kohärenten analytischen Rahmen gebracht wurden. Durch Folgerungen herausfinden zu wollen, was solche Gedanken für konkrete Anlageentscheidungen bedeuten, ist eine echte Herausforderung.

Die Tatsache, dass die widersprüchlichen Meinungen gleichzeitig bestehen, hat zur Folge, dass die Menschen an vielen Ansichten womöglich nicht eindeutig festhalten. Deshalb dürfen wir der von Anlegern geäußerten Überzeugung, der Markt werde nach einem Crash sicher wieder zurückkommen, nicht zu viel Glauben schenken, denn die Umstände des tatsächlichen Crashs könnten andere, dieser Überzeugung widersprechende Ansichten in den Vordergrund rücken, an die sie sich vor dem Crash nur dunkel erinnerten. Dann würden die Anleger auf eine Art und Weise reagieren, die gemäß ihrer zuvor geäußerten Zuversicht nicht vorhersehbar war.

Sozial bedingte Verlagerungen der Aufmerksamkeit

Das menschliche Gehirn ist so angelegt, dass es sich zu einer bestimmten Zeit im Wesentlichen nur auf eine bestimmte Sache konzentriert und schnell von einem Fokus zum anderen wandert. Die sinnlichen Erfahrungen, die aus der Umwelt auf uns einströmen, sind überaus kompliziert, aber dem Gehirn gelingt es, fast die gesamte Komplexität so herauszufiltern, dass ein Eindruck vom Hier und Jetzt entsteht – eine Interpretation, was gegenwärtig am wichtigsten ist –, und in diese Interpretation integriert es eine Abfolge von Gedanken. Wenn man beispielsweise in einem Flughafen sitzt und wartet, bis man in ein Flugzeug einsteigen darf, kommt die Aufmerksamkeit immer wieder auf das Thema „auf das Einsteigen warten" zurück und gruppiert viele Gedanken und Beobachtungen um dieses Thema herum, so als wäre es das Zentrum der momentanen Realität. Normalerweise studiert man nicht das Muster des Teppichbodens, die Schmutzflecken an den Fenstern oder befasst sich mit der Form der Buchstaben an der Informationstafel, obwohl man das eigentlich tun könnte. Normalerweise entgehen solche Details unserem Bewusstsein, obwohl wir die entsprechenden Sinneseindrücke empfangen und verarbeiten.

Die Fähigkeit, die Aufmerksamkeit auf wichtige Dinge zu richten, gehört zu den bestimmenden Merkmalen von Intelligenz und niemand weiß wirklich, wie das Gehirn das macht. Die Unfähigkeit, die Aufmerksamkeit auf die richtigen Dinge zu richten, ist im Gegenzug eines der wichtigsten Merkmale menschlicher Fehlurteile. Der Mechanismus für die Konzentration der Aufmerksamkeit, der sich im menschlichen Gehirn entwickelt hat, ist zwar bemerkenswert, aber bei Weitem nicht perfekt.

Wenn man auf die schwerwiegendsten Fehler seines Lebens zurückblickt, stellt man wahrscheinlich fest, dass sie häufig daraus resultierten, dass man nicht auf Einzelheiten geachtet hat. Man hätte bestimmt sofort darauf reagiert und seine Handlungsweise geändert, wenn einen jemand regelmäßig aufgefordert hätte, darauf zu achten, und auf gewisse entscheidende Fakten hingewiesen hätte. Das heißt, wenn man die Fehler verstehen will, die Menschen in der Vergangenheit gemacht haben, muss man auf jeden Fall in Betracht ziehen, worauf konkret sie *nicht* geachtet haben.

Zu den Mechanismen, die das Gehirn entwickelt hat, um die Aufmerksamkeit in die richtigen Bahnen zu lenken, gehört die sozial bedingte Selektivität. Wir schenken vielen Dingen Aufmerksamkeit, denen auch die Menschen um uns herum Aufmerksamkeit schenken. Dank dieser sozialen Grundlage der

Aufmerksamkeit können Menschen, die die Bedeutung einer Information erkennen, andere Mitglieder der Gemeinschaft darauf aufmerksam machen, sodass eine Weltsicht und ein Satz von Informationen entstehen, die der Gemeinschaft gemeinsam sind. Dank dieser Weltsicht und dieser Informationen kann die Gemeinschaft gemeinsam agieren. Allerdings funktioniert die soziale Komponente der Aufmerksamkeit nicht perfekt und kann zu Fehlern führen, die von der gesamten Gruppe gemeinsam begangen werden, denn die gemeinsame Konzentration der Aufmerksamkeit blockiert die Aufmerksamkeit auf Details, die der Einzelne andernfalls vielleicht bemerken würde. Das Phänomen der sozialen Aufmerksamkeit ist ebenso wie die individuelle Aufmerksamkeit eine der großartigen Errungenschaften der Verhaltensevolution und von entscheidender Bedeutung für das Funktionieren der menschlichen Gesellschaft – aber auch diese Errungenschaft ist unvollkommen.

Der Mechanismus der sozialen Aufmerksamkeit führt dazu, dass die gesamte Gemeinschaft ihre Aufmerksamkeit plötzlich auf Angelegenheiten richtet, die ihr dringlich erscheinen. Um auf das Epidemie-Modell zurückzukommen: Die Infektionsrate kann plötzlich dramatisch steigen. Eine plötzliche große Bewegung des Aktienmarkts ist ein solches Ereignis, das alle anderen Unterhaltungen verdrängt.

Die soziale Grundlage der Aufmerksamkeit, die über mündliche Kommunikation funktioniert und durch die mediale Vermittlung von Gedanken und Ideen gefördert wird, kann Brennpunkte der Aufmerksamkeit erzeugen, die sich schnell fast über die ganze Welt ausbreiten. Wenn das Denken eines Großteils der Menschheit auf einmal von der Börse gefesselt wird, dürfte es keineswegs überraschen, dass Märkte auf entgegengesetzten Seiten des Erdballs sich im Gleichschritt bewegen, obwohl die fundamentalen Gegebenheiten in den verschiedenen Ländern keinen Grund für einen solchen Gleichschritt erkennen lassen.

Die Menschen können nicht erklären, weshalb sich ihre Aufmerksamkeit verlagert

Überdies fällt es den Menschen oft sehr schwer, zu erklären, was sie zu der Entscheidung veranlasst hat, in einer bestimmten Weise zu handeln. An den ursprünglichen Auslöser erinnern sie sich vielleicht gar nicht mehr. Das ist ein Hauptgrund dafür, dass die Preisänderungen an spekulativen Märkten, die Verschiebungen der Aufmerksamkeit sehr schnell widerspiegeln, häufig so unerklärlich wirken.

Die Preisänderungen an sich können die Aufmerksamkeit fesseln, sogar die Aufmerksamkeit professioneller Investoren. Als John Pound und ich untersuchten, auf welche Weise sich institutionelle Investoren für einzelne

Aktien entscheiden, erstellten wir eine Liste von Aktien, die im Vorjahr schnell gestiegen waren und außerdem hohe Kurs-Gewinn-Verhältnisse hatten. Dann beschafften wir uns von der Börsenaufsicht Securities and Exchange Commission eine Liste der institutionellen Investoren, die gemeldet hatten, dass sie eine dieser Aktien gekauft hatten (die Versuchsgruppe) und verglichen diese Liste mit einer Liste institutioneller Investoren, die Aktien aus einer zufälligen Auswahl gekauft hatten (die Kontrollgruppe). Wir fragten Investoren aus beiden Gruppen, ob sie der folgenden Aussage über ihre Aktie (bei der Versuchsgruppe die Aktie, die schnell gestiegen war, bei der Kontrollgruppe die zufällige Aktie) zustimmen würden: „Zunächst wurde mein Interesse dadurch geweckt, dass ich oder jemand anders unter einer großen Anzahl von Aktien systematisch (mithilfe eines computerisierten oder anderen Suchverfahrens) nach einer Aktie mit bestimmten Eigenschaften suchte."[20] Da wir Investmentprofis befragt hatten, überrascht es wohl kaum, dass aus der zufällig ausgewählten Kontrollgruppe 67 Prozent dieser Aussage zustimmten. Jedoch stimmten ihr aus der Versuchsgruppe, also den Anlegern, die schnell gestiegene Aktien gekauft hatten, nur 25 Prozent zu. Da man sich oft schlecht daran erinnern kann, was die Aufmerksamkeit geweckt hat, können wir von ihnen nicht *erwarten*, dass sie uns sagen, der Preisanstieg habe ihr Interesse geweckt. Unsere Versuchsanordnung zeigt aber, dass der Preiszuwachs oder damit verbundene Ereignisse durchaus dazu beigetragen hatten, ihr Interesse zu wecken. Der entscheidende Punkt ist, dass die meisten Investoren, die schnell gestiegene Aktien gekauft hatten, selbst sagten, sie hätten ihre Entscheidung unsystematisch getroffen.

Wenn Verschiebungen der Aufmerksamkeit wichtige Ursachen von Verhaltensänderungen sind, können wir von den Menschen nicht erwarten, dass sie uns die Gründe für ihr verändertes Verhalten nennen. Normalerweise können sie nicht ohne Schwierigkeiten erklären, was ihre Aufmerksamkeit auf eine bestimmte Sache gelenkt hat, und somit können sie ihr eigenes Verhalten nicht erklären. Ein Experiment, das der Psychologe N.R.F. Maier 1931 durchführte, soll dies veranschaulichen. Maier stellte seinen Versuchspersonen die Aufgabe, zwei Seile zusammenzubinden, wobei die Seile so weit voneinander entfernt an der Decke angebracht waren, dass man sie nicht beide gleichzeitig erreichen konnte, außer man brachte sie irgendwie zusammen. Die Kandidaten bekamen mehrere Werkzeuge, um dies zu probieren, und wurden gebeten herauszufinden, auf wie viele Arten sie es schaffen konnten, die Seile zusammenzubinden. Eine Möglichkeit bestand darin, am Ende des einen Seils ein Gewicht zu befestigen, es in eine Pendelbewegung zu versetzen, mit der einen Hand das Ende des anderen Seils zu fassen und dann mit der anderen Hand das schwingende Seil zu ergreifen. Wenn der Versuchsleiter ein Seil in Schwingung versetzte, kamen viele Probanden schnell auf diese Idee. Wenn sie jedoch hinterher gefragt wurden, wie sie auf diese Idee gekommen seien, sagte nur ein Drittel, dass sie das schwingende Seil gesehen hatten. Das schwingende Seil hatte lediglich das Zentrum ihrer Aufmerksamkeit verlagert und die meisten Versuchspersonen sahen die Verbindung zwischen ihrer Handlungsweise und dem Reiz, der zu der Idee geführt hatte, überhaupt nicht.[21]

Analog dazu kann ein Börsenboom aus keinem besseren Grund einsetzen als dadurch, dass irgendein Faktor ähnlich wie das schwingende Seil die Aufmerksamkeit auf die Börse lenkt. In der heutigen Situation kann der Anblick einer Anzeige für einen Investmentfonds oder der Eingang der Formulare für die Betriebsrente das schwingende Seil sein. Allerdings werden wir von den meisten Menschen nie erfahren, wie wichtig solche Stimuli waren, wenn wir sie einfach danach fragen. Selbst wenn sich die Menschen an die Auslöser erinnern, können sie uns nicht sagen, *wie* sie sie beeinflusst haben.

Der aktuelle Stand unserer Geschichte

Dieses Kapitel schließt meine Argumentation, die Schwankungen des Aktienmarkts und des Immobilienmarkts würden unter anderem durch *irrationalen Überschwang* hervorgerufen, im Wesentlichen ab. Angefangen haben wir in Teil I mit einer Liste von Beschleunigungsfaktoren, die in der jüngeren Vergangenheit Aufschwünge am Aktienmarkt, am Anleihemarkt und am Markt für Eigenheime hervorriefen. Wir haben gesehen, dass die Auswirkungen solcher Faktoren häufig durch Feedback-Schleifen und von Natur aus auftretende Pyramidensysteme verstärkt werden – wobei die Medien wie ein Schmiermittel den Überschwang des Marktes manchmal noch fördern. Wir haben Belege dafür gesehen, dass das Anlegervertrauen zur Zeit des Millenniumhochs am Aktienmarkt im Jahr 2000 merkwürdig hoch war und dass die Erwartungen an den Markt zu diesem Zeitpunkt ungebrochen waren. Obwohl die Blase der Besitzergesellschaft platzte, schwand dieses Vertrauen nur zum Teil oder blieb bestehen.

Dann untersuchten wir in Teil II die kulturellen Komponenten des Überschwangs, die wechselnden Grade des gesellschaftlichen Interesses an Theorien über eine neue Ära sowie die Eigenschaft solcher Theorien, sowohl auf den Markt zu reagieren als auch ihn vorübergehend anzuregen. In Teil III traten wir einen Schritt zurück und untersuchten grundlegende psychologische Faktoren, die es ermöglichen, dass die in den vorigen Teilen des Buches beschriebenen Veränderungen Auswirkungen zeitigen. Kapitel 9 legte dar, wie banal und unscheinbar die psychologischen Anker sein können, die letztlich über das Preisniveau des Marktes entscheiden, und wie übertriebenes Anlegervertrauen die Zugwirkung solcher Anker verstärken kann. Im vorliegenden Kapitel versuchte ich, dass prinzipielle Rätsel der momentanen Marktlage zu lösen: dass wir immer höhere Bewertungen erleben, aber keine Ursache dieser Bewertungen finden können, die etwas damit zu tun hätte, dass die Allgemeinheit rational denkt.

Im Rest des Buches stelle ich die Theorie vom irrationalen Überschwang in einen breiteren Zusammenhang. Im nun folgenden Teil beschäftige ich mich mit gewichtigen Einwänden gegen die Auffassung, es passiere etwas Irrationales. Im Schlusskapitel wende ich mich den Maßnahmen zu, die dieser Überschwang letztlich verlangt, und zwar auf individueller, institutioneller und politischer Ebene.

TEIL IV

Versuche, den Überschwang zu rationalisieren

KAPITEL 11

EFFIZIENTE MÄRKTE, RANDOM WALKS UND BLASEN

Die Theorie, die Finanzmärkte seien effizient, bildet die führende intellektuelle Grundlage von Argumenten gegen die Vorstellung, die Märkte seien anfällig für überzogenen Überschwang oder für Blasen. Laut der allgemeinen Auffassung stützen ausgiebige wissenschaftliche Forschungen diese Theorie.

Die *Effizienzmarkthypothese* behauptet, alle Preise an Finanzmärkten würden jederzeit alle öffentlich verfügbaren Informationen widerspiegeln. Anders gesagt seien Finanzanlagen bezogen auf das, was öffentlich bekannt ist, zu allen Zeitpunkten korrekt gepreist. Manchmal habe es vielleicht den *Anschein*, die Preise seien zu hoch oder zu niedrig, aber laut der Effizienzmarkthypothese muss dieser Anschein eine Illusion sein.

Gemäß dieser Theorie beschreiben Aktienkurse im Laufe der Zeit näherungsweise einen sogenannten „Random Walk", also eine Zufallsbewegung: Die Preisänderungen sind unberechenbar, denn sie finden nur als Reaktion auf wirklich neue Informationen statt, die ja gerade dadurch, dass sie neu sind, nicht vorhersehbar sind. Die Effizienzmarkthypothese und die Random-Walk-Hypothese wurden in Studien, die in wissenschaftlichen Zeitschriften im Finanz- und Wirtschaftsbereich erschienen, anhand von Aktienmarktdaten vielen Überprüfungen unterzogen. In diesen Publikationen wurde sie zwar häufig statistisch widerlegt, doch in gewissen Auslegungen kann man sie trotzdem als näherungsweise wahr bezeichnen. Die Literatur über Belege für diese Theorie ist gewichtig und bietet Arbeiten von höchster Qualität. Deshalb müssen wir unabhängig von der Frage, ob wir damit einverstanden sind, die Theorie der Markteffizienz zumindest ernst nehmen.

Grundsätzliche Argumente dafür, dass die Märkte effizient sind und die Preise Random Walks darstellen

Die Vorstellung, der Markt sei effizient, ist so natürlich, dass sie wahrscheinlich schon seit Jahrhunderten kursiert. Der Begriff *effiziente Märkte* wurde zwar erst durch Eugene Fama, Professor an der University of Chicago (der 2013 zusammen mit mir den Nobelpreis bekam, obwohl wir hinsichtlich einiger grundsätzlicher Fragen verschiedener Meinung sind) Ende der 1960er-Jahre allgemein bekannt, aber die Theorie an sich gab es schon viele Jahre früher.[1] Klar angesprochen wurde sie 1889 in einem Buch von George Gibson mit dem Titel „The Stock Markets of London, Paris and New York". Gibson schrieb, wenn „Aktien an einem freien Markt allgemein bekannt werden, kann man den Wert, den sie erringen, als das Urteil der bestmöglichen Erkenntnisse über sie betrachten."[2]

Seit den 1970er-Jahren ist die Theorie der Markteffizienz in den Wirtschafts- und Finanzfakultäten der Universitäten eine feste Größe. Diese Theorie wird gern verwendet, um scheinbar hohe Marktbewertungen zu begründen, zum Beispiel das Börsenhoch 1929. Professor Joseph Lawrence von der Princeton University kam 1929 zu dem Schluss: „Das einhellige Urteil der Millionen, deren Bewertungen an dem bewundernswerten Markt namens Börse am Werk sind, besagt, die Aktien seien gegenwärtig nicht überbewertet. [...] Wo ist die Gruppe von Männern mit einem allumfassenden Wissen, das ihnen das Recht gibt, gegen das Urteil der intelligenten Menge Einspruch zu erheben?"[3]

Das einfachste und unmittelbarste Argument für die Markteffizienzhypothese beruht auf der Beobachtung, dass es offenbar schwierig ist, dadurch viel Geld zu verdienen, dass man am Aktienmarkt niedrig kauft und hoch verkauft. Viele anscheinend fähige Menschen versuchen es, aber es gelingt ihnen nicht mit anhaltendem gleichbleibendem Erfolg. Zudem wird angemerkt, um Geld zu verdienen, müsse man ja gegen einige der klügsten Investoren antreten, das sogenannte „Smart Money", die bei ihren Finanzmarktgeschäften nach den gleichen Gelegenheiten suchen. Wenn man glaubt, eine Anlage sei unter- oder überbewertet, muss man sich also überlegen, wieso das so bleibt, obwohl sich das Smart Money bemüht, erfolgreich zu handeln.

Wenn das Smart Money Möglichkeiten finden könnte, durch billiges Kaufen und teures Verkaufen Gewinn zu erzielen, dann würde es dadurch gemäß der Markteffizienzhypothese die Preise der Anlagen in Richtung ihres wahren Wertes treiben. Es würde unterbewertete Aktien kaufen und dadurch ihre Preise steigen lassen. Und es würde überbewertete Aktien verkaufen und dadurch ihre Preise sinken lassen. Und wenn es erhebliche

Fehlpreisungen von Wertpapieren gäbe, dann würden die Handelsgewinne des Smart Money ihm überdies einen Reichtum bescheren, mit dem es seinen Einfluss auf den Markt noch vergrößern und somit auch seine Macht vergrößern könnte, Fehlpreisungen zu beseitigen.

Leider sagt uns dieses Argument für die Markteffizienzhypothese nicht, dass der Aktienmarkt nicht auch Phasen mit wesentlichen Fehlpreisungen durchlaufen kann, die über Jahre oder Jahrzehnte andauern. Durch die Ausnutzung einer solchen Profitgelegenheit könnte das Smart Money keinen schnellen Gewinn erzielen und es bestünde eine beträchtliche Unsicherheit, wann die Fehlbewertung aufhören würde. Wenn wirklich heute jemand wüsste, dass der Markt in den kommenden zehn oder 20 Jahren schlecht laufen wird, aber nicht genau wüsste, *wann* diese schlechte Periode anfangen würde, und dieser Jemand außerdem sein Wissen nicht einem breiten Publikum beweisen könnte, gäbe es keine Möglichkeit, von diesem Wissen signifikant zu profitieren. Daher gibt es keinen gewichtigen Grund, zu glauben, das Smart Money müsse eine solche Fehlbewertung der Aktien zwangsläufig beseitigen.

Diese Einschränkung der Effizienzmarkthypothese wird jedoch häufig übersehen. Man geht davon aus, die gleiche Effizienzmarkthypothese, die besagt, es sei schwierig, Veränderungen von einem Tag auf den anderen vorherzusagen, impliziere, man könne *gar keine* Änderungen vorhersagen.

Überlegungen zum „Smart Money"

Im Grunde besagt die Effizienzmarkthypothese, dass unterschiedliche Fähigkeiten nicht zu unterschiedlicher Investmentperformance führen. Diese Theorie behauptet, dass die klügsten Menschen nicht in der Lage sind, hinsichtlich der Investmentperformance besser abzuschneiden als die am wenigsten intelligenten – und zwar deshalb nicht, weil ihr überlegenes Wissen bereits vollständig in die Aktienkurse eingepreist ist.

Wenn wir die Prämisse der Markteffizienz akzeptieren, ist klug zu sein nicht nur kein Vorteil, sondern daraus folgt unmittelbar auch, dass *es kein Nachteil ist, nicht so klug zu sein*. Wenn weniger kluge Menschen mit ihren Trades systematisch Verlust machen würden, dann würde dies eine Profitgelegenheit für das Smart Money nahelegen: Tue exakt das Gegenteil dessen, was das „nicht so schlaue Geld" tut. Doch gemäß der Markteffizienzhypothese kann es einen solchen Vorteil für das Smart Money nicht geben.

Somit haben laut dieser Theorie Anstrengung und Intelligenz für die Geldanlage keine Bedeutung. Was die erwartete Anlagerendite angeht, könnte man genauso gut zufällig Aktien auswählen – dafür ist das Bild gebräuchlich, dass man Dartpfeile auf die Börsenkurse wirft, um Anlagen auszuwählen. Letztlich ist dies der Grund, weshalb so viele Menschen meinen, sie bräuchten überhaupt nicht darauf zu achten, ob eine Aktie überbewertet ist oder nicht, und weshalb sie, während ich dies schreibe, ebenso wie auf dem Höhepunkt des Börsenbooms 2000 das Gefühl haben, sie könnten die ungewöhnlichen Bewertungen ignorieren.

Doch warum sollten die intelligentesten Menschen alle Preise festlegen, wie es die Effizienzmarkthypothese impliziert? Viele anscheinend weniger intelligente oder weniger gut informierte Menschen kaufen und verkaufen doch auch – weshalb sollten sie keinen Einfluss auf die Preise haben?

Häufig wird die Auffassung geäußert, die klügsten Anleger hätten durch ihren profitablen Handel bereits den größten Teil des Marktes übernommen und somit die Preise korrekt festgelegt. Die weniger intelligenten Anleger halten demnach so kleine Positionen, dass sie keine signifikante Kraft am Markt darstellen. Dieses Argument lässt sich leicht entkräften. Zunächst einmal: Sollte dies der Grund sein, weshalb das Smart Money dominiert, dann muss es zuvor profitable Trades für das Smart Money gegeben haben, denn andernfalls hätte es seine Intelligenz nicht dafür nutzen können, den Markt zu übernehmen. Wenn es aber profitable Trades gegeben hat, muss es auch jetzt noch welche geben, denn manche „smarten" Anleger ziehen sich aus dem Geschäft zurück und müssen ersetzt werden. Man kann ja nicht behaupten, das Smart Money habe vor 100 Jahren den Markt übernommen und beherrsche ihn seither – denn die smarten Händler von einst sind inzwischen alle tot.

Des Weiteren wurde zugunsten der Effizienzmarkthypothese angeführt, professionelle Investoren – institutionelle Geldverwalter oder Wertpapieranalysten – seien offenbar nicht zuverlässig in der Lage, den Gesamtmarkt zu übertreffen, in Wirklichkeit würden sie sogar häufig hinter dem Markt zurückliegen, wenn man die Transaktionskosten und die Verwaltungsgebühren berücksichtigt. Dieses Ergebnis dürfte irritieren, denn man sollte ja meinen, die professionellen Anleger seien besser ausgebildet, was die Geldanlage angeht, und sie würden systematischer vorgehen als die Privatanleger. Doch vielleicht ist das gar nicht so irritierend, wie es auf den ersten Blick scheint. Die Privatanleger werden ja von professionellen Anlegern beraten und können außerdem beobachten (wenn auch mit einer gewissen Zeitverzögerung), was die professionellen Investoren tun. Daher kann es sein, dass zwischen dem Erfolg professioneller Anleger und dem Gesamtmarkt kein signifikanter Unterschied besteht, auch wenn ihre Analysen für andere Anleger sehr wertvoll sind. Privatanleger mit viel Geld sind häufig ebenfalls gebildete, intelligente Menschen. Zudem belegen einige Studien, dass die Ratschläge professioneller Analysten durchaus etwas bringen, wenn man sich schnell genug nach ihnen richtet.[4]

Der Grund, weshalb die Studien keine deutlicheren Belege dafür ergaben, dass intelligentere Menschen am Markt mehr Geld verdienen, besteht letztlich darin, dass es keine gute Möglichkeit gibt, festzustellen, wie klug ein Anleger ist. Die institutionellen Anleger als Gruppe genommen sind nicht unbedingt intelligenter als die Privatanleger als Gruppe genommen. Wir haben keine Datenbanken mit IQ-Angaben von Anlageverwaltern, sodass wir ihre Performance mit ihrem IQ vergleichen könnten – und selbst wenn wir welche hätten, würde das nicht unbedingt heißen, dass Intelligenztests die richtigen Fähigkeiten messen.

Eine Studie von Judith Chevalier und Glenn Ellison war nahe dran, Zahlen über die Intelligenz von Vermögensverwaltern zu erbringen, obwohl sie keinen Zugang zu persönlichen Intelligenztests hatten: Sie werteten die SAT-Scores (Scholastic Aptitude Test) der Colleges aus, an denen die Manager studiert hatten. Dabei fanden sie tatsächlich Hinweise darauf, dass Unternehmen, deren Anlageverwalter Colleges mit höheren SATs besucht hatten, eine leicht bessere Performance aufweisen, selbst nach Prüfung anderer Faktoren.[5]

Eine andere Methode, mit der man überprüfen kann, ob intelligentere Menschen mit dem Aktienhandel mehr Geld verdienen könnten, bezieht sich auf die Dauerhaftigkeit des Anlageerfolgs. Wenn wir Zahlenangaben über einzelne Trades haben und wenn manche Menschen klüger traden als andere, müssten wir doch eigentlich zu dem Ergebnis kommen, dass manche Menschen dauerhaft Verlust machen, während andere dauerhaft Gewinn machen. Tatsächlich können wir die „Investment-Intelligenz" von Tradern an ihren bisherigen Erfolgen messen und diese Erfolge mit ihrem späteren Erfolg vergleichen.

Dabei kommt heraus, dass der Trading-Erfolg von Investmentfonds im Laufe der Zeit nur mäßig beständig ist.[6] Allerdings sind Investmentfonds keine Personen, sondern Organisationen. Das Problem dabei ist, dass zumindest bis vor Kurzem keine umfassenden Datenbanken vorlagen, in denen man die einzelnen Trader im Laufe der Zeit identifizieren konnte.

Immerhin konnte eine aktuelle Studie Zahlen über Day-Trader an der Taiwan Stock Exchange auswerten, die sich über einen Zeitraum von fünf Jahren konsequent auf einzelne Personen beziehen. Dabei kam heraus, dass der Trading-Erfolg in hohem Maße beständig ist.[7] Außerdem ergab die Studie, dass zwar die meisten Day-Trader mit ihren Geschäften nicht so viel Geld verdienten, dass sie ihre Handelskosten wieder hereinholten, dass dies jedoch einer kleinen Gruppe dauerhaft gelang. Die meisten erfolglosen Day-Trader stiegen im Laufe der Zeit wieder aus und die erfolgreichen tradeten meist sehr viel.

Anhand dieser Studien lässt sich der Zusammenhang zwischen Intelligenz und Anlageerfolg also nicht festmachen. Angesichts der vorliegenden Belege sehe ich jedoch keinen Grund, die These anzuzweifeln, dass intelligentere Menschen und Menschen, die sich mehr anstrengen, auf lange Sicht bei der Geldanlage besser abschneiden.

Beispiele für „offenkundige" Fehlpreisungen

Obwohl die Effizienzmarkthypothese im populären Denken so große Autorität genießt, hört man oft von Beispielen, die anscheinend schlagende Gegenbeweise liefern. Tatsächlich gibt es viele Beispiele für Preise an den Finanzmärkten, die anscheinend auf keinen Fall stimmen können. Über so etwas wird regelmäßig in den Medien berichtet. Während des Börsenbooms der 1990er-Jahre traf das häufig auf Internet-Aktien zu. Nach ihren Kursen zu urteilen hatte die Öffentlichkeit anscheinend ein übertriebenes Bild von ihrem Potenzial.

Sehen Sie sich zum Beispiel eToys an, ein Unternehmen, das 1997 gegründet wurde und über das Internet Spielzeug verkaufte. Kurz nach dem Börsengang belief sich der Börsenwert von eToys auf acht Milliarden Dollar und somit mehr als den Wert des seit Langem etablierten „traditionellen" Spielwaren-Einzelhändlers Toys"R"Us. Und doch machte eToys im Geschäftsjahr 1998 nur 30 Millionen Dollar Umsatz, Toys"R"Us hingegen 11,2 Milliarden Dollar, also fast das 400-Fache. Und der „Gewinn" von eToys war ein Minus von 28,6 Millionen Dollar, während Toys"R"Us 376 Millionen Dollar positiven Gewinn erwirtschaftete.[8] Zudem hatte Toys"R"Us, wie andere etablierte Spielwarenhändler auch, bereits eine eigene Website eingerichtet. Beim Start der Website gab es zwar einige Anlaufschwierigkeiten, aber trotzdem sahen viele Menschen Toys"R"Us langfristig im Vorteil, denn unzufriedene Kunden konnten ja in einen der zahlreichen Läden gehen, um etwas umzutauschen oder sich beraten zu lassen. Zudem war zu erwarten, dass Kunden, die bereits bei der Kette einkauften, von Natur aus zur Website von Toys"R"Us neigen würden, wenn sie online kaufen wollten. Obwohl diese Zweifel auch öffentlich geäußert wurden, liebten die Anleger eToys. Doch es dauerte nicht lange, bis die Zweifler bestätigt wurden: Im März 2001 beantragte eToys.com Insolvenz und wurde aus dem Handel der NASDAQ genommen. Der letzte Schritt war der Verkauf der Webadresse eToys .com an KB Toys – und im Januar 2004 ging auch dieses Unternehmen in Konkurs.

Die Bewertung, die der Markt Aktien manchmal zugesteht – wie etwa eToys auf dem Höhepunkt des Marktes in den Jahren 1999 und 2000 –, kommt manchen Beobachtern absurd vor und doch scheint der Einfluss dieser Beobachter auf die Marktpreise die Bewertung nicht zu korrigieren.

Was könnten sie tun, um sie zu korrigieren? Diejenigen, die den Wert solcher Aktien bezweifeln, könnten versuchen, sie zu shorten – manche tun das auch, aber die Bereitschaft zum Shorten ist unter anderem deshalb begrenzt, weil immer die Möglichkeit besteht, dass enthusiastische Anleger die Aktie noch weiter in die Höhe treiben. Mit weiteren Gründen werden wir uns später befassen. Manchmal halten sich absurde Preise über lange Zeit.

Es scheint auf der Hand zu liegen, dass Menschen, die in solche Aktien investieren, nicht recht über deren langfristiges Anlagepotenzial nachdenken, und auch dass es am Markt keine Kräfte gibt, die verhindern, dass solche Anleger erhebliche Überbewertungen verursachen. Sprechen solche Indizien nicht eindeutig gegen die Markteffizienz? Und wenn manche Aktien überbewertet sein können, folgt daraus nicht, dass der Markt als Ganzes überbewertet sein kann, weil ja auch diese Aktien Teil des Marktes sind?

Beschränkungen von Leerverkäufen und die Hartnäckigkeit offenkundiger Fehlpreisungen

Es gibt Grund zu der Annahme, dass offenkundige Fehlpreisungen wirklich auftreten, auch wenn enorme Mengen „Smart Money" auf der Suche nach fehlbewerteten Anlagen sind. Dieser Grund ist, dass es häufig Beschränkungen gegen Leerverkäufe gibt, also dagegen, dass man sich Vermögenswerte leiht und verkauft, sodass man im Endeffekt negative Mengen dieser Anlagen besitzt. Edward Miller, ein exzentrischer Professor von der University of New Orleans, der provokative Schriften zu einem breiten Spektrum wissenschaftlicher Disziplinen verfasst hat, wies darauf zum ersten Mal 1977 in einem Artikel für das *Journal of Finance* hin, der die Verfechter der Effizienzmarkthypothese offenbar unvorbereitet traf.[9]

Im Grunde war Millers Argumentation ganz einfach. Stellen Sie sich vor, dass nach einer bestimmten Aktie, einer bestimmten Tulpe oder was auch immer eine große Nachfrage seitens einer kleinen Gruppe von Eiferern besteht, die einander fleißig überbieten und so viel von der Anlage kaufen, wie sie können. Die Effizienzmarkthypothese sagt ja nicht, dass es keine solchen Eiferer gebe, und somit wäre diese Behauptung nicht absurd. Sie sagt nur, dass letzten Endes das Smart Money die Preise bestimmt. Wenn jedoch diese Eiferer wirklich den Verstand verloren haben und derart aggressiv kaufen, dass sie am Ende die Einzigen sind, die den betreffenden Vermögenswert halten, wer will dann behaupten, dass diese Vermögenswerte nicht heftig überteuert seien? Das Smart Money, das ja nicht verrückt ist, würde die überteuerten Anlagen dann gerne shorten, um von dem irgendwann fälligen Preisverfall zu profitieren, aber wenn es sich sie nicht leihen kann, kann es sich nur durch *Kaufen* am Markt beteiligen. Deshalb muss es untätig abwarten. Ein Markt mit Leeverkaufsbeschränkungen kann also extrem überteuert werden, was das Smart Money auch weiß, aber es hat dann keine Möglichkeit, von diesem Wissen Gebrauch zu machen.[10]

Beschränkungen gegen das Shorten sind eine Realität. Manche Staaten erlauben gar keine Leerverkäufe. Und selbst in Ländern, in denen sie zugelassen sind, funktionieren die Institutionen, die sie fördern, womöglich nicht besonders gut. Das liegt zum Teil daran, dass auch in solchen Ländern eine allgemeine Abneigung gegen Leerverkäufer herrscht. Ihnen wird die Schuld an allen möglichen schlimmen Dingen zugeschoben. An der New York Stock Exchange gab es früher einen geregelten Markt für die Ausleihe von Aktien, die sogenannte „Loan Crowd" auf dem Börsenparkett, aber sie schloss diesen Markt einige Zeit nach dem Börsencrash des Jahres 1929 – der allgemein den Shortsellern zur Last gelegt wurde.[11] Sie dienen häufig als Buhmänner für schwankende oder fallende Kurse und die Regulierungsbehörden greifen diese Einstellung auf – nach dem Crash 2008 waren in den Vereinigten Staaten und in Europa Leerverkäufe zeitweise verboten und man wollte damit etwas gegen Kursrückgänge tun.

Die Schwierigkeit, Leerverkäufe zu tätigen, spielt bei der Fehlpreisung von Aktien eine spürbare Rolle. Ein gutes Beispiel dafür ist der Verkauf von Palm durch 3Com kurz vor dem Börsenhoch im März 2000. Bei seinem Börsengang verkaufte 3Com fünf Prozent seiner Tochter Palm – einem Hersteller von PDAs – an der Börse und meldete gleichzeitig, den Rest werde es später auch noch verkaufen. Die ersten fünf Prozent von Palm erzielten einen derart hohen Preis, dass unter der Annahme, die restlichen Palm-Aktien seien genauso viel wert, der Marktwert von Palm größer gewesen wäre als der seiner Konzernmutter 3Com. Wenn es je eine Fehlpreisung gegeben hat, dann hier. Aber die Zinsen, die man bezahlen musste, um sich Aktien von Palm zu leihen, stiegen bis Juli 2000 auf das außerordentliche Niveau von 35 Prozent im Jahr – so hoch, dass das Smart Money sein Wissen um die Fehlbewertung nicht durch Shorten von Palm und Kaufen von 3Com ausnutzen konnte.[12]

Palm ist zwar ein Extrembeispiel, aber es veranschaulicht, wie sich die Beschränkung von Leerverkäufen auswirkt. Und dagegen gibt es viele Hürden, nicht nur die Zinsen. Manche Beschränkungen sind bürokratischer Natur, andere psychologischer oder sozialer.

Statistisch erwiesene Fehlpreisungen

Es ist natürlich schwierig, die Markteffizienz aufgrund weniger Anekdoten über die angebliche Fehlpreisung von Vermögenswerten solide zu beurteilen. Doch in Wirklichkeit herrscht kein Mangel an systematischen Belegen dafür, dass Unternehmen, die nach den üblichen Maßstäben überteuert sind, tatsächlich hinterher eine negative Tendenz aufweisen. Das zeigen viele Artikel in Finanzzeitungen, und zwar nicht an plakativen Beispielen, sondern durch Auswertung von großen Datenmengen über zahlreiche Unternehmen.

Stephen Figlewski zeigte 1981, dass schwer zu shortende Aktien tendenziell relativ schlechte Investments sind.[13] Allgemein gesprochen bringen Aktien, die nach diversen Maßstäben gerade überbewertet sind, eine schlechtere Performance als unterbewertete Aktien. Sanjoy Basu fand 1977 heraus, dass sich Firmen mit hohem Kurs-Gewinn-Verhältnis eher schlecht entwickeln, und Eugene Fama und Kenneth French kamen 1992 bei Aktien mit hohem Kurs-Buchwert-Verhältnis zum gleichen Ergebnis.[14] Werner De Bondt und Richard Thaler meldeten 1985, dass Firmen, deren Preise fünf Jahre lang stark gestiegen waren, in den fünf Jahren danach tendenziell wieder fielen, und dass Firmen, deren Preise fünf Jahre lang stark gefallen waren, danach tendenziell wieder stiegen.[15] (In Kapitel 8 haben wir gesehen, dass bei landesweiten Aktienmärkten auf der ganzen Welt eine ähnliche Tendenz besteht.) Jay Ritter fand 1991 heraus, dass Börsengänge vor allem auf den Höhepunkten branchenspezifischer Anlagemoden stattfinden und dass ihre Kurse in den nächsten drei Jahren im Verhältnis zum Markt allmählich, aber beträchtlich abrutschen.[16] Aktienkurse kehren also gewissermaßen zum Mittelwert (oder zu langfristigen früheren Preisen) zurück: Was stark steigt, fällt meistens wieder, und was stark fällt, steigt meistens wieder.

Diese Ergebnisse und ähnliche Ergebnisse vieler anderer Forscher haben eine Herangehensweise an den Markt gefördert, die sich *Value-Investing* nennt: Man stellt ein Portfolio aus Aktien zusammen, die nach gängigen Maßstäben unterbewertet sind, weil man von der Theorie ausgeht, dass sie von den Anlegern nur vorübergehend übersehen wurden und irgendwann wieder zulegen werden. Die Kehrseite dieser Strategie besteht darin, überteuerte Aktien zu shorten. Man sollte eigentlich meinen, die vielen Value-Anleger würden sich auf den Markt in der Form auswirken, dass sie quer durch das Aktienspektrum die Beziehung zwischen dem „Value" – dem Wert – und den späteren Renditen schwächen oder möglicherweise sogar vorübergehend aufheben würden. Schließlich kaufen Value-Investoren ja die unterbewerteten Papiere und erhöhen dadurch ihre Preise und außerdem ziehen sie Nachfrage von überbewerteten Papieren ab.

Wahrscheinlich funktionieren Value-Investment-Strategien manchmal wirklich nicht mehr, wenn die Anleger sie in Scharen auszunutzen suchen, aber daraus folgt auf keinen Fall, dass das Value-Investing auf Dauer nichts taugt. Auf jeden Fall ist es eine vernünftige Strategie, Anlagen zu meiden, die dermaßen überteuert sind, dass nur noch Eiferer sie besitzen. Es gibt viele verschiedene Möglichkeiten, den Wert oder „Value" zu definieren, und dem Gesamtmarkt fällt es nicht leicht, alle entsprechenden Gewinnmöglichkeiten zu beseitigen.

Und selbst wenn die Auswirkung des Value auf die Renditen *vieler Aktien* verschwindet, heißt das noch nicht, dass die Auswirkung, die der Value *im Laufe der Zeit auf den Markt als Ganzes* hat, ebenfalls verschwindet. Die typische Strategie von Value-Anlegern besteht darin, sich aus einzelnen überbewerteten Aktien zurückzuziehen, nicht aber sich insgesamt aus dem Markt zurückzuziehen, wenn er überteuert wirkt.

Änderungen der Unternehmensgewinne und der Preise

Ein Argument dafür, dass die Märkte im weitesten Sinne grundsätzlich effizient seien, besteht ganz einfach darin, dass die Aktienkurse im Laufe der Zeit ungefähr den Erträgen der Unternehmen folgen – dass sich also trotz großer Gewinnschwankungen die Kurs-Gewinn-Verhältnisse innerhalb einer vergleichsweise engen Spanne bewegen.

Peter Lynch, ein Investment-Analyst, der während der Hausse 1990 regelmäßig in den Medien präsent war, wurde 1999 in einer Werbeanzeige von Fidelity Investments, die ein ganzseitiges Foto von ihm zeigte, in fetten roten Lettern mit der Aussage zitiert: „Obwohl es seit dem Zweiten Weltkrieg neun Rezessionen gegeben hat, ist der Aktienmarkt auf das 63-Fache gestiegen, weil die Unternehmensgewinne auf das 54-Fache gestiegen sind. Die Gewinne treiben den Markt." Zum ersten Mal erschien diese Anzeige unmittelbar vor dem Börsenhoch und sie sollte offenbar den Verkauf der Investmentfonds von Fidelity fördern, indem sie die Leser davon überzeugte, die Kurszuwächse seien letztlich durch die Gewinnzuwächse gerechtfertigt. Doch die Zahlen täuschten. Wenn man einen derart langen Zeitraum als Vergleichsperiode heranzieht, wenn man keine Inflationsbereinigung vornimmt und da die Gewinne unmittelbar nach dem Zweiten Weltkrieg sehr niedrig waren, überrascht es nicht, dass Lynch eine solche Entsprechung fand. Wählt man jedoch andere Beispiele, erscheinen die Preisänderungen viel weniger durch das Gewinnwachstum gerechtfertigt.[17] Lynchs Aussage war symptomatisch für die verbreitete Ansicht, Aktienkursbewegungen seien grundsätzlich durch Änderungen der Unternehmensgewinne gerechtfertigt und dies beweise, dass die Preisbewegungen des Aktienmarkts nicht durch ein irgendwie geartetes irrationales Verhalten der Anleger bedingt seien.

Wie wir bereits festgestellt haben, gab es in der Geschichte der Vereinigten Staaten nur drei große Haussen mit nachhaltigen und dramatischen Kursanstiegen: die Hausse der 1920er-Jahre, die 1929 ihren Höhepunkt überschritt, die Hausse der 1950er-Jahre und die lange Hausse von 1982 bis 2000. (Man könnte auch die Hausse mitzählen, die zum Höhepunkt des Jahres 1901 führte, aber sie war weniger dynamisch. Und der Boom der Besitzergesellschaft von 2003 bis 2007 sowie der Boom der neuen Normalität von 2009 bis 2014 waren noch weniger dynamisch.)

Während der ersten Hausse, von 1920 bis 1929, stiegen die Unternehmenserträge dramatisch. Real verdoppelten sich die Gewinne der im S&P Composite enthaltenen Unternehmen in dieser Zeit und ihre Aktienkurse verfünffachten sich. Man könnte also die Veränderung des Marktes als Reaktion auf die Gewinnänderung betrachten, wenn auch als Überreaktion.

Bei der zweiten großen Hausse ist die Entsprechung zwischen Preiswachstum und Gewinnwachstum jedoch weniger klar. Der größte Teil des Kursanstiegs fand in den 1950er-Jahren statt, von Januar 1950 bis Dezember 1959 verdoppelte sich der reale S&P Composite Index annähernd. Die realen Gewinne der S&P-Unternehmen hingegen stiegen in diesem Jahrzehnt nur um 16 Prozent, was nach historischen Maßstäben unterdurchschnittlich war. Das allgemeine Wirtschaftswachstum lag in den 1950er-Jahren leicht über dem Durchschnitt, allerdings nicht so sehr wie in den 1940er- oder in den 1960er-Jahren: Im Schnitt wuchs das Bruttoinlandsprodukt von 1950 bis 1960 jährlich um 3,3 Prozent.

Im Zuge der dritten großen Hausse stiegen die realen Aktienkurse von 1982 bis 2000 mehr oder weniger gleichmäßig, die Unternehmensgewinne jedoch keineswegs. Die realen Gewinne der im S&P Composite enthaltenen Unternehmen waren am Tiefpunkt der Rezession 1991 tatsächlich geringer als am Tiefpunkt der Rezession 1982, aber der S&P Composite Index stand real fast zweieinhalbmal so hoch. Also kann man auch bei dieser Hausse die Kurszuwächse nicht einfach als Reaktion auf die Ertragszuwächse betrachten.

Diese Beispiele belegen, dass Gewinnwachstum und Kurswachstum nicht gut korrespondieren. Man kann Blasentheorien nicht mit der Behauptung kritisieren, sie täten es.

Die historische Beziehung zwischen Kurs-Gewinn-Verhältnissen und nachfolgenden langfristigen Renditen

Tatsächlich sind die Preisbewegungen im Verhältnis zu den Gewinnen meist relativ groß und historisch betrachtet neigen die Gewinne dazu, später zu bröckeln. Abbildung 11.1 ist ein Streudiagramm, das auf der x-Achse das CAPE-Kurs-Gewinn-Verhältnis (erläutert in Kapitel 1, dargestellt in Abbildung 1.3) für den Januar aller Jahre von 1881 bis 2003 und auf der y-Achse die inflationsbereinigte Jahresrendite des Aktienmarkts in den zehn Jahren nach dem betreffenden Monat angibt. In diesem Streudiagramm sehen wir anschaulich, wie gut die Kurs-Gewinn-Verhältnisse die nachfolgenden Renditen (über zehn Jahre) vorhergesagt haben. Es werden deshalb nur die Januar-Zahlen dargestellt, weil das Diagramm wegen der vielen Punkte unleserlich geworden wäre, hätte man alle zwölf Monate des Jahres genommen. Dies hat natürlich den Nachteil, dass uns die meisten Hoch- und Tiefpunkte des Marktes entgehen, wenn wir nur den Januar sehen. Beispielsweise entgeht uns das Börsenhoch 1929 samt den darauf folgenden niedrigen Renditen.

Abbildung 11.1 Das zyklusbereinigte Kurs-Gewinn-Verhältnis (CAPE) als Vorhersagefaktor für Renditen über zehn Jahre

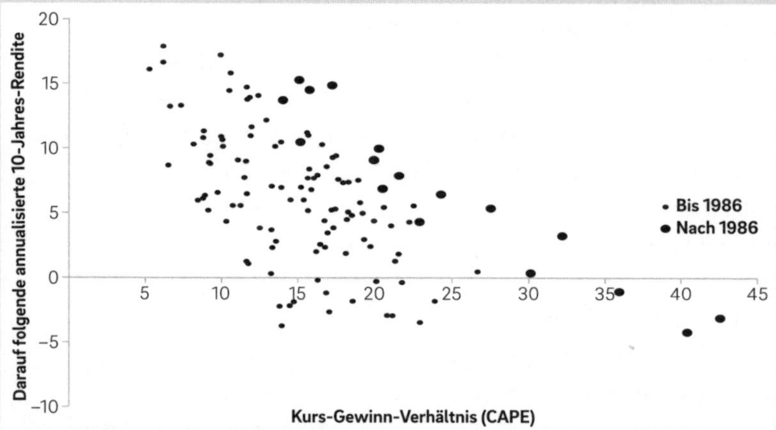

Streudiagramm der annualisierten 10-Jahres-Renditen im Vergleich mit den Kurs-Gewinn-Verhältnissen. Die horizontale Achse gibt das CAPE (wie in Abbildung 1.3 dargestellt) im Januar des jeweiligen Jahres an. Die vertikale Achse gibt den geometrischen Durchschnitt der Jahresrenditen an, die man erhalten hätte, wenn man im Januar des angegebenen Jahres in den S&P Composite Index investiert, die Dividenden reinvestiert und die Anlage zehn Jahre später wieder verkauft hätte.

Quelle: Berechnungen des Autors anhand von Zahlen aus den in Abbildung 1.3 angegebenen Quellen. Siehe auch Kapitel 1, Anmerkung 3.

Abbildung 11.1 zeigt deshalb, wie gut das CAPE die Rendite vorhergesagt hat, weil das auf der horizontalen Achse dargestellte CAPE zu Beginn des 10-Jahres-Zeitraums bekannt war. Dieses Streudiagramm haben mein Kollege John Campbell und ich gemeinsam entwickelt. Solche Diagramme für verschiedene Länder waren das Kernstück unserer Aussage vor dem Gouverneursrat der Federal Reserve am 3. Dezember 1996, also kurz bevor Alan Greenspan die Rede hielt, in der er von irrationalem Überschwang sprach.[18] Der einzige Unterschied von Abbildung 11.1 zu den Charts, die wir auf der damaligen Sitzung verteilten, ist die Tatsache, dass wir heute Zahlen für 17 zusätzliche Jahre haben, von 1987 bis 2003 (mit den Endpunkten 1997 bis 2013), sodass zu den 106 damaligen Punkten 17 neue hinzugekommen sind.

Die Verteilung der Punkte weist eine eindeutige Schiefe von links oben nach rechts unten auf. Nach manchen Zeitpunkten im linken Bereich des Diagramms (etwa Januar 1920, Januar 1949 und Januar 1982) waren die langfristigen Renditen sehr hoch. Nach manchen Zeitpunkten im rechten Bereich (etwa Januar 1929, Januar 1937 und Januar 1966) waren die langfristigen Renditen sehr gering. Davon gibt es auch eindeutige Ausnahmen, etwa den Januar 1899, nach dem sich die Jahresrendite über zehn Jahre trotz des hohen CAPE von 22,9 auf 5,5 Prozent belief, und den Januar 1922, nach dem die jährliche Rendite über zehn Jahre trotz des niedrigen CAPE von 7,4 nur 8,6 Prozent betrug. Der springende Punkt an diesem Diagramm ist allerdings, dass überwiegend und im Durchschnitt auf Jahre mit niedrigem CAPE hohe Renditen und auf Jahre mit hohem CAPE niedrige oder negative Renditen folgten.

Die Beziehung zwischen Kurs-Gewinn-Verhältnis und den nachfolgenden Renditen scheint mäßig stark zu sein, allerdings ist die statistische Signifikanz fragwürdig, denn die dargestellten 123 Jahre beinhalten nur ein Dutzend 10-Jahres-Intervalle, die einander nicht überschneiden. Über die statistische Aussagekraft solcher Beziehungen gibt es umfangreiche wissenschaftliche Debatten und einige schwierige Fragen zur statistischen Methode sind noch nicht geklärt.[19] Wir glauben allerdings, dass man die Beziehung als statistisch signifikant betrachten sollte. Abbildung 11.1 bestätigt, dass langfristig orientierte Anleger – Anleger, die ihr Geld für zehn Jahre am Stück anlegen konnten – gut abschnitten, wenn die Preise zu Beginn der zehn Jahre im Verhältnis zu den Gewinnen niedrig waren, und dass sie schlecht abschnitten, wenn die Preise zu Beginn der zehn Jahre im Verhältnis zu den Gewinnen hoch waren. Langfristig orientierte Anleger wären also im Einzelfall gut beraten, wenn sie ihr Aktien-Exposure bei ansonsten gleich bleibenden Faktoren verringern würden, wenn die Börse hoch steht, und sich wieder am Markt engagieren würden, wenn sie tiefer steht.[20] Natürlich bleiben die anderen Faktoren nicht immer gleich. Während ich dies im Jahre 2014 schreibe, steht zwar das CAPE sehr hoch, aber das gilt auch für die Preise alternativer Investments und von Anleihen, und die langfristigen Zinsen gehen gegen null.

Der Stand des CAPE auf dem Höhepunkt der Börse im Jahr 2000 von über 40 lag weit außerhalb des historischen Schwankungsbereichs des Kurs-Gewinn-Verhältnisses und die kurzfristigen Zinsen waren weniger extrem. In diesem Jahr – in dem auch die erste Auflage des vorliegenden

Buches erschien – achtete ich sorgfältig darauf, diesen Chart niemals für Börsenprognosen zu verwenden. Sie wären nämlich so pessimistisch ausgefallen, dass sie nicht glaubhaft gewesen wären. Wenn man eine gerade Linie oder eine Kurve an die Streuung anpassen müsste – und da das Kurs-Gewinn-Verhältnis im Jahr 2000 außerhalb des historischen Bereichs lag –, wäre die Form der Kurve von großer Bedeutung. Es mag genügen, dass das Diagramm vom Jahr 2000 ausgehend bis 2010 im Schnitt deutlich negative Renditen prognostiziert hätte. Vom Jahr 2014 und einem Kurs-Gewinn-Verhältnis Mitte 20 ausgehend kündigt das Diagramm geringe positive Renditen von wenigen Prozent im Jahr an, wenn man Aktien zehn Jahre lang – bis 2024 – halten würde, aber auch diese Prognose sollte man auf keinen Fall als zuverlässig betrachten.

Ein Grund für die Vermutung, dass die in Abbildung 11.1 dargestellte Beziehung durchaus echt, wenn nicht gar sehr zuverlässig ist, besteht in der Tatsache, dass in Zeiten, in denen die Preise im Verhältnis zu den Gewinnen gemäß der hier verwendeten Berechnung (anhand des 10-Jahres-Durchschnitts der Gewinne) hoch waren, die Dividendenrendite niedrig war, und dass die Dividendenrendite hoch war, wenn die Preise im Verhältnis zu den Gewinnen niedrig waren.[21] Den rekordhohen Kurs-Gewinn-Verhältnissen des Jahres 2000 entsprechen rekordniedrige Dividendenrenditen. Im Januar 2000 betrugen die Dividenden des S&P Composite 1,2 Prozent der Preise, lagen also weit unter dem historischen Durchschnitt von 4,7 Prozent. Im Jahr 2004 ließen der Rückgang des Marktes und einige Dividendenerhöhungen die Dividenden zwar wieder auf 1,7 Prozent steigen, aber das war immer noch niedrig und bis 2014 stiegen sie nur auf 1,9 Prozent. Es ist ganz natürlich anzunehmen, wenn man aus den Aktien, die man hält, so viel niedrigere Dividenden bezieht, müsse man auch mit insgesamt niedrigeren Anlagerenditen rechnen. Denn schließlich ist die Dividende Teil der Gesamtrendite von Aktien (der andere ist der Kapitalertrag) und historisch gesehen stellen sie den überwiegenden Teil der durchschnittlichen Aktienrendite dar. Die zuverlässige Rendite aus Dividenden, nicht der weniger berechenbare Teil, der aus Kapitalerträgen stammt, ist der Hauptgrund, weshalb Aktien historisch gesehen im Schnitt so gute Geldanlagen sind.

Also muss die Rendite aus Aktienbesitz niedrig sein, wenn die Dividenden niedrig sind – es sei denn, die niedrigen Dividenden selbst deuten irgendwie auf Preiszuwächse des Aktienmarkts voraus, sodass man in Zeiten mit niedrigen Dividenden erwarten kann, dass die Aktien stärker steigen als üblich und so den Effekt der niedrigen Dividenden ausgleichen. Es ist jedoch eine historische Tatsache, dass nach Zeiten, in denen die Dividenden im Verhältnis zu den Aktienkursen niedrig waren, tendenziell in den nächsten fünf beziehungsweise zehn Jahren *keine* größeren Kurszuwächse folgten. Ganz im Gegenteil: Auf Zeiten, in denen die Dividenden im Verhältnis zu den Aktienkursen am Gesamtmarkt niedrig waren, folgten auf lange Sicht meistens *Rückgänge* (oder ungewöhnlich geringe Anstiege) der Aktienkurse, sodass die Renditen zu solchen Zeiten meistens einen *zweifachen* Schlag in Form niedriger Dividendenrenditen und in Form von Kursverlusten einstecken mussten. Somit zeigt sich, dass die einfache Weisheit, wenn man im Verhältnis zum Kaufpreise keine großartige Dividende bekommt, sei das keine gute Zeit für den Aktienkauf, historisch gesehen stimmt.

Die Zinsen sagen voraus, dass Aktien höhere Renditen abwerfen als Anleihen

Wenn die Zinsen sehr niedrig stehen (wie jetzt, während ich dies schreibe), mag es den Anschein haben, dies mache den Aktienmarkt auch dann attraktiver, wenn er laut CAPE überbewertet erscheint, weil dann die Alternative zu Aktien auch nicht so gut dasteht. Und in der Tat, wenn die langfristigen Zinsen sehr niedrig sind (wie zum Allzeittief 2012, etwa zu der Zeit, als die Fed die dritte Runde des Quantitative Easing ankündigte – siehe Abbildung 1.3), müssen Anleger, die Anleihen kaufen, trotz eines hohen CAPE bezweifeln, ob sie eine lohnenswerte Alternative zum Aktienmarkt sind.

Da das CAPE negativ für die prognostizierte langfristige Rendite ist, könnte man vermuten, dass die *Überrendite* von Aktien gegenüber Anleihen (die reale Aktienrendite minus die reale Anleiherendite) sowohl vom CAPE als auch von den geschätzten langfristigen Zinsen negativ beeinflusst wird. Und tatsächlich sehen wir anhand der in Abbildung 1.1 dargestellten Zahlen genau das.[22] Ein deutliches Signal, dass man die Aktien durch Anleihen ersetzen sollte, wären demnach ein hohes CAPE und gleichzeitig hohe reale langfristige Zinsen. Das war im September 1929 der Fall, als das CAPE 32,6 betrug und die langfristigen Zinsen 3,4 Prozent betrugen – und die realen Zinsen aufgrund der Deflation der 1920er-Jahre mit schätzungsweise 3,7 Prozent noch höher lagen. Die prognostizierte Überrendite von Aktien gegenüber Anleihen belief sich von 1929 bis 1939 auf -2,3 Prozent im Jahr. (Die tatsächliche jährliche Überrendite betrug in dieser Zeit -6,3 Prozent.) Während ich dies im Jahr 2014 schreibe, sieht es anders aus. Das CAPE beträgt rund 25, die langfristigen Zinsen rund 2,5 Prozent und die geschätzten realen langfristigen Zinsen rund 0,25 Prozent. Aus dieser einfachen Analyse ergibt sich ausgehend vom Juli 2014 für Juli 2014 bis Juli 2024 für die jährliche Überrendite US-amerikanischer Aktien gegenüber Anleihen eine Prognose von 2,4 Prozent im Jahr. Selbstverständlich muss man solche Vorhersagen mit einer guten Portion Vorsicht genießen.

Dividendenänderungen und Preisänderungen

Manche Volkswirte behaupten, es bestehe eine solide Beziehung zwischen realen Aktienkursbewegungen und, wenn schon nicht den realen Ertragsänderungen, so doch den realen Dividendenänderungen.[23] Man kann Dividendenänderungen als Indikatoren für den fundamentalen Wert betrachten und deshalb behaupten diese Volkswirte, es sei nachweisbar, dass die Aktienkurse von den realen Fundamentaldaten angetrieben werden, nicht von den Einstellungen der Anleger.

Ich glaube, diese Volkswirte überschätzen ihre Argumentation, die Dividenden und die Preise würden sich gemeinsam bewegen. In Wirklichkeit entsprechen die Schwankungen der Aktienkurse den Schwankungen der Dividenden nicht sehr stark. Erinnern Sie sich, dass zwischen dem Börsenhoch im September 1929 und dem Tiefpunkt im Juni 1932 – als der Aktienmarkt gemessen am realen S&P Index um 81 Prozent fiel – die realen Dividenden nur um elf Prozent fielen. Vom Börsenhoch im Januar 1973 zum Tief im Dezember 1974, als der Aktienmarkt gemessen am realen S&P Index 54 Prozent abgab, fielen die realen Dividenden nur um sechs Prozent. Und es gibt noch viele weitere solche Beispiele.

Der Grund für die beobachtete gemeinsame Bewegung von realen Aktienkursen und realen Dividenden liegt zum Teil wahrscheinlich darin, dass die Dividenden auf die gleichen Faktoren reagieren – womöglich einschließlich Spekulationsblasen –, die auf irrationale Weise die Kurse beeinflussen. Die Manager von Unternehmen legen die Dividenden fest und dabei können sie im Laufe der Zeit das Dividenden-Gewinn-Verhältnis, also die Ausschüttungsquote, ändern. Diese Manager gehören zur gleichen Kultur wie die Anlegeröffentlichkeit und werden häufig wahrscheinlich von dem gleichen Optimismus beziehungsweise Pessimismus beeinflusst, von dem auch die Öffentlichkeit infiziert wird, und es könnte sein, dass sie sich bei der Festlegung der Ausschüttungsquote von solchen Gefühlen beeinflussen lassen. Daher widerspricht die Tatsache an sich, dass Preise und Dividenden eine gewisse spürbare Ähnlichkeit aufweisen, noch nicht der Möglichkeit, dass sie beide von Moden und Marotten beeinflusst werden.

Insgesamt gesehen haben die Aktienkurse auf jeden Fall ein Eigenleben und reagieren nicht bloß auf Gewinne oder Dividenden. Auch hat es nicht den Anschein, als würden sie ausschließlich von Informationen über künftige Gewinne oder Dividenden beeinflusst. Wenn wir nach Erklärungen für Aktienkursbewegungen suchen, müssen wir uns also anderswo umsehen.

Überzogene Volatilität und das große Ganze

In wissenschaftlichen Finanzzeitschriften gibt es zwar tatsächlich eine Menge Belege zur Markteffizienz, aber es ist schwer zu sagen, ob diese Belege eher für die Effizienz als gegen sie sprechen. Im Laufe der Jahre wurden innerhalb der Effizienzmarkthypothese sehr viele Anomalien aufgedeckt. Dazu zählen unter anderem der Januareffekt (tendenziell steigen die Aktienkurse von Dezember auf Januar), der Small-Cap-Effekt (die Aktien kleinerer Unternehmen haben tendenziell höhere Renditen), der Wochentagseffekt (an Montagen läuft die Börse tendenziell schlecht) und andere. Wie kann man da zusammenfassend sagten, diese Literatur stütze die Markteffizienz?

Eine Möglichkeit ist die Behauptung, viele dieser Effekte seien nur klein, nicht der Stoff, aus dem man Haussen oder Baissen macht. Eine andere ist die Feststellung, dass viele dieser Effekte nach ihrer Entdeckung abflauten – der Januareffekt ging nach 1995 zurück und der Small-Cap-Effekt verschwand während des Milleniumbooms.[24] Daher ist die zusammenfassende Bewertung der Literatur schwierig. Einerseits beweist die Tatsache, dass sich solche Anomalien lange Zeit halten konnten, dass die Märkte ineffizient sind. Dass sich viele davon abgeschwächt haben, beweist andererseits, dass an der Theorie im Grunde etwas Wahres dran ist.[25]

Merton Miller, der zu den führenden Verfechtern der Effizienzmarkthypothese zählte, erkannte zwar an, dass es wirklich viele kleine Anomalien gebe, aber er behauptete, sie seien bedeutungslos: „Dass wir in unseren Modellen von all diesen Storys abstrahieren, liegt nicht daran, dass sie uninteressant wären, sondern daran, dass sie vielleicht zu interessant sind und uns daher von den allgegenwärtigen Kräften des Marktes ablenken, mit denen wir uns hauptsächlich befassen sollten."[26] Seine Annahme, dass die allgegenwärtigen Kräfte des Marktes rational seien, erklärte er allerdings nicht.

Wenn wir (wie uns Miller drängte) von kleinen Details wie Wochentagseffekten und dergleichen abstrahieren, wo ist dann der grundsätzliche Nachweis dafür, dass Aktienmärkte im Großen und Ganzen gesehen effizient sind? Spiegeln große Veränderungen von Aktienkursen im Laufe der Jahre Informationen über bedeutende Veränderungen bei den zugrunde liegenden Unternehmen wider?

Belege dafür, dass es keine ausgeprägte kurzfristige Dynamik oder Trägheit gibt – dass sich die Ausschläge von Aktienindizes im Bereich von Tagen oder Monaten nicht besonders gut vorhersagen lassen –, sagen uns noch nichts über die Effizienz im Großen und Ganzen. Aufgrund einfacher ökonomischer Überlegungen wissen wir, dass die täglichen Kursänderungen nicht sehr berechenbar sind, denn das wäre eine zu gute Profitchance, um wahr zu sein, und es wäre allzu leicht, reich zu werden.

In einem Artikel für die *American Review* habe ich 1981 (zur selben Zeit, als ein vergleichbarer Artikel von Stephen LeRoy und Richard Porter erschien) eine Methode dargelegt, wie man beurteilen kann, ob es Indizien gibt, die für die grundsätzliche Gültigkeit der Effizienzmarkthypothese sprechen: Man prüft, ob die Schwankungen spekulativer Preise wie beispielsweise von Aktienkursen durch die Veränderlichkeit von Dividenden über lange Zeiträume begründet werden können. Wenn die Aktienkursbewegungen durch die künftigen Dividenden gerechtfertigt sein sollen, die die Unternehmen ausschütten – wie es die einfache Version der Effizienzmarkthypothese implizieren würde –, dann kann es an effizienten Märkten keine Preisschwankungen ohne nachfolgende Dividendenschwankungen geben.[27]

In diesem Artikel kam ich zu dem Schluss, dass keine Bewegung der aggregierten Aktienkurse der Vereinigten Staaten, die über den Wachstumstrend der Kurse hinausging, je im Nachhinein durch Dividendenbewegungen gerechtfertigt wurde, denn der Gegenwartswert der Dividenden verläuft bei konstantem Abzinsungssatz außerordentlich gleichmäßig nach oben. Zu einer Zeit, als die Zunft der Finanzexperten noch viel mehr an der Effizienzmarkthypothese hing als heute, rief diese Schlussfolgerung eine massive Reaktion hervor. Ich erhielt auf diese Schrift hin mehr Angriffe, als ich beantworten konnte. Dabei stellte niemand die Feststellung infrage, dass die Aktienkurse mehr geschwankt haben als der Gegenwartswert der Dividenden – nur ob die Differenz zwischen beiden statistisch signifikant sei oder ob meine Interpretation dieser Differenz zutreffend sei.

Mein Artikel enthielt eine Abbildung, die den realen (inflationsbereinigten) S&P Composite Stock Price Index von 1871 bis 1979 und im gleichen Koordinatensystem den *Gegenwartswert der Dividende* darstellte, also für jedes Jahr den aktuellen Wert der im darauffolgenden Jahr auf die im Index enthaltenen Aktien ausgeschütteten Dividenden, die ich unter einer bestimmten Annahme bezüglich der letztjährigen Dividenden berechnet hatte. Abbildung 11.2 ist eine aktualisierte Fassung dieser Abbildung, die sowohl die Aktienkurse als auch den Gegenwartswert der Dividenden bis 2003 zeigt.

Abbildung 11.2 **Aktienkurse und aktueller Wert der Dividenden, 1871 bis 2013**

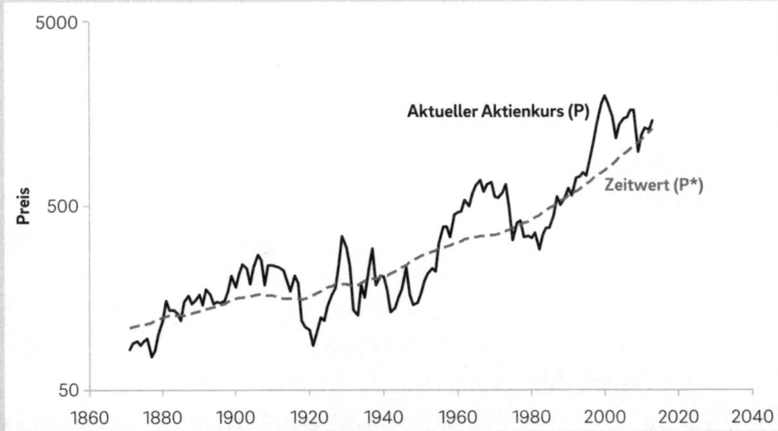

Realer S&P Composite Stock Index, 1871 bis 2013 (dicke gezackte Linie) und die Zeitwerte 1871 bis 2013 der künftigen realen Dividenden, berechnet anhand eines konstanten Abzinsungssatzes (geglättete gestrichelte Linie).

Quelle: Berechnungen des Autors anhand der in Abbildung 1.1 angegeben und in Anmerkung 3 zu Kapitel 1 erläuterten Quellen. Eine Erläuterung der Berechnungen finden Sie in Anmerkung 28 dieses Kapitels und im entsprechenden Text. Die vertikale Achse ist im Gegensatz zu den bisherigen Abbildungen im vorliegenden Buch logarithmisch und sie zeigt ebenfalls den Januar jedes Jahres; deshalb sieht die Kurve der realen Aktienkurse, die eigentlich identisch mit der in Abbildung 1.1 ist, hier anders aus.

Der Gegenwartswert der Dividende ist in dem Jahr, dem er entspricht, nicht mit Gewissheit bekannt, denn er hängt ausschließlich von Dividenden ab, die nach dem betreffenden Jahr ausgeschüttet werden. Gemäß dem Modell der Markteffizienz ist der Gegenwartswert der Dividende nach einem gegebenen Jahr der (noch unbekannte) fundamentale Wert des Aktienmarkts im betreffenden Jahr. Der tatsächliche Stand des Aktienmarkts in diesem Jahr, also der in Abbildung 11.2 dargestellte Aktienkurs, ist der Annahme zufolge die optimale Vorhersage eines der für dasselbe Jahr dargestellten Gegenwartswerte der Dividende anhand der in diesem Jahr verfügbaren Informationen.

Wenn wir uns diese Abbildung anschauen, bekommen wir einen Eindruck davon, in welchem Maße das Gesamtbild einen Beleg für die Effizienz der Gesamtheit des Aktienmarkts der Vereinigten Staaten liefert. Würde der Gegenwartswert der Dividende im Laufe der Zeit massiv steigen und fallen und würde der tatsächliche Aktienkurs zusammen mit diesen Bewegungen verlaufen, so als würde er die Veränderungen im Gegenwartswert der Dividende erfolgreich vorhersagen, könnten wir sagen, dies sei ein Beleg dafür, dass das Verhalten der Aktienkurse mit den Grundsätzen der Effizienzmarkthypothese übereinstimmt. Wir sehen jedoch, dass die Gegenwartswerte nicht volatiler sind als die Preise an sich. Überdies sagen die Aktienkurse tendenziell kaum die Gegenwartswerte der Dividende voraus.[29]

Der Gegenwartswert der Dividende verläuft in einem äußerst stabilen Trend, was zum Teil an seiner Berechnung aus Zahlen beruht, die weit in die Zukunft reichen, und zum Teil darauf, dass die Dividenden nicht dramatisch geschwankt haben. Wenn man nun den Gegenwartswert über einen langen Zeitraum sieht, liegt auf der Hand, was manche von uns (die sich darüber Gedanken gemacht haben und ein gutes intuitives Gefühl für Quantitäten haben) auf der Ebene des Bauchgefühls schon immer gewusst haben: In Wirklichkeit wurden die großen historischen Bewegungen des Aktienmarkts nicht dadurch gerechtfertigt, wie sich die Geschäftstätigkeit der diversen Unternehmen danach entwickelte. Man könnte noch zu argumentieren versuchen, dass die Zeitspanne von etwas mehr als einem Jahrhundert nicht lang genug ist, um damit rechnen zu können, dass eine solche Rechtfertigung sichtbar wird – aber es bleibt die Tatsache, dass es keine solche Rechtfertigung gegeben hat.

Im Jahr 1981 argumentierte ich, die Aktienkurse seien offensichtlich zu volatil, als dass man sie mit der Effizienzmarkthypothese in Einklang bringen könnte. Nimmt man an, die Aktienkurse müssten den Gegenwartswert der Dividende optimal vorhersagen, dürften sie sich nicht erratisch bewegen, während der wahre fundamentale Wert in einer gleichmäßigen Trendbewegung wächst. Nur wenn die Allgemeinheit die Zukunft perfekt vorhersagen könnte, dürfte der Preis so volatil wie der Gegenwartswert sein, und in diesem Fall müsste er perfekt mit ihm übereinstimmen. Wenn die Prognosen der Allgemeinheit weniger gut wären, müsste sich die Prognose viel weniger bewegen als der Gegenwartswert. Das ist aber nicht das, was wir in Abbildung 11.2 sehen.

Die Betrachtung von Abbildung 11.2 sagt uns, dass die übliche Interpretation der Medien von Kursschwankungen als Ausblick auf den kurzfristigen Konjunkturzyklus im Allgemeinen fehlgeleitet ist. Wenn die Theorie der Markteffizienz zuträfe, dürfte sich die Aussicht, dass sich eine vorübergehende Rezession abzeichnet, so gut wie nicht auf die Aktienkurse auswirken. Die Rezessionen im Laufe der Geschichte waren zu kurz und zu geringfügig, um die damit zusammenhängenden Ausschläge der Aktienkurse zu rechtfertigen. Wenn man die Kursschwankungen im Sinne der Effizienzmarkthypothese interpretieren könnte, müssten sie ja vielmehr neuen Informationen über die *langfristigen* Aussichten für die künftigen Dividenden geschuldet sein. Jedoch haben wir in der gesamten Börsengeschichte der Vereinigten Staaten nie solche längerfristigen Schwankungen erlebt, denn die Dividenden verlaufen stetig gleichmäßig nach oben.

Wie ich in meinem Artikel aus dem Jahr 1981 argumentiert habe, gibt es nur eine Möglichkeit, die Volatilität der Aktienkurse mit der Effizienzmarkthypothese zu versöhnen, ohne dabei auf spontane Annahmen wie veränderte Diskontierungssätze des Aktienmarkts zurückzugreifen: Man muss annehmen, dass die historischen Schwankungen der Dividenden um ihren Wachstumspfad herum nicht repräsentativ für die *potenziellen* Schwankungen sind. Man müsste also sagen, die beobachteten Schwankungen der Aktienkurse seien das Ergebnis legitimer Ängste der Menschen vor möglichen großen und dauerhaften Dividendenschwankungen, die in den hundert Jahren, für die uns Zahlen vorliegen, einfach nicht die Chance hatten, wirklich einzutreten. Beispielsweise könnte es sein, dass die Menschen ein großes, seltenes Ereignis befürchteten oder erhofften – etwa eine vollständige Verstaatlichung und Beschlagnahme des Aktienmarkts oder einen enormen technischen Durchbruch, dank dessen die existierenden Unternehmen ein Vielfaches an Dividenden ausschütten könnten. Oder sie hätten bei der Preisgestaltung der Aktien Befürchtungen hinsichtlich der künftigen Zinsbewegungen oder der landesweiten Konjunktur berücksichtigen können. Mit diesen Möglichkeiten befasst sich die Nobelpreisrede im Anhang des vorliegenden Buches.[30]

Wie bereits erwähnt, zog mein Artikel die Aufmerksamkeit einer Legion von Kritikern auf sich. Einer der erwähnenswertesten war Robert C. Merton, ein brillanter Finanztheoretiker, der als Teilhaber des Hedgefonds Long-Term Capital Management später große finanzielle Verluste erleiden sollte. Zusammen mit Terry Marsh veröffentlichte er 1986 in der *American Review* einen Artikel, in dem er Argumente gegen meine Ergebnisse vorbrachte und ironischerweise zu dem Schluss kam, so volatil seien die spekulativen Märkte doch gar nicht.[31]

John Campbell und ich schrieben eine Reihe von Artikeln, in denen wir versuchten, diese Behauptungen einer überzogenen Volatilität auf solidere Füße zu stellen, und wir entwickelten statistische Modelle, um diese Frage zu untersuchen und einige Probleme anzugehen, auf die die Kritiker hingewiesen hatten.[32] Wir waren der Ansicht, wir hätten recht überzeugend dargelegt, dass die Börsen gegen das Modell der Markteffizienz verstoßen.

Jedoch haben unsere Forschungen diese Angelegenheit nicht endgültig entschieden. Man kann hier einfach zu viele statistische Fragen aufwerfen und die Stichprobe, die sich über kaum mehr als ein Jahrhundert erstreckt, kann nichts definitiv beweisen.

Außerdem ist zu erwähnen, dass ein erheblicher Teil der Volatilität der Finanzmärkte *tatsächlich* durch Meldungen über künftige Dividenden oder Gewinne gerechtfertigt ist. Wahrscheinlich war das sehr gleichmäßige

Verhalten der Dividenden US-amerikanischer Unternehmen im vergangenen Jahrhundert zum Teil nur Glück und beruht nicht auf einem Gesetz, das besagt, die Dividenden müssten sich an einen Trend halten. Campbell und ich wollten diese Unsicherheit hinsichtlich des Trends berücksichtigen und kamen bei einer unserer statistischen Untersuchungen zu dem Ergebnis, dass 27 Prozent der jährlichen Schwankungen des US-amerikanischen Aktienmarkts durch echte neue Informationen über künftige Dividenden gerechtfertigt sein könnten.[33] Campbell und John Ammer kamen mit einer ähnlichen Methode unter Verwendung neuerer Zahlen (aus der Nachkriegszeit) zu dem Ergebnis, man könne 15 Prozent der monatlichen Schwankungen der Rendite des US-amerikanischen Aktienmarkts echten neuen Informationen über künftige Dividenden zuschreiben.[34]

Es scheint weniger Belege dafür zu geben, dass die langfristigen Zinsen zu sehr schwanken, und nur wenige Belege, dass die Differenzen zwischen Aktienindizes zu sehr schwanken.[35] Einzelne Aktien, bei denen der Gegenwartswert der künftigen Dividenden viel stärker schwankt als beim Gesamtmarkt, weisen weniger überschüssige Volatilität auf als der Gesamtmarkt.[36] Überzogene Volatilität aufgrund von Spekulationsblasen ist wahrscheinlich nur einer von mehreren Faktoren, die spekulative Märkte antreiben, und wie herausragend die Rolle dieses Faktors ist, fällt je nach Markt und Zeit unterschiedlich aus. Die Volatilität ist nicht überall und zu allen Zeiten zu hoch.

Jedoch befinden sich derzeit – oder befanden sich vor Kurzem – viele Aktienmärkte, Immobilienmärkte und sogar Rohstoffmärkte in einer solchen Situation. Den Verfechtern der in letzter Zeit hohen Preise an diesen Märkten fällt es schwer, eine ansprechende Argumentation dafür vorzubringen, dass man die plötzlichen Preisanstiege, die wir an diesen Märkten erlebt haben, als rationale Reaktion effizienter Märkte auf echte neue Informationen interpretieren kann.

Deshalb sind einige dieser Verfechter zu einer ganz anderen Erklärung für die plötzlichen Preisanstiege übergegangen: Um die plötzlichen Aufschwünge dieser Märkte zu begründen, geben sie den Gedanken auf, die Märkte seien schon immer effizient gewesen. Stattdessen sagen sie jetzt, die Märkte würden *erst jetzt* effizient werden. Sie sagen, jetzt hätten die Menschen nach Generationen der Unwissenheit auf einmal die Wahrheit erfahren. Dieses Argument steht in scharfem Widerspruch zu der Theorie, die Märkte seien von Grund auf effizient – und doch dürfen wir es nicht einfach von der Hand weisen, da so viele Menschen es vorbringen. Im nächsten Kapitel befassen wir uns mit der Bewertung dieses Arguments.

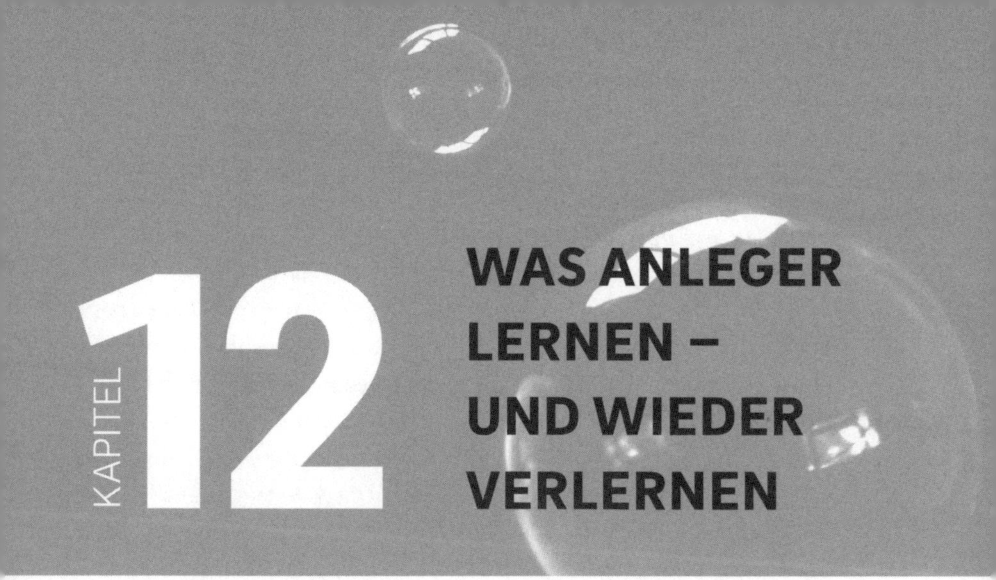

KAPITEL 12

WAS ANLEGER LERNEN – UND WIEDER VERLERNEN

In Zeiten, in denen die spekulativen Märkte offenbar überbewertet sind, wie zum Beispiel jetzt, wo ich dies schreibe, besagt eine beliebte Begründung für den Überschwang am Aktienmarkt sowie an anderen spekulativen Märkten, die breite Öffentlichkeit habe gelernt, dass der langfristige Wert des Aktienmarkts in Wirklichkeit größer sei, als sie gedacht hatten, und auch größer, als es die gängigen Indikatoren angezeigt hatten. Laut dieser Begründung liegt das Kurs-Gewinn-Verhältnis des Aktienmarkts heute deshalb über dem historischen Durchschnitt, weil die Öffentlichkeit inzwischen einige einfache Tatsachen gelernt habe – Tatsachen über historische Renditen, über Diversifizierung oder über die weltweite Lage. Diese Argumentation weicht insofern von der Argumentation der Markteffizienz ab, als sie davon ausgeht, zuvor sei der Markt wegen der allgemeinen Unwissenheit unterbewertet gewesen. Im Prinzip besagt sie: „Während des größten Teils seiner Geschichte war der Aktienmarkt nicht effizient, er stand zu niedrig. Aber jetzt ist er (vielleicht) effizient."

Zumindest auf den ersten Blick mag es möglicherweise plausibel sein, dass die Gesellschaft gelernt hat, dass der Markt viel wertvoller ist, als man früher dachte. Die Gesellschaft als Ganzes ist durchaus lernfähig und die Gesamtwirkung dieses Lerneffekts ist der Grund, weshalb es die moderne Gesellschaft im Verhältnis zu früheren Jahrhunderten so weit gebracht hat. Es ist allerdings die Frage, ob die Gesellschaft tatsächlich etwas Wichtiges über den Aktienmarkt gelernt hat: Stimmt das wirklich? Und wenn ja, was haben wir gelernt?

Etwas über Risiken „lernen"

Es heißt allgemein, die Menschen hätten in letzter Zeit gelernt, dass der Aktienmarkt viel weniger riskant ist, als sie früher dachten, und dass die Performance des Aktienmarkts schon immer besser war als die anderer Investments. Beispielsweise erschien 1994 die erste Auflage von Jeremy Siegels Buch „Langfristig investieren". Seines Erachtens haben die Menschen begriffen, dass sie im Lichte der historischen Kennzahlen zu viel Angst vor Aktien hatten. Mit diesem neuen Wissen bewaffnet haben sie die Aktienkurse in neue Höhen getrieben – auf ihr rationales oder wahres Niveau –, auf denen sie schon die ganze Zeit hätten stehen müssen, wenn die Anleger nicht zu viel Angst vor ihnen gehabt hätten. Aktien, die jetzt teurer verkauft werden, liefern eine dementsprechend geringere Rendite – aber für die Anleger ist das in Ordnung, weil sie jetzt wissen, dass Aktien eigentlich gar nicht so riskant sind. Anders ausgedrückt ist die *Aktienmarktprämie*, also die zusätzliche Rendite, die die Menschen als Entschädigung für Investitionen in den Aktienmarkt verlangen, gesunken, weil die Anleger plötzlich die historische Bilanz des Aktienmarktrisikos zu schätzen wissen.[1]

Es ist wahr, dass die Allgemeinheit anscheinend manchmal im Aktienmarkt kein großes Risiko sieht. In Kapitel 5 haben wir Umfrageergebnisse gesehen, die zeigten, dass die Auffassung „Wenn es zu einem weiteren Börsencrash wie am 19. Oktober 1987 kommt, wird der Markt sicherlich innerhalb weniger Jahre zurückkehren" zwar gegenüber dem Börsenhoch 2000 erheblich an Stärke eingebüßt hat, dass aber viele Menschen immer noch daran glauben. Daher ist klar, dass die Möglichkeit größerer Kursrückgänge an der Börse den meisten Menschen keine große Angst macht. Doch liegt das daran, dass die Menschen echtes neues Wissen erworben haben? Oder werden die neuen öffentlichen Meinungen von etwas völlig anderem – und Vergänglicherem – verursacht?

Ein Problem an dieser Theorie des „neu Gelernten" ist, dass die historische Tatsache, die Anleger hätten angeblich etwas gelernt, keine neue Offenbarung ist. Die Beobachtung, dass der Aktienmarkt andere Anlagen bei Weitem übertrifft, wurde bereits 1924 in einem Bestseller von Edgar Lawrence Smith erwähnt. Darin stellte er eine Reihe historischer Vergleiche der Anlage in Aktien und der Anlage in Anleihen an und stellte dabei fest, dass Aktien über lange Halteperioden immer vorn lagen, und zwar sowohl in Zeiten allgemein steigender Preise (Inflation) als auch in Zeiten allgemein sinkender Preise (Deflation).[2] Dabei betonte Smith ebenso wie ein anderer Autor jener Zeit namens Kenneth Van Strum, auch die Anlage in Anleihen sei riskant, weil zwar die nominalen Zahlungen festgelegt sind, aber deren realer Wert zusammen mit dem allgemeinen Preisniveau schwankt.[3]

Professor Irving Fisher schrieb 1929: „Diese Schriften schlugen in der Welt der Geldanlage ein wie eine Bombe." Fisher dachte, die Hausse der 1920er-Jahre sei entstanden, weil die Menschen aus diesen Büchern gelernt hätten: „Erst als die Öffentlichkeit hauptsächlich dank der Schriften von Edgar Lawrence Smith begriffen hatte, dass Aktien in Zeiten der Dollarabwertung besser als Anleihen sind, sorgte die Hausse substanziell für die richtige Bewertung von Aktien."[4]

Andere Autoren teilten Fishers Meinung, was das Lernen angeht. Charles Amos Dice schrieb 1929: „Das alte Vorurteil gegen die Wertpapiermärkte und die Furcht vor ihnen wurde durch die öffentliche Bildung in Sachen Aktien und Anleihen weitgehend zerstreut."[5] Ein Journalist der *New York Herald Tribune* versicherte 1929: „Es befriedigt einen, das konjunkturelle Wachstum zu sehen. [...] Aber noch bedeutsamer ist, dass die Menschen, die das Wirtschaftswachstum ermöglichen, immer mehr lernen. [...] Nichts kann den Fortschritt einer soliden Branche aufhalten, wenn eine wachsende Anzahl von Menschen daran glaubt, zu Anteilseignern der Unternehmen wird und regelmäßig sowie zuverlässig informiert wird."[6]

Wenn die Menschen in den 1920er-Jahren wirklich lernten, dass Aktien zu den Preisen der 1920er-Jahre besser waren als Anleihen, dann haben sie dies hinterher wieder vergessen oder zumindest ihre diesbezügliche Meinung geändert. Und jetzt stehen wir vor der folgenden Frage: Wenn man den Aktienmarkt der letzten Zeit betrachtet, haben sie diesmal wirklich „gelernt", dass Aktien immer eine bessere Performance bringen als Anleihen, und werden sie das auch in Zukunft wissen?

Die „Tatsache" auf die Jeremy Siegel 1994 in „Langfristig investieren" hinwies, besteht darin, dass es in den Vereinigten Staaten noch nie einen 30-Jahres-Zeitraum gegeben hat, in dem die Anleihen die Aktien übertroffen hätten. Aber eigentlich stimmt diese angebliche Tatsache gar nicht, denn Jeremy Siegel wies in seinem Buch selbst darauf hin, das Aktien in der Zeit von 1831 bis 1861 eine schlechtere Performance brachten als Anleihen.[7] Das hört sich so lange nach ferner Vergangenheit an, bis man sich klarmacht, dass es in der US-amerikanischen Börsengeschichte noch gar nicht so viele 30-Jahres-Zeiträume gegeben hat, die sich nicht überschneiden: seit 1861 nur fünf. Es gab zwar viele *überlappende* 30-Jahres-Zeiträume, aber sie stellen keine voneinander unabhängigen Nachweise dar. Angesichts der relativ kurzen Vorgeschichte an 30-Jahres-Zeiträumen, in denen Aktienrenditen anfielen, müssen wir anerkennen, dass es kaum Belege dafür gibt, dass Aktien in Zukunft nicht auch einmal die schlechtere Performance bringen könnten. In der fünften Auflage 2014 von „Langfristig investieren", die nach der Marktkorrektur ab dem Jahr 2000 erschien, stellte er weitere

30-Jahres-Zeiträume vor, in denen sich der US-amerikanische Aktienmarkt schlechter entwickelte. In den 30-Jahres-Intervallen, die mit den Jahren 2010 und 2011 endeten, übertraf der Aaa Corporate Bond Total Return Index von Moody's den S&P Total Return Index.

Im vorliegenden Buch habe ich drei bedeutende Höhepunkte des Kurs-Gewinn-Verhältnisses vor dem Hoch 2000 identifiziert: Juni 1901, September 1929 und Januar 1966. Beachten Sie, dass wir uns jetzt wieder im Bereich des Kurs-Gewinn-Verhältnisses von 1966 befinden. In den jeweiligen 10-Jahres-Zeiträumen nach den Hochs 1929 und 1966 lag die Performance des Aktienmarkts unter den kurzfristigen Zinsen.[8] Wenn wir als Maßstab 20-Jahres-Zeiträume nehmen, dann ist es so, dass von den drei Zeiträumen nur von 1901 bis 1921 die Aktien wirklich hinter den kurzfristigen Zinsen zurücklagen.[9] Real (inflationsbereinigt) war die Performance des Aktienmarkts jedoch in allen 20-Jahres-Zeiträumen schlecht. Die geometrisch gemittelte reale Jahresrendite des S&P Composite Index belief sich von Juni 1901 bis Juni 1921 auf -0,2 Prozent, von September 1929 bis September 1949 auf 0,4 Prozent und von Januar 1966 bis Januar 1986 auf 1,9 Prozent. Trotz dieser kläglichen Renditen übertraf der Aktienmarkt von 1929 bis 1949 und von 1966 bis 1986 immerhin die kurzfristigen Zinsen, weil die Inflation den realen kurzfristigen Zins auf sehr niedrige Niveaus drückte, von 1929 bis 1949 sogar in den negativen Bereich. Die durch den Ersten und Zweiten Weltkrieg sowie durch den Vietnamkrieg bedingten Inflationsphasen zehrten jeweils die Kaufkraft zinstragender Anlagen auf.

Überdies dürften die Vereinigten Staaten hinsichtlich der realen Börsenrenditen sowieso eher die Ausnahme als die Regel sein. Philippe Jorion und William Goetzmann haben die realen Zuwachsraten der Aktienmärkte von 39 Ländern in den Jahren 1926 bis 1996 untersucht und kamen zu dem Ergebnis, dass die mediane reale Zuwachsrate in diesen Ländern nur 0,8 Prozent im Jahr (in den Vereinigten Staaten 4,3 Prozent) betrug.[10] Das heißt, wenn wir die Erfahrungen anderer Länder als relevant für unsere betrachten, müssen wir in Zukunft mit einer viel schwächeren Aktienrendite rechnen.

Ein Beweis, dass Aktien über lange Zeiträume *immer* den Anleihen voraus sind, existiert einfach nicht. Und selbst wenn die Geschichte diese Ansicht stützen würde, müssten wir doch anerkennen, dass die Zukunft nicht unbedingt so wird wie die Vergangenheit. Es könnte beispielsweise sein, dass derzeit eine allgemeine Überinvestition herrscht, weil sich die Anleger von ihren vergangenen Erfolgen an der Börse mitreißen ließen. Es könnte sein, dass Unternehmen zu viele ehrgeizige Pläne schmieden und so viel Zeit für Produktentwicklung und Werbung aufwenden. Daher könnte es sein, dass sie nicht so gut laufen werden wie bisher. Tatsächlich war der Markt in den

1990er- und 2000er-Jahren deutlich überkauft und dies spielte bei den weltweiten Konjunkturflauten ab 2001 und 2007 eine große Rolle.

Es könnte auch sein, dass gerade einige der technologischen Veränderungen, die allgemein als Anlass für den Optimismus existierender Unternehmen gepriesen werden, in Wahrheit dafür sprechen, dass ihre Aussichten unsicherer werden. Neue Technologien können den Vorsprung bereits bestehender Unternehmen verkleinern und dazu führen, dass sie von neuen aufstrebenden Unternehmen abgelöst werden. Daher könnte der technische Wandel die Wahrscheinlichkeit, dass sich die Aktien in den kommenden 30 Jahren unterdurchschnittlich entwickeln, erhöhen statt senken.

Somit ist die „Tatsache" von der Überlegenheit der Aktien gegenüber den Anleihen überhaupt keine Tatsache. Die Allgemeinheit hat keine grundlegende Wahrheit gelernt, sondern ihre Aufmerksamkeit hat sich von einigen grundlegenden Wahrheiten *weg* verlagert. Zumindest für eine wirklich grundlegende Wahrheit über Aktien scheint sie sich nicht besonders zu interessieren: dass Aktien Restansprüche auf den Kapitalfluss von Unternehmen sind und dass dieser Kapitalfluss den Aktionären erst dann zusteht, wenn alle anderen bezahlt wurden. Deshalb sind Aktien bereits durch ihre Definition riskant. Und noch eine Wahrheit haben die Anleger aus dem Blick verloren: dass es für die gute Entwicklung von Aktien *keine Garantie* gibt. Für Menschen, die an der Börse Verlust machen, gibt es keinen Sozialplan.

Das Thema „Aktien waren schon immer besser als Anleihen" in der Investmentkultur

Bereits Anfang der 1990er-Jahre fand ich die Allgegenwart der Aussage, Aktien hätten historisch eine bessere Performance als Anleihen gebracht, derart frappierend, dass ich herauszufinden beschloss, wie verbreitet diese Ansicht wirklich war. In einer Umfrage unter institutionellen Anlegern in den Vereinigten Staaten stellte ich 1991 folgende Frage:

> *„Lesen Sie sich folgende Aussage durch:*
> *‚In den vergangenen 65 Jahren brachten Aktien viel höhere Renditen als Anleihen und seit 1926 hat es keinen 20-Jahres-Zeitraum gegeben, in dem Anleihen eine bessere Performance brachten als Aktien. Deshalb sollte jeder, der einen Zeithorizont von 20 Jahren oder mehr hat, in erster Linie in Aktien investieren.'*
>
> *[Kreisen Sie eine Zahl ein.]*
> *1. Ich stimme dieser Aussage zu.*
> *2. Ich stimme dieser Aussage nicht zu."*

Von den 172 Befragten entschieden sich 84 Prozent für 1 und nur 16 Prozent für 2. Für eine so klar formulierte Aussage ist das eine sehr hohe Zustimmung.

Aus dieser Formulierung ging nicht hervor, wie oft die Befragten gehört hatten, Anleihen würden Aktien immer übertreffen. Um dies zu klären, stellte ich im Herbst 1993 institutionellen Anlegern eine anders formulierte Frage:

> *„Lesen Sie sich die folgende Behauptung durch:*
> *‚Seit 1860 hat es keinen 30-Jahres-Zeitraum gegeben, in dem US-Staatsanleihen eine bessere Performance brachten als Aktien.'*
> *Haben Sie eine solche Behauptung schon einmal gehört (auch wenn sie in Einzelheiten, etwa bezüglich der 30 Jahre, anders lautete)?*
>
> *1. Ja, schon oft.*
> *2. Ja, ein oder zwei Mal.*
> *3. Nein."*

Von den 125 Befragten entschieden sich 52 Prozent für „Ja, oft", 22 Prozent für „Ja, ein oder zwei Mal" und 26 Prozent für „Nein". Somit konnten sich nach eigener Aussage 74 Prozent erinnern, diese Aussage schon einmal gehört zu haben. Also gehörten damals Aussagen wie diese bereits eindeutig zu unserer Anlagekultur.

Das Wissen um die langfristige Erfolgsbilanz, also ein Wissen, das mindestens bis 1924 zurückreicht und an das man sich 1991 oder 1993 allgemein erinnerte, kann für den plötzlichen Anstieg der Aktienkurse auf Rekordniveaus Ende der 1990er-Jahre nicht verantwortlich gemacht werden. Anscheinend war es in den Köpfen der Anleger nämlich schon immer präsent. Die allgemeine Zuversicht, jeder Niedergang des Marktes kehre sich wieder um, legte in den Boomjahren Ende der 1990er-Jahre zwar eindeutig zu, aber diese Zuversicht beruhte nicht auf einer Eilmeldung über die historische Entwicklung. Wie ich bereits dargelegt habe, beruht sie auf Dingen wie Rückkopplungen, die von früheren Preisen ausgehen (in Kapitel 5 besprochen) und letztlich von Beschleunigungsfaktoren angetrieben werden (besprochen in Kapitel 4) – nicht von den ganz plötzlich entdeckten Lehren aus langfristigen historischen Zahlen.

Wissen über Investmentfonds, Diversifizierung und langfristiges Halten

James Glassman und Kevin Hassett argumentierten in zwei einflussreichen Artikeln im *Wall Street Journal* in den Jahren 1998 und 1999: „Die Anleger kennen sich vor allem dank der Investmentfonds und der Medien besser mit Aktien aus. Sie haben gelernt, Positionen langfristig zu halten und Kursrückgänge als vorübergehend zu betrachten – und als Kaufgelegenheiten." Und so kamen Glassman und Hassett zu dem Schluss, die Anleger hätten gelernt, dass diversifizierte Aktienportfolios nicht riskant sind und dass Aktien viel lohnenswertere Anlagen sind, als sie vorher gedacht hatten. Deshalb seien sie jetzt bereit, viel mehr für Aktien zu bezahlen, und aufgrund der gesteigerten Nachfrage der Anleger nach Aktien würden sie in Zukunft dauerhaft auf einem höheren Niveau verharren.[11]

Im Jahr 1999 führten Glassman und Hassett ihre Artikel mit einem Buch namens „Dow Jones 36000 – warum die Aktien weiter steigen" fort. Darin betonten sie, die Anleger hätten den Lernprozess, dass diversifizierte Aktienpositionen nicht riskant sind, noch nicht abgeschlossen, und sie würden die Aktienkurse in den kommenden Jahren weiter in die Höhe treiben, wenn sie die Lektion wirklich verinnerlicht hätten. Sie schrieben: „Ein vernünftiges Datum, zu dem der Dow Jones 36.000 Punkte erreichen könnte, ist Anfang 2005, aber er könnte sie auch schon viel früher erreichen."[12] Jeder Leser, der dies beim Erscheinen des Buches 1999 glaubte, hätte daraus schließen müssen, das sei eine Chance, von 1999 bis 2005 oder gar noch schneller *richtig viel* Geld zu verdienen, indem er in Aktien investiert, während die breite Masse der Anleger erst nach und nach lernt, wie wertvoll Aktien langfristig sind. Trotz seines angeblichen Themas – Aktien seien so risikolos, dass man Aktien und Staatsanleihen als austauschbar betrachten sollte – wurde das Buch mit dem Versprechen beworben, man könne in der Übergangszeit mit Aktienanlagen schnell reich werden, während *andere* Leute erst später lernen würden, dass Aktien risikolos sind.

Heute wissen wir, dass Glassman und Hassett mit ihrer Marktprognose völlig danebenlagen. Sie lagen aber richtig, als sie schrieben, die Menschen würden die Vorteile von Investmentfonds erwägen, langfristig investieren und mit der Zeit an die Auffassung glauben, Aktienkurse würden nur vorübergehend sinken. Man sollte daraus aber nicht schließen, die Menschen hätten einige grundlegende Wahrheiten gelernt oder stünden im Begriff, sie zu lernen. Wir haben ja schon gesehen, dass die Kursrückgänge so vorübergehend gar nicht waren, dass sie über Jahrzehnte anhalten können und dass deshalb sogar langfristige Anleger Aktienanlagen als riskant betrachten sollten. Auch gibt es Grund zu der Annahme, ein Großteil der Begeisterung für Investmentfonds sei eine Art Modeerscheinung gewesen, hinter der kein echter Lernprozess stand.

Anleger sind sehr daran interessiert, den richtigen Investmentfonds auszuwählen, und ihr Interesse an Investmentfonds äußert sich oft darin, dass sie von einem zum anderen springen. Die Investmentfondsbranche hat auf dieses gesteigerte Anlegerinteresse damit reagiert, dass sie Tausende neue Fonds hervorgebracht hat – verbunden mit einer entsprechenden Flut an Anzeigen und Postwurfsendungen. Studien über die Performance von Investmentfonds haben zwar ergeben, dass Investmentfonds mit bislang guter Performance die Tendenz aufweisen, dass sich dies fortsetzt, aber diese Tendenz ist schwach und kurzlebig. Anscheinend halten es die Menschen für schlau, über Performance-Rangfolgen von Investmentfonds zu brüten und ihre Anlagen ständig in die aktuellen Spitzenreiter zu verschieben, obwohl sie dadurch relativ wenig gewinnen.[13]

Um das Gefühl von Anlegern einzuschätzen, sie könnten am Aktienmarkt Geld verdienen, und um zu beurteilen, welche Rolle Investmentfonds in diesem Prozess spielen, habe ich bei einer Umfrage unter Privatanlegern 1996 eine Reihe von Fragen in den Fragebogen aufgenommen, die sich darauf beziehen, wie sehr sie auf die Geldanlage im Allgemeinen und auf die Anlage in Investmentfonds vertrauen. Hier die Fragen, die Antworten in Prozent und die Anzahl der jeweils befragten Anleger (n):

„Der Versuch, am Markt den richtigen Zeitpunkt abzupassen, also auszusteigen, bevor er fällt, und einzusteigen, bevor er steigt, ist:

1. *Eine schlaue Sache; ich kann vernünftigerweise erwarten, dass mir das gelingt.* 11 %
2. *Keine schlaue Sache; ich kann vernünftigerweise nicht damit rechnen, dass mir das gelingt.* 83 %
3. *Keine Meinung.* 5 %

[n = 131]

Der Versuch, einzelne Aktien auszuwählen und dabei beispielsweise vorhersagen zu wollen, ob und wann die Aktie von Ford Motor oder die Aktie von IBM steigen wird, ist:

1. *Eine schlaue Sache; ich kann vernünftigerweise erwarten, dass mir das gelingt.* 40 %
2. *Keine schlaue Sache; ich kann vernünftigerweise nicht damit rechnen, dass mir das gelingt.* 51 %
3. *Keine Meinung.* 8 %

[n = 131]

Der Versuch, Investmentfonds auszuwählen und herausfinden zu wollen, bei welchen Fonds Experten arbeiten, die Aktien auswählen können, die dann steigen, ist:

1. *Eine schlaue Sache; ich kann vernünftigerweise erwarten, dass mir das gelingt.* *50 %*
2. *Keine schlaue Sache; ich kann vernünftigerweise nicht damit rechnen, dass mir das gelingt.* *27 %*
3. *Keine Meinung.* *23 %*

[n = 131]"

An diesen Ergebnissen ist abzulesen, dass die Menschen im Endeffekt an die Effizienz des Gesamtmarkts glauben und daher den Versuch aufgegeben haben, den rechten Zeitpunkt abzupassen. Jedoch meinen sie häufig, sie könnten trotzdem einzelne Aktien und (vor allem) Investmentfonds auswählen. Nur 27 Prozent sagen, es sei nicht klug zu versuchen, Investmentfonds auszusuchen, die gut laufen werden, wohingegen 51 Prozent sagen, es sei nicht klug zu versuchen, einzelne Aktien auszuwählen, und 83 Prozent, es sei nicht klug zu versuchen, den Markt zu timen.

Wenn jemand wirklich an die Effizienz der Märkte glauben würde, müsste er alle Fragen mit „keine schlaue Sache" beantworten. Wenn die Aktienbewegungen einem Random Walk folgen, kann man nämlich weder Zeitpunkte auswählen, zu denen man in den Markt einsteigen sollte, noch kann man einzelne Aktien oder Stockpicker auswählen, die einem die Aktienauswahl abnehmen.

Da es nur bescheidene Belege dafür gibt, dass man wirklich erfolgreich Investmentfonds auswählen kann, wird das, was die Anleger „gelernt" haben, kaum von den Fakten gestützt. Und überhaupt: Sollte es tatsächlich einfacher sein, Manager von Investmentfonds auszuwählen als Manager von Unternehmen?

Man hört oft, die Menschen hätten gelernt, wie wichtig es ist, sein Portfolio zu diversifizieren, und dafür würden sie Investmentfonds einsetzen.[14] Bei gut gemanagten Fonds mit geringen Verwaltungsgebühren hat dieses Argument einen gewissen Sinn. Aber viele Fonds verlangen derart hohe Gebühren, dass die Anleger besser dran wären, wenn sie versuchen würden, selbst zu diversifizieren – falls Diversifizierung ihr hauptsächliches Ziel ist. Hinzu kommt: Wenn sie außerhalb steuerfreier Pläne anlegen, können sie durch den unmittelbaren Aktienbesitz die Kapitalertragsteuer auf die Gewinne sparen, die anfallen, wenn die Fondsmanager Aktien aus dem Portfolio verkaufen – bei Fonds mit hohem Umschlag ein wichtiger

Punkt. Stattdessen können Anleger, die einzelne Aktien kaufen, die Verluste gesunkener Aktien realisieren. Investmentfonds haben eindeutig ihre Grenzen.

Lernen und Verlernen

Angeblich hat die Allgemeinheit gelernt, dass Aktien immer wieder gleich steigen, nachdem sie gefallen sind. Wir haben Belege dafür gesehen, dass die Menschen das überwiegend glauben, dass sie dabei aber die Tatsachen durcheinanderbringen. Aktien können nämlich sinken und viele Jahre unten bleiben. Sie können über lange Zeiträume überteuert bleiben und eine unterdurchschnittliche Performance bringen.

Angeblich hat die Allgemeinheit gelernt, dass Aktien langfristig immer eine bessere Performance bringen müssen als andere Anlagen wie etwa Anleihen, sodass langfristige Anleger mit Aktien immer besser bedient sind. Wir haben Belege dafür gesehen, dass die Menschen das überwiegend glauben, aber auch hier bringen sie die Tatsachen durcheinander. Aktien haben über jahrzehntelange Zeiträume nicht immer eine bessere Performance gebracht als andere Anlagen und auf keinen Fall gibt es einen Grund, anzunehmen, in Zukunft müssten sie das tun.

Und es heißt, die Allgemeinheit habe gelernt, wie klug es ist, mithilfe von Investmentfonds, deren Manager-Teams nachgewiesene Erfolgsbilanzen haben, in Aktien zu investieren. Wir stellen fest, dass die Menschen das zwar überwiegend glauben, sich aber auch hier wieder irren. Investmentfonds auszuwählen, die gut gelaufen sind, bringt weniger ein, als sich die Anleger vorstellen.

Wenn die Tatsachen falsch sind, kann nicht von Lernen die Rede sein. In Abbildung 5.1 haben wir gesehen, dass die Marktereignisse im Zusammenhang mit der Finanzkrise 2007 bis 2009 die Anleger veranlassten, die „Tatsache" zu verlernen, dass Aktien die „beste Anlage" sind. Wenn anlässlich späterer Hochs wieder hohe Bewertungen auftreten, werden sie diese „Tatsache" wieder lernen. Vieles davon ist überhaupt kein Lernprozess, sondern eine Neubewertung intuitiver Gedanken über die Zukunft, die auf den jüngsten Erfahrungen im Zuge eines Blasen-Feedbacks basieren.

Ein ähnlicher „Lern"-Prozess scheint auch an anderen Märkten neben dem Aktienmarkt abzulaufen. Nach dem Crash 2001 „lernten" die Menschen, dass die Geldanlage in Eigenheimen wirklich nicht riskant ist und dass Häuser – wie wir in Abbildung 5.2 gesehen haben – die „beste" Geldanlage sind. Der Eindruck, die Allgemeinheit habe gerade wichtige Tatsachen gelernt, verleiht massiven Preiszuwächsen Unterstützung, weil er die Überzeugung stärkt, die Preiszuwächse seien dauerhafter Natur.

Das Gefühl, wir würden alle plötzlich wichtige Dinge lernen und seien in einer neuen Aufklärung angekommen, kam im Laufe der Geschichte schon so oft auf, dass man es als vorhersehbaren Bestandteil des *irrationalen Überschwangs* betrachten kann. Wir müssen uns überlegen, wie wir mit dem Wandel im Denken umgehen sollen, der die Menschen zu dem Glauben veranlasst, wir seien in eine neue Aufklärung eingetreten. Die betreffenden Veränderungen beeinträchtigen nämlich durch ihre Auswirkungen auf die Marktpreise unser aller Leben.

Wir müssen uns überlegen, was wir als Einzelne und als Gesellschaft tun sollten, um einige schlimme Auswirkungen des Überschwangs auszugleichen. Dem wollen wir uns nun im letzten Kapitel zuwenden.

TEIL V

Aufruf zum Handeln

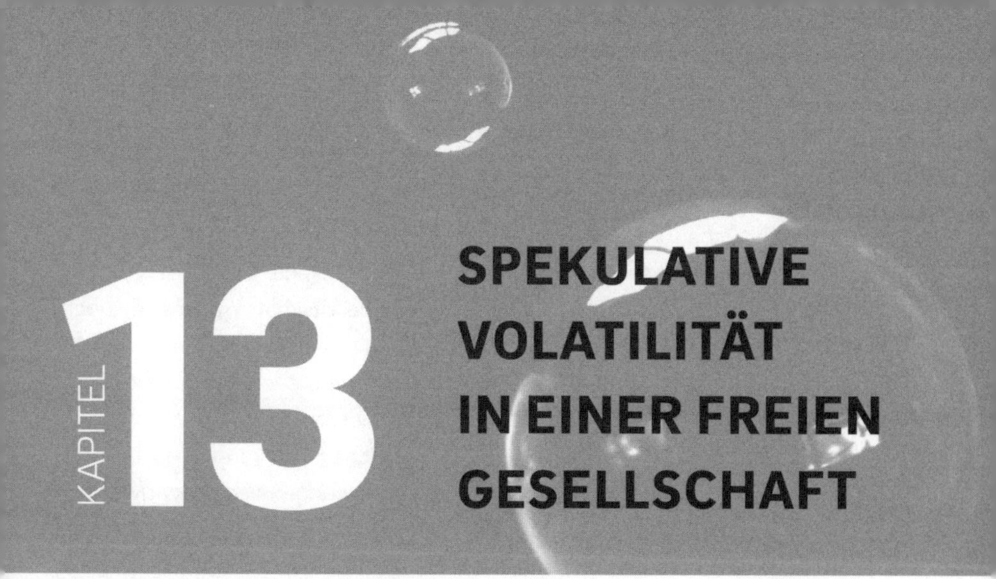

KAPITEL 13
SPEKULATIVE VOLATILITÄT IN EINER FREIEN GESELLSCHAFT

Die hohen Bewertungen, die der US-amerikanische und andere Aktienmärkte zum Höhepunkt 2000 erreichte, und die relativ hohen Bewertungen, die sie 2007 und 2014 wieder aufwiesen, kamen ohne gute Gründe zustande. Für die hohen Bewertungen, die die Häuserpreise an vielen Märkten in den ersten Jahren des 21. Jahrhunderts erreichten, die um das Jahr 2006 ihren Höhepunkt überschritten, und die erneut hohen Häuserpreise in vielen Ländern nach der Finanzkrise gab es auch keine besseren Gründe.

Die hohen Niveaus des Aktienmarkts spiegeln nicht, wie sich das viele denken, das übereinstimmende Urteil von Experten wider, nachdem diese die langfristigen Indizien sorgfältig erwogen haben. Die Märkte stehen vielmehr aufgrund der geballten Wirkung der gleichgültigen Haltung von Millionen Menschen so hoch, von denen sehr wenige das Bedürfnis verspüren, sorgfältige Recherchen hinsichtlich des langfristigen Anlagewerts zu betreiben, und die vor allem durch ihre eigenen Emotionen motiviert sind – durch zufällige Erwartungen und durch Wahrnehmungen, die durch die herrschende Meinung bedingt sind. Dieses nur allzu menschliche Verhalten wird massiv durch die Medien beeinflusst, die ein Interesse daran haben, Zuschauer oder Leser anzulocken, und die nur einen begrenzten Anreiz haben, ihre Zuschauer oder Leser mithilfe quantitativer Analysen, die ihnen einen zutreffenden Eindruck vom fundamentalen Wert vermitteln könnten, zur Disziplin anzuleiten.

Im Gegensatz zu dem, was viele dachten, waren die hohen Niveaus, die wir auf dem Höhepunkt des Immobilienmarkts im Jahr 2006 gesehen haben, nicht nur das Ergebnis fundamentaler Kräfte, die sich auf die rationale

Nachfrage nach Häusern und auf das rationale Angebot auswirkten. Natürlich werden die Häuserpreise, wie die Hauskäufer so oft sagen, von Angebot und Nachfrage bestimmt. Die Preise müssen die Markträumung bewirken. Zu den Faktoren, die Angebot und Nachfrage beeinflussen, gehören aber auch zahlreiche soziale und emotionale Faktoren, insbesondere die Beachtung der Preisanstiege selbst, der allgemeine Eindruck, die Experten wüssten, dass es so weitergeht, und die grundsätzliche Bereitschaft, daran zu glauben. Diese Faktoren werden sich nur ändern, wenn sich unsere Kultur ändert. Im vorliegenden Buch ging es vor allem darum zu verstehen, wie gesellschaftliche Kräfte spekulative Marktbewegungen hervorrufen. Den meisten von uns fällt es sehr schwer herauszufinden, welche Bewegungen durch intelligente gute Gründe sowie durch Expertenmeinungen verursacht werden, und welche durch die menschliche Fantasie sowie die Sozialpsychologie hervorgerufen werden. Ich hoffe, die bisherige Argumentation hat klargestellt, dass an den großen Märkten häufig vor allem Letztere die Preise antreiben.

Sowohl am Aktienmarkt als auch am Immobilienmarkt haben die Menschen nur sehr diffuse Vorstellungen davon, was die betreffenden Anlagen wirklich wert sind und wie hoch ihre Preise sein sollten. Vielleicht können sie beurteilen, ob eine Aktie im Verhältnis zu einer anderen überteuert ist oder ob ein Haus im Verhältnis zu einem anderen zu teuer ist, aber sie wissen einfach nicht, wie sie das allgemeine Preisniveau beurteilen sollen. In ihren Köpfen spielt die Frage eine viel größere Rolle, wie schnell die Preise steigen, und darüber reden und hören sie in Zeiten schneller Preisänderungen viel – und dies wirkt sich subtil auf ihre Nachfrage nach spekulativen Vermögenswerten aus.

Während die Preise im Zuge einer Blase steigen, überprüfen die Menschen ständig ihre Meinungen. Menschen, die dachten, es herrsche eine Blase und die Preise seien zu hoch, stellen auf einmal ihre eigenen bisherigen Urteile auf den Prüfstand und fragen sich, ob wirklich die Fundamentaldaten die Preise in die Höhe treiben. Viele Menschen scheinen zu glauben, wenn der Preisanstieg noch jahrelang weitergeht, nachdem Experten ihn als Blase bezeichnet haben, würden sich die Experten vielleicht irren. Und dann meinen sie, es gebe keine Alternative zu der Meinung, dass in Wirklichkeit die fundamentalen Gegebenheiten den Preisanstieg vorantreiben und dass sich diese fundamentalen Gegebenheiten ewig halten werden. Das sind die Phasen, die einzelne Beobachter dieser Märkte durchlaufen – und zwar verschiedene Personen zu verschiedenen Zeiten.

Die Feedback-Theorie, wonach Preiszuwächse die Anleger begeistern und sie veranlassen, weitere Preisanstiege zu verursachen, gab es in den Köpfen mancher Anleger schon immer und die meisten Menschen haben zumindest schon einmal vage von dieser Vorstellung gehört. Wir haben aber gesehen, dass das öffentliche Interesse an dieser Theorie insgesamt sehr gering ist. Die Feedback-Theorie steht als eine Art Folklore schemenhaft im Hintergrund. Zwar wird diese Theorie in Zeitungsartikeln regelmäßig wieder ausgegraben, aber die meisten Menschen lassen sich davon nicht überzeugen.

Sie scheinen sich durch die verbreitet zitierte „Tatsache" beruhigen zu lassen, dass es noch nie einen 30-Jahres-Zeitraum gegeben habe, in dem Aktien schlechter performten als Anleihen, und durch die „Tatsache", dass es noch nie einen größeren Preisverfall am Häusermarkt gegeben habe, der sich nicht bald wieder umgekehrt hätte. Diese Halbwahrheiten waren zumindest eine Weile Teil der Psychologie, die die Blasen vorantrieb. In der Vergangenheit rief diese Psychologie dramatische, unhaltbare Preiszuwächse hervor, und es könnte durchaus sein, dass es in Zukunft so weitergeht.

Wenn die Preise lange Zeit nicht mehr steigen, wächst allmählich die Unzufriedenheit mit dieser Sichtweise. Und diese allmählich wachsende Unzufriedenheit kann dazu führen, dass Märkte stagnieren oder fallen, obwohl sich die Fundamentaldaten aufhellen. Märkte können über Jahre oder gar Jahrzehnte enttäuschen, wenn sich die nach einer Blase übliche Dynamik nach und nach entfaltet.

Während ich dies im Jahr 2014 schreibe, erleben wir in den Vereinigten Staaten wieder einmal einen Börsenboom. Danach könnte durchaus eine weitere bedeutende Abwärtskorrektur folgen, aber dessen kann man sich keineswegs sicher sein. Die historischen Indizien deuten darauf hin, dass die Aktienkurse auch noch viel weiter steigen könnten.

Seit der Finanzkrise haben wir neue staatliche Behörden, die gegen systemische Risken vorgehen, etwa den Finanzstabilitätsrat, der 2009 von den G20-Staaten ins Leben gerufen wurde, das Financial Stability Oversight Council, das 2010 in den Vereinigten Staaten durch den Dodd-Frank Act geschaffen wurde, und den Europäischen Ausschuss für Systemrisiken, der 2010 vom Europaparlament gegründet wurde. Doch die Probleme, die sich durch mögliche neue Blasen stellen, werden von diesen neuen Behörden nicht automatisch gelöst. Diese Probleme sind knifflig. Bürokratischen Organisationen kann es schwerfallen, den Mut und die Überzeugung aufzubringen, sie anzupacken. Eigentlich hatten ja alle größeren Länder der Welt schon vor der jüngsten Krise eine Zentralbank, die meistens auch eine Art Stabilisierungsauftrag hatte, aber diese Zentralbanken verhinderten nicht, dass es zur Krise kam.[1]

Wenn wir sehen, dass sich blasenartige Ereignisse abspielen, was sollen wir dann tun? Wenn man an der Aktienbörse, am Immobilienmarkt, am Ölmarkt oder irgendeinem anderen spekulativen Markt eine Blase erblickt, dann ist das so, als würde man einen Autounfall in Zeitlupe sehen. Manchmal kommt es einem vor, als könne man überhaupt nichts dagegen tun. Doch in Wirklichkeit gibt es etliche Dinge, die man dagegen tun kann.

Es ist ein schwerer Fehler, dass Persönlichkeiten des öffentlichen Lebens die Auf- und Abwärtsbewegungen der Marktbewertungen stillschweigend hinnehmen und nichts über die Konsequenzen der Bewertungen sagen, sondern alle Kommentare den Marktanalysten überlassen, die sich auf die so gut wie unmögliche Aufgabe spezialisiert haben, kurzfristige Marktprognosen abzugeben – und die womöglich gemeinsame Interessen mit Investmentbanken, Brokerhäusern, Baufirmen oder Immobilienmaklern haben.

Manche meinen, Profis sollten nicht über mögliche Über- oder Unterbewertungen von spekulativen Märkten sprechen oder je versuchen, die Märkte vorherzusagen, weil sie das nicht zuverlässig tun können. Doch das führt in den Irrsinn, denn die Markteffizienzhypothese selbst, insoweit sie gilt, ist darauf angewiesen, dass die Anleger auf begründete Meinungen reagieren, und diese Meinungen müssen öffentlich kundgetan werden, wenn sie von vielen gehört werden sollen. Wahrscheinlich ist es in Wahrheit dieser Irrsinn, der zur Überbewertung des Marktes am Ende des Millenniumbooms beigetragen hat, als die Markteffizienzhypothese so beliebt war wie noch nie.

Die Bewertung der Märkte ist eine wichtige nationale – eigentlich sogar internationale – Frage. Alle unsere Zukunftspläne – als Einzelne und als Gesellschaft – drehen sich um unseren empfundenen Wohlstand und diese Pläne können durchkreuzt werden, wenn sich ein großer Teil des Vermögens morgen auflöst. Die Neigung von Spekulationsblasen, zu wachsen und dann wieder zu schrumpfen, kann zu einer sehr ungleichmäßigen Verteilung des Wohlstands führen. Manchmal veranlasst sie sogar viele von uns, die Tragfähigkeit unserer kapitalistischen und marktwirtschaftlichen Institutionen infrage zu stellen. Viele haben das nach der globalen Finanzkrise 2007 bis 2009 getan und etwas später äußerte es sich in den „Occupy Wall Street"-Bewegungen der Jahre 2011/2012 und ihren Ablegern. Deswegen müssen wir uns über die Aussichten auf solche Schrumpfungen sowie über persönliche und politische Maßnahmen bezüglich dieser Aussichten im Klaren sein.

Wenn Meinungsführer moralische Autorität ausüben, haben sie ein Problem. Zwar kann sich die Ansicht, der Markt sei stark über- oder unterbewertet, bei einigen Experten durchsetzen, aber allgemein verbreitet sind solche Ansichten nie. Die führenden Persönlichkeiten, die solche Ansichten äußern, tun es aufgrund ihrer persönlichen Meinung: aufgrund einer intuitiven fundamentalen und psychologischen Beurteilung des Marktes, die so schwer zu beweisen ist, dass sie es wahrscheinlich von vornherein als mutige Tat betrachten, eine solche Aussage zu treffen.

Natürlich laufen Personen des öffentlichen Lebens Gefahr, sich in eine peinliche Situation zu bringen, wenn sie offiziell sagen, die Renditen am Aktien- oder Immobilienmarkt könnten in den kommenden Jahren niedrig oder negativ sein. Wir haben in diesem Buch gesehen, dass die Märkte zwar den Anschein haben, als könne man sie langfristig in erheblichem Maße vorhersagen, wenn sie stark überbewertet oder stark unterbewertet sind, aber hinsichtlich ihrer Aussichten besteht trotzdem immer eine beträchtliche Unsicherheit. Jedoch ist ein Beobachter, der dazu schweigt, dass sich die Allgemeinheit zu sehr auf den Markt verlässt und zu sehr auf künftige Renditen vertraut, weil sie sich hinsichtlich der Aussichten irren könnte, nicht besser als ein Arzt, der bei einem Patienten hohen Blutdruck diagnostiziert hat, ihm aber nichts sagt, weil er meint, der Patient *könnte* Glück haben und keine schlimmen Symptome aufweisen.

Die Geldpolitik sollte sich sanft gegen Blasen stemmen

Bei manchen Gelegenheiten wurde ein Zusammenhang zwischen straffer Geldpolitik und dem Platzen von Börsenblasen gesehen. Zum Beispiel hob die Federal Reserve am 14. Februar 1929 den Diskontsatz von fünf auf sechs Prozent an, angeblich um die Spekulation einzudämmen. Anfang der 1930er-Jahre setzte die Fed diese straffe Geldpolitik fort und sah zu, wie sich der anfängliche Abschwung der Börse zum schwersten Niedergang aller Zeiten entwickelte – und wie sich eine Rezession zur schwersten Depression der Vereinigten Staaten aller Zeiten entwickelte.

Die Bank of Japan erhöhte auf dem Höhepunkt der japanischen Börse zwischen Mai 1989 und August 1990 den Diskontsatz von 2,5 auf sechs Prozent, anscheinend um die Finanzmärkte zu stabilisieren (von denen man dachte, sie seien wegen der lockeren Geldpolitik überbewertet) und auch um den Yen zu stabilisieren. Die Möglichkeit, dass diese Maßnahme der Bank beim Börsencrash und der nachfolgenden Rezession eine gewisse Rolle gespielt hat, ist nur schwer von der Hand zu weisen.[2]

Zwar lassen sich auch bei diesen dramatischen Episoden die exakten kausalen Zusammenhänge nur schwer entwirren, aber immerhin wissen wir von der Zinspolitik, dass sie sich in grundlegender Weise auf die gesamte Volkswirtschaft auswirkt und nicht gezielt auf die Spekulationsblase, die sie vielleicht beheben soll. Das ist eine Ganzkörper-Bestrahlung, kein Laserskalpell. Überdies ist die Entstehung einer Blase ein langer und langsamer Prozess, der allmähliche Veränderungen im Denken der Menschen einschließt. Kleine Zinsänderungen wirken sich voraussichtlich nicht auf dieses Denken aus – große womöglich schon, dann aber nur, weil sie sich möglicherweise verheerend auf die gesamte Wirtschaft auswirken.

Der Ausbruch der Großen Depression in den 1930er-Jahren war wirklich in erheblichem Maße dem Versuch der geldpolitischen Instanzen geschuldet, die spekulativen Märkte durch die Zinspolitik zu stützen, obwohl die Märkte, auf die sie vor allem abzielten, nicht die Aktienmärkte, sondern die Devisenmärkte und genauer gesagt die eigenen Währungen waren. Mehrere Länder versuchten damals, das System der fixen Währungskurse, das durch den Goldstandard repräsentiert wurde, gegen Angriffe zu schützen. Und diejenigen Länder, die dies als Erste aufgaben und dann nicht mehr versuchten, ihre Währungen zu verteidigen, brachten die Depression als Erste hinter sich.[3]

Eine kleine Zinserhöhung durch die geldpolitischen Instanzen, die allerdings Symbolwirkung hat, ist zu einer Zeit, zu der sie die Märkte als überbewertet empfinden, dann ein sinnvoller Schritt, wenn diese Erhöhung von einer öffentlichen Verlautbarung begleitet wird, dass sie dafür gedacht sei, die Spekulation einzudämmen. Die Behörden sollten aber nicht grundsätzlich versuchen, Blasen durch eine aggressive Straffung der Geldpolitik zum Platzen zu bringen.

Während ich dies im Jahr 2014 schreibe, dürften die Notenbanker in einem Dilemma stecken. In vielen Ländern ist die Konjunktur nach der Finanzkrise immer noch schwach, was niedrige Zinsen und mehr Anreize erfordert. Doch diese niedrigen Zinsen könnten auch die übertrieben hohen Bewertungen der Märkte stützen. Solche Zwickmühlen wird es sicher auch in Zukunft wieder geben.

Meinungsführer sollten stabilisierende Optionen anbieten

Eine bewährte Möglichkeit, Spekulationen an Finanzmärkten einzudämmen, besteht darin, dass geistige und moralische Führungspersönlichkeiten versuchen, die Aufmerksamkeit der Öffentlichkeit auf irrtümliche Über- und Unterbewertungen zu lenken, wenn sie auftreten. Dies ist eine rein verbale Methode, die keine aggressive Ausweitung oder Schrumpfung der Geldmenge oder des Steueraufkommens erfordert. Sie wurde in der Geschichte der Finanzmärkte schon öfter angewendet, allerdings nicht immer mit beeindruckendem Erfolg.

Während des Börsencrashs 1907, der mit einer Bankenpanik im Oktober zusammenfiel, äußerten führende Vertreter der Finanzszene öffentlich ihr Vertrauen in den Markt und erklärten, sie würden am Markt ihr eigenes Vermögen riskieren. John D. Rockefeller sagte: „Ich persönlich vertraue absolut auf den zukünftigen Wert unserer Wertpapiere und die Solidität der

Rahmenbedingungen." Er und J.P. Morgan richteten einen Stützungsfonds für Banken ein. Am Schwarzen Donnerstag, dem 24. Oktober 1929, trafen sich vier oder fünf der einflussreichsten Bankiers des Landes abends bei J.P. Morgan und gaben eine Verlautbarung heraus, ihrer Überzeugung nach seien „die Fundamente des Marktes solide".[4] Sie kündigten zwar keine konkreten Aktienaufkaufpläne an, aber ihre Verlautbarung wurde in dieser Richtung ausgelegt. Dieser Versuch, den Markt zu stabilisieren, gelang jedoch nicht. Schon ein paar Tage danach folgte der Börsencrash vom 28./29. Oktober 1929.

Im Vorfeld aller drei bedeutenden in diesem Buch identifizierten Börsenhochs, die nach der Gründung der Federal Reserve auftraten – 1929, 1966 und 2000 –, gab der Chef der Federal Reserve Warnungen heraus, der Aktienmarkt sei überbewertet. Die bereits besprochene Zinserhöhung 1929 sollte gegen die Spekulation gerichtet sein. Das Hoch des US-amerikanischen Aktienmarkts im Jahr 1966 fiel ungefähr mit einer Verlautbarung von Notenbankchef William McChesney Martin im Jahr 1965 zusammen, er sehe „beunruhigende Ähnlichkeiten" zwischen der damaligen Wirtschaftslage und der Wirtschaftslage der 1920er-Jahre, die das Vorspiel zur Großen Depression war. Unter anderem führte er als Ähnlichkeit die sich in der Öffentlichkeit ausbreitende Überzeugung an, eine „neue wirtschaftliche Ära" habe begonnen.[5] Eine Verlautbarung eines Federal-Reserve-Vorsitzenden vor Übertreibungen am Aktienmarkt gab es erst wieder, als Alan Greenspan 1996 in seiner Rede von „irrationalem Überschwang" sprach, also zum Beginn der nächsten Periode mit sehr hohen Börsenkursen. Anscheinend behalten sich Fed-Vorsitzende öffentliche Aussagen über die Börsenbewertung für Zeiten mit extremen Fehlpreisungen vor. Es gibt keine Möglichkeit, zu beurteilen, wie erfolgreich solche Verlautbarungen die Märkte beruhigen, und wir wissen nicht, wie volatil sie andernfalls gewesen wären.

Wahrscheinlich spielen solche Maßnahmen der geldpolitischen Instanzen durchaus eine Rolle, wenn auch nur eine kleine. Wenn sie ihre Aussagen wirklich uneigennützig treffen und als echte moralische Führungspersönlichkeiten betrachtet werden, könnten sie sich wirklich leicht stabilisierend auf den Markt auswirken.

Institutionen sollten den konstruktiven Handel fördern

Eine bewährte Methode, die Volatilität des Marktes in Zeiten schneller Preisänderungen zu vermindern, ist die Schließung von Märkten. Die sogenannten „Circuit Breakers", die an den Börsen eingeführt wurden, sind Beispiele für diese Vorgehensweise. Laut Rule 80B der New York Stock Exchange muss immer dann, wenn der Dow Jones vor 15:25 Uhr sieben Prozent unter den Schlusskurs vom Vortag fällt, der Handel für 15 Minuten eingestellt werden, bei 13 Prozent noch einmal für 15 Minuten. Fällt er zu irgendeinem Zeitpunkt 20 Prozent unter den Vortagesschlusskurs, muss der Handel für den Rest des Tages eingestellt werden. Solche Unterbrechungen können eine Chance für die Anleger sein, sich zu entspannen und etwas nachzudenken, sodass sie der Panik entgegenwirken. Es ist aber nicht klar, ob diese relativ kurzen Unterbrechungen viel dazu beitragen, die Preisänderungen eines Tages einzudämmen. Schließlich traten die größten Börsencrashs der Geschichte, im Oktober 1929 und im Oktober 1987, an Montagen auf, also nachdem der Handel nach den großen Kursrückgängen vom vorherigen Handelstag für ein ganzes Wochenende unterbrochen worden war.

Diese Circuit Breakers wirken nicht unmittelbar gegen die längerfristigen Preisbewegungen, die über Jahre hinweg stattfinden und die wirklich großen Verschiebungen im Preisgefüge darstellen. Es klingt immerhin plausibel, dass man der öffentlichen Reaktion auf eine große kurzfristige Preisänderung zuvorkommen kann, indem man die Preisänderung vor den Augen der Öffentlichkeit verbirgt, und dass man dadurch das Aufkommen eines längerfristigen Trends als Reaktion auf die lebhafte Erinnerung an eine wirklich große Preisänderung im Laufe eines Tages verhindern kann. Dramatische Preisänderungen an einem Tag fesseln die Aufmerksamkeit, sie werden von den Medien gewaltig aufgebauscht und man erinnert sich noch lange daran, vor allem wenn dabei irgendein Rekord aufgestellt wurde. Doch in Wirklichkeit wissen wir wenig darüber, welche Auswirkungen kurze Handelsunterbrechungen auf längerfristige Preisänderungen haben. Und was ist, wenn ein besonders großer Kursausschlag gleich danach *vom Markt selbst* korrigiert wird, so wie im Oktober 1987? Wenn die Öffentlichkeit die Erfahrung machen würde, dass auf den Crash eine Korrektur folgt, würde das vielleicht stabilisierender wirken als die Erfahrung, dass ein potenzieller Crash durch die Unterbrechung des Handels vor ihr verborgen wird.

Ein weiteres Beispiel für die bewusste Einschränkung des Handels, um Blasen und ihr Platzen zu verhindern, sind die Vorschriften zum Leerverkauf. Wenn Shorten erlaubt ist, können Menschen, die eine negative Meinung haben, dieser Meinung am Markt Ausdruck verleihen und dadurch vermutlich dazu beitragen, dass sich Blasen gar nicht erst bilden. Doch solche Anleger können auch den Kollaps einer Blase beschleunigen, wenn sie versuchen, in einem fallenden Markt zu shorten. Die U.S. Securities and Exchange Commission verlangte von den Börsen lange Zeit, dass sie Leerverkäufe nur nach einem Uptick erlauben, also nur dann, wenn der vorherige Trade bei steigendem Kurs stattfand. In den Vereinigten Staaten wurde die Uptick-Regel im Jahr 2007 abgeschafft, also im Vorfeld der Finanzkrise, und dann 2010 teilweise wieder eingeführt. Andere Länder haben komplizierte Vorgeschichten, was die Legalität von Leerverkäufen angeht. Wir haben bereits festgestellt, dass einige Länder in den Jahren 2008 und 2009 vorübergehende Beschränkungen gegen das Shorten einführten, weil sie versuchen wollten, den Absturz ihrer Börsen zu dämpfen. China ließ früher überhaupt keine Leerverkäufe zu und machte dadurch seine Märkte besonders anfällig für aufkeimende Blasen, erlaubte sie aber 2010 in gewissem Maße.

Vielleicht besteht die beste Möglichkeit, die Märkte im Interesse der langfristigen wirtschaftlichen Stabilität zu stabilisieren, darin, sie breiter zu gestalten – so, dass möglichst viele Menschen so oft wie möglich handeln können. Dadurch vergrößert sich das Spektrum der Risiken, die an den Märkten gehandelt werden.

Da Spekulationsblasen massiv von Effekten der Mundpropaganda beeinflusst werden, von lokal wahrgenommenen Werten und Informationen sowie von patriotischen Gefühlen, ist es bei Anlegern aus dem Ausland normalerweise weniger wahrscheinlich, dass sie auf eine Blase aufspringen, als bei einheimischen Anlegern. Möglicherweise handeln sie sogar in einer Weise, die sie tendenziell ausgleicht. Zum Beispiel ergaben unsere Umfragen 1989, als der japanische Nikkei seinen Höhepunkt überschritt, dass der durchschnittliche institutionelle japanische Investor für das kommende Jahr mit einem Anstieg um 9,5 Prozent rechnete, während US-amerikanische institutionelle Investoren einen *Rückgang* des Nikkei um 7,7 Prozent erwarteten. Wer in Japan lebte, empfand den Markt aus gewissen Gründen ganz anders. Hätten US-amerikanische oder sonstige ausländische Anleger an den japanischen Märkten die ganze Zeit eine größere Rolle gespielt, wäre es vielleicht gar nicht zur Überbewertung des japanischen Marktes gekommen.[6] Allgemein gesprochen dürfte daher eine breitere Aufstellung von Märkten, die zur globalen Teilnahme ermutigt, häufig zur Folge haben, dass die disparaten Erwartungen einander ausgleichen und stabilere Marktpreise zustande kommen.

Wir sollten nicht davon ausgehen, dass Maßnahmen, die die Märkte von Tag zu Tag stabilisieren, gut sind. Wahrscheinlich sind plötzliche Preisänderungen nicht so schlimm für das wirtschaftliche Wohlergehen wie die langfristige Fortsetzung von Fehlbewertungen oder – schlimmer noch – die Entstehung einer Spekulationsblase, die später zu einem noch gravierenderen Crash führt.

Da Spekulationsblasen nun einmal auftreten, ist es im Endeffekt wahrscheinlich gut, dass sie irgendwann platzen. Man kann die Asienkrise 1997/1998, die durch den Rückzug globaler Investoren aus den asiatischen

Märkten ausgelöst wurde, so sehen, dass sie keine Krise im langfristigen Sinn war, sondern eine Plausibilitätsprüfung, die verhinderte, dass sich eine noch katastrophalere Spekulationsblase ausbildete. Insofern diese Krise die Menschen in Asien dazu anspornte, ihre Unternehmen und ihre Volkswirtschaften im Lichte der Kritik aus dem Ausland noch einmal zu überdenken, dürfte die Krise für diese Länder durchaus hilfreich gewesen sein.

Wenn die Ausweitung von Märkten auf die richtige Art erfolgt, kann sie Informationen über Fundamentaldaten in den Vordergrund rücken, indem sie das Interesse der Öffentlichkeit an langfristigen fundamentalen Gegebenheiten fördert und die Aufmerksamkeit von kurzfristigen Spekulationen ablenkt.

Karl Case und ich haben Häuserpreisindizes entwickelt, die als Grundlage für den Handel an Futures-Märkten fungieren sollen. Im Jahr 2006 verbesserte Standard & Poor's sie in Zusammenarbeit mit David Stiff und Linda Ladner von Fiserv, Inc. und führte sie als S&P/Case-Shiller Home Price Indices ein. Ebenfalls im Jahr 2006 rief die Chicago Mercantile Exchange (CME Group) Futures-Märkte auf diese Indizes für zehn US-amerikanische Städte sowie für die Vereinigten Staaten insgesamt ins Leben (siehe John Dolans homepricefutures.com). Diese Märkte gibt es immer noch, jetzt in Zusammenarbeit mit CoreLogic, Inc. Der Handel an diesen Märkten soll es Skeptikern ermöglichen, ihrer Ansicht am Markt Ausdruck zu verleihen, und könnte so die Immobilienpreise tendenziell stabilisieren oder zumindest die hohe Dynamik hemmen, die wir an diesen Märkten beobachten. Allerdings ist das Handelsvolumen an diesen Futures-Märkten bislang enttäuschend.

Michael Brennan hat vorgeschlagen, dass neue Märkte für „S&P 500 Strips" eingerichtet werden sollten, das wären Märkte für die künftigen Jahresdividenden aller im S&P 500 enthaltenen Unternehmen für einzelne Jahre, die weit in die Zukunft reichen würden. Es würde beispielsweise im Jahr 2005 einen Markt für die S&P-Dividenden im Jahr 2006, einen weiteren Markt für die Dividenden im Jahr 2007, wieder einen anderen für die Dividenden 2008 und Märkte für alle späteren Dividenden bis zu einem Zeithorizont von beispielsweise 20 Jahren geben und dazu noch einen Markt für den abschließenden Indexwert (sagen wir für 2025). Brennan argumentierte, solche Märkte würden „für Analysten einen Anreiz bilden, sich auf die Vorhersage solcher Fundamentaldaten [der künftigen Dividenden] zu konzentrieren [...] anstatt auf die bloße Prognose von Marktpreisen. Und da der Stand des Marktindex zu den Preisen der künftig ausgeschütteten Dividenden passen muss, würde die Beziehung zwischen diesen beiden Größen zudem die impliziten Annahmen offenbaren, die den Markt zu seiner Bewertung veranlassen. Diese Annahmen würden dann im Zentrum der

Aufmerksamkeit und der Debatten stehen."[7] An europäischen Börsen wurden in den letzten Jahren zwar einige Dividenden-Futures aufgelegt, aber ihre Wirkung reicht nicht, um Brennans Ziele zu erreichen.

Manchmal mag es den Anschein haben, als mache die Finanztechnologie nur langsam Fortschritte, doch die Geschichte zeigt, dass sich aus scheinbar langsamen Anfängen am Ende große wirtschaftliche Institutionen entwickeln können. Der Prozess, dass mit neuen institutionellen Formen experimentiert wird, stößt zwar auf viele Hindernisse und erleidet Rückschläge, aber wir sollten sie nicht als langfristige Probleme interpretieren. Irgendwann lernen wir, sie zu bewältigen. Das Tempo, in dem mit Finanzinstitutionen experimentiert wird und über Finanzinstitutionen geforscht wird, hat im Laufe der Jahrzehnte zugenommen und die fortgeschrittene Informationstechnologie, die breiter angelegte Datenbanken nutzt und die Kosten für neue Finanzdienstleistungen senkt, wird dabei immer ausgiebiger genutzt.

Die Allgemeinheit sollte Hilfe bei der Absicherung gegen Risiken bekommen

Um ein angemessenes Risikomanagement zu fördern, sollten die staatlichen Stellen mehr Wert auf die wirksame Absicherung gegen Risiken legen. Ich habe in diesem Buch dargelegt, dass sich die Menschen letztlich sehr von der gefühlten Kompetenz von Experten beeinflussen lassen – „die Experten sagen", „es heißt" –, und sie werden nur dann Risikomanagement betreiben, wenn die Experten sie dazu ermutigen.

Heutzutage preisen die Experten zwar normalerweise die Diversifizierung an, aber sie sagen nicht deutlich, was echtes Risikomanagement eigentlich bedeutet. Viele Menschen meinen immer noch, sie hätten alles getan, was sie können, wenn sie Aktien einer gewissen Anzahl von Unternehmen halten, die an der Börse ihres eigenen Landes notieren. Sie müssen aber noch breiter investieren – und um wirklich zu diversifizieren, müssen sie außerdem noch andere Risiken beachten.

Zusätzlich sollten neue Institutionen geschaffen werden, die es den Privatanlegern erleichtern, aus ihrem Engagement am Aktien- oder Immobilienmarkt auszusteigen. Die Institutionen, die wir bislang haben – Leerverkäufe, Indexfutures, Put-Optionen und auch Futures auf Häuserpreise –, sind nicht besonders nutzerfreundlich und die meisten Anleger machen davon keinen Gebrauch. Viele Anleger haben das Gefühl, als seien sie auf ihre Positionen festgelegt, weil ein Verkauf steuerliche Konsequenzen hätte und weil sie keine anderen Möglichkeiten finden, ihr Engagement zu verringern.

Die Menschen werden von Experten aufgefordert, sich klarzumachen, dass echte Diversifizierung bedeutet, die Risiken, an die sie sich bereits gebunden haben, auszugleichen.[8] Das bedeutet, sie sollten in Anlagen investieren, die als Versicherung für ihr Arbeitseinkommen wirken, deren Wert also tendenziell steigt, wenn ihr Arbeitseinkommen sinkt – oder die sich zumindest nicht in die gleiche Richtung bewegen. Dieses Ziel lässt sich heutzutage dadurch erreichen, dass man existierende Anlagen kauft, von denen man weiß, dass sie negativ (oder zumindest weniger positiv) mit dem konkreten Arbeitseinkommen korreliert sind.[9] Außerdem bedeutet echte Diversifizierung, in Vermögenswerte zu investieren, die das Kapital ihrer Eigenheime absichern, die also tendenziell steigen, wenn der Wert ihrer Häuser sinkt. Da das Arbeitseinkommen und der Wert des Eigenheims bei den meisten Menschen einen großen Teil des Vermögens darstellen, ist der Ausgleich der damit verbundenen Risiken eine entscheidende Funktion des Risikomanagements.

So habe ich beispielsweise 2008 in meinem Buch „Die Subprime-Lösung" vorgeschlagen, dass es einen alternativen Typ von Hypothekendarlehen geben sollte, den ich als Continuous-Workout-Hypothek bezeichne und der Hausbesitzern eine vorausgeplante Schuldumwandlung anbietet (der geschuldete Betrag sinkt, wenn die Immobilienpreise fallen), und zwar nicht fest geplant, sondern in ständiger Anpassung an die veränderten Bedingungen am Immobilienmarkt.[10] In Zusammenarbeit mit meinen Kollegen Rafał M. Wojakowski, M. Shahid Ebrahim und Mark B. Shackleton habe ich einige Einzelheiten solcher denkbaren neuen Hypothekendarlehen ausgearbeitet. Institute, die solche Darlehen vergeben, können ihre Risiken am Markt für Häuserpreis-Futures absichern.[11]

Im Risikomanagement von Unternehmen ist Hedging zwar eine altbewährte Praxis, aber dem Denken der meisten Menschen ist es immer noch fremd. Nur wenige Nichtprofis könnten heute überhaupt erklären, was es ist. Im öffentlichen Diskurs über Geldanlage fehlt die Diskussion über die Korrelation zwischen Anlagerenditen einerseits und Einkommen oder Häuserpreisen andererseits fast völlig.

Diese geistige Einstellung zu verändern ist schwer, weil die Allgemeinheit heute so viel in die herrschende Meinung und in die Auffassung investiert hat, man könne ein großes Vermögen anhäufen, indem man an der Börse oder in Immobilien investiert. Die Medien, die über private Geldanlage berichten, präsentieren meistens die Meinungen von Prominenten, die offenbar schon reich sind und die durchblicken lassen, ihre Ratschläge könnten einen ebenfalls reich machen. Zu dieser Fantasie würde es nicht passen, auf einmal über die profane Aufgabe zu sprechen, dass man den Wert der Vermögensgegenstände verteidigen soll, die man bereits besitzt. Häufig möchten die Medien und die Investment Community nicht riskieren, an diese

Fantasie vom Reichwerden zu rühren, denn sie haben ja gelernt, sie zu ihrem Vorteil zu nutzen. Solche Einstellungen lassen sich aber ändern, wenn es Meinungsführer auf sich nehmen, die notwendigen Änderungen der Denkweise zu betonen. Sobald die Menschen denken „es heißt“, ergreifen sie geeignete Maßnahmen, um ihr bestehendes Vermögen abzusichern, genauso wie sie heute routinemäßig ihr Haus versichern.

Maßnahmen zum Sparen und zur Altersvorsorge sollten realistisch auf Blasen ausgerichtet sein

Leider gehen viele Finanzberater von der Annahme aus, die Erwartungsrenditen der wichtigsten Anlageklassen seien im zeitlichen Verlauf konstant – das entspricht einfachen Modellen der Markteffizienzhypothese. Deshalb sprechen sie auch keine Warnungen aus, wenn Menschen ihre Spar- und Rentenplanung in Zeiten machen, zu denen die Märkte überbewertet sind.

Während eines Großteils des Millenniumbooms von 1982 bis 2000 und des Booms der Besitzergesellschaft von 2003 bis 2007 ging die private Sparquote in den Vereinigten Staaten zurück, während der Aktienmarkt stieg und während ab 1997 der Immobilienmarkt stieg, was den Menschen den falschen Eindruck vermittelte, sie bräuchten nicht zu sparen. Am Tiefpunkt des US-amerikanischen Aktienmarkts im Juli 1982 betrug die private Sparquote 12,0 Prozent des Einkommens. Als es im November 1996 erste Anzeichen dafür gab, dass der Immobilienboom anziehen könnte, war sie auf 5,8 Prozent gefallen. Auf dem Hoch, das der Aktienmarkt im Oktober 2007 vor der Finanzkrise überschritt (und in der Nähe des Höhepunkts des Immobilienmarkts), war sie auf 2,9 Prozent des Einkommens gefallen. Als dann sowohl die Aktien als auch die Immobilien steil fielen, erhöhten die Menschen natürlich ihre Sparquote rapide, obwohl es ihnen angesichts niedrigerer Einkommen und höherer Arbeitslosigkeit schwerer fiel zu sparen. Bis zum schlimmsten Punkt der Finanzkrise im März 2009 stieg die Sparquote wieder auf 8,1 Prozent.[12]

Dazu kam noch, dass die Verwalter von leistungsorientierten Rentenkassen ihre Pläne unterfinanzierten, weil sie dachten, die sagenhaften Aktienrenditen würden die Rentner, für die sie in Zukunft verantwortlich sein würden, großzügig versorgen. Wenn während eines Booms die Selbstzufriedenheit regiert, kommt man mit mangelhaft gedeckten Rentenplänen problemlos durch.

Die schmerzhaften Konsequenzen erlebten wir in den Jahren nach dem Platzen der Millenniumblase im Jahr 2000 und der Blase der Besitzergesellschaft im Jahr 2007. Die leistungsorientierten Rentenkassen waren massiv unterfinanziert, weil sie unbekümmert davon ausgegangen waren, die Finanzmärkte würden trotz des sehr hohen Kurs-Gewinn-Verhältnisses (insbesondere des CAPE) so gut laufen wie erwartet. Im Zuge der Selbstzufriedenheit, die während der Booms herrschte, wollten die Politiker auf kommunaler und höherer Ebene nicht über die Notwendigkeit von Steuererhöhungen sprechen, um die Rentenkassen aufzubessern. Auch die Gewerkschaften handelten aufgrund dieser Selbstzufriedenheit keine besseren Finanzierungen aus. Man ging davon aus, der fortgesetzte Anstieg des Aktienmarkts werde die geburtenstarken Jahrgänge, sobald sie in Rente gehen, großzügig versorgen und deshalb brauche man keine Vorkehrungen für die Finanzierung zu treffen. Das hatte katastrophale Folgen, denn als die Kommunalverwaltungen und die Regierungen der Bundesstaaten vor der Notwendigkeit standen, ihre Rentenkassen zu füllen, kürzten sie die Gehälter von Lehrern und Polizisten und verschlimmerten dadurch noch die Rezession, weil sie zum schlechtesten denkbaren Zeitpunkt mehr sparten.

Die U.S. Benefit Guaranty Corporation (PBGC), die der Kongress 1974 per Gesetz geschaffen hatte, damit sie einen Treuhandfonds als Absicherung für privat rentenversicherte Arbeitnehmer auflegen sollte, um zu verhindern, dass diese ihre Rente verlieren, wenn den Anbietern das Geld ausgeht, stand nach dem Ende des Booms der Besitzergesellschaft kurz vor dem Bankrott, wurde dann aber durch den Boom der neuen Normalität der Jahre 2009 bis 2014 gerettet. Ihre Probleme sind aber nach wie vor nicht gelöst, wenn die Börse nicht weiter steigt. In einem Finanzbericht für das Jahr 2013, den die PBGC 2014 veröffentlichte, verwendet sie ein Pension Insurance Modeling System (PIMS) und geht davon aus, dass die Pensionskassen im geometrischen Mittel eine Rendite von 6,1 Prozent erzielen, was angesichts der hohen Aktienbewertungen und der geringen Anleiherenditen unrealistisch hoch erscheint. Doch trotz der optimistischen PIMS-Annahmen in ihrem eigenen Bericht für 2013 warnte die PBGC, bei den derzeitigen Prämien würden ihre Zahlungen an Sammelstiftungen wahrscheinlich 2019 ausfallen und mit 90-prozentiger Wahrscheinlichkeit im Jahr 2025.[13]

Während ich dies im Jahr 2014 schreibe, sind die Börsenbewertungen sehr hoch, die Immobilienbewertungen steigen und es besteht die Gefahr, dass wir die gleichen Fehler wieder machen. Die private Sparquote in den Vereinigten Staaten wird zwar durch die Anreizpakete zur Ankurbelung der Wirtschaft gefördert, ist aber mit 4,8 Prozent nach wie vor niedrig. Sobald sich die Konjunktur vollständig erholt, muss sie wieder steigen. Sogar jetzt könnte die US-Regierung einen indirekten Beitrag zum Sparen leisten, indem sie öffentliche Infrastruktur-Konjunkturprogramme lanciert, die genau zur rechten Zeit kämen, denn sie könnte sich das Geld für ihre Finanzierung quasi zum Nullzins leihen.

Im Moment (2014) sparen die meisten Menschen nicht genug für ihre Zukunft und die Rentenfonds sammeln wahrscheinlich nicht genug neue Mittel an. Die Lehre, die Privatanleger zu diesem Zeitpunkt aus der sehr hohen Bewertung des Aktienmarkts ziehen sollten, besagt nicht, dass sie ihre Investitionen massiv zugunsten von Anleihen aus den Aktien herausziehen sollten, denn die Anleiherenditen sind ebenfalls sehr niedrig. Sie besagt vielmehr, dass sie sich nicht von den bisherigen Anlageerfolgen zu Selbstzufriedenheit verleiten lassen sollten und dass sie bedenken sollten, dass die Renditen, die wir in den letzten Jahren erlebt haben, wahrscheinlich keinen Bestand haben werden. Die Lehre für Regierungen besagt, dass sie Konjunkturprogramme auflegen und in öffentliche Infrastruktur investieren sollten, denn jetzt könnten sie sich zu Nullzinsen Geld für Investitionen in die Zukunft leihen.

Für die richtigen Maßnahmen gegen spekulative Volatilität werben

Die Probleme, mit denen die Entscheidungsträger dadurch konfrontiert sind, dass an spekulativen Märkten gelegentlich Blasen auftreten, sind tief greifend. Wenn sie Maßnahmen zur Bewältigung der Probleme formulieren, die durch solche Blasen verursacht werden, müssen sie das zunehmende Verständnis der Beschaffenheit solcher Blasen umfassend berücksichtigen. Leider ist diese so komplex und veränderlich, dass die Experten nicht hoffen dürfen, sie könnten beweisen, welche Rolle irgendeine Maßnahme dabei spielt, das Ziel des langfristigen wirtschaftlichen Wohlergehens zu erreichen.

Maßnahmen, die in die Märkte eingreifen, indem sie sie schließen oder beschränken, scheinen zwar unter ganz speziellen Umständen sinnvoll zu sein, aber wahrscheinlich sollten sie auf der Liste der Lösungen für Probleme, die durch Spekulationsblasen verursacht werden, nicht ganz oben stehen. Die spekulativen Märkte erfüllen wichtige Funktionen bei der Verteilung von Ressourcen (diesen Punkt halte ich für selbstverständlich und habe ihn in diesem Buch nicht genauer besprochen) und jeder Eingriff in die Märkte, um Blasen in den Griff zu bekommen, greift auch in diese Funktionen ein.

In einer freien Gesellschaft kann der Staat die Menschen nicht vor allen Folgen ihrer eigenen Fehler bewahren. Er kann die Menschen nicht vollständig beschützen, ohne ihnen die Möglichkeit zu verwehren, ihre persönliche Erfüllung zu finden. Und der Staat kann die Gesellschaft nicht vollständig vor den Auswirkungen von Wellen irrationalen Überschwangs *oder* irrationalen Pessimismus schützen – dies sind emotionale Reaktionen, die eben zum Menschsein gehören.

Maßnahmen gegen spekulative Volatilität sind ein bisschen wie Maßnahmen gegen politische Instabilität. Wir befürchten, eine Partei, die niedere Instinkte anspricht oder vorschnelle Urteile gutheißt, könnte die Macht übernehmen. Gegen diese Gefahr gehen wir jedoch nicht dadurch vor, dass wir in unruhigen Zeiten bestimmte politische Parteien verbieten oder ihre Aktivitäten anprangern. Vielmehr verlassen wir uns auf die vollständige Freiheit aller politischen Parteien, sich zu äußern, und erwarten, dass unter den Wählern am Ende der gesunde Menschenverstand die Oberhand behält. Dieses gute Ergebnis erzielen wir dadurch, dass wir die Regeln für Wahlkämpfe und Wahlen aufstellen und kontinuierlich verbessern.

Analog dazu sollte die Stoßrichtung landesweiter Maßnahmen zur Bewältigung von Spekulationsblasen dahin zielen, dass mehr freier Handel möglich wird und dass mehr Möglichkeiten für die Menschen geschaffen werden, Positionen an mehr und freieren Märkten einzugehen. Ein gutes Ergebnis kann hier dadurch erzielt werden, dass bessere Formen der Sozialversicherung sowie bessere Finanzinstitutionen geschaffen werden, damit die wahren Risiken besser gemanagt werden können. Das Wichtigste, was wir immer dann bedenken müssen, wenn wir an den Märkten Turbulenzen erleben: Von derart wichtigen Aufgaben sollten wir uns dadurch nicht ablenken lassen.[14]

Rede zur Verleihung des Alfred-Nobel-Gedächtnispreises für Wirtschaftswissenschaften: Spekulative Wertpapierpreise

Ich möchte diese Rede mit ein paar allgemeinen Gedanken zu den Determinanten der Preise langfristiger Anlagen beginnen, wie zum Beispiel von Aktienkursen oder Häuserpreisen: Was veranlasst diese Preise letzten Endes, sich von Zeit zu Zeit zu ändern, und wie können wir diese Änderungen interpretieren? Ich werde den Diskurs unserer Zunft über die Rolle betrachten, die Rationalität bei der Bildung solcher Preise spielt, den zunehmenden Trend zur Behavioral Finance beziehungsweise zur allgemeineren Verhaltensökonomie sowie die Tatsache, dass die Bedeutung alternativer psychologischer, soziologischer und epidemiologischer Faktoren für die Preisbildung zunehmend akzeptiert wird. Dabei befasse ich mich vor allem mit statistischen Methoden, mit deren Hilfe wir etwas über die Ursachen von Preisschwankungen am Aktien- und Immobilienmarkt erfahren können, sowie mit Belegen, die in den letzten Jahrzehnten zur Revolution der Behavioral Finance im Denken der Finanzwissenschaft geführt haben.

Dahinter steht die allgemeinere Absicht, die Verheißungen der Finanztechnologie zu beurteilen. In diesen Tagen ist viel populäre Skepsis gegenüber

---

Dies ist eine erheblich überarbeitete Fassung (19. Februar 2014) des Vortrags, den ich am 8. Dezember 2013 anlässlich der Verleihung des Alfred-Nobel-Gedächtnispreises für Wirtschaftswissenschaften gehalten habe, www.nobelprize.org/mediaplayer/index.php?id=1996.

finanziellen Institutionen unterwegs, nachdem sich die Finanz- und Wirtschaftskrise seit den schlimmsten Tagen des Jahres 2008 immer noch hinzieht. Ich möchte lieber die allgemeinen Zukunftsperspektiven des Finanzwesens betrachten als mich auf die aktuellen Notmaßnahmen zu konzentrieren, mit denen Symptome unserer derzeitigen Wirtschaftskrise opportunistisch bekämpft werden. Der Diskurs über die Rationalität der Märkte ist das Vorspiel zum Diskurs über Finanztechnologie, denn er untermauert unsere Auffassung von den Möglichkeiten, die diese neue Technologie bietet.

Am Ende komme ich zu dem Schluss, dass die Märkte bereits so auf die menschlichen Faktoren ausgelegt sind, dass sie bemerkenswert gut funktionieren. Und wenn wir die Psychologie besser verstehen, die zu Blasen und zu den damit verbundenen Problemen führt, können wir weitere Innovationen erfinden, dank deren die Märkte noch besser funktionieren.

Preisschwankungen, rationale Erwartungen und Blasen

Die Ideengeschichte der Finanzmärkte weist einen überraschenden Mangel an Übereinstimmung hinsichtlich einer ganz grundlegenden Frage auf: Was verursacht letztlich die vielen Schwankungen der Preise spekulativer Vermögenswerte wie Unternehmensaktien, Rohstoffe oder Immobilien? Man sollte doch meinen, eine derart grundsätzliche Frage sei schon längst überzeugend beantwortet worden. Doch die Antwort auf diese Frage lässt sich gar nicht so leicht finden.[1]

Gleichzeitig hat sich in anderen Kreisen weitgehend die Vorstellung durchgesetzt, dass die Märkte erheblich von der Psychologie angetrieben werden. Richard Thaler und ich sind seit 1991 Direktoren des Behavioral-Economics-Programms des National Bureau of Economic Research. Im Rahmen dieses Programms wurden Hunderte von Forschungsartikeln veröffentlicht, die größtenteils der allgemeinen Wahrnehmung der Rationalität an den Finanzmärkten widersprechen.[2]

Der Begriff „Spekulationsblase" wird oft leichtfertig benutzt. Zum ersten Mal wurde das Wort „Blase" zur Zeit der Mississippi-Blase, die 1720 endete, an den europäischen Börsen populär. Diese Zeit wird zwar oft als verrückt bezeichnet, aber ob diese Periode mit ausufernder Irrationalität am besten beschrieben ist, ist nach wie vor umstritten; siehe Garber (2000) und Goetzmann et al. (2013). Ich würde sagen, eine Spekulationsblase ist eine spezielle Art von Modeerscheinung oder sozialer Epidemie, die an spekulativen Märkten regelmäßig auftritt: keine wilde Orgie der Wahnvorstellungen, sondern eine natürliche Folge sozialpsychologischer Prinzipien, gepaart mit unvollkommenen Nachrichtenmedien und Informationskanälen. In der zweiten Auflage meines Buches „Irrationaler Überschwang" lieferte ich eine Definition von „Blase", die meiner Meinung nach die beste Verwendung des Begriffs darstellt:

> *„Eine Situation, in der Meldungen über Preisanstiege die Begeisterung der Anleger anheizen, die sich dann über psychologische Ansteckung von Mensch zu Mensch überträgt. Dabei verstärkt sie Geschichten, die den Preisanstieg rechtfertigen könnten, und bringt eine immer größere Klasse von Anlegern ins Spiel, die sich trotz ihrer Zweifel am wahren Wert der Anlage hineinziehen lassen, teils weil sie die anderen um ihren Erfolg beneiden, teils wegen der Begeisterung von Glücksspielern."*

Im Mittelpunkt meiner Definition stehen die epidemische Ausbreitung, die Emotionen der Anleger und die Natur der Medien, die Nachrichten und Informationen vermitteln. Meines Erachtens haben Blasen nichts mit der Verrücktheit von Anlegern zu tun, sondern vielmehr damit, dass die Anleger massenhaft von einer oberflächlich plausiblen Theorie über die gängige Bewertung zur anderen hin und her geschubst werden. Das lässt einen daran denken, dass ein guter Diskutant bei vielen Debatten beide Seiten vertreten kann und dass er – wenn der Diskutant auf der anderen Seite nicht so geschickt ist – das Publikum von beiden Seiten in erheblichem Maße überzeugen kann. Diskussionsgruppen in Colleges demonstrieren dieses Phänomen regelmäßig, und zwar tun sie dies, indem sie bestimmte Tatsachen weglassen und andere ausschmücken. Im Falle von Blasen wechselt die Rückkopplung der Preisänderungen von Zeit zu Zeit die Seiten, wenn – verursacht durch Preisanstiege – vermehrt an grundlegende Tatsachen erinnert wird, die ein Diskutant verwenden könnte, um die Blase zu verteidigen. Die Nachrichtenmedien beherrschen die Präsentation von Argumentationen noch besser als der durchschnittliche College-Debattierer.

Investment-Ideen können sich wie Epidemien ausbreiten. Traditionell interessieren sich Volkswirte nicht besonders für Epidemiologie, Soziologie, Sozialpsychologie oder Kommunikation und Journalismus und es kostet sie einige Mühe, solche fachfremden akademischen Traditionen in ihre Überlegungen einzubeziehen.

Leider besteht eine Spaltung in begeisterte Verfechter der Markteffizienz (die überzeugt sind, dass der Markt alle öffentlich verfügbaren Informationen exakt in sich aufnimmt, und die bezweifeln, ob Blasen überhaupt existieren) und in diejenigen, die von der Behavioral Finance überzeugt sind (und eher glauben, man könne Blasen und andere Phänomene, die der Markteffizienz widersprechen, nur verstehen, wenn man auf andere Sozialwissenschaften wie etwa die Psychologie zurückgreift). Ich vermute, einiges dieser scheinbaren Spaltung ist eine Illusion und rührt daher, dass es keine allgemein akzeptierte Definition des Begriffs „Blase" gibt. Diese Metapher könnte ja nahelegen, dass Spekulationsblasen immer plötzlich und unwiderruflich platzen, so wie es auch Seifenblasen ausnahmslos tun. Das wäre jedoch töricht, denn die Geschichte stützt die Vorstellung eines katastrophalen Platzens im Allgemeinen nicht. Dass in den Jahren 1929, 2000 und 2007 Börsenbooms so abrupt endeten, scheint zwar mit dieser Metapher in Einklang zu stehen, aber diese Blasen bliesen sich schon bald wieder auf (1933-1937, 2003-2007 und 2009 bis heute).

Ich glaube, dass die Möglichkeit des plötzlichen unwiderruflichen Platzens kein wesentlicher Bestandteil des allgemeinen Begriffs „Spekulationsblase" in dessen angemessener Verwendung ist. Die Metapher ist vielleicht irreführend: Sie deutet mehr Dramatik an, als in Wirklichkeit vorhanden ist, und vermittelt das Gefühl, die aktuellen Ereignisse seien einzigartig. Das könnte auch erklären, weshalb dieser Begriff so beliebt bei Journalisten ist, die um die Aufmerksamkeit der Leser buhlen. Genauso wie Reporter die Menschen gerne dadurch aufrütteln, dass sie berichten, ein Index habe ein weiteres Rekordhoch erreicht (ungeachtet der Tatsache, dass Rekordhochs recht oft vorkommen, vor allem da Reporter so gut wie nie eine Inflationsbereinigung vornehmen), so deuten sie auch gerne an, es stehe womöglich ein Zusammenbruch bevor, an den man sich noch viele Jahre lang erinnern wird.

Manchmal wünschte ich, wir hätten eine andere Metapher. Man könnte sich überlegen, sie durch den Begriff „Windhandel" zu ersetzen, der während der Tulpenmanie verwendet wurde (niederländisch ebenfalls „Windhandel"), des berühmten Aufstiegs und Falls der Tulpenpreise Anfang des 17. Jahrhunderts. Der Hinweis, dass bloß mit Luft gehandelt wird, scheint mir besser zu passen als die Andeutung einer fragilen Blase.

Interessanterweise berief sich auch James E. Rothman (2013) bei seiner Rede in der Nobelwoche in Stockholm 2013 auf Seifenblasen als Vergleich mit den Zellvesikeln, auf die sich seine mit dem Nobelpreis belohnten Forschungen beziehen. Er führte ein Video von zwei Seifenblasen vor, die aneinandergedrückt wurden und zur Überraschung der meisten von uns nicht platzten, sondern zu einer größeren Blase verschmolzen. Er erklärte, das könnten die Zellvesikel auch. Da fragte ich mich, ob man vielleicht sagen könnte, dass die Aktienblase und die Immobilienblase Anfang der 2000er-Jahre auf irgendeine Art zu einer größeren Blase verschmolzen, die etwa 2008 platzte und eine weitreichende Finanzkrise lostrat. Fantasievolles Denken macht Spaß und kann sogar anregend sein, aber wir dürfen es nicht zulassen, dass die Blasenmetapher oder irgendein anderer einfacher Vergleich unsere Modelle über die allerersten Anfänge hinaus bestimmt, denn jede Metapher erweist sich als unpassend, wenn man sie bis zu ihren absurden Schlussfolgerungen treibt.

Die Effizienzmarkthypothese

Eugene Fama war von Anfang an, bereits in seiner Dissertation, die er 1964 unter Merton Miller und Harry Roberts schrieb, der Meinung, man könne Aktienkurse nicht besonders gut vorhersagen. Er fand damals heraus, dass der durchschnittliche Korrelationskoeffizient zwischen den logarithmischen Preisänderungen der 30 im Dow Jones enthaltenen Aktien von Tag zu Tag von 1957 bis 1962 nur 0,03 betrug. Diesen Wert bezeichnete er als „wahrscheinlich sowohl für den Statistiker als auch für den Anleger bedeutungslos".[3] Im selben Jahr erschien „The Random Character of Stock Market Prices" von Paul Cootner, der hinsichtlich der Markteffizienz zu ähnlichen Schlussfolgerungen kam.

Die „Effizienzmarkthypothese", die im Allgemeinen Fama (1970) zugeschrieben wird, und die wissenschaftlichen Arbeiten, die dadurch angeregt wurden, besagt, die Preise besäßen eine rationale Grundlage in Form fundamentaler Gegebenheiten wie der optimalen Ertragsprognose oder Einschätzungen der Standardabweichung von Risikofaktoren, von denen Unternehmen betroffen sind. Die Theorie besagt weiter, da diese fundamentalen Faktoren rational determiniert seien, würden sie sich von Tag zu Tag vor allem aufgrund „echter", also neuer, Nachrichten ändern, die ja von Natur aus im Wesentlichen unberechenbar sind. Famas Arbeit trat in der Finanzwissenschaft eine Revolution der Markteffizienz los. Ich gehörte auch zu dieser Bewegung, als ich nicht einmal zehn Jahre später meine Dissertation (1972) über die Effizienz des Marktes für langfristige Anleihen schrieb.

Alternative Sichtweisen und die Vorhersagbarkeit von Renditen

Diese Schlüsse wurden vor dem Hintergrund gezogen, dass sich die Öffentlichkeit damals dank einer kräftigen Hausse in den Vereinigten Staaten für Spekulationsblasen interessierte: In den Jahren 1948 bis 1964 waren die Aktienkurse auf mehr als das Vierfache gestiegen. John Kenneth Galbraiths Bestseller „Der große Crash 1929: Ursachen, Verlauf, Folgen" beschrieb anschaulich die Torheiten des Booms der 1920er-Jahre und den darauf folgenden Kollaps und schloss, dass die „Chancen, dass wieder eine Spekulationsorgie stattfindet, recht gut stehen".[4]

Es folgte ein weiteres populäres Werk, „Manien, Paniken, Crashs" (1978) von Charles Poor Kindleberger, das eine ähnliche Methode anwendete und einen Bericht über Ereignisse in der Geschichte der Menschheit lieferte, verwoben mit Beschreibungen der menschlichen Torheit. Beide Autoren schrieben viele Jahre vor der Revolution der Behavioral Finance und keiner von ihnen griff in einem bedeutsamen Ausmaß auf wissenschaftliche Forschungen aus der Psychologie oder der Soziologie zurück. Das hatte zur Folge, dass ihre Arbeiten auf manche Leser substanzlos wirkten. Galbraith und Kindleberger waren zwar geachtete Wissenschaftler und die Geschichten in ihren Büchern waren oft fesselnd, aber viele waren der Ansicht, ihre Bücher besäßen nicht die gleiche wissenschaftliche Glaubwürdigkeit wie die sorgfältige Analyse von Daten, mit der die Theorie der Markteffizienz im Allgemeinen untermauert wurde – auch wenn sie wirklich provokativ waren.

Ob man die beiden einander anscheinend widersprechenden Ansichten miteinander versöhnen kann, ist eine Frage der richtigen statistischen Überprüfungen. Es stellte sich heraus, dass die scheinbar beeindruckenden Beweise für die Markteffizienz nicht unanfechtbar waren.

Modelle des erwarteten Zeitwerts der überschüssigen Volatilität

Die einfachste Version des Modells der Markteffizienz – die besagt, man könne Aktienkursbewegungen vollständig so auffassen, dass sie Informationen über die künftigen Dividendenausschüttungen widerspiegeln, deshalb gebe es nie einen guten oder schlechten Zeitpunkt, sich am Markt zu engagieren – hat als brauchbare Näherung für komplexere Modelle seit Beginn der Revolution der Markteffizienz die Vorstellungskraft der Gelehrten fest im Griff. Diese Version setzt die Preise mit den erwarteten künftigen Dividenden gleich, wobei die Erwartung durch die zum Zeitpunkt der Berechnung des Zeitwerts öffentlich verfügbaren Informationen bedingt ist und die Dividenden mit einem im zeitlichen Verlauf konstanten Diskontierungssatz abgezinst werden:

$$P_t = E_t \sum_{k=0}^{\infty} \frac{D_{t+k}}{(1+r)^{k+1}}.$$

Man kann dieses Modell der Markteffizienz unter anderem dadurch überprüfen, dass man eine Regression der Rendite zwischen t und t + 1, t = 1, ..., n über die zum Zeitpunkt t bekannten Informationsvariablen I_t, t = 1, ..., n durchführt. Solche Tests kann man häufig näherungsweise als Überprüfung der „Random-Walk-Hypothese" beschreiben, wonach die Preisänderungen rein zufällig und nicht vorhersagbar seien. Man akzeptiert das Modell der Markteffizienz, wenn die Koeffizienten der Informationsvariablen, die man verwendet, um die künftige Rendite oder die künftigen Preisänderungen vorherzusagen, nicht signifikant von null entfernt sind. Und selbst wenn man das Modell ablehnt, aber der vorhergesagte Anteil der Varianz an den Renditen gering ist, kommt man zu dem Schluss, es sei eine gute Näherung für die Realität.

Solche Tests und diverse analoge Tests der Markteffizienz finden sich in der Literatur reichlich. Es kann aber sein, dass solche Überprüfungen der ewigen Nichtvorhersagbarkeit von Renditen gegenüber der Alternative, die besagt, die Welt sei ausschließlich von vorübergehenden Moden und Marotten getrieben – ohne fundamentalen Grund für irgendeine Preisänderung –, nicht besonders gut standhalten, denn plausible Alternativen dieser Art implizieren auch, dass nur ein kleiner Bruchteil der Renditen von Monat zu Monat vorhersagbar sei (Shiller 1984, 1989; Summers 1986).

Viele Überprüfungen der Markteffizienz verwenden Tageskurse und da diese Werte so häufig auftreten, kann es sein, dass man Tausende Werte hat, obwohl sich die Daten nur über wenige Jahrzehnte erstrecken. Viele Menschen neigen zu dem Glauben, Hunderte Werte müssten vielen Daten entsprechen. Wenn man aber ein Modell der Markteffizienz von einer relevanten Alternative abgrenzen will, muss das nicht unbedingt eine große Datenmenge sein.

Wir könnten zum Beispiel versuchen festzustellen, ob eine Serie von Aktienkursen über eine bestimmte Zeit ein Random Walk ist oder ein über die Zeit stetiger autoregressiver Prozess erster Ordnung.[5] Im ersten Fall hat es für die künftigen Preisänderungen keine Vorhersagekraft, ob die Preise zu hoch oder zu niedrig sind. Im zweiten Fall müssten die Preise, wenn sie im Verhältnis zum Mittel zu hoch sind, letztendlich tendenziell wieder fallen (gewissermaßen platzt eine Blase, wenn auch nicht besonders plötzlich oder dramatisch). Doch kann es sein, dass die Tests sehr wenig für die Abgrenzung der beiden Modelle leisten, wenn die autoregressiven Parameter nahe genug bei eins liegen – selbst wenn man eine große Anzahl von Werten heranzieht, und selbst wenn man Tages- oder Minutenkurse nimmt. Wenn die Daten einen feststehenden Zeitraum abdecken, steigert die Erhöhung der Beobachtungsfrequenz – sogar bis an die Grenze der Stetigkeit – nicht die Leistungsfähigkeit eines der Modelle (Shiller und Perron 1985, Phillips und Perron 1988).

Im „Wissenschaftlichen Hintergrund" zum Wirtschaftsnobelpreis 2013 (Wirtschaftswissenschaftlicher Preisausschuss der Schwedischen Akademie der Wissenschaften) heißt es, die Ergebnisse der diesjährigen Preisträger würden bestätigen, dass man die Renditen spekulativer Anlagen über längere Zeiträume besser vorhersagen kann (in Bezug auf R-Quadrat). Das passt zu dem althergebrachten Rat, Anleger sollten Geduld haben, denn über kurze Zeiträume könnten sie keine soliden Renditen erwarten. Dies ist allerdings exakt das Gegenteil dessen, was man von einer Wettervorhersage erwartet, denn die morgige Temperatur können die Experten recht gut vorhersagen, aber gewiss nicht die Temperatur in einem Jahr.

Es leuchtet natürlich ein, wieso die Vorhersagbarkeit der Preisänderungen von Vermögenswerten, in die man investieren kann, in gewissem Sinne unwahrscheinlich sein sollte: Wenn man die Anlagerenditen von einem Tag auf den anderen in hohem Maße vorhersagen könnte, wäre es allzu leicht, beispielsweise innerhalb eines Jahres dadurch reich zu werden, dass man aufgrund solcher Vorhersagen handelt, aber wir wissen ja, dass es nicht leicht sein kann, durch solchen Handel viel Geld zu verdienen. Sims (1984) hat diese Auffassung in einem stetigen Zeitrahmen formalisiert, wobei er die „momentane Nichtvorhersagbarkeit" des Preises einer spekulativen Anlage als die Bedingung definierte, dass R-Quadrat der Vorhersage von Zeitpunkt t zu Zeitpunkt t + s gegen null geht, wenn s gegen null geht. Er zeigte unter gewissen Bedingungen der Regelmäßigkeit, dass dann, wenn die Preise momentan nichtvorhersagbar sind, einfache, auf schnellem Handel basierende Systeme unbegrenzte Gewinne erzielen könnten – was natürlich nicht der Realität entsprechen kann.

Berücksichtigen wir diese wesentlichen Gründe für den Zweifel daran, dass Renditen über kurze Zeithorizonte vorhersagbar seien, können wir es weder überraschend noch interessant finden, dass R-Quadrat in vielen Tests der kurzfristigen Markteffizienz so niedrig ist. Diese Tests sagen uns nur, was ohnehin auf der Hand liegt, und sie sagen nichts über die Rationalität von Märkten aus, was über die Tatsache hinausginge, dass sich die Menschen keine Chancen entgehen lassen, sehr schnell reich zu werden.

Ich habe dargelegt, dass eine alternative Art der Überprüfung, die auf der geschätzten Volatilität der Renditen beruht – Tests auf „Übervolatilität" –, gegenüber den bedeutenden Alternativen zur Markteffizienzhypothese mehr Aussagekraft hätte: Zuerst widerlegte ich für den Anleihemarkt das Erwartungsmodell der Zinsstruktur anhand von Zahlen aus den Vereinigten Staaten und Großbritannien (Shiller 1979) und dann widerlegte ich das einfachste Modell der Markteffizienz für den US-amerikanischen Aktienmarkt (Shiller 1981a).[6] Unabhängig davon verwendete Kenneth Singleton (1980) einen Variance-Bounds-Test, um das Erwartungsmodell der Zinsstruktur anhand von Zahlen aus den Vereinigten Staaten zu widerlegen, und Stephen LeRoy und Richard Porter (1981) widerlegten die einfache Effizienzmarkthypothese für den Aktienmarkt der Vereinigten Staaten. Außerdem wurden Variance-Bounds-Tests verwendet, um Effizienzmarktmodelle zu überprüfen, die auf dem abgezinsten Konsum basieren (Shiller 1982, Hansen und Jagannathan 1991). Effizienzmarktmodelle implizieren außerdem Begrenzungen der Kovarianz zwischen Anlagepreisen (Beltratti und Shiller 1993).

Diese Tests dürften gegenüber den bedeutenden Alternativen leistungsfähiger sein als Regressionstests einfacher Auffassungen von der Markteffizienz. Es stimmt durchaus, dass die gängigen Annahmen des Regressionsmodells, also der übliche t-Test des Koeffizienten einer Prognosevariable in einer Regression mit der Überrendite als abhängige Variable, bekanntermaßen Optimalitätseigenschaften haben.[7] Doch wenn man die Markteffizienz dadurch testet, dass man eine Regression der Überrenditen anhand von Informationsvariablen durchführt, macht man keinen Gebrauch von der Abbruchbedingung, dass alle Preisbewegungen durch Informationen über spätere Veränderungen der Fundamentaldaten gerechtfertigt sein müssen. Ich habe gezeigt (1981b), dass der Regressionstest nicht optimal ist, wenn man die behauptete Hypothese um diese Bedingung erweitert. Tatsächlich ist unter bestimmten extremen Annahmen hinsichtlich des Datenabgleichs ein einfacher F-Test anstelle eines Regressionstests in allen Fällen am leistungsfähigsten.[8]

Eine andere Überprüfung der Markteffizienz ist die Event-Studie, eine Analyse der Auswirkungen eines spezifischen Ereignisses (zum Beispiel eines Aktiensplits) auf den Preis einer Anlage in den Tagen vor und nach dem Ereignis. Dabei nimmt man viele verschiedene Beispiele für eine Ereignisart und stellt die zugehörige durchschnittliche Preisentwicklung dar. Dies ist analog zu einem Test der Signifikanz von Koeffizienten in einer Regression in einem Feld aus Zeitreihen der Tagesrenditen vieler Aktien anhand einer Scheinvariable, die den Tag darstellt, an dem eine bestimmte Art von Ereignis eintritt, und anhand von Scheinvariablen, die die Tage nach dem öffentlichen Bekanntwerden des Ereignisses darstellen. Die Markteffizienz wird hier dadurch getestet, dass die Signifikanz der Koeffizienten von Scheinvariablen getestet wird, die den Tagen nach dem Ereignis entsprechen. Die erste Event-Studie der wissenschaftlichen Literatur führte zwar bereits Dolley (1933) durch, aber wie der Wissenschaftliche Hintergrund zum Wirtschaftsnobelpreis 2013 festhält, wurde erst mit dem beeindruckenden Artikel aus dem Jahr 1969 von Eugene Fama, Lawrence Fisher, Michael Jensen und Richard Roll demonstriert, dass unter den Bedingungen eines Ereignisses tendenziell ein Mangel an konsistenten und bedeutenden weiteren Preisbewegungen herrscht, nachdem das Ereignis öffentlich bekannt geworden ist. Dolley war in seinem Artikel 1933 in die vielen Details über Aktiensplits vertieft und erwähnte die Effizienzmarkthypothese selbstverständlich nicht. Fama, Fisher, Jensen und Roll hingegen zeigten Belege für diese neu entwickelte und erweiterte Theorie auf, und zwar Belege, die man in einem Diagramm der Aktienrenditen vor und nach dem Ereignis auf beeindruckende Weise sehen konnte.

Aber auch hier haben die Effizienzmarkttests, die im Grunde auf Regressionstests hinauslaufen, nicht die Macht, uns zu sagen, ob es auch Blasen gibt, die sich auf die Preise auswirken – oder ob Blasen gar die hauptsächliche Komponente von Aktienkursbewegungen sind.

Man sollte die Widerlegungen durch Variance-Bounds-Tests ebenso wenig als korrekt, aber bedeutungslos abtun wie die Ineffizienzen, die die Literatur der Markteffizienz aufgedeckt hat, denn sie legen ja nahe, dass sich der größte Teil der Veränderungen des gesamten Aktienmarkts nicht durch Informationen über künftige fundamentale Gegebenheiten erklären lässt.

Gegen die Variance-Bounds-Tests meldeten sich reichlich Kritiker zu Wort und ich nahm es zunächst auf mich, einigen von ihnen zu antworten, indem ich auf Marsh und Merton (1986) sowie auf Kleidon (1986) reagierte (Shiller 1986, 1988). Doch der Umfang der Literatur wuchs über meine Antwortkapazitäten hinaus an und wechselte dabei auch signifikant die Richtung. Manche Entgegnungen bewegten sich in den abstrakten Bereich und warfen tief greifende Fragen der Erkenntnistheorie und der Philosophie der Logik auf.[9] Das Ergebnis dieser Debatte muss ich einem breiteren Konsens innerhalb der Zunft überlassen.

Ich fasste meine Artikel zu diesem Thema in dem Buch „Market Volatility" (1989) zusammen, als ich meine ökonometrischen Arbeiten über übertriebene Volatilität bereits weitgehend eingestellt hatte. Andere arbeiteten in dieser Richtung weiter und seither hat sich viel getan.

Visuelle Darstellungen der überschüssigen Volatilität und der Aktienmarkt als Prognostiker

Ebenso wie die Event-Studien viele Leser optisch davon überzeugten, dass die Effizienzmarkthypothese einiges für sich hat, indem sie Diagramme mit den Aktienkursen vor und nach einem Ereignis zeigten, so überzeugen einen, wenn auch auf andere Art, andere einfache Diagramme davon, dass die Aktienmärkte in Wirklichkeit doch nicht so effizient sind.

Abbildung A.1 ist die aktualisierte Fassung eines Charts, den ich in meinem Artikel 1981a gezeigt habe, was etwa ein Dritteljahrhundert her ist. Sie zeigt die reale Entwicklung des Aktienmarkts seit 1871 und dazu die Entwicklung des Gegenwartswerts der künftigen realen zu einem konstanten Diskontierungssatz abgezinsten Dividenden. Die dargestellten realen Aktienkurse sind diejenigen, die Standard & Poor's unter der Bezeichnung S&P Composite (ab 1957 S&P 500) veröffentlicht hat, bereinigt um den Verbraucherpreisindex der Vereinigten Staaten.

Nach dem Interesse zu schließen, auf das das Diagramm stieß, bildete es das Kernstück meines damaligen Artikels. Offenbar verstört ein einfaches

Diagramm oft mehr als eine formale Analyse. Es ist, also ob man eine Fotoreportage über ein historisches Ereignis betrachtet, anstatt einen chronologischen Bericht zu lesen: Sie wirkt unmittelbarer und regt zu intuitiven Vergleichen an.

Um diese Abbildung zu erstellen, habe ich die Barwerte der Dividenden für alle Zeitpunkte von 1871 bis 2013 aus den tatsächlichen späteren realen Dividenden anhand eines konstanten realen Abzinsungssatzes von r = 7,6 Prozent pro Jahr berechnet, was der realen durchschnittlichen historischen Rendite des Aktienmarkts seit 1871 entspricht. Dafür konnte ich, wie in meinem Buch (1989) erklärt, die von Standard & Poor's ab 1926 veröffentlichten Dividenden verwenden, die Alfred Cowles (1939) bis in das Jahr 1871 zurück ergänzt hat. Als ich die Originalfassung veröffentlichte, waren die Dividenden nach 1979 noch nicht bekannt, und zum jetzigen Zeitpunkt sind die Dividenden nach 2013 noch nicht bekannt.

Für meinen Vortrag im Jahr 2013 habe ich ebenso wie 1981 einige einfache Annahmen über die noch unbekannten über das Jahr 2013 hinausgehenden Dividenden getroffen. Diesmal habe ich dafür ein gängiges Modell für die Diskontierung von Dividenden verwendet, das Gordon Growth Model, und als Basis für die Prognosen der Dividenden nach 2013 die neuesten realen Dividenden 2013 des S&P 500 eingesetzt, und zwar unter zwei unterschiedlichen Annahmen bezüglich der Dividenden nach 2013. Das eine Mal nahm ich an, die realen Dividenden würden ab der letzten bekannten Dividende 2013 weiterhin mit der durchschnittlichen Wachstumsrate der letzten zehn Jahre steigen, also um 5,1 Prozent im Jahr, woraus sich für 2013 ein P* von 1.292 ergibt. Das andere Mal ist die Berechnung die gleiche, nur dass ich als Wachstumsrate der Dividenden nach 2013 das geometrische Mittel der durchschnittlichen Wachstumsrate der letzten 30 Jahre genommen habe, also 2,5 Prozent im Jahr. Dadurch ergibt sich für 2013 ein P* von 669. Man kann beide Werte mit dem realen Marktwert des S&P 500 im Laufe des Jahres 2013 vergleichen, der von 1.494 bis 1.802 reichte.[10]

Abbildung A.1 Der reale S&P Composite Stock Price Index sowie zwei Zeitwerte der künftigen realen auf den Index anfallenden Dividenden bei konstantem Abzinsungssatz, 1871 bis 2013

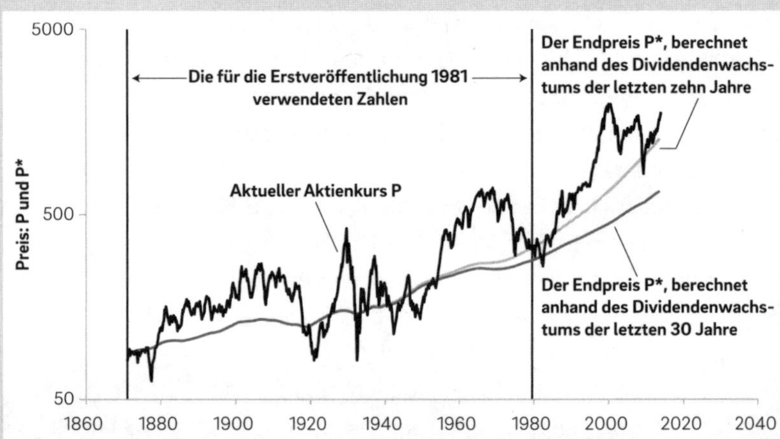

Die beiden Barwerte unterscheiden sich hinsichtlich des nach 2013 angenommenen Dividendenwachstums.

Sollten wir lieber das reale Dividendenwachstum der letzten zehn Jahre verwenden als das der letzten 30 Jahre oder über einen anderen Zeitraum? Die 10-Jahres-Zahlen sind zwar aktueller, aber historisch gesehen sind zehn Jahre eine kurze Zeit und die Jahre 2003 bis 2013 waren ungewöhnlich, sie begannen mit den Nachwehen der Rezession 2001 und beinhalteten die schwerste Finanzkrise sowie die größten Konjunkturprogramme seit der Großen Depression. Vernünftige Menschen finden sicherlich Gründe, anderer Meinung zu sein. Und was noch schlimmer ist: Es gibt keine objektive Möglichkeit, Dividenden auf Jahrzehnte hinaus vorherzusagen. Deshalb stelle ich hier beide Möglichkeiten dar, um ungefähr zu verdeutlichen, wie ungewiss die künftigen Dividenden heute sind und wie schwer es fällt, sich vorzustellen, der Markt „kenne" irgendwie die richtige optimale Prognose.

Die Darstellung zweier verschiedener P*-Serien zeigt zwar deutlich, dass hinsichtlich des Gegenwartswerts der Dividenden nach 2013 erhebliche Unsicherheit besteht, jedoch sehen wir vom heutigen Standpunkt, dass der Gegenwartswert der auf frühere Jahre bezogenen künftigen Dividenden gar nicht so sehr geschwankt hat. Von früheren Jahren aus gesehen, beispielsweise von 1980 aus, liegt das Jahr 2013 so weit in der Zukunft und die Abzinsung ist derart groß, dass sich aus einer breiten Spanne von möglichen Dividenden-Werten für das Jahr 2013 keine großen Unterschiede für P* ergeben.

Das Frappierende ist, dass der Zeitwert der Dividenden unter beiden Annahmen (und in der hier gewählten logarithmischen Darstellung) sehr große Ähnlichkeiten mit einer stetigen exponentiellen Wachstumskurve hat, während der Aktienmarkt stark um diese Linie herum oszilliert. Im Jahr 1981 fragte ich: Wenn es so ist, wie die Effizienzmarkthypothese sagt, und der tatsächliche Aktienkurs zu jedem Zeitpunkt die optimale Prognose für den Barwert zum betreffenden Zeitpunkt ist, wieso ist dann der Aktienmarkt so volatil?

Verschiedene Menschen reagieren auf diese Abbildung wohl unterschiedlich, aber eine gängige Reaktion besagt, das Effizienzmarktmodell $P_t = E_t(P_t^*)$ scheine hier nicht plausibel zu sein. Warum springt der Preis so sehr hin und her, wenn der Wert, dem er folgt, ein so einfacher Trend ist? Dabei ist es ja nicht so, dass P_t im zeitlichen Verlauf immer gleichmäßiger erscheinen sollte als P_t^*, denn es fügt sich in das Modell, dass es plötzliche Preisbewegungen geben kann, wenn bedeutsame neue Informationen über feine Änderungen des Trends bekannt werden. Man sollte aber auch meinen, dass solche bedeutsamen neuen Informationen nur selten auftreten dürften – wenn man den gleichmäßigen Charakter der Dividenden betrachtet.

Um das Problem zu sehen, das sich hier für die Effizienzmarkthypothese stellt, stellen Sie sich vor, die als P_t^* bezeichnete Zeitreihe wäre nicht der Preis, sondern die Lufttemperatur, und P_t wäre die Vorhersage eines Meteorologen für die Temperatur am Tag t. Dann könnten wir auf die Idee kommen, diesen Meteorologen als wahnsinnig zu bezeichnen. Zwar bekommen Prognostiker am Aktienmarkt kein direktes Feedback auf Vorhersagefehler, aber trotzdem sollten sie es vermeiden, ihre Prognosen dauernd nach oben und unten anzupassen, außer wenn wirklich neue Informationen bekannt werden – und das war eindeutig nicht der Fall, jedenfalls keine Informationen über etwas, das in der Börsengeschichte tatsächlich passiert wäre.

Etwas sehr Grundlegendes, was diese Abbildung offenbart, ist die Tatsache, dass das Modell, wonach die Menschen im Prinzip die Zukunft kennen würden – ein Modell, das häufig als Näherung angeboten wird –, in allen Zeiträumen extrem falsch ist. Manche haben vorgeschlagen, die niedrigen Aktienkurse während der Großen Depression der 1930er-Jahre seien dadurch gerechtfertigt, dass die Menschen rational die Beeinträchtigung der künftigen realen Dividenden durch die Depression gesehen hätten. Doch in Wahrheit waren die auf die schlimmste Zeit der Börsendepression – das Jahr 1932 – bezogenen späteren Dividenden keineswegs lange genug tief genug, um P_{1932}^* deutlich nach unten zu drücken. Noch nie hat etwas je die realen Dividenden sehr lange um mehr als ein paar Prozent von ihrem langfristigen Wachstumstrend abgebracht.

In meinem ursprünglichen Artikel (1981a) habe ich die Zahlen um den Trend bereinigt – zu sehen in einer Darstellung des Diagramms in den Unterlagen zum wissenschaftlichen Hintergrund, die auf der Website der Nobel-Stiftung eingestellt wurden –, weil ich es für vernünftig hielt anzunehmen, die Menschen würden den Trend kennen. Unter dieser Annahme impliziert das Modell der Markteffizienz, dass die Varianz um den Trend für P kleiner sein muss als für P*, was in Abbildung A.1 ganz einfach nicht der Fall ist. Allerdings reagierten viele Kritiker meines Artikels negativ auf die Annahme, der Trend sei im Prinzip bekannt.

Im Allgemeinen besagte die Kritik, es gebe immer irgendeinen Grund zu der Annahme, der Verlauf der Dividenden würde irgendwann deutlich von seinem historischen Wachstumspfad abweichen, die Anleger würden ständig neue Informationen über diese Möglichkeit bewerten und das sei selbst dann rationales Verhalten, wenn der Wachstumspfad der Dividende nie weit von einem Trendverlauf abweicht. Dahinter steht die Annahme, alle Schwankungen würden aus echten Informationen über die bekannten, als „schwarze Schwäne" bezeichneten Ausreißer-Ereignisse resultieren, die über den Zeitraum von mehr als einem Jahrhundert hätten eintreten können, aber nun mal nicht eingetreten sind. Manchmal bezog sich die Kritik auf die Möglichkeit, dass die Dividendenreihe eine Einheitswurzel haben könnte, sodass der scheinbar gleichmäßige Trend nur ein zufälliges Ergebnis wäre, das sich in Zukunft vielleicht nicht fortsetzt.[11]

Die Unsicherheit bezüglich des Gegenwartswerts der Dividenden nach 2013, die in Abbildung A.1 zu sehen ist, weist auf ein bedeutendes Problem hin. Diese Unsicherheit bezüglich der künftigen Dividenden muss ja zu allen Zeitpunkten der Geschichte bestanden haben. Es gibt immer Faktoren oder prominente Theorien, auf die sich kreative Geister berufen können und die für die künftigen Dividenden eine höhere oder niedrigere Wachstumsrate vermuten lassen.

Als Beispiel: Können wir eine zur Effizienzmarkthypothese passende Story erzählen, weshalb der Aktienmarkt während der Großen Depression so niedrig stand? Der Gegenwartswert der künftigen Dividenden war während der Depression nicht besonders niedrig, aber vielleicht dachten die Menschen ja wegen der damals kursierenden Theorien, er sei niedrig. Oder sie dachten vielleicht, der Staat würde irgendwann den Aktienmarkt ohne Entschädigung verstaatlichen. Man könnte behaupten, es sei nicht offenkundig irrational und nicht verrückt, an solche Geschichten zu glauben. Aber wieso kommen dann solche Storys von Zeit zu Zeit auf, verursachen Marktschwankungen und verschwinden dann wieder?

Variationen des Barwertmodells

Natürlich ist es, wie bereits erwähnt, für die grundlegende Auffassung der Markteffizienz nicht notwendig, dass der Diskontierungssatz konstant ist oder dass die Renditen nicht vorhersehbar sind. In einer allgemeineren Formulierung der Markteffizienz dürfte der Diskontierungssatz von dem im zeitlichen Verlauf veränderlichen Zinssatz der einzelnen Perioden abhängen:

$$P_t = E_t(P_t^{*r}) = E_t \sum_{k=0}^{\infty} \prod_{j=0}^{k} \frac{1}{(1 + r_{t+j} + \varphi)} D_{t+k}.$$

In einem anderen Modell, das von LeRoy (1973) und Lucas (1978) vorgeschlagen und von Grossman und Shiller (1981) sowie von Hansen und Singleton (1983) entwickelt wurde, könnte er vom Konsum abhängen, wobei man die Grenzrate der Substitution zwischen dem Konsum der aufeinander folgenden Perioden als Diskontierungssatz verwenden könnte:

$$P_t = E_t(P_t^{*C}) = E_t \sum_{k=0}^{\infty} \prod_{j=0}^{k} M_{t+j} D_{t+k},$$

wobei gilt: M_t ist die Grenzrate der Substitution des Konsums von t auf t + 1, was sich (unter der Annahme einer konstanten relativen Risikoaversion A) als $\rho(Ct/Ct+1)^A$ ergibt, wobei C_t der reale Pro-Kopf-Konsum zum Zeitpunkt t ist.

Abbildung A.2 zeigt die tatsächlichen Aktienkurse in den Vereinigten Staaten und die Aktienkurse, die sich aus Prognosen aufgrund perfektem Vorwissen anhand aller drei Maßstäbe ergeben.[12] Auch diese Abbildung zeigt deutlich, dass es kaum Übereinstimmung zwischen den laut einem dieser Maßstäbe ex post rationalen Aktienkursen und den tatsächlichen Aktienkursen gibt. Die Menschen verhielten sich also bei der Festlegung der Aktienkurse nicht so, als würden sie die Zukunft dieser Variablen kennen und auf dieses Wissen rational reagieren. Und wenn man dann noch annimmt, dass sie die Zukunft in Wirklichkeit gar nicht kannten, muss man sich wirklich fragen, wieso sich die Aktienkurse im Laufe der Zeit so stark wie die aus perfektem Vorauswissen resultierenden Preise oder noch stärker geändert haben.

Abbildung A.2 **Realer S&P Composite Stock Price Index und drei Zeitwerte der künftigen auf den Index anfallenden Dividenden, 1871 bis 2013**

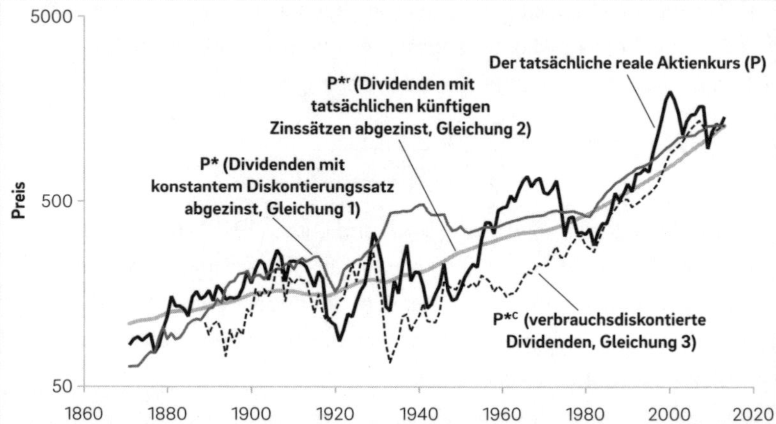

Alle drei Zeitwerte gehen davon aus, dass sich das reale Dividendenwachstum von 2003 bis 2013 nach dem Jahr 2013 ewig fortsetzen wird. Die drei Zeitwerte unterscheiden sich nur hinsichtlich der angenommenen Zeitreihe der Abzinsungssätze voneinander.

Es wird ständig versucht, das konsumbasierte Modell so zu verändern, dass es besser passt – siehe Campbell und Cochrane (1999) und Lars Peter Hansens Nobel-Rede (2013) –, aber bislang gibt es noch kein Modell, das man in Abbildung A.2 als inspirierende Bestätigung der Markteffizienzhypothese auffassen könnte.

John Campbell und John Ammer (1993) nahmen eine Varianzzerlegung (anhand des von Campbell 1991 skizzierten Konzepts) von unerwarteten Überrenditen anhand von Zeitreihenmodellen und Nachkriegszahlen aus den Vereinigten Staaten vor. Die Zerlegung basiert auf der Linearisierung der Zeitwert-Relation, die Campbell und Shiller (1988b) verwendeten. Es lässt sich zeigen, dass die Innovation des Erwartungswerts, der Überrendite E_{t+1} - E_t zum Zeitpunkt t + 1 bei einer risikolosen Verzinsung von e_{t+1} und bei Stationarität als Abbruchbedingung eine Tautologie ergibt, weil sie die Summe dreier Innovationen ist:

$$e_{t+1} - E_t e_{t+1} = (E_{t+1} - E_t)\left\{\sum_{j=0}^{\infty} \rho^j \Delta d_{t+1+j} - \sum_{j=0}^{\infty} \rho^j r_{t+1+j} - \sum_{j=1}^{\infty} \rho^j e_{t+1+j}\right\}.$$

Anhand dieser Zerlegung und eines vektorautoregressiven Modells in Differentialdarstellung unter Verwendung der Aktienmarktrenditen seit dem Zweiten Weltkrieg fanden Campbell und Ammer heraus, dass die Innovationen der Überrendite eine zwei- bis dreimal so hohe Standardabweichung aufweisen wie die Innovationen des künftigen Dividendenwachstums. Somit wurden die Schwankungen des Gesamtmarkts von Schwankungen der vorhergesagten künftigen Renditen geprägt und nicht von Meldungen über künftige Dividenden, die an die Anleger ausgeschüttet werden sollten.[13]

Interpretationen der Vorhersagbarkeit von Renditen

Die Soziologen bieten eine mögliche Interpretation dieser Ergebnisse, in der sich ein Denkgebäude niederschlägt, das mehr als 100 Jahre zurückreicht. Der Markt schwankt, wenn der Hauch der Geschichte zu verschiedenen Zeiten verschiedene Geisteshaltungen hervorruft – jeweils einen anderen *Zeitgeist*. Émile Durkheim (1893) sprach von dem „kollektiven Bewusstsein", das die gemeinsamen Überzeugungen, Einstellungen und moralischen Urteile umfasst, die eine historische Periode prägen. Maurice Halbwachs (1925) sprach vom „kollektiven Gedächtnis", also einer Ansammlung von Tatsachen, an die man sich zu einem gegebenen Zeitpunkt allgemein erinnert, die aber vergessen werden, wenn die mündliche Weitergabe und die aktiven Medien die Erinnerung nicht mehr aufrechterhalten. Medien haben die Neigung, ihre Storys auf Ideen zurechtzubiegen, an denen gerade allgemeines Interesse besteht, anstatt sinnvolle Fakten zu vermitteln, für die sich die Leser aber nicht mehr interessieren.[14] Sicherlich wirkt sich das schlichte Vergessen vergangener Erlebnisse auf die populären Urteile aus. Wie viele Menschen könnten wohl heute noch irgendetwas über die Finanzpanik von 1907 berichten oder über den Immobilienboom der 1940er-Jahre? Hätte man damals irgendjemanden auf der Straße angesprochen, hätte man ohne Weiteres einen Bericht darüber zu hören bekommen, aber heute müsste fast jeder eingestehen, dass er davon keine Ahnung hat. Wenn sich eine Blase aufbaut, ist es ganz natürlich, dass manche Tatsachen wegfallen und andere ausgeschmückt werden (wie bei der Strategie erfolgreicher College-Diskutanten), weil das kollektive Gedächtnis nachlässt, wenn die Medien und die allgemeinen Unterhaltungen die Erinnerungen nicht mehr verstärken, und weil andere Faktoren durch Storys verstärkt werden, die von Marktereignissen ins Leben gerufen wurden.

Es ist wohl kaum glaubhaft, dass spekulative Preise effektiv von sämtlichen Informationen über die Wahrscheinlichkeiten künftiger Dividenden Gebrauch machen. Viel plausibler ist, dass sich in den Preisänderungen des Gesamtmarkts unstetige Wahrnehmungen niederschlagen: Veränderungen, auf die Keynes mit dem Begriff „animalische Instinkte" verwies und die das Denken sogar der Vertreter des sogenannten „Smart Money" infizieren. Keynes nahm dies schon 1921 in seiner Abhandlung „Über Wahrscheinlichkeit" vorweg, wo er schrieb, Wahrscheinlichkeiten seien nicht in dem Sinne messbar, von dem die Entscheidungstheorie ausgeht, sondern es bestünden immer Mehrdeutigkeiten. Er schrieb, wegen dieser grundsätzlichen Mehrdeutigkeit gebe es bei Finanzgeschäften unweigerlich eine „gewisse Willkür".[15] Wichtige Entscheidungen würden eher spontan als kalkuliert getroffen. Man habe vielleicht Wahrscheinlichkeiten berechnet, sei aber normalerweise von seinen eigenen Berechnungen nicht vollständig überzeugt und richte sich nach seinem Bauchgefühl.

In einem meiner ersten Artikel über Behavioral Finance mit dem Titel „Stock Prices and Social Dynamics" (1984) schlug ich noch ein anderes Modell für den erwarteten Zeitwert vor, das man als Modell für Aktienkurse in Betracht ziehen könnte, allerdings können wir es im Gegensatz zu den drei oben erklärten und dargestellten Barwertmodellen nicht bis in das Jahr 1871 zurück darstellen, weil es von einem zeitlich variablen Faktor abhängt, der sich nicht objektiv quantifizieren lässt, jedenfalls vorläufig noch nicht. Ich habe zwar versucht, einen solchen Marktfaktor mithilfe von Erhebungen unter Privatanlegern und institutionellen Anlegern zu bestimmen, aber das tue ich erst seit 1989. Es gibt zwar noch andere Umfragen zur Anlegerstimmung, aber ihre Ergebnisse sind nicht gerade definitiv. Die Umfragen unter privaten und institutionellen Investoren, die ich 1989 begonnen habe[16], sowie die gemeinsamen Umfragen mit Karl E. Case unter Hauskäufern ab 1988[17] werden von der Yale School of Management fortgeführt.

Vor 30 Jahren nannte ich diesen noch nicht gemessenen Faktor „Nachfrage nach Aktien vonseiten durchschnittlicher Anleger", aber heute möchte ich ihn als animalischen Instinkt oder A_t bezeichnen. A_t stellt die Nachfrage nach Aktien pro Anzahl umlaufender Aktien zum Zeitpunkt t seitens aller dar, die nicht zum Smart Money gehören, also von Menschen, die nicht wirklich darauf achten, die nicht systematisch vorgehen, die kein Research betreiben, die sich von zufällig aufgeschnappten Informationen hin und her schubsen lassen. Das ist sicherlich die Mehrheit der Anleger und nehmen wir, um das Modell ins Extreme zu treiben, an, ihre Meinungen würden ausschließlich wechselnde Moden und Marotten darstellen, leeres Gerede, und Überreaktionen auf irrelevante Nachrichtenmeldungen. A_t verhält sich im zeitlichen Verlauf wahrscheinlich träge, denn normalerweise ändern nicht alle Menschen massenhaft und prompt ihre Meinung.

Dahinter steht der Kerngedanke, dass es auch Anleger gibt, die zum Smart Money gehören und die sich keine Illusionen machen, die bei Investitionen am Aktienmarkt aber umsichtig vorgehen müssen. Sie müssen nicht nur deshalb mit Bedacht vorgehen, weil die künftigen Dividenden nicht mit Sicherheit bekannt sind, sondern auch weil die Durchschnittsanleger in gewissem Maße unberechenbar sind und ihr launisches Verhalten Preisänderungen hervorrufen könnte, die dem Smart Money Verluste bescheren könnten, wenn es zu viel in den Markt investiert. Für die Investoren, die das Smart Money darstellen, kommen ständig Informationen über wahrscheinliche künftige Werte von A_t herein, die wie alle wahrhaft neuen Informationen im zeitlichen Verlauf unkorreliert und unvorhersehbar sind. Ich ging davon aus, dass die Nachfrage nach Aktien pro Anzahl der Aktien seitens des Smart Money der von ihm erwarteten Überrendite des Aktienmarkts über eine risikolose Rendite r hinaus entspricht, die ich der Einfachheit halber als konstant betrachte, und die Differenz wird durch einen konstanten Risikofaktor φ geteilt. Diese beiden Nachfragen – die Nachfrage durch die Durchschnittsanleger und die Nachfrage durch das Smart Money – müssen zusammen eins ergeben, damit die Märkte geräumt werden. Die Auflösung des Modells rationaler Erwartungen, das sich daraus ergibt, liefert uns ein viertes Modell für den Gegenwartswert:[18]

$$P_t = E_t(P_t^{*A}) = E_t \sum_{k=0}^{\infty} \frac{1}{(1+r+\varphi)^{k+1}} (D_{t+k} + \varphi A_{t+k}).$$

Wenn $\varphi = 0$, ist das Smart Money vorherrschend, dann reduziert sich das Ganze auf Gleichung (1). Geht φ gegen unendlich, fällt das Smart Money heraus, die Gleichung reduziert sich auf $P_t = A_t$ und die Durchschnittsanleger bestimmen vollständig den Preis. Das Interessante daran ist der Bereich dazwischen. In diesem Zwischenbereich ist der Preis im Einklang mit der Effizienzmarkthypothese womöglich selbst dann von Tag zu Tag oder von Monat zu Monat schwer vorhersehbar, wenn die animalischen Instinkte die breiten Bewegungen von P_t dominieren. Lange, langsame Ausschläge von A_t können lange, langsame Ausschläge der Aktienkurse verursachen (vielleicht die mehrjährigen Haussen und Baissen), obwohl die täglichen Aktienkursbewegungen im zeitlichen Verlauf fast nicht korreliert sind. Der Preis reagiert auf Nachrichten über die animalischen Instinkte, nicht nur auf Nachrichten über die künftigen Dividenden. Dann kann es sein, dass die Event-Studien, die wie oben erklärt überprüfen, wie der Markt im zeitlichen Verlauf auf Nachrichten über Ereignisse wie etwa Aktiensplits und dann auf ihr Eintreten reagiert, die Markteffizienz wunderbar stützen, denn ein Großteil der Auswirkungen von Ereignissen auf die Dividenden und auf die animalischen Instinkte wird dann in den Kurs eingepreist, sobald das Ereignis für das Smart Money zur Nachricht wird, und nicht sobald das Ereignis tatsächlich eintritt.

Es gibt noch ein weiteres Argument, das häufig zugunsten der Markteffizienz angeführt wird, und zwar das Argument, ein Modell wie Gleichung (4) mit mittlerem φ könne kein stabiles Gleichgewicht wiedergeben, weil das Smart Money ja immer reicher und reicher und reicher werden würde und am Ende den Markt übernehmen würde, sodass φ gegen null gehen würde. Doch in Wirklichkeit passiert dies normalerweise deshalb nicht, weil es einen natürlichen Kreislauf der Anlegerkompetenz gibt: Die Menschen, die das Smart Money darstellen, fangen normalerweise nicht mit großen Geldbeträgen an und es dauert Jahre, bis sie so viel angesammelt haben, dass sie den Markt beeinflussen können. In dieser Zeit werden sie entweder alt und setzen sich zur Ruhe oder sie verlieren rationalerweise das Interesse, in Verfolgung ihres Vorteils zu arbeiten, sobald sie wohlhabend genug sind, um bequem weiterleben zu können. Der Markt ist dann immerhin so effizient, dass der Vorteil, den man daraus bezieht, ihn zu schlagen, hinreichend klein und ungewiss ist und dass sich die Anstrengungen hinreichend langsam auszahlen, damit die meisten klugen Menschen ihr Leben lieber Dingen widmen, die ihnen persönlich wichtiger sind. Sie wollen zum Beispiel ein Unternehmen leiten, den Doktor in Finanzwissenschaft machen oder anderen Aktivitäten nachgehen, die Spaß machen, und überlassen den Markt weitgehend den Durchschnittsanlegern. Prinzipiell können die Anleger, die das Smart Money darstellen, während der normalen Lebensarbeitszeit nicht so viele Erfolgserlebnisse ansammeln, dass sie den Durchschnittsanlegern beweisen würden, dass sie ihr Geld effektiv managen könnten: Es dauert zu viele Jahre und es herrscht zu viel fundamentale Unsicherheit, als dass sie das zuverlässig schaffen könnten, und bis sie es sich selbst bewiesen haben, haben sie womöglich schon den Willen oder die Fähigkeit verloren, damit weiterzumachen (Shiller 1984, Shleifer und Vishny 1997).

Einzelne Aktien

Diese Schlüsse bezüglich des Marktes als Ganzes lassen sich allerdings nicht vollständig auf einzelne Aktien übertragen. Paul Samuelson hat einmal geschrieben, die Märkte seien

> *„mikro-effizient, aber makro-ineffizient. Das heißt, die Preisänderungen einzelner Aktien werden von konkreten neuen Informationen über spätere Dividenden beherrscht, aber die Veränderungen des gesamten Aktienmarkts werden von Blasen beherrscht.“*[19]

Tuomo Vuolteenaho (2002) kam mit ähnlichen Methoden wie Campbell und Ammer zu dem Schluss, dass bei einzelnen Aktien die Varianz von Nachrichten über die Erwartungsrendite ungefähr die halbe Varianz von Nachrichten über Zahlungsströme beträgt. Bei den marktbereinigten logarithmierten Renditen einzelner Aktien (logarithmierte Rendite minus logarithmierte Querschnittsrendite) beträgt die Varianz von Meldungen über die Erwartungsrendite nur ein Fünftel der Varianz von Meldungen über Zahlungsströme. Solche Blasen und ihr Platzen können auf die Renditen einzelner Aktien also höchstens einen vergleichsweise geringen Einfluss haben. Der größte Teil der Schwankungen ihrer Renditen beruht auf Nachrichten über die künftigen Ausschüttungen, die das Unternehmen vornehmen wird.

In einem Artikel, den ich 2005 gemeinsam mit Jeeman Jung verfasste und der die langjährigen Daten von Aktien untersuchte, die mehr als ein halbes Jahrhundert ohne wesentliche Veränderungen des Kapitals überstanden hatten, kamen wir zu ähnlichen Ergebnissen. Wir dachten, um einen optischen Eindruck davon zu vermitteln, wie gut die Markteffizienzhypothese bei einzelnen Unternehmen funktioniert, könnten wir darstellen, wie erfolgreich man das Dividendenwachstum aus dem Dividende-Kurs-Verhältnis vorhersagen kann. Die einfache Markteffizienzhypothese legt nahe, dass Unternehmen mit relativ niedriger Dividendenrendite am Ende, in späteren Jahren, im Verhältnis zum heutigen Preis höhere Dividendenzuwächse aufweisen. Um ein Diagramm mit diesen einfachen Größen zu erstellen, wählten wir langlebige Unternehmen aus (auch wenn dieses Verfahren die Gefahr der Stichprobenverzerrung birgt).

Wir suchten aus dem Bestand des Center for Research in Security Prices (CRSP) alle Firmen aus, die noch existierten und für die ununterbrochene Zahlen von 1926 bis 1976 vorlagen. Davon gab es lediglich 49 Stück, sodass wir 2.499 Firmen-Jahr-Werte für die Jahre 1926 bis 1976 hatten. Jeder Punkt im Streudiagramm A.3 gibt $\sum_{k=0}^{24} \frac{\Delta D_{t+k}/P_t}{(1+r)^k}$ an, den Gegenwartswert künftiger Änderungen der Dividenden über die kommenden 25 Jahre (in Dollar angegeben und um den historischen Durchschnitt der Aktienmarktrendite abgezinst) geteilt durch den aktuellen Preis in Dollar, abgetragen gegen $\frac{D_{t-1}}{P_t}$, die aktuelle Dividende geteilt durch den aktuellen Preis. Die Markteffizienz bei konstantem Abzinsungssatz nach Gleichung (1) impliziert, dass – falls unsere Beschneidung des Gegenwartswerts auf 25 Jahre kein Problem darstellt – eine Regressionsgerade durch diese Punkte eine Steigung von minus eins und einen konstanten Term hat, der dem konstanten Abzinsungssatz entspricht. Anders gesagt: Wenn die Märkte effizient sind, tritt bei einer Aktie nur dann heute eine hohe Dividendenrendite auf, wenn die Menschen einen echten Grund zu der Annahme haben, dass die Dividenden sinken werden, und daher heute eine Entschädigung für diesen künftigen Verlust verlangen, wenn sie die Aktie heute besitzen. Nach dem gleichen

Prinzip müssen Aktien mit niedriger Dividendenrendite diejenigen sein, bei denen es echte Hinweise darauf gibt, dass die Dividenden in Zukunft steigen werden und somit die heutigen Anleger für die niedrige Dividendenrendite entschädigen, die sie heute bekommen.

Abbildung A.3 **Aktuelle Werte künftiger Änderungen der Dividenden im Vergleich zum Dividenden-Kurs-Verhältnis von 49 einzelnen US-Aktien, 1926 bis 1976**

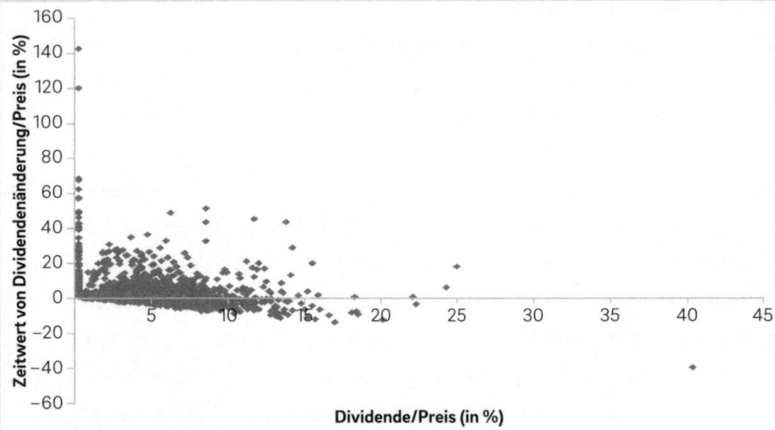

Quelle: Jung und Shiller (2005)

Die geschätzte Steigung einer an unser Streudiagramm angepassten Geraden beträgt -0,5 und ist somit zwar weit von den erwarteten -1,0 entfernt, aber erwartungsgemäß negativ. Bei diesen Unternehmen sagt also das Dividenden-Kurs-Verhältnis die späteren Veränderungen der Dividende in der richtigen Richtung voraus. Bei Unternehmen mit Nulldividende (die sich an der y-Achse aufreihen) war das spätere Wachstum der Dividende im Verhältnis zum Kurs entsprechend hoch. Der am weitesten rechts liegende Punkt – die Firma Schlumberger im Jahr 1931, die versucht hatte, ihre Dividende trotz der Großen Depression aufrechtzuerhalten – entspricht einer Dividendenausschüttung, die 40 Prozent des damaligen Preises entsprach. Offensichtlich rechneten sich die damaligen Marktteilnehmer aus, dass die Firma eine derartige Dividende nicht weiterhin würde bezahlen können und dass es längere Zeit gar keine nennenswerten Dividenden mehr ausschütten würde. Dieses Wissen schlug sich in der Dividendenrendite von rund 40 Prozent nieder. Im Nachhinein sehen wir, dass sie damit recht hatten. Bei einzelnen Unternehmen ist manchmal reichlich Bewegung in den Verhältniszahlen und häufig gibt diese Bewegung tatsächlich Wissen über künftige Zahlungsströme wieder.

Dies ist ein Beispiel dafür, dass unternehmensspezifisches Wissen die Markteffizienzhypothese bei einzelnen Unternehmen zu einer sinnvollen Näherung für die Realität macht.[20]

Immobilienpreise

Der Wert des Immobilienmarkts ist größer als der Wert des gesamten Aktienmarkts. Laut Kapitalbilanz der Vereinigten Staaten belief sich der Wert der Immobilien im Besitz von Haushalten und gemeinnützigen Organisationen im Jahr 2013 auf 21,6 Billionen Dollar, während ihre direkten und indirekten Unternehmensbeteiligungen einen Marktwert von nur 20,3 Billionen Dollar hatten.[21]

Und doch stellten Karl Case und ich, als wir in den 1980er-Jahren anfingen, gemeinsam über Immobilienpreise zu forschen, fest, dass es so gut wie keine wissenschaftlichen Forschungen zur Effizienz von Immobilienmärkten gab. Der Kenntnisstand über diese Märkte war miserabel. Unter dem Einfluss der damals allgemein verbreiteten Annahme, alle Märkte müssten effizient sein, schienen viele Volkswirte zumindest in ihren populären Äußerungen davon auszugehen, auch die Immobilienmärkte müssten effizient sein. Wir hielten es jedoch für ziemlich wahrscheinlich, dass diese Annahme falsch war, wenn wir die Einzelbelege betrachteten, die vermuten ließen, dass sich Immobilienpreise im Gegensatz zu Aktienkursen keineswegs durch einen Random Walk näherungsweise darstellen lassen, sondern vielmehr oft über viele Jahre in dieselbe Richtung tendieren, sei es nun nach oben oder nach unten.

Case und ich beschlossen, die Effizienz des Marktes für Einfamilienhäuser zu überprüfen. Dabei stießen wir jedoch sehr bald auf einen bedeutenden Stolperstein, der bisher die Forschung in diesem Bereich verhindert hatte: Eigenheime werden äußerst selten verkauft, der zeitliche Abstand zwischen den Verkäufen eines Einfamilienhauses bemisst sich nicht wie am Aktienmarkt nach Minuten, sondern nach Jahren oder Jahrzehnten. Anhand solcher Daten lässt sich keine der gängigen Effizienzprüfungen durchführen. Ein Run-Test oder eine Event-Studie würde mit Eigenheimen niemals möglich sein und darum musste sich die Überprüfung der Markteffizienz auf Indizes beziehen.

Es gab damals zwar einige Häuserpreisindizes, die aber mit ernsten Problemen behaftet waren. Der Maklerverband National Association of Realtors veröffentlichte den medianen Verkaufspreis bestehender Häuser, aber dieser Index vollführte unberechenbare Sprünge. Er gab einfach den medianen Preis beliebiger Häuser an, die gerade verkauft wurden, und wurde nicht auf Änderungen in der Zusammensetzung dieser Verkäufe überprüft. Zudem zeigte sich, dass in verschiedenen Monaten verschiedene Arten von Häusern verkauft wurden. Wir vermuteten, die sehr starke saisonale Komponente rühre daher, dass Menschen, die ihr Haus im Sommer verkaufen – also passend zum akademischen Jahr und zum Arbeitsmarkt –, normalerweise hochwertigere Häuser mit höheren Preisen anbieten.

Außerdem gab das U.S. Census Bureau damals einen „Price of New Homes Sold", auch „Constant Quality Index" genannt, heraus. Dieser Index war zwar etwas ausgefeilter an den Marktgegebenheiten ausgerichtet und hielt Dinge wie die Wohnfläche und die Anzahl der Zimmer konstant, aber auch er war offensichtlich nicht verlässlich genug, um die Effizienz des Marktes im zeitlichen Verlauf zu testen, denn er basierte in jedem Quartal auf anderen Häusern, je nachdem welche Art von Häusern gerade gebaut wurde und wo sie gerade gebaut wurden.

Deshalb konstruierten Case und ich einen eigenen Häuserpreisindex nach dem Prinzip der „Repeat Sales", also auf Wiederverkäufen basierend, der auf einer Idee von Case (1986) beruhte. Wir dachten uns eine Methode aus, die nur Preisänderungen bei einzelnen bestehenden Häusern berücksichtigt (Case und Shiller 1987, 1989, 1990). Wir zeigten, dass man selbst dann einen Quartalsindex berechnen kann, wenn die Häuser viel seltener als einmal im Quartal verkauft werden. Wir stellten zwar fest, dass Bailey, Muth und Nourse (1963) die Idee von Case bereits weitgehend vorweggenommen hatten, aber wir hatten eine Reihe von Verbesserungen eingebracht, unter anderem eine bessere Berücksichtigung der Heteroskedastizität. Später gestaltete ich den Index arithmetisch und gewichtete ihn nach dem Wert, ähnlich wie die gängigsten Aktienindizes (Shiller 1991). Zusammen mit meinem ehemaligen Studenten Allan Weiss gründeten wir 1991 Case Shiller Weiss, Inc. und veröffentlichten als Erste regelmäßig in Echtzeit Repeat-Sales-Indizes. Und anhand dieser Indizes erstellten wir automatisierte Bewertungsmodelle für Einfamilienhäuser (Shiller und Weiss 1999a). Inzwischen werden unsere Indizes von CoreLogic, Inc. produziert und die wichtigsten werden von der Standard & Poor's Corporation gemanagt.

Abbildung A.4 stellt unseren landesweiten anhand des CPI (Verbraucherpreisindex) inflationsbereinigten Index zusammen mit dem ebenfalls auf reale Preise umgerechneten Census Constant Quality Index dar.

Abbildung A.4 Zwei Indizes der US-Häuserpreise, geteilt durch den Verbraucherpreisindex CPI-U, 1987 bis 2013

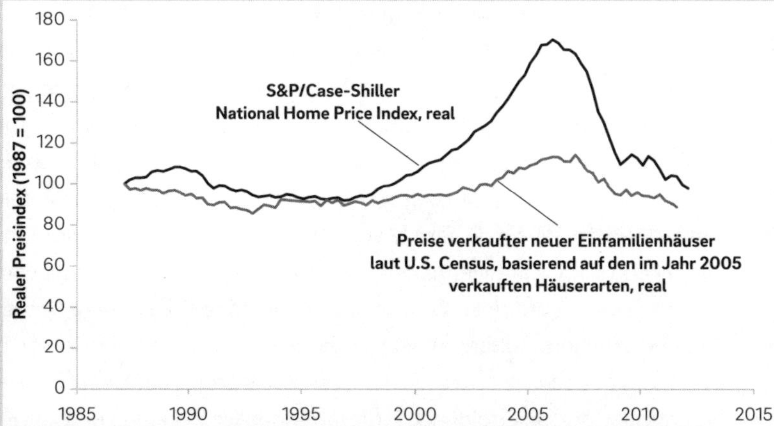

Beide Indizes sind auf 1987 = 100 skaliert.

Bereits die einfache Darstellung dieser Zahlen in einem Diagramm wie in Abbildung A.4 hält mehrere Überraschungen bereit. Zunächst einmal entwickeln sich die Häuserpreise im zeitlichen Verlauf abgesehen von einer leichten Saisonalität *äußerst* gleichmäßig. Es ist tatsächlich so, dass die Häuserpreise Jahre mit Preissteigerungen und Jahre mit Preisrückgängen durchmachen. Somit trifft das Random-Walk-Modell auf die Häuserpreise nicht einmal annähernd zu (Case und Shiller 1988). Es könnte sein, dass sich die Häuserpreise mit dem oben erläuterten Modell (4) bei extrem hohem φ beschreiben lassen – das heißt, dass das Smart Money, das vielleicht als Reaktion auf Nachrichten schnell in den Markt ein- und wieder aussteigen könnte, kaum eine Rolle spielt.

Zweitens – was allerdings zu dem Zeitpunkt, als wir diese Indizes zum ersten Mal berechneten, noch nicht offensichtlich war – geht aus den Zahlen vom heutigen Standpunkt aus klar hervor, dass es ab dem Jahr 2000 einen riesigen Aufschwung der Häuserpreise gegeben hat, der im Census Constant Quality Index nicht besonders gut zu erkennen war. Dauer und Ausmaß dieses Booms sind in der mehr als hundertjährigen Historie der Immobilienpreise in den Vereinigten Staaten beispiellos (Shiller 2005). Warum tritt der Aufstieg und Fall der Häuserpreise nach dem Jahr 2000 in unserem Repeat-Sales-Index so viel deutlicher hervor? Neubauten werden überall errichtet, wo es möglich und rentabel ist, normalerweise außerhalb der überfüllten Stadtregionen, wo die Preisausschläge wahrscheinlich am stärksten ausgeprägt sind. Daher dürfte ihre zeitliche Entwicklung in höherem Maße ganz einfach von den Baukosten bestimmt werden. Das heißt, dass unsere Datensammlung nicht nur Ineffizienzen dieses Marktes offenbart, sondern auch viel größere Preisausschläge.

Man muss die Ineffizienz, die wir für die Preise von Einfamilienhäusern dokumentiert haben, zu den Marktbedingungen in Beziehung setzen. Somit muss die Effizienz durch Veränderungen bei Marktinstitutionen steigerbar sein. Die relativ hohe Ineffizienz des Marktes für Einfamilienhäuser im Vergleich zum Aktienmarkt lässt sich zum Teil auf die höheren Handelskosten zurückführen, die an diesem Markt anfallen. Für professionelle Händler, die am Markt für Einfamilienhäuser kaufen und verkaufen, um aus vorhersehbaren Preisbewegungen Gewinn zu ziehen, fallen viel höhere Kosten an als am Aktienmarkt. Außerdem ist es schwierig, überteuerte Häuser zu shorten. Und es gibt noch weitere Gründe, weshalb es professionellen Händlern nicht leichtfallen dürfte, erfolgreich Einfamilienhäuser zu kaufen und zu verkaufen: Die hohen Unterhaltskosten, die geringen Mieteinnahmen, das subjektive Risiko durch die Mieter (die einen relativ geringen Anreiz haben, sich um die Immobilie zu kümmern) und das Problem, über alle örtlichen Faktoren auf dem Laufenden zu bleiben, die etwas an der Nachfrage nach Einfamilienhäusern ändern könnten – was dazu führen könnte, dass weit entfernt angesiedelte institutionelle Investoren Gefahr laufen, als uninformierte Verlierer dazustehen. Neuerdings wird in den Medien über ein paar institutionelle Investoren berichtet, die glauben, sie könnten an diesem Markt überleben und Geld verdienen. Ob es ihnen gelingt, werden wir sehen.

Wir dachten, man könnte die Effizienz dieses Marktes erhöhen, wenn man einen Häuserpreisindex handelbar machen würde (Case, Shiller und Weiss 1993). In Zusammenarbeit mit Standard & Poor's und mit Mitarbeitern unseres Unternehmens MacroMarkets LLC unterstützten wir die Pläne der Chicago Mercantile Exchange, Futures-Märkte einzurichten, die auf unseren Indizes für zehn Städte in den Vereinigten Staaten basieren. Diese Märkte wurden im Jahr 2006 aufgelegt und werden bis heute gehandelt, allerdings nicht annähernd mit dem Volumen, das wir uns erhofft hatten.[22] Wir hatten gehofft, die Schaffung dieser neuen Märkte würde den Charakter der Immobilienpreise dahingehend verändern, dass sie sich dank der Preisfeststellungen eher wie der Random Walk verhalten, den die Markteffizienzhypothese nahelegt.

Die Immobilienmärkte sind auf der ganzen Welt nach wie vor extrem ineffizient. Bleibt uns nur, uns auf den Tag zu freuen, an dem liquide Märkte einen umfangreicheren Handel gestatten, der vielleicht eine größere Annäherung an die Markteffizienz ermöglicht, als die Theoretiker erwartet hatten.

Wenn es uns gelingen soll, die Effizienz der Immobilienmärkte, der Aktienmärkte oder sonstiger spekulativer Märkte zu erhöhen, wäre es sehr hilfreich, wenn wir die Ursachen für die Ineffizienz von Märkten verstehen würden. Dies erfordert allerdings eine seriöse Untersuchung aus der breiten Perspektive, die uns ein Aufgebot von Wissenschaften außerhalb der Volkswirtschaftslehre liefern kann.

Behavioral Finance und Behavioral Economics

Die Revolution der Behavioral Economics oder Verhaltensökonomie, die die Psychologie und andere Sozialwissenschaften in die Volkswirtschaftslehre einbringt, nahm bereits in den 1980er-Jahren ihren Anfang, erregte allerdings erst in den 1990er-Jahren öffentliches Interesse. Richard Thaler und ich starteten 1991 Seminare in Behavioral Economics am National Bureau of Economic Research und dabei spielte die Behavioral Finance von Anfang an die dominierende Rolle.[23] In der Literatur zur Behavioral Finance gibt es eine ganze Reihe von Erhebungen, vor allem Shleifer (2000), Barberis und Thaler (2003), Shiller (2003), Shefrin (2008) und Baker und Wurgler (2011).

Die Anfänge der Revolution der Behavioral Finance gingen offenbar von der offenkundigen Ineffizienz des Marktes aus, die sich damals deutlich bemerkbar machte. Sobald man anerkennt, dass die Markteffizienzhypothese keinen prioritären Anspruch auf die Preisbestimmung hat, können wir offener auf andere Faktoren blicken, die uns helfen könnten, die Schwankungen von Märkten zu verstehen. Tatsächlich weist die Literatur über Anomalien darauf hin, dass dabei exzentrische Faktoren eine Rolle spielen könnten. Benos und Jochec (2013) haben gezeigt, dass sich Patriotismus insofern auf Aktienkurse auswirkt, als US-amerikanische Aktien, die „America(n)" oder „USA" im Namen trugen, während des Krieges die anormale Rendite von sechs Prozent erzielten. Saunders (1993) fand heraus, dass sich das New Yorker Wetter auf die Aktienkurse auswirkt. Wenn sich derart irrelevante Dinge auf Aktienkurse auswirken, sollte es eigentlich nicht überraschen, dass sich plausiblere, wenn auch unausgegorene Theorien (etwa über die Zentralbank, die Finanzpolitik, die Energiepreise, die Zukunft des Kapitalismus und so weiter und so fort) ebenfalls auf Marktpreise auswirken können.

Die meisten Aktienmarkt-Anleger achten nicht besonders auf fundamentale Indikatoren für den Wert. Man könnte argumentieren, dieses Desinteresse sei in gewisser Weise rational, denn die Informationsbeschaffung bedeutet einen gewissen Aufwand, also Kosten. Christopher Sims (2003) hat ein Modell der rationalen Unaufmerksamkeit erstellt. Allerdings ist es schwer zu glauben, dass die Unaufmerksamkeit der Anleger systematisch und durchdacht sein sollte.

Die Frühgeschichte der Behavioral Finance

Bis in die 1980er-Jahre war die Behavioral Finance größtenteils in die Community der Investmentanalysten verbannt, die in der gelehrten Welt im Allgemeinen keine große Beachtung fanden und im Allgemeinen auch keine sozialwissenschaftlichen Forschungen heranzogen. Allerdings gibt es auch aus dieser Zeit einige Juwelen. Unter den Analysten hervorzuheben sind Benjamin Graham und David Dodd, die in der Auflage ihres Buches „Wertpapieranalyse" aus dem Jahr 1940 ihre Anlagemethode auf ihre Beobachtungen hinsichtlich der „Ignoranz, der Gier des Menschen, der Massenpsychologie, der Handelskosten und der von Insidern und Manipulatoren gezinkten Würfel" gründeten.[24]

Keynes war mit seiner Sicht der spekulativen Märkte seiner Zeit voraus. In dem 1936 erschienenen Buch „Allgemeine Theorie der Beschäftigung, des Zinses und des Geldes" beschrieb er die Ähnlichkeiten spekulativer Märkte mit einem Leserwettbewerb, den er in einer Lokalzeitung entdeckte. Diese Theorie des Aktienmarkts wird allgemein als „Schönheitswettbewerb nach Keynes" bezeichnet. Die Leser waren aufgefordert, sich 100 Fotos von schönen Gesichtern anzusehen und eine Liste der sechs schönsten einzusenden. Gewinner sollte derjenige sein, dessen Liste am besten mit den laut allen eingesandten Listen sechs schönsten Gesichtern übereinstimmte. Natürlich würde sich ein rationaler Mensch, der diesen Wettbewerb gewinnen wollte, nicht von seinen persönlichen Vorlieben leiten lassen. Vielmehr sollte man die sechs Gesichter auswählen, von denen man meint, die anderen würden sie am schönsten finden. Oder noch besser: Man sollte diejenigen Gesichter aussuchen, von denen man meint, die anderen würden meinen, dass die anderen sie für die schönsten halten, oder diejenigen, von denen man meint, die anderen würden meinen, die andern würden meinen, dass die anderen sie für die schönsten halten. Das Gleiche gilt für Geldanlagen am Aktienmarkt. Dazu Keynes: „Ich glaube, es gibt Menschen, die dies im vierten, fünften oder noch höheren Grad praktizieren."[25] Diese Grade wären noch weiter von der Realität entfernt als die in Gleichung (4) enthaltenen. Das ist laut Keynes die Funktionsweise spekulativer Märkte. Die aktiven Teilnehmer versuchen entsprechend den von ihnen für die nahe Zukunft vorhergesagten allgemeinen Bewertungen der Anlagen zu kaufen, nicht entsprechend ihrem wahren Wert.

Es ist ein Kerngedanke von Keynes, dass die Bewertung langfristiger Anlagen im Wesentlichen eine Frage der Übereinkunft ist, genauso wie bei Urteilen über die Schönheit von Gesichtern. Welchen Preis auch immer die Menschen als vereinbarten Wert akzeptiert haben und der dann in das kollektive Gedächtnis eingebettet ist – er wird sich für lange Zeit als wahrer

Wert festsetzen, sogar dann, wenn die tatsächlichen Renditen eine Zeit lang nicht den Erwartungen gerecht werden. Wenn man die Renditen eines Vermögenswerts sorgfältig berechnet und darstellt und wenn sie dann lange genug enttäuschend ausfallen, lernen die Menschen zwar irgendwann, ihre Ansicht zu ändern. Das kann aber durchaus mehr als ein halbes Leben lang dauern. Und bei vielen Anlagen, zum Beispiel bei selbst bewohntem Hauseigentum, gibt es keine eindeutig bestimmten Renditen, sodass sich irrtümliche „vereinbarte Bewertungen", die auf einer fehlerhaften populären Theorie beruhen, unendlich lange halten können. Der vermutete Vorteil, den es in Sachen Geldanlage beispielsweise hat, in einem teuren Einfamilienhaus mit großem Grundstück in der Nähe einer Großstadt zu wohnen, anstatt sich eine billigere und praktischere Wohnung in einem Hochhaus in der Stadt zu mieten, existiert vielleicht gar nicht, aber den meisten Menschen wird das nie auffallen.

Die Bewertung, die durch Übereinkunft zustande kommt, kann zu allen Zeitpunkten ein sehr subtiles Phänomen sein, in dem sich populäre Theorien der Zeit niederschlagen, die von vielen Menschen wahrgenommen werden, die nie die Theorien studiert haben, in denen sich das Wissen der Profis niederschlägt. Bei einem Schönheitswettbewerb haben die Menschen sogar noch weniger Anreiz, sich mit der Gültigkeit dieses Wissens zu beschäftigen, weil sie der Ansicht sind, es sei im Wesentlichen im Denken der anderen verwurzelt. Das erinnert mich zum Beispiel an die Studie von Modigliani und Cohn (1979), die zeigte, dass die durch Inflation angeregten Verzerrungen der konventionellen Bewertungspraxis massiv untertriebene Unternehmensgewinne nach sich zogen, sodass sie anhand ihrer Studie grob – auf ein paar Jahre genau – das historische Börsentief 1982 vorhersagen konnten. Dass es kaum unmittelbare Reaktionen auf ihre Studie gab, ist genau das, was man in einer Welt erwarten würde, die einem Schönheitswettbewerb ähnelt, denn niemand erwartete, dass irgendjemand von den anderen in nennenswerter Weise auf ihren Artikel reagieren würde.

Die Blütezeit der Behavioral Finance nach 1980

Die Vorstellung, dass spekulative Preise als bestmögliche Beurteilung des wahren Wertes auf irgendeine Weise eine einzigartige Autorität besitzen, übt selbst heute noch eine populäre Anziehung aus. Ihren einzigartigen Anspruch auf das Interesse der Wirtschaftstheoretiker hat sie allerdings verloren. Theoretische Modelle spekulativer Märkte, die analog zu Keynes' Theorie des Schönheitswettbewerbs sind und die den Schwerpunkt auf die Erwartung legen, dass man die Anlagen an andere Menschen weiterverkaufen kann, die vielleicht optimistische Überzeugungen hegen, wurden von Harrison und Kreps

(1978), Morris (1996), Scheinkman und Xiong (2003), Wu und Guo (2004), Allen, Morris und Shin (2006), Hong, Scheinkman und Xiong (2006), Hong und Sraer (2011), Kubler und Schmedders (2012) sowie von Barberis et al. (2013) vorgestellt. Es gibt auch Modelle, die Blasen in Beziehung zu Verschuldungszyklen in Verknüpfung mit heterogenen Überzeugungen setzen: Fostel und Geanakoplos (2008), Geanakoplos (2009), Cao (2010) sowie He und Xiong (2012). Langsam werden Modelle, die ausschließlich rationale Akteure enthalten, von Rauschhändler-Modellen abgelöst: Kyle (1985), De Long et al. (1990), Campbell und Kyle (1993).

Außerdem gibt es noch Modelle der Finanzmärkte, in denen die Annahme, die Akteure würden rational den Erwartungsnutzen maximieren, durch alternative Modelle des menschlichen Verhaltens ersetzt wird, zum Beispiel durch die Prospect Theory (Kahneman und Tversky 1979 und 2000). Die Prospect Theory ist eine Theorie der menschlichen Entscheidungen unter Risiko, die auf experimentellen Belegen aus dem psychologischen Labor basiert, allerdings keine Theorie der Rationalität im traditionellen Sinne, denn sie erkennt auch Verletzungen der grundlegenden Axiome rationalen Verhaltens an (Savage 1954). Das menschliche Verhalten, das die Prospect Theory beschreibt, ist für die Willkür des psychologischen Framing-Effekts anfällig, sodass unbedeutende Änderungen des Kontexts oder Suggestionen tief greifende Veränderungen im menschlichen Verhalten hervorrufen können.

Barberis, Huang und Santos (2001) haben gezeigt, dass die Prospect Theory, wenn sie Anleger berücksichtigt, die aus Wertschwankungen ihres Vermögens einen unmittelbaren Nutzen beziehen, einen Beitrag zur Erklärung für die überschüssige Volatilität von Aktienmarktrenditen liefern kann. Der „House Money Effect" kann dazu beitragen, dass sich Blasen noch weiter aufblähen – ähnlich wie bei Spielern, die nach einem gewissen Gewinn sehr risikotolerant mit dem Geld umgehen, weil sie dann gewissermaßen „aufs Haus spielen", also das Gefühl haben, es sei das Geld von jemand anderem und sie könnten es sich leisten, es zu verlieren (Thaler und Johnson 1990). Das „Narrow Framing" – dass Anleger die Risiken der Anlage isoliert betrachten – (Barberis, Huang und Thaler 2006) und die Disposition, Gewinner zu verkaufen und Verlierer zu behalten (Shefrin und Statman 1985), erklären weitere Belege, die gegen die Markteffizienz sprechen.

Die Psychologie hält noch viele andere Prinzipien des menschlichen Verhaltens bereit, die erwiesenermaßen relevant für die Beurteilung der Effizienzmarkthypothese sind. Beispielsweise gibt es Hinweise darauf, dass eine grundlegende Neigung des Menschen zu übermäßigem Selbstvertrauen die Anleger veranlasst, zu viel zu handeln (Odean 2000), und CEOs veranlasst, intern generierte Mittel für Lieblingsprojekte zu verschwenden

(Malmendier und Tate 2005). Anleger neigen dazu, sich von Nachrichten zu sehr ablenken zu lassen (Barber und Odean 2008) und auf Bardividenden überzureagieren (Shefrin und Statman 1984).

Außerdem hat die Finanztheorie gewisse Fortschritte gemacht, dank deren wir die Auswirkungen der Mehrdeutigkeit von Wahrscheinlichkeiten besser verstehen können, also der grundlegenden Schwierigkeit, Wahrscheinlichkeiten Zahlenwerte beizulegen, von der bereits Keynes sprach (Bewley 2002, Bracha und Brown 2013).

Psychologen haben die Tendenz dokumentiert, dass Menschen in mehrdeutigen Situationen ihre Meinungen an willkürlichen Signalen verankern, die psychologisch selbst dann in den Vordergrund treten, wenn sie offenkundig irrelevant sind (Tversky und Kahneman 1974).

Die Neurowissenschaft beginnt zu verstehen, wie das menschliche Gehirn mit Mehrdeutigkeit umgeht. Hsu et al. (2005) und Huettel et al. (2006) untersuchen mithilfe der funktionellen Magnetresonanztomographie die Reaktionen des Gehirns auf Situationen mit klaren beziehungsweise mehrdeutigen Wahrscheinlichkeiten. Huettel et al. kamen dabei zu dem Ergebnis, dass „die Entscheidungsfindung bei Mehrdeutigkeit keinen komplexeren Sonderfall der Entscheidungsfindung unter Risiko darstellt; vielmehr werden diese beiden Formen der Unsicherheit von unterschiedlichen Mechanismen abgewickelt."[26] Die schnellen Fortschritte der Neurowissenschaft, die wir derzeit erleben, werden wahrscheinlich neue Erkenntnisse über die Mehrdeutigkeit, die animalischen Instinkte und die Willkür liefern, auf die Keynes und andere nach ihm Wert legten.

Implikationen für Innovationen im Finanzwesen

Unsere derzeitigen Finanzinstitutionen sind das Produkt jahrhundertelanger Erfahrungen mit der Volatilität der Preise spekulativer Vermögenswerte, mit der Tatsache, dass diese Märkte bedeutsame Informationen offenbaren können und dass sie sich unberechenbar verhalten können.[27] Die Zuverlässigkeit, mit der solche Märkte echte Informationen über fundamentale Gegebenheiten offenbaren, ist zwar nicht gerade enorm, aber sicher auch nicht zu vernachlässigen, und durch bessere Finanzinstitutionen könnte man sie vielleicht im Laufe der Zeit erhöhen. Man sollte effiziente Märkte als Ziel betrachten, nicht als erwiesene Tatsache. Unsere derzeitigen Finanzinstitutionen sind die Ergebnisse von Experimenten, die den Menschen bei ihrer Gestaltung geholfen haben, und die Institutionen, die wir in Zukunft haben werden, hängen von unseren fortgesetzten Experimenten und Umgestaltungen ab.

Das Financial Engineering sollte ebenso wie der Maschinenbau – das „Mechanical Engineering" – menschliche Faktoren beachten. Es sollte unter vollständiger Berücksichtigung der Stärken und Schwächen des Menschen Hilfsmittel bauen, die den Menschen gute Dienste leisten. Während sich mit jeder Finanzkrise und mit jeder Verbesserung der Informationstechnologie immer mehr Erfahrungen ansammeln, können Finanzinnovationen dafür sorgen, dass diese Institutionen im Dienste der Menschheit besser funktionieren.

Beispielsweise hat die Erfindung der Aktienmärkte an sich vor Jahrhunderten eine Atmosphäre für Investitionen geschaffen, die zwar regelmäßig Exzesse in Form von Blasen hervorbringt. Sie liefert aber auch einen Anreiz für die Menschen, aufregende neue Unternehmen zu lancieren, über relevante Informationen auf dem Laufenden zu bleiben und sich, falls gewünscht, vor den unvermeidlichen Risiken ebendieser Blasen zu schützen.

Wie David Moss (2002) dokumentiert hat, war die grundsätzlich für alle Aktionäre geltende beschränkte Haftung, die weltweit erstmalig 1811 in New York gesetzlich verabschiedet wurde, damals auf den ersten Blick zwar offensichtlich keine besonders gute Idee. Dann stellte sich aber heraus, dass sie für die Anlegerpsychologie von grundlegender Bedeutung war. Indem sie eindeutig verbot, die Aktionäre für die Sünden von Unternehmen zu bestrafen, begrenzte sie das Risiko von Investitionen auf ein psychologisch tragbares Maß (man brauchte keine Angst mehr zu haben, dass eine Investition platzen und man im Schuldgefängnis landen würde) und ermöglichte die Diversifizierung des Portfolios, ohne dass man über die Unternehmensleitungen aller Unternehmen erschöpfende Erkundigungen einziehen musste.[28] Der Aktienmarkt wurde dadurch zu einem aufregenden Ort, einem Spielkasino zwar ähnlich, jedoch an die geschäftliche Realität statt nur an das Vergnügen gebunden, und er wurde zu einem Ort, an dem die Anleger ihre Risiken streuen und begrenzen konnten. Deshalb konnte er höchst effizient Kapital für Unternehmungen anziehen.

In der jüngeren Vergangenheit haben die Menschen mit anderen Einzelaspekten des Aktienmarkts experimentiert, zum Beispiel mit Vorschriften zum Insiderhandel, Vorschriften zum Selbstbehalt, Eigenkapitalanforderungen und sonstigen Faktoren. Ihre Wechselwirkungen mit der Psychologie des Menschen können das Funktionieren der Märkte verbessern, aber ihre Auswirkungen lassen sich nicht auf der Grundlage irgendeiner anerkannten Theorie vorhersagen.

Ich habe mich schon oft damit befasst, wie man bei der Gestaltung von Finanzstrukturen sowohl die Finanztheorie als auch menschliche Faktoren berücksichtigen sollte. Zu diesem Thema habe ich mehrere Bücher geschrieben: „Who's Minding the Store?" (1992), „Die neue Finanzordnung" (2003), „Die Subprime-Lösung" (2008) und „Märkte für Menschen" (2012). Die meisten Ideen, die ich in diesen Büchern geäußert habe, sind Aufrufe zum Experimentieren und keine fertigen Ideen. Die zur Diskussion gestellten Ideen sind größtenteils noch nicht erprobt und ihre endgültige Form – wenn sie überhaupt jemals umgesetzt werden, vielleicht in einer fernen Zukunft – ist schwer vorauszusehen.

Die Ideen in diesen Büchern und den damit verbundenen Artikeln sind vielfältig, sie gehen in verschiedene Richtungen und müssen als Ausgangspunkte von Ideen beurteilt werden. Sie sehen vielleicht genauso unbeholfen aus wie die ersten Flugzeugentwürfe, aber für ihre späteren Erscheinungsformen gilt das vielleicht nicht mehr so sehr.

Das alles überspannende Thema meiner Arbeit ist, dass wir das Finanzwesen im Lichte der Forschungen über das menschliche Verhalten und die Funktionsweise des Marktes *demokratisieren* und *humanisieren* müssen (Shiller 2011). Die Demokratisierung des Finanzwesens bedeutet, dass die Finanzinstitutionen besser für echte Menschen geeignet sind, dass sie die individuell bedeutsamen Risiken bewältigen und Gelegenheiten zur Inspiration und zur persönlichen Entwicklung bieten. Die Humanisierung des Finanzwesens bedeutet, dass die Finanzinstitutionen gut mit dem tatsächlichen menschlichen Verhalten interagieren und dabei berücksichtigen, wie die Menschen wirklich denken und handeln.

Lionel Robbins kommt die Ehre zu, 1932 in seinem Buch „An Essay on the Nature and Significance of Economic Science" die heutzutage gängigste Definition der Volkswirtschaftslehre erfunden zu haben. Dabei formulierte er den einenden Kerngedanken, der diese Wissenschaft definiert. Er schrieb damals:

> *„Der Volkswirt untersucht die Verteilung knapper Mittel. Es interessiert ihn, wie verschiedene Grade der Knappheit verschiedener Güter zu verschiedenen verhältnismäßigen Bewertungen führen, und es interessiert ihn, wie sich veränderte Bedingungen der Knappheit, ob sie nun auf Veränderungen des Zwecks oder der Mittel beruhen – von der Nachfrage- oder von der Angebotsseite her –, auf die Bewertungsverhältnisse auswirken."*[29]

Die Bedeutung der Preise für die Verteilung knapper Ressourcen geht mindestens auf Adam Smith zurück, der im 18. Jahrhundert von der „unsichtbaren Hand" schrieb. Es ist durchaus weise, dass Robbins das gesamte Feld der Ökonomie in den Rahmen dieser Idee stellte. Diese Weisheit ist der fachlich nicht geschulten Allgemeinheit bis heute nicht vollständig präsent. Den meisten Menschen ist nicht klar, dass unsere sämtlichen Wirtschaftsaktivitäten, alle unsere Freuden und Vergnügungen sowie die der späteren Generationen letztlich von den Preisen knapper Ressourcen gesteuert werden, die sich an Märkten bilden.

Allerdings gibt es mit der Interpretation der Volkswirtschaftslehre, die Robbins so überzeugend formuliert hat, ein Problem: Offenbar bezieht sich die ökonomische Problemstellung nach seiner Definition ausschließlich auf die Knappheit produktionsbezogener Ressourcen wie Energie und Nahrung und nicht ebenso auf die Knappheit der intellektuellen und psychologischen menschlichen Ressourcen. Er stellt den Menschen der Natur gegenüber, obwohl sich die Problemstellung der Ökonomie in Wirklichkeit doch häufig darum dreht, dass Menschen mit Menschen zu tun haben.[30]

Die langfristigen Preise von Vermögenswerten, die sich heute beobachten lassen, die Preise von Aktien, Anleihen, Immobilien und Rohstoffen, die Preise von Derivaten wie etwa Futures, Swaps und Optionen sowie von anderen Institutionen wie beispielsweise langfristigen Versicherungen sind für die Volkswirtschaftslehre besonders signifikant und besonders problematisch, weil die Knappheit, die sich in ihren Preisen niederschlägt, niemals wirklich objektiv ist und sich niemals zum heutigen Zeitpunkt unmittelbar offenbart. Diese Preise werden von Erwartungen an die ferne und normalerweise unklare Zukunft beeinflusst. Die Marktpreise spekulativer Vermögenswerte geben laut der gängigen Meinung zu jedem beliebigen Zeitpunkt die Geschmäcker und die Technologie der Zeit wieder. Aber sie geben auch die erwarteten Geschmäcker und Technologien der Zukunft wieder, die Wahrscheinlichkeit, dass neue sprudelnde Ressourcenquellen entdeckt werden oder dass die Technik solche Quellen entwickelt. Außerdem spiegeln sie die Soziologie und die Sozialpsychologie sowie ihre vorweggenommenen künftigen Veränderungen wider; außerdem Änderungen der staatlichen Politik wie etwa der Besteuerung und Änderungen anderer erstrangiger Faktoren, zum Beispiel der Einkommensungleichheit und wahrscheinliche gesellschaftliche und politische Reaktionen darauf, die potenzielle Bedrohung durch Kriege und andere Katastrophen und schließlich die wahrscheinliche Verwendung der betreffenden Vermögenswerte in solchen Zeiten und die Maßnahmen, die diesbezüglich getroffen werden.

Fischer Black lieferte 1984 in einer Ansprache als Präsident der American Finance Association eine neue Definition der Markteffizienz. Er definierte einen „effizienten Markt" als Markt, „an dem sich der Preis im Bereich von Faktor 2 um den Wert bewegt, das heißt, der Preis liegt über dem halben und unter dem doppelten Wert. [...] Ich glaube, nach dieser Definition sind fast alle Märkte fast immer effizient."[31]

Doch selbst wenn man davon ausgeht, er habe damit irgendwie recht, bleibt die existierende Theorie der Markteffizienz doch der grundsätzliche

Rahmen, von dem ausgehend viele wirtschaftspolitische Entscheidungen und Entscheidungen, ob Innovationen eingeführt werden sollen oder nicht, getroffen werden. Selbst wenn wir alle Fischer Blacks Vermutung als Tatsache akzeptieren würden, würde niemand ernsthaft vorschlagen, die Aktienmärkte abzuschaffen. Warum also sollten wir nicht andere Risikomärkte ins Auge fassen, Märkte, die es nur aufgrund historischer Zufälle oder aufgrund des Zeitpunkts entsprechender technischer Durchbrüche noch nicht gibt?

Man kann Institutionen so umgestalten, dass sie das Denken der Menschen langfristiger sowie auf Dinge ausrichten, die bessere Gegenstände ihres Interesses sind – indem man Märkte für Risiken einrichtet, die stärker an die fundamentalen Gegebenheiten gebunden sind, über die sich die Menschen Gedanken machen sollten. Institutionen, die die Aufmerksamkeit verlagern, kann man manchmal als Institutionen betrachten, die einen „anschubsen", wie es Richard Thaler und Cass Sunstein (2009) formulierten – damit meinten sie, dass die Menschen ohne Zwang in die richtige Richtung gelenkt werden. Dabei beziehen sich die Autoren auf eine Philosophie, die sie als „libertären Paternalismus" bezeichnen, was bedeuten soll, dass der Staat ohne Zwang Anreize für zweckdienliches Verhalten liefert. Wir sind zwar in ähnlicher Weise in der Verhaltensökonomie verwurzelt, aber ich würde diesen Begriff nicht vorbringen, vielleicht weil er eine hierarchische Gesellschaft mit der Regierung an der Spitze suggeriert. Die Entwicklung des Finanzkapitalismus scheint davon abzuhängen oder kann davon abhängen, dass sich der größte Teil der Gesellschaft aus freiem Willen organisiert und die Aktivitäten von Menschen aller Schichten zur Erfüllung ihrer jeweiligen Ziele einbezieht. Die Vision eines besseren Finanzkapitalismus sollte keineswegs hierarchisch sein.

Einige jüngere Beispiele für Finanzinnovationen, für neue Experimente, sollen verdeutlichen, dass Innovationen in einer unvollkommenen Finanzwelt nützlich sein könnten. Betrachten wir als Erstes die Social Policy Bonds, die Ronnie Horesh (2000) vorschlug und die vor Kurzem erstmals in Großbritannien mithilfe der gemeinnützigen Social Finance, Ltd. als Social Impact Bonds begeben wurden. Sie leiten die spekulativen Impulse in die Lösung sozialer Probleme über einen sinnvollen Zeitrahmen um, den der Emittent weder zu kurz noch zu lang für effektive Lösungen wählt. [Inzwischen gibt es auch in Deutschland einen Social Impact Bond, zunächst als Pilotprojekt; Anm. d. Ü.]

Bedenken Sie außerdem die neuen Crowdfunding-Initiativen: Es werden Websites erstellt, auf denen eine Vielzahl weit verstreuter Menschen Informationen austauschen und jeweils einen kleinen Geldbetrag direkt in neue

Unternehmen investieren kann, ohne den üblichen Umweg über Finanzvermittler. Sie schießen in aller Welt aus dem Boden, bekannte Beispiele sind kiva.org und kickstarter.com. Nachdem in den Vereinigten Staaten der Jumpstart Our Business Startups Act von 2012 verabschiedet wurde, dürften sie auch bei uns das Venture Capital transformieren. Solche Innovationen können und werden sicherlich einige galoppierende Blasen verursachen und ignorante Anleger werden sie missbrauchen. Andererseits könnten sie aber, wenn sie richtig gestaltet und reguliert werden, eine neue Art schaffen, die animalischen Instinkte zu wecken und die Aufmerksamkeit informierter Menschen auf Wagniskapital-Investments zu lenken. Crowdfunding könnte effektivere Finanzierungen für Ideen ermöglichen, die schwer zu überprüfen sind, die sich nicht sofort auszahlen, die über den reinen Profit hinaus gewisse soziale, umweltbezogene oder kreative Ziele verfolgen oder die nur ein kleiner Teil der Bevölkerung zu verstehen in der Lage ist.

Denken Sie außerdem an die neuen sogenannten Benefit Corporations, die jetzt in 20 US-Bundesstaaten möglich sind. Dabei handelt sich um ein Zwischending zwischen gewinnorientierten Unternehmen und Non-Profit-Unternehmen. Sie könnten das geistige Bild, das die Menschen wahrscheinlich von Investitionen in solche Gesellschaften haben, verändern. Sie könnten sowohl die Begeisterung als Anleger als auch idealistischere Gedanken bezüglich des Investments anregen.[32] Die Beteiligungsform an gemeinnützigen Unternehmen, die ich vorgeschlagen habe (2012), die Non-Profit-Unternehmen mehr Ähnlichkeiten mit aktienfinanzierten Gesellschaften verleihen würde, könnte, wenn sie jemals umgesetzt wird, die Wohltätigkeit zunehmen lassen und effizienter machen.

Das sind nur die Anfänge der Finanzinnovationen, mit denen wir in Zukunft noch rechnen dürfen und die von einem besseren Verständnis der Behavioral Finance sowie der mathematischen Ökonomie und von der ständig fortschreitenden Informationstechnologie in die Wege geleitet werden. Insbesondere scheint mir, dass es uns sehr viel bringen würde, wenn wir den Bereich, den unsere Finanzmärkte abdecken, auf Risiken ausweiten würden, die wirklich von Bedeutung sind.

Wir könnten das Finanzwesen stärker demokratisieren, wenn wir den Handel auf andere Indizes ausweiten würden, die erst in letzter Zeit gemessen werden, die aber echte, bedeutsame Risiken abbilden, die für die Menschen von Bedeutung sind. Den Futures-Markt auf Einfamilienhäuser, den die Chicago Mercantile Exchange 2006 ins Leben gerufen hat, habe ich ja schon erwähnt. Wenn dieser Markt irgendwann erfolgreicher wird, bietet er Preisfeststellungen für einen Wert, der für den Einzelnen von hoher persönlicher Bedeutung ist, und er könnte in einen Kassamarkt für Immobilien münden, der nicht so beklagenswert ineffizient ist. Wenn der Markt für Häuser-Futures erfolgreicher wäre, würde er die Schaffung vieler anderer Risikomanagement-Produkte ermöglichen, zum Beispiel einer Versicherung des Eigenkapitalanteils am Wert von Häusern (Shiller und Weiss 1999b) oder Hypothekendarlehen mit vorausgeplanter Schuldumwandlung (Shiller 2012, 2014, Shiller et al. 2013).

Hätte es vor der Finanzkrise 2008 einen gut entwickelten Immobilienmarkt gegeben, hätte er die Finanzkrise vermutlich abgemildert, denn er hätte es den Menschen ermöglicht – sie vielleicht sogar dazu angespornt –, ihre Immobilienrisiken zu hedgen. Die Krise fiel vor allem deshalb so schwer aus, weil die Menschen am Immobilienmarkt schuldenfinanzierte nicht-diversifizierte Positionen eingingen, sodass die Hypothekendarlehen von über 15 Millionen US-amerikanischen Haushalten über dem Wert ihrer Häuser lagen, die daraufhin ihre Ausgaben zurückfuhren. Es ist keineswegs ein Widerspruch, wenn man sagt, dass am Häusermarkt Blasen auftreten können, und trotzdem fordert, wir sollten bessere und liquidere Märkte für Häuser schaffen.

Und um noch weiter zu gehen: Zusammen mit anderen habe ich argumentiert, dass ein Markt für Ansprüche auf den Strom des Bruttoinlandsprodukts oder andere große volkswirtschaftliche Aggregate geschaffen werden sollte, damit Staaten ihre Risiken besser streuen können (Shiller 1993, 2003, 2008; Athanasoulis und Shiller 2000, 2001; Kamstra und Shiller 2009); oder dass Märkte für andere bedeutende Wirtschaftsvariablen geschaffen werden sollten, etwa für die Arbeitseinkommen, damit Arbeitnehmer das Risiko ihres Lebensunterhalts streuen können (Shiller 1993, Shiller und Schneider 1998, Shiller 2003).

Hätten die Staatsschulden europäischer Länder in Form von BIP-Anteilen vorgelegen, wäre es wahrscheinlich nicht zu der schweren Staatsschuldenkrise gekommen, die 2009 begann. Dann hätten die betroffenen Länder nämlich kein so großes Problem gehabt, sich kurzfristige Finanzierungen zu beschaffen, und ihre Staatsanleihen wären dadurch abgefedert worden, dass ihre Staatsverschuldung dank des rückläufigen BIPs gesunken wäre. Hätten die Menschen versucht, ihr persönliches Wohlergehen dadurch abzusichern, dass sie an Märkten für Arbeitseinkommen gehedgt hätten, dann hätten viele unter der Krise weniger gelitten.

Beispiele für Innovationen, die das Denken der Anleger langfristiger ausrichten und stärker an fundamentale Gegebenheiten binden könnten, sind die „ewigen Futures", die ich vorgeschlagen habe (1993)[33], die Anwendung des von der American Stock Exchange 1989 entwickelten Konzepts der Indexbeteiligung[34], die langfristigen MacroShares, die meine Kollegen und ich für diverse Indizes auflegen wollten,[35] oder Märkte für einzelne in Zukunft fällige Dividenden auf Aktienindizes. Michael Brennan (1999) brachte für sie das Argument vor, sie könnten „die Aufmerksamkeit der Anleger auf die fundamentalen Gegebenheiten lenken, die den Wert des Index bestimmen, statt bloß auf den künftigen Wiederverkaufswert des Index".[36]

Die Entwicklung der inflationsindexierten Anleihen, die in den letzten 50 Jahren nach und nach weltweit an Bedeutung gewonnen haben, war zwar ein bedeutender Erfolg, aber immer noch ein unvollkommener. Diese Märkte und andere indexbezogene Institutionen könnten durch weitere bewusste Veränderungen der psychologischen Ausrichtung noch verbessert werden. Wenn man inflationsindexierte Verrechnungseinheiten – was in unserer Sprache eine einfachere Möglichkeit ist, von indizierten Quantitäten zu sprechen – schaffen und allgemein verwenden würde, würden sie den Menschen über die Illusion des Geldwerts hinweghelfen, die verhindert, dass Geschäfte in Bezug auf das reale Ergebnis abgeschlossen werden, auf das es ja eigentlich ankommt. Ich habe die Vermehrung solcher Verrechnungseinheiten verfochten, sobald sie zuerst in Chile aufkamen (Shiller 2002), dann in den Vereinigten Staaten (Shiller 2003) und in Großbritannien (Shiller 2009).[37] Wären sie allgemein in Verwendung gewesen, hätte das vielleicht zur Verhinderung der Immobilienblase beigetragen, die den derzeitigen Finanznöten vorausging – denn diese Blase wurde wahrscheinlich unter anderem durch den verbreiteten Eindruck gefördert, Einfamilienhäuser hätten historisch hohe reale Kapitalerträge gebracht, obwohl diese Erträge in Wirklichkeit während des letzten Jahrhunderts nur nominal und somit illusorisch waren (Shiller 2005).

Wir wünschen uns solche Innovationen – wenn auch nicht exakt diejenigen, die andere und ich bislang verfochten haben –, weil die Innovationen, die ihnen vorausgingen, also die Finanzinstitutionen, die wir heute haben, so viel Wohlstand gebracht haben, auch wenn gelegentlich große Störungen durch Blasen und Finanzkrisen auftreten. Kein Wirtschaftssystem außer dem Finanzkapitalismus hat je das Ausmaß an Wohlstand gebracht, das wir heute in vielen Teilen der Welt sehen, und wir haben allen Grund zu der Annahme, dass eine weitere Ausweitung dieses Systems noch mehr Wohlstand erzeugen wird.

Die Verhaltensmuster, die bei den Preisen spekulativer Märkte zu beobachten sind, passen zu der heutigen Ansicht, die Markteffizienz sei eine Halbwahrheit, und gleichzeitig zu der Ansicht, dass an diesen Märkten komplexe Verhaltensweisen auftreten, denen mit entsprechend konstruierten Finanzinnovationen und Finanzregulierungen begegnet werden muss.

Veränderungen unserer Finanzinstitutionen in Form der kreativen Neuerfindung der dort gehandelten Risiken, die das psychologische Bild der gehandelten Gegenstände verändert und die auch unsere sozialen Beziehungen zu geschäftlichen Partnern und Gegnern verändert, können dazu führen, dass unsere Finanzmärkte weniger anfällig für Übertreibungen und Crashs werden und dass sie uns wirksamer helfen, die Ziele zu erreichen, die wir letzten Endes anstreben.

Danksagungen

Ich danke Nicholas C. Barberis, John Y. Campbell, Peter J. Dougherty und Bengt Holmstrom für ihre Hilfe bei der Auswertung der Literatur und ihre Kommentare zu den Entwürfen für diese Rede.

BIBLIOGRAFIE NOBELPREIS-REDE

Akerlof, George A. und Robert J. Shiller. 2009. *Animal Spirits: How Human Psychology Drives the Economy and Why This Matters for Global Capitalism.* Princeton, N.J.: Princeton University Press.

Allen, Franklin, Stephen Morris und Hyun Song Shin. 2006. „Beauty Contests, Bubbles and Iterated Expectations in Financial Markets." *Review of Financial Studies* 19: 719–752.

Ang, Andrew und Geert Bekaert. 2007. „Stock Return Predictability: Is It There?" *Review of Financial Studies* 20: 651–757.

Arnott, Robert D. und Clifford S. Asness. 2003. „Surprise! Higher Dividends = Higher Earnings Growth." *Financial Analysts Journal* 59(1): 70–87.

Athanasoulis, Stefano und Robert J. Shiller. 2000. „The Significance of the Market Portfolio." *Review of Financial Studies* 13(2): 301–329.

– 2001. „World Income Components: Measuring and Exploiting Risk Sharing Opportunities." *American Economic Review* 91(4): 1031–1054.

Bailey, Martin J., Richard F. Muth und Hugh O. Nourse. 1963. „A Regression Method for Real Estate Price Index Construction." *Journal of the American Statistical Association* 58: 933–942.

Baker, Malcolm und Jeffrey Wurgler. 2011. „Behavioral Corporate Finance: An Updated Survey." NBER Working Paper No. 17333.

Barber, Brad und Terrance Odean. 2008. „All That Glitters: The Effect of Attention on the Buying Behavior of Individual and Institutional Investors." *Review of Financial Studies* 21(2): 785–818.

Barberis, Nicholas und Richard H. Thaler. 2003. „A Survey of Behavioral Finance." In *Handbook of the Economics of Finance*, hg. von George M. Constantinides, Milton Harris und René M. Stulz. Amsterdam: Elsevier.

Barberis, Nicholas, Robin Greenwood, Lawrence Jin und Andrei Shleifer. 2013. „X-CAPM: An Extrapolative Capital Asset Pricing Model." Working Paper, Yale University.

Barberis, Nicholas, Ming Huang und Tano Santos. 2001. „Prospect Theory and Asset Prices." *Quarterly Journal of Economics* 116(1): 1–53.

Barberis, Nicholas, Ming Huang und Richard H. Thaler. 2006. „Individual Preferences, Monetary Gambles, and Stock Market Participation: A Case for Narrow Framing." *American Economic Review* 96(4): 1069–1090.

Beltratti, Andrea und Robert J. Shiller. 1993. „Actual and Warranted Movements in Asset Prices." *Oxford Economic Papers* 45: 387–402.

Benos, Evangelos und Marek Jochec. 2013. „Patriotic Name Bias and Stock Returns." *Journal of Financial Markets* 16(3): 550–570.

Bewley, Truman. 2002. „Knightian Decision Theory. Part I." *Decisions in Economics and Finance* 25(2): 79–110.

Black, Fischer. 1986. „Noise." *Journal of Finance* 41: 529–543.

Bracha, Anat und Donald J. Brown. 2013. „(IR)Rational Exuberance: Optimism, Ambiguity and Risk." New Haven, Conn.: Cowles Foundation Discussion Paper No. 1898.

Brennan, Michael. 1999. „Stripping the S&P 500 Index." *Financial Analysts Journal* 54(1): 12–22.

Buiter, Willem. 1987. „Efficient ‚Myopic' Asset Pricing in General Equilibrium: A Potential Pitfall in Excess Volatility Tests." *Economics Letters* 25(2): 143–148.

Campbell, John Y. 1991. „A Variance Decomposition for Stock Returns." *Economic Journal* 101: 57–179.

Campbell, John Y. und John Ammer. 1993. „What Moves the Stock and Bond Markets? A Variance Decomposition for Long-Term Asset Returns." *Journal of Finance* 48: 3–37.

Campbell, John Y. und John Cochrane. 1999. „By Force of Habit: A Consumption-Based Explanation of Aggregate Stock Market Behavior." *Journal of Political Economy* 107: 205–251.

Campbell, John Y. und Albert S. Kyle. 1993. „Smart Money, Noise Trading, and Stock Market Behavior." *Review of Economic Studies* 60(1): 1–34.

Campbell, John Y., Christopher Polk und Tuomo Vuolteenaho. 2010. „Growth or Glamor? Fundamentals and Systematic Risk in Stock Returns." *Review of Financial Studies* 23: 305–344.

Campbell, John Y. und Robert J. Shiller. 1987. „Cointegration and Tests of Present Value Models." *Journal of Political Economy* 95: 1062–1088.

– 1988a. „The Dividend-Price Ratio and Expectations of Future Dividends and Discount Factors." *Review of Financial Studies* 1(3): 195–228.

– 1988b. „Interpreting Cointegrated Models." *Journal of Economic Dynamics and Control* 12(2–3): 505–522.

– 1988c. „Stock Prices, Earnings and Expected Dividends." *Journal of Finance* 43(3): 661–676.

– 1989. „The Dividend Ratio Model and Small Sample Bias: A Monte Carlo Study." *Economics Letters* 29: 325–331.

Campbell, John Y. und Motohiro Yogo. 2006. „Efficient Tests of Stock Return Predictability." *Journal of Financial Economics* 81(1): 27–60.

Cao, Dan. 2010. „Collateral Shortages, Asset Price and Investment Volatility with Heterogeneous Beliefs." Unveröffentlichter Artikel, Department of Economics, Georgetown University.

Case, Karl E. 1986. „The Market for Single Family Homes in Boston." *New England Economic Review*, May/June, 38–48.

Case, Karl E. und Robert J. Shiller. 1987. „Prices of Single-Family Homes since 1970: New Indexes for Four Cities." *New England Economic Review*, September/October, 46–56.

— 1988. „The Behavior of Home Buyers in Boom and Post-Boom Markets." *New England Economic Review*, November/December, 29–46.

— 1989. „The Efficiency of the Market for Single Family Homes." *American Economic Review* 79(1):125–137.

— 1990. „Forecasting Prices and Excess Returns in the Housing Market." *AREUEA Journal* 18(3): 253–273.

— 2003. „Is There a Bubble in the Housing Market?" *Brookings Papers on Economic Activity* 2003(2): 299–362.

Case, Karl E., Robert J. Shiller und Anne Kinsella Thompson. 2012. „What Have They Been Thinking? Homebuyer Behavior in Hot and Cold Markets." *Brookings Papers on Economic Activity* 2: 265–298.

Case, Karl E., Robert J. Shiller und Allan N. Weiss. 1993. „Index-Based Futures and Options Trading in Real Estate." *Journal of Portfolio Management* 19: 83–92.

Chen, Long und Xinlei Zhao. 2009. „Return Decomposition." *Review of Financial Studies* 22(12): 5212–5249.

Chen, Long, Zhi Da und Xinlei Zhao. 2013. „What Drives Stock Price Movements?" *Review of Financial Studies* 26(4): 841–876.

Cochrane, John H. 1991. „Volatility Tests and Efficient Markets Theory: A Review Essay." *Journal of Monetary Economics* 27: 463–485.

— 1992. „Explaining the Variance of Price-Dividend Ratios." *Review of Financial Studies* 5: 243–280.

— 2007. „The Dog That Did Not Bark: A Defense of Return Predictability." *Review of Financial Studies* 21(4): 1533–1575.

Cootner, Paul. 1964. *The Random Character of Stock Market Prices*. Cambridge, Mass.: MIT Press.

Cowles, Alfred III und Kollegen. 1939. *Common Stock Indexes*. 2nd ed. Bloomington, Ind.: Principia Press.

De Long, J. Bradford, Andrei Shleifer, Lawrence Summers und Robert Waldmann. 1990. „Noise Trader Risk in Financial Markets." *Journal of Political Economy* 98(4): 703–738.

Dolley, James C. 1933. „Common Stock Split-Ups – Motives and Effects." *Harvard Business Review* 12(1): 70–81.

Durkheim, Émile. 1893. *De la division du travail social.* Paris: Alcan.

Economic Sciences Prize Committee of the Royal Swedish Academy of Sciences. 2013. Scientific Background on the Sveriges Riksbank Prize in Economic Sciences in Memory of Alfred Nobel. 2013. http://www.nobelprize.org/nobel_prizes/economic-sciences/laureates/2013/advanced-economicsciences2013.pdf.

Engsted, Tom, Thomas Q. Pedersen und Carsten Tanggaard. 2012. „Pitfalls in VAR Based Return Decompositions: A Clarification." *Journal of Banking and Finance* 36(5): 1255–1265.

Fabozzi, Frank, Robert J. Shiller und Radu Tunaru. 2009. „Hedging Real Estate Risk." *Journal of Portfolio Management* 35(5): 92–103.

Fama, Eugene. 1964. „The Distribution of the Daily Differences of the Logarithms of Stock Prices." PhD diss., University of Chicago. Nachgedruckt im *Journal of Business* als „The Behavior of Stock Market Prices." 38(1): 34–105.

– 1970. „Efficient Capital Markets: A Review." *Journal of Finance* 25(2): 383–417.

Fama, Eugene F., Lawrence Fisher, Michael Jensen und Richard Roll. 1969. „The Adjustment of Stock Prices to New Information." *International Economic Review* 10: 1–21.

Fama, Eugene und Kenneth R. French. 1988. „Permanent and Temporary Components of Stock Prices." *Journal of Political Economy* 96(2): 246–267.

Flavin, Marjorie. 1983. „Excess Volatility in the Financial Markets: A Reassessment of the Empirical Evidence." *Journal of Political Economy* 96: 246–273.

Fostel, Ana und John Geanakoplos. 2008. „Leverage Cycles in an Anxious Economy." *American Economic Review* 93: 1211–1244.

Galbraith, John Kenneth. 1954. *The Great Crash: 1929*. Boston: Houghton Mifflin.

Garber, Peter M. 2000. *Famous First Bubbles: The Fundamentals of Early Manias*. Cambridge, Mass.: MIT Press.

Geanakoplos, John. 2009. „The Leverage Cycle." *NBER Macroeconomics Annual* 24: 1–65.

Goetzmann, William N., Catherine Labio, K. Geert Rouwenhorst und Timothy G. Young, Hg. 2013. *The Great Mirror of Folly: Finance, Culture, and the Crash of 1720*. New Haven, Conn.: Yale University Press.

Goetzmann, William N. und K. Geert Rouwenhorst, Hg. 2005. *The Origins of Value: The Financial Innovations That Created Modern Capital Markets*. Oxford: Oxford University Press.

Goyal, Amit und Ivo Welch. 2003. „Predicting the Equity Premium with Dividend Ratios." *Management Science* 49: 639–654.

– 2008. „A Comprehensive Look at the Empirical Performance of Equity Premium Prediction." *Review of Financial Studies* 21: 1455–1508.

Graham, David und David Dodd. 2002. *Security Analysis: The Classic 1940 Edition*. New York: McGraw-Hill.

Greenwood, Robin und Andrei Shleifer. 2013. „Expectations of Returns and Expected Returns." NBER Working Paper No. 18686.

Grossman, Sanford und Robert J. Shiller. 1981.„The Determinants of the Variability of Stock Market Prices." *American Economic Review* 71: 222–227.

Halbwachs, Maurice. 1925. „Les Cadres Sociaux de la Mémoire." In *Les Travaux de L'Année Sociologique*. Paris: Alcan.

Hansen, Lars Peter. 2013. „Uncertainty Outside and Inside Economics Models." Prize Lecture for 2013 Nobel Prize in Economic Sciences. http://www.nobelprize.org/mediaplayer/index.php?id=1994.

Hansen, Lars Peter und Ravi Jagannathan. 1991. „Implications of Security Market Data for Models of Dynamic Economies." *Journal of Political Economy* 99(2): 225–292.
Hansen, Lars Peter und Kenneth J. Singleton. 1983. „Stochastic Consumption, Risk-Aversion, and the Temporal Behavior of Asset Returns." *Journal of Political Economy* 91(6): 929–956.
Harrison, Michael und David Kreps. 1978. „Speculative Investor Behavior in a Stock Market with Heterogeneous Expectations." *Quarterly Journal of Economics* 92: 323–336.
He, Zhiguo und Wei Xiong. 2012. „Rollover Risk and Credit Risk." *Journal of Finance* 67(2): 391–429.
Hong, Harrison, Jose Scheinkman und Wei Xiong. 2006. „Asset Float and Speculative Bubbles." *Journal of Finance* 61: 1073–1117.
Hong, Harrison und David Sraer. 2011. „Quiet Bubbles." Working Paper, Princeton University.
Horesh, Ronnie. 2000. „Injecting Incentives into the Solution of Social Problems: Social Policy Bonds." *Economic Affairs* 20(3): 39–42.
Hsu, Ming, Meghana Batt, Ralph Adolphs, Daniel Tranel und Colin F. Camerer. 2005. „Neural Systems Responding to Degrees of Uncertainty in Human Decision-Making." *Science* 310: 1680–1683.
Huettel, Scott A., C. Jill Stowe, Evan M. Gordon, Brent T. Warner und Michael L. Platt. 2006. „Neural Signatures of Economic Preferences for Risk and Ambiguity." *Neuron* 49(5): 765–775.
Jung, Jeeman und Robert Shiller. 2005. „Samuelson's Dictum and the Stock Market." *Economic Inquiry* 43(2): 221–228.
Kahneman, Daniel und Amos Tversky. 1979. „Prospect Theory: An Analysis of Decision under Uncertainty." *Econometrica* 47: 236–291.
– 2000. *Choices, Values and Frames.* Cambridge: Cambridge University Press.
Kamstra, Mark und Robert J. Shiller. 2009. „The Case for Trills: Giving the People and Their Pension Funds a Stake in the Wealth of the Nation." New Haven, Conn.: Cowles Foundation, Working Paper No. 1717.
Keynes, John Maynard. 1921. *A Treatise on Probability.* London: Macmillan.
– 1936. *The General Theory of Employment, Interest and Money.* London: Macmillan.
Kindleberger, Charles Poor. 1978. *Manias, Panics and Crashes: A History of Financial Crises*. London: Macmillan.
Kleidon, Allan W. 1986. „Variance Bounds Tests and Stock Price Valuation Models." *Journal of Political Economy* 94: 953–1001.
Kubler, Felix und Karl Schmedders. 2012. „Financial Innovation and Asset Price Volatility." *American Economic Review* 102(3): 147–151.
Kyle, Albert. 1985. „Continuous Auctions and Insider Trading." *Econometrica* 53(6): 1315–1335.
LeRoy, Stephen F. 1973. „Risk Aversion and the Martingale Property of Stock Prices." *International Economic Review* 14(2): 436–466.
LeRoy, Stephen F. und Richard D. Porter. 1981. „Stock Price Volatility: Tests Based on Implied Variance Bounds." *Econometrica* 49: 97–113.

Lewellen, Jonathan. 2004. „Predicting Returns with Financial Ratios." *Journal of Financial Economics* 74(2): 209–235.
Lucas, Robert E. 1978. „Asset Prices in an Exchange Economy." *Econometrica* 46(6): 1429–1445.
Malmendier, Ulrike und Geoffrey Tate. 2005. „CEO Overconfidence and Corporate Investment." *Journal of Finance* 60(6): 2661–2700.
Marsh, Terry A. und Robert C. Merton. 1986. „Dividend Variability and Variance Bound Tests for the Rationality of Stock Market Prices." *American Economic Review* 76: 483–498.
Modigliani, Franco und Richard Cohn. 1979. „Inflation, Rational Valuation and the Market." *Financial Analysts Journal* 35(2): 24–44.
Morris, Stephen. 1996. „Speculative Investor Behavior and Learning." *Quarterly Journal of Economics* 62: 1327–1347.
Moss, David A. 2002. *When All Else Fails: The Government as Ultimate Risk Manager*. Cambridge, Mass.: Harvard University Press.
Mullainathan, Sendhil und Eldar Shafir. 2013. *Scarcity: Why Having Too Little Means So Much*. New York: Times Books.
Mullainathan, Sendhil und Andrei Shleifer. 2005. „The Market for News." *American Economic Review* 95(4): 1031–1053.
Odean, Terrance. 2000. „Do Investors Trade Too Much?" in *Behavioral Finance*, hg. von Hersh Shefrin. Northhampton, Mass.: Edward Elgar.
Phillips, Peter C. B. und Pierre Perron. 1988. „Testing for a Unit Root in Time Series Regression." *Biometrika* 75(2): 335–346.
Poterba, James M. und Lawrence H. Summers. 1988. „Mean Reversion in Stock Prices: Evidence and Implications." *Journal of Financial Economics* 22: 26–59.
Robbins, Lionel. 1932. *An Essay on the Nature and Significance of Economic Science*. London: Macmillan.
Rothman, James E. 2013. „The Principle of Membrane Fusion in the Cell." Prize Lecture for 2013 Nobel Prize in Medicine. http://www.nobelprize.org/mediaplayer/index.php?id=1975.
Saunders, Edward M. 1993. „Stock Prices and Wall Street Weather." *American Economic Review* 83(5): 1337–1345.
Savage, Leonard J. 1954. *Foundations of Statistics*. New York: Wiley.
Scheinkman, Jose und Wei Xiong. 2003. „Overconfidence and Speculative Bubbles." *Journal of Political Economy* 111: 1133–1219.
Shefrin, Hersh M. 2008. *A Behavioral Approach to Asset Pricing*. Amsterdam: Elsevier.
Shefrin, Hersh M. und Meir Statman. 1984. „Explaining Investor Preference for Cash Dividends." *Journal of Financial Economics* 13(2): 253–282.
– 1985. „The Disposition to Sell Losers Too Early and Ride Losers Too Long: Theory and Evidence." *Journal of Finance* 40(3): 777–790.
Shiller, Robert J. 1972. „Rational Expectations and the Term Structure of Interest Rates." PhD diss., Massachusetts Institute of Technology.
– 1979. „The Volatility of Long-Term Interest Rates and Expectations Models of the Term Structure." *Journal of Political Economy* 87(6): 1190–1219.

– 1981a. „Do Stock Prices Move Too Much to Be Justified by Subsequent Changes in Dividends?" *American Economic Review* 71(3): 421–436.

– 1981b. „The Uses of Volatility Measures in Assessing Market Efficiency." *Journal of Finance* 36: 291–304.

– 1982. „Consumption, Asset Markets and Macroeconomic Fluctuations." *Carnegie Rochester Conference Series on Public Policy* 17: 203–238.

– 1984. „Stock Prices and Social Dynamics." *Brookings Papers on Economic Activity* 1984(2): 457–498.

– 1986. „The Marsh-Merton Model of Managers' Smoothing of Dividends." *American Economic Review* 76(3): 499–503.

– 1987. „Ultimate Sources of Aggregate Variability." *American Economic Review* 77(2): 87–92.

– 1988. „Portfolio Insurance and Other Investor Fashions as Factors in the 1987 Stock Market Crash." *NBER Macroeconomics Annual* 3: 287–297.

– 1989. *Market Volatility*. Cambridge, Mass.: MIT Press.

– 1991. „Arithmetic Repeat Sales Price Estimators." *Journal of Housing Economics* 1: 110–126.

– 1992. *Who's Minding the Store? The Report of the Twentieth Century Fund Task Force on Market Speculation and Corporate Governance*. New York: The Twentieth Century Fund.

– 1993. *Macro Markets: Creating Institutions for Managing Society's Largest Economic Risks*. New York: Oxford University Press, 1993.

– 1997. „Public Resistance to Indexation: A Puzzle." *Brookings Papers on Economic Activity* 1997(1): 159–211.

– 2000. *Irrational Exuberance*, 1st ed. Princeton, N.J.: Princeton University Press.

– 2002. „Indexed Units of Account: Theory and Analysis of Historical Experience." In *Indexation, Inflation, and Monetary Policy*, hg. von Fernando Lefort und Klaus Schmidt-Hebbel. Santiago, Chile: Central Bank of Chile.

– 2003. *The New Financial Order: Risk in the 21st Century*. Princeton, N.J.: Princeton University Press.

– 2005. *Irrational Exuberance*, 2nd ed. Princeton, N.J.: Princeton University Press.

– 2008. *The Subprime Solution: How Today's Global Financial Crisis Happened and What to Do about It*. Princeton, N.J.: Princeton University Press.

– 2009. *The Case for a Basket: A New Way of Showing the True Value of Money*. London: Policy Exchange.

– 2011. „Democratizing and Humanizing Finance." In *Reforming U.S. Financial Markets: Reflections before and beyond Dodd-Frank*, hg. von Randall S. Kroszner and Robert J. Shiller. Alvin Hansen Symposium on Public Policy at Harvard University. Cambridge, Mass.: MIT Press.

– 2012. *Finance and the Good Society*. Princeton, N.J.: Princeton University Press.

– 2014. „Why Is Housing Finance Still Stuck in Such a Primitive Stage?" *American Economic Review* 104(5): 73–76.

Shiller, Robert J. und Andrea Beltratti. 1992. „Stock Prices and Bond Yields: Can Their Comovements Be Explained in Terms of Present Value Models?" *Journal of Monetary Economics* 30(1): 25–46.

Shiller, Robert J. und Pierre Perron. 1985. „Testing the Random Walk Hypothesis: Power versus Frequency of Observation." *Economics Letters* 18: 381–386.
Shiller, Robert J. und Ryan Schneider. 1998. „Labor Income Indices Designed for Use in Contracts Promoting Income Risk Management." *Review of Income and Wealth* 44(2): 163–182.
Shiller, Robert J. und Jeremy J. Siegel. 1977. „The Gibson Paradox and Historical Movements in Real Long Term Interest Rates." *Journal of Political Economy* 85(5): 891–898.
Shiller, Robert J. und Allan N. Weiss. 1999a. „Evaluating Real Estate Valuation Systems." *Journal of Real Estate Finance and Economics* 18(2): 147–161.
– 1999b. „Home Equity Insurance." *Journal of Real Estate Finance and Economics* 19(1): 21–47.
Shiller, Robert J., Rafał Wojakowski, M. Shahid Ebrahim und Mark B. Shackleton. 2013. „Mitigating Financial Fragility with Continuous Workout Mortgages." *Journal of Economic Behavior and Organization* 85: 269–285.
Shleifer, Andrei. 2000. *Inefficient Markets: A Survey of Behavioral Finance*. New York: Oxford University Press.
Shleifer, Andrei und Robert Vishny. 1997. „Limits to Arbitrage." *Journal of Finance* 52(1): 35–55.
Siegel, Jeremy J. 2005. *The Future for Investors: The Tried and True Beats the Bold and New*. New York: Crown Business.
– 2008. *Stocks for the Long Run*, 4th ed. New York: McGraw-Hill.
Sims, Christopher A. 1984. „Martingale-Like Behavior of Prices and Interest Rates." Discussion Paper No. 205, Center for Economic Research, Department of Economics, University of Minnesota.
– 2003. „Implications of Rational Inattention." *Journal of Monetary Economics* 50: 665–690.
Singleton, Kenneth J. 1980. „Expectations Models of the Term Structure and Implied Variance Bounds." *Journal of Political Economy* 88: 1159–1176.
Summers, Lawrence H. 1986. „Does the Stock Market Rationally Reflect Fundamental Values?" *Econometrica* 41: 591–601.
Thaler, Richard H. und Eric J. Johnson. 1990. „Gambling with the House Money and Trying to Break Even: The Effects of Prior Outcomes on Risky Choice." *Management Science* 36(6): 343–360.
Thaler, Richard H. und Cass R. Sunstein. 2009. *Nudge: Improving Decisions about Health, Wealth and Happiness*. New Haven, Conn.: Yale University Press.
Torous, Walter, Rossen Valkanov und Shu Yan. 2004. „On Predicting Stock Returns with Nearly Integrated Explanatory Variables." *Journal of Business* 77: 937–966.
Tversky, Amos und Daniel Kahneman. 1974. „Judgment under Uncertainty: Heuristics and Biases." *Science* 185: 1124–1131.
Vuolteenaho, Tuomo. 2002. „What Drives Firm-Level Stock Returns?" *Journal of Finance* 57(1): 233–264.
West, Kenneth D. 1988. „Dividend Innovations and Stock Price Volatility." *Econometrica* 56: 37–61.
Wu, Ho-Mou und Wen-Chung Guo. 2004. „Asset Price Volatility and Trading Volume with Rational Beliefs." *Economic Theory* 23: 795–829.

BIBLIOGRAFIE „IRRATIONALER ÜBERSCHWANG"

Abarbanell, Jeffrey und Reuven Lehavy. „Biased Forecasts or Biased Earnings? The Role of Earnings Management in Explaining Apparent Optimism and Inefficiency in Analysts' Earnings Forecasts." *Journal of Accounting and Economics*, 35 (2003): 105–146.

Abbott, Max Wenden und Rachel A. Volberg. *Gambling and Problem Gambling in the Community: An International Overview and Critique.* Report No. 1 of the New Zealand Gaming Survey, 1999, S. 35.

Advisory Committee on Endowment Management. *Managing Educational Endowments: Report to the Ford Foundation* (Barker Report). New York: Ford Foundation, 1969.

Ahir, Hites und Prakash Loungani. 2014. „There Will Be Growth in the Spring: How Do Economists Predict Turning Points? Vox, 14. April 2014, http://www.voxeu.org/article/predicting-economic-turning-points.

Akerlof, George A. und Robert J. Shiller. *Animal Spirits: How Human Psychology Drives the Economy and Why This Matters for Global Capitalism*. Princeton, N.J.: Princeton University Press, 2009.

Allen, Franklin, Stephen Morris und Andrew Postlewaite. „Finite Bubbles with Short Sale Constraints and Asymmetric Information." *Journal of Economic Theory,* 61 (1993): 206–229.

Allen, Frederick Lewis. *Only Yesterday.* New York: Harper and Brothers, 1931.

Ammer, Dean S. „Entering the New Economy." *Harvard Business Review,* September–October 1967, S. 3–4.

Ang, Andrew und Geert Bekaert. „Stock Return Predictability: Is It There?" Unveröffentlichter Artikel, Columbia University, 2004.

Arthur, Brian, John H. Holland, Blake LeBaron, Richard Palmer und Paul Tayler. „Asset Pricing under Endogenous Expectations in an Artificial Stock Market", in W.

B. Arthur, S. Durlauf und D. Lane (Hg.), *The Economy as an Evolving Complex System II.* Reading, Mass.: Addison-Wesley, 1997, S. 15–44.

Asch, Solomon. *Social Psychology.* Englewood Cliffs, N.J.: Prentice Hall, 1952.

Ashton, Michael. „TIPS and CPI Futures – Practice Makes Perfect", paper presented at the American Economic Association Meetings, Boston, Mass., January 2014.

Athanasoulis, Stefano und Robert J. Shiller. „World Income Components: Discovering and Implementing Risk Sharing Opportunities." *American Economic Review,* 91(4) (2001): 1031–1054.

Avery, Christopher und Peter Zemsky. „Multidimensional Uncertainty and Herd Behavior in Financial Markets." *American Economic Review,* 88(4) (1998): 724–748.

Bailey, Norman T. *The Mathematical Theory of Epidemics.* London: C. Griffin, 1957.

Baker, Malcolm und Jeffrey Wurgler. „The Equity Share in New Issues and Aggregate Stock Returns." *Journal of Finance,* 55(5) (2000): 2219–2257.

Bakshi, Gurdip S. und Zhiwu Chen. „Baby Boom, Population Aging and Capital Markets." *Journal of Business* 67 (1994): 165–202.

Ballinger, Kenneth. *Miami Millions: The Dance of the Dollars in the Great Florida Land Boom of 1925.* Miami, Fla.: Franklin Press, 1936.

Banerjee, Abhijit V. „A Simple Model of Herd Behavior." *Quarterly Journal of Economics,* 107(3) (1992): 797–817.

Barber, Brad M., Yi-Tsung Lee, Yu-Jane Liu und Terrance Odean. „Do Individual Day Traders Make Money? Evidence from Taiwan." Unveröffentlichter Artikel, University of California, Davis, 2004.

Barber, Brad M., Reuven Lehavy, Maureen McNichols und Brett Trueman. „Can Investors Profit from the Prophets? Consensus Analyst Recommendations and Stock Returns." *Journal of Finance,* 56(1) (2001): 531–563.

Barber, Brad M. und Terrance Odean. „Online Investors: Do the Slow Die First?" *Review of Financial Studies,* 15(2) (2002): 455–489.

Barberis, Nicholas, Ming Huang und Tano Santos. „Prospect Theory and Asset Prices." *Quarterly Journal of Economics,* 116 (2001): 1–53.

Barberis, Nicholas, Andrei Shleifer und Robert Vishny. „A Model of Investor Sentiment." *Journal of Financial Economics,* 49 (1998): 307–343.

Barlow, Robin, Harvey E. Brazer und James N. Morgan. *Economic Behavior of the Affluent.* Washington, D.C.: Brookings Institution, 1966.

Barro, Robert und Xavier Sala-i-Martin. *Economic Growth.* New York: McGraw-Hill, 1995.

Barsky, Robert und J. Bradford De Long. „Why Have Stock Prices Fluctuated?" *Quarterly Journal of Economics,* 108 (1993): 291–311.

Bartholomew, David J. *Stochastic Models for Social Processes.* New York: John Wiley and Sons, 1967.

Basu, Sanjoy. „The Investment Performance of Common Stocks Relative to Their Price-Earnings Ratios: A Test of the Efficient Markets." *Journal of Finance,* 32(3) (1977): 663–682.

Batra, Ravi. *The Great Depression of 1990: Why It's Got to Happen, How to Protect Yourself,* rev. ed. New York: Simon & Schuster, 1987.

Baxter, Marianne und Urban Jermann. „The International Diversification Puzzle Is Worse than You Think." *American Economic Review,* 87 (1997): 170–180.

Bell, David E. „Regret in Decision Making under Uncertainty." *Operations Research,* 30(5) (1982): 961–981.

Benartzi, Shlomo. „Why Do Employees Invest Their Retirement Savings in Company Stock?" Unveröffentlichter Artikel, Anderson School, University of California, Los Angeles, 1999.

Benartzi, Shlomo und Richard H. Thaler. „Myopic Loss Aversion and the Equity Premium Puzzle." *Quarterly Journal of Economics,* 110(1) (1995): 73–92.

– „Naive Diversification Strategies in Defined Contribution Plans." *American Economic Review,* 91(1) (2001): 79–98.

– „Save More Tomorrow: Using Behavioral Economics to Increase Employee Saving." *Journal of Political Economy,* 112(1) (2004): S164–S187.

Benartzi, Shlomo, Richard H. Thaler, Stephen P. Utkus und Cass R. Sunstein. „The Law and Economics of Company Stock in 401(k) Plans." *Journal of Law and Economics,* 501(1) (2007): 45–79.

Bikhchandani, S. D., David Hirshleifer und Ivo Welch. „A Theory of Fashion, Social Custom and Cultural Change." *Journal of Political Economy,* 81 (1992): 637–654.

Blanchard, Olivier und Stanley Fischer. *Lectures on Macroeconomics.* Cambridge, Mass.: MIT Press, 1989.

Boldrin, Michael und Michael Woodford. „Equilibrium Models Displaying Endogenous Fluctuations and Chaos: A Survey." *Journal of Monetary Economics,* 25(2) (1990): 189–222.

Bolen, D. W. und W. H. Boyd. „Gambling and the Gambler: A Review of Preliminary Findings." *Archives of General Psychiatry,* 18(5) (1968): 617–629.

Bootle, Roger. *The Death of Inflation: Surviving and Thriving in the Zero Era.* London: Nicholas Brealey, 1998.

Borio, Claudio und Patrick McGuire. „Twin Peaks in Equity and Housing Prices?" *BIS Quarterly Review,* March 2004, S. 79–93.

Bowman, Karlyn. „A Reaffirmation of Self-Reliance? A New Ethic of Self-Sufficiency?" *Public Perspective,* February–March 1996, S. 5–8.

Brennan, Michael. „Stripping the S&P 500." *Financial Analysts Journal,* 54(1) (1998): 12–22.

Brooks, Robin. „Asset Market and Savings Effects of Demographic Transitions. Unveröffentlichte Ph.D. Dissertation, Yale University, 1998.

Brown, Stephen J., William Goetzmann und Stephen A. Ross. „Survival." *Journal of Finance,* 50(3) (1995): 853–873.

Bruno, Michael und William Easterly. „Inflation Crises and Long-Run Growth." *Journal of Monetary Economics,* 41(1) (1998): 2–26.

Bulgatz, Joseph. *Ponzi Schemes, Invaders from Mars, and Other Extraordinary Popular Delusions, and the Madness of Crowds.* New York: Harmony, 1992.

Bullock, Hugh. *The Story of Investment Companies.* New York: Columbia University Press, 1959.

Bunn, Oliver, Anthony Lazanas, Robert J. Shiller, Arne Staal, Cenk Ural und Ji Zhuang. „Es-CAPE-ing from Overvalued Sectors: Sector Selection Based on the Cyclically

Adjusted Price-Earnings (CAPE) Ratio." *Journal of Portfolio Management,* 41(1) (2014): 16–33.
Bunn, Oliver und Robert J. Shiller. „Changing Times, Changing Values — A Historical Analysis of Sectors within the US Stock Market 1872–2013." New Haven, Conn.: Yale University, Cowles Foundation, 2014, http://cowles.econ.yale.edu/P/cd/d19b/d1950.pdf.
Burnam, Tom. *More Misinformation.* Philadelphia: Lippincott and Crowell, 1980.
Campbell, John Y. und John Ammer. „What Moves Stock and Bond Markets? A Variance Decomposition for Long-Term Asset Returns." *Journal of Finance,* 48(1) (1993): 3–38.
Campbell, John Y. und John H. Cochrane. „By Force of Habit: A Consumption-Based Explanation of Aggregate Stock Market Behavior." *Journal of Political Economy,* 107(2) (1999): 205–251.
Campbell, John Y., Andrew Lo und Craig Mackinlay. *The Econometrics of Financial Markets.* Princeton, N.J.: Princeton University Press, 1997.
Campbell, John Y. und Robert J. Shiller. „The Dividend-Price Ratio and Expectations of Future Dividends and Discount Factors." *Review of Financial Studies,* 1 (1988): 195–228.
– „The Dividend Ratio Model and Small Sample Bias: A Monte Carlo Study." *Economics Letters,* 29 (1989): 325–331.
– „Valuation Ratios and the Long-Run Stock Market Outlook." *Journal of Portfolio Management,* 24 (1998): 11–26.
– „Valuation Ratios and the Long-Run Stock Market Outlook: An Update," in Richard Thaler (Hg.), *Advances in Behavioral Finance II.* New York: Sage Foundation, 2005.
Campbell, John Y., Robert J. Shiller und Luis M. Viceira. „Understanding Inflation-Indexed Bond Markets." *Brookings Papers on Economic Activity,* 1 (2009): 79–120.
Campbell, John Y. und Luis M. Viceira. *Strategic Asset Allocation: Portfolio Choice for Long-Term Investors.* Oxford: Oxford University Press, 2002.
Campbell, John Y. und Motohiro Yogo. „Efficient Tests of Stock Return Predictability." Working Paper No. w10026, Cambridge, Mass.: National Bureau of Economic Research, October 2003.
Case, Karl E. „The Market for Single-Family Homes in the Boston Area." *New England Economic Review,* May–June 1986, S. 38–48.
– „Measuring Urban Land Values." Unveröffentlichter Artikel, Wellesley College, 26. Oktober 1997.
Case, Karl E., John M. Quigley und Robert J. Shiller. „Comparing Wealth Effects: The Stock Market vs. the Housing Market." Cambridge, Mass.: National Bureau of Economic Research Working Paper No. 8606, November 2001.
Case, Karl E., Jr. und Robert J. Shiller. „The Behavior of Home Buyers in Boom and Post-Boom Markets." *New England Economic Review,* November–December 1988, S. 29–46.
– „The Efficiency of the Market for Single Family Homes." *American Economic Review,* 79(1) (March 1989): 125–137.
– „A Decade of Boom and Bust in the Prices of Single-Family Homes: Boston and Los Angeles 1983 to 1993." *New England Economic Review,* March–April 1994, S. 40–51.

– „Is There a Bubble in the Housing Market?" *Brookings Papers on Economic Activity*, 2 (2003): 299–362.

Case, Karl E., Robert J. Shiller und Anne Kinsella Thompson. „What Have They Been Thinking? Homebuyer Behavior in Hot and Cold Markets." *Brookings Papers on Economic Activity*, 2 (2012): 265–298.

Cassidy, John. *Dot.con: How America Lost Its Mind and Money in the Internet Era.* New York: Perennial Currents, 2003.

Chen, Joseph, Harrison Hong und Jeremy C. Stein. „Breadth of Ownership and Stock Returns." *Journal of Financial Economics*, 66 (2002): 171–205.

Chevalier, Judith und Glenn Ellison. „Are Some Mutual Fund Managers Better than Others? Cross-Sectional Patterns in Behavior and Performance." *Journal of Finance*, 54(3) (1999): 875–899.

Christiansen, Eugene Martin und Sebastian Sinclair. *The Gross Annual Wager of the United States, 2000.* Christiansen Capital Advisors, 2000.

Chwe, Michael Suk-Young. *Rational Ritual: Culture, Coordination, and Common Knowledge.* Princeton, N.J.: Princeton University Press, 2003.

Clark, John Bates. „The Gold Standard of Currency in the Light of Recent Theory." *Political Science Quarterly*, 10(3) (1895): 383–397.

Cochrane, John. *Asset Pricing.* Princeton, N.J.: Princeton University Press, 2001.

Cohen, Randolph. „Asset Allocation Decisions of Individuals and Institutions." Harvard Business School Working Paper Series, No. 03-112, 2003.

Cohen, Randolph, Christopher Polk und Tuomo Vuolteenaho. „The Value Spread." *Journal of Finance*, 58 (2003): 609–642.

Cole, Kevin, Jean Helwege und David Laster. „Stock Market Valuation Indicators: Is This Time Different?" *Financial Analysts Journal*, 52 (1996): 56–64.

Collins, Allan, Eleanor Warnock, Nelleke Acello und Mark L. Miller. „Reasoning from Incomplete Knowledge", in Daniel G. Bobrow und Allan Collins (Hg.), *Representation and Understanding: Studies in Cognitive Science.* New York: Academic Press, 1975, S. 383–415.

Consumer Federation of America. „Lower-Income and Minority Consumers Most Likely to Prefer and Underestimate Risks of Adjustable Rate Mortgages." http://www.consumerfed.org/072604_ARM_Survey_Release.pdf. Washington, D.C.

Cooper, John C. B. „Price Elasticity of Demand for Crude Oil: Estimates for 23 Countries." *Opec Review*, 27(1) (2003): 1–8.

Coronado, Julia Lynn und Steven A. Sharpe. „Did Pension Plan Accounting Contribute to a Stock Market Bubble?" Finance and Economics Discussion Series No. 2003-38. Washington, D.C.: Board of Governors of the Federal Reserve System, 2003.

Cowles, Alfred III und Kollegen. *Common Stock Indexes*, 2nd ed. Bloomington, Ind.: Principia Press, 1939.

Cutler, David, James Poterba und Lawrence Summers. „What Moves Stock Prices?" *Journal of Portfolio Management*, 15(3) (1989): 4–12.

Daniel, Kent, David Hirshleifer und Avanidhar Subrahmanyam. „Investor Psychology and Security Market Over- and Underreaction." *Journal of Finance*, 53(6) (1998): 1839–1886.

Davis, Morris A. und Jonathan Heathcote. „The Price and Quantity of Residential Land in the United States." Washington, D.C.: Board of Governors of the Federal Reserve System, Finance and Economics Discussion Series No. 2004-2037, 2004.

De Bondt, Werner und Richard H. Thaler. „Does the Stock Market Overreact?" *Journal of Finance,* 40(3) (1985): 793–805.

Dent, Harry S. *The Great Boom Ahead: Your Comprehensive Guide to Personal and Business Profit in the New Era of Prosperity.* New York: Hyperion, 1993.

– *The Roaring 2000s: Building the Wealth & Lifestyle You Desire in the Greatest Boom in History*. New York: Simon & Schuster, 1998.

– *The Roaring 2000s Investor: Strategies for the Life You Want.* New York: Simon & Schuster, 1999.

Desmond, Robert W. *The Information Process: World News Reporting to the Twentieth Century.* Iowa City: University of Iowa Press, 1978.

Deutsch, Morton und Harold B. Gerard. „A Study of Normative and Informational Social Influences upon Individual Judgment." *Journal of Abnormal and Social Psychology,* 51 (1955): 629–636.

Dice, Charles Amos. *New Levels in the Stock Market.* New York: McGraw-Hill, 1929.

Diggins, John Patrick. *The Proud Decades: America in War and in Peace 1941–1960.* New York: W. W. Norton, 1988.

Dimson, Elroy, Paul Marsh und Mike Staunton. T*riumph of the Optimists: 101 Years of Global Investment History.* Princeton, N.J.: Princeton University Press, 2002.

Dornbusch, Rudiger und Stanley Fischer. „The Open Economy: Implications for Monetary and Fiscal Policy", in Robert J. Gordon (Hg.), *The American Business Cycle: Continuity and Change.* Chicago: National Bureau of Economic Research and University of Chicago Press, 1986, S. 459–501.

Dumke, Glenn S. *The Boom of the Eighties in Southern California.* San Marino, Calif.: Huntington Library, 1944.

Ehrlich, Paul R. *The Population Bomb.* New York: Ballantine Books, 1968.

Eichengreen, Barry. *Golden Fetters: The Gold Standard and the Great Depression: 1919–1939.* New York: Oxford University Press, 1992.

Eichholtz, Piet A. „A Long Run House Price Index: The Herengracht Index, 1638–1973." Unveröffentlichter Artikel, University of Limburg and University of Amsterdam, 1996.

Elias, David. *Dow 40,000: Strategies for Profiting from the Greatest Bull Market in History.* New York: McGraw-Hill, 1999.

Elton, Edwin J., Martin Gruber und Christopher R. Blake. „The Persistence of Risk-Adjusted Mutual Fund Performance." *Journal of Business,* 69 (1996): 133–137.

– „Survivorship Bias and Mutual Fund Performance." *Review of Financial Studies* 9(4) (1996): 1097–1120.

Fair, Ray C. „How Much Is the Stock Market Overvalued?" Unveröffentlichter Artikel, Cowles Foundation, Yale University, 1999. Eine überarbeitete Version wurde veröffentlicht als Teil von Ray C. Fair, „Fed Policy and the Effects of a Stock Market Crash on the Economy: Is the Fed Tightening Too Little and Too Late?" *Business*

Economics, April 2000, S. 7–14. Auch verfügbar unter http://fairmodel.econ.yale.edu/rayfair/pdf/1999c.pdf.

– „Fed Policy and the Effects of a Stock Market Crash on the Economy: Is the Fed Tightening Too Little and Too Late?" *Business Economics,* April 2000, S. 7–14. Auch verfügbar unter http://fairmodel.econ.yale.edu/rayfair/pdf/1999c.pdf.

Fama, Eugene. „Efficient Capital Markets: A Review of Theory and Empirical Work." *Journal of Finance,* 25 (1970): 383–417.

– „Two Pillars of Asset Pricing" (Nobel Lecture), *American Economic Review,* 104(6) (2014): 1467–1485.

Fama, Eugene und Kenneth French. „The Cross Section of Expected Stock Returns." *Journal of Finance,* 47 (1992): 427–466.

Federal Reserve Board. „Humphrey-Hawkins Report July 22, 1997, Section 2: Economic and Financial Developments in 1997." http://www.federalreserve.gov/boarddocs/ hh/1997/july/ReportSection2.htm.

Figlewski, Stephen. „The Informational Effects of Restrictions on Short Sales: Some Empirical Evidence." *Journal of Financial and Quantitative Analysis,* 16 (1981): 463–476.

Fischel, William A. *Regulatory Takings: Law, Economics and Politics.* Cambridge, Mass.: Harvard University Press, 1995.

– *The Homevoter Hypothesis: How Home Values Influence Local Government Taxation, School Finance, and Land-Use Policies.* Cambridge, Mass.: Harvard University Press, 2001.

Fischhof, Baruch, Paul Slovic und Sarah Lichtenstein. „Knowing with Uncertainty: The Appropriateness of Extreme Confidence." *Journal of Experimental Psychology: Human Perception and Performance* 3 (1977): 522–564.

Fisher, E. M. *Urban Real Estate Markets: Characteristics and Financing.* New York: National Bureau of Economic Research, 1951.

Fisher, Irving. *The Stock Market Crash – and After.* New York: Macmillan, 1930.

Fleming, Michael J. und John R. Sporn. „Trading Activity and Price Transparency in the Inflation Swap Market." *Economic Policy Review, Federal Reserve Bank of New York,* 19(1) (May 2013): 45–58.

Fleming, Thomas. *Around the Pan with Uncle Hank: His Trip through the Pan-American Exposition.* New York: Nutshell, 1901.

Foot, David K. und Daniel Stoffman. *Boom, Bust & Echo: How to Profit from the Coming Demographic Shift.* Toronto: McFarlane, Walter & Ross, 1996.

French, Kenneth R. und Richard Roll. „Stock Return Variances: The Arrival of Information and the Reaction of Traders." *Journal of Financial Economics,* 17 (1986): 5–26.

Friedman, Benjamin M. *The Moral Consequences of Economic Growth.* New York: Alfred A. Knopf, 2005.

Froot, Kenneth und Emil Dabora. „How Are Stock Prices Affected by the Location of Trade?" *Journal of Financial Economics,* 53(2) (1999): 189–216.

Froot, Kenneth und Maurice Obstfeld. „Intrinsic Bubbles: The Case of Stock Prices." *American Economic Review,* 81 (1991): 1189–1214.

Galbraith, John Kenneth. *The Great Crash: 1929,* 2nd ed. Boston: Houghton Mifflin, 1961.

Gale, William G. und John Sabelhaus. „Perspectives on the Household Saving Rate." *Brookings Papers on Economic Activity,* 1 (1999): 181–224.

Gallin, Joshua. „The Long-Run Relation between House Prices and Income: Evidence from Local Housing Markets." Washington, D.C.: Board of Governors of the Federal Reserve System, Finance and Economics Discussion Paper Series No. 2003.17, 2003.

Garber, Peter. *Famous First Bubbles: The Fundamentals of Early Manias.* Cambridge, Mass.: MIT Press, 2000.

Geanakoplos, John. „Common Knowledge." *Journal of Economic Perspectives,* 6(4) (1992): 53–82.

Geanakoplos, John, Olivia S. Mitchell und Stephen P. Zeldes. „Social Security Money's Worth", in Olivia S. Mitchell, Robert J. Myers und Howard Young (Hg.), *Prospects for Social Security Reform.* Philadelphia: University of Pennsylvania Press, 1999, S. 79–151.

Ger, Gueliz und Russell W. Belk. „Cross-Cultural Differences in Materialism." *Journal of Economic Psychology,* 17 (1996): 55–77.

Gibson, A. H. „The Future Course of High Class Investment Values", *Banker's Magazine* (London), 115 (1923): 15–34.

Gibson, George. *The Stock Markets of London, Paris and New York.* New York: G. P. Putnam's Sons, 1889.

Gigerenzer, G. „How to Make Cognitive Illusion Disappear: Beyond ‚Heuristic and Biases.'" *European Review of Social Psychology,* 2 (1991): 83–115.

Gilchrist, Helen, Robert Povey, Adrian Dickenson und Rachel Povey. „The Sensation-Seeking Scale: Its Use in a Study of People Choosing Adventure Holidays." *Personality and Individual Differences,* 19(4) (1995): 513–516.

Glaeser, Edward. „Reinventing Boston: 1640 to 2003." Cambridge, Mass.: National Bureau of Economic Research Working Paper No. 10166, 2004.

Glaeser, Edward und Albert Saiz. „The Rise of the Skilled City." Cambridge, Mass.: National Bureau of Economic Research Working Paper No. 10191, 2004.

Glassman, James K. und Kevin A. Hassett. *Dow 36,000: The New Strategy for Profiting from the Coming Rise in the Stock Market.* New York: Times Business/Random House, 1999.

Goetzmann, William und Roger Ibbotson. „Do Winners Repeat? Patterns in Mutual Fund Performance." *Journal of Portfolio Management,* 20 (1994): 9–17.

Goetzmann, William und Massimo Massa. „Index Fund Investors." Unveröffentlichter Artikel, Yale University, 1999.

Gordon, Robert J. „U.S. Productivity Growth since 1879: One Big Wave?" *American Economic Review,* 89(2) (1999): 123–128.

Goyal, Amit und Ivo Welch. „Predicting the Equity Premium with Dividend Ratios." *Management Science,* 49 (2003): 639–654.

Graham, Benjamin und David Dodd. *Securities Analysis.* New York: McGraw-Hill, 1934.

Grant, James. *The Trouble with Prosperity: A Contrarian Tale of Boom, Bust, and Speculation*. New York: John Wiley and Sons, 1996.

Grebler, Leo, David M. Blank und Louis Winnick. *Capital Formation in Residential Real Estate: Trends and Prospects*. New York and Princeton, N.J.: National Bureau of Economic Research and Princeton University Press, 1956. http://papers.nber.org/books/greb56-1.

Greenlees, J. S. „An Empirical Evaluation of the CPI Home Purchase Index 1973–8." *American Real Estate and Urban Economics Association Journal*, 10(1) (1982): 1–24.

Greenspan, Alan. „The Challenge of Central Banking in a Democratic Society", Rede vor dem American Enterprise Institute for Public Policy, Washington, D.C., 5. Dezember 1996. Verfügbar unter http://www.federalreserve.gov/BOARDDOCS/SPEECHES/19961205.htm.

Greetham, Trevor, Owain Evans und Charles I. Clough, Jr. „Fund Manager Survey: November 1999." London: Merrill Lynch & Co., Global Securities Research and Economics Group, 1999.

Griffin, John M. und G. Andrew Karolyi. „Another Look at the Role of the Industrial Structure of Markets for International Diversification Strategies." *Journal of Financial Economics*, 50 (1998): 351–373.

Grinblatt, Mark und Matti Keloharju. „Distance, Language, and Culture Bias: The Role of Investor Sophistication." *Journal of Finance*, 56(3) (2001): 1053–1073.

Gross, William H. „On the ‚Course' to a New Normal", http://www.pimco.com/EN/Insights/Pages/Gross%20Sept%20On%20the%20Course%20to%20a%20New%20Normal.aspx.

Grossman, Sanford J. und Robert J. Shiller. „The Determinants of the Variability of Stock Market Prices." *American Economic Review*, 71 (1981): 222–227.

Gustman, Alan L. und Thomas L. Steinmeier. „Effects of Pensions on Savings: Analysis with Data from the Health and Retirement Survey", *Carnegie Rochester Conference Series on Public Policy*, 50 (1999): 271–324.

Hamilton, James T. *All the News That's Fit to Sell: How the Market Transforms Information into News*. Princeton, N.J.: Princeton University Press, 2004.

Heaton, John und Deborah Lucas. „Stock Prices and Fundamentals." Unveröffentlichter Artikel, Northwestern University, 1999.

Heston, Steven L. und K. Geert Rouwenhorst. „Does Industrial Structure Explain the Benefits of International Diversification?" *Journal of Financial Economics*, 36 (1994): 3–27.

Hjalmarsson, Erik. „Predicting Global Stock Returns with New Methods for Pooled and Long-Run Forecasting Regressions." Unveröffentlichter Artikel, Yale University, 2004.

Holden, Sara und Jack VanDerhei. „401(k) Plan Asset Allocation, Account Balances, and Loan Activity in 2003." *Investment Company Institute Perspective*, 10(2) (2004): 1–16.

Homer, Sidney. *A History of Interest Rates*. New Brunswick, N.J.: Rutgers University Press, 1963.

Hong, Harrison und Jeremy Stein. „A Unified Theory of Underreaction, Momentum Trading, and Overreaction in Asset Markets." *Journal of Finance*, 54(6) (1999): 2143–2184.

Hovakimian, Armen und Ekkachai Saenyasin. „U.S. Analyst Regulation and the Earnings Forecast Bias around the World." *European Financial Management*, 20(3) (June 2014): 435–461.

Hoyt, Homer. *One Hundred Years of Land Values in Chicago: The Relationship of the Growth of Chicago to the Rise in Its Land Values.* Chicago: University of Chicago Press, 1933.

Huberman, Gur und Wei Jiang. „Offering versus Choice in 401(k) Plans: Equity Exposure and Number of Funds", Unveröffentlichter Artikel, Columbia University, New York, 2004.

Huberman, Gur und Tomer Regev. „Speculating on a Cure for Cancer: A Non-Event That Made Stock Prices Soar." *Journal of Finance*, 56(1) (2001): 387–396.

Ibbotson Associates. *Stocks, Bonds, Bills and Inflation: 1999 Yearbook, Market Results for 1926–1998.* Chicago: Ibbotson Associates, 1999.

Inglehart, Ronald. „Aggregate Stability and Individual-Level Flux in Mass Belief Systems." *American Political Science Review*, 79(1) (1985): 97–116.

International Monetary Fund. *International Financial Statistics.* Washington, D.C., 1999.

Investment Company Institute. *Mutual Fund Fact Book.* Washington, D.C., 1999.

Jegadeesh, Narasimhan und Sheridan Titman. „Returns to Buying Winners and Selling Losers: Implications for Stock Market Efficiency." *Journal of Finance*, 48 (1993): 65–91.

Jones, Charles M. und Owen A. Lamont. „Short Sale Constraints and Stock Returns." *Journal of Finance*, 66(2–3) (2002): 207–239.

Jorion, Philippe und William N. Goetzmann. „Global Stock Markets in the Twentieth Century." *Journal of Finance*, 54(3) (1999): 953–980.

Jung, Jeeman und Robert J. Shiller. „Samuelson's Dictum and the Stock Market." *Economic Inquiry*, 43(2) (2005): 221–226.

Katona, George. *Psychological Economics.* New York: Elsevier, 1975.

Kennickell, Arthur B. „A Rolling Tide: Changes in the Distribution of Wealth in the U.S., 1989–2001." http://www.federalreserve.gov/pubs/oss/oss2/papers/concentration.2001.10.pdf. Washington, D.C.: Board of Governors of the Federal Reserve System, September 2003.

Keren, Gideon. „The Rationality of Gambling: Gamblers' Conceptions of Probability, Chance and Luck", in George Wright and Peter Ayton (Hg.), *Subjective Probability.* Chichester, England: John Wiley and Sons, 1994, S. 485–499.

Keynes, John Maynard. *A Treatise on Money.* New York: Macmillan, 1930.

– *The General Theory of Employment, Interest and Money.* New York: Harcourt Brace & World, 1961.

Khurana, Rakesh. *Searching for a Corporate Savior: The Irrational Quest for Charismatic CEOs.* Princeton, N.J.: Princeton University Press, 2002.

Kindleberger, Charles P. *Manias, Panics and Crashes: A History of Financial Crises,* 2nd ed. London: Macmillan, 1989.

King, Robert G. und Ross Levine. „Finance and Growth: Schumpeter May Be Right." *Quarterly Journal of Economics,* 108 (1993): 717–737.

Kirman, Alan. „Ants, Rationality and Recruitment." *Quarterly Journal of Economics,* 108(1) (1993): 137–156.

Klehr, Harvey. *The Heyday of American Communism: The Depression Decade.* New York: Basic Books, 1984.

Kleidon, Allan. „Variance Bounds Tests and Stock Price Valuation Models." *Journal of Political Economy,* 94 (1986): 953–1001.

Kotlikoff, Laurence J. und Scott Burns. *The Coming Generational Storm.* Cambridge, Mass.: MIT Press, 2004.

Krugman, Paul. „How Fast Can the U.S. Economy Grow?" *Harvard Business Review,* 75 (1977): 123–129.

Lambert, Craig. „Trafficking in Chance." *Harvard Magazine,* 104(6) (July–August 2002): 32.

Lamont, Owen A. und Richard H. Thaler. „Can the Market Add and Subtract? Mispricing in Stock Market Carve-Outs." *Journal of Political Economy,* 111 (2003): 227–268.

Lange, Oscar. „Is the American Economy Contracting?" *American Economic Review,* 29(3) (1939): 503–513.

Langer, E. J. „The Illusion of Control." *Journal of Personality and Social Psychology,* 32 (1975): 311–328.

LaPorta, Rafael, Florencio Lopez-de-Silanes und Andrei Shleifer. „Corporate Ownership around the World." *Journal of Finance,* 54 (1999): 471–518.

Lawrence, Joseph Stagg. *Wall Street and Washington.* Princeton, N.J.: Princeton University Press, 1929.

Lee, In Ho. „Market Crashes and Informational Avalanches." *Review of Economic Studies,* 65(4) (1998): 741–760.

Lehmann, Bruce N. „Fads, Martingales und Market Efficiency." *Quarterly Journal of Economics,* 60 (1990): 1–28.

Leland, Hayne. „Who Should Buy Portfolio Insurance." *Journal of Finance,* 35 (1980): 581–594.

LeRoy, Stephen und Richard Porter. „Stock Price Volatility: A Test Based on Implied Variance Bounds." *Econometrica,* 49 (1981): 97–113.

Lewellen, Jonathan. „Predicting Returns with Financial Ratios." *Journal of Financial Economics,* 64 (2004): 209–235.

Liang, J. Nellie und Steven A. Sharpe. „Share Repurchases and Employee Stock Options and Their Implications for S&P 500 Share Retirements and Expected Returns." Finance and Economics Discussion Series 1999-59. Washington: Board of Governors of the Federal Reserve System, 1999.

Lin, Hsiou-Wei und Maureen F. McNichols. „Underwriting Relationships, Analysts' Earnings Forecasts and Investment Recommendations." *Journal of Accounting and Economics,* 25(1) (1998): 101–127.

Lintner, John. „The Distribution of Incomes of Corporations among Dividends, Retained Earnings and Taxes", *American Economic Review,* 46 (1956): 97–113.

Loomes, Graham und Robert Sugden. „Regret Theory: An Alternative Theory of Rational Choice under Uncertainty." *Economic Journal,* 92 (1982): 805–824.

Loughran, Tim und Jay R. Ritter. „Uniformly Least Powerful Tests of Market Efficiency." *Journal of Financial Economics,* 55 (2000): 361–389.

Lucas, Robert E. „Asset Prices in an Exchange Economy." *Econometrica,* 46 (1978): 1429–1445.

Mackay, Charles. *Memoirs of Extraordinary Popular Delusions and the Madness of Crowds.* London: Bentley, 1841.

Maier, N. R. F. „Reasoning in Humans. II. The Solution of a Problem and Its Appearance in Consciousness." *Journal of Comparative Psychology,* 12 (1931): 181–194.

Mandelbrot, Benoit. *Fractals and Scaling in Finance: Discontinuity, Concentration, Risk.* New York: Springer-Verlag, 1997.

Marsh, Terry A. und Robert C. Merton. „Dividend Variability and Variance Bounds Tests for the Rationality of Stock Market Prices." *American Economic Review,* 76(3) (1986): 483–498.

McCarthy, Jonathan und Richard W. Peach. „Are Home Prices the Next ‚Bubble'?" *Federal Reserve Bank of New York Economic Policy Review,* 2004.

McLean, R. David und Jeffrey Pontiff. „Does Academic Research Destroy Return Predictability?" Unveröffentlichter Artikel, University of Alberta, 2014.

Mehra, Raj und Edward C. Prescott. „The Equity Premium Puzzle." *Journal of Monetary Economics,* 15 (1988): 145–161.

Meltzer, Allan H. „Monetary and Other Explanations of the Start of the Great Depression." *Journal of Monetary Economics,* 2 (1976): 455–471.

Merton, Robert K. *Social Theory and Social Structure.* Glencoe, Ill.: Free Press, 1957.

Mian, Atif und Amir Sufi. „Summary of ‚the Consequences of Mortgage Credit Expansion.'" *Proceedings, Federal Reserve Bank of Chicago* (May 2008): 129–132.

Milgram, Stanley. *Obedience to Authority.* New York: Harper and Row, 1974.

Milgram, Paul und Nancy Stokey. „Information, Trade, and Common Knowledge." *Econometrica,* 49 (1982): 219–222.

Miller, Edward M. „Risk, Uncertainty and Divergence of Opinion." *Journal of Finance,* 32 (1977): 1151–1168.

Miller, Merton. „Behavioral Rationality in Finance: The Case of Dividends", in Robin M. Hogarth und Melvin W. Reder (Hg.), *Rational Choice: The Contrast between Economics and Psychology.* Chicago: University of Chicago Press, 1986, 267–284.

Mitchell, Mark L. und Jeffrey M. Netter. „Triggering the 1987 Stock Market Crash: Antitakeover Provisions in the Proposed House Ways and Means Tax Bill." *Journal of Financial Economics,* 24 (1989): 37–68.

Modigliani, Franco und Richard A. Cohn. „Inflation, Rational Valuation, and the Market." *Financial Analysts Journal,* 35 (1979): 22–44. Nachgedruckt in Simon Johnson (Hg.), *The Collected Papers of Franco Modigliani,* Vol. 5. Cambridge, Mass.: MIT Press, 1989.

New York Stock Exchange. *The Public Speaks to the Exchange Community.* New York, 1955.

– *New York Stock Exchange Fact Book.* New York, 1998.

Niederhoffer, Victor. „The Analysis of World News Events and Stock Prices." *Journal of Business,* 44(2) (1971): 193–219.

Niquet, Bernd. *Keine Angst vorm nächsten Crash: Warum Aktien als Langfristanlage unschlagbar sind.* Frankfurt: Campus Verlag, 1999.

Nisbett, Robert E. und Timothy DeCamp Wilson. „Telling More than We Can Know: Verbal Reports on Mental Processes." *Psychological Review,* 84(3) (1977): 231–259.

Noguchi, Yukio. *Baburu no Keizaigaku (Bubble Economics).* Tokyo: Nihon Keizai Shimbun Sha, 1992.

Nordhaus, William D. und Joseph G. Boyer. „Requiem for Kyoto: An Economic Analysis of the Kyoto Protocol." Cowles Foundation Discussion Paper 1201. New Haven, Conn.: Yale University, November 1998.

Noyes, Alexander Dana. *Forty Years of American Finance.* New York: G. P. Putnam's Sons, 1909.

Orman, Suze. *The 9 Steps to Financial Freedom.* New York: Crown, 1997.

– *The Courage to Be Rich: Creating a Life of Material and Spiritual Abundance.* Rutherford, N.J.: Putnam, 1999.

Parker, Richard. „The Media Knowledge and Reporting of Financial Issues", Präsentation auf der Brookings-Wharton Conference on Financial Services, Brookings-Institution, Washington, D.C., 22. Oktober 1998.

Pennington, Nancy und Reid Hastie. „Reasoning in Explanation-Based Decision Making." *Cognition,* 49 (1993): 123–163.

Petersen, James D. und Cheng-Ho Hsieh. „Do Common Risk Factors in the Returns on Stocks and Bonds Explain Returns on REITs?" *Real Estate Economics,* 25 (1997): 321–345.

Piketty, Thomas. *Capital in the Twenty-First Century.* Cambridge, Mass.: Belknap Press of Harvard University Press, 2014.

Pitz, Gordon W. „Subjective Probability Distributions for Imperfectly Known Quantities", in Lee W. Gregg (Hg.), *Knowledge and Cognition.* Potomac, Md.: Lawrence Erlbaum Associates, 1975, S. 29–41.

Pliny the Younger. *Letters and Panegyrics,* übers. von Betty Radice. Cambridge, Mass.: Harvard University Press, 1969.

Posen, Adam S. „It Takes More than a Bubble to Become Japan." Washington, D.C.: Peterson Institute for International Economics, Working Paper No. 03-9, October 2003. http://www.piie.com/publications/wp/03-9.pdf.

Poterba, James und Lawrence Summers. „Mean Reversion in Stock Prices: Evidence and Implications." *Journal of Financial Economics,* 22 (1988): 26–59.

Presidential Task Force on Market Mechanisms. *Report of the Presidential Task Force on Market Mechanisms* (Brady Commission Report). Washington, D.C.: U.S. Government Printing Office, 1988.

Pressman, Steven. „On Financial Frauds and Their Causes: Investor Overconfidence." *American Journal of Economics and Sociology,* 57 (1998): 405–421.

Quattrone, G. A. und Amos Tversky. „Causal versus Diagnostic Contingencies: On Self-Deception and the Voter's Delusion." *Journal of Personality and Social Psychology,* 46(2) (1984): 237–248.

Reid, A. A. L. „Comparing Telephone with Face-to-Face Contact", in Ithiel de Sola Poole (Hg.), *The Social Impact of the Telephone.* Cambridge, Mass.: MIT Press, 1977, S. 386–414.

Ritter, Jay R. „The Long-Run Performance of Initial Public Offerings." *Journal of Finance,* 46(1) (1991): 3–27.

– „Uniformly Least Powerful Tests of Market Efficiency", *Journal of Financial Economics,* 55 (2000): 361–389.

Ritter, Jay R. und Richard S. Warr. „The Decline of Inflation and the Bull Market of 1982–1997." *Journal of Financial and Quantitative Analysis,* 37(1) (2002): 29–61.

Roll, Richard. „Orange Juice and Weather." *American Economic Review,* 74 (1984): 861–880.

– „Price Volatility, International Market Links und Their Implication for Regulatory Policies." *Journal of Financial Services Research,* 2(2–3) (1989): 211–246.

Romer, Christina. „The Great Crash and the Onset of the Great Depression." *Quarterly Journal of Economics,* 105 (1990): 597–624.

Romer, David. *Advanced Macroeconomics.* New York: McGraw-Hill, 1996.

Rublin, Lauren R. „Party On! America's Portfolio Managers Grow More Bullish on Stocks and Interest Rates." Barron's, 3. Mai 1999, S. 31–38.

Schäfer, Bodo. *Der Weg zur finanziellen Freiheit: In sieben Jahren die erste Million.* Frankfurt: Campus Verlag, 1999.

Scherbina, Anna. „Stock Prices and Differences in Opinion: Empirical Evidence That Prices Reflect Optimism." Working Paper, Kellogg Graduate School of Management, April 2001.

Shafir, Eldar, Peter Diamond und Amos Tversky. „Money Illusion." *Quarterly Journal of Economics,* 112(2) (1997): 341–374.

Shafir, Eldar, Itamar Simonson und Amos Tversky. „Reason-Based Choice." *Cognition,* 49 (1993): 11–36.

Shafir, Eldar und Amos Tversky. „Thinking through Uncertainty: Nonconsequential Reasoning and Choice." *Cognitive Psychology,* 24 (1992): 449–474.

Sharpe, Steven A. „Re-examining Stock Valuation and Inflation: The Implications of Analysts' Earnings Forecasts", *Review of Economics and Statistics,* 84(4) (2002): 632–648.

– „How Does the Market Interpret Analysts' Long-Term Growth Forecasts?" *Journal of Accounting, Auditing and Finance,* 20(2) (Spring 2005): 147–166.

Shefrin, Hersh. *Beyond Greed and Fear: Understanding Behavioral Finance and the Psychology of Investing.* Boston: Harvard Business School Press, 2000.

Shiller, Robert J. „The Volatility of Long-Term Interest Rates and Expectations Models of the Term Structure." *Journal of Political Economy,* 87 (1979): 1062–1088.

– „Can the Federal Reserve Control Real Interest Rates?" in *Rational Expectations and Economic Policy,* hg. von Stanley Fischer. Cambridge, Mass.: National Bureau of Economic Research and University of Chicago Press, S. 117–167, 1980. http://www.nber.org/chapters/c6262.pdf.

– „Do Stock Prices Move Too Much to Be Justified by Subsequent Movements in Dividends?" *American Economic Review,* 71(3) (1981): 421–436.

– „Consumption, Asset Markets and Macroeconomic Fluctuations." *Carnegie-Rochester Conference Series on Public Policy*, 17 (1982): 203–238.
– „The Marsh-Merton Model of Managers' Smoothing of Dividends." *American Economic Review*, 76(3) (1986): 499–503.
– „Portfolio Insurance and Other Investor Fashions as Factors in the 1987 Stock Market Crash", in *NBER Macroeconomics Annual*. Cambridge, Mass.: National Bureau of Economic Research, 1988, S. 287–295.
– „Comovements in Stock Prices and Comovements in Dividends." *Journal of Finance*, 44 (1989): 719–729.
– *Market Volatility*. Cambridge, Mass.: MIT Press, 1989.
– „Market Volatility and Investor Behavior." *American Economic Review*, 80 (1990): 58–62.
– „Public Resistance to Indexation: A Puzzle." *Brookings Papers on Economic Activity*, 1 (1997): 159–211.
– „Why Do People Dislike Inflation?" in Christina D. Romer und David H. Romer (Hg.), *Reducing Inflation: Motivation and Strategy*. Chicago: University of Chicago Press and National Bureau of Economic Research, 1997, S. 13–65.
– „Social Security and Institutions for Intergenerational, Intragenerational and International Risk Sharing." *Carnegie Rochester Conference Series on Public Policy*, 50 (1999): 165–204.
– „Measuring Bubble Expectations and Investor Confidence." *Journal of Psychology and Markets*, 1(1) (2000): 49–60.
– „From Efficient Markets Theory to Behavioral Finance." *Journal of Economic Perspectives*, 17 (2003): 83–104.
– *The Subprime Solution: How Today's Global Crisis Happened and What to Do about It*. Princeton, N.J.: Princeton University Press, 2008.
– *Finance and the Good Society*. Princeton, N.J.: Princeton University Press, 2012.
– „Speculative Asset Prices" (Nobel Lecture). *American Economic Review*, 104(6) (2014): 1486; auch als Anhang des vorliegenden Buches abgedruckt.
Shiller, Robert J. und Andrea Beltratti. „Stock Prices and Bond Yields: Can Their Comovements Be Explained in Terms of Present Value Models?" *Journal of Monetary Economics*, 30 (1992): 25–46.
Shiller, Robert J. und John Y. Campbell. „Yield Spreads and Interest Rate Movements: A Bird's Eye View." *Review of Economic Studies*, 58 (1991): 495–514.
Shiller, Robert J., Fumiko Kon-Ya und Yoshiro Tsutsui. „Investor Behavior in the October 1987 Stock Market Crash: The Case of Japan." *Journal of the Japanese and International Economies*, 5 (1991): 1–13.
– „Why Did the Nikkei Crash? Expanding the Scope of Expectations Data Collection." *Review of Economics and Statistics*, 78(1) (1996): 156–164.
Shiller, Robert J. und John Pound. „Survey Evidence on the Diffusion of Interest and Information among Investors." *Journal of Economic Behavior and Organization*, 12 (1989): 47–66.
Shiller, Robert J. und Jeremy J. Siegel. „The Gibson Paradox and Historical Movements in Real Long Term Interest Rates." *Journal of Political Economy*, 85(5) (1977): 891–898.

Shiller, Robert J., Rafał M. Wojakowski, M. Shahid Ebrahim und Mark B. Shackleton. „Mitigating Financial Fragility with Continuous Workout Mortgages." *Journal of Economic Behavior and Organization,* 85 (2013): 269–285.

Shleifer, Andrei. *Inefficient Markets: An Introduction to Behavioral Finance.* Oxford, England: Oxford University Press, 2000.

Siegel, Jeremy J. „The Real Rate of Interest from 1800–1990: A Study of the U.S. and the U.K." *Journal of Monetary Economics,* 29 (1992): 227–252.

– *Stocks for the Long Run,* 1st ed. Burr Ridge, Ill.: Richard D. Irwin, 1994.

– *Stocks for the Long Run,* 5th ed. New York: McGraw-Hill, 2014. Auch verfügbar unter http://jeremysiegel.com.

– *The Future for Investors.* New York: Crown Business, 2005.

– 2014. „The Shiller CAPE Ratio: A New Look", paper presented at the Q-Group Conference, October 2013 (http://www.q-group.org/wp-content/uploads/2014/01/2013fall_siegelpaper.pdf).

Smith, Edgar Lawrence. *Common Stocks as Long-Term Investments.* New York: Macmillan, 1924.

Smith, Vernon L., Gary L. Suchanek und Arlington W. Williams. „Bubbles, Crashes and Endogenous Expectations in Experimental Spot Asset Markets." *Econometrica,* 56 (1988): 1119–1151.

Stambaugh, Robert, Jianfeng Yu und Yu Yuan. „The Long of It: Odds that Investor Sentiment Spuriously Predicts Anomaly Returns." Working Paper No. 18231, Cambridge, Mass.: National Bureau of Economic Research, July 2012.

Stanley, Thomas J. und William D. Danko. *The Millionaire Next Door: The Surprising Secrets of America's Wealthy.* New York: Pocket Books, 1996.

Stein, Emmanuel. *Government and the Investor.* New York: Farrar and Reinhart, 1941.

Sterling, William P. und Stephen R. Waite. *Boomernomics: The Future of Your Money in the Upcoming Generational Warfare.* Westminster, Md.: Ballantine, 1998.

Strahlberg, Dagmar und Anne Maass. „Hindsight Bias: Impaired Memory or Biased Reconstruction." *European Review of Social Psychology,* 8 (1998): 105–132.

Straub, William F. „Sensation Seeking among High- and Low-Risk Male Athletes." *Journal of Sports Psychology,* 4(3) (1982): 243–253.

Sutton, Gregory D. „Explaining Changes in House Prices." *Bank of International Settlements Quarterly Review,* September 2002, S. 46–55.

Swensen, David. *Pioneering Portfolio Management.* Glencoe, Ill.: Free Press, 2000.

Taleb, Nassim N. *Fooled by Randomness: The Hidden Role of Chance in Life and in the Markets,* 2nd ed. New York: Texere, 2004.

Taub, Jennifer. *Other People's Houses: How Decades of Bailouts, Captive Regulators, and Toxic Bankers Made Home Mortgages a Thrilling Business.* New Haven, Conn.: Yale University Press, 2014.

Thaler, Richard H. (Hg.). *Advances in Behavioral Finance II.* New York: Sage Foundation, 2005.

Thaler, Richard H. und Eric J. Johnson. „Gambling with the House Money and Trying to Break Even: The Effect of Prior Outcomes on Risky Choice." *Management Science,* 36 (1990): 643–660.

Thompson, William N. *Legalized Gambling: A Reference Handbook.* Santa Barbara, Calif.: ABC-CLIO, 1994.

TIAA-CREF Institute. „Participant Asset Allocation Report." http://www.tiaa-crefinstitute.org/Data/statistics/pdfs/AAdec2003.pdf.

Tobias, Andrew. „The Billion-Dollar Harvard-Yale Game." *Esquire*, 19. Dezember 1978, S. 77–85.

Torous, Walter, Rossen Valkanov und Shu Yan. „On Predicting Stock Returns with Nearly Integrated Explanatory Variables." *Journal of Business,* 78(1) (2005): 937–966.

Triano, Christine. „Private Foundations and Public Charities: Is It Time to Increase Payout?" http://www.nng.org/html/ourprograms/campaign/payoutppr-table.html#fulltext. National Network of Grantmakers, 1999.

Tsatsaronis, Kostas und Haibin Zhu. „What Drives Housing Price Dynamics: Cross-Country Evidence." *BIS Quarterly Review*, March 2004, S. 65–78.

Tversky, Amos und Daniel Kahneman. „Judgment under Uncertainty: Heuristics and Biases." *Science,* 185 (1974): 1124–1131.

U.S. Department of Labor, Pension and Welfare Benefits Administration. „Participant Investment Education: Final Rule." 29 CFR Part 2509, Interpretive Bulletin 96-1. *Federal Register,* 61(113) (1996): 29,585–90. Auch verfügbar unter http://www.dol.gov/dol/pwba/public/regs/fedreg/final/96–14093.htm.

Valkanov, Rossen. „Long-Horizon Regressions: Theoretical Results and Applications." *Journal of Financial Economics,* 68 (2003): 201–232.

Vanguard Group, Inc. „How America Saves 2013." https://pressroom.vanguard.com/content/nonindexed/2013.06.03_How_America_Saves_2013.pdf.

Van Strum, Kenneth S. *Investing in Purchasing Power.* Boston: Barron's, 1925.

Vissing-Jorgensen, Annette und Arvind Krishnamurthy. „The Effects of Quantitative Easing on Interest Rates: Channels and Implications for Policy." *Brookings Papers on Economic Activity,* 2 (2011): 215–287.

Vuolteenaho, Tuomo. „What Drives Firm-Level Stock Returns?" *Journal of Finance,* 57 (2002): 233–264.

Warren, George F. und Frank A. Pearson. *Gold and Prices.* New York: John Wiley and Sons, 1935.

Warther, Vincent A. „Aggregate Mutual Fund Flows and Security Returns." *Journal of Financial Economics,* 39 (1995): 209–235.

Weber, Steven. „The End of the Business Cycle?" *Foreign Affairs*, 76(4) (1997): 65–82.

Weissman, Rudolph. *The Investment Company and the Investor.* New York: Harper and Brothers, 1951.

Welte, John W. et al. „Gambling Participation in the United States – Results from a National Survey." *Journal of Gambling Studies,* 18(4) (2002): 313–337.

Willoughby, Jack. „Burning Up: Warning: Internet Companies Are Running Out of Cash – Fast." *Barron's,* 20. März 2000, S. 29–32.

Womack, Kent. „Do Brokerage Analysts' Recommendations Have Investment Value?" *Journal of Finance,* 51(1) (1996): 137–167.

World Bank. *Averting the Old Age Crisis.* New York: Oxford University Press, 1994.

Wurgler, Jeffrey. „Financial Markets and the Allocation of Capital." *Journal of Financial Economics,* 58 (2000): 187–214.

Zaret, David. *Origins of Democratic Culture: Printing, Petitions, and the Public Sphere in Early-Modern England.* Princeton, N.J.: Princeton University Press, 1999.

Zuckerman, Marvin, Elizabeth Kolin, Leah Price und Ina Zoob. „Development of a Sensation-Seeking Scale." *Journal of Consulting Psychology,* 28(6) (1964): 477–482.

ANMERKUNGEN

Vorwort zur dritten Auflage

1. Min Zhu (Stellvertretender geschäftsführender Direktor des Internationalen Währungsfonds), „Housing Markets, Financial Stability and the Economy“ (http://www.imf.org/external/np/ speeches/2014/060514.htm), 5. Juni 2014.
2. „In Ländern, die überdimensionale Finanzbooms erlebt haben, besteht die Gefahr, dass diese zusammenbrechen und möglicherweise finanzielle Notlagen hervorrufen ... Laut den führenden Wirtschaftsindikatoren, die sich in der Vergangenheit als nützlich erwiesen haben, zum Beispiel laut dem Verhalten der Kredit- und Immobilienpreise, sind die Anzeichen besorgniserregend.“ (http://www.bis.org/publ/arpdf/ar2014e1.htm).
3. Eugene Fama, „Two Pillars of Asset Pricing“ (Nobelpreis-Rede), *American Economic Review*, 104(6) (2014), S. 1475.
4. Karl E. Case, Robert J. Shiller und Anne Kinsella Thompson, „What Have They Been Thinking? Homebuyer Behavior in Hot and Cold Markets“, *Brookings Papers on Economic Activity*, 2 (2012): 265–298.

Kapitel 1

Ein historischer Blick auf den Aktienmarkt

1. Alan Greenspan, „The Challenge of Central Banking in a Democratic Society“, http://www.federalreserve.gov/BOARDDOCS/SPEECHES/19961205.htm.
2. Der Standard & Poor's Composite Index heißt jetzt Standard & Poor's 500, aber ich verwende hier den älteren Namen, weil der historische Index nicht immer 500 Aktien enthielt. In der veränderten Indexzusammensetzung schlagen sich laufende Entscheidungen von Standard & Poor's nieder. Natürlich muss das Unternehmen die Liste ändern, wenn Unternehmen kommen und gehen. Laut Jeremy Siegel gab es im Jahr 2003 von den 500 Unternehmen des Jahres 1957 nur noch 125 in derselben Gesellschaftsform. Ein Index der 125 Unternehmen, die seit 1957 überlebt haben, weist eine

etwas höhere Rendite auf als der Standard & Poor's Index. Siehe Jeremy Siegel, *The Future for Investors* (New York: Crown Business, 2005) [deutsch: *Überlegen investieren* (München: FinanzBuch Verlag, 2008)].

3. Die Zeitreihen zu Kursen, Dividenden und Unternehmensgewinnen stammen aus denselben Quellen wie in Kapitel 26 meines früheren Buches *Market Volatility* (Cambridge, Mass.: MIT Press, 1989) beschrieben, allerdings verwende ich diesmal Monatszahlen statt Jahreszahlen. Die monatlichen Dividenden und Gewinne wurden aus den 4-Quartals-Summen je Quartal des S&P seit 1926 durch lineare Interpolation auf den Monat errechnet. Die Dividenden und Gewinne vor 1926 stammen von Cowles & Associates (*Common Stock Indexes*, 2nd ed. [Bloomington, Ind.: Principia Press, 1939]) und wurden aus jährlichen Zahlen interpoliert. Die Aktienkurse sind die Monatsdurchschnitte der Tagesschlusskurse. Der CPI-U (Consumer Price Index – All Urban Consumers = Verbraucherpreisindex aller städtischen Konsumenten) wird vom U.S. Bureau of Labor Statistics seit 1913 veröffentlicht. Für die Jahre vor 1913 habe ich den CPI Warren and Pearson's Price Index dadurch mit den neueren Daten verbunden, dass ich ihn mit dem Indexverhältnis vom Januar 1913 multipliziert habe. Die CPI-U-Angaben für Dezember 1999 und Januar 2000 sind extrapoliert. Siehe George F. Warren und Frank A. Pearson, *Gold and Prices* (New York: John Wiley and Sons, 1935). Die Zahlen stammen aus Tabelle 1, Seiten 11-14 der Autoren. Für die Diagramme habe ich die inflationsbereinigte Zeitreihe so mit einer Konstante multipliziert, dass ihr Wert im Juni 2014 ihrem nominalen Wert entspricht (sodass im Endeffekt alle Preise in Dollar des Jahres 2014 angegeben sind).
   In meinen früheren Arbeiten (viele davon zusammen mit John Campbell) hatte ich den Verbraucherpreisindex PPI All Commodities statt des CPI verwendet, sozusagen als Deflator. Früher bestand zwischen PPI und CPI von kurzfristigen Schwankungen abgesehen kein großer Unterschied, aber seit Mitte der 1980er-Jahre weichen die beiden Indizes erheblich voneinander ab. Soweit nicht anders angegeben, stammen alle in diesem Buch enthaltenen Angaben aus dem in dieser Endnote erläuterten Datenbestand. Die hier (und in Kapitel 26 von *Market Volatility*) verwendeten Zahlen sind derzeit auf meiner Website zugänglich: http:// www.econ.yale.edu/~shiller.
4. Siehe William H. Gross, „On the ‚Course' to a New Normal", http://www.pimco.com/EN/Insights/Pages/Gross%20Sept%20On%20the%20Course%20to%20a%20New%20Normal.aspx.
5. Manche haben mich aufgefordert, für dieses Diagramm eine logarithmische Skala oder eine Verhältnisskala zu verwenden, damit die scheinbare Preissteigerung am Ende nicht „irreführend" wird. Ich glaube aber nicht, dass der absolute Stand irreführend ist. Man könnte genauso gut argumentieren, logarithmische Diagramme seien irreführend. Die Preisspitze am Ende wird nicht künstlich durch die Darstellungsart hervorgerufen. Wir sehen in dieser Abbildung nicht die typische „Hockeyschläger"-Kurve von exponentiellem Wachstum mit konstanter Wachstumsrate. Eine Darstellung der gleichen Aktienkurse wie in Abbildung 1.1 ist in Abbildung 11.2 in Kapitel 11 auch in logarithmischer Darstellung zu sehen.
6. Für das CAPE des US-Sektors über einen ähnlich langen Zeitraum siehe auch Oliver Bunn und Robert J. Shiller, „Changing Times, Changing Values – A Historical Analysis

of Sectors within the US Stock Market 1872–2013", New Haven , Conn.: Yale University, Cowles Foundation, 2014, http://cowles.econ.yale.edu/P/cd/d19b/d1950.pdf, und Oliver Bunn, Anthony Lazanas, Robert J. Shiller, Arne Staal, Cenk Ural und Ji Zhuang, „Es-CAPE-ing from Overvalued Sectors: Sector Selection Based on the Cyclically Adjusted Price-Earnings (CAPE) Ratio", *Journal of Portfolio Management*, 41(1) (2014): 16–33.

7. Grahams und Dodds „durchschnittlicher Gewinn je Kurs einer Stammaktie" aus dem Jahr 1934, also der Kehrwert des CAPE ohne Inflationsbereinigung des Gewinns, scheint nicht übernommen worden zu sein (Benjamin Graham und David Dodd, *Securities Analysis* [New York: McGraw-Hill, 1934, deutsch *Wertpapieranalyse*, München: Finanz-Buch Verlag, 2008]). Schon vorher, im Jahr 1911, veröffentlichte das *Wall Street Journal* einen Artikel, in dem ein „Index der Gewinne von Eisenbahngesellschaften über einen 10-Jahres-Zeitraum" vorgestellt wurde. *Barron's* veröffentlichte ein „Kurs-Gewinn-Verhältnis über fünf Jahre" seines seit den 1950er-Jahren aufgelegten Barron's 50-Stock Average. Jeremy Siegel von der Wharton School argumentierte, man könne als Nenner des CAPE eine bessere Kennzahl nehmen („The Shiller CAPE Ratio: A New Look", auf der Q-Group Conference präsentiertes Paper, 2014). Darin schlägt er als Nenner einen zehnjährigen Durchschnitt der Gewinne vor, der auf einem anderen Maß für die Gewinne basiert: das Nationaleinkommen und das Sozialprodukt, bereinigt um einen Divisor. Das ist zwar ein interessanter Vorschlag, den man im Auge behalten sollte, aber er ist für Probleme in Bezug auf den Divisor anfällig und seine verfügbare Historie ist kürzer, deshalb fand ich es nicht sinnvoll, die hier gezeigte Zeitreihe zu ändern.
   Ab 1953 ist der Zinssatz als Monatsrendite 10-jähriger Schatzanleihen angegeben, wie sie vom U.S. Board of Governors of the Federal System veröffentlicht wird. Vor 1953 sind die Daten aus Jahres-Durchschnittswerten auf den Monat interpoliert, und zwar laut Sidney Homer, *A History of Interest Rates* (New Brunswick, N.J.: Rutgers University Press, 1963); für 1871–1900 aus Tabelle 38, Sp. 3, S. 288; für 1901–1920 aus Tabelle 45, Sp. 14, S. 341; für 1921–1946 aus Tabelle 48, Sp. 1, S. 352; und für 1947–1953 aus Tabelle 50, Sp. 1, S. 359. Eine sehr ähnliche Zeitreihe der Renditen von Staatsanleihen hat Jeremy Siegel (www.jeremysiegel.com) ausführlich in seinem Artikel „The Real Rate of Interest from 1800–1990: A Study of the U.S. and the U.K.", *Journal of Monetary Economics*, 29 (1992): 227–252 untersucht.
8. Dass eine gewisse Glättung notwendig ist, dürfte mehr als klar sein: Denken Sie an die Möglichkeit, dass der Gewinn in irgendeinem Jahr gleich null sein könnte. Der jährliche auf den S&P Composite bereinigte Gewinn je Aktie war zwar seit Auflegung des Index 1971 immer größer null, aber in einem Quartal – dem vierten Quartal 2008 – war er negativ und selbstverständlich könnte es in Zukunft passieren, dass auch der Jahresgewinn unter null fällt. Laut Berechnung des Nationaleinkommens für die Jahre 1931 und 1932 war der gesamte Nachsteuergewinn tatsächlich negativ. Wenn der Gewinn gleich null wäre, ergäbe sich für das betreffende Jahr ein Kurs-Gewinn-Verhältnis von *unendlich*, was bedeuten würde, dass es für den Preis des gesamten Aktienmarkts keine Obergrenze gibt.
9. Der Gewinnzuwachs während des Anstiegs des Aktienmarkts bis zu seinem Höhepunkt im Jahr 2000 war zum Teil durch den Kursanstieg selbst bedingt, denn gewisse Regeln

für die Rechnungslegung von Pensionsfonds führen dazu, dass die Gewinne auf eine Wertsteigerung des Pensionsportfolios reagieren. Es scheint, als hätten die Börsenanleger diese buchhalterische Anomalie nicht durchschaut. Siehe Julia Lynn Coronado und Steven A. Sharpe, „Did Pension Plan Accounting Contribute to a Stock Market Bubble?" (Washington, D.C.: Board of Governors of the Federal Reserve System, Finance and Economics Discussion Series No. 2003-38, 2003).

10. Wissenschaftler haben darauf hingewiesen, dass es ja kein „Jahr null" gibt und deshalb jedes neue Jahrhundert am 1. Januar eines Jahres beginnt, das mit „1" endet. Im Jahr 1900 respektierten die Menschen diese Gelehrsamkeit noch und warteten mit der Feier noch ein Jahr ab. Hingegen fanden die Feiern zum dritten Jahrtausend bereits zum Jahresanfang 2000 statt.
11. Das Kurs-Gewinn-Verhältnis war 30 Jahre lang sehr langsam und graduell gestiegen (die realen Gewinne steigen von Juli 1871 bis 1900 um 2,3 Prozent im Jahr, während die Preise mit 3,4 Prozent jährlich ein bisschen schneller stiegen).
12. Dies sind die geometrischen Durchschnitte der realen Rendite, mithilfe des S&P Composite Index und des Erzeugerpreisindex (weil der Verbraucherpreisindex erst 1913 anfängt) in reale Renditen umgerechnet.
13. Siehe auch Ibbotson Associates, *Stocks, Bonds, Bills and Inflation: 1999 Yearbook, Market Results for 1926–1998* (Chicago: Ibbotson Associates, 1999), Tabellen 2-8 bis 2-11, S. 45–51. Vergleicht man die hier gezeigten Renditen mit den für vergleichbare Zeiträume im genannten Buch angegebenen Renditen, muss man bedenken, dass sie nur für Kalenderjahre gelten und deshalb meistens die Gipfel und Täler des Marktes nicht erfassen.
14. Einer der berühmtesten Begriffe von John Maynard Keynes, „animalischer Instinkt", überschneidet sich in gewissem Maße mit dem Konzept des irrationalen Überschwangs; er wurde als natürlicher oder gesunder (nicht notwendigerweise irrationaler) Überschwang definiert. Keynes war wahrscheinlich der einflussreichste Volkswirt des 20. Jahrhunderts. Berühmt wurde er durch sein Buch *Allgemeine Theorie der Beschäftigung, des Zinses und des Geldes* von 1936. Nach diesem revolutionären Buch haben sich führende Finanz- und Währungspolitiker aus der ganzen Welt gerichtet. Darin schrieb Keynes: „Selbst abgesehen von der spekulationsbedingten Instabilität herrscht aufgrund der Eigenheit der menschlichen Natur, dass ein großer Teil unserer positiven Aktivitäten mehr von spontanem Optimismus abhängt als von einer mathematischen Erwartung, sei sie nun hedonistisch oder ökonomisch, Instabilität. Wahrscheinlich können wir die meisten Entscheidungen, etwas Positives zu tun, deren Konsequenzen sich noch über Jahre erstrecken werden, nur infolge des animalischen Instinkts treffen – eines spontanen Drangs, lieber zu handeln als untätig zu sein – und nicht infolge eines gewichteten Durchschnitts aus quantitativen Vorteilen multipliziert mit quantitativen Wahrscheinlichkeiten." John Maynard Keynes, *The General Theory of Employment, Interest and Money* (New York: Harcourt Brace & World, 1961), S. 161. Siehe auch George Akerlof und Robert J. Shiller, *Animal Spirits: How Human Psychology Drives the Economy and Why This Matters for Global Capitalism* (Princeton, N.J.: Princeton University Press, 2009) [deutsch: *Animal Spirits*, Frankfurt: Campus Verlag, 2009].

Kapitel 2

Ein historischer Blick auf den Aktienmarkt

1. Siehe Annette Vissing-Jorgensen und Arvind Krishnamurthy, „The Effects of Quantitative Easing on Interest Rates: Channels and Implications for Policy", *Brookings Papers on Economic Activity*, 2 (2011): 215–287.
2. Siehe Federal Reserve Board, „Humphrey-Hawkins Report July 22, 1997, Section 2: Economic and Financial Developments in 1997" (http://www.federalreserve.gov/boarddocs/hh/1997/july/ReportSection2.htm); dieses Modell wird durch einen Chart mit dem Titel „Equity Valuation and the Long-Term Interest Rate" veranschaulicht, der die Rendite 10-jähriger Anleihen und das Kurs-Gewinn-Verhältnis von 1982 bis 1997 zeigt.
3. Laut Wirtschaftstheorie sollte es, wenn überhaupt, eine Beziehung zwischen dem *realen* und nicht dem nominalen Zinssatz und dem Kurs-Gewinn-Verhältnis geben. Dass eine Beziehung zum nominalen Zinssatz besteht, ist eine Anomalie. Darauf werden wir in Kapitel 4 noch einmal zurückkommen. Siehe auch Franco Modigliani und Richard A. Cohn, „Inflation, Rational Valuation, and the Market", *Financial Analysts Journal*, 35 (1979): 22–44; nachgedruckt in Simon Johnson (Hg.), *The Collected Papers of Franco Modigliani*, Vol. 5 (Cambridge, Mass.: MIT Press, 1989).
4. William H. Gross, „One Big Idea", http://www.pimco.com/EN/Insights/Pages/ One-Big-Idea.aspx.
5. Siehe Robert J. Shiller und Jeremy J. Siegel, „The Gibson Paradox and Historical Movements in Real Long Term Interest Rates", *Journal of Political Economy*, 85(5) (1977): 891–898. Siehe auch A. H. Gibson, „The Future Course of High Class Investment Values", *Banker's Magazine* (London) 115 (1923): 15–34, und John Maynard Keynes, *A Treatise on Money* (New York: Macmillan, 1930) [deutsch *Vom Gelde* (Berlin: Duncker & Humblot, 1983)].
6. Siehe „Yield Spreads and Interest Rate Movements: A Bird's Eye View", mit John Y. Campbell, *Review of Economic Studies*, 58 (1991): 495–514.
7. John Bates Clark, „The Gold Standard of Currency in the Light of Recent Theory", *Political Science Quarterly*, 10(3) (1895): 383–397.
8. Es ist nicht technisch garantiert, dass die Rendite negativ ist, denn wenn die Deflation so hoch ist, dass sie das inflationsbereinigte Kapital unter den ursprünglichen Nennwert drückt, erhält der Anleger bei Fälligkeit den ursprünglichen Nennwert.
9. „Die risikolose Anlage für langfristige Anleger ist eine inflationsindexierte konsolidierte Staatsanleihe. Ist diese Anlageklasse verfügbar, spielt sie im optimalen Portfolio jedes Anlegers eine gewisse Rolle, dessen relative Risikoaversion größer eins ist." John Y. Campbell und Luis M. Viceira, *Strategic Asset Allocation: Portfolio Choice for Long-Term Investors*, Oxford University Press, 2002, S. 4. Siehe auch Robert J. Shiller, „Can the Federal Reserve Control Real Interest Rates?", in *Rational Expectations and Economic Policy*, hg. von Stanley Fischer (Cambridge, Mass.: National Bureau of Economic Research and University of Chicago Press, S. 117–167, 1980), http://www.nber.org/chapters/c6262.pdf.
10. Michael Ashton erklärt in „TIPS and CPI Futures – Practice Makes Perfect", unveröffentlichter Artikel 2014, wie veränderliche Institutionen und wachsende Zahlen pro-

fessioneller Anleger die Bedeutung des Marktes für Inflationsderivate im Laufe der Jahre erhöhen. Siehe auch Michael J. Fleming und John R. Sporn, „Trading Activity and Price Transparency in the Inflation Swap Market", *Economic Policy Review, Federal Reserve Bank of New York*, 19(1): 45–58, Mai 2013.

11. Siehe John Y. Campbell, Robert J. Shiller und Luis M. Viceira, „Understanding Inflation-Indexed Bond Markets", *Brookings Papers on Economic Activity*, 1 (2009): 79–120.
12. Siehe Robert J. Shiller, „Public Resistance to Indexation: A Puzzle", *Brookings Papers on Economic Activity*, 1 (1997): 159–211.
13. Jeremy Stein in seiner Rede vor dem Internationalen Währungsfonds mit dem Titel „Incorporating Financial Stability Considerations into a Monetary Policy Framework", 21. März 2014.
14. Es ist denkbar, das eine inflationsindexierte Anleihe mit negativer Rendite über die gesamte Laufzeit eine positive reale Rendite hat. In den Vereinigten Staaten könnte dies in dem unwahrscheinlichen Fall eintreten, dass dauerhaft hohe Inflation auftritt, denn die inflationsgeschützten Schatzanleihen versprechen mindestens die Auszahlung des Nennwerts am Ende der Laufzeit.

Kapitel 3

Ein historischer Blick auf den Immobilienmarkt

1. Die Bank für Internationalen Zahlungsausgleich (BIZ) in Basel hat als Erste Zahlen zu Immobilienpreisen aus der ganzen Welt zusammengetragen (http://www.bis.org/statistics/pp.htm). Die Londoner Zeitschrift *The Economist* hat eine ähnliche Liste von Indizes zusammengestellt wie die BIZ (http://www.economist.com/blogs/dailychart/2011/11/ global-house-prices).
2. In China gibt es zwar viele boomende Städte, aber in anderen Teilen Chinas hält das immens wachsende Angebot den Anstieg der Immobilienpreise in Schach: Der chinesische Staat lässt dadurch eine massiv zunehmende Bautätigkeit zu, das es weniger Bebauungspläne und Umweltvorschriften gibt als in anderen Ländern. Seit einigen Jahren versucht die chinesische Regierung, den schnellen Anstieg der Häuserpreise zu dämpfen.
3. Ich habe die in Abbildung 3.1 gezeigte Zeitrehe der Häuserpreise dadurch erstellt, dass ich zunächst diverse jährliche Häuserpreisindizes miteinander verknüpfte (indem ich jeden mit einer Konstante multiplizierte, damit die Werte in Jahren, die sich überschneiden, über die Indizes hinweg ausgeglichen werden) und so einen nominalen Häuserpreisindex erhielt. Danach wurde der nominale Häuserpreisindex um den Verbraucherpreisindex bereinigt.
   Vor den 1960er-Jahren gab es zwar keine regelmäßig veröffentlichten Häuserpreisindizes, aber einige Volkswirte haben Indizes der Häuserpreise seit 1890 konstruiert. Wir haben einige Häuserpreisindizes für die Jahre 1890 bis 1934 und von 1953 bis heute gefunden, bei deren Konstruktion Elemente eingebaut wurden, um die Qualität der Häuser konstant zu halten.
   Der nominale Häuserpreisindex von 1890 bis 1934 stammt aus Leo Grebler, David M. Blank und Louis Winnick, *Capital Formation in Residential Real Estate: Trends and Prospects* (New York and Princeton, N.J.: National Bureau of Economic Research and Princeton University Press, 1956), Appendix C (http://www.nber.org/chapters/c1339.pdf). Dabei

handelt es sich um einen auf Wiederholungsverkäufe bezogenen Index, der auf einer Erhebung unter Hausbesitzern in 22 US-amerikanischen Städten basiert; die Teilnehmer wurden nach dem Wert ihres Hauses im Jahr 1934 sowie nach Zeitpunkt und Preis beim früheren Kauf des betreffenden Hauses gefragt. Da diese Zeitreihe auf wiederholten Werten zu bestimmten Häusern basiert, entsteht im Gegensatz zum einfachen medianen Preis keine Verzerrung aufgrund von Veränderungen in der Zusammensetzung der verkauften Häuser oder durch die wachsende Größe beziehungsweise zunehmende Qualität neuerer Häuser. Der Nachteil dieses Index ist jedoch, dass er darauf angewiesen ist, wie gut sich die befragten Hausbesitzer an den früheren Kaufpreis erinnern.

Der nominale Häuserpreisindex, den wir für 1934 bis 1953 konstruiert haben, ist ein einfacher Durchschnitt der medianen in Zeitungsanzeigen angegebenen Häuserpreise in fünf Städten. Die betreffenden Städte sind Chicago, Los Angeles, New Orleans, New York und Washington. Meine Studenten haben die Daten aus Mikrofilmen von Zeitungen in der Bibliothek der Yale University gesammelt. Dabei fanden sie pro Stadt und Jahr circa 30 Preise – für die fünfte Stadt hingegen, Washington, stammen die Zahlen für 1934 bis 1948 aus einer medianen Zeitreihe aus E. M. Fisher, *Urban Real Estate Markets: Characteristics and Financing* (New York: National Bureau of Economic Research, 1951). Die mediane Zeitreihe von 1934 bis 1953 strebt im Unterschied zu den Indizes, die wir für andere Teil-Zeiträume verwenden, keine Korrektur um die veränderte Qualität der Häuser an. Die zunehmende Größe und Qualität der Häuser verzerrt die medianen Häuserpreise nach oben, und deshalb habe ich es so weit wie möglich vermieden, mediane Hauspreise zu verwenden.

Der nominale Häuserpreisindex für 1953 bis 1975 ist die Hauskauf-Komponente des U.S. Consumer Price Index (CPI), also des Verbraucherpreisindex der Vereinigten Staaten. Das Bureau of Labor Statistics hat für die betreffenden Jahre Daten zu Häuserpreisen erhoben und dabei das Alter sowie die Wohnfläche der Häuser konstant gehalten. In den 1980er-Jahren stellte es diesen Index ein, weil der Wohnanteil des CPI auf ein Mietäquivalent umgestellt wurde. Diese Änderung sollte einen konzeptuellen Fehler der Wohnraumkomponente im CPI beheben: Der CPI soll ja den Preis von Verbrauchsgütern und Verbrauchsdienstleistungen angeben, nicht den Preis von Geldanlagen. Für unsere Zwecke ist die alte Hauskauf-Komponente allerdings akzeptabel, auch wenn sie mit einigen Nachteilen verbunden ist. Beispielsweise basiert sie nur auf Häusern, deren Hypothekendarlehen eine gewisse staatliche Förderung erhielten, und außerdem ist das Verfahren, mit dem das Bureau of Labor Statistics die Deckelung dieser Hypothekendarlehen korrigierte, nicht optimal. Siehe J. S. Greenlees, „An Empirical Evaluation of the CPI Home Purchase Index 1973–8", *American Real Estate and Urban Economics Association Journal*, 10(1) (1982): 1–24. Eine ausführlichere Behandlung der Indizes, die hier für die Jahre vor 1975 verwendet wurden, finden Sie in meinem Artikel „Consumption, Asset Markets and Macroeconomic Fluctuations", *Carnegie-Rochester Conference Series on Public Policy*, 17 (1982): 203–238.

Der nominale Häuserpreisindex für 1975 bis heute ist der monatliche S&P/Case-Shiller U.S. National Home Price Index, der von CoreLogic, Inc. erstellt wird, seit das Unternehmen Case Shiller Weiss, Inc. übernommen hat. Vor 1992 beruhte dieser Index teilweise auf Indizes des U.S. Office of Federal Housing Enterprise Oversight (inzwischen durch die U.S. Federal Housing Agency ersetzt). Damit haben wir Lücken in geografischen Regionen gefüllt, für die wir keine Zahlen hatten.

Der Verbraucherpreisindex, anhand dessen wir die nominalen Zahlen auf reale bereinigt haben, ist derselbe, der für Abbildung 1.1 und an anderen Stellen des Buches verwendet wurde.

Der Baukostenindex verknüpft zwei entsprechende Zeitreihen miteinander. Die erste für die Jahre 1890 bis 1915 ist Grebler, Blank und Winnick, *Capital Formation in Residential Real Estate*, Tabelle B-10, Sp. 1 (Housekeeping), http://www.nber.org/chapters/c1338.pdf, S. 342 entnommen. Dieser Index ist ein gewichteter Durchschnitt der Stundenlöhne im Baugewerbe und ein Index der Preise für Baustoffe. Der zweite ist der Engineering News Record Building Cost Index. Er reicht von 1915 bis heute, basiert auf 20 Städten und gibt die Kosten für 66,38 qualifizierte Arbeitsstunden an: von Maurern, Zimmerleuten und Bauschlossern, dazu 25 Zentner Baustahl in üblichen Formen, 1,023 Tonnen Portland-Zement und 2,6 Kubikmeter Kantholz.

Die Zinsen 1890 bis 1953 stammen aus Homer, *A History of Interest Rates*, Tabellen 38 (Sp. 3), 45 (Sp. 15), 48 (Sp. 1) und 50 (Sp. 1) und wurden von Jahreszinsen auf Monatszinsen umgerechnet. Für April 1953 bis heute haben wir die monatliche Verzinsung von zehnjährigen Schatzanweisungen der Federal Reserve genommen. Diese Zeitreihe langfristiger Zinsen hat große Ähnlichkeiten mit derjenigen in Jeremy J. Siegel, *Stocks for the Long Run*, 5th ed. (New York: McGraw-Hill, 2014), http:// jeremysiegel.com [deutsch: *Langfristig investieren* (München: FinanzBuch Verlag, 2006]. Siegel erklärt diese Zeitreihe in Jeremy J. Siegel, „The Real Rate of Interest from 1800–1990".

4. Siehe die vergleichende Kostenanalyse von Standard & Poor's zwischen Kaufen und Mieten: http://www.housingviews.com/2013/02/08/charts-of-rent-vs-buy-and-inflation-adjusted-home-prices/. Eine Studie der Federal Reserve findet in regionalen Zahlen keine Belege dafür, dass ein hohes Hauspreis-Einkommens-Verhältnis für spätere Rückgänge der Häuserpreise spricht. Siehe Joshua Gallin, „The Long-Run Relation between House Prices and Income: Evidence from Local Housing Markets" (Washington, D.C.: Board of Governors of the Federal Reserve System, Finance and Economics Discussion Paper Series No. 2003.17, 2003). Es kann allerdings sein, dass diese Studie nicht aussagekräftig ist, um einen solchen Effekt zu erkennen, denn ihre Zahlen erstrecken sich nur über 23 Jahre, die mitten in einem landesweiten Boom der Häuserpreise enden.
5. Siehe Karl E. Case und Robert J. Shiller, „The Efficiency of the Market for Single Family Homes", *American Economic Review*, 79(1) (März 1989): 125–137.
6. Laut einer Studie der Federal Reserve waren die Ersetzungskosten für Häuser von 1970 bis 2003 viel stabiler als die Baulandpreise. Siehe Morris A. Davis und Jonathan Heathcote, „The Price and Quantity of Residential Land in the United States" (Washington, D.C.: Board of Governors of the Federal Reserve System, Finance and Economics Discussion Series No. 2004-37, 2004).
7. Jonathan McCarthy und Richard W. Peach von der Federal Reserve Bank of New York kommen zu einem anderen Schluss. In einem Artikel vom Juli 2004 schreiben sie: „Im Prinzip verlaufen die Häuserpreise im Gleichklang mit den steigenden Familieneinkommen und mit Rückgängen der nominalen Zinsen für Hypothekendarlehen." Siehe Jonathan McCarthy und Richard W. Peach, „Are Home Prices the Next ‚Bubble'?", *Federal*

Reserve Bank of New York Economic Policy Review, 2004, S. 1. Sie kommen unter anderem deshalb zu einem ganz anderen Schluss, weil sie als Grundlage ihrer Analyse einen Index für *Neubauten* nehmen, den sogenannten Constant Quality Index der Neubaupreise. Dieser Index ist in den letzten 20 Jahren viel weniger gestiegen als die auf wiederholten Verkäufen basierenden Indizes, was nahelegt, dass es keine Blase gibt. Aber die Neubaupreise folgen tendenziell den Baukosten, denn Neubauten werden vor allem in Gebieten gebaut, in den reichlich Bauland vorhanden ist – deshalb ist mit einem Boom der Neubaupreise ganz einfach nicht zu rechnen. Auch ist nicht damit zu rechnen, dass eine Blase der Neubaupreise platzt, denn Neubauten werden nicht an Orten errichtet, an denen die Preise unter die Baukosten gefallen sind. Das strukturelle Modell des Häusermarkts, das laut McCarthy und Peach die Preisbewegungen am Immobilienmarkt anhand der Zinsen erklärt, eignete sich in dem von ihnen betrachteten Zeitraum von 1981 bis 2003 durchaus, als der Abwärtstrend der Zinsen viel besser zum gegenläufigen Trend der Immobilienpreise passte als über längere Zeiträume. In einem gewissen Sinne haben sie allerdings recht: Es gibt in den Vereinigten Staaten große Gebiete, in denen die Häuserpreise nicht sehr gestiegen sind und in denen es keine Blase gab.

8. Siehe Claudio Borio und Patrick McGuire, „Twin Peaks in Equity and Housing Prices?", *BIS Quarterly Review*, März 2004, S. 79–93. In den Vereinigten Staaten herrschen seit den 1930er-Jahren langfristige Hypothekendarlehen mit Zinsbindung vor. In Ländern, in denen variable Zinssätze weiter verbreitet sind, reagiert der Markt anscheinend empfindlicher auf Zinsänderungen. Siehe Kostas Tsatsaronis und Haibin Zhu, „What Drives Housing Price Dynamics: Cross-Country Evidence", *BIS Quarterly Review*, März 2004, S. 65–78. Eine andere Studie in sechs Industrieländern deckte Auswirkungen der Zinsen, des Aktienmarkts und der gesamtwirtschaftlichen Aktivität auf die Häuserpreise auf. Siehe Gregory D. Sutton, „Explaining Changes in House Prices", *BIS Quarterly Review*, September 2002, S. 46–55.
9. Der Erste Weltkrieg war aus Sicht der Vereinigten Staaten viel kleiner als der Zweite Weltkrieg. Im Ersten Weltkrieg griffen die Streitkräfte auf nur neun Prozent der männlichen US-Bevölkerung zurück, im Zweiten Weltkrieg hingegen auf 24 Prozent. Die direkte Beteiligung der Vereinigten Staaten am Ersten Weltkrieg dauerte nur sieben Monate, die am Zweiten Weltkrieg dagegen 45 Monate.
10. Unsere Zahlen für den Zeitraum 1934 bis 1953 basieren auf fünf US-amerikanischen Großstädten und in jeder von ihnen stiegen die Häuserpreise nach dem Zweiten Weltkrieg rapide. Es ist allerdings nicht klar, wie sehr die Preisanstiege in diesen Städten den Preisanstiegen im ganzen Land entsprechen. Deshalb versuchte ich, weitere Belege für das Land als Ganzes zu finden, vor allem im Hinblick auf die scheinbar großen Preissteigerungen nach dem Zweiten Weltkrieg.

    Das U.S. Census Department erhebt seit 1940 alle zehn Jahre Daten zu den Häuserpreisen, die auf Schätzungen von Hausbesitzern basieren. Daraus geht hervor, dass der inflationsbereinigte mediane Preis eines Hauses von 1940 bis 1950 um 45 Prozent gestiegen ist; aus unseren Zahlen geht eine Steigerung um 30 Prozent hervor.

    Ein Artikel in der *New York Times* berichtete 1951 von einer Erhebung in 150 Städten, was viel repräsentativer ist als nur fünf Großstädte. Sie wurde von Myron L. Matthews, dem Vizepräsidenten der Dow Service, Inc., durchgeführt. „Sein Bericht zeigte, dass in der typischen Stadt ein Haus, das 1941 für 6.000 Dollar zu haben war, inzwischen 13.860 Dollar kostet." (Lee E. Cooper, „Effects of Curbs on Building Loans Will Appear Soon", *New York Times*, 22. April 1951, S. 225.) Die Formulierung „typische Stadt" ist ein bisschen vage. Aus den Zahlen geht aber eine nominale Preissteigerung um 131 Prozent (real 28 Prozent) in den zehn Jahren von 1941 bis 1951 hervor, was nicht allzu weit vom nominalen Preiszuwachs um 154 Prozent (real 41 Prozent) unseres Index im selben Zeitraum entfernt ist.

Allerdings hatte 1949 ein Artikel in der *New York Times* über die Ergebnisse einer noch größeren Studie der National Association of Real Estate Boards in 276 Städten berichtet. Darin hieß es, die Häuserpreise seien in diesen Städten median nur um „circa 50 Prozent" gestiegen (Lee E. Cooper, „Realty Men Look for Further Rise in Housing Prices", *New York Times*, 3. Mai 1949, S. 81.) Da der Verbraucherpreisindex von 1940 bis 1949 um 73 Prozent stieg, deuten diese Zahlen einen *Rückgang* der realen Häuserpreise in diesem Zeitraum um 13 Prozent an – nicht den realen *Anstieg* um 22 Prozent, den unsere Zahlen für diesen Zeitraum zeigen. Allerdings liegt der mediane Preisanstieg in 276 Städten wahrscheinlich unter dem mittleren landesweiten Anstieg und gewichtet kleinere Städte zu stark. In dieser Studie hieß es auch, in manchen dicht besiedelten Regionen müssten die Käufer jetzt „rund 100 Prozent mehr" bezahlen. Unser Index zeigt von 1940 bis 1949 einen nominalen Anstieg von 111 Prozent an, was vermuten lässt, dass unsere Zahlen vielleicht den Preisanstieg im ganzen Land nach dem Zweiten Weltkrieg zu hoch angeben, wenn unsere fünf Städte dicht besiedelte Regionen waren.

11. Präsident Franklin Roosevelts Verlautbarung bei der Unterzeichnung der GI Bill am 24. Juni 1944, Franklin D. Roosevelt Presidential Library and Museum, http://www.fdrlibrary.marist.edu.
12. Die Zahlen stammen vom Japan Real Estate Institute, Shigaichi Urban Land Price Index, Tokyo Metropolitan Area, um den Verbraucherpreisindex bereinigt.
13. Wohnimmobilien in Bestlage, in Rupien pro Quadratfuß, bereinigt um den Verbraucherpreisindex, Knight Frank India.
14. Siehe Piet Eichholtz, „A Long Run House Price Index: The Herengracht Index, 1638–1973", unveröffentlichter Artikel, Universität Limburg und Universität Amsterdam, 1996.
15. Karl E. Case, „Measuring Urban Land Values", unveröffentlichter Artikel, Wellesley College, 26. Oktober 1997.
16. Berechnet aus Zahlen in seiner Tabelle XLIV, „Land Values on North-South Streets in the Central Business District of Chicago, 1830–1931", S. 345, in Homer Hoyt, *One Hundred Years of Land Values in Chicago* (Chicago: University of Chicago Press, 1933). Ich habe für den Vergleich die Jahre 1877 und 1931 gewählt, weil beide mitten in einer Rezession laut Definition des National Bureau of Economic Research liegen, eigentlich sogar beide in Depressionen, und daher hinsichtlich der konjunkturellen Bedingungen vergleichbar sind.
17. Hoyt, *One Hundred Years of Land Values in Chicago*, S. 279.
18. Zahlen des U.S. Census Bureau zeigen, dass die durchschnittliche Neubaufläche von 140 Quadratmetern im Jahr 1970 auf mehr als 200 Quadratmeter im Jahr 2000 stieg und dass die durchschnittliche Anzahl der Personen je Haushalt von 1970 bis 2002 von 3,1 auf 2,8 sank.

19. Eine Suche ergab, dass sich die erste Erwähnung des medianen Verkaufspreises bestehender Häuser in einer großen Zeitung 1968 in der *Washington Post* findet. In dem Artikel hieß es, die Erhebung, aus der dieser Median hervorging, sei „vor über zwei Jahren durchgeführt worden". Siehe „Average Sales Price Up $1000 to $20,630", *Washington Post Times Herald*, 5. Oktober 1968. Es ist klar, dass es davor keinen regelmäßig veröffentlichten Index der Verkaufspreise existierender Häuser gab. In einem Artikel in der *New York Times* von 1963 über eine neue staatliche Zeitreihe der medianen Preise von *Neubauten* hieß es: „Die neue Studie weckt in der Häuserbranche beträchtliches Interesse. Das liegt unter anderem daran, dass sich zuvor keine staatlichen Statistiken oder Branchenstatistiken gezielt mit Verkäufen befassten." Siehe „New Home Study Arouses Interest", *New York Times*, 13. Oktober 1963.
20. Bevor durch ein Gesetz, das der Kongress 1960 verabschiedete, Immobilienfonds geschaffen wurden, gab es in den Vereinigten Staaten keine auf dem freien Markt gehandelten Immobilien-Wertpapiere und daher auch keinen Ort, an dem sich spekulatives Interesse an Immobilienpreisen in öffentlich zugänglichen Preisen hätte niederschlagen können. Doch selbst ab diesem Zeitpunkt ist die Investment-Performance von Immobilienfonds kein guter Indikator für die Investment-Performance einzelner von den Besitzern bewohnter Häuser, weil sie sich hinsichtlich ihrer Art und hinsichtlich des Dividendenstroms, den sie liefern, grundlegend voneinander unterscheiden.
21. Jennifer Taub, *Other People's Houses: How Decades of Bailouts, Captive Regulators, and Toxic Bankers Made Home Mortgages a Thrilling Business* (New Haven, Conn.: Yale University Press, 2014), S. 141.
22. Atif Mian und Amir Sufi, „Summary of ‚the Consequences of Mortgage Credit Expansion'", *Proceedings, Federal Reserve Bank of Chicago* (Mai 2008): 129–132.
23. „3 WaMu execs agree to settle FDIC lawsuit for up to $64 million", *Los Angeles Times*, 3. Dezember 2011. http://articles.latimes.com/2011/dec/13/business/la-fi-fdic-wamu-20111214.
24. Gretchen Morgenson, „Lending Magnate Settles Fraud Case", *New York Times*, 16. Oktober 2010. http://www.nytimes.com/2010/10/16/business/16countrywide.html?pagewanted=all&_r=0.

Kapitel 4

Beschleunigungsfaktoren: Das Internet, die Kapitalismus-Explosion und andere Ereignisse

1. Mehrere Studien über internationale Daten belegen, dass Länder mit höher entwickelten Finanzmärkten ein höheres Wirtschaftswachstum aufweisen oder die Ressourcen effizienter verteilen. Siehe Robert G. King und Ross Levine, „Finance and Growth: Schumpeter May Be Right", *Quarterly Journal of Economics*, 108 (1993): 717–737; Rafael LaPorta, Florencio Lopez-de-Silanes und Andrei Shleifer, „Corporate Ownership around the World", *Journal of Finance*, 54 (1999): 471–518; und Jeffrey Wurgler, „Financial Markets and the Allocation of Capital", *Journal of Financial Economics*, 58 (2000): 187–214.
2. Eine Studie ergab, dass Privatanleger in der Talsohle des Konjunkturzyklus – wenn die Erwartungsrenditen tendenziell hoch sind – tendenziell weniger massiv in Aktien

investiert sind, während institutionelle Anleger zum Gegenteil neigen und somit tendenziell den Markt stabilisieren. Siehe Randolph Cohen, „Asset Allocation Decisions of Individuals and Institutions", Harvard Business School Working Paper Series, No. 03-112, 2003.

Eine Erhebung von Merrill Lynch ergab, dass professionelle Fondsmanager außerhalb der Vereinigten Staaten von 1994 bis 1999 im Allgemeinen in Hausse-Phasen US-amerikanische Aktien verkauften, dass es aber bei US-amerikanischen Fondsmanagern kein klares derartiges Muster gab; siehe Trevor Greetham, Owain Evans und Charles I. Clough, Jr., „Fund Manager Survey: November 1999" (London: Merrill Lynch & Co., Global Securities Research and Economics Group, 1999).

3. Manche einfachen Modelle des Wirtschaftswachstums besagen, dass sich ein plötzlicher technischer Fortschritt nicht auf die Aktienkurse auswirkt; für solche Modelle siehe Robert Barro und Xavier Sala-i-Martin, *Economic Growth* (New York: McGraw-Hill, 1995); Olivier Blanchard und Stanley Fischer, *Lectures on Macroeconomics* (Cambridge, Mass.: MIT Press, 1989); oder David Romer, *Advanced Macroeconomics* (New York: McGraw-Hill, 1996). Theoretisch könnte ein plötzlicher technischer Fortschritt die Investitionen in neues Kapital anheizen, sodass der Wettbewerb etwaige zusätzliche Gewinne beseitigt, die der technische Fortschritt beim existierenden Kapital erzeugen könnte.
4. Am 1. November 1999 wurden Microsoft und Intel in den Dow Jones Industrial Average aufgenommen.
5. Eine Erhebung von Roper-Starch Worldwide, zitiert in Karlyn Bowman, „A Reaffirmation of Self-Reliance? A New Ethic of Self-Sufficiency?", *Public Perspective*, Februar–März 1996, S. 5–8. Die Änderung materialistischer Werte im Laufe der Zeit wird dadurch plausibler, dass es Hinweise auf Unterschiede solcher Werte zwischen verschiedenen Kulturen gibt. Siehe Gueliz Ger and Russell W. Belk, „Cross-Cultural Differences in Materialism", *Journal of Economic Psychology*, 17 (1996): 55–77.
6. U.S. Bureau of Justice Statistics, *National Crime Victimization Survey (NCVS)*, http://www.ojp.usdoj.gov/bjs/cvict.htm#ncvs. Die Erhebung basiert auf Interviews mit Menschen in 84.000 Haushalten. Die Ergebnisse werden nicht durch den Trend beeinträchtigt, dass bei der Polizei mehr Straftaten angezeigt werden.
7. Siehe Joel E. Cohen, „A Global Garden for the Twenty-First Century", *The Key Reporter*, Frühjahr 1998, S. 1.
8. Siehe Weltbank, *Averting the Old Age Crisis* (New York: Oxford University Press, 1994).
9. Gurdip S. Bakshi und Zhiwu Chen („Baby Boom, Population Aging and Capital Markets", *Journal of Business*, 67 [1994]: 165–202) fanden eine deutliche Korrelation zwischen dem durchschnittlichen Alter der US-Bevölkerung über 20 Jahren und dem realen S&P Index von 1950 bis 1992. Jedoch zeigte Robin Brooks („Asset Market and Savings Effects of Demographic Transitions", unveröffentlichte Dissertation, Yale University, 1998), dass das Ergebnis vom Grenzalter (20) abhängt. Und als er die Analyse auf sieben weitere Länder ausweitete, fand er heraus, dass die Korrelation schwächer war. Bakshi und Chen mögen auf der richtigen Spur sein, aber die Belege für eine Beziehung zwischen dem Babyboom und dem Stand des Aktienmarkts sind nur schwach.

Möglicherweise könnte man das unterschiedliche Preisverhalten der Anlageklassen doch noch mit der Babyboom-Theorie versöhnen, wenn man postulieren würde, dass

Menschen verschiedener Altersklassen verschiedene Einstellungen zum Risiko haben, weil es altersbedingte Unterschiede in der Risikotoleranz gibt, und dass der Aktienmarkt auf dem Höhepunkt des Millenniumbooms deshalb relativ hoch stand, weil die zahlreichen Menschen, die heute in den Vierzigern sind, von Natur aus weniger risikoscheu sind als ältere Menschen. Aber eine solche Theorie wurde noch nie sorgfältig ausgearbeitet und es wurde noch nie belegt, dass sie relative Preisbewegungen erklären würde. Bemerkenswert ist auch, dass die private Sparquote in den Vereinigten Staaten damals fast gleich null war und nicht, wie es die Lebenszyklus-Theorie erwarten ließe, positiv.

Manche Volkswirte argumentieren, angesichts des in letzter Zeit steigenden Aktienmarkts sei die Sparquote in Wirklichkeit überraschend hoch; siehe William G. Gale und John Sabelhaus, „Perspectives on the Household Saving Rate", *Brookings Papers on Economic Activity*, 1 (1999): 181–224.

10. Siehe Ronald Inglehart, „Aggregate Stability and Individual-Level Flux in Mass Belief Systems", *American Political Science Review*, 79(1) (1985): 97–116.
11. Richard Parker, „The Media Knowledge and Reporting of Financial Issues", Präsentation vor der Brookings-Wharton Conference on Financial Services, Brookings Institution, Washington, D.C., 22. Oktober 1998.
12. James T. Hamilton, *All the News That's Fit to Sell: How the Market Transforms Information into News* (Princeton, N.J.: Princeton University Press, 2004).
13. Zahlen mit freundlicher Genehmigung von Mitchell Zacks, Zacks Investment Research. Laut einem Artikel in *Business Week* ist die Veränderung sogar noch dramatischer: Mitte 1983 waren ganze 26,8 Prozent Verkaufsempfehlungen, 24,5 Prozent Kaufempfehlungen und 48,7 Prozent Halten-Empfehlungen. Siehe Jeffrey Laderman, „Wall Street's Spin Game", *Business Week*, 5. Oktober 1998, S. 148.
14. Siehe Hsiou-Wei Lin und Maureen F. McNichols, „Underwriting Relationships, Analysts' Earnings Forecasts and Investment Recommendations", *Journal of Accounting and Economics*, 25(1) (1998): 101–127.
15. Siehe James Grant, „Talking Up the Market", *Financial Times*, 19. Juli 1999, S. 12. Trotz allem sind Analystenempfehlungen sinnvoll, wenn man diese Verzerrung berücksichtigt. Kent Womack („Do Brokerage Analysts' Recommendations Have Investment Value?", *Journal of Finance*, 51[1] [1996]: 137–167) zeigt, dass die Aktien nach dem Umschwenken der Analystenempfehlungen von „Halten" auf „Kaufen" tendenziell gut laufen – was darauf hindeutet, dass es den Analysten zu einem gewissen Grad gelingt, die Aktienrenditen vorherzusagen. Wenn die Empfehlungen von „Halten" auf „Kaufen" umschwenken, ist der Vorhersagewert (niedrigerer Renditen) sogar noch genauer. Laut Womacks Interpretation weist dieser asymmetrische Effekt darauf hin, dass die Analysten, die ja nur widerwillig Verkaufsempfehlungen aussprechen, dies nur tun, wenn es dafür einen sehr guten Grund gibt.
16. Siehe Steven Sharpe, „Re-examining Stock Valuation and Inflation: The Implications of Analysts' Earnings Forecasts", *Review of Economics and Statistics*, 84(4) (2002): 632–648, Abbildung 2, S. 637. Die Gewinnprognosen stammen von I/B/E/S und dafür wurden Prognosen für Einzelfirmen zu Prognosen für den S&P 500 zusammengefasst. Sharpes Ergebnisse weisen nicht klar darauf hin, dass die Tendenz der Gewinnprognosen seit

1979 deutlicher geworden ist. Überdies ist ein Großteil der durchschnittlichen Tendenz einer relativ kleinen Anzahl von misslungenen Vorhersagen extremer Wertzuwächse zu verdanken. Siehe Jeffrey Abarbanell und Reuven Lehavy, „Biased Forecasts or Biased Earnings? The Role of Earnings Management in Explaining Apparent Optimism and Inefficiency in Analysts' Earnings Forecasts", *Journal of Accounting and Economics*, 35 (2003): 105–146.

17. Die öffentliche Wahrnehmung einer solchen Tendenz nach unten förderte in den 1990er-Jahren die Vermehrung von *Whisper Numbers* im Internet: Gewinnprognosen ohne belegte Quellen von Analysten, die sich mit ihrer Anonymität fröhlich ihren Zweifeln hingeben konnten. Auf der anderen Seite wurde der Begriff *Whisper Numbers* auch für einige auffallend nach oben ausschlagende Prognosen verwendet, für die die Firmen nicht mit ihrem Namen einstehen wollten, weil sie um ihren Ruf fürchteten, falls später bekannt würde, dass sie sich dermaßen nach oben hin getäuscht hatten. Dass das Interesse der Allgemeinheit an *Whisper Numbers* nach 2000 zurückging und im Jahr 2003 wieder zunahm, wurde als Zeichen dafür interpretiert, dass der irrationale Überschwang zurückgegangen und dann wieder angestiegen sei. Siehe Matt Kranz, „Earnings Whispers Return", *USA Today*, 22. Juli 2003.
18. Steven A. Sharpe, „How Does the Market Interpret Analysts' Long-Term Growth Forecasts?", *Journal of Accounting, Auditing and Finance* 20(2) (Frühjahr 2005): 147–166, Zitat auf S. 148.
19. Armen Hovakimian und Ekkachai Saenyasin, „U.S. Analyst Regulation and the Earnings Forecast Bias around the World", *European Financial Management* 20 (3) (Juni 2014): 435–461.
20. Diese Steuervergünstigung wurde unter Sektion 401(k) in den Internal Revenue Act von 1978 aufgenommen, aber damals war nicht klar, ob sie auch für Betriebsrenten gelten sollte. R. Theodore Benna, Vorstand der Rentenberatungsgesellschaft Johnson Companies, testete den IRS, indem er 1981 den ersten 401(k)-Plan auflegte. Der IRS erklärte im Februar 1982, dass die Steuervorteile solcher Pläne zugelassen würden.
21. Siehe New York Stock Exchange, *The Public Speaks to the Exchange Community* (New York, 1955).
22. Shlomo Benartzi und Richard H. Thaler, „Naive Diversification Strategies in Defined Contribution Plans", *American Economic Review*, 91(1) (2001): 79–98. Einige Fehler in dem Artikel von Benartzi und Thaler wurden von Gur Huberman und Wei Jiang in „Offering versus Choice in 401(k) Plans: Equity Exposure and Number of Funds", unveröffentlichter Artikel, Columbia University, 2004, aufgedeckt.
23. Investment Company Institute, *Mutual Fund Fact Book* (Washington, D.C., 1999), http://www.ici.org.
24. Siehe Hugh Bullock, *The Story of Investment Companies* (New York: Columbia University Press, 1959).
25. Siehe Rudolph Weissman, *The Investment Company and the Investor* (New York: Harper and Brothers, 1951), S. 144.
26. Tatsächlich scheint eine bedeutende Beziehung zwischen dem Dollar-Zufluss in Investmentfonds und der Marktperformance zu bestehen, denn die Mittelzuflüsse reagieren unmittelbar und deutlich, wenn der Aktienmarkt steigt. Siehe Vincent A. Warther,

„Aggregate Mutual Fund Flows and Security Returns", *Journal of Financial Economics*, 39 (1995): 209–235; und William Goetzmann und Massimo Massa, „Index Fund Investors", unveröffentlichter Artikel, Yale University, 1999.

27. Siehe meinen Artikel „Why Do People Dislike Inflation?", in Christina D. Romer und David H. Romer (Hg.), *Reducing Inflation: Motivation and Strategy* (Chicago: University of Chicago Press and National Bureau of Economic Research, 1997), S. 13–65.
28. Siehe Modigliani und Cohn, „Inflation, Rational Valuation, and the Market"; siehe auch Robert J. Shiller und Andrea Beltratti, „Stock Prices and Bond Yields: Can Their Comovements Be Explained in Terms of Present Value Models?", *Journal of Monetary Economics*, 30 (1992): 25–46.
29. Modigliani und Cohn argumentierten auch (und das ist ein recht subtiler Punkt), dass die Menschen Verzerrungen von Unternehmensgewinnen, die dadurch zustande kommen, dass die Unternehmen die Summe ihrer Zinszahlungen von ihrem Gewinn abziehen – und nicht nur die realen (inflationsbereinigten) Zinsen –, nicht berücksichtigen. In Zeiten der Inflation kann man einen Teil dieser Zinsen als bloße Teil-Anzahlung auf die realen Zinsen betrachten, nicht als Kosten des Unternehmens. Doch nur wenigen Anlegern ist das klar und sie nehmen Korrekturen wegen dieses Inflationseffekts vor. Dass sie das nicht tun, kann man als weiteres Beispiel für die Geldwert-Illusion bezeichnen. Jay R. Ritter und Richard S. Warr („The Decline of Inflation and the Bull Market of 1982–1997", *Journal of Financial and Quantitative Analysis*, 37[1] [2002]: 29–61) haben gezeigt, dass die Fehlbewertung einzelner Firmen durch den Markt sowohl mit der Höhe der Inflation als auch mit dem Verschuldungsgrad des Unternehmens zusammenhängt und somit für die Theorie von Modigliani und Cohn spricht.
30. Allgemeine Missverständnisse der Inflation werden beschrieben in Eldar Shafir, Peter Diamond und Amos Tversky, „Money Illusion", *Quarterly Journal of Economics*, 112(2) (1997): 341–374; und Robert J. Shiller, „Public Resistance to Indexation: A Puzzle".
31. *New York Stock Exchange Fact Book* (New York, 1998), http://www.nyse.com. Die Zahlen über die gehandelten Aktien weisen einen noch dramatischeren Anstieg auf, aber dieser Anstieg ist vor allem der Inflation und dem gestiegenen Marktwert geschuldet. Beide spornen zu Aktiensplits und somit dazu an, dass die Gesamtzahl der umlaufenden Aktien steigt.
32. Siehe Gretchen Morgenson, „Investing's Longtime Best Bet Is Being Trampled by the Bulls", *New York Times*, 15. Januar 2000, S. 1.
33. U.S. Securities and Exchange Commission, „Special Study: On-Line Brokerage: Keeping Apace of Cyberspace", 1999, http://www.sec.gov/pdf/ cybrtrnd.pdf.
34. Siehe Kenneth R. French und Richard Roll, „Stock Return Variances: The Arrival of Information and the Reaction of Traders", *Journal of Financial Economics*, 17 (1986): 5–26; siehe auch Richard Roll, „Orange Juice and Weather", *American Economic Review*, 74 (1984): 861–880.
35. Siehe Shlomo Benartzi und Richard H. Thaler, „Myopic Loss Aversion and the Equity Premium Puzzle", *Quarterly Journal of Economics*, 110(1) (1995): 73–92.
36. Wie Abbott und Volberg geschrieben haben: „Es besteht kaum ein Zweifel, dass die beiden letzten Jahrzehnte des 20. Jahrhunderts davon geprägt waren, dass kommerzielle Glücksspiele besser verfügbar und akzeptiert waren." Max Wenden Abbott und

Rachel A. Volberg, *Gambling and Problem Gambling in the Community: An International Overview and Critique*, Report No. 1 of the New Zealand Gaming Survey, 1999, S. 35.

37. Berechnungen des Autors aus Zahlen, die zitiert wurden in Craig Lambert, „Trafficking in Chance", *Harvard Magazine*, 104(6) (Juli–August 2002): 32.

38. John W. Welte et al., „Gambling Participation in the United States – Results from a National Survey", *Journal of Gambling Studies*, 18(4) (2002): 313–337.

39. Eugene Martin Christiansen und Sebastian Sinclair, *The Gross Annual Wager of the United States, 2000*, Christiansen Capital Advisors, 2000, S. 2.

40. Siehe auch William N. Thompson, *Legalized Gambling: A Reference Handbook* (Santa Barbara, Calif.: ABC-CLIO, 1994), S. 52–53.

41. An quantitative Belege für Glücksspielverhalten in den 1920er-Jahren kommt man schwer heran. Ich habe die Anzahl der Artikel über Glücksspiel im *Reader's Guide to Periodical Literature* gezählt und den Anteil aller Artikel zum Thema wie folgt angegeben (wobei sich „I" und „II" auf die erste und die zweite Hälfte des Jahres 1938 beziehen):
1919–21 0 %
1922–24 0,004 %
1925–28 0,021 %
1929–32 0,035 %
1933–35 0,006 %
1936–38-I 0,003 %
1938-II–42 0,008 %
Diese Zahlen deuten stark auf eine plötzliche Zunahme des öffentlichen Interesses am Glücksspiel zwischen 1925 und 1932 hin, aber natürlich sagen sie nichts Quantitatives darüber aus, wie sich die Einstellung der Allgemeinheit zum Glücksspiel änderte. Für eine Geschichte des Glücksspiels und seiner Beziehung zur Spekulation siehe James Grant, *The Trouble with Prosperity: A Contrarian Tale of Boom, Bust, and Speculation* (New York: John Wiley and Sons, 1996).

42. George W. Bush, Wahlkampfrede in Onalaska, Wisconsin, 26. Oktober 2004, http://www.presidentialrhetoric.com/campaign/speeches/bush_oct26.html.

43. Die Vorstellung, dass Privateigentum die Anreize erhöht, geht auf Adam Smith zurück. Dass Privateigentum für engagierte Bürger sorgt, ist eine uralte Tradition. Diese Vorstellungen gewinnen seit einigen Jahren wieder an Boden. Siehe beispielsweise William A. Fischel, *The Homevoter Hypothesis: How Home Values Influence Local Government Taxation, School Finance, and Land-Use Policies* (Cambridge, Mass.: Harvard University Press, 2001).

44. Im selben Fragebogen fragten wir: „Hat Sie diese Sorge um Ihr Einkommen bewogen, ein Haus zu kaufen, ein größeres Haus zu kaufen oder ein Haus mit einem größeren Grundstück zu kaufen?" Zwar sagten 81 Prozent der 414 Befragten, das habe ihre Entscheidung für den Hauskauf nicht beeinflusst, aber diejenigen, die sagten, es habe sie dazu bewogen, waren im Verhältnis zwei zu eins zahlreicher als diejenigen, die sagten, es habe sie davon abgebracht.

45. Die Zahlen zum privaten Sparen stammen aus den U.S. National Income and Product Accounts, Tabelle 5.1. Die Zahlen zum Wachstum der Anlagen stammen aus den Tabellen B100 und B100e der Flow of Funds Accounts of the United States.

46. Nell Henderson, „Greenspan Credits Economy's ‚Flexibility'; Federal Reserve Chairman Says Free Market Helps Absorb Shocks" [final edition], *Washington Post*, 28. September 2005.
47. Siehe Adam S. Posen, „It Takes More than a Bubble to Become Japan", Washington, D.C.: Peterson Institute for International Economics, Working Paper No. 03-9, Oktober 2003. http://www.piie.com/publications/wp/03-9.pdf.
48. Siehe Frage X4 in Survey Research Center, University of Michigan, „Index Calculations", http://www.sca.isr.umich.edu/fetchdoc.php?docid=24770.
49. http://som.yale.edu/faculty-research/our-centers-initiatives/international-center-finance/data/stock-market-confidence-indices/stock-market-confidence-indices. Für andere Indizes zum Börsenvertrauen siehe Robert J. Shiller, „Measuring Bubble Expectations and Investor Confidence", *Journal of Psychology and Markets*, 1(1) (2000): 49–60.
50. William H. Gross, „On the ‚Course' to a New Normal" http://www.pimco.com/EN/Insights/Pages/Gross%20Sept%20On%20the%20Course%20to%20a%20New%20Normal.aspx.
51. Mario Bollini, Jennifer Barry und Daniela Rus, „BakeBot: Baking Cookies with the PR2", http://web.mit.edu/mbollini/Public/icra/Bakebot.pdf.
52. Robert E. Lucas, „Asset Prices in an Exchange Economy", *Econometrica*, 46 (1978): 1429–1445.
53. Siehe zum Beispiel Fareed Zakaria, „Around the World a Dark Nationalism Threatens Peace", http://www.dispatch.com/content/stories/editorials/2014/07/08/around-the-world-a-dark-nationalism-threatens-peace.html.
54. Thomas Piketty, *Capital in the Twenty-First Century* (Cambridge, Mass.: Belknap Press of Harvard University Press), 2014, Abbildung 8.8, S. 300.
55. Siehe Jeremy J. Siegel, *Stocks for the Long Run*, 5th ed. (New York: McGraw-Hill, 2014), S. 252–253.
56. Die Kapitalismus-Explosion, kulturelle Veränderungen, die dem geschäftlichen Erfolg mehr Prestige verschafften, die zunehmende Medienberichterstattung über Finanzmeldungen, die zunehmend optimistischen Prognosen der Analysten, der Rückgang der Inflation und das wachsende Handelsvolumen am Aktienmarkt – das alles spielte zwar auch in Europa eine Rolle, war dort aber nicht so deutlich zu spüren wie in den Vereinigten Staaten. In Europa war der Babyboom nach dem Zweiten Weltkrieg zwar nicht so stark wie in den Vereinigten Staaten, aber nach Mitte der 1960er-Jahre gab es dort einen ausgeprägten Pillenknick. In Europa nahmen die Glücksspielmöglichkeiten offenbar nicht so sehr zu wie in den Vereinigten Staaten. Doch obwohl in Europa nicht alle Beschleunigungsfaktoren am Werk sind, dürften die starken kulturellen Verbindungen zwischen den Vereinigten Staaten und Europa sowie die Nachfrage US-amerikanischer Anleger nach europäischen Aktien einen erheblichen Ansteckungseffekt bewirken.

Kapitel 5

Verstärkungsmechanismen: Von allein auftretende Ponzi-Prozesse

1. Auch wenn sie hier nicht ausführlich formuliert wird, so findet man doch Anspielungen auf die Rückkopplungs- oder Feedback-Theorie in Charles MacKay, *Memoirs of Extraordinary Popular Delusions and the Madness of Crowds* (London: Bentley) [deutsch:

Zeichen und Wunder. Aus den Annalen des Wahns], geschrieben 1841. MacKay schreibt über die Tulpenmanie: „Viele Menschen wurden plötzlich reich. Die Versuchung eines goldenen Köders hing über den Menschen und einer nach dem anderen hastete auf die Tulpenmärkte wie Fliegen zum Honigtopf." (S. 146). Auch in einer anonymen Flugschrift aus der Zeit der Tulpenmanie in Holland findet sich eine Anspielung auf die Feedback-Theorie: *Samen-Spraeck tusschen Waermondt ende Gaergoedt nopende de opkomste ende ondergangh van flora* (Haerlem: Adriaen Roman, 1637). Das Pamphlet beschreibt den ansteckenden Enthusiasmus, der von der Beobachtung des Erfolgs anderer entzündet wurde und immer mehr Menschen auf den Markt brachte.

2. Die Stichprobengröße *n* der Fragen ist wegen der unterschiedlichen Anzahl versandter Fragebögen und der unterschiedlichen Antwortquoten verschieden. Der Standardfehler der Anteile reicht bei diesen und anderen in diesem Kapitel erwähnten Fragen von einem bis vier Prozent. Natürlich kann man sich vorstellen, dass die Ergebnisse aus anderen Gründen als der Stichprobengröße nicht verlässlich sind. Zum Beispiel könnte es sein, dass diejenigen, die sich für die Beantwortung des Fragebogens entschieden haben, hinsichtlich des Aktienmarkts zuversichtlicher sind. Andererseits gehören diejenigen, die den Fragebogen ausfüllen, mit höherer Wahrscheinlichkeit zu der Sorte aktiver Anleger, die Märkte beeinflussen, sodass die Antwortenden eher repräsentativ für diejenigen Anleger sein könnten, die hinter dem Börsenboom stehen, als eine zufällig ausgewählte Gruppe wohlhabender Befragter.
3. Die Worte, in denen die Befragten meistens ihre Gedanken über die Häuserpreise beschreiben, sind üblicherweise einfache, zeitlose Klischees, deren Häufigkeit sich im Laufe der Zeit ändert. Siehe Karl E. Case Jr. und Robert J. Shiller, „The Behavior of Home Buyers in Boom and Post-Boom Markets", *New England Economic Review*, November-Dezember 1988, S. 29–46.
4. Ich fragte in dem Fragebogen zwar nicht, ob sie dachten, der Markt werde mit Sicherheit fallen, doch aus den vorhandenen Daten über die Erwartungen geht hervor, dass die meisten dies um die Zeit des Börsenhochs 2000 nicht dachten.
5. Frederick Lewis Allen, *Only Yesterday* (New York: Harper and Brothers, 1931), S. 309.
6. David Elias, *Dow 40,000: Strategies for Profiting from the Greatest Bull Market in History* (New York: McGraw-Hill, 1999), S. 8.
7. Dwight R. Lee und Richard B. MacKenzie, „How to (Really) Get Rich in America", *USA Weekend*, 13.-15. August 1999, S. 6.
8. Samuel Crowther, „Everybody Ought to Be Rich: An Interview with John J. Raskob", *Ladies Home Journal*, August 1929, S. 9, 36.
9. Natürlich ist für die meisten Menschen, die zu wenig sparen, jeder Ansporn zum Sparen grundsätzlich gut, selbst wenn er in übertriebenen Anleger-Optimismus verpackt ist.
10. Bodo Schäfer, *Der Weg zur finanziellen Freiheit: In sieben Jahren die erste Million* (Frankfurt: Campus Verlag, 1999); Bernd Niquet, *Keine Angst vorm nächsten Crash: Warum Aktien als Langfristanlage unschlagbar sind* (Frankfurt: Campus Verlag, 1999).
11. Siehe David E. Bell, „Regret in Decision Making under Uncertainty", *Operations Research*, 30(5) (1982): 961-981; und Graham Loomes and Robert Sugden, „Regret Theory: An Alternative Theory of Rational Choice under Uncertainty", *Economic Journal*, 92 (1982): 805-824.

12. Nassim N. Taleb, *Fooled by Randomness: The Hidden Role of Chance in Life and in the Markets*, 2nd ed. (New York: Texere, 2004).
13. Siehe Richard H. Thaler und Eric J. Johnson, „Gambling with the House Money and Trying to Break Even: The Effect of Prior Outcomes on Risky Choice", *Management Science*, 36 (1990): 643–660.
14. John Kenneth Galbraith, *The Great Crash: 1929*, 2nd ed. (Boston: Houghton Mifflin, 1961), S. 79.
15. Zahlen von der Website der National Association of Investors Corporation, http://www.better-investing.org/member/history.html.
16. „Fun Fades at Investing Clubs", E. S. Browning, *Wall Street Journal*, 3. Februar, 2013, http://search.proquest.com/abicomplete/docview/1283594060/ 57D6C1EBE49C4575PQ/1?accountid=15172.
17. Brad M. Barber und Terrance Odean, „Online Investors: Do the Slow Die First?", *Review of Financial Studies*, 15(2) (2002): 455–489.
18. Eine psychologisch-theoretische Begründung eines solchen Feedbacks liefern Nicholas Barberis, Andrei Shleifer und Robert Vishny, „A Model of Investor Sentiment", *Journal of Financial Economics*, 49 (1998): 307–343.
19. Die Volkswirte John Campbell und John Cochrane haben eine Theorie der Entstehung von Gewohnheiten vorgeschlagen, die auch zur Verstärkung von Reaktionen des Aktienmarkts passt. Laut ihrem Modell gewöhnen sich die Menschen langsam an das höhere Konsumniveau, das sie von einem höher bewerteten Aktienmarkt erwarten dürfen. Nach einem Anstieg des Aktienmarkts experimentieren die Anleger vielleicht mit höheren Konsumniveaus, sind aber noch nicht daran gewöhnt.

    Anleger, die am Markt Gewinne erzielt haben, sind vielleicht bereit, mehr Risiken einzugehen, weil sie immer noch das Gefühl haben, sie könnten ihr höheres Konsumniveau wieder aufgeben, falls Anlageverluste sie dazu zwingen würden. Ihre Bereitschaft, Aktien zu höheren Preisen zu behalten, könnte wiederum die Auswirkungen der Beschleunigungsfaktoren verstärken. Siehe John Y. Campbell und John H. Cochrane, „By Force of Habit: A Consumption-Based Explanation of Aggregate Stock Market Behavior", *Journal of Political Economy*, 107(2) (1999): 205–251.
20. Siehe Karl E. Case, John M. Quigley und Robert J. Shiller, „Comparing Wealth Effects: The Stock Market vs. the Housing Market", Working Paper No. 8606 (Cambridge, Mass.: National Bureau of Economic Research, November 2001).
21. Siehe Robert J. Shiller, „Market Volatility and Investor Behavior", *American Economic Review*, 80 (1990): 58–62; und Shiller, *Market Volatility*, S. 376–377.
22. Manche Wirtschaftstheoretiker behaupten, es könnten keine negativen Blasen auftreten, weil die Preise nicht unter null fallen können. Daher wüssten die Anleger, dass die Preise nicht ewig sinken können, und dadurch müssten sie im Umkehrschluss darauf kommen, dass eine negative Blase sich gar nicht erst anbahnen kann. Damit wollen sie aber eigentlich nur sagen, dass keine Blasen auftreten können, wenn alle rational und berechnend sind.
23. Die Literatur über Anwendungen der Chaostheorie auf die Wirtschaft betont normalerweise nicht das hier besprochene Feedback-Modell, kann aber trotzdem Erkenntnisse über die Ursachen von Komplexität an den Finanzmärkten liefern. Siehe Michael

Boldrin und Michael Woodford, „Equilibrium Models Displaying Endogenous Fluctuations and Chaos: A Survey", *Journal of Monetary Economics*, 25(2) (1990): 189–222, bietet einen Überblick über diese Literatur. Siehe auch Benoit Mandelbrot, *Fractals and Scaling in Finance: Discontinuity, Concentration, Risk* (New York: Springer-Verlag, 1997); und Brian Arthur et al., „Asset Pricing under Endogenous Expectations in an Artificial Stock Market", in W. B. Arthur, S. Durlauf und D. Lane (Hg.), *The Economy as an Evolving Complex System II* (Reading, Mass.: Addison-Wesley, 1997). In einer anderen entsprechenden Schrift werden experimentelle Märkte eingerichtet, an denen die Menschen in einem Umfeld handeln, in dem es weder Nachrichten noch andere irritierende Faktoren gibt. Unter diesen kontrollierten Bedingungen kommt es zu irrelevanten „blasenartigen" Preisbewegungen. Siehe Vernon L. Smith, Gary L. Suchanek und Arlington W. Williams, „Bubbles, Crashes and Endogenous Expectations in Experimental Spot Asset Markets", *Econometrica*, 56 (1988): 1119–1151.

24. Lauren R. Rublin, „Party On! America's Portfolio Managers Grow More Bullish on Stocks and Interest Rates", *Barron's*, 3. Mai 1999, S. 31–38.
25. Von 1989 bis 1996 und von 1996 bis 1999 wurden keine Privatanleger befragt. Der Index ist der gleitende Durchschnitt über sechs Monate von monatlichen Umfragen ab 2001.
26. Siehe Joseph Bulgatz, *Ponzi Schemes, Invaders from Mars, and Other Extraordinary Popular Delusions, and the Madness of Crowds* (New York: Harmony, 1992), S. 13.
27. Mike Hinman, „World Plus Pleas: Guilty, Guilty", *Anchorage Daily News*, 1. Juli 1998, S. 1F; und Bill Richards, „Highflying Ponzi Scheme Angers and Awes Alaskans", *Wall Street Journal*, 13. August 1998, S. B1.
28. John Templeman, „Pyramids Rock Albania", *Business Week*, 10. Februar 1997, S. 59.
29. Kerin Hope, „Pyramid Finance Schemes", *Financial Times*, 19. Februar 1997, S. 3; und Jane Perlez, „Albania Calls an Emergency as Chaos Rises", *New York Times*, 3. März 1997, S. A1.
30. Jane Perlez „Albanians, Cash-Poor, Scheming to Get Rich", *New York Times*, 27. Oktober 1996, S. A9.
31. Diese Glaubensbereitschaft kann mit der menschlichen Tendenz zu übertriebenem Selbstbewusstsein zusammenhängen, die in Kapitel 9 besprochen wird; siehe auch Steven Pressman, „On Financial Frauds and Their Causes: Investor Overconfidence", *American Journal of Economics and Sociology*, 57 (1998): 405–421.
32. Charles P. Kindleberger, *Manias, Panics and Crashes: A History of Financial Crises*, 2nd ed. (London: Macmillan, 1989), S. 90 [deutsch: *Manien, Paniken, Crashs*, Kulmbach: Börsenbuchverlag, 2001].
33. Rakesh Khurana, *Searching for a Corporate Savior: The Irrational Quest for Charismatic CEOs* (Princeton, N.J.: Princeton University Press, 2002).
34. Der Begriff *no-Ponzi condition* ist in den Wortschatz der theoretischen Finanzlehre eingegangen, allerdings bezieht er sich nicht auf Feedback-Schleifen, sondern auf eine Annahme der Modelle, dass sich Anleger nicht ewig immer höher verschulden können.
35. Siehe Karl E. Case und Robert J. Shiller („Is There a Bubble in the Housing Market?", *Brookings Papers on Economic Activity*, 2 [2003]: 299–362) für eine ausführlichere Besprechung.

Kapitel 6

Die Medien

1. Zweifellos gab es schon spekulative Preisbewegungen, bevor es Zeitungen gab, aber ich habe aus der Zeit vor den Zeitungen keine Berichte über allgemeines öffentliches Interesse an spekulativen Preisbewegungen gefunden, die von den Zeitgenossen als wild und unerklärlich beschrieben wurden oder die den Berichten zufolge ausschließlich dem Überschwang der Anleger zu verdanken waren.

   Die ersten regelmäßig erscheinenden Zeitungen kamen Anfang des 17. Jahrhunderts auf. Als die Verlagshäuser entdeckt hatten, wie sie das Interesse der Öffentlichkeit wecken, die Auflage erhöhen und Gewinn erzielen können, schossen in vielen Städten Europas Zeitungen aus dem Boden.

   Man kann den Beginn der Massenmedien noch etwas früher ansetzen, nämlich mit der Erfindung des Buchdrucks, denn ab dem Zeitpunkt war die Veröffentlichung nicht mehr auf Gönner angewiesen. Im 16. Jahrhundert wurden unzählige Flugblätter, Schmähschriften sowie religiöse und politische Traktate veröffentlicht. Der Druck-Historiker David Zaret (*Origins of Democratic Culture: Printing, Petitions, and the Public Sphere in Early-Modern England* [Princeton, N.J.: Princeton University Press, 1999], S. 136) hielt fest, der Buchdruck habe „den geschäftlichen Aspekt klar in den Mittelpunkt der Textproduktion gerückt. Anders als bei der handschriftlichen Produktion war die Textproduktion nun mit Kalkulationen, dem Eingehen von Risiken und sonstigem Marktverhalten verbunden; die Drucker richteten sich bei der Produktion nach groben Schätzungen der Nachfrage nach gedruckten Texten." Die Erfindung des Buchdrucks brachte einen erhöhten Anreiz zur Alphabetisierung mit sich; im 17. Jahrhundert konnte ein großer oder gar überwiegender Anteil der städtischen Bevölkerung Europas lesen.

   Werke über die Geschichte von Spekulationsmanien wie Kindlebergers *Manien, Paniken, Crashs* enthalten keine Beispiele für Spekulationsblasen vor dem 17. Jahrhundert und meine Befragung von Lokalhistorikern erbrachte auch keine. Ich kann allerdings nicht behaupten, die diesbezügliche Geschichte erschöpfend erforscht zu haben.

   Es gibt wohl wirklich einige Geschichten, die man als Ausnahme von meiner Verallgemeinerung betrachten *könnte*, die ersten Manien und die ersten Zeitungen seien zeitlich zusammengefallen, allerdings sind auch andere Interpretationen möglich. Paul Friedman, Historiker an der University of Yale, erzählte mir von Pfeffer als möglicher Ausnahme: Der Pfefferpreis war im Gewürzhandel offenbar zeitweise überraschend hoch und im 16. Jahrhundert schwankte er stark. Aus dem Altertum und dem Mittelalter gibt es Beispiele, dass die Getreidepreise in Hungersnöten stiegen. Auch schwankende Grundstückspreise kennt die Geschichte. Beispielsweise schreibt Plinius der Jüngere in einem Brief an Nepos im Jahr 95 n. Chr.: „Habt Ihr schon gehört, dass die Grundstückspreise vor allem in der Gegend von Rom gestiegen sind? Über den Grund für den plötzlichen Anstieg wird sehr viel geredet." (Pliny the Younger, *Letters and Panegyrics*, übers. von Betty Radice [Cambridge, Mass.: Harvard University Press, 1969], Book 6, No. 19, S. 437–438.) Mit der Aussage, es werde viel darüber geredet, deutet er zwar die Auswirkungen von Mundpropaganda an, aber er berichtet nicht wirklich über eine Manie.

2. Die Tulpenmanie, eine Spekulationsblase der Tulpenpreise in den 1630er-Jahren in Holland, wird in Anmerkung 1 zu Kapitel 5 besprochen.
Im Jahr 1618 gab es niederländische Zeitungen und in Holland durften anders als in anderen Ländern nicht nur Auslandsnachrichten, sondern auch Inlandsnachrichten gedruckt werden. Zu diesen wegweisenden holländischen Zeitungen siehe Robert W. Desmond, *The Information Process: World News Reporting to the Twentieth Century* (Iowa City: University of Iowa Press, 1978).
Die wichtigste erhaltene Quelle über die Tulpenmanie ist eine Flugschrift, die zu ihrem Höhepunkt in Holland veröffentlicht wurde. Das 1637 anonym erschienene Dokument berichtet in einem Dialog zwischen zwei Männern ausführlich über das aktuelle spekulative Geschehen. Es sind auch viele andere Flugschriften über die Manie erhalten, die kurz nach deren Ende veröffentlicht wurden; siehe Peter Garber, *Famous First Bubbles: The Fundamentals of Early Manias* (Cambridge, Mass.: MIT Press, 2000). Diese erhaltenen Pamphlete bestätigen, dass es hoch entwickelte Printmedien gab, die während des Geschehens Informationen über die Tulpenmanie verbreiten konnten.
3. „Why Property Ladder Is Having a Recession Refit", *The Telegraph*, 4. Juni 2009. http://www.telegraph.co.uk/culture/tvandradio/5446569/Why-Property-Ladder-is-having-a-recession-refit.html.
4. Transcript 3143, *MacNeil/Lehrer NewsHour*, WNET/Thirteen, New York, 14. Oktober 1987, S. 10.
5. Victor Niederhoffer, „The Analysis of World News Events and Stock Prices", *Journal of Business*, 44(2) (1971): 205; siehe auch David Cutler, James Poterba und Lawrence Summers, „What Moves Stock Prices?", *Journal of Portfolio Management*, 15(3) (1989): 4–12.
6. Robert J. Shiller und William J. Feltus, „Fear of a Crash Caused the Crash", *New York Times*, 29. Oktober 1989, Section 3, S. 3.
7. Cutler, Poterba und Summers, „What Moves Stock Prices?", S. 10.
8. Das heißt dann nicht, wenn man nicht Präsident Dwight Eisenhowers Herzinfarkt am 26. September 1955 als bedeutend betrachtet.
9. „The Tokyo Earthquake: Not ‚If' but ‚When,'" *Tokyo Business Today*, April 1995, S. 8.
10. David Santry, „The Long-Shot Choice of a Gambling Guru", *Business Week*, 12. Mai 1980, S. 112; „The Prophet of Profits", *Time*, 15. September 1980, S. 69.
11. Die Professoren Gur Huberman und Tomer Regev von der Columbia University haben eine Fallstudie über den Preisanstieg einer bestimmten Aktie als Reaktion auf eine Zeitungsstory verfasst, die zwar fesselnd geschrieben war, aber eigentlich nichts Neues brachte. Der Kurs von EntreMed stieg von einem Schlusskurs von zwölf am Vortag auf einen Eröffnungskurs von 85, als die *New York Times* auf der Titelseite das Potenzial von Krebsmedikamenten des Unternehmens beschrieben hatte. Huberman und Regev belegen, dass diese Story eigentlich schon fünf Monate zuvor veröffentlicht worden war. (Siehe Gur Huberman und Tomer Regev, „Speculating on a Cure for Cancer: A Non-Event That Made Stock Prices Soar", *Journal of Finance*, 56[1] [2001]: 387–396.) Es ist plausibel – auch wenn die Autoren das nicht belegen –, dass viele Käufer von EntreMed-Aktien an jenem Tag zwar wussten, dass die Story nichts Neues

enthielt, dass sie aber allein deswegen kauften, weil sie dachten, ein so gut geschriebener und so auffallend platzierter Artikel würde den Aktienkurs steigen lassen.

12. (New Orleans) *Times-Picayune*, 29. Oktober 1929, S. 1, Sp. 8; *New York Times*, 29. Oktober 1929, S. 1; *Wall Street Journal*, 29. Oktober 1929, S. 1, Sp. 2.
13. Jude Wanniski, *The Way the World Works*, 2nd ed. (New York: Simon and Schuster, 1983), Kapitel 7.
14. Allan H. Meltzer, „Monetary and Other Explanations of the Start of the Great Depression", *Journal of Monetary Economics*, 2 (1976): 460.
15. Rudiger Dornbusch und Stanley Fischer, „The Open Economy: Implications for Monetary and Fiscal Policy", in Robert J. Gordon (Hg.), *The American Business Cycle: Continuity and Change* (Chicago: National Bureau of Economic Research and University of Chicago Press, 1986), S. 459–501.
16. *New York Times*, 28. Oktober 1929, S. 1.
17. *Wall Street Journal*, 28. Oktober 1929, S. 1.
18. O. A. Mather, *Chicago Tribune*, 27. Oktober 1929, S. A1; *New York Times*, 25. Oktober 1929, S. 1, Sp. 8; *Guaranty Survey* zitiert in *New York Times*, 28. Oktober 1929, S. 37, Sp. 3.
19. Die Adressliste der Privatanleger war eine Liste aktiver Anleger mit hohem Einkommen (aktiv laut Indizien wie Abonnements von Anlegerpublikationen und Broker-Depots), gekauft bei W.S. Ponton, Inc. Die Liste der institutionellen Anleger wurde aus einer zufälligen Stichprobe im Anlageverwalter-Teil von *The Money Market Directory of Pension Funds and Their Investment Managers* zusammengestellt. In der Woche des 19. Oktober 1987 wurden insgesamt 3.000 Fragebögen verschickt: 2.000 an Privatanleger und 1.000 an institutionelle Anleger. Es wurden keine Erinnerungen nachgeschickt. Ich bekam 605 ausgefüllte Fragebögen von Privatanlegern und 284 von institutionellen Anlegern zurück. Siehe Shiller, *Market Volatility*, S. 379–402, für die Analyse der Ergebnisse, die ich im November 1987 schrieb. Wir unternahmen 1987 auch eine Untersuchung unter japanischen institutionellen Anlegern, die bestätigte, dass die dortigen Preisbewegungen in erster Linie Reaktionen auf Nachrichten aus den Vereinigten Staaten waren. Siehe Robert J. Shiller, Fumiko Kon-Ya und Yoshiro Tsutsui, „Investor Behavior in the October 1987 Stock Market Crash: The Case of Japan", *Journal of the Japanese and International Economies*, 5 (1991): 1–13.
20. Da der Fragebogen *nach* dem Crash ausgefüllt wurde, können die Bedenken gegen Überteuerung natürlich auch auf der Rückschau basieren. Eigentlich kann man auch der Selbstklassifizierung als Käufer oder Verkäufer am 19. Oktober nicht ganz trauen. Die Anonymität der Fragebögen, die Bitte um ehrliche Antworten und der deutlich angegebene Zweck der Fragebögen – die wissenschaftliche Erforschung des Crashs – dürften zwar dazu beigetragen haben, dass wir annähernd objektive Antworten bekamen, aber natürlich kann man sich auf keine Umfrage vollständig verlassen.
21. Presidential Task Force on Market Mechanisms, *Report of the Presidential Task Force on Market Mechanisms* (Brady Commission Report) (Washington, D.C.: U.S. Government Printing Office, 1988), S. v.
22. Mark L. Mitchell und Jeffrey M. Netter („Triggering the 1987 Stock Market Crash: Antitakeover Provisions in the Proposed House Ways and Means Tax Bill", *Journal of*

Financial Economics, 24 [1989]: 37–68) behaupten, auf manche Aktien habe sich die Nachricht unmittelbar ausgewirkt. Es kann sein, dass diese Nachricht wie von der Brady Commission gefolgert als Auslöser des Crashs fungierte, indem sie erste Kursrückgänge hervorrief, auch wenn sie bis zum Tag des Crashs weithin vergessen war.

23. Hayne Leland, „Who Should Buy Portfolio Insurance", *Journal of Finance*, 35 (1980): 582.
24. Siehe Robert J. Shiller, „Portfolio Insurance and Other Investor Fashions as Factors in the 1987 Stock Market Crash", in *NBER Macroeconomics Annual* (Cambridge, Mass.: National Bureau of Economic Research, 1988), S. 287–295.
25. „Repeating the 1920s? Some Parallels but Some Contrasts", *Wall Street Journal*, 19. Oktober 1987, S. 15. Das Diagramm befand sich in einem rund 12 x 24 Zentimeter großen Kasten und auf derselben Seite stand ein Artikel von Cynthia Crossen, „Market Slide Has Analysts Eating Crow; Justification of Summer Rally Questioned".
26. Siehe Robert K. Merton, *Social Theory and Social Structure*. Glencoe, Ill.: Free Press, 1957.

Kapitel 7

Vorstellungen von einer neuen wirtschaftlichen Ära

1. Dean Foust, „Alan Greenspan's Brave New World", *Business Week*, 14. Juli 1997, S. 44–50.
2. Aaron Zitner, „Shhhh, Listen: Could That Be the Ghosts of '29?", *Boston Globe*, 22. Juni 1997, S. E1; Peter Gosselin, „Dow at 10,000: Don't Laugh Yet", *Boston Globe*, 22. Juni 1997, S. E1; und Paul Krugman, „How Fast Can the U.S. Economy Grow?", *Harvard Business Review*, 75 (1997): 123–129.
3. Eine Nexis-Suche nach „new era economics" ergab 48 Artikel, in denen auch „stock market" vorkam.
4. Siehe George Katona, *Psychological Economics* (New York: Elsevier, 1975).
5. Alexander Dana Noyes, *Forty Years of American Finance* (New York: G. P. Putnam's Sons, 1909), S. 300–301.
6. *Boston Post*, 1. Januar 1901, S. 3.
7. Thomas Fleming, *Around the Pan with Uncle Hank: His Trip through the Pan-American Exposition* (New York: Nutshell, 1901), S. 50.
8. „A Booming Stock Market: Strength of the Underlying Conditions", *New York Daily Tribune*, 6. April 1901, S. 3.
9. A. A. Housman, „Reasons for Confidence", *New York Times*, 26. Mai 1901, S. v.
10. Allen, *Only Yesterday*, S. 315.
11. Tracy J. Sutliff, „Revival in All Industries Exceeds Most Sanguine Hopes", *New York Herald Tribune*, 2. Januar 1925, S. 1.
12. John Moody, „The New Era in Wall Street", *Atlantic Monthly,* August 1928, S. 260.
13. Charles Amos Dice, *New Levels in the Stock Market* (New York: McGraw-Hill, 1929), S. 75–183.
14. Irving Fisher, *The Stock Market Crash – and After* (New York: Macmillan, 1930), S. 101–174.
15. Craig B. Hazelwood, „Buying Power Termed Basis for Prosperity", *New York Herald Tribune*, 2. January 1929, S. 31.

16. Zitiert in *Commercial and Financial Chronicle*, 9. März 1929, S. 1444.
17. „Is ‚New Era' Really Here?", *U.S. News and World Report*, 20. Mai 1955, S. 21.
18. „The Stock Market: Onward and Upward?", *Newsweek*, 12. Dezember 1955, S. 59.
19. „The U.S. Prosperity Today", *Time*, 28. November 1955, S. 15.
20. „The Stock Market: Onward and Upward?", S. 59.
21. „Why Businessmen Are Optimistic", *U.S. News and World Report*, 23. Dezember 1955, S. 18.
22. „Is ‚New Era' Really Here?", S. 21.
23. „The New America", *Newsweek*, 12. Dezember 1955, S. 58.
24. „Investors Bet on a Kennedy-Sparked Upturn", *Business Week*, 4. Februar 1961, S. 84; Dean S. Ammer, „Entering the New Economy", *Harvard Business Review* (1967), S. 3–4.
25. „Investors Bet on a Kennedy-Sparked Upturn", S. 84; „The Bull Market", *Business Week*, 18. März 1961, S. 142.
26. „Battling Toward 900", *Business Week*, 23. Januar 1965, S. 26; „Year of the White Chips?", *Newsweek*, 1. Februar 1965, S. 57; „On Toward 1000", *Time*, 14. Januar 1966, S. 78.
27. E. S. Browning und Danielle Sessa, „Stocks Pass 10,000 before Slipping Back", *Wall Street Journal*, 17. März 1999, S. C1.
28. Der geometrische Durchschnitt der Renditen des S&P Composite Index.
29. Michael Mandel, „The Triumph of the New Economy", *Business Week*, 30. Dezember 1996, S. 68–70.
30. Siehe Michael Bruno und William Easterly, „Inflation Crises and Long-Run Growth", *Journal of Monetary Economics*, 41(1) (1998): 2–26. Natürlich sind dabei komplizierte zeitliche Aspekte zu berücksichtigen: Es kann sein, dass es an der Börse abwärts geht, wenn gemeldet wird, dass die Inflation in Zukunft höher sein könnte, und dass sie dann allmählich wieder steigt, wenn daraufhin die Verbraucherpreise steigen. Ausführliche Überlegungen zu solchen Timing-Fragen sind für den größten Teil des öffentlichen Diskurses zu technisch und deshalb wird diese Frage im populären Denken wohl nie beantwortet werden (aber nebenbei gesagt auch von den Volkswirten nicht definitiv).
31. Roger Bootle, *The Death of Inflation: Surviving and Thriving in the Zero Era* (London: Nicholas Brealey, 1998), S. 27, 31.
32. Steven Weber, „The End of the Business Cycle?", *Foreign Affairs*, 76(4) (1997): 65–82.
33. Siehe George Hager, „Productivity Rise Not So Stunning after All?", *USA Today*, 7. August 2001.
34. Laut dem großen Produktivitätsforscher Robert J. Gordon hat die Produktivität in den Vereinigten Staaten von kurzfristigen rezessionsbedingten Änderungen abgesehen seit 1871 offenbar eine einzige große Welle durchlaufen. Ab Ende des 19. Jahrhunderts stiegen die Produktivitätsraten nach und nach, überschritten in den 1950er- und 1960er-Jahren einen Höhepunkt und gingen danach wieder allmählich zurück. Der Aktienmarkt hat offensichtlich keine solche Welle durchlaufen. Siehe Robert J. Gordon, „U.S. Productivity Growth since 1879: One Big Wave?", *American Economic Review*, 89(2) (1999): 123–128.
35. „When the Shoeshine Boys Talk Stocks", *Fortune*, 15. April 1996, S. 99; *U.S. News and World Report*, 14. Juli 1997, S. 57; *Forbes*, 18. Mai 1998, S. 325; *Fortune*, 22. Juni 1998, S. 197.

36. Siehe Glenn S. Dumke, *The Boom of the Eighties in Southern California* (San Marino, Calif.: Huntington Library, 1944), S. 49.
37. Dumke (*The Boom of the Eighties*, S. 260), er zitiert seinerseits Robert Glass Cleland, *History of Occidental College* (Los Angeles: Ward Ritchie Press, 1937, S. 4).
38. Siehe Kenneth Ballinger, *Miami Millions: The Dance of the Dollars in the Great Florida Land Boom of 1925* (Miami, Fla.: Franklin Press, 1936).
39. Die angegebenen Zahlen sind die Häuserpreise der U.S. FHFA, um den Verbraucherpreisindex bereinigt.
40. Siehe William A. Fischel, *Regulatory Takings: Law, Economics and Politics* (Cambridge, Mass.: Harvard University Press, 1995).
41. Die sogenannten „Due-on-sale clauses" besagten, dass das Hypothekendarlehen beim Verkauf eines Hauses zurückgezahlt werden musste. Daher konnte der Käufer nicht einfach ein älteres Darlehen mitsamt dessen niedrigeren Zinsen übernehmen. Als ein kalifornischer Sparkassenverband 1969 versuchte, eine solche Klausel durchzusetzen und bei zwei kalifornischen Ehepaaren die Rückzahlung niedrig verzinster Darlehen zu erzwingen, klagten die Paare. Der oberste kalifornische Gerichtshof entschied in *Tucker v. Lassen Savings & Loan Association* (1974), dass Due-on-sale clauses bei Hypothekendarlehen nicht vollstreckbar sind, außer wenn der Kreditgeber eine Beeinträchtigung der Sicherheit nachweisen kann. Gerichte in anderen Bundesstaaten fällten ähnliche Urteile. Dies erleichterte es zwar sehr, ein Haus zu kaufen, aber die Kehrseite davon war eine große Belastung der Kreditgeber, die darum kämpften, die Urteile zu kippen. Dies geschah dann schließlich mit *Fidelity Federal Saving and Loan Association v. de la Cuesta et al.* (1982).
42. Den Hausbesitzern wurden „Vergünstigungen" angeboten: Für einen Teil des Kaufpreises wurde die Bezahlung um ein paar Jahre aufgeschoben und viele Menschen hofften, in dieser Zeit würden die Hypothekenzinsen deutlich sinken. Hypothekenmakler verkauften reichen Anlegern hochverzinsliche zweit- und drittstellige Hypotheken, weil viele offenbar dachten, sie könnten aufgrund des Immobilienbooms abkassieren, indem sie in hoch verzinste Darlehen investierten. Als der Immobilienboom Anfang der 1980er-Jahre ins Stocken geriet, konnten jedoch viele Hausbesitzer ihre Raten nicht mehr bezahlen.
43. Karl E. Case, „The Market for Single-Family Homes in the Boston Area", *New England Economic Review*, Mai–Juni 1986, S. 47.
44. Der Volkswirt Edward Glaeser behauptet in „Reinventing Boston: 1640 to 2003" (Working Paper No. 10166, Cambridge, Mass.: National Bureau of Economic Research, 2004), damals hätten in der Wirtschaft einige sehr wichtige Veränderungen stattgefunden. Er weist darauf hin, dass Boston eine lange Phase des Niedergangs durchgemacht hat. Von 1920 bis 1980 fiel die Bevölkerung Bostons von 0,7 Prozent der US-Bevölkerung auf 0,25 Prozent, weil das vielfältige Verarbeitende Gewerbe von weit entfernten Konkurrenten übernommen wurde. Durch den Bevölkerungsrückgang entstand ein Überschuss an Altbauten, die dann unter den Baukosten angeboten wurden. Wenn eine große Menge Altbauten unter den Baukosten auf den Markt kommt, so Glaeser, reagiert das Angebot relativ schwach auf steigende Nachfrage, sodass die Preise sehr schnell steigen können, bis sie wieder über den Baukosten liegen. Eine

robuste Reaktion in Form erneuter Bautätigkeit gab es in Boston erst später in den 1980er-Jahren. Im Zuge dessen wurde jedoch zu viel gebaut, sodass die Häuserpreise wieder fielen. Siehe auch Karl E. Case and Robert J. Shiller, „A Decade of Boom and Bust in the Prices of Single-Family Homes: Boston and Los Angeles 1983 to 1993", *New England Economic Review*, März–April 1994, S. 40–51.

45. Jonathan Rotenberg, zitiert in Steven B. Kaufman, „Boston Mixes High Technology with Its Traditional Economy", *Washington Post*, 30. Juni 1985, S. G3, Sp. 4.
46. Siehe Edward Glaeser und Albert Saiz, „The Rise of the Skilled City", Working Paper No. 10191 (Cambridge, Mass.: National Bureau of Economic Research, 2004).
47. Albert W. Atwood, „Vanished Millions: The Aftermath of a Great Bull Market", *Saturday Evening Post*, September 1921, S. 51.
48. Christina Romer, „The Great Crash and the Onset of the Great Depression", *Quarterly Journal of Economics*, 105 (1990): 597–624.
49. Oscar Lange, „Is the American Economy Contracting?", *American Economic Review*, 29(3) (1939): 503.
50. Siehe Harvey Klehr, *The Heyday of American Communism: The Depression Decade* (New York: Basic Books, 1984).
51. Okun, zitiert in *Time*, 14. Januar 1974, S. 61; Burns, zitiert in *U.S. News and World Report*, 10. Juni 1974, S. 20.
52. Siehe Bruno und Easterly, „Inflation Crises".
53. Siehe John Cassidy, *Dot.con: How America Lost Its Mind and Money in the Internet Era* (New York: Perennial Currents, 2003).
54. Martyn Straw, zitiert in Andrew Hill, „Dotcom Fever Fades as Investors Seek Profits", *Financial Times*, 29. April 2000, S. 11.
55. Siehe Jack Willoughby, „Burning Up: Warning: Internet Companies Are Running Out of Cash – Fast", *Barron's*, 20. März 2000, S. 29–32.
56. Darüber hinaus haben viele Rituale unserer Gesellschaft letztendlich den Zweck, alle wissen zu lassen, dass alle etwas wissen, und insofern kann das Ritual grundlegende gesellschaftliche Implikationen haben. Siehe Michael Suk-Young Chwe, *Rational Ritual: Culture, Coordination, and Common Knowledge* (Princeton, N.J.: Princeton University Press, 2003).
57. Siehe Hites Ahir und Prakash Loungani, 2014. „There Will Be Growth in the Spring: How Do Economists Predict Turning Points?", *Vox*, 14. April 2014, http://www.voxeu.org/article/predicting-economic-turning-points.

Kapitel 8

Neue Zeitalter und Blasen in aller Welt

1. Die Zahlen für 30 Länder stammen vom Internationalen Währungsfonds, *International Financial Statistics*. Die Länder, für die die Zahlen im Januar 1957 beginnen, sind Österreich, Belgien, Kanada, Frankreich, Deutschland, Finnland, Indien, Italien, Japan, die Niederlande, Norwegen, die Philippinen, Südafrika, die Vereinigten Staaten und Venezuela. Die restlichen Länder aus dieser Datenquelle und die Anfangszeitpunkte lauten wie folgt: Brasilien, August 1991; Chile, November 1978; Kolumbien, Oktober 1963; Dänemark, Februar 1969; Israel, November 1982; Jamaika, Juli 1969; Südkorea, Janu-

ar 1978; Luxemburg, Januar 1980; Mexiko, Juli 1985; Pakistan, Juli 1960; Peru, September 1989; Portugal, Januar 1988; Spanien, Januar 1961; Schweden, Januar 1976; Großbritannien, Dezember 1957. Die Zahlen der anderen sechs Länder stammen von Datastream und die Anfangsdaten lauten wie folgt: Australien, März 1973; Hongkong, Juli 1974; Indonesien, Januar 1996; Singapur, Februar 1986; Taiwan, Januar 1986; Thailand, Januar 1984.

Bei allen Ländern wurde der monatliche Börsenindex durch den Verbraucherpreisindex des gleichen Monats geteilt, um einen realen Kursindex zu erhalten. Die angegebenen Indexänderungen sind die größten Änderungen von Monat zu Monat der realen Indizes in den dargestellten Zeiträumen, jedoch ohne Zeiträume, die höchstens drei Jahre auseinander liegen. Monate mit einer Verbraucherpreis-Teuerung von mehr als vier Prozent wurden ausgeschlossen, denn in Zeiten hoher Inflation können Ungenauigkeiten im Zeitverlauf oder in der Berechnung des Verbraucherpreisindex „unechte" Kurssprünge der Aktienindizes hervorrufen.

Außerdem ist in den Tabellen ganz rechts die prozentuale Veränderung des realen Aktienindex in einem gleich langen Zeitraum (zwölf Monate oder fünf Jahre) ab dem Monat angegeben, in dem der in der Tabelle angegebene Zeitraum endete. So sehen wir beispielsweise in Tabelle 8.1, dass die philippinische Börse von Dezember 1985 bis Dezember 1986 real (inflationsbereinigt) um 683,4 Prozent stieg und von Dezember 1986 bis Dezember 1987 noch einmal um 28,4 Prozent. In Tabelle 8.4 sehen wir hingegen, dass der spanische Aktienmarkt von Dezember 1974 bis Dezember 1979 um 86,6 Prozent fiel und dann von Dezember 1979 bis Dezember 1984 um 0,1 Prozent stieg.

2. Beachten Sie in der rechten Spalte von Tabelle 8.2, dass es in Südkorea 1999 einen Kursanstieg gab, mit dem es wieder in Tabelle 8.1 gelandet wäre, wenn das Jahr 1999 in unsere Stichprobe für Tabelle 8.1 gefallen wäre.
3. „Casino Times: After 280% Increase This Year, Taiwan's Stock Market May Be Poised for a Plunge", *Asian Wall Street Journal Weekly*, 12. Oktober 1987.
4. „Obsessed with Numbers, the Taiwanese Are Forsaking Work, Health and Sanity", *Asian Wall Street Journal Weekly*, 14. September 1987.
5. James Brooke, „Venezuela Isn't Exactly Wild for Another Boom", *New York Times*, 2. September 1990, S. IV.3.
6. Eugene Robinson, „As Venezuela Restructures, Even Gas Prices Must Rise", *Toronto Star*, 21. Mai 1990, S. C6.
7. „Bonanza for Bombay?", *Far Eastern Economic Review*, 28. Mai 1992, S. 48.
8. *La Repubblica*, zitiert von Ruth Graber, „Milan Stock Market Has Gone to the Bulls", *Toronto Star*, 25. Mai 1986, S. F1.
9. Alan Friedman, „Milan's Bulls Run Wild: Italy's Stock Market Boom", *Financial Times*, 25. März 1986, S. I.25.
10. David Marsh, „The New Appetite for Enterprise: The French Bourse", *Financial Times*, 4. Juli 1984, S. I.14.
11. Die Hausse in Frankreich Ende der 1990er-Jahre war zwar außerordentlich, aber die Börsenbegeisterung drang in die französische Kultur offenbar nicht so sehr ein wie in den American Way of Life. Siehe J. Mo, „Despite Exceptional Performance, the Stock

Market Does Not Attract the French", *Le Monde*, 25. November 1999, elektronische Ausgabe.

12. Werner De Bondt und Richard H. Thaler, „Does the Stock Market Overreact?", *Journal of Finance*, 40(3) (1985): 793–805. Siehe John Y. Campbell, Andrew Lo und Craig Mackinlay, *The Econometrics of Financial Markets* (Princeton, N.J.: Princeton University Press, 1997), S. 27–82, 253–289, ein Überblick der Literatur über die serielle Korrelation von Renditen.
13. Wenn man versucht zu beurteilen, ob ein großer Kursanstieg (oder Kursrückgang) auf künftige Anstiege oder Rückgänge hindeutet, ist man versucht, nur die in den Tabellen gezeigten Ergebnisse zu verwenden. Zum Beispiel ist in Tabelle 8.3 zu sehen, dass von den 20 Zeiträumen, deren große Kursanstiege so lange her sind, dass wir auch die Preisänderung in den fünf Jahren danach kennen, diese Kursänderung in 13 Fällen (65 Prozent) abwärts gerichtet war und dass sich der Durchschnitt aller in Tabelle 8.3 gezeigten Zeiträume auf minus zehn Prozent belief. Außerdem sieht man in Tabelle 8.4, dass von den 25 Zeiträumen, deren große Kursrückgänge so weit zurückliegen, dass wir die Preisänderung in den fünf Jahren danach kennen, 16 (76 Prozent) positiv verliefen und dass sich aus Tabelle insgesamt ein Durchschnitt von 130 Prozent ergibt.

    Es ist allerdings problematisch, diese Ergebnisse als Beleg dafür zu interpretieren, man könne die Märkte vorhersagen, denn wir haben ja die dargestellten fünf Jahre danach verwendet, um die fünf Jahre davor als diejenigen mit den größten Änderungen zu identifizieren.

Kapitel 9

Psychologische Anker für den Markt

1. Eine umfassendere jüngere Untersuchung der Rolle der Psychologie im Finanzwesen ist zu finden in Hersh Shefrin, *Beyond Greed and Fear: Understanding Behavioral Finance and the Psychology of Investing* (Boston: Harvard Business School Press, 2000) oder Andrei Shleifer, *Inefficient Markets: An Introduction to Behavioral Finance* (Oxford: Oxford University Press, 2000).
2. Siehe Amos Tversky und Daniel Kahneman, „Judgment under Uncertainty: Heuristics and Biases", *Science*, 185 (1974): 1124–1131.
3. Siehe Robert J. Shiller, „Comovements in Stock Prices and Comovements in Dividends", *Journal of Finance*, 44 (1989): 719–729.
4. Siehe Steven L. Heston und K. Geert Rouwenhorst, „Does Industrial Structure Explain the Benefits of International Diversification?", *Journal of Financial Economics*, 36 (1994): 3–27; John M. Griffin und G. Andrew Karolyi, „Another Look at the Role of the Industrial Structure of Markets for International Diversification Strategies", *Journal of Financial Economics*, 50 (1998): 351–373; und Kenneth Froot und Emil Dabora, „How Are Stock Prices Affected by the Location of Trade?", *Journal of Financial Economics*, 53(2) (1999): 189–216. Offenbar wird, wie es die Ankertheorie vermuten ließe, das Anlegerinteresse auch von Ländern mit derselben Sprache angezogen; siehe Mark Grinblatt und Matti Keloharju, „Distance, Language, and Culture Bias: The Role of Investor Sophistication", *Journal of Finance*, 56(3) (2001): 1053–1073.

5. Siehe James D. Petersen und Cheng-Ho Hsieh, „Do Common Risk Factors in the Returns on Stocks and Bonds Explain Returns on REITs?“, *Real Estate Economics*, 25 (1997): 321–345.
6. Nancy Pennington und Reid Hastie, „Reasoning in Explanation-Based Decision Making“, *Cognition*, 49 (1993): 123–163.
7. Siehe D. W. Bolen und W. H. Boyd, „Gambling and the Gambler: A Review of Preliminary Findings“, *Archives of General Psychiatry*, 18(5) (1968): 617–629. Glücksspiel sorgt für Anregung und Begeisterung und Menschen, die sich zu riskanten Spielen hingezogen fühlen, sind tendenziell Menschen, die stärker dazu neigen, Empfindungen anzustreben; siehe Marvin Zuckerman, Elizabeth Kolin, Leah Price und Ina Zoob, „Development of a Sensation-Seeking Scale“, *Journal of Consulting Psychology*, 28(6) (1964): 477–482; William F. Straub, „Sensation Seeking among High- and Low-Risk Male Athletes“, *Journal of Sports Psychology*, 4(3) (1982): 243–253; und Helen Gilchrist, Robert Povey, Adrian Dickenson und Rachel Povey, „The Sensation-Seeking Scale: Its Use in a Study of People Choosing Adventure Holidays“, *Personality and Individual Differences*, 19(4) (1995): 513–516.
8. Siehe Gideon Keren, „The Rationality of Gambling: Gamblers' Conceptions of Probability, Chance and Luck“, in George Wright und Peter Ayton (Hg.), *Subjective Probability* (Chichester, England: John Wiley and Sons, 1994), S. 485–499.
9. Siehe Shlomo Benartzi, Richard H. Thaler, Stephen P. Utkus und Cass R. Sunstein, „The Law and Economics of Company Stock in 401(k) Plans“, *Journal of Law and Economics*, 501(1) (2007): 45–79. Siehe auch Shlomo Benartzi, „Why Do Employees Invest Their Retirement Savings in Company Stock?“, unveröffentlichter Artikel, Anderson School, University of California, Los Angeles, 1999. Benartzi kommt zu dem Ergebnis, dass die Investitionen von Arbeitnehmern in Aktien ihres Arbeitgebers stark von der Rendite der Unternehmensaktien in den letzten acht Jahren beeinflusst werden. Er zeigt, dass Unternehmen ihre Mitarbeiter äußerst selten durch Preisnachlässe zum Kauf von Unternehmensaktien anreizen, dass die Arbeitnehmer die Entscheidung, in Aktien ihres Arbeitgebers zu investieren, freiwillig treffen und dass sich in ihren Kaufentscheidungen keine besseren Informationen von Mitarbeitern über ihr Unternehmen niederschlagen, denn die Menge der Käufe sagt nichts über die spätere Rendite der Aktien aus. Seit 2006 gehen die Investitionen in Arbeitgeberaktien etwas zurück; siehe Vanguard Group, Inc., „How America Saves 2013“, https://pressroom.vanguard.com/content/nonindexed/2013.06.03_How_America_Saves_2013.pdf.
10. Eldar Shafir, Itamar Simonson und Amos Tversky, „Reason-Based Choice“, *Cognition*, 49 (1993): 11–36.
11. Thomas J. Stanley und William D. Danko, *The Millionaire Next Door: The Surprising Secrets of America's Wealthy* (New York: Pocket Books, 1996).
12. Baruch Fischhof, Paul Slovic und Sarah Lichtenstein, „Knowing with Uncertainty: The Appropriateness of Extreme Confidence“, *Journal of Experimental Psychology: Human Perception and Performance*, 3 (1977): 522–564.
13. Siehe G. Gigerenzer, „How to Make Cognitive Illusion Disappear: Beyond ‚Heuristic and Biases'“, *European Review of Social Psychology*, 2 (1991): 83–115.

14. Siehe Gordon W. Pitz, „Subjective Probability Distributions for Imperfectly Known Quantities", in Lee W. Gregg (Hg.), *Knowledge and Cognition* (Potomac, Md.: Lawrence Erlbaum Associates, 1975), S. 29–41.
15. Siehe Allan Collins, Eleanor Warnock, Nelleke Acello und Mark L. Miller, „Reasoning from Incomplete Knowledge", in Daniel G. Bobrow und Allan Collins (Hg.), *Representation and Understanding: Studies in Cognitive Science* (New York: Academic Press, 1975), S. 383–415.
16. Siehe Dagmar Strahlberg und Anne Maass, „Hindsight Bias: Impaired Memory or Biased Reconstruction", *European Review of Social Psychology*, 8 (1998): 105–132.
17. Siehe E. J. Langer, „The Illusion of Control", *Journal of Personality and Social Psychology*, 32 (1975): 311–328; siehe auch G. A. Quattrone und Amos Tversky, „Causal versus Diagnostic Contingencies: On Self-Deception and the Voter's Delusion", *Journal of Personality and Social Psychology*, 46(2) (1984): 237–248.
18. Tversky und Kahneman, „Judgment under Uncertainty".
19. Die Volkswirte Nicholas Barberis, Andrei Shleifer und Robert Vishny haben aus der Repräsentativitätsheuristik eine psychologische Theorie einer Erwartungs-Feedback-Schleife entwickelt. Laut den Autoren nehmen Anleger, wenn sie sehen, dass sich die Aktienkurse eine Weile in die gleiche Richtung entwickeln, nach und nach an, der Trend sei repräsentativ für viele Trends, die sie schon an anderen Wirtschaftsdaten abgelesen haben. Das psychologische Prinzip des Konservatismus besagt, dass Menschen ihre Meinungen nur langsam ändern. Deshalb dauert es eine gewisse Zeit, bis die Menschen zu dem Schluss kommen, dass sich der Trend fortsetzen wird. Das Wechselspiel zwischen der Repräsentativitätsheuristik und dem Prinzip des Konservatismus bestimmt, wie schnell das spekulative Feedback voranschreitet. Siehe Barberis, Shleifer und Vishny, „A Model of Investor Sentiment". Für weitere theoretische Diskussionen über übertriebene Zuversicht und den Aktienmarkt siehe auch Nicholas Barberis, Ming Huang und Tano Santos, „Prospect Theory and Asset Prices", *Quarterly Journal of Economics*, 116 (2001): 1–53; Kent Daniel, David Hirshleifer und Avanidhar Subrahmanyam, „Investor Psychology and Security Market Over- and Underreaction", *Journal of Finance*, 53(6) (1998): 1839–1886; und Harrison Hong und Jeremy C. Stein, „A Unified Theory of Underreaction, Momentum Trading, and Overreaction in Asset Markets", *Journal of Finance*, 54(6) (1999): 2143–2184.
20. Formalisiert wurden solche Ideen von Paul Milgrom und Nancy Stokey, „Information, Trade, and Common Knowledge", *Econometrica*, 49 (1982): 219–222; und John Geanakoplos, „Common Knowledge", *Journal of Economic Perspectives*, 6(4) (1992): 53–82.
21. Eldar Shafir und Amos Tversky, „Thinking through Uncertainty: Non-consequential Reasoning and Choice", *Cognitive Psychology*, 24 (1992): 449–474.

Kapitel 10

Herdenverhalten und Epidemien

1. Solomon Asch, *Social Psychology* (Englewood Cliffs, N.J.: Prentice Hall, 1952), S. 450–501.
2. Morton Deutsch und Harold B. Gerard, „A Study of Normative and Informational Social Influences upon Individual Judgment", *Journal of Abnormal and Social Psychology*, 51 (1955): 629–636.

3. Stanley Milgram, *Obedience to Authority* (New York: Harper and Row, 1974), S. 13–54.
4. Milgram notiert, die Probanden seien überzeugt gewesen, dass der Versuchsleiter ein Fachmann gewesen sei, der mehr gewusst habe als sie. Als er eine Variante des Experiments ausprobierte, bei welcher der Versuchsleiter eindeutig kein Experte war, war die Neigung der Testpersonen, Stromstöße zu verabreichen, viel geringer (ebenda, S. 89–112). Jedoch schien sich Milgram ebenso wenig wie Asch einer informationsbasierten Interpretation seiner Ergebnisse bewusst zu sein. Er dachte, sie würden einen „Instinkt des Gehorsams" enthüllen, der sich aus einem allgemeinen Evolutionsprinzip des „Überlebens der Wertehierarchie" entwickelt habe (ebenda, S. 123–125).
5. Siehe S. D. Bikhchandani, David Hirshleifer und Ivo Welch, „A Theory of Fashion, Social Custom and Cultural Change", *Journal of Political Economy*, 81 (1992): 637–654; und Abhijit V. Banerjee, „A Simple Model of Herd Behavior", *Quarterly Journal of Economics*, 107(3) (1992): 797–817.
6. Siehe Christopher Avery und Peter Zemsky, „Multidimensional Uncertainty and Herd Behavior in Financial Markets", *American Economic Review*, 88(4) (1998): 724–748; und In Ho Lee, „Market Crashes and Informational Avalanches", *Review of Economic Studies*, 65(4) (1998): 741–760.
7. Die Befragten wurden von Survey Sampling, Inc. aus einer zufälligen Stichprobe von Personen mit hohem Einkommen in den Vereinigten Staaten ausgewählt. Wir kodierten die Antworten in zehn Kategorien. Unter den 131 Befragten ergaben sich in den jeweiligen Kategorien folgende Anteile: (1) Freund oder Verwandter (13 Prozent), (2) habe für das Unternehmen gearbeitet (21 Prozent), (3) jemand, der mit dem Unternehmen zu tun hat (3 Prozent), (4) Broker (33 Prozent), (5) Ausgliederung eines erfolgreichen Unternehmens (2 Prozent), (6) IPO-Werbung (2 Prozent), (7) Zeitschriften/Zeitungen (6 Prozent), (8) Kunde des Unternehmens (2 Prozent), (9) die Aktie war ein Erbstück oder ein Geschenk (2 Prozent), (10) Performance eines ähnlichen Unternehmens (0 Prozent). Die restlichen Antworten konnten nicht in Kategorien eingeordnet werden. Siehe Robert J. Shiller und John Pound, „Survey Evidence on the Diffusion of Interest and Information among Investors", *Journal of Economic Behavior and Organization*, 12 (1989): 47–66. Wenn wir diese Studie heute wiederholen würden, müssten wir natürlich das Fernsehen (das inzwischen ausgiebig über die Wirtschaft berichtet) und das Internet in die Liste aufnehmen. In *Psychological Economics* legte der Psychologe und Volkswirt George Katona Belege dafür vor, dass ein Prozess wiederholter zwischenmenschlicher Interaktionen notwendig ist, um die Art von „sozialem Lernen" zu fördern, die die Menschen zum Handeln anspornt. Robin Barlow und seine Kollegen fanden ähnliche Indizien wie wir dafür, dass Privatanleger ihre Entscheidungen normalerweise nach Gesprächen mit anderen treffen; siehe Robin Barlow, Harvey E. Brazer und James N. Morgan, *Economic Behavior of the Affluent* (Washington, D.C.: Brookings Institution, 1966).
8. Amy Feldman und Bill Egbert, „Mess of an Invest: Little People in Big Trouble with 1.3 Million Scam", *New York Daily News*, 27. Mai 1999, S. 5.
9. Siehe A. A. L. Reid, „Comparing Telephone with Face-to-Face Contact", in Ithiel de Sola Poole (Hg.), *The Social Impact of the Telephone* (Cambridge, Mass.: MIT Press, 1977), S. 386–414.

10. Clarence Day, „Father Lets in the Telephone", in *Life with Father* (New York: Alfred A. Knopf, 1935), S. 178.
11. Zu Wertpapierbetrug in den 1920er-Jahren und damaligen Gesetzen zu seiner Eindämmung siehe Emmanuel Stein, *Government and the Investor* (New York: Farrar and Reinhart, 1941).
12. Siehe Norman T. Bailey, *The Mathematical Theory of Epidemics* (London: C. Griffin, 1957).
13. Die logistische Gleichung lautet hier $P = 1/(1 + e^{-rt})$, wobei P der infizierte Bevölkerungsanteil ist, r die Infektionsrate pro Zeiteinheit und t die Zeit. Dieser Term ist eine Lösung der Differentialgleichung $dP/P = r(1 - P)dt$ und $(1 - P)$ ist der Bevölkerungsanteil, der infiziert werden kann.
14. Alan Kirman, „Ants, Rationality and Recruitment", *Quarterly Journal of Economics*, 108(1) (1993): 137–156.
15. Siehe David J. Bartholomew, *Stochastic Models for Social Processes* (New York: John Wiley and Sons, 1967).
16. Giorgio Vasari, *The Life of Leonardo da Vinci* (Longmans Green and Co., 1903), S. 35.
17. „‚Mona Lisa' Thief Gets a Year in Jail", *New York Times*, 6. Juni 1914, S. 3.
18. Siehe Tom Burnam, *More Misinformation* (Philadelphia: Lippincott and Crowell, 1980), S. 20–21.
19. John Kenneth Galbraith trug den Selbstmordmythos zu Grabe. Allerdings stieg die Selbstmordrate in New York in den 1930er-Jahren im Zuge der Depression. Siehe Galbraith, *The Great Crash: 1929*, S. 132–137.
20. Die Stichprobengrößen waren 30 (Kontrolle) und 40 (Experiment); siehe Shiller und Pound, „Survey Evidence", S. 54.
21. Siehe N. R. F. Maier, „Reasoning in Humans. II. The Solution of a Problem and Its Appearance in Consciousness", *Journal of Comparative Psychology*, 12 (1931): 181–194; siehe auch Robert E. Nisbett und Timothy DeCamp Wilson, „Telling More than We Can Know: Verbal Reports on Mental Processes", *Psychological Review*, 84(3) (1977): 231–259.

Kapitel 11

Effiziente Märkte, Zufallsbewegungen und Blasen

1. Siehe Eugene Fama, „Efficient Capital Markets: A Review of Theory and Empirical Work", *Journal of Finance*, 25 (1970): 383–417.
2. George Gibson, *The Stock Markets of London, Paris and New York* (New York: G. P. Putnam's Sons, 1889), S. 11. Für eine Ideengeschichte der Effizienzmarkthypothese siehe Robert J. Shiller, „From Efficient Markets Theory to Behavioral Finance", *Journal of Economic Perspectives*, 17 (2003): 83–104.
3. Joseph Stagg Lawrence, *Wall Street and Washington* (Princeton, N.J.: Princeton University Press, 1929), S. 179.
4. Es scheint vorteilhaft zu sein, sich an den Rat professioneller Analysten zu halten – lässt man die Handelskosten außer Acht, die damit verbunden sind, ihre häufigen Meinungsänderungen zu verfolgen. Siehe Womack, „Brokerage Analysts' Recommendations"; und Brad Barber, Reuven Lehavy, Maureen McNichols und Brett Trueman, „Can Inves-

tors Profit from the Prophets? Consensus Analyst Recommendations and Stock Returns", *Journal of Finance*, 56(1) (2001): 531–563. Letztere behaupten: Anleger, „die über einen Kauf oder Verkauf nachdenken ... wären besser beraten, wenn sie Aktien von Firmen mit besseren Konsensus-Empfehlungen kaufen und Aktien mit schlechteren Einstufungen verkaufen würden" (S. 562).

5. Judith Chevalier und Glenn Ellison, „Are Some Mutual Fund Managers Better than Others? Cross-Sectional Patterns in Behavior and Performance", *Journal of Finance*, 54(3) (1999): 875–899.
6. Siehe zum Beispiel William Goetzmann und Roger Ibbotson, „Do Winners Repeat? Patterns in Mutual Fund Performance", *Journal of Portfolio Management*, 20 (1994): 9–17; Edwin J. Elton, Martin Gruber und Christopher R. Blake, „Survivorship Bias and Mutual Fund Performance", *Review of Financial Studies*, 9(4) (1996): 1097–1120; und von denselben Autoren „The Persistence of Risk-Adjusted Mutual Fund Performance", *Journal of Business*, 69 (1996): 133–137.
7. Siehe Brad M. Barber, Yi-Tsung Lee, Yu-Jane Liu und Terrance Odean, „Do Individual Day Traders Make Money? Evidence from Taiwan", unveröffentlichter Artikel, University of California, Davis, 2004.
8. Andrew Edgecliffe, „eToys Surges after Listing", *Financial Times*, 21. Mai 1999, S. 29.
9. Edward M. Miller, „Risk, Uncertainty and Divergence of Opinion", *Journal of Finance*, 32 (1977): 1151–1168.
10. Theoretisch können Einschränkungen von Leerverkäufen auch die Situation zulassen, dass die Preise von Anlagen selbst dann über ihrem fundamentalen Wert liegen, wenn keine Eiferer vorhanden sind – wenn also alle absolut rational sind –, und das sogar in Wirtschaftsmodellen, bei denen jeder weiß, dass der Preis zu einem bestimmten künftigen Zeitpunkt wieder zurückkommen wird. Mathematische Volkswirte haben ein theoretisches Modell der rationalen Erwartung vorgeführt, bei dem die Überteuerung einer Anlage allgemein bekannt ist (dieses allgemeine Wissen jedoch nicht allgemein bekannt ist); dabei bremsen Einschränkungen von Leerverkäufen die Anziehungskraft eines allgemein bekannten Endwerts. Alle wissen, dass der Preis fallen wird, aber trotzdem kann es manchmal passieren, dass alle meinen, sie könnten die Anlage jemand anderem verkaufen, bevor der Preis fällt. Siehe Franklin Allen, Stephen Morris und Andrew Postlewaite, „Finite Bubbles with Short Sale Constraints and Asymmetric Information", *Journal of Economic Theory*, 61 (1993): 206–229.
11. Siehe Charles M. Jones und Owen A. Lamont, „Short Sale Constraints and Stock Returns", *Journal of Finance*, 66(2–3) (2002): 207–239.
12. Siehe Owen A. Lamont und Richard H. Thaler, „Can the Market Add and Subtract? Mispricing in Stock Market Carve-Outs", *Journal of Political Economy*, 111 (2003): 227–268.
13. Siehe Stephen Figlewski, „The Informational Effects of Restrictions on Short Sales: Some Empirical Evidence", *Journal of Financial and Quantitative Analysis*, 16 (1981): 463–476. Figlewskis Maß für die Schwierigkeit des Shortens war nicht sehr genau und es wurden andere vorgeschlagen, die die späteren Renditen besser vorhersagen. Siehe Joseph Chen, Harrison Hong und Jeremy C. Stein, „Breadth of Ownership and Stock Returns", *Journal of Financial Economics*, 66 (2002): 171–205; und Anna Scher-

bina, „Stock Prices and Differences in Opinion: Empirical Evidence that Prices Reflect Optimism", Working Paper, Kellogg Graduate School of Management, April 2001.

14. Sanjoy Basu, „The Investment Performance of Common Stocks Relative to Their Price-Earnings Ratios: A Test of the Efficient Markets", *Journal of Finance*, 32(3) (1977): 663–682; Eugene Fama und Kenneth French, „The Cross Section of Expected Stock Returns", *Journal of Finance*, 47 (1992): 427–466. Anscheinend wissen die Unternehmensleitungen auch, wann der Markt ihre Aktien zu hoch bewertet, und dann geben sie häufiger neue Aktien aus. Somit sind Unternehmensfinanzierungen ein negatives Signal für künftige Renditen; siehe Malcolm Baker und Jeffrey Wurgler, „The Equity Share in New Issues and Aggregate Stock Returns", *Journal of Finance*, 55(5) (2000): 2219–2257.
15. De Bondt und Thaler, „Does the Stock Market Overreact?"; siehe auch James Poterba und Lawrence Summers, „Mean Reversion in Stock Prices: Evidence and Implications", *Journal of Financial Economics*, 22 (1988): 26–59.
16. Jay R. Ritter, „The Long-Run Performance of Initial Public Offerings", *Journal of Finance*, 46(1) (1991): 3–27.
17. Die Anzeige, in der Lynch zitiert wurde, erschien an vielen Orten, zum Beispiel in *Mutual Funds*, September 1999, S. 37. In der Anzeige stand, die Zahlen bezögen sich auf den S&P 500 Index, aber der Zeitraum war nicht angegeben. Wenn ich den Zeitraum mit dem größten Gewinnwachstum suche und um die Inflation bereinige, kann ich die zitierten Ergebnisse grob reproduzieren. Um das Gewinnwachstum zu maximieren, wählt man einen Anfangszeitpunkt direkt nach dem Zweiten Weltkrieg, als die Gewinne durch den Krieg immer noch am Boden lagen und auch der Tiefpunkt der Rezession im Oktober 1945 erreicht wurde. Die Summe der Gewinne der S&P-500-Unternehmen aus den vier vergangenen Quartalen stieg vom zweiten Quartal 1946 bis zum dritten Quartal 1997 auf das 48-Fache. Von Juni 1946 bis April 1998 stieg der S&P Composite Index auf das 60-Fache. Grundsätzlich werden Lynchs Ergebnisse dadurch für diese Zeiträume mehr oder weniger bestätigt. Wenn man jedoch andere Zeiträume wählt, sehen die Ergebnisse ganz anders aus. Vom vierten Quartal 1947 bis zum vierten Quartal 1998 stiegen die Gewinne nur auf das 23-Fache, der S&P Composite stieg jedoch von Dezember 1947 bis April 1999 auf das 83-Fache. Diese minimal unterschiedlichen Perioden vermitteln also einen völlig anderen Eindruck als den von der Anzeige vermittelten: Sie zeigen, dass die Kurse viel mehr stiegen als die Gewinne.
    Der Erzeugerpreisindex versiebenfachte sich von 1946 bis 1997, sodass sich auch die realen Unternehmensgewinne in dieser Zeit nur versiebenfachten. Das ergibt eine jährliche Wachstumsrate der Gewinne von rund vier Prozent. Vom vierten Quartal 1947 bis zum vierten Quartal 1998 betrug die Wachstumsrate der realen Gewinne nur drei Prozent. Das Wachstum der inflationsbereinigten Gewinne in diesem gesamten Zeitraum war also nicht gerade beeindruckend: nicht mehr als der aktuelle Zinssatz inflationsindexierter Staatsanleihen. Die Anzeige förderte jedoch dadurch, dass sie einen passenden Zeitraum auswählte, Veränderungen über sehr lange Zeiträume angab und keine Inflationsbereinigung vornahm, den falschen Eindruck, enorme Gewinnzunahmen würden enorme Kurssteigerungen tragen.
18. Siehe John Y. Campbell und Robert J. Shiller, „Valuation Ratios and the Long-Run Stock Market Outlook", *Journal of Portfolio Management*, 24 (1998): 11–26; und John Y.

Campbell und Robert J. Shiller, „Valuation Ratios and the Long-Run Stock Market Outlook: An Update", in Richard Thaler (Hg.), *Advances in Behavioral Finance II* (New York: Sage Foundation, 2005).

19. Manche kommen zu dem Schluss, dass solche Verhältniszahlen (Kurs-Gewinn-Verhältnis, Dividende-Kurs-Verhältnis oder sonstige Verhältnisse von Kennzahlen des fundamentalen Wertes zum Kurs) Renditen vorhersagen. John Cochrane schreibt in seinem Lehrbuch *Asset Pricing* in einem Kasten ganz schlicht: „Dividenden-Kurs-Verhältnisse sagen Überrenditen von Aktien voraus." Siehe John Cochrane, *Asset Pricing* (Princeton, N.J.: Princeton University Press, 2001), S. 389.
Allerdings hat die wirklich wissenschaftliche Literatur die Frage der statistischen Signifikanz immer noch nicht beantwortet. Es gibt ungelöste statistische Komplexitäten, vor allem wegen des Problems von Einheitswurzeln in den Verhältniszahlen sowie des Problems, dass endogene Variablen einerseits von Variablen abhängen, die nicht vom Preis abhängen, andererseits aber von Variablen, die vom Preis abhängen. Campbell und ich (1989) kamen zu dem Schluss, dass die scheinbare Vorhersagbarkeit von Renditen wie in Abbildung 11.1 nur mit äußerst geringer Wahrscheinlichkeit ein Fehler ist, der auf dem Problem der endogenen Variablen basiert; siehe John Y. Campbell und Robert J. Shiller, „The Dividend Ratio Model and Small Sample Bias: A Monte Carlo Study", *Economics Letters*, 29 (1989): 325–331. Siehe auch Robert Stambaugh, Jianfeng Yu und Yu Yuan, „The Long of It: Odds that Investor Sentiment Spuriously Predicts Anomaly Returns" (Working Paper No. 18231, Cambridge, Mass.: National Bureau of Economic Research, Juli 2012). Es gibt aber auch Fragen, was die asymptotische Distributionstheorie kleiner Stichproben angeht, was Regimewechsel angeht, sowie Probleme mit den zugrunde liegenden Zahlen und Schwierigkeiten bei der Interpretation komplexer statistischer Nachweise, die selektiv von einem Forscher präsentiert werden, der vielleicht von vornherein in eine Richtung neigt.
Jonathan Lewellen, argumentierte anhand von Zahlen aus den Vereinigten Staaten, bei den Verhältniszahlen dürfe es keine Einheitswurzeln geben, und aufgrund dieser Annahme zog er den Schluss, dass die Dividendenrendite, das Kurs-Buchwert-Verhältnis und das Kurs-Gewinn-Verhältnis für die Vorhersage von Renditen statistisch relevant seien. Siehe Jonathan Lewellen, „Predicting Returns with Financial Ratios", *Journal of Financial Economics*, 64 (2004): 209–235.
Walter Torous, Rossen Valkanov und Shu Yan lassen hingegen auch Einheitswurzeln zu, sie schätzen Grenzwerte für den autoregressiven Parameter und kommen zu dem Schluss, dass es für Zahlen aus den Vereinigten Staaten zwar Indizien für die Vorhersagbarkeit anhand von Verhältniszahlen mit kurzfristigem Horizont, nicht aber mit langfristigem Horizont gibt. Siehe Walter Torous, Rossen Valkanov und Shu Yan, „On Predicting Stock Returns with Nearly Integrated Explanatory Variables", *Journal of Business*, 78(1) (2005): 937–966.
John Campbell und Motohiro Yogo entwickelten einen leistungsfähigeren Test, der ebenfalls auf geschätzten Grenzen für den autoregressiven Parameter basiert, und folgerten, dass sowohl die Dividendenrendite als auch das Kurs-Gewinn-Verhältnis signifikant für die Vorhersage von Überrenditen US-amerikanischer Aktien für die ab 1871 vorliegenden Zahlen sind. Siehe John Y. Campbell und Motohiro Yogo, „Efficient

Tests of Stock Return Predictability" (Working Paper No. w10026, Cambridge, Mass.: National Bureau of Economic Research, Oktober 2003).

Amit Goyal und Ivo Welch führten Out-of-Sample-Tests prediktiver Regressionen mit Verhältniszahlen durch und kamen zu dem Schluss, dass die geschätzten Beziehungen außerhalb der Stichprobe nicht stabil waren. Siehe Amit Goyal und Ivo Welch, „Predicting the Equity Premium with Dividend Ratios", *Management Science*, 49 (2003): 639–654.

Andrew Ang und Geert Bekaert untersuchten Zahlen aus fünf Ländern und kamen zu dem Schluss, dass die Vorhersagbarkeit des Dividende-Kurs-Verhältnisses über die Länder hinweg keine robusten Vorhersagen der Rendite erlaubt. Siehe Andrew Ang und Geert Bekaert, „Stock Return Predictability: Is It There?", unveröffentlichter Artikel, Columbia University, 2004.

Rossen Valkanov ermittelte einige neue Ergebnisse zu überlappenden Beobachtungen und langfristigen Vorhersagbarkeits-Regressionen. Dabei kam er zu dem Schluss, das Dividende-Kurs-Verhältnis sei für die Vorhersage von Renditen nicht statistisch signifikant. Siehe Rossen Valkanov, „Long-Horizon Regressions: Theoretical Results and Applications", *Journal of Financial Economics*, 68 (2003): 201–232.

Erik Hjalmarsson untersuchte als Erster die aggregierten Aktienmärkte von 40 Ländern mithilfe gepoolter Regressionen und erhielt dabei im Allgemeinen, aber nicht immer, Ergebnisse, die nicht für die statistische Signifikanz von Regressionen mithilfe von Verhältniszahlen für die Vorhersage von Renditen sprachen. Siehe Erik Hjalmarsson, „Predicting Global Stock Returns with New Methods for Pooled and Long-Run Forecasting Regressions", unveröffentlichter Artikel, Yale University, 2004.

Die Punkte, in denen sich diese Artikel unterscheiden, sind sehr subtil. Wahrscheinlich wird es jahrelange Arbeit brauchen, bis alle Punkte vollständig geklärt sind.

20. Zusätzlich zu dieser langfristigen Tendenz zur Trendumkehr gibt es eine kurzfristigere schwache Tendenz in Richtung Momentum – also dass Aktien dazu neigen, in die gleiche Richtung weiterzulaufen. Siehe Campbell, Lo und Mackinlay, *The Econometrics of Financial Markets*; Narasimhan Jegadeesh und Sheridan Titman, „Returns to Buying Winners and Selling Losers: Implications for Stock Market Efficiency", *Journal of Finance*, 48 (1993): 65–91; und Bruce N. Lehmann, „Fads, Martingales, and Market Efficiency", *Quarterly Journal of Economics*, 60 (1990): 1–28.
21. Es ist schon lange erwiesen, dass sich Dividenden auf lange Sicht verhalten wie ein langfristiger Durchschnitt der Gewinne. Siehe John Lintner, „The Distribution of Incomes of Corporations among Dividends, Retained Earnings and Taxes", *American Economic Review*, 46 (1956): 97–113.
22. Aus den in Abbildung 1.1 dargestellten realen Zahlen wurden für alle Jahre von 1881 bis 2004 die realen Jahresrenditen der nachfolgenden zehn Jahre konstruiert (also die Renditen von 10-Jahres-Zeiträumen, die von 1891 bis 2014 enden). Die reale langfristige Verzinsung wurde durch Subtraktion der durchschnittlichen tatsächlichen Inflation der vorangegangenen zehn Jahre von der langfristigen Anleiherendite berechnet. Eine Regression der Überrendite auf das CAPE und auf die reale Verzinsung weist in beiden Fällen einen negativen Koeffizienten und ein R-Quadrat von 0,41 auf.
23. Die Volkswirte Robert Barsky und Brad De Long argumentieren, man könne nicht davon ausgehen, dass Aktienkursbewegungen vor allem durch spekulatives Verhalten von

Anlegern verursacht wurden, wenn sie Dividendenbewegungen entsprechen. Siehe Robert Barsky und J. Bradford De Long, „Why Have Stock Prices Fluctuated?", *Quarterly Journal of Economics*, 108 (1993): 291–311. Sie schreiben, vielleicht sei es rational von den Menschen, anzunehmen, das Dividendenwachstum der jüngeren Vergangenheit könne sich in Zukunft ewig fortsetzen – auch wenn sich diese Wachstumsrate in den historischen Zahlen nie sehr lange gehalten hat.
Kenneth Froot und Maurice Obstfeld postulierten bezüglich der gleichen gemeinsamen Bewegungen von Preisen und Dividenden ein Modell „immanenter Blasen", wonach die Preise scheinbar übertrieben, aber eigentlich rational auf Dividendenbewegungen reagieren. Nach ihrer Theorie reagieren Aktienkurse zwar in gewissem Sinne übertrieben auf Dividenden, aber es besteht nicht die Möglichkeit, durch Handeln Gewinn aus dieser Überreaktion zu ziehen. Siehe Kenneth Froot und Maurice Obstfeld, „Intrinsic Bubbles: The Case of Stock Prices", *American Economic Review*, 81 (1991): 1189–1214. Jedoch passt ihr „gerechtfertigter Preis" nicht viel besser zum tatsächlichen Preis als die Dividenden an sich. Dadurch, dass in ihrem Modell die Aktienkurse bei höheren Dividenden stärker auf die Dividenden ansprechen, entsprechen die gerechtfertigten Preise lediglich nach 1950 besser den tatsächlichen Preisen.

24. Einen schönen Überblick über die Schwankungen all dieser Anomalien findet man in Siegel, *Stocks for the Long Run*, 5th ed., S. 326, 176, 336 etc. Eine Studie untersuchte 95 unterschiedliche Börsenanomalien, die Renditen vorhersagen sollen und die in wissenschaftlichen Zeitschriften veröffentlicht wurden. Darin ergab sich „ein Rückgang der Obergrenze der Vorhersagbarkeit aufgrund statistischer Verzerrungen um 25 Prozent und ein Rückgang nach der Veröffentlichung, den [die Autoren] sowohl der statistischen Verzerrung als auch informiertem Trading zuschreiben, um 56 Prozent." Siehe R. David McLean und Jeffrey Pontiff, „Does Academic Research Destroy Return Predictability?", unveröffentlichter Artikel, University of Alberta, 2014.
25. Die Unbeständigkeit der Anomalien, über die in Studien zur Markteffizienz berichtet wird, beruht auch darauf, dass in den Studien verschiedene ökonometrische Methoden verwendet werden. Siehe Tim Loughran und Jay R. Ritter, „Uniformly Least Powerful Tests of Market Efficiency", *Journal of Financial Economics*, 55 (2000): 361–389.
26. Merton Miller, „Behavioral Rationality in Finance: The Case of Dividends", in Robin M. Hogarth und Melvin W. Reder (Hg.), *Rational Choice: The Contrast between Economics and Psychology* (Chicago: University of Chicago Press, 1986), S. 283.
27. Robert J. Shiller, „Do Stock Prices Move Too Much to Be Justified by Subsequent Movements in Dividends?", *American Economic Review*, 71(3) (1981): 421–436; Stephen LeRoy und Richard Porter, „Stock Price Volatility: A Test Based on Implied Variance Bounds", *Econometrica*, 49 (1981): 97–113. Siehe auch Sanford J. Grossman und Robert J. Shiller, „The Determinants of the Variability of Stock Market Prices", *American Economic Review*, 71 (1981): 222–227.
28. Um den Gegenwartswert der Dividende für einen bestimmten Monat zu berechnen, addiert man in allen nachfolgenden Monaten den auf das betreffende Jahr abgezinsten Wert der realen Dividenden, die in späteren Jahren ausgeschüttet werden. Der abgezinste Gegenwartswert einer auf das Jahr bezogenen realen Dividende, die im Jahr danach ausgeschüttet wird, ist die reale Dividende geteilt durch $(1 + r)^t$, wobei r der

jährliche Diskontierungssatz und t die Anzahl der Jahre zwischen dem betreffenden Jahr und dem späteren Jahr ist. Der Gegenwartswert der Dividende in Abbildung 11.2 wurde anhand eines konstanten Diskontierungssatzes r berechnet, der dem historischen geometrischen Mittel der realen Jahresrenditen des Marktes von 1871 bis 2013 entspricht. Die Annahme, r sei im Laufe der Zeit konstant, entspricht der Annahme der Effizienzmarkthypothese, die Erwartungsrenditen des Marktes seien im zeitlichen Verlauf konstant, sodass es hinsichtlich der vorhersagbaren Renditen keine guten oder schlechten Zeitpunkte gibt, um sich am Markt zu engagieren.

Natürlich wissen wir im Moment nicht, wie hoch die Dividenden nach dem letzten Jahr sein werden, für das uns Zahlen vorliegen. Um den Gegenwartswert der Dividenden zu berechnen, ging ich davon aus, nach 2013 würden die realen Dividenden mit der tatsächlichen geometrisch gemittelten Wachstumsrate der Jahre 2003 bis 2013 wachsen. Die Notwendigkeit, für das Wachstum der realen Dividende nach 2013 eine Annahme zu treffen, bedeutet, dass die im Diagramm dargestellten neueren Gegenwartswerte der Dividende als Indikatoren für den tatsächlichen Gegenwartswert nicht zuverlässig sind. Allerdings sind die Angaben zum Gegenwartswert der Dividende mehrere Jahrzehnte vor dem Jahr 2013 höchstwahrscheinlich ziemlich genau, denn für diese Jahre haben die Jahre nach 2013 ein deutlich geringeres Gewicht in der Berechnung des Gegenwartswerts.

Es wurden Bedenken geäußert, die jüngsten festgestellten Dividenden könnten den Zahlungsstrom von den Unternehmen an die Anleger zu niedrig angeben. Kevin Cole, Jean Helwege und David Laster („Stock Market Valuation Indicators: Is This Time Different?", *Financial Analysts Journal*, 52 [1996]: 56–64) schätzen, dass die Dividendenrenditen aus der Mitte der 1990er-Jahre um rund 80 Prozent höher wären, wenn man Aktienrückkäufe als Form der Dividende betrachten würde. Doch auch nach dieser Anpassung lägen die Dividende-Kurs-Verhältnisse des S&P 500 weit unter ihren vorherigen Rekordtiefs. Liang und Sharpe weisen in „Share Repurchases and Employee Stock Options" darauf hin, dass die Annahme von Cole, Helwege und Laster, wonach Aktienemissionen zu Marktpreisen stattfinden, nicht zutreffe, weil viele Emissionen als Reaktion auf die Ausübung von Aktienbezugsrechten durch Arbeitnehmer erfolgen. Zieht man in Betracht, dass Aktien unter ihrem Marktpreis emittiert werden, könnte man das so interpretieren, dass der Endwert des Gegenwartswerts der Dividenden wohl niedriger sein wird als in Abbildung 11.2 angegeben.

29. Ich muss betonen, dass die Effizienzmarkthypothese nicht bedeutet, die Kurve der Aktienkurse müsste gleichmäßiger als die des Gegenwartswerts der Dividende verlaufen, sondern nur dass sie – in einem Sinne, der noch sorgfältig definiert werden muss – insgesamt weniger schwankt. In meinem ersten Artikel über überschüssige Volatilität habe ich mich sehr bemüht, diesen Punkt zu erklären; siehe Robert J. Shiller, „The Volatility of Long-Term Interest Rates and Expectations Models of the Term Structure", *Journal of Political Economy*, 87 (1979): 1062–1088. Allerdings dachten manche Kritiker, die diese Erklärung übersehen hatten, sie würden einen neuen und originellen Gedanken aufwerfen, als sie später erneut darauf hinwiesen; siehe vor allem Allan Kleidon, „Variance Bounds Tests and Stock Price Valuation Models", *Journal of Political Economy*, 94 (1986): 953–1001. Wenn man sich nur diese Abbildung

ansieht, kann man keine definitiven Schlussfolgerungen bezüglich der Markteffizienz ziehen.

Trotzdem sagt die Abbildung meines Erachtens doch einiges darüber aus, dass es in den Zahlen zum aggregierten US-Aktienmarkt an Belegen für die Markteffizienz im Großen und Ganzen mangelt. Vielleicht bringt uns ein Blick auf diese Abbildung von einigen möglicherweise falschen Auffassungen über Belege für die Markteffizienz ab.

30. Sanford Grossman und ich hielten viel von der Möglichkeit, dass sich die Diskontierungssätze für Dividenden je nach den konjunkturellen Bedingungen ändern sollten, deren Änderungen an Veränderungen der privaten Konsumausgaben abzulesen sind (in „Determinants of the Variability of Stock Market Prices"), wir beschrieben den Markt aber trotzdem als insgesamt übertrieben volatil.
31. Ihre Argumentation hatte damit zu tun, dass Firmen ihre Dividenden in Reaktion auf den Kurs festlegen und dadurch eine gewisse Instationarität der Dividenden erzielen; siehe Terry A. Marsh und Robert C. Merton, „Dividend Variability and Variance Bounds Tests for the Rationality of Stock Market Prices", *American Economic Review*, 76(3) (1986): 483–498. In meiner Entgegnung argumentierte ich, ihr Modell sei zwar technisch korrekt, jedoch wohl kaum für die tatsächlichen Ereignisse in den Vereinigten Staaten im vergangenen Jahrhundert relevant; siehe Robert J. Shiller, „The Marsh-Merton Model of Managers' Smoothing of Dividends", *American Economic Review*, 76(3) (1986): 499–503. Inzwischen ist die ganze Debatte obsolet, denn ökonometrische Tests auf überschüssige Volatilität gehen inzwischen nicht mehr von der Annahme aus, trendbereinigte Dividenden seien stationär; siehe beispielsweise John Y. Campbell und John Ammer, „What Moves Stock and Bond Markets? A Variance Decomposition for Long-Term Asset Returns", *Journal of Finance*, 48(1) (1993): 3–38.
32. Campbell und ich haben ein ko-integriertes, log-lineares vektorautoregressives Modell entwickelt, das verschiedene Formen des Modells der Markteffizienz darstellen könnte. Siehe John Y. Campbell und Robert J. Shiller, „The Dividend-Price Ratio and Expectations of Future Dividends and Discount Factors", *Review of Financial Studies*, 1 (1988): 195–228; Shiller, *Market Volatility*; und Campbell et al., *Econometrics of Financial Markets*, S. 253–337.
33. Siehe Campbell und Shiller, „The Dividend-Price Ratio".
34. Siehe Campbell und Ammer, „What Moves Stock and Bond Markets?"
35. Siehe Shiller, *Market Volatility*, S. 197–214.
36. Paul A. Samuelson hat einmal gesagt, Marktpreise seien „mikro-effizient" und „makroineffizient". Das heißt, auf einzelne Aktien trifft die Effizienzmarkthypothese besser zu als auf den Aktienmarkt als Ganzes. Es gibt einige Belege, von denen man behaupten könnte, sie würden Samuelsons Diktum stützen; siehe Jeeman Jung und Robert J. Shiller, „Samuelson's Dictum and the Stock Market", *Economic Inquiry*, 43(2) (2005): 221–226. Frühere Studien, die man so auslegen könnte, dass sie diese Schlussfolgerung stützen, sind Randolph Cohen, Christopher Polk und Tuomo Vuolteenaho, „The Value Spread", *Journal of Finance*, 58 (2003): 609–642; und Tuomo Vuolteenaho, „What Drives Firm-Level Stock Returns?", *Journal of Finance*, 57 (2002): 233–264.

Kapitel 12

Was Anleger lernen – und wieder verlernen

1. Lange haben die Volkswirte gerätselt, weshalb die Aktienprämie historisch so hoch war. Wie, so fragen sie sich, kann es sein, dass die Menschen nicht mehr in Aktien investiert haben, wo sie doch eine solche Outperformance gegenüber anderen Anlagen bringen? Siehe Raj Mehra und Edward C. Prescott, „The Equity Premium Puzzle", *Journal of Monetary Economics*, 15 (1988): 145–161. Laut der in diesem Kapitel besprochenen Lerntheorie gehört das Rätsel der Aktienprämie der Vergangenheit an – die Menschen sind endlich schlau geworden.
2. Edgar Lawrence Smith, *Common Stocks as Long-Term Investments* (New York: Macmillan, 1924).
3. Kenneth S. Van Strum, *Investing in Purchasing Power* (Boston: Barron's, 1925).
4. Fisher, *Stock Market Crash*, S. 202, 99. Es ist irritierend, dass er den Satzteil „in einer Zeit der Dollarabwertung" einbaut, denn an anderer Stelle des Buches betont er, dass die 1920er-Jahre eine Zeit mit extrem stabilen Preisen waren. Vielleicht wollte er damit sagen „sogar in einer Zeit der Dollarabwertung" und meinte damit eine der Phasen in den 1920er-Jahren, in denen eine leichte Inflation herrschte. Den Wechselkurs des Dollar kann er nicht gemeint haben, denn damals hatten wir den Goldstandard.
5. Dice, *New Levels in the Stock Market*, S. 126.
6. Franklin L. Dame, „Public Interest in Business Is Found Growing", *New York Herald Tribune*, 2. Januar 1929, S. 30.
7. Siegel, *Stocks for the Long Run*, 1st ed., S. 16.
8. Siehe Ibbotson Associates, *Stocks, Bonds, Bills and Inflation*, Tabelle 2-9, S. 46, oder die Zahlen auf meiner Website, http://www.econ.yale.edu/~shiller.
9. Laut den Zahlen in Ibbotson Associates, *Stocks, Bonds, Bills and Inflation*, Tabelle 2-11, S. 50 gab es seit 1926 keinen 20-Jahres-Zeitraum, in dem die Performance der Aktien unter den kurzfristigen Zinsen lag. Zahlen für die Zeit von 1901 bis 1921 geben sie nicht an. Die Zahlen aus meinem Buch *Market Volatility* (durch Verwendung des Verbraucherpreisindex zur Bestimmung der Inflation nach 1913 aktualisiert) zeigen jedoch tatsächlich eine leichte Underperformance der Aktien gegenüber den kurzfristigen Zinsen sowohl 1966 bis 1986 als auch 1901 bis 1921. Den Unterschied zwischen meinen Ergebnissen und denen von Ibbotson für 1966 bis 1986 kann man den unterschiedlichen Zinssätzen (Geldmarktpapiere beziehungsweise Schatzwechsel) und geringen zeitlichen Unterschieden zuschreiben.
10. Siehe Philippe Jorion und William N. Goetzmann, „Global Stock Markets in the Twentieth Century", *Journal of Finance*, 54(3) (1999): 953–980, und auch Stephen J. Brown, William N. Goetzmann und Stephen A. Ross, „Survival", *Journal of Finance*, 50(3) (1995): 853–873. Jeremy Siegel weist darauf hin, dass bei Finanzrenditen der Median im Allgemeinen weit unter dem Mittel liegt und dass die mittlere Zuwachsrate in all diesen Ländern gar nicht so klein ist. Siehe auch Elroy Dimson, Paul Marsh und Mike Staunton, *Triumph of the Optimists: 101 Years of Global Investment History* (Princeton, N.J.: Princeton University Press, 2002).

11. James K. Glassman und Kevin A. Hassett, „Are Stocks Overvalued? Not a Chance", *Wall Street Journal*, 30. März 1998, S. 18, und „Stock Prices Are Still Far Too Low", 17. März 1999, S. 26; das Zitat stammt aus dem Artikel von 1999.
12. James K. Glassman und Kevin A. Hassett, *Dow 36,000: The New Strategy for Profiting from the Coming Rise in the Stock Market* (New York: Times Business/Random House, 1999), S. 140.
13. Siehe beispielsweise Goetzmann und Ibbotson, „Do Winners Repeat? Patterns in Mutual Fund Performance"; Elton et al., „Survivorship Bias and Mutual Fund Performance"; und Elton et al., „The Persistence of Risk-Adjusted Mutual Fund Performance."
14. Insoweit Investmentfonds Privatanlegern eine größere Diversifizierung ermöglichen, senken sie das mit Aktien verbundene Risiko und somit senkt die Vermehrung der Investmentfonds vielleicht die Risikoprämie, die die Anleger verlangen. John Heaton und Deborah Lucas kommen zu dem Schluss, dass die erhöhte Diversifizierung „das derzeit hohe Kurs-Dividenden-Verhältnis in den Vereinigten Staaten wenigstens zur Hälfte rechtfertigt". Heaton und Lucas sprechen damit einen stimmigen und womöglich signifikanten Punkt an, allerdings ist ihre Theorie nicht ganz befriedigend, denn sie stellt die Individuen als allzeit rational dar, erklärt aber nicht, weshalb die Menschen bis vor Kurzem nicht so viel in Investmentfonds investierten. Siehe John Heaton und Deborah Lucas, „Stock Prices and Fundamentals", unveröffentlichter Artikel, Northwestern University, 1999.

Kapitel 13

Spekulative Volatilität in einer freien Gesellschaft

1. Die einzigen Länder ohne Zentralbanken sind Andorra, Monaco und der Islamische Staat (wenn man den als Land bezeichnen kann).
2. Diese Ereignisse werden beschrieben in Yukio Noguchi, *Baburu no Keizaigaku (Bubble Economics)* (Tokio: Nihon Keizai Shimbun Sha, 1992). Anzunehmen, die Blase wäre auch ohne die Geldpolitik geplatzt, ist ebenfalls vernünftig, und es gab Veränderungen der spekulativen Erwartungen, die andere Ursachen für den Niedergang der japanischen Börse nahelegen; siehe Robert J. Shiller, Fumiko Kon-Ya und Yoshiro Tsutsui, „Why Did the Nikkei Crash? Expanding the Scope of Expectations Data Collection", *Review of Economics and Statistics*, 78(1) (1996): 156–164.
3. Siehe Barry Eichengreen, *Golden Fetters: The Gold Standard and the Great Depression: 1919–1939* (New York: Oxford University Press, 1992), Tabelle 12.1, S. 351.
4. „Courtelyou Puts in $25,000,000", *New York Times*, 24. Oktober 1907, S. 1; „Worst Stock Crash Stemmed by Banks", *New York Times*, 25. Oktober 1929, S. 1.
5. „Will History Repeat the '29 Crash?", *Newsweek*, 14. Juni 1965, S. 78.
6. Siehe Shiller, Kon-Ya und Tsutsui, „Why Did the Nikkei Crash?"
7. Michael Brennan, „Stripping the S&P 500", *Financial Analysts Journal*, 54(1) (1998): 14.
8. Siehe Marianne Baxter und Urban Jermann, „The International Diversification Puzzle Is Worse than You Think", *American Economic Review*, 87 (1997): 170–180.
9. Athanasoulis und ich zeigen anhand eines theoretischen Finanzmodells, das auf reale Daten kalibriert ist, dass sich allein schon das richtige Management von Risiken des

Nationaleinkommens deutlich auf das wirtschaftliche Wohlergehen auswirken kann. Siehe Stefano Athanasoulis und Robert J. Shiller, „World Income Components: Discovering and Implementing Risk Sharing Opportunities", *American Economic Review*, 91(4) (2001): 1031–1054.

10. Robert J. Shiller, *The Subprime Solution: How Today's Global Crisis Happened and What to Do about It* (Princeton, N.J.: Princeton University Press, 2008) [deutsch: *Die Subprime-Lösung*, Kulmbach: Börsenbuchverlag, 2008].
11. Robert J. Shiller, Rafał M. Wojakowski, M. Shahid Ebrahim, Mark B. Shackleton, „Mitigating Financial Fragility with Continuous Workout Mortgages", *Journal of Economic Behavior and Organization*, 85 (2013): 269–285.
12. U.S. National Income and Product Accounts, Tabelle 2.6, Personal Income and Its Disposition, http://www.bea.gov/iTable/iTable.cfm?ReqID=9&step=1#reqid=9&step=3&isuri=1&904=1960&903=76&906=q&905=2014&910=x&911=0.
13. Fiscal year 2013 PBGC Projections Report, http://www.pbgc.gov/documents/Projections-report-2013.pdf.
14. Ideen für die Ausweitung von Risikomärkten und der Sozialversicherung zum Nutzen der Gesellschaft werden in meinem neueren Buch *Finance and the Good Society* (Princeton, N.J.: Princeton University Press, 2012) [deutsch: *Märkte für Menschen*, Frankfurt: Campus Verlag, 2012] erläutert und analysiert.

Anhang

Spekulative Preise

1. Ein ähnlich irritierender Mangel an Übereinstimmung herrscht in der ökonomischen Zunft darüber, was die Schwankungen der gesamtwirtschaftlichen Aktivität von einem Monat zum anderen, gemessen anhand des Bruttoinlandsprodukts, antreibt; siehe Shiller (1987); Akerlof und Shiller (2009).
2. http://www.econ.yale.edu/~shiller/behfin/index.htm.
3. Fama (1964: Tabelle 10 und S. 70).
4. Galbraith (1954: 194).
5. Bei stetiger Zeit spricht man von der Unterscheidung zwischen einem Wiener-Prozess und einem Ornstein-Uhlenbeck-Prozess.
6. Zum Teil wurden die Volatilitätstests durch die Arbeiten angeregt, die Jeremy Siegel und ich verfasst haben (Shiller und Siegel 1977), bei denen wir unter anderem ex post rationale Preisreihen berechneten.
7. Auch Regressionstests haben ihre Fallstricke, beispielsweise wenn Verhältniszahlen, an denen der Preis beteiligt ist, für Regressionen verwendet werden, die künftige Preisänderungen erklären sollen, denn dann tritt das Problem der endogenen Variablen auf; siehe Campbell und Shiller (1989).
8. John Cochrane betonte bei der Rezension meiner Volatilitätstests (1991, 1992), dass Volatilitätstests und Regressionstests in gewissem Sinne äquivalent seien. Dabei geht es allerdings um die Äquivalenz von Nullhypothesen, nicht um die Äquivalenz hinsichtlich der Leistungsfähigkeit der Tests. Später legte Cochrane einen Artikel (2007) nach, in dem er anerkannte, wie wichtig die Abbruchbedingung ist; siehe auch Lewellen (2004) und Campbell und Yogo (2006).

9. Einige Beispiele dafür sind unter anderem Flavin (1983), Buiter (1987) und Cochrane (1991).
10. Jeremy Siegel (2005, 2008) brachte das Argument vor, da die Ausschüttungsquote der Dividenden bezogen auf die Gewinne seit dem Zweiten Weltkrieg rückläufig ist, müsse das Dividendenwachstum in Zukunft größer sein als bisher. Wenn Unternehmen ihren Gewinn lieber reinvestieren als ihn auszuschütten, müssten sie ja eigentlich in Zukunft mehr Dividende bezahlen können. Die Validität dieser Theorie wird durchaus angezweifelt. Arnott und Asness (2003) weisen darauf hin, dass die geringeren Dividenden vielleicht Entscheidungen von Managern widerspiegeln, denen Indizien dafür vorliegen, dass das Gewinnwachstum geringer ausfallen wird.
11. Einheitswurzel-Probleme können in der Finanz-Ökonometrie ernstliche Probleme bereiten; siehe Campbell und Shiller (1987, 1988a); Shiller und Beltratti (1992); Torous, Valkanov und Yan (2004); Campbell und Yogo (2006); und Cochrane (2007). Campbell und ich (1988c) schlugen eine logarithmische Differenzierung vor, um Tests auf überschüssige Volatilität in robustere Terme zu gießen. Fama und French (1988) sowie Poterba und Summers (1988) führten Tests auf einfache Modelle der Markteffizienz vor, die auf Varianz-Verhältnissen von Renditen über verschiedene Zeiträume basierten. West (1988) belegte eine Ungleichheit der Varianzen von Innovationen der Preise und der Gegenwartswerte, die verstärkt für überschüssige Volatilität spricht.
12. Der Parameter φ wurde so geschätzt, dass der Durchschnitt $r_t + \varphi$ gleich der durchschnittlichen Rendite des Aktienmarkts von 1871 bis 2013 ist. Der Parameter A wurde auf vier und ρ auf eins gesetzt. Der Jahreszins setzt sich aus verschiedenen Quellen zusammen, wie in Shiller (1989, 2005) beschrieben, und der reale Pro-Kopf-Konsum stammt aus den U.S. National Income and Product Accounts.
13. Diese Ergebnisse wurden von Goyal und Welch (2003, 2008) kritisiert; von Chen und Zhao (2009); und von Chen, Da und Zhao (2013). Sie wurden von Campbell, Polk und Vuolteenaho (2010) sowie von Engsted, Pedersen und Tanggaard (2012) widerlegt.
14. Siehe Shiller (2000) und Mullainathan und Shleifer (2005).
15. Keynes (1921: 23).
16. http://som.yale.edu/faculty-research/our-centers-initiatives/international-center-finance/data/stock-market-confidence. Greenwood und Shleifer (2013) untersuchen das Verhältnis von Anlegersentiment-Indizes aus sechs verschiedenen Erhebungen, darunter auch meiner, zu den Aktienkursen.
17. Case und Shiller (1988, 2003); Case, Shiller und Thompson (2012).
18. Dies ist Gleichung (3) aus Shiller (1984) mit leichten Änderungen in der Notation.
19. Im Weiteren schrieb Samuelson: „Die modernen Märkte weisen deshalb eine beträchtliche *Mikro*-Effizienz auf, weil die Minderheit, die Abweichungen von der Mikro-Effizienz aufspüren kann, an diesen Vorkommnissen Geld verdienen kann und dadurch tendenziell alle beständigen Ineffizienzen auslöscht. Ohne Widerspruch zum vorigen Satz hatte ich die Hypothese einer beträchtlichen *Makro*-Ineffizienz im Sinne langer Wellen in den Zeitreihen aggregierter Indizes von Wertpapierpreisen oberhalb und unterhalb diverser Definitionen ihrer fundamentalen Werte aufgestellt" (aus einem privaten Brief von Paul Samuelson an John Campbell und Robert Shiller).

20. Ang und Bekaert (2007) kommen zu dem Schluss, dass die Dividendenrendite die Dividenden über Stichproben-Perioden oder Länder hinweg nicht robust vorhersagen kann, aber sie berücksichtigen in ihrer Studie keine Zahlen zu einzelnen Aktien.
21. U.S. Federal Reserve Board, Z.1, Financial Accounts of the United States, Tabelle B.100 (Bilanz der Haushalte und der gemeinnützigen Organisationen) und Tabelle B.100.e (Bilanz der Haushalte und der gemeinnützigen Organisationen mit Kapitalaufstellung), 9. Dezember 2013.
22. Siehe Fabozzi, Shiller und Tunaru (2009). Der Marketmaker John Dolan hat eine Website mit aktuellen Informationen über diesen Markt, http://homepricefutures.com. Unsere Firma MacroMarkets LLC erstellte unter der Leitung von Allan Weiss und Sam Masucci auch ein Paar Long- und Short-Papiere, MacroShares, mit den Tickersymbolen UMM (für „Up Major Metro") und DMM (für „Down Major Metro"), die auf dem S&P/Case-Shiller Ten-City Index basierten und an der New York Stock Exchange von August bis Dezember 2010 gehandelt wurden.
23. Siehe http://www.econ.yale.edu/~shiller/behfin/index.htm.
24. Graham und Dodd (2002: 276).
25. Keynes (1936: Kap. 12, S. 156, Harbinger, Ausgabe 1965).
26. Huettel et al. (2006: 765).
27. Für die lange Geschichte der Finanzinnovation siehe Goetzmann und Rouwenhorst (2005).
28. Moss (2002) dokumentiert viele Diskussionen und Experimente mit Haftungsregeln Anfang des 19. Jahrhunderts, zum Beispiel mit „doppelter Haftung", die die Haftung von Aktionären auf das Doppelte ihrer ursprünglichen Investition beschränkte, oder einer Haftung, die mit dem Verkauf der Aktien endete.
29. Robbins (1932: 15).
30. Siehe beispielsweise Mullainathan und Shafir (2013).
31. Black (1986: 533).
32. Siehe http://benefitcorp.net/.
33. Diese Futures werden in Shiller (1993) in Form einer Formel für die tägliche Verrechnung definiert, die sowohl die Veränderung des Abrechnungskurses als auch einen anderen Index beinhaltet, der einen Zahlungsstrom darstellt.
34. Siehe Shiller (1993: 40).
35. Im Jahr 2006 legte unsere Firma MacroMarkets LLC ein Paar Long- und Short-MacroShares auf Öl an der American Stock Exchange mit den Tickersymbolen UCR für Up-Crude und DCR für Down-Crude auf. Diese Wertpapiere wurden von November 2006 bis Juni 2008 gehandelt und erreichten zwischenzeitlich einen Gesamtwert von 1,6 Milliarden US-Dollar, waren letzten Endes aber nicht erfolgreich.
36. Brennan (1999: 12). Seit 2008 sind an mehreren europäischen und asiatischen Börsen Dividendenfutures-Märkte auf Aktienkursindizes aufgetaucht, allerdings ist noch nicht klar, ob diese neuen Märkte spürbar den gewünschten Effekt hatten, das Denken der Anleger zu verändern.
37. Chile führte 1967 die Unidad de Fomento (UF) ein, die bis heute benutzt wird, http://valoruf.cl/. Diese Innovation trägt zur Überwindung des allgemeinen Widerstands gegen die Indexierung bei (Shiller 1967).